【传世经典 文白对照】

资治通鉴纲目

四

〔宋〕朱 熹 编 撰

孙通海 王景桐 主 编

王秀梅 朱振华 副主编

中华书局

目录

第四册

资治通鉴纲目

资治通鉴纲目卷十八

起乙丑(305)晋惠帝永兴二年,尽戊寅(318)晋元帝大兴元年。凡一十四年。

乙丑(305) **永兴二年**汉元熙二年。

夏四月,张方复废羊后。 **秋七月,东海王越自领徐州都督,传檄讨张方。**

东海中尉刘洽以张方劫迁车驾,劝东海王越讨之。越传檄山东、纠帅义旅,迎天子还旧都。徐州长史王脩说刺史东平王楙,以州授之,越乃以司空领徐州都督,楙自为兖州刺史。于是范阳王虓及王浚等共推越为盟主,越辄选置刺史以下,朝士多赴之。

成都故将公师藩寇掠赵、魏。

成都王颖既废,河北人多怜之,其故将公师藩等自称将军,起兵赵、魏,众至数万。初,上党武乡羯人石勒有胆力,善骑射。并州大饥,东嬴公腾执诸胡于山东,卖充军实,勒亦被掠,卖为荏平人师懽奴。懽奇其状貌而免之。勒乃与牧帅汲桑结壮士为群盗。及藩起,桑与勒帅数百骑赴之,桑始命勒以石为姓,勒为名。藩攻陷郡县,转前攻邺,范阳王虓遣其将苟晞击走之。

乙丑（305）　**晋惠帝永兴二年**_{汉元熙二年。}

夏四月,张方又废黜了羊皇后。　　**秋七月,东海王司马越自己兼任徐州都督,发布檄文讨伐张方。**

东海中尉刘洽因张方劫持并强迫惠帝迁移,劝东海王司马越讨伐张方。司马越向山东发布檄文,集合并率领各地义军,迎接惠帝回到原来的京城。徐州长史王脩劝说徐州刺史东平王司马楙,把徐州交给司马越,于是司马越以司空的官职兼任徐州都督,司马楙自任兖州刺史。这时范阳王司马虓和王浚等人共同推举司马越为盟主,司马越就选择安排刺史以下的官职,朝廷的官员很多都投奔到他的门下。

成都王司马颖原来的部将公师藩虏掠赵、魏地区。

成都王司马颖被废黜以后,河北地区有很多人都同情他,他原来的部将公师藩等人自称将军,在赵、魏一带起兵,人数达到数万。起初,上党郡武乡县羯族人石勒有胆力,擅长骑马射箭。并州发生了严重的饥荒,东赢公司马腾把胡人们抓到山东,将他们卖掉来补充军械粮饷,石勒也被抓了去,卖给茌平人师懽为奴。师懽见他的相貌奇特,就把他放走了。于是石勒就和牧场的首领汲桑一起集结壮士结成了强盗团伙。等到公师藩起兵以后,汲桑和石勒率领了数百名骑士去投奔他,汲桑就开始让石勒以石为姓,以勒为名。公师藩攻陷了一些郡县,又转战前去攻打邺城,范阳王司马虓派遣他的部将苟晞把公师藩击退了。

八月，东海王越、范阳王虓发兵西，豫州刺史刘乔拒之，太宰颙遣张方助乔。冬十月，袭虓破之。

东海王越留琅邪王睿，以平东将军监徐州军事，守下邳。睿请王导为司马，委以军事。越帅甲卒三万，西屯萧县，范阳王虓自许屯于荥阳。越承制以豫州刺史刘乔为冀州，使虓领豫州。乔以虓非天子命，发兵拒之。虓以刘琨为司马。越以刘蕃为淮北护军，刘舆为颍川太守。乔上尚书，列舆兄弟罪恶，因引兵攻虓于许，遣其子祐拒越于灵璧。东平王楙在兖州，征求不已，郡县不堪命。虓遣苟晞还兖州，徙楙青州，楙不受命，与刘乔合。

颙闻山东兵起，甚惧，表成都王颖都督河北诸军事，复镇邺。诏越等各就国，越等不从。颙得乔上事，下诏称："刘舆胁虓造逆，其令镇南将军刘弘、征东将军刘准，与乔并力，以张方为都督，共会许昌，诛舆兄弟。"使颖与石超等据河桥，为乔继援。弘遗乔及越书，使解怨释兵，同奖王室，皆不听。弘又上表曰："自顷兵戈纷乱，构于群王，翩其反而，互为戎首，载籍以来，骨肉之祸未有如今者也。万一四夷乘虚为变，此亦猛虎交斗，自效于下庄者矣。谓宜速诏越等，令两释猜疑，各保分局。自今有擅兴兵马者，天下共伐之。"时颙方拒关东，倚乔为助，不纳。乔乘虚袭许，破之。琨、舆及虓俱奔河北。弘以张方残暴，知颙必败，乃帅诸军受越节度。

八月，东海王司马越、范阳王司马虓发兵向西，豫州刺史刘乔抵御他，太宰司马颙派张方帮助刘乔。冬十月，刘乔袭击并打败了司马虓。

东海王司马越留下琅邪王司马睿，以平东将军之职监徐州军事，守下邳。司马睿请王导担任司马，把军务交王导处理。司马越率三万士卒，驻扎在西边的萧县，范阳王司马虓从许昌来到荥阳驻扎。司马越按皇帝旨意，让豫州刺史刘乔任冀州刺史，让司马虓兼任豫州刺史。刘乔认为司马虓来豫州不是天子的命令，发兵抗拒。司马虓任命刘琨为司马。司马越任命刘蕃为淮北护军，刘舆为颍川太守。刘乔给朝廷上书，列举刘舆兄弟的罪状，并出兵许昌攻打司马虓，派儿子刘祐在灵璧抗拒司马越。东平王司马楙在兖州，不断征收赋税，郡县都无法承受。司马虓派苟晞回到兖州，调司马楙去青州，司马楙拒不受命，就与刘乔联合。

司马颙听到山东战事又起，非常害怕，表奏成都王司马颖都督河北诸军事，仍然镇守邺城。下诏命令司马越等人都各自回到自己的封国，司马越等人不服从。司马颙看到刘乔的上书，就下诏说："刘舆胁迫司马虓做凶逆之事，现在命令镇南将军刘弘、征东将军刘准，与刘乔并肩协力，以张方为都督，共同在许昌会合，讨伐刘舆兄弟。"又派司马颖和石超等人据守河桥，作为刘乔的后援。刘弘写信给刘乔和司马越，让他们消解怨恨停止用兵，共同辅助王室，双方都不听。刘弘又上表说："近年来战事纷乱，诸王之间相互猜忌，是非反复无常，轮流挑起战事，有史以来，骨肉之间相互残杀没有像如今这样的。万一四边夷人乘虚制造变乱，这也如同两只猛虎相互争斗，都自然成为下庄的猎物一样。我认为应赶快给司马越等人下诏，命令他们双方消除猜疑，各保自己分管的封地。今后但有擅自兴兵动武的，天下共同来讨伐他。"当时司马颙正在抗拒关东，要依靠刘乔来帮助自己，因而没有采纳刘弘的建议。刘乔乘虚袭击许昌，一举攻克。刘琨、刘舆和司马虓一起逃奔河北。刘弘看到张方的残暴，知道司马颙必败，就带领手下各路军队接受司马越的指挥。

有星孛于北斗。　十一月，将军周权矫诏立羊后，事觉伏诛。

于是太宰颙矫诏敕留台赐后死，司隶校尉刘暾上奏固执，得免。颙欲收暾，暾奔青州。

十二月，成都王颖据洛阳。　范阳王虓自领冀州刺史，击颖将石超，斩之。刘乔众溃。

刘琨说冀州刺史温羡，使让位于范阳王虓。虓遣琨乞师于王浚，遂引兵济河，击斩石超于荥阳，东迎越。又击刘祐于谯，杀之。乔众溃而走。

东海王越进屯阳武，王浚遣将祁弘将兵助之。　陈敏据江东，刘弘遣江夏太守陶侃将兵讨破之。

初，敏既克石冰，自谓勇略无敌，遂据历阳以叛。吴王常侍甘卓弃官归，敏为子景娶卓女，使卓假称皇太弟令，拜敏扬州刺史。又使钱端等南略江州，弟斌东略诸郡，遂据江东。以顾荣为右将军，贺循为丹阳内史，周玘为安丰太守，豪杰名士咸加收礼。循佯狂得免。玘亦称疾。敏疑诸名士不为己用，欲尽诛之。荣曰："将军神武不世，若能委信君子，散蒂芥之嫌，塞谗谄之口，则上方数州可传檄而定。不然，终不济也。"敏乃止。

太宰颙以张光为顺阳太守，帅步骑讨敏。刘弘遣江夏太守陶侃屯夏口，又遣南平太守应詹督水军以继之。侃与敏同郡，又同岁举吏，或谓弘曰："侃脱有异志，则荆州无东门矣。"弘曰："侃之忠能，吾得之已久，必无是也。"侃闻之，遣子洪诣弘以自固。弘引为参军，

有彗星出现在北斗星附近。　十一月,将军周权假称有皇帝诏令,立羊皇后,事发后被杀。

这时太宰司马颙假传诏令,下令留台赐羊皇后自尽,司隶校尉刘暾上奏力争,羊皇后才免于一死。司马颙要逮捕刘暾,刘暾逃奔青州。

十二月,成都王司马颖占据洛阳。　范阳王司马虓自己兼任冀州刺史,袭击司马颖的将领石超,将他杀死。刘乔的军队溃败。

刘琨劝说冀州刺史温羡,让他把职位让给范阳王司马虓。司马虓派刘琨向王浚请求援兵,于是率兵渡过黄河,在荥阳击败并杀死石超,向东迎接司马越。又在谯地袭击并杀死刘祐。刘乔的军队于是溃散奔逃。

东海王司马越进驻阳武,王浚派部将祁弘带兵去帮助他。陈敏占据了江东,刘弘派江夏太守陶侃带兵去讨伐并打败了他。

当初,陈敏战胜了石冰,自认为勇略无敌,于是占据历阳反叛。吴王常侍甘卓弃官归家,陈敏为儿子陈景娶了甘卓的女儿,让甘卓假传皇太弟的命令,任命陈敏为扬州刺史。又派钱端等人向南攻打江州,派其弟陈斌向东攻打其他各郡,于是占据了江东。任命顾荣为右将军,贺循为丹阳内史,周玘为安丰太守,对一些豪杰名士都以礼相待,加以录用。贺循装疯得以逃脱。周玘也声称有病不去赴任。陈敏怀疑其他名士也不会为他效力,想把他们全都杀掉。顾荣说:"您超凡威武举世无双,若能在君子中取得信任,解开相互间微小的猜忌,堵住那些进谗献媚者的嘴巴,那么扬州以西的几个州,下达一纸檄文就可以安定了。不然,终究不会成功。"陈敏这才打消了杀人的想法。

太宰司马颙以张光为顺阳太守,率步兵骑兵去讨伐陈敏。刘弘派江夏太守陶侃屯兵夏口,又派南平太守应詹督领水军援助他们。陶侃和陈敏是同郡人,又同年被任命为官,有人对刘弘说:"若陶侃有异心,荆州就失去东门了。"刘弘说:"陶侃的忠心和才能,我很久以前就了解,他一定不会这样。"陶侃听说后,就派其子陶洪到刘弘那里,以稳固自己的地位。刘弘以陶洪为参军,

资而遣之曰："匹夫之交，尚不负心，况大丈夫乎？"敏遣陈恢寇武昌，侃御之，以运船为战舰。或以为不可，侃曰："用官船击官贼，何为不可？"侃与恢战，屡破之。又与皮初、张光共破钱端于长岐。或说弘曰："张光，太宰腹心，公既与东海，宜斩光以明向背。"弘曰："宰辅得失，岂张光之罪！危人自安，君子弗为也。"乃表光勋，乞加迁擢。

汉离石大饥。

丙寅（306） **光熙元年**汉元熙三年，成晏平元年。
春正月朔，日食。 太宰颙杀张方，成都王颖奔长安。

东海王越之起兵也，使人说太宰颙，令奉帝还洛，约与分陕为伯。颙欲从之。张方自以罪重，恐为诛首，谓颙曰："今据形胜之地，国富兵强，奉天子以号令，谁敢不从？奈何拱手受制于人！"颙乃止。及刘乔败，颙惧，欲罢兵，恐方不从，乃诱方帐下督郅辅，使杀方，送首于越，以请和。越不许，遣祁弘等帅鲜卑西迎车驾。宋胄等进逼洛阳，颖奔长安。

三月，五苓夷寇宁州。刺史李毅卒。
宁州频岁饥疫，五苓夷强盛，遂围州城。李毅病卒，女秀明达有父风，众推领州事。秀奖厉战士，婴城固守，城中粮尽，炙鼠拔草而食之，伺夷稍息，辄出兵掩击，破之。

给了路费让他回去，说："普通人交往，尚且不负心，何况是大丈夫呢？"陈敏派陈恢进犯武昌，陶侃前去抵御，以官府的运输船作为战舰。有人认为不行，陶侃说："用官船来打官贼，有什么不行？"陶侃与陈恢交战，多次把陈恢打败。又和皮初、张光共同在长岐打败了钱端。有人对刘弘说："张光是太宰司马颙的心腹，您既然倾向东海王司马越，就应该杀了张光来表明您的倾向。"刘弘说："宰辅的得失，怎能是张光的罪过呢！危害别人以求得自身的安全，君子不做这样的事。"于是表奏张光的功绩，请求朝廷提拔他。

汉离石地区发生严重饥荒。

丙寅（306） **晋惠帝光熙元年** 汉元熙三年，成汉晏平元年。

春正月初一，发生日食。 太宰司马颙杀了张方，成都王司马颖逃奔长安。

东海王司马越起兵，派人去劝说太宰司马颙，让他侍奉惠帝返回洛阳，相约像当初周公和召公那样以陕地为界，各自治理。司马颙想接受这个建议。张方认为自己罪行严重，恐怕成为被诛杀的首犯，就对司马颙说："现在我们占据了形势险要的地方，国富兵强，挟天子号令天下，谁敢不服从？怎能拱手受制于人呢！"司马颙于是打消了和司马越联合的想法。等到刘乔失败之后，司马颙很害怕，想停止用兵，又担心张方不服从命令，就诱骗张方的帐下督郅辅，使他杀死了张方，把张方的首级送给司马越，请求和解。司马越不答应，派祁弘等人率领鲜卑人向西迎接惠帝。宋胄等人进逼洛阳，司马颖逃奔长安。

三月，五苓夷人侵犯宁州。刺史李毅去世。

宁州连年遭受饥荒灾疫，这时五苓夷人强盛，就包围了宁州城。李毅病死，他的女儿李秀精明练达，有其父风范，于是大家就推举她管理宁州的事务。李秀奖励战士，环城固守，城中粮食吃完了，就烤鼠拔草为食，等夷人稍有懈怠，就突然发兵袭击，打败了夷人。

夏四月，东海王越进屯温，遣祁弘入长安，奉帝东还。

太宰颙遣兵拒祁弘等于湖，弘击破之，遂西入关，又败其兵于霸水，颙单马逃入太白山。弘等入长安，所部鲜卑大掠，杀二万余人，百官奔散，入山中，拾橡实食之。弘等奉帝乘牛车东还，关中皆服于东海王越，颙保城而已。

六月，至洛阳，复羊后。　成都王雄称成皇帝。

雄即帝位，国号大成，追尊父特曰景皇帝。初，范长生诣成都，雄门迎执板，拜为丞相，尊之曰范贤，至是以为天地太师。时诸将恃恩，互争班位，尚书令阎式请考汉晋故事，立百官制度，从之。

秋七月朔，日食。　八月，以东海王越为太傅，录尚书事。范阳王虓为司空，镇邺。

越以庾敳为军谘祭酒，胡毋辅之为从事中郎，郭象为主簿，阮脩为行参军，谢鲲为掾。敳等皆尚虚玄，不以世务婴心，纵酒放诞。敳殖货无厌，象薄行，好招权，越皆以其名重辟之。

荆州都督、新城公刘弘卒。

时天下大乱，弘专督江汉，威行南服，事成则曰："某人之功。"如败则曰："老子之罪。"每有兴发，手书守相，丁宁款密。人皆感悦，争赴之，咸曰："得刘公一纸书，贤于十部从事。"辛冉说弘以从横之事，弘怒，斩之。至是卒，谥曰元。

夏四月,东海王司马越进驻温县,派祁弘入长安,侍奉惠帝东返。

太宰司马颙派兵在湖县抵御祁弘等人,被祁弘打败,于是祁弘向西入关,又在霸水打败了司马颙的军队,司马颙单枪匹马逃入太白山中。祁弘等人进入长安,他部下的鲜卑人大肆抢掠,杀了两万多人,朝中百官四散奔逃,逃入山中,捡橡树子为食。祁弘等人侍奉惠帝乘牛车东返,关中地区都归服东海王司马越,司马颙仅仅保住长安城而已。

六月,惠帝回到洛阳,恢复了羊皇后的地位。 成都王李雄称成皇帝。

李雄登上皇帝的宝座,国号为大成,追尊其父李特为景皇帝。当初,范长生到成都,李雄拿着手板在门口迎接,拜他为丞相,尊称为范贤,如今又封他为天地太师。这时各将领都倚仗李雄的恩宠,互相争夺官位,尚书令阎式请求参照汉、晋的旧例,建立百官制度,李雄采纳了他的意见。

秋七月初一,发生日食。 八月,任命东海王司马越为太傅,录尚书事。任命范阳王司马虓为司空,镇守邺城。

司马越任用庾敳为军谘祭酒,胡毋辅之为从事中郎,郭象为主簿,阮修为行参军,谢鲲为掾。庾敳等人都崇尚玄虚空谈,不关心世事,任意饮酒,放纵不羁。庾敳聚敛财物贪得无厌,郭象品行低下,喜欢揽权,司马越因为他们名重于世,都对他们加以任用。

荆州都督、新城公刘弘去世。

此时天下大乱,刘弘专门督管江、汉地区,威势及于南方边远地区,事情成功了,他就说:"这是某人的功劳。"如果失败了,则说:"这是老夫的责任。"每当兴办事情,都亲自给负责的官员写信,亲切叮咛嘱咐。所以人们都为之感动喜悦,争相努力投身于交付的事情,都说:"得到刘公一封亲笔信,胜过做十个州部的从事。"辛冉劝说刘弘行割据称霸之事,刘弘大怒,把他杀了。这时刘弘去世,谥号为元。

九月，顿丘太守冯嵩执成都王颖送邺。兖州刺史苟晞
击斩公师藩。冬十月，范阳王虓卒。长史刘舆诛颖。

祁弘之入关也，成都王颖自武关奔新野。会刘弘卒，
司马郭励作乱，欲奉颖为主，不克而诛。遂北济河，收故将
士，欲赴公师藩。顿丘太守冯嵩执送邺，范阳王虓幽之，
而苟晞亦击斩藩。十月，虓卒。长史刘舆以颖素为邺人所
附，伪称诏赐死。颖官属皆先逃散，惟卢志不去，至是收而
殡之。太傅越召为军谘祭酒。越又将召舆，或曰："舆犹腻
也，近则污人。"及至，越疏之。舆密视天下兵簿，及仓库、
牛马、器械、水陆之形，皆默识之，每会议，应机辨画。越倾
膝酬接，即以为左长史，军国之务悉以委之。

十一月，帝中毒崩，太弟炽即位，尊皇后曰惠皇后，立
妃梁氏为皇后。

帝食饼中毒而崩，或曰太傅越之鸩也。羊后自以于太
弟炽为嫂，恐不得为太后，将立清河王覃。侍中华混露板
驰告太傅越，召太弟入宫即帝位。尊后曰惠皇后，居弘训
宫。怀帝始遵旧制，于东堂听政，每至宴会，辄与群官论众
务，考经籍。黄门侍郎傅宣叹曰："今日复见武帝之世矣！"

十二月朔，日食。　南阳王模诛河间王颙。
太傅越以诏征颙为司徒，颙就征。模自许昌遣将邀
杀之。
葬太阳陵。　以刘琨为并州刺史。
刘舆说太傅越遣琨镇并州，以为北面之重，而徙东

九月，顿丘太守冯嵩抓住了成都王司马颖，将他送往邺城。兖州刺史苟晞讨伐并杀死了公师藩。冬十月，范阳王司马虓去世。长史刘舆诛杀司马颖。

祁弘进入关中，成都王司马颖从武关逃奔新野。正遇上刘弘去世，司马郭励作乱，想推举司马颖为首领，没有成功，郭励被杀死。于是司马颖北渡黄河，集合旧部将士，想去投奔公师藩。顿丘太守冯嵩将司马颖抓住送往邺城，范阳王司马虓又把司马颖幽禁起来，而苟晞也攻击并杀死了公师藩。十月，司马虓去世。长史刘舆因为邺人向来归附司马颖，就伪称有诏书，将司马颖赐死。司马颖部下的官吏早都逃散了，只有卢志没有走，这时就收殓了司马颖的尸体并安葬了他。太傅司马越征召卢志为军谘祭酒。司马越又打算征召刘舆，有人说："刘舆这个人好比污垢，接近他就会把人弄脏。"刘舆来后，司马越就疏远他。刘舆暗中查看记载天下兵力的簿籍，以及仓库、牛马、器械、水陆地理形势，都默记在心，每当集众议事的时候，便适时地帮助分析策划。司马越虚心地接受，于是任命他为左长史，军政大事全都交他办理。

十一月，惠帝中毒驾崩，皇太弟司马炽即皇帝位，尊皇后为惠皇后，立妃子梁氏为皇后。

惠帝吃饼中毒而死，有人说是太傅司马越毒死的。羊皇后认为自己是皇太弟司马炽的嫂嫂，恐怕当不成太后，打算拥立清河王司马覃为帝。侍中华混用不封口的文书派人迅速报告太傅司马越，宣召皇太弟入宫即帝位。尊皇后羊氏为惠皇后，居住在弘训宫。怀帝司马炽遵从旧制，开始在东堂听政，每到群臣宴会，就与大臣们讨论各种政务，探讨各种经典的内容。黄门侍郎傅宣感叹说："今天又看到武帝那样的时代了！"

十二月初一，发生日食。　南阳王司马模杀了河间王司马颙。

太傅司马越用诏书征召司马颙为司徒，司马颙前去就任。司马模从许昌派人阻截杀死了他。

惠帝被安葬在太阳陵。　任命刘琨为并州刺史。

刘舆劝太傅司马越派刘琨守并州，增强北方防务，而调东

燕王腾镇邺，越从之。琨至上党，腾即自井陉东下。时并州饥馑，数为胡寇所掠，吏民万余人悉随腾就谷冀州，号为"乞活"，所余户不满二万。寇贼纵横，道路断塞。琨募兵上党，得五百人，转斗而前。至晋阳，府寺焚毁，邑野萧条。琨抚循劳徕，流民稍集。

丁卯（307） **孝怀皇帝永嘉元年**汉元熙四年。

春二月，群盗王弥寇青、徐。

初，愍令刘柏根反，王浚讨斩之。其长史王弥遂为群盗，至是寇青、徐，杀东莱太守。

三月，陈敏将顾荣、周玘杀敏以降。

陈敏刑政无章，子弟凶暴，顾荣、周玘等忧之。庐江内史华谭遗荣等书曰："陈敏盗据吴会，命危朝露。今皇舆东返，俊彦盈朝，将举六师以清建业，诸贤何颜复见中州之士邪！"荣等素有图敏之心，及见书，甚惭，密遣使报征东刘准，使发兵临江，己为内应，蒉发为信。准遣扬州刺史刘机等讨敏。敏使其弟昶将兵屯乌江，宏屯牛渚。玘密使敏司马钱广杀昶，因勒兵朱雀桥南。敏遣甘卓讨广，荣虑敏疑之，故往就敏。敏曰："卿当四出镇卫，岂得就我邪！"荣乃出，与玘共说卓曰："敏既常才，政令反覆，其败必矣。而吾等安然受其官禄，事败之日，使江西诸军函首送洛，题曰'逆贼顾荣、甘卓之首'，此万世之辱也。"卓遂诈称疾迎女，断桥，收船南岸，

燕王司马腾去守邺城，司马越同意了。刘琨到了上党，司马腾就从井陉东下。当时并州闹饥荒，多次遭到胡人的抢掠，官吏和百姓一万多人都跟随司马腾到冀州找饭吃，称为"乞活"，剩下的不足两万户。盗贼横行，交通断绝。刘琨在上党募兵，募得五百人，转战向前。到了晋阳，官署都被焚毁，城邑乡村一片萧条。刘琨安抚劝勉，才逐渐聚集了一些流民。

晋怀帝

丁卯（307）　**晋怀帝永嘉元年** 汉元熙四年。

春二月，聚众为盗的王弥侵犯青州、徐州。

当初，惄县令刘柏根反叛，王浚去讨伐并杀了他。刘柏根的长史王弥聚众为盗，这时侵犯青、徐二州，杀了东莱太守。

三月，陈敏手下的将领顾荣、周玘杀死陈敏，向朝廷投降。

陈敏处理刑罚政务都无章法，他的子弟凶恶残暴，顾荣、周玘等人都很忧虑。庐江内史华谭给顾荣等人去信说："陈敏窃据吴郡、会稽地区，朝不保夕。现在皇帝已东返洛阳，才能杰出的人充满朝廷，将动用六军来清理建业，你们有何颜面再见中原人士呢！"顾荣等人向来就有除掉陈敏的想法，见到此信，非常惭愧，秘密派遣使者向征东大将军刘准报告，让他发兵到江边，自己做内应，剪掉头发作为记号。刘准派扬州刺史刘机等人去讨伐陈敏。陈敏派其弟陈昶带兵屯驻在乌江，陈宏屯驻在牛渚。周玘秘密派陈敏的司马钱广杀死了陈昶，钱广领兵驻扎在朱雀桥南。陈敏派甘卓讨伐钱广，顾荣怕陈敏怀疑，故意到陈敏那里去。陈敏说："你应当四处走走，安定人心来保卫我，怎么能到我这儿来呢！"顾荣于是出来，和周玘共同劝甘卓说："陈敏既才能平平，政令又反复无常，失败是必然的了。而我们安然地接受他的官职俸禄，等失败的那天，让江西各军把我们的首级装在盒子里送到洛阳，题写着'逆贼顾荣、甘卓之首'，这是万世的耻辱啊。"甘卓于是假装有病，接回女儿，截断河上交通，把船收到南岸，

与玘、荣及纪瞻共攻敏。敏自帅万余人讨卓，军人隔水语敏众曰："本所以戮力陈公者，正以顾丹阳、周安丰耳。今皆异矣，汝等何为！"敏众狐疑未决，荣以白羽扇麾之，众皆溃去。敏单骑走，追斩之，夷三族，传首京师。诏征顾荣为侍中，瞻为尚书郎，太傅越辟玘为参军。荣等至徐州，闻北方愈乱，逃归。

西阳夷寇江夏。

西阳夷寇江夏，太守杨珉请督将议之。诸将争献方略，骑督朱伺独不言。珉曰："将军何以不言？"伺曰："诸人以舌击贼，伺惟以力耳！"珉又问："将军前后击贼，何以常胜？"伺曰："两敌共对，惟当忍之，彼不能忍，我能忍，是以胜耳。"珉善之。

立清河王覃弟铨为皇太子。　太傅越出镇许昌。

帝亲览大政，留心庶事，越不悦，固求出藩。

以南阳王模都督秦、雍军事。　夏五月，群盗汲桑、石勒入邺，杀都督新蔡王腾。复攻兖州，太傅越遣苟晞讨之。

公师藩既死，汲桑逃还苑中，更聚众，声言为成都王报仇，以石勒为前驱，所向辄克，遂进攻邺。时邺中空竭，而新蔡王腾资用甚饶，性吝啬，无所振惠，临急乃赐将士米各数升、帛各丈尺，以是人不为用。桑遂入邺杀腾，烧宫大掠而去，南击兖州。太傅越使苟晞等讨之，勒、晞等相持数月，大小三十余战，互有胜负。

与周玘、顾荣及纪瞻共同攻打陈敏。陈敏亲自率领万余人讨伐甘卓，甘卓手下的军士隔水对陈敏的士卒说："原来我们之所以为陈公效力，正是因为丹阳太守顾荣、安丰太守周玘啊。现在他们都反对陈敏，你们到底是为了什么呢!"陈敏的部众狐疑不决，顾荣把白羽扇一挥，陈敏的部众都溃逃了。陈敏单骑逃跑，被追上杀死，夷灭三族，把首级传送京城。朝廷下诏征召顾荣为侍中，纪瞻为尚书郎，太傅司马越任命周玘为参军。顾荣等人到了徐州，听说北方更加混乱了，就逃回去了。

西阳夷人进犯江夏。

西阳夷人进犯江夏，太守杨珉请督将们商议对策。各位将领争相提出策略，只有骑督朱伺一言不发。杨珉问："将军为什么不说话呢?"朱伺说："这些人都是以口舌打击贼寇，我只靠武力罢了!"杨珉又问："将军前后几次打击贼寇，为什么能够常胜?"朱伺说："两军对垒，要能够忍耐，对方不能忍耐，而我能忍耐，所以能够胜利。"杨珉认为他说得很对。

立清河王司马覃的弟弟司马铨为皇太子。 **太傅司马越离开朝廷镇守许昌。**

怀帝亲自处理国家大政，留心各种事务，司马越很不高兴，坚决要求出任地方长官。

任命南阳王司马模都督秦、雍等州军事。 **夏五月，盗贼汲桑、石勒进入邺城，杀死都督新蔡王司马腾。接着又攻打兖州，太傅司马越派苟晞去讨伐他们。**

公师藩死后，汲桑逃回苑中，又聚众，声称要为成都王司马颖报仇，以石勒为前锋，所向披靡，于是进攻邺城。当时邺城财物都已空竭，而新蔡王司马腾的资财用品却很丰盛，他性格吝啬，不愿赈济赏赐，到紧急关头才赏赐将士们每人几升米、几尺帛，因此部下都不愿为他效力。汲桑于是进入邺城杀死司马腾，烧毁宫殿，大肆抢掠后才离开，向南攻击兖州。太傅司马越派苟晞等人去讨伐汲桑，石勒与苟晞等人相持了几个月，大小打了三十余仗，互有胜负。

秋七月，以琅邪王睿为安东将军、都督扬州诸军事，镇建业。

睿至建业，以王导为谋主，推心亲信，每事咨焉。睿名论素轻，吴人不附，居久之，士大夫莫有至者。会睿出观禊，导使睿乘肩舆，具威仪，导与诸名胜皆骑从。纪瞻、顾荣等见之惊异，相帅拜于道左。导因说睿曰："顾荣、贺循，此土之望，宜引之以结人心。二子既至，则无不来矣。"睿乃使导躬造之，循、荣皆应命。以循为吴国内史，荣为军司，加散骑常侍，凡军府政事，皆与之谋。又以纪瞻为军祭酒，卞壸为从事中郎，周玘、刘超、张闿、孔衍皆为掾属。导说睿"谦以接士，俭以足用，以清静为政，抚绥新旧"。故江东归心焉。睿初至，颇以酒废事，导以为言，睿命酌，引觞覆之，于此遂绝。

苟晞击汲桑、石勒，大破之。桑走死，勒降汉。

苟晞追击汲桑，破其八垒，死者万余人。桑奔马牧，为人所杀，石勒奔乐平。太傅越加晞都督青、兖诸军事。晞屡破强寇，威名甚盛，善治繁剧，用法严峻。其从母依之，奉养甚厚。其子求为将，晞不许，曰："吾不以王法贷人，将无后悔邪！"固求之，乃以为督护。后犯法，晞杖节斩之。从母叩头救之，不听。既而素服哭之曰："杀卿者，兖州刺史；哭弟者，苟道将也。"胡部大张匐督等拥众壁于上党，石勒往从之，

秋七月,任命琅邪王司马睿为安东将军、都督扬州诸军事,镇守建业。

司马睿来到建业,以王导为主要谋士,推心置腹,非常信任,每件事都征求王导的意见。司马睿名望声誉向来不高,吴人不归附,在建业住了很长时间,士大夫没有来拜访的。正巧司马睿出去观看褉祭,王导让司马睿坐在抬轿上,安排了威严的仪仗,王导和名士们都骑马跟随。纪瞻、顾荣等人看到这种情景非常惊异,一个跟着一个地在道旁下拜行礼。王导就劝司马睿说:"顾荣、贺循在这个地区很有声望,应结交他们来收服人心。他们二人来了,就没有不来的了。"于是司马睿派王导亲自拜访他们,贺循、顾荣都来到司马睿这里。贺循被任命为吴国内史,顾荣为军司,加散骑常侍,凡是军政大事,都和他们商量。又任命纪瞻为军祭酒,卞壶为从事中郎,周玘、刘超、张闿、孔衍都任曹属之类的官职。王导劝说司马睿"用谦虚的态度对待士人,用节俭的办法用度就会充足,以清静无为的方法来处理政事,对新旧部下都要安抚"。就这样江东人都归附了司马睿。司马睿刚来时,常因醉酒耽误政事,王导以言相劝,司马睿让人斟上酒,拿起酒杯把酒倒了,从此便不再喝酒。

苟晞攻击汲桑、石勒,并打败了他们。汲桑逃跑后被人杀死,石勒降汉。

苟晞追击汲桑,攻破了汲桑的八个营垒,杀死一万多人。汲桑逃奔到牧马场,被人杀死,石勒逃到乐平。太傅司马越加任苟晞为都督青、兖诸军事。苟晞屡次打败强敌,威名很盛,又善于处理繁重的政务,运用刑法严峻。他的姨母来投靠他,苟晞对她的供养非常丰厚。姨母请求任命自己的儿子为将,苟晞不答应,他说:"我不会拿王法去宽贷别人,您可不要后悔啊!"姨母一再请求,苟晞就让她儿子担任了督护。后来姨母的儿子犯了法,苟晞手持节杖将他杀了。姨母叩头求救,苟晞也没答应。后来他穿着素服去哭表弟,说:"杀你的,是兖州刺史;哭弟弟的,是苟晞啊。"胡部首领张匐督等人率领部众驻扎在上党,石勒去投奔他,

因说匈督等与俱归汉。汉王渊以勒为辅汉将军、平晋王。

冬十一月朔，日食。　以王衍为司徒。

衍说太傅越曰："朝廷危乱，当赖方伯，宜得文武兼资以任之。"乃以弟澄为荆州都督，族弟敦为青州刺史，语之曰："荆州有江汉之固，青州有负海之险，卿二人在外而吾居中，足以为三窟矣。"澄至镇，日夜纵酒，不亲庶务，虽寇戎交急，不以为怀。

太傅越自领兖州牧，徙苟晞为青州刺史。

初，越与晞亲善，引升堂，结为兄弟。司马潘滔说越曰："兖州冲要，魏武以之创业。晞有大志，非纯臣也，若迁之青州，公自牧兖州，经纬诸夏，藩卫本朝，此所谓为之于未乱者也。"越以为然。自领兖州牧，以晞为征东大将军、青州刺史。越、晞由是有隙。晞至青州，以严刻立威，日行斩戮，州人谓之"屠伯"。

王弥及其党刘灵降汉。

灵少贫贱，力制奔牛，走及奔马。时人虽异之，莫能举也。灵抚膺叹曰："天乎！何当乱也！"及公师藩起，灵自称将军，寇掠赵、魏，与王弥俱降汉。

慕容廆自称鲜卑大单于。　拓跋禄官卒。

弟猗卢总摄三部，与慕容廆通好。

戊辰（308）　**二年**汉永凤元年。

春正月朔，日食。　汉刘聪据太行，石勒下赵、魏，王浚击勒破之。　二月，太傅越杀清河王覃。　夏五月，汉王弥寇洛阳，张轨遣督护北宫纯入卫，击破走之。

并劝说匈督等人与他一起降汉。汉王刘渊任命石勒为辅汉将军,封平晋王。

冬十一月初一,发生日食。   任命王衍为司徒。

王衍劝太傅司马越说:"朝廷如果发生危难,就要依赖地方最高长官,应选择文武兼备的人来担任此职。"于是任命他的弟弟王澄为荆州都督,同族的弟弟王敦为青州刺史,对他们二人说:"荆州有长江、汉水作为屏障,青州有靠海的险要,你们二人在外而我居于朝中,足可成为狡兔的三窟了。"王澄到了镇守之地,日夜纵情豪饮,不理政务,即使盗贼军情紧急,也不放在心上。

太傅司马越自己兼任兖州牧,改任苟晞为青州刺史。

当初,司马越与苟晞很友好,将他领上堂,结为兄弟。司马潘滔劝司马越说:"兖州是要冲之地,魏武帝靠此地创立了大业。苟晞有大志,并不是忠纯笃实的臣子,如果把他调到青州,您自任兖州牧,管理中原,保卫朝廷,这就叫防患于未然。"司马越认为他说得对。于是自己兼任兖州牧,任命苟晞为征东大将军、青州刺史。司马越和苟晞之间从此有了裂痕。苟晞到青州,以威严苛刻来树立威信,每天都要杀人,青州人称他为"屠伯"。

王弥和他的同党刘灵降汉。

刘灵小时候家境贫穷,地位低贱,他力大能制住奔牛,跑得很快能赶上奔马。当时的人虽然认为他不同寻常,但没人能推举他。刘灵抚胸感叹说:"天啊!为什么遇到乱世呢!"等到公师藩起兵,刘灵就自称将军,侵掠赵、魏之地,和王弥一起降了汉。

慕容廆自称鲜卑大单于。   拓跋禄官去世。

拓跋禄官的弟弟拓跋猗卢统领三部,与慕容廆结成友好。

戊辰（308）　**晋怀帝永嘉二年**汉永凤元年。

春正月初一,发生日食。   汉将刘聪占据了太行,石勒攻克赵、魏地区,王浚击败了石勒。   二月,太傅司马越杀了清河王司马覃。   夏五月,汉将王弥进犯洛阳,张轨派督护北宫纯带兵去保卫京城,王弥被击败后逃走。

王弥收集亡散,兵复大振,分遣诸将攻陷郡县,遂入许昌。张轨遣督护北宫纯将兵卫京师。弥入自轘辕,败官军于伊北,遂至洛阳。王衍督军出战,北宫纯募勇士百余人突陈,弥兵大败,烧建春门而东。衍遣左卫将军王秉追之,战于七里涧,又败之。弥走平阳,汉王渊遣侍中郊迎,令曰:"孤亲行将军之馆,拂席洗爵,敬待将军。"及至,拜司隶校尉。诏封张轨西平郡公,轨辞不受。时州郡之使莫有至者,轨独贡献不绝。

秋七月,汉徙都蒲子。　冬十月,汉王渊称皇帝。十二月,汉石勒、刘灵寇魏、汲、顿丘。

勒、灵帅众三万寇三郡,百姓望风降附者五十余垒,皆假垒主将军、都尉印绶,简其强壮五万为军士,老弱安堵如故。

成尚书令杨褒卒。

褒好直言,成主雄初得蜀,用度不足,诸将有以献金银得官者,褒谏曰:"陛下设官爵,当网罗天下英豪,何有以官买金邪!"雄谢之。

己巳(309)　三年汉河瑞元年。
春正月朔,荧惑犯紫微。　汉徙都平阳。
汉太史令宣于脩之以星变言于其主渊曰:"不出三年,必克洛阳。蒲子崎岖,难以久安,平阳气象方昌,请徙都之。"渊从之。

三月,以山简都督荆、湘等州军事。

王弥收集逃亡流散的兵力，军队重新振作起来，派遣部将分别攻陷了几个郡县，于是进入许昌。张轨派督护北宫纯带兵去保卫京城。王弥从辕辕出发，在伊水之北打败了官军，就到了洛阳。王衍督率军队去迎战，北宫纯召募了百余名勇士冲入王弥的军阵，王弥的军队大败，烧了建春门就向东逃走了。王衍派左卫将军王秉去追赶，在七里涧打了一仗，又将王弥打败。王弥逃到平阳，汉王刘渊派侍中到城外去迎接，下令说："我要亲自到将军的府第，为他拂拭坐席清洗酒杯，恭敬地对待将军。"王弥到后，被任命为司隶校尉。下诏封张轨为西平郡公，张轨推辞不受。当时各州郡的使者没有到京城来的，只有张轨不停地进献贡品。

秋七月，汉迁都蒲子。　冬十月，汉王刘渊称皇帝。　十二月，汉石勒、刘灵侵犯魏郡、汲郡、顿丘。

石勒、刘灵率领三万人侵犯魏郡、汲郡及顿丘三郡，百姓望风降附的有五十多个村坞，这些归降的坞主都被授予将军、都尉的官职，从降民中挑选五万强壮的编入军队，老弱百姓依然安居原地。

成汉尚书令杨褒去世。

杨褒喜欢直言，成汉国主李雄刚刚占领蜀地时，用度不足，将领中有通过贡献金银得到官职的，杨褒劝谏说："陛下设立官爵，应当网罗天下的英雄豪杰，哪有用官去买金的呢！"李雄向他谢罪。

己巳（309）　**晋怀帝永嘉三年**汉河瑞元年。

春正月初一，火星犯紫微星座。　汉迁都平阳。

汉太史令宣于修之因为星相变化的事情对汉主刘渊说："不超过三年，您必然能攻克洛阳。蒲子地形崎岖，难以久安，平阳的气象正旺，请您迁都到那儿去吧。"刘渊听从了宣于修之的意见。

三月，任命山简为都督荆、湘等州军事。

简，涛之子也。嗜酒，不恤政事。初，荆州寇盗不禁，诏起刘弘子璠为顺阳内史，江汉间翕然归之。简表"璠得众心，恐百姓劫以为主"。诏征璠为越骑校尉。南州由是遂乱，父老莫不追思刘弘。

太傅越入京师，杀中书令缪播、帝舅王延等十余人。

越入京师，中书监王敦谓所亲曰："太傅专执威权，而选用表请，尚书犹以旧制裁之，今来必有所诛。"帝之为太弟也，与缪播善，及即位，委以心膂。帝舅散骑常侍王延、尚书何绥、太史令高堂冲并参机密。刘舆、潘滔劝越诛之，越乃诬播等欲为乱，遣甲士三千入宫，执播等十余人于帝侧，付廷尉杀之。帝叹息流涕而已。绥，曾之孙也。

初，何曾侍武帝宴，退谓诸子曰："主上开创大业，吾每宴见，未尝闻经国远图，惟说平生常事，非贻厥孙谋之道也，及身而已，后嗣其殆乎！汝辈犹可以免。"指诸孙曰："此属必及于难。"及绥死，兄嵩哭之曰："我祖其殆圣乎！"曾日食万钱，犹云无下箸处。子劭日食二万。绥及弟机、羡，汰侈尤甚。与人书疏，词礼简傲。王尼见绥书，谓人曰："伯蔚居乱世而矜豪乃尔，其能免乎？"人曰："伯蔚闻卿言，必相危害。"尼曰："伯蔚比闻我言，自已死矣。"及永嘉之末，何氏无遗种。

太尉刘寔罢就第。
寔连年请老，朝廷不许。刘坦言："古之养老，以不事为优，不以吏之为重，宜听寔所守。"诏寔以侯就第。

山简是山涛的儿子。他喜欢喝酒,不把政事放在心上。当初,荆州寇盗不能平定,朝廷下诏起用刘弘的儿子刘璠为顺阳内史,江汉地区百姓纷纷归附刘璠。山简上表说"刘璠很得人心,恐怕百姓要劫持他做首领"。朝廷下诏征召刘璠为越骑校尉。南方地区因此大乱,父老百姓没有不追念刘弘的。

太傅司马越进入京城,杀了中书令缪播、皇帝的舅舅王延等十多人。

司马越进入京城,中书监王敦对亲信说:"太傅独揽大权,但是选拔任用官吏上表奏请,尚书仍按照过去的制度来裁定,如今必定会诛杀一些官员。"怀帝当皇太弟的时候,与缪播关系友善,即帝位后,把他作为心腹。怀帝的舅舅散骑常侍王延以及尚书何绥、太史令高堂冲都参与朝中机密事务。刘舆、潘滔劝司马越诛杀这几个人,司马越就诬陷缪播等人要作乱,派三千士兵进入皇宫,在怀帝身边把缪播等十几个人抓住,交付廷尉把他们杀了。怀帝只是流泪叹息而已。何绥是何曾的孙子。

当初,何曾侍奉武帝宴饮,退朝后对儿子们说:"主上开创大业以来,我每次在宴会上见到他,从没听他谈论过治国的长远计划,只说些生活琐事,这不是替子孙后代考虑的做法,国家在他这代还能安定,到了后代就危险了!你们这辈还可以免祸。"又指着孙子们说:"他们必定会遭难。"何绥死后,哥哥何嵩哭着说:"我的祖父大概是圣人吧!"何曾每天吃饭要花一万钱,还说没有可吃的菜。其子何劭一天吃饭要花掉两万。何绥及弟弟何机、何美更加奢侈浪费。给人写信,用词傲慢无礼。王尼看到何绥的信,对人说:"伯蔚身居乱世而如此傲慢自夸,哪能免祸呢?"有人说:"伯蔚听到你的话,必定要害你。"王尼说:"等伯蔚听到我的话时,他自己已经死了。"到了永嘉末年,何氏已没有后人了。

太尉刘寔辞官回到自己的府第。

刘寔连年请求告老还乡,朝廷不许。刘坦上言说:"古代养老,以不任职为好,不是留他做官就是看重他,应该听从刘寔的意见。"诏令刘寔以侯爵归府第。

以王衍为太尉。　太傅越使将军何伦领国兵入宿卫。

越以顷来兴事，多由殿省，乃奏宿卫有侯爵者皆罢之，更使将军何伦、王秉领东海国兵数百人宿卫。

汉寇黎阳，陷之。

汉主渊遣刘景将兵攻黎阳，克之。又败王堪于延津，沉男女三万余人于河。渊闻之，怒曰："景何面复见朕？且天道岂能容之！吾所欲除者，司马氏耳，细民何罪！"黜之。

夏，大旱。

江、汉、河、洛可涉。

汉石勒寇钜鹿、常山。

勒众至十余万，集衣冠人物别为君子营，以张宾为谋主，刁膺为股肱，夔安、孔苌、支雄、桃豹、逯明为爪牙，并州诸胡羯多从之。初，张宾好读书，阔达有大志，常自比张子房。及勒徇山东，宾谓所亲曰："吾历观诸将，无如此胡将军者，可与共成大业。"乃提剑诣军门，大呼请见。勒亦未之奇也。宾数以策干勒，已而皆如所言，由是奇之。

汉寇壶关，陷之。

汉主渊使王弥与楚王聪共攻壶关，以石勒为前锋都督。刘琨遣军救之，不克。越遣淮南内史王旷、将军施融拒之，旷济河，欲长驱而前，融曰："彼乘险间出，且当阻水为固，以量形势。"旷怒曰："君欲沮众邪？"遂逾太行，与聪战于长平，大败，皆死，壶关降汉。

任命王衍为太尉。　太傅司马越派将军何伦率领东海国的军队进入皇宫担任禁卫。

司马越因为近年来朝廷发生的变故，大多是由宫廷中的人引发的，于是上奏，禁卫中有侯爵之位的人全部罢免，又派将军何伦、王秉带领数百名东海国士兵担任禁卫。

汉侵犯黎阳，黎阳陷落。

汉主刘渊派刘景带兵攻打黎阳，将黎阳城攻克。又在延津打败了王堪，把三万多男女百姓沉于黄河中。刘渊听到这件事，发怒说："刘景还有什么脸面来见我？况且上天能容忍他吗！我想要除掉的，只是司马氏啊，小民有什么罪呢！"把刘景降了职。

夏季，大旱。

长江、汉水、黄河、洛河可以徒步过去。

汉石勒侵犯钜鹿、常山。

石勒率领了十多万人，聚集了一些有身份的人士另外编为君子营，以张宾为主要谋士，刁膺为辅佐，夔安、孔苌、支雄、桃豹、逯明等人为爪牙，并州的胡人、羯人大多都跟随他。当初，张宾喜欢读书，心胸豁达有大志，常自比张良。等到石勒攻取了崤山以东地区，张宾对他亲信的人说："我遍观那些大将，没有比得上这位胡人将军的，可以和他共同成就大业。"于是提着剑来到石勒的军营门前，大喊请求石勒接见。起初石勒也没认为他有什么出众的才能。后来张宾多次为石勒出谋献策，结果都和预料的一样，石勒从此认为他确是奇才。

汉侵犯壶关，壶关被攻陷。

汉主刘渊派王弥和楚王刘聪共同去攻打壶关，以石勒为前锋都督。刘琨派兵去援救壶关，没有成功。司马越派遣淮南内史王旷、将军施融去抵御刘聪等人，王旷渡过黄河，想长驱向前，施融说："对方凭借天险从小道出击，我们暂且应当隔水坚守，以观形势变化。"王旷发怒说："你想削弱众人的士气吗？"于是越过太行山，在长平与刘聪交战，王旷的军队大败，与施融等人都战死了，壶关降汉。

秋八月,汉寇洛阳,弘农太守垣延袭败之。

聪等攻洛阳,将军曹武等拒之,皆为所败。长驱至宜阳,自恃骤胜,怠不设备。垣延诈降,夜袭败之。

冬十月,汉复寇洛阳,北宫纯击败之。

汉主渊复遣刘聪等寇洛阳,屯西明门。北宫纯等夜帅勇士出攻汉壁,斩其将军呼延颢。聪南屯洛水,而大司空呼延翼又为其下所杀,众遂溃归。宣于脩之言于渊曰:"岁在辛未,乃得洛阳。今晋气犹盛,大军不归,必败。"渊乃召聪等还。聪、曜归平阳,弥南出轘辕,流民之在颍川、襄城、汝南、南阳、河南者数万家,素为居民所苦,皆杀长吏以应弥。

庚午(310) 四年汉烈宗刘聪光兴元年。

春正月,汉寇徐、豫、兖、冀诸郡。 琅邪王睿以周玘为吴兴太守。

钱珫寇阳羡,玘纠合乡里讨斩之。玘三定江南,琅邪王睿以为吴兴太守,于其乡里置义兴郡以旌之。

汉曹嶷寇东平、琅邪。 夏四月,王浚击汉刘灵,杀之。 蝗。 秋七月,汉寇河内,陷之。 汉主渊卒,太子和立,其弟聪弑而代之。

汉主渊寝疾,以陈留王欢乐为太宰,楚王聪为大司马、大单于,并录尚书事。安昌王盛、安邑王钦、西阳王璿,分典禁兵。初,盛少时不好读书,唯读《孝经》《论语》,曰:"诵此能行,足矣,安用多诵而不行乎?"李憙见之,叹曰:"望之如可易,及至,肃如严君,可谓君子矣。"

秋八月，汉进犯洛阳，弘农太守垣延袭击并打败了汉军。

刘聪等人进攻洛阳，将军曹武等人率兵抵御，都被打败。刘聪长驱直入到了宜阳，自恃多次取胜，懈怠不加防备。垣延假装投降，夜间袭击，打败了刘聪。

冬十月，汉又进犯洛阳，被北宫纯打败。

汉主刘渊又派刘聪等人进犯洛阳，驻扎在西明门。北宫纯等人夜间率领勇士攻击汉营，杀死了汉将军呼延颢。刘聪向南驻扎在洛水附近，而大司空呼延翼又被他的部下杀死，于是他的部众都溃散奔逃回去了。宣于脩之对刘渊说："到了辛未年，才能攻下洛阳。现在晋朝气运还旺盛，我们的大军不回去，必然会失败。"刘渊于是召刘聪等人回去。刘聪、刘曜回到平阳，王弥向南出兵辕辕，当时流民流落在颍川、襄城、汝南、南阳、河南的有数万家，一向受当地居民的欺辱，所以都杀死当地的官吏响应王弥。

庚午（310）　**晋怀帝永嘉四年**汉烈宗刘聪光兴元年。

春正月，汉进犯徐、豫、兖、冀州诸郡。　琅邪王司马睿任命周玘为吴兴太守。

钱㻋进犯阳羡，周玘联合乡里百姓讨伐他，将他杀死。周玘三次平定江南，琅邪王司马睿以周玘为吴兴太守，在他家乡设置义兴郡来表彰他。

汉曹嶷侵犯东平、琅邪。　夏四月，王浚击败了汉刘灵，杀死了他。　发生蝗灾。　秋七月，汉进犯河内，河内被攻陷。汉主刘渊去世，太子刘和继位，其弟刘聪杀死刘和取而代之。

汉主刘渊卧病不起，任命陈留王刘欢乐为太宰，楚王刘聪为大司马、大单于，都录尚书事。安昌王刘盛、安邑王刘钦、西阳王刘璿分别统领禁兵。当初，刘盛年轻时不喜读书，只诵读《孝经》《论语》，他说："读了这两种书能身体力行，就足够了，哪里用得着多读而不去实行呢？"李憙看到刘盛，感叹说："远望好像可以轻视他，到了跟前，严肃如威严的君主，可以称得上君子了。"

渊以其忠笃，故临终委以要任。渊卒，太子和即位。和性猜忌无恩，宗正呼延攸、侍中刘乘、西昌王锐说和曰："先帝不惟轻重之势，使大司马拥十万众屯于近郊，陛下便为奇坐耳。宜早为之计。"和信之，夜召盛、钦告之。盛曰："陛下勿信谗以疑兄弟。兄弟尚不可信，他人谁足信哉！"攸、锐怒，命左右刃之。遂攻聪于单于台，不克。锐等走入南宫，聪前锋随之，杀和及锐、攸、乘。聪以北海王乂，单后之子也，以位让之。乂涕泣固请，聪遂即位，以乂为皇太弟，领大单于。子粲为河内王，都督中外诸军事。石勒为并州刺史。

氐酋蒲洪自称略阳公。

洪，略阳临渭氐酋也，骁勇多权略，群氐畏服之。汉拜洪平远将军，不受，自称秦州刺史、略阳公。

流民王如寇南阳以附汉。

雍州流民多在南阳，诏书遣还乡里，流民以关中荒残，皆不愿归。山简遣兵促发，京兆王如潜结壮士，夜袭其军，破之。攻城镇，杀令长，众至四五万，自号大将军，称藩于汉。

冬十月，汉寇洛阳。　以拓跋猗卢为大单于，封代公。

初，匈奴刘猛死，刘虎代领其众，居新兴，号铁弗氏，与白部鲜卑皆附于汉。刘琨将讨之，遣使卑辞厚礼，说拓跋猗卢以请兵。猗卢使其弟弗之子郁律帅骑二万助之，遂破刘虎、白部。琨与猗卢结为兄弟，表为大单于，以代郡封之为代公。时代郡属幽州，王浚不许，遣兵击猗卢，

刘渊因为他忠诚可靠，所以临终前委以重任。刘渊去世，太子刘和继位。刘和生性猜忌，对人不愿施恩，宗正呼延攸、侍中刘乘、西昌王刘锐劝刘和说："先帝不考虑轻重的形势，让大司马带领十万重兵驻扎在近郊，这样陛下不过是在他人那里寄居的皇帝罢了。应该尽早考虑对策。"刘和相信了，夜间召集刘盛、刘钦，告诉了他们。刘盛说："陛下不要听信谗言来怀疑兄弟。兄弟如果还不能相信，他人还能相信谁呢！"呼延攸、王锐听了大怒，让身边的人把刘盛杀了。于是在单于台攻打刘聪，没有成功。刘锐等人逃进南宫，刘聪的前锋部队跟随着他，杀了刘和以及刘锐、呼延攸、刘乘。刘聪因北海王刘义是单皇后的儿子，要把皇位让给刘义。刘义哭泣着再三请求刘聪即位，刘聪于是登上皇位，以刘义为皇太弟，兼大单于。封儿子刘粲为河内王，都督中外诸军事。石勒为并州刺史。

氐人酋长蒲洪自称略阳公。

蒲洪是略阳郡临渭县氐人的酋长，勇敢又有权变谋略，氐人都敬畏而服从他。汉封蒲洪为平远将军，蒲洪不接受，自称秦州刺史、略阳公。

流民王如攻打南阳，归附于汉。

雍州流民大多流落在南阳，朝廷下诏要将他们遣返乡里，流民因关中荒芜残破，都不愿回去。山简派兵催促他们出发，京兆人王如暗中联合壮士，夜间袭击山简军队，将其击败。然后攻城镇，杀县令，聚合了四五万人，自称大将军，藩服于汉。

冬十月，汉进犯洛阳。　以拓跋猗卢为大单于，封代公。

当初，匈奴首领刘猛死去，刘虎代领其部众，居住在新兴，号称铁弗氏，与白部鲜卑一起归附于汉。刘琨将要去讨伐刘虎和白部鲜卑，派遣使者带着丰厚的礼品用谦卑的言辞，请求拓跋猗卢出兵相助。拓跋猗卢派他的弟弟拓跋弗的儿子拓跋郁律率领两万骑兵助战，于是打败了刘虎和白部鲜卑。刘琨与拓跋猗卢结为兄弟，表奏拓跋猗卢为大单于，把代郡封给他，称为代公。当时代郡隶属于幽州，王浚不允许，派兵去攻打拓跋猗卢，

猗卢拒破之，浚由是与琨有隙。猗卢以封邑去国悬远，民不相接，乃帅部落万余家，自云中入雁门，从琨求陉北之地。琨不能制，且欲倚之为援，乃徙楼烦、马邑、阴馆、繁畤、崞五县民于陉南，以其地与之。由是猗卢益盛。琨遣使言于太傅越，请出兵共讨刘聪、石勒。越忌苟晞为后患，不许。琨乃谢猗卢之兵，遣归国。

遣使征天下兵入援。

京师饥困日甚，太傅越遣使以羽檄征天下兵，使入援京师。帝谓使者曰："为我语诸征、镇，今日尚可救，后则无及矣！"既而卒无至者。山简遣都护将兵入援，为王如所败。如遂大掠沔汉，进逼襄阳。朝议多欲迁都以避难，王衍以为不可，卖车牛以安众心。

汉石勒击并王如兵，遂寇襄阳。十一月，太傅越率兵讨之，次于项。

越以胡寇益盛，内不自安，乃戎服入见，请讨石勒。帝曰："今胡虏侵逼郊畿，公岂可远去以孤根本？"对曰："臣出，幸而破贼，则国威可振，犹愈于坐待困穷也！"乃帅甲士四万向许昌，留何伦防察宫省，以行台自随。用王衍为军司，朝贤素望悉为佐吏，名将劲卒咸入其府。于是宫省无复守卫，荒馑日甚，盗贼公行，府寺营署并掘堑自守。越东屯项，自领豫州牧。

宁州刺史王逊灭五苓夷。

初，李毅死，其子钊自洛往，州人奉之以主州事。遣使诣京师求刺史，朝廷乃以逊为刺史。既至，表钊为朱提太守。

拓跋猗卢进行抵御,打败了王浚的军队,从此王浚与刘琨有了仇怨。拓跋猗卢因为封地离自己国家太远,两地百姓不能靠近,就率领部落一万多家,从云中进入雁门,向刘琨请求陉岭以北地区。刘琨不能控制他,又想依靠他为援助,就把楼烦、马邑、阴馆、繁畤、崞县五县百姓迁到陉岭以南,把这些地方给拓跋猗卢。因此拓跋猗卢更加强盛。刘琨派使者告诉太傅司马越,请他出兵共同讨伐刘聪、石勒。司马越恐怕苟晞成为后患,不允许。刘琨于是谢绝了拓跋猗卢的兵力援助,让他们回国去了。

朝廷派使者征召全国兵力入援京城。

京城地区的饥荒困顿日益加剧,太傅司马越派遣使者发出紧急命令,征召全国军队,让他们入援京城。怀帝对使者说:"替我告诉各地将军,今日京城尚可挽救,迟了就来不及了!"后来终究无人应征。山简派都护带兵前去援救,被王如打败。王如于是在沔水、汉水地区大肆抢掠,进逼襄阳。朝廷商议时很多人都想迁都避难,王衍认为不能这样做,卖掉了车、牛以安定人心。

汉石勒击败吞并了王如的军队,接着进犯襄阳。十一月,太傅司马越率兵讨伐石勒,驻扎在项县。

司马越因胡人日益强盛,内心十分不安,于是穿上戎装入宫去见怀帝,请求讨伐石勒。怀帝说:"现在胡人已经侵逼到京郊,您怎能远离京城而使根本孤立呢?"司马越回答说:"我这次出征,如果有幸能打败敌人,则国威可振,也胜于坐以待毙啊!"于是率领四万兵士向许昌进发,留下何伦保卫皇宫,让行尚书台跟随自己出征。以王衍为军司,让素来在朝中有声望的人都担任佐吏,名将劲兵全部收入自己的军府。从此宫中再没有守卫力量,饥荒日益加剧,盗贼公然出没,各官署府舍都挖掘战壕自卫。司马越东进驻扎在项县,自己兼任豫州牧。

宁州刺史王逊消灭了五苓夷。

当初,李毅去世,他的儿子李钊从洛阳回去,宁州人推举他主持宁州事务。他派遣使者到京城,请求派一位刺史,朝廷于是任命王逊为刺史。王逊到任后,上表举荐李钊为朱提太守。

时宁州内逼于成，外有夷寇，城邑丘墟。逊恶衣菜食，招集离散，劳徕不倦。数年之间，州境复安。诛豪右不奉法者十余家，击灭五苓夷，内外震服。

汉主聪杀其兄恭。

汉主聪自以越次而立，忌其兄恭，杀之。

汉太后单氏卒。

单氏年少美色，汉主聪烝焉。太弟义屡以为言，单氏惭恚而死。义宠由是渐衰。呼延后言于聪曰："父死子继，古今常道，太弟何为者哉？陛下百年后，粲兄弟必无种矣。"聪心然之。义舅冲谓义曰："疏不间亲，主上有意于河内王矣，殿下何不避之？"义曰："天下者，高祖之天下，兄终弟及，何为不可？粲等既壮，犹今日也。且子弟之间，亲疏讵几？主上宁可有此意乎？"

辛未（311） **五年**汉嘉平元年，成玉衡元年。
春正月，汉曹嶷寇青州，苟晞败走。 石勒寇江夏，陷之。

勒谋保据江汉，张宾以为不可。会军中饥疫，死者太半，乃渡沔寇江夏。
成寇陷涪。梓潼内史谯登死之。

初，谯周之子居巴西，为成太守马脱所杀，其子登诣刘弘请兵复仇。弘表登为梓潼内史，使自募巴蜀流民，得二千人，西上攻宕渠，斩脱，食其肝，遂据涪城。成人攻之，屡为所败。至是三年，食尽援绝，士民熏鼠食之，饿死甚众，

这时宁州内受成汉逼迫,外有夷人侵扰,城邑都成了废墟。王逊穿着破旧的衣服,以菜果腹,召集离散的百姓,不知疲倦地抚慰他们。经过数年,宁州又重新安定了。诛杀了不守法令的十几家豪族,消灭了五苓夷,内外震动归服。

汉主刘聪杀了他的哥哥刘恭。

汉主刘聪因为自己是超越继位顺序而登上皇位的,猜忌他的哥哥刘恭,就把刘恭杀了。

汉太后单氏去世。

单氏年少貌美,汉主刘聪和她私通。太弟刘乂多次以言相劝,单氏惭恨而死。刘聪对刘乂的宠信因此渐渐衰减。皇后呼延氏对刘聪说:"父死由儿子继位,这是古今常理,太弟算得上什么呢?陛下百年之后,刘粲兄弟必定不会有后代存世了。"刘聪心里认为皇后说得很对。刘乂的舅舅单冲对刘乂说:"疏远的不能离间亲近的,主上有让河内王刘粲继位的意思,殿下为什么不避一避呢?"刘乂说:"天下,是高祖的天下,兄死弟继,有什么不行?刘粲兄弟长大以后,也会像今日这样做。况且父子和兄弟之间,难道还有什么亲疏?主上难道会有这种想法吗?"

辛未(311)　**晋怀帝永嘉五年**汉嘉平元年,成汉玉衡元年。

春正月,汉曹嶷进犯青州,苟晞战败逃走。　石勒进犯江夏,江夏被攻陷。

石勒图谋保住并占据江汉地区,张宾认为不可。恰遇军队中乏粮,又流行瘟疫,死者过半,于是渡过沔水进犯江夏。

成汉攻陷了涪城。梓潼内史谯登被杀。

当初,谯周的儿子居住在巴西,被成汉的太守马脱杀死,他的儿子谯登到刘弘那里请刘弘出兵为父报仇。刘弘表奏谯登担任梓潼内史,让他自己募集巴蜀地区的流民,得到两千人,向西进攻宕渠,杀死了马脱,吃了他的肝,于是占据了涪城。成汉军队攻击涪城,多次被谯登打败。到现在已经三年,涪城食尽援绝,官吏和百姓用烟火将老鼠熏出洞来作为食物,饿死了很多人,

无一人离叛者。城陷见获，成主雄欲宥之，登词气不屈，乃杀之。

湘州流民作乱，推杜弢为刺史。

巴蜀流民布在荆湘间，为土民所困苦。湘州参军冯素与蜀人汝班有隙，言于刺史苟眺，欲尽诛流民。流民大惧，四五万家一时俱反，以醴陵令杜弢为湘州刺史。

琅邪王睿逐扬州都督周馥，以王敦为刺史、都督征讨诸军事。

馥以洛阳孤危，表请迁都寿春。太傅越以馥不先白己，大怒，召之。馥不行，睿遂攻之。馥败走，死。睿以敦为扬州刺史、督征讨诸军。

三月，太傅越卒于项。以苟晞为大将军，督六州。

苟晞移檄诸州，陈越罪状。帝亦恶越专权违命，所留何伦等，抄掠公卿，逼辱公主，密赐晞诏使讨之。越亦下檄罪状晞，遣兵攻之。晞遣骑收越党尚书刘曾、侍中程延，斩之。越忧愤成疾，以后事付王衍而卒。众共推衍为元帅，衍不敢当，奉越丧还葬东海。伦等以裴妃及世子毗自洛阳东走，城中士民争随之。帝追贬越为县王，以晞为大将军，都督青、徐、兖、豫、荆、扬诸军事。

夏四月，汉石勒追败越军于苦县，执王衍等杀之。

勒帅轻骑追太傅越之丧，及于苦县，大败晋兵，纵骑围而射之，将士十余万人，无一免者。执太尉衍等，问以晋故，衍具陈祸败之由，云计不在己，且自言少无宦情，

但没有一人叛变逃离。城被攻陷,谯登被抓住,成汉国主李雄想要宽恕他,谯登言辞志气都不屈服,于是被杀。

湘州流民作乱,推举杜弢为刺史。

巴蜀流民流落在荆州、湘州地区,受到当地百姓的欺辱。湘州参军冯素和蜀人汝班有仇怨,就对刺史苟眺讲,想杀尽流民。流民非常害怕,四五万家同时造反,推举醴陵令杜弢为湘州刺史。

琅邪王司马睿驱逐了扬州都督周馥,以王敦为扬州刺史、都督征讨诸军事。

周馥因为洛阳处于孤立无援的危险状况,上表请求怀帝迁都寿春。太傅司马越因为周馥没有预先向自己报告,大怒,就征召周馥。周馥不来,司马睿就去攻打他。周馥战败逃跑,死了。司马睿以王敦为扬州刺史、都督征讨诸军事。

三月,太傅司马越在项县去世。任命苟晞为大将军,督六州诸军事。

苟晞向各州发布檄文,公布司马越的罪状。怀帝也痛恨司马越专权和违背自己的命令,司马越留下的何伦等人,抢掠公卿财物,威逼污辱公主,怀帝于是秘密下诏,派苟晞去讨伐司马越。司马越也发布檄文,列举苟晞的罪行,派兵去攻打他。苟晞派骑兵抓住了司马越的党羽尚书刘曾、侍中程延,把他们杀了。司马越忧愤成疾,把后事托付给王衍就去世了。众人共同推举王衍为元帅,王衍不敢担当,就护送司马越的灵柩回东海安葬。何伦等人就侍奉裴妃以及世子司马毗从洛阳向东走,洛阳城的士人百姓争相跟随。怀帝追贬司马越为县王,任命苟晞为大将军,都督青、徐、兖、豫、荆、扬六州诸军事。

夏四月,汉石勒追击司马越军队,在苦县将他们打败,抓住王衍等人,把他们杀了。

石勒率轻骑兵追击太傅司马越的灵车,追到苦县,把晋兵打得大败,纵马包围,用弓箭射击,晋将士十余万人,无一幸免。抓住太尉王衍等人,询问晋朝乱亡的缘故,王衍详细陈述了祸乱败亡的原因,说责任不在自己,并且自称从小就没有当官的愿望,

不豫世事。因劝勒称尊号，冀以自免。勒曰："君少壮登朝，名盖四海，身居重任，何得言无宦情邪？破坏天下，非君而谁？"众人畏死，多自陈述，独襄阳王范神色俨然，顾呵之曰："今日之事，何复纷纭！"勒谓孔苌曰："吾行天下多矣，未尝见此辈人，当可存乎！"苌曰："彼皆晋之王公，终不为吾用。"勒曰："虽然，要不可加以锋刃。"夜使人排墙杀之。剖越柩，焚其尸，曰："乱天下者，此人也，吾为天下报之。"世子毗及宗室四十八王皆没于勒。裴妃为人所掠卖，久之，渡江。初，琅邪王睿之镇建业，裴妃意也，故睿德之，厚加存抚，以其子冲继越后。

五月，杜弢陷长沙。

弢自是南破零、桂，东掠武昌，杀长吏甚众。

汉人入寇，六月，**陷洛阳**，杀太子诠，迁帝于平阳，封平阿公。

苟晞表请迁都仓垣，帝将从之，公卿犹豫，不果行。既而洛阳饥困，人相食，百官流亡者什八九。帝将行，而卫从不备，无车舆，乃步出西掖门，至铜驼街，为盗所掠，不得进。度支魏浚帅流民数百家保河阴之硖石，时掠得谷麦献之。汉主聪使呼延晏将兵二万七千寇洛阳，比及河南，晋兵前后十二败。刘曜、王弥、石勒皆引兵会之，晏先至，攻平昌门，克之，遂焚府寺。六月，司空荀藩及弟光禄大夫组奔辗辕，弥、晏克宣阳门，入宫大掠。帝欲奔长安，汉兵追执之。

不参与世事。并借机劝石勒称帝,希望以此使自己免遭死难。石勒说:"你年轻时就进朝为官,名盖四海,身居重任,怎能说没有当官的愿望呢?破坏天下的人,不是你又是谁呢?"众人都怕死,多数都陈述自己的情况,只有襄阳王司马范神色严肃,看着大家呵斥说:"今天的事情,何必还不停地说呢!"石勒对孔苌说:"我走的地方多了,还没有见过这样的人,应当留下他的性命吧!"孔苌说:"他们都是晋朝的王公,最终也不会受我们任用。"石勒说:"虽说如此,还是不要用刀来杀他们。"夜间让人把墙推倒,将他们压死了。又打开了司马越的灵柩,焚烧了他的尸体,石勒说:"乱天下的,就是此人,我这是为天下人报仇。"世子司马毗以及宗室四十八位亲王都被石勒杀死。裴妃被人抢走卖了,过了很久,才渡过长江。当初,让琅邪王司马睿镇守建业,是裴妃的主意,所以司马睿感激她,优厚地加以安抚,并把自己的儿子司马冲过继给司马越做司马越的后代。

五月,杜弢攻下了长沙。

杜弢从此向南攻克了零陵、桂阳,向东攻掠武昌,杀死了很多官吏。

汉兵入侵,六月,攻陷洛阳,杀死了太子司马诠,把怀帝迁到平阳,封为平阿公。

苟晞上表请求迁都仓垣,怀帝打算接受这个意见,但公卿大臣犹豫不决,于是没有成行。不久洛阳城中饥饿困乏,出现了人吃人的现象,文武百官十有八九都流亡了。怀帝将要动身,但卫队侍从不齐备,又没有车马乘舆,于是步行走出西掖门,到了铜驼街,遭到强盗抢劫,不能前进。度支魏浚率领数百家流民在河阴的硖石一带守卫,当时抢了一些谷麦献给怀帝。汉主刘聪派呼延晏率领士兵二万七千人进攻洛阳,到黄河以南后,晋军先后十二次被汉兵打败。刘曜、王弥、石勒都带兵与呼延晏会合,呼延晏先到,攻打平昌门,攻克后,焚烧了官署屋舍。六月,司空苟藩和他的弟弟光禄大夫苟组逃往辕辕,王弥、呼延晏攻克了宣阳门,入宫大肆抢掠。怀帝想要逃往长安,被汉兵追上抓住。

曜自西明门入，杀太子诠等，士民死者三万余人。遂发掘诸陵，焚宫庙。曜纳羊后，迁帝及六玺于平阳。勒引兵出屯许昌。汉以帝为左光禄大夫，封平阿公，以侍中庾珉、王儁为光禄大夫。

初，曜以弥不待己至，先入洛阳，怨之。弥说曜曰："洛阳天下之中，山河四塞，城池宫室不假修营，宜白主上自平阳徙都之。"曜以天下未定，洛阳四面受敌，不可守，不用弥策而焚之。弥骂曰："屠各子，岂有帝王之意邪！"遂与曜有隙，引兵东屯项关。刘暾说弥曰："将军建不世之功，又与始安王相失，将何以自容？不如东据本州，徐观天下之势，上可以混一四海，下不失鼎跱之业。"弥心然之。

司空苟晞奉豫章王端，建行台于蒙城。苟藩奉秦王业趣许昌。

苟藩在阳城，汝阴太守李矩输给之。藩建行台于密，传檄四方，推琅邪王睿为盟主，以矩为荥阳太守。豫章王端，太子诠弟也，东奔仓垣，苟晞奉为皇太子，置行台，徙屯蒙城。秦王业，吴孝王晏之子，藩甥也，年十二，南奔密，藩等奉之以趣许昌。天水阎鼎聚西州流民数千于密，欲还乡里。藩以鼎有才而拥众，用为豫州刺史，以周顗等为参佐。

琅邪王睿遣兵击江州刺史华轶，斩之。

时海内大乱，独江东差安，中国士民避乱者多南度江。王导说睿收其贤俊，辟掾属刁协、王承、诸葛恢、陈颋、庾亮等百余人，时人谓之百六掾。及承苟藩檄，承制署置，江州刺史华轶及豫州刺史裴宪皆不从命。睿遣王敦、

刘曜从西明门入，杀死太子司马诠等人，士人百姓被杀死的有三万多。又挖掘各晋帝的陵墓，焚烧宫室宗庙。刘曜纳娶了羊皇后，将怀帝及皇帝的六枚玉玺都送往平阳。石勒带兵驻扎许昌。汉以怀帝为左光禄大夫，封平阿公，以侍中庾珉、王儁为光禄大夫。

　　当初，刘曜因王弥不等他到，自己先进入洛阳，心中怨恨王弥。王弥劝刘曜说："洛阳是天下的中心，四面有山河环卫，城池宫室不用重新修整营建，应当请求主上从平阳迁都洛阳。"刘曜因天下未定，洛阳四面受敌，不可守卫，没有采纳王弥的计策而放火焚烧了洛阳。王弥骂他道："这个屠各子，哪有做帝王的想法呢！"于是和刘曜有了仇怨，带兵向东驻扎在项关。刘暾劝王弥说："将军建立了世人少有的大功，又和始安王刘曜失和，将来如何容身？不如向东占据自己的青州，慢慢观察天下变化之势，弄得好可以统一天下，弄得不好也可成鼎足对峙之业。"王弥内心认为他说得有道理。

　　司空苟晞尊奉豫章王司马端，在蒙城设立了行台。苟藩侍奉秦王司马业奔赴许昌。

　　苟藩在阳城，汝阴太守李矩运送粮食供给他。苟藩在密县建立行台，向各地发布檄文，推举琅邪王司马睿为盟主，任用李矩为荥阳太守。豫章王司马端是太子司马诠的弟弟，他向东逃到仓垣，苟晞尊奉他为皇太子，设置行台，迁往蒙城驻扎。秦王司马业是吴孝王司马晏的儿子，是苟藩的外甥，十二岁，向南逃到密县，苟藩等人侍奉着他奔向许昌。天水人阎鼎在密县聚集了数千西州流民，想回到家乡。苟藩因阎鼎有才能又聚集了很多人，就任用他为豫州刺史，让周颙等人担任僚属。

　　琅邪王司马睿派兵攻打江州刺史华轶，杀死华轶。

　　当时天下大乱，只有江东稍微安定一些，中原避难的士人百姓大多南渡长江。王导劝说司马睿召集那些贤德有才的人，征召了习协、王承、诸葛恢、陈颙、庾亮等一百多人作为掾属，当时人称之为百六掾。等司马睿接到苟藩檄文，按朝廷旨意建置官吏，江州刺史华轶和豫州刺史裴宪都不服从。司马睿派遣王敦、

甘卓、周访合兵击轶，斩之。宪奔幽州。睿以卓为湘州刺史，访为寻阳太守，陶侃为武昌太守。

秋七月，大司马王浚自领尚书令。

浚设坛告类，立皇太子，称受中诏承制封拜，备置百官，列署征、镇。

汉刘曜寇长安，南阳王模出降，曜斩之，遂据长安。模世子保保上邽。

南阳王模使牙门赵染戍蒲坂，染帅众降汉，汉遣染与将军刘雅攻模于长安，刘粲、刘曜继之。染败模兵于潼关，长驱至下邽。凉州将北宫纯自长安帅众降汉。汉兵围长安，模仓库虚竭，士卒离散，遂降于汉，粲杀之。关西饥馑，白骨蔽野，士民存者百无一二。汉主聪以曜为雍州牧，封中山王，守长安。模都尉陈安帅众归世子保于上邽，保遂据有秦州，自称大司马，承制署置陇右，氐羌皆从之。

汉石勒陷蒙城，执苟晞及豫章王端。

晞骄奢苛暴，前辽西太守阎亨数谏，杀之。从事明预有疾，自舆入谏，晞怒曰："我杀阎亨，何关人事，而舆病骂我！"预曰："明公以礼待预，故预以礼自尽。今明公怒预，其如远近怒明公何！桀为天子，犹以骄暴而亡，况人臣乎！愿明公且置是怒，思预之言。"晞不从。由是众心离怨，加以疾疫饥馑，勒袭蒙城，执晞及豫章王，锁晞颈，以为左司马。

冬十月，汉石勒诱王弥杀之。

汉大将军王弥与勒外相亲而内相忌，会其将徐邈叛去，弥兵渐衰，闻勒擒苟晞，心恶之，以书贺勒曰："公获苟晞

甘卓、周访联兵去攻打华轶，并杀了他。裴宪逃往幽州。司马睿任用甘卓为湘州刺史，周访为寻阳太守，陶侃为武昌太守。

秋七月，大司马王浚自己兼任尚书令。

王浚设坛祭告上天，立皇太子，声称是受朝廷诏令按照皇帝旨意封拜的，配备百官，设置了各征、镇将领。

汉刘曜攻打长安，南阳王司马模出城投降，刘曜把他杀了，于是占据了长安。司马模的世子司马保守卫上邽。

南阳王司马模派遣牙门赵染戍守蒲坂，赵染率部众降汉，汉派赵染和将军刘雅进军长安攻打司马模，刘粲、刘曜作为后援。赵染在潼关打败了司马模的军队，长驱直入来到下邽。凉州守将北宫纯从长安率兵降汉。汉兵包围了长安，司马模仓库空虚，士卒逃散，只好向汉投降，刘粲把他杀了。关西发生饥荒，白骨遍野，士人百姓活下来的百无一二。汉主刘聪任命刘曜为雍州牧，封中山王，守卫长安。司马模的都尉陈安率领部众将世子司马保送到上邽，于是司马保占据了秦州，自称大司马，按照皇帝旨意在陇右设置官吏，氐、羌人都服从他。

汉石勒攻下了蒙城，抓住了苟晞和豫章王司马端。

苟晞骄横奢侈苛刻残暴，前辽西太守阎亨多次劝谏他，被他杀了。从事中郎明预有病，亲自乘着车去劝谏，苟晞大怒，说："我杀阎亨，关别人什么事，你还带病乘车来骂我！"明预说："您以礼待我，所以我也以礼尽到自己的责任。现在您对我发怒，但是对远近都抱怨明公的人又能怎么样呢！夏桀是天子，尚且因骄奢残暴而灭亡，何况是臣子呢！希望明公且消消怒气，想一想我说的话。"苟晞不听。由此众心离散怨恨，又加上瘟疫饥荒，石勒袭击蒙城，抓住了苟晞和豫章王司马端，锁住了苟晞的脖子，让他做左司马。

冬十月，汉石勒诱杀了王弥。

汉大将军王弥和石勒表面上很友好，内心却相互猜忌，恰遇王弥的部将徐邈叛离，王弥的力量逐渐衰弱，听说石勒擒住了苟晞，心中很不是滋味，就写信向石勒道贺说："您擒获了苟晞

而用之,何其神也!使晞为公左,弥为公右,天下不足定也。"勒谓张宾曰:"王公位重而言卑,其图我必矣!"宾因劝勒,乘弥小衰,诱而取之。时弥与刘瑞相持甚急,请救于勒,勒未之许。宾曰:"公常恨不得王公之便,今天以王公授我矣!"勒乃引兵击瑞,斩之。弥大喜,谓勒实亲己,不复疑也。勒请弥燕,酒酣而斩之,并其众。汉主聪大怒,遣使让勒"专害公辅,有无君之心"。然犹加勒镇东大将军,以慰其心。苟晞潜谋叛勒,勒杀之。引兵掠豫州诸郡,临江而还,屯于葛陂。

初,勒之为人所掠卖也,与其母王氏相失。刘琨得之,遣使并其从子虎送于勒,因遗书曰:"将军用兵如神,所以周流天下而无容足之地者,盖得主则为义兵,附逆则为贼众故也。成败之数,有似呼吸,吹之则寒,嘘之则温。今相授侍中,领护匈奴中郎将,将军其受之。"勒报书曰:"事功殊途,非腐儒所知。君当逞节本朝,吾自夷,难为效。"遗琨名马珍宝,厚礼其使,谢而绝之。时虎年十七,残忍无度。勒白母除之,母曰:"快牛为犊,多能破车,汝小忍之。"及长,便弓马,勇冠当时。每屠城邑,鲜有遗类。然御众严而不烦,莫敢犯者,指授攻讨,所向无前。勒遂宠任之。

冯翊太守索綝等击败汉兵于长安。十二月,迎秦王业入雍城。

而又任用他,多么神奇啊!让苟晞做您的左司马,我做您的右司马,天下就不难平定了。"石勒对张宾说:"王公位高而言语谦卑,他一定要图谋我们了!"张宾因此劝说石勒,趁王弥力量稍有衰弱,引诱他将他除掉。这时王弥和刘瑞正处于紧张对峙之势,王弥向石勒求援,石勒没有答应。张宾说:"您常常遗憾得不到除掉王公的机会,现在是上天把王公交给我们啊!"石勒于是带兵去攻击刘瑞,把刘瑞杀了。王弥大喜,以为石勒真的和自己很友好,就不再怀疑。石勒请王弥赴宴,酒喝得正高兴时杀死了王弥,兼并了他的军队。汉主刘聪知道此事后大怒,派遣使者指责石勒"擅自害死朝廷重要辅臣,不把君主放在眼里"。然而还是给石勒加上镇东大将军的头衔,来安抚石勒。苟晞密谋背叛石勒,石勒将他杀了。石勒带兵侵掠豫州各郡,到达长江边上就回来了,驻扎在葛陂。

当初,石勒被人抢走卖掉时,和母亲王氏失散。刘琨找到了他母亲,派遣使者将其母王氏和侄子石虎一起送到石勒那里,并给他写信说:"将军用兵如神,但之所以至今还到处游荡没有立足之地,是因为得到明主就是正义之师,归附逆贼就是贼兵的缘故。成败的道理,就好比呼吸,吹气就感到冷,嘘气则感到暖。现在授予您侍中,兼任护匈奴中郎将,希望将军能接受。"石勒回信说:"建功立业的道路不同,这不是迂腐的书生能够了解的。您应当为自己的朝廷保持发扬气节,我是夷人,难以效命。"送给刘琨名马珍宝,优厚地礼待使者,谢绝了刘琨。当时石虎十七岁,极端残忍。石勒和母亲讲,想除掉他,其母说:"跑得快的牛,在牛犊时期大多都会把车弄坏,你稍微忍耐一下吧。"石虎长大以后,擅长骑马射箭,勇冠当时。每当攻城屠杀时,很少有人能遗留下来。但是他治理部众却严厉而不烦琐,没有人敢违抗他的命令,派他手下的兵士去攻战征讨,所向无前。因此石勒对他宠信任用。

冯翊太守索綝等人在长安打败了汉兵。十二月,迎接秦王司马业进入雍城。

初，索綝为冯翊太守，与安夷护军麴允、安定太守贾疋谋复晋室，帅众五万向长安。雍州刺史麴特等帅众十万会之，大败刘曜于黄丘，又破刘粲于新丰，兵势大振，关西胡、晋翕然响应。阎鼎欲奉秦王业入关，据长安以号令四方。荀藩、周𫖮等皆山东人，不欲西行，中涂逃散。𫖮奔江东，鼎与业至蓝田，遣人告疋。疋遣兵迎之，入于雍城，使梁综以兵卫之。

琅邪王睿以周𫖮为军谘祭酒。

前骑都尉桓彝避乱过江，见睿微弱，谓𫖮曰："我以中州多故，来此求全，而单弱如此，将何以济？"既而见王导，共论世事，退谓𫖮曰："向见管夷吾，无复忧矣。"诸名士游宴新亭，𫖮中坐叹曰："风景不殊，举目有江河之异。"因相视流涕。导愀然变色曰："当共戮力王室，克复神州，何至作楚囚对泣邪！"众皆收泪谢之。陈頵遗导书曰："中华所以倾弊者，正以取才失所，先白望而后实事，浮竞驱驰，互相贡荐。加有庄、老之俗倾惑朝廷，养望者为弘雅，政事者为俗人。夫欲制远，先由近始，今宜改张，明赏信罚，拔卓茂于密县，显朱邑于桐乡，然后大业可举，中兴可冀耳！"导不能从。

刘琨遣刘希合众于中山，王浚杀之。

刘琨长于招怀，而短于抚御。一日之中，虽归者数千，而去者亦相继。琨遣刘希合众于中山，幽州所统代郡、上谷、广宁之民多归之，众至三万。王浚怒，遣胡矩与

当初，索綝为冯翊太守，与安夷护军麴允、安定太守贾疋谋划匡复晋室，率领五万兵力向长安进军。雍州刺史麴特等人率领十万大军与之会合，在黄丘将刘曜打得大败，又在新丰打败了刘粲，兵势大振，关西的胡人、晋人都纷纷响应。阎鼎打算拥奉秦王司马业入关，占据长安来号令四方。荀藩、周颙等都是山东人，不愿西行，在中途逃走了。周颙奔向江东，阎鼎和司马业来到蓝田，派人告诉贾疋。贾疋派兵迎接，进入雍城，派梁综带兵保卫他们。

琅邪王司马睿任用周颙为军谘祭酒。

前骑都尉桓彝过江避乱，见司马睿力量微弱，对周颙说："我因中原多变故，来这里保命安身，但这里力量如此薄弱，将靠什么成就大业呢？"不久见到王导，与王导一起议论世事，回来后对周颙说："刚才我如同看到了管仲，没有什么可忧虑的了。"名士们在新亭宴饮游乐，周颙坐在中间感叹地说："风景虽然相同，但举目一望却有长江、黄河般的区别。"在座的人听了都相视流泪。王导立刻变了脸色说："大家应当协力效忠王室，克复神州，怎能像只知悲痛而不思进取的楚囚那样相对而泣呢！"众人连忙收住眼泪向王导道歉。陈頵给王导写信说："中华之所以倾覆残破，正是因为选择人才不当，徒有虚名的人优先而能干实事的人靠后，追名逐利的人争先恐后，互相举荐。再加上崇尚庄子、老子学说的风气扰乱蛊惑朝廷，只注重修养名望的人被看作雅士，而勤于政事的人则被视为俗人。如果要考虑远大的事业，就要先从近处开始，现在就应当改弦更张，赏罚分明，要像光武帝从密县提拔卓茂，像汉宣帝在桐乡使朱邑显达，这样才能够完成大业，中兴才有希望啊！"王导没有听从。

刘琨派刘希在中山聚合部众，王浚将刘希杀死。

刘琨擅长招徕安抚远方的人，而不善于抚慰驾驭近处的人。一天之中，虽然归附的有数千人，但离开的人也接连不断。刘琨派刘希到中山去聚合部众，幽州所统辖的代郡、上谷、广宁等地百姓很多都来归附，人数达到三万。王浚大怒，派胡矩与

段疾陆眷共攻希,杀之,驱略三郡士女而去。

慕容廆击破鲜卑素喜、木丸部。

辽东附塞鲜卑素喜连、木丸津攻陷诸县,屡败郡兵,东夷校尉封释不能讨,民失业,归慕容廆者甚众。廆少子翰言于廆曰:"自古有为之君,莫不尊天子以从民望,成大业。今连、津寇暴不已,不若数其罪而讨之,上则兴复辽东,下则并吞二部,忠义彰于本朝,私利归于我国,此霸王基也。"廆笑曰:"孺子乃能及此乎!"遂击连、津,以翰为前锋,破斩之,尽并二部之众。封释疾病,属其孙奕于廆。释卒,廆召奕与诰,说之,曰:"奇士也!"补小都督。释子悛、抽来奔丧,廆见之曰:"此家扛扛千斤犍也!"以道不通,皆留仕廆,抽为长史,悛为参军。

壬申(312)　**六年**汉嘉平二年。

春正月,汉主聪纳刘殷二女为贵嫔。

汉主聪将纳太保刘殷女,太弟义固谏,聪以问太宰延年、太傅景,皆曰:"太保自云刘康公之后,与陛下殊源,纳之何害!"聪悦,拜殷二女英、娥为左右贵嫔,位在昭仪上。又纳殷女孙四人皆为贵人,位次贵妃。于是六刘之宠倾后宫,聪希复出外,事皆中黄门奏决。

胡亢起兵竟陵。

亢故新野王牙门将,聚众竟陵,寇掠荆土,以杜曾为竟陵守。曾勇冠三军,能被甲游于水中。

段疾陆眷共同去攻打刘希,把刘希杀了,驱赶掠夺这三郡的百姓后离去。

慕容廆打败了鲜卑素喜连、木丸津二部。

靠近辽东边境的鲜卑素喜连、木丸津攻陷了辽东各县,屡次打败郡兵,东夷校尉封释无力征讨,百姓失去家业,归附慕容廆的很多。慕容廆的小儿子慕容翰对慕容廆说:"自古以来有作为的君主,没有不尊奉天子来顺应民众的愿望,以此成就大业的。现在素喜连、木丸津不停地侵掠残杀,不如列举其罪状来讨伐他们,上可以复兴辽东,下可以并吞素喜连和木丸津二部,对于晋朝显示了我们的忠义,而利益则归于我国,这是成为霸王的基础啊。"慕容廆笑着说:"小孩子竟能想到这些!"于是就攻击素喜连和木丸津,任命慕容翰为前锋,打败并杀死了他们,并吞了二部的人马。封释得了重病,把孙子封奕托付给慕容廆。封释去世后,慕容廆找来封奕和他交谈,很喜欢他,慕容廆说:"真是奇士啊!"补任他为小都督。封释的儿子封悛、封抽来奔丧,慕容廆见到他们说:"这家人都是从天而降力挽千斤的神牛啊!"因为道路不通,都留下来在慕容廆部下任职,封抽为长史,封悛为参军。

壬申(312) **晋怀帝永嘉六年**汉嘉平二年。

春正月,汉主刘聪纳娶刘殷的两个女儿为贵嫔。

汉主刘聪将要纳娶太保刘殷的女儿,太弟刘乂苦苦劝谏,刘聪又以此事询问太宰刘延年、太傅刘景,他们都说:"太保刘殷自称是周代刘康公的后代,和陛下不是同源,娶她们有什么妨害!"刘聪很高兴,封刘殷两个女儿刘英、刘娥为左右贵嫔,地位在昭仪之上。又娶刘殷的四个孙女为贵人,地位仅次于贵妃。这样对刘氏六女的宠爱超过了后宫任何人,刘聪很少再出宫去,政事都由宦官传奏决定。

胡亢在竟陵起兵。

胡亢是已故新野王的牙门将,在竟陵聚众,侵掠荆州一带,任命杜曾为竟陵太守。杜曾勇冠三军,能身穿铠甲在水中游泳。

二月朔，日食。　琅邪王睿遣将军纪瞻讨石勒于葛陂，勒引兵退。

石勒筑垒于葛陂，课农造舟，将攻建业。睿大集江南之众于寿春，以纪瞻为扬威将军，讨之。会大雨三月不止，勒军中饥疫死者太半，集将佐议之。刁膺请送款于睿，求扫平河朔以自赎，俟其军退，徐图之。勒愀然长啸。孔苌等请分道夜攻寿春，据城食粟，要以今年定江南。勒笑曰："是勇将之计也。"顾谓张宾曰："于君意何如？"宾曰："将军攻陷京师，囚执天子，杀害王公，妻略妃主，擢将军之发，不足以数将军之罪，奈何复相臣奉乎？今天降霖雨于数百里中，示将军不应留此也。邺有三台之固，西接平阳，山河四塞，宜北据之以营河北，河北既定，天下无处将军之右者矣！宜使辎重从北道先发，将军引大兵向寿春，辎重既远，大兵徐还，何忧进退无地乎！"勒攘袂鼓髯曰："张君计是也！"于是黜膺，擢宾为右长史，号曰右侯。勒引兵发葛陂，遣石虎向寿春，遇晋运船，虎将士争取之，为纪瞻所败。追奔百里，前及勒军，勒结阵待之，瞻不敢击。

汉封帝为会稽郡公。

汉主聪谓帝曰："卿昔为豫章王，朕与王武子造卿，卿赠朕柘弓银研，卿颇记否？"帝曰："臣安敢忘之，但恨尔日不早识龙颜。"聪曰："卿家骨肉何相残如此？"帝曰："大汉将应天受命，故为陛下自相驱除，此殆天意，非人事也。且臣家若能奉武皇帝之业，九族敦睦，

二月初一,发生日食。 琅邪王司马睿派遣将军纪瞻在葛陂讨伐石勒,石勒带兵退却。

石勒在葛陂修筑营垒,向农民征收赋税修造战船,打算攻打建业。司马睿调集江南的大批兵力到寿春,任命纪瞻为扬威将军,去讨伐石勒。恰巧遇到大雨下了三个月不停,石勒的军队由于饥饿和流行病,死亡过半,就召集大将及参佐商议对策。刁膺请石勒向司马睿求和,请求以扫平河朔作为赎罪的条件,等司马睿退兵之后,再慢慢图谋。石勒听后忧愤地大叫。孔苌等人请求分兵几路夜攻寿春,占据城邑,吃城中的粮食,约定今年平定江南。石勒笑着说:"这是勇将的计策啊。"回头对张宾说:"依您看该当如何呢?"张宾说:"将军攻陷了京师,囚禁了天子,杀害王公,霸占王妃公主,拔光您的头发,也数不清您的罪啊,怎能再以臣下的身份尊奉晋朝呢? 现在上天在数百里的范围降下大雨,这是昭示将军不应留在此地。邺城有三台这样坚固的防守,西接平阳,隔山阻河四面险固,应当向北迁徙占据那里来经营黄河以北地区,河北安定了,天下就再没有处在将军上面的人了! 应当让运载军用物资的队伍从北面的道路先出发,将军您带领大军向寿春进军,辎重部队走远后,大部队再缓慢撤回,何须忧虑进退无地呢!"石勒听了挽起衣袖抚动胡须说:"张君的计策好啊!"于是贬黜了刁膺,提拔张宾为右长史,号称右侯。石勒带兵从葛陂出发,派石虎向寿春进发,遇到晋朝的运输船,石虎部下的将士争着夺取船只,被纪瞻打败。纪瞻追击了一百多里,遇到了石勒的军队,石勒列阵以待,纪瞻没敢出击。

汉封晋怀帝为会稽郡公。

汉主刘聪对晋怀帝说:"你过去为豫章王,我和王武子去拜访你,你赠给我柘木弓和银砚,你还记得吗?"怀帝说:"臣怎敢忘记,只是遗憾当时没有及早知道您会登上皇位。"刘聪说:"你家中的人为何骨肉相残到如此地步?"怀帝说:"大汉将顺应天意接受天命,所以自相驱赶杀戮,替陛下您扫清道路,这是天意,不是人能够决定的。况且如果我家能尊奉武皇帝的大业,九族和睦,

陛下何由得之!"聪喜,以小刘贵人妻帝,曰:"此名公之孙也,卿善遇之。"

张轨遣兵诣长安。

凉州主簿马鲂说轨:"宜命将出师,翼戴帝室。"轨从之,驰檄关中,共尊辅秦王,且言:"今遣前锋宋配帅步骑二万径趋长安,诸军络驿继发。"

夏,汉封王彰为定襄郡公。

汉主聪以鱼蟹不供,斩左都水使者。作温明、徽光二殿,未成,斩将作大匠。观渔于汾水,昏夜不归。彰谏曰:"今愚民归汉之志未专,思晋之心犹盛,刘琨咫尺,刺客纵横,帝王轻出,一夫敌耳!"聪大怒,命斩之。彰女为夫人,叩头乞哀,乃囚之。太后张氏以聪刑罚过差,三日不食。太弟义、单于粲舆榇切谏,聪怒曰:"吾岂桀纣而汝辈生来哭人!"太保殷等百余人皆免冠涕泣而谏,聪慨然曰:"朕昨大醉,非其本心,微公等言之,朕不闻过。"各赐帛百匹,使侍中持节赦彰,进封定襄郡公。

雍州刺史贾疋等进围长安,汉刘曜败走。秦王业入长安。 汉太保刘殷卒。

殷不为犯颜忤旨,然因事进规,补益甚多。汉主聪每与群臣议政事,殷无所是非,群臣出,殷独留,敷畅条理,商榷事宜,聪未尝不从之。殷尝戒子孙曰:"事君当务几谏,凡人尚不可面斥其过,况万乘乎!夫几谏之功,无异犯颜,但不彰君之过,所以为优耳。"殷在公卿间,常恂恂有卑让之色,

陛下又怎能得到天下呢！"刘聪听了很高兴，把小刘贵人给了怀帝做妻子，说："这是有名望之人的孙女，你要好好待她。"

张轨派兵奔赴长安。

凉州主簿马鲂劝张轨说："应当派大将出兵，拥戴帝室。"张轨听从了他的意见，急速向关中发布檄文，号召共同尊奉辅佐秦王司马业，并且说："现在派遣前锋宋配率领步兵骑兵二万人直接奔赴长安，其他各部队陆续出发。"

夏季，汉封王彰为定襄郡公。

汉主刘聪因鱼蟹供应不上，斩了左都水使者。修建温明、徽光两座大殿，没有修成，斩了将作大匠。到汾水去观看捕鱼，天黑都不回宫。王彰劝谏说："现在百姓归附汉的心意不坚定，思念晋朝的心情还很强烈，刘琨近在咫尺，刺客肆意横行，帝王轻率出行，一个人就能刺杀您啊！"刘聪大怒，命令将王彰斩首。王彰的女儿王夫人，叩头乞求饶恕王彰，于是把王彰囚禁起来。太后张氏因为刘聪的刑罚过于严苛，三天不吃饭。太弟刘义、单于刘粲抬着棺木冒死恳切劝谏，刘聪发怒说："我难道是桀纣那样的暴君，你们却来哭活人！"太保刘殷等百余名大臣都摘下冠帽哭泣着劝谏，刘聪慨叹说："朕昨天大醉，这样做并不是我的本意，不是你们这样劝谏，我就听不到自己的过失了。"每人赐百匹布帛，派侍中拿着符节赦免了王彰，进封定襄郡公。

雍州刺史贾疋等人进兵包围长安，汉刘曜失败奔逃。秦王司马业进入长安。　汉太保刘殷去世。

刘殷从不冒犯皇帝，不违反圣旨，然而能根据具体事情进行规劝，对刘聪补益甚多。汉主刘聪每次与群臣议论政事，刘殷从不评论是非，群臣走了以后，刘殷单独留下，对所议之事再有条有理地分析陈述，商量应付的办法，刘聪没有不听从的。刘殷曾经告诫子孙说："侍奉君主一定要委婉地劝谏，对普通人尚且不可当面指责他的过失，何况是万乘之君呢！委婉劝谏的功效，和犯颜劝谏没有什么不同，只是不显露君主的过失，所以是比较好的办法。"刘殷在公卿大臣中，常表现出恭顺谦让的神色，

故能处骄暴之国,保其富贵,不失令名,以寿考终。

石勒引兵据襄国。

刘琨以兄子演镇邺,石勒济河,演保三台以自固。勒诸将欲攻之,张宾曰:"攻之未易猝拔,舍之彼将自溃。方今王彭祖、刘越石,公之大敌也,宜先取之,演不足顾也。且天下饥乱,明公拥兵羁旅,人无定志,非所以保万全、制四方也。不若择便地而据之,广聚粮储,西禀平阳,以图幽、并,此霸王之业也。"勒遂进据襄国,分命诸将攻冀州,郡县运谷以输襄国。汉以勒为冀州牧。

汉刘曜袭晋阳,陷之。刘琨奔常山。

刘琨移檄州郡,期十月会平阳击汉。琨素奢豪,喜声色。徐润以音律得幸,骄恣,干预政事。护军令狐盛数以为言,琨收盛杀之。琨母曰:"汝不能驾御豪杰以恢远略,而专除胜己,祸必及我。"盛子泥奔汉,具言虚实。汉主聪大喜,遣粲、曜将兵寇并州,以泥为乡导。琨闻之,东出收兵于常山,且遣使求救于代。粲、曜乘虚袭晋阳,琨还救不及,帅数十骑奔常山。泥杀琨父母。

秋九月,贾疋等奉秦王业为皇太子,建行台。

疋等奉业为皇太子,建行台,登坛告类,建宗庙、社稷。

冬十月,代公猗卢攻晋阳,刘曜败走,猗卢追击,大败之。

因此处在骄横暴虐之君统治的国家,能保住富贵,不损害自己的好名声,以长寿善终。

石勒带兵占据了襄国。

刘琨让其哥哥的儿子刘演镇守邺城,石勒渡过黄河,刘演守卫三台以求自己稳固。石勒手下的将领们想要攻打三台,张宾说:"攻打不容易马上攻取,不攻打它将会自己崩溃。现在王浚、刘琨才是您的大敌,应当先去攻打他们,刘演不值得您注意。况且天下饥困混乱,您率领大军旅居在他乡,人心不定,这样做不是确保万全、控制四方的办法。不如选择并占据一个形势便利的地方,多多积聚粮食储备,向西尊奉平阳,以谋取幽州、并州之地,这是霸王的功业。"于是石勒进军占据了襄国,分别命令将领们攻打冀州,各郡县都将粮食运往襄国。汉任命石勒为冀州牧。

汉刘曜袭击晋阳,攻下了晋阳。刘琨逃往常山。

刘琨向各州郡发布檄文,约定十月在平阳会合去攻汉。刘琨向来奢侈豪华,喜欢音乐女色。徐润因为擅长音律受到刘琨的宠信,就骄横放肆,干预政事。护军令狐盛多次为此劝说刘琨,刘琨拘捕了令狐盛,把他杀了。刘琨的母亲说:"你不能驾驭豪杰来实现自己的长远谋略,而一心要除掉胜过自己的人,灾祸一定会殃及我。"令狐盛的儿子令狐泥投奔汉,把刘琨的虚实都告诉了他们。汉主刘聪大喜,派遣刘粲、刘曜带兵侵犯并州,让令狐泥为向导。刘琨听说后,向东在常山聚合兵力,并且派遣使者向代公拓跋猗卢请求援助。刘粲、刘曜乘虚袭击晋阳,刘琨来不及返回救助,率领数十骑兵奔往常山。令狐泥杀死刘琨的父母。

秋九月,贾疋等人尊奉秦王司马业为皇太子,建立行台。

贾疋等人尊奉司马业为皇太子,建立行台,登坛祭天,建立宗庙、社稷。

冬十月,代公拓跋猗卢攻打晋阳,刘曜败逃,拓跋猗卢追击,将刘曜打得大败。

猗卢遣其子六脩帅众数万为前锋,自帅二十万继之。刘琨收散卒为乡导。六脩与刘曜战于汾东,曜兵败坠马,中七创,夜逾蒙山而归。猗卢追之,战于蓝谷,汉兵大败,伏尸数百里。猗卢因大猎寿阳山,陈阅皮肉,山为之赤。琨自营门步入拜谢,固请进军,猗卢曰:"吾远来,士马疲弊,且待后举,刘聪未可灭也。"留其将箕澹等戍晋阳。琨徙居阳曲,招集亡散。

十二月,盗杀贾疋,麹允领雍州刺史。

初,贾疋入关,杀汉梁州刺史彭仲荡。至是,其子天护帅群胡攻疋,杀之。众推麹允领雍州。

王浚攻石勒于襄国,大败而还。

王浚遣督护王昌帅诸军及段疾陆眷与弟匹磾、文鸯、从弟末柸攻勒于襄国,勒兵出战皆败。勒召将佐曰:"吾欲悉众决战,何如?"诸将皆曰:"不如坚守,俟其退而击之。"张宾、孔苌曰:"鲜卑段氏最为勇悍,而末柸尤甚,其锐卒皆属焉。今刻日来攻北城,必谓我孤弱不敢出战,意必懈惰。宜且勿出,示之以怯,凿北城为突门二十余道,俟其来至,列守未定,出其不意,直冲末柸帐,彼必震骇,不暇为计,破之必矣。末柸败,则其余不攻而溃矣。"勒从之,密为突门。既而疾陆眷攻北城,勒登城望之,见其将士或释仗而寝,乃命孔苌督锐卒从突门出击之,不克而退。末柸逐之,入其军门,为勒众所获。疾陆眷等军皆退走,苌乘胜追击,枕尸三十余里。

拓跋猗卢派他的儿子拓跋六脩率领数万军队作为前锋,他自己率领二十万大军跟在后面。刘琨收集了逃散的士卒为拓跋六脩的向导。拓跋六脩与刘曜在汾水东面交战,刘曜被打败,从马上掉下来,浑身有七处受伤,黑夜翻过蒙山逃了回去。拓跋猗卢追击,在蓝谷交战,汉兵大败,伏尸数百里。拓跋猗卢乘机到寿阳山大规模打猎,将猎物的皮肉陈列在山上让人观看,山都变成了红色。刘琨从营门步行进去拜谢,一再请求拓跋猗卢继续进军,拓跋猗卢说:"我从远方来,人马疲惫,暂且等待以后再发兵,刘聪不是一下子就可以消灭的。"留下他的大将箕澹等人戍守晋阳。刘琨迁居到阳曲,召集流散的人员。

十二月,贾疋被强盗杀死,麹允兼任雍州刺史。

当初,贾疋入关以后,杀了汉梁州刺史彭仲荡。到这时,彭仲荡的儿子彭天护率领众胡人攻打贾疋,将贾疋杀了。大家又推举麹允兼任雍州刺史。

王浚派兵到襄国进攻石勒,大败而归。

王浚派督都护王昌率领各军以及段疾陆眷和其弟段匹磾、段文鸯、堂弟段末柸到襄国去攻打石勒,石勒军数次出战皆败。石勒召集部将参佐商议说:"我想动用所有的兵力决一死战,怎么样?"将领们都说:"不如坚守,等敌人后退时再出击。"张宾、孔苌说:"鲜卑中段氏最为勇悍,而段末柸尤其厉害,精锐部队都归他统率。现在他们几天之内就要来攻北城,必定认为我们孤弱不敢出战,思想必然懈怠。我们最好暂不出战,显出怯懦的样子,在北城墙凿出二十多条暗道,等他们来到,战阵还未列好,我们出其不意,直冲段末柸的营帐,他必然震惊害怕,来不及安排对策,打败他就是必定无疑的了。段末柸失败,其余的军队就会不攻自溃。"石勒听从了这个计策,秘密挖通暗道。不久段疾陆眷攻打北城,石勒登城观望,看到他们的将士有的放下兵器在睡觉,就命令孔苌带领精锐士卒从暗道出击,没有攻克便撤退下来。段末柸追击,进入了孔苌的军门,被石勒的军队擒获。段疾陆眷等人的军队全都后撤,孔苌乘胜追击,杀得尸横三十余里。

疾陆眷以铠马金银赂勒,且以末柸三弟为质,而请末柸。
诸将皆劝勒杀之,勒曰:"辽西鲜卑,健国也,与我素无仇
雠,为王浚所使耳。今杀一人而结一国之怨,非计也。归
之必深德我,不复为浚用矣。"乃遣石虎与疾陆眷盟于渚
阳,结为兄弟。疾陆眷等引归,王昌亦还蓟。勒召末柸与
之燕饮,誓为父子,遣还。由是段氏专心附勒,浚势遂衰。

大疫。　　王敦杀其兄荆州都督澄。

澄少与兄衍名冠海内,刘琨谓澄曰:"卿形虽散朗,而
内实动侠,以此处世,难得其死。"及在荆州,屡为杜弢所
败,望实俱损,犹傲然自得,与内史王机日夜纵酒博弈,上
下离心。故山简参军王冲拥众自称刺史,澄惧,徙治沓中。
琅邪王闻之,召为军谘祭酒,以周颉代之。王敦方讨杜弢,
进屯豫章,澄过之,自以名声素出敦右,犹以旧意侮敦,敦
怒,诬其与杜弢通信,杀之。机将奴客门生千余人入广州。
机父尝刺广州,将士皆其部曲,刺史郭讷遣拒机,皆迎降。
讷乃避位,以州授之。

王如诣王敦降。　　前太子洗马卫玠卒。

玠,瓘之孙也,美风神,善清谈,常以为人有不及,可以
情恕;非意相干,可以理遣。故终身不见喜愠之色。

羌酋姚弋仲自称扶风公。

弋仲,南安赤亭羌也,东徙榆眉,戎夏襁负随之者数万。

段疾陆眷用铠甲、马匹、金银贿赂石勒，并且以段末柸的三弟为人质，请求换回段末柸。诸将都劝石勒杀死段末柸，石勒说："辽西鲜卑是个强健的国家，与我们素无怨仇，只是受王浚的利用罢了。现在杀了末柸一人而和一国结成仇怨，不是好办法。放他回去，他必然会深深感激我们，就不会再受王浚利用了。"于是派遣石虎和段疾陆眷在渚阳订立盟约，结为兄弟。段疾陆眷等带兵回去，王昌也率兵回到蓟。石勒召来段末柸和他一起饮酒，发誓结为父子，就让段末柸回去了。从此段氏一心归附石勒，王浚的势力从此衰弱。

发生瘟疫。　王敦杀死了他的哥哥荆州都督王澄。

王澄年轻时和哥哥王衍都名冠海内，刘琨对王澄说："你外表虽然洒脱爽朗，而内心则冲动有侠义心肠，以此来处世，难以善终。"等王澄到了荆州，多次被杜弢打败，声望与实力都有所减消损，但仍傲然自得，与内史王机日夜纵情饮酒赌博对弈，因此上下离心。以前在山简部下任参军的王冲聚众自称刺史，王澄害怕了，把治所迁到沓中。琅邪王司马睿听说后，征召王澄为军谘祭酒，以周颛代替他的职务。王敦正在征讨杜弢，进驻豫章，王澄去拜访王敦，自认为自己名声一直在王敦之上，还像原来那样轻慢侮辱王敦，王敦大怒，诬蔑他与杜弢有书信来往，把他杀了。王机带领家奴门客一千多人来到广州。王机的父亲曾当过广州刺史，当地的将士都是他原来的部下，广州刺史郭讷派兵阻止王机进城，这些将士都去迎接王机，向他投降。郭讷只好让位，把广州刺史的官职让给王机。

王如向王敦投降。　前太子洗马卫玠去世。

卫玠是卫瓘的孙子，风度神韵优美，善于清谈，常常认为别人有做得不好的事，可以按情理宽恕；不是故意冒犯自己，可以用道理来排遣。因此终身不表现出喜怒之色。

羌人首领姚弋仲自称扶风公。

姚弋仲是南安赤亭的羌人，东迁到榆眉，戎人、汉人有数万人携带妻儿老小跟随着他。

癸酉（313） 孝愍皇帝建兴元年_{汉嘉平三年。}
春二月，汉主刘聪弑帝于平阳，庾珉、王儁死之。

正月朔，汉主聪宴群臣于光极殿，使帝著青衣行酒。庾珉、王儁等不胜悲愤，因号哭，聪恶之。有告珉等谋以平阳应刘琨者，聪遂杀珉、儁等。帝亦遇害，谥曰孝怀。

三月，汉立其贵嫔刘娥为后。

汉主聪为刘后起鸾仪殿，廷尉陈元达切谏，以为："天生民而树之君，使司牧之，非以兆民之命穷一人之欲也。是以先帝身衣大布，居无重茵。后妃不衣锦绮，乘舆马不食粟。陛下践阼以来，已作殿观四十余所，加之军旅数兴，馈运不息，饥馑疾疫，死亡相继，而益思营缮，岂为民父母之意乎？"聪大怒曰："朕为天子，营一殿，何问汝鼠子乎！"命左右曳出斩之，并其妻子枭首东市。时聪在逍遥园李中堂，元达先锁腰而入，即以锁锁堂下树，呼曰："臣所言者，社稷之计，而陛下杀臣。朱云有言：'臣得与龙逢、比干游，足矣！'"左右曳之不能动。

大司徒任顗等叩头出血，曰："元达为先帝所知，尽忠竭虑，知无不言。臣等每见之，未尝不发愧。今言虽狂直，愿陛下容之。"聪默然。刘后闻之，密敕左右停刑，手疏上言："今宫室已备，无烦更营。四海未壹，宜爱民力。

晋愍帝

癸酉（313）　**晋愍帝建兴元年**_{汉嘉平三年。}

春二月，汉主刘聪在平阳杀死了晋怀帝，庾珉、王隽也一起被杀。

正月初一，汉主刘聪在光极殿宴请群臣，让晋怀帝身穿青衣为之斟酒劝饮。庾珉、王隽等人不胜悲愤，因而放声大哭，刘聪很厌恶他们。正巧有人告发说庾珉等人密谋在平阳接应刘琨，刘聪于是杀死了庾珉、王隽等人。晋怀帝也遇害身亡，谥号为孝怀。

三月，汉主刘聪将贵嫔刘娥立为皇后。

汉主刘聪为刘皇后建造鸾仪殿，廷尉陈元达恳切劝谏，他认为："上天生下百姓而为他们设置了君主，是让君主来管理他们，并不是用亿万百姓的生命来满足君主一个人的欲望。因此先帝身穿粗布衣服，居住的地方没有双层坐褥。皇后嫔妃不穿锦绣，拉车的马不吃粟谷。陛下即位以来，已经建造宫殿四十多所，再加上多次兴兵打仗，不断运输物资，饥荒疾病流行，百姓不断死亡，但您还想大造宫殿，这是上天立君为民父母的本意吗？"刘聪大怒说："朕是天子，建造一座宫殿，还要问你这样的鼠辈吗！"下令身边的人把他拉出去斩首，连同他的妻儿一起拉去东市斩首示众。当时刘聪在逍遥园的李中堂中，陈元达先把自己的腰锁上，然后进去，又用锁把自己锁在堂下的树上，大呼说："我所说的，是为社稷打算，而陛下却要杀我。汉朝的朱云曾经说过：'我能够与龙逄、比干同游，这就满足了！'"刘聪的随从去拉陈元达，但拉不动。

大司徒任顗等叩头流血，说："陈元达受先帝赏识器重，尽忠竭虑，知无不言。我们这些人每当见到他，没有不感到惭愧的。今天他的话虽然狂妄率直，还希望陛下能宽恕他。"刘聪沉默不言。刘皇后听说后，暗中命令随从们停止行刑，亲笔上疏给刘聪说："现在宫室已经齐备，不用再营建新的了。四海还未统一，应当爱惜民力。

廷尉之言,社稷之福也,宜加封赏,而更诛之,四海谓陛下何如哉!夫忠臣进谏者固不顾其身也,而人主拒谏者亦不顾其身也。陛下为妾营殿而杀谏臣,使忠良结舌者由妾,远近怨怒者由妾,公私困弊者由妾,社稷阽危者由妾,天下之罪皆萃于妾,妾何以当之?妾观自古败国丧家,未始不由妇人,心常疾之,不意今日身自为之,使后世视妾,由妾之视昔人也。妾诚无面目复奉巾栉,愿赐死此堂。"聪览之变色,命颜等冠履就坐,引元达上,以表示之曰:"外辅如公,内辅如后,朕复何忧!"更命园曰"纳贤园",堂曰"愧贤堂",谓元达曰:"卿当畏朕,而反使朕畏卿邪!"

夏四月,太子业即位于长安,索綝领太尉。

怀帝凶问至长安,皇太子举哀,因加元服,即帝位。以梁芬为司徒,麹允、索綝为仆射。是时长安城中户不盈百,蒿棘成林,公私有车四乘,百官无章服印绶,唯桑版署号而已。寻以綝为卫将军,领太尉,军国之事,悉以委之。

汉寇长安,仆射麹允拒之。 石勒遣石虎攻陷邺而据之。

初,刘琨用焦求为兖州刺史,苟藩又用李述为之,琨召求还。及邺城失守,琨复以刘演为兖州,镇廪丘。前中书侍郎郗鉴,少以清节著名,帅高平千余家避乱保峄山,琅邪王就用为兖州,镇邹山。三人各屯一郡,兖州吏民莫知所从。

琅邪王睿以华谭为军谘祭酒,陈颉为谯郡太守。

廷尉陈元达的话,是社稷的福气,应加以封赏,现在反而要诛杀他,天下会怎样议论陛下呢!进谏的忠臣固然不会考虑自身的安危,而拒谏的君主也是不考虑自身的性命。陛下为臣妾营造宫殿而杀谏臣,使忠臣不敢说话是因为臣妾,使远近的人产生怨恨愤怒是因为臣妾,使公私两方面都困顿疲敝是因为臣妾,使社稷面临危险是因为臣妾,天下的罪行都集中在臣妾身上,臣妾如何承担得了?依臣妾观察,自古败国丧家的,没有不从妇人开始的,常常为此痛心,没想到今日自己要成为这样的人,使后世的人看臣妾,如同臣妾看前世的人一样。臣妾实在没脸再侍奉陛下,希望陛下将我赐死在这个堂下。"刘聪看完,脸色有了转变,下令让任颛等人穿戴整齐就坐,把陈元达带上来,将刘皇后的上疏拿给他看,并说:"外面有您这样的人辅佐,宫内有皇后这样的人辅佐,我还有什么可忧虑的呢!"下令把逍遥园改名为纳贤园,李中堂改为愧贤堂,对陈元达说:"你本来应当怕我,现在反而让我怕你了!"

夏四月,太子司马业在长安即皇帝位,索綝兼任太尉。

晋怀帝被害的凶信传到长安,皇太子举行哀悼仪式,接着加冠冕,即皇帝位。任命梁芬为司徒,麹允、索綝为仆射。这时长安城中不满百户,荆棘蒿草丛生,公室私家的车只有四辆,百官也没有官服、印章绶带,只是用桑木板署上官府名号而已。不久,任命索綝为卫将军,兼太尉,军政大事都委任他办理。

汉进犯长安,仆射麹允带兵抵抗。　石勒派石虎攻下并占据了邺城。

当初,刘琨任用焦求为兖州刺史,苟藩又任用李述任此职,刘琨就把焦求召回来了。到邺城失守后,刘琨又任用刘演为兖州刺史,镇守廪丘。前中书侍郎郗鉴,年轻时就以清高的节操著名,率领高平千余家到峄山中避乱,琅邪王司马睿任用他为兖州刺史,镇守邹山。这样,李述、刘演、郗鉴三人各自驻守在一郡之内,兖州的官民不知服从谁好。

琅邪王司马睿任用华谭为军谘祭酒,陈颛为谯郡太守。

谭尝在寿春依周馥,至是睿谓谭曰:"周祖宣何故反?"谭曰:"周馥虽死,天下尚有直言之士。馥见寇贼滋蔓,欲移都以纾国难,执政不悦,兴兵讨馥。死未逾时,而洛都沦没。若谓之反,不亦诬乎!"睿曰:"馥位为征镇,召之不入,危而不持,亦天下之罪人也。"谭曰:"然,危而不持,当与天下共受其责,非但馥也。"睿参佐多避事自逸,参军陈频言于睿曰:"洛中承平之时,朝士以小心恭恪为凡俗,偃蹇倨肆为优雅,流风相染,以至败国。今僚属皆承西台余弊,养望自高,是前车已覆,而后车又将寻之也。请自今临使称疾者皆免官。"不从。三王之诛赵王伦也,制《己亥格》以赏功,自是循而用之。频曰:"昔赵王篡逆,惠皇失位,三王讨之,故厚赏以怀向义之心。今功无大小,皆以格断,乃至金紫佩士卒之身,符策委仆隶之门,非所以重名器、正纪纲也,请一切停之。"频出于寒微,数为正论,府中多恶之,出为谯郡太守。

吴兴太守周玘卒。

玘宗族强盛,琅邪王睿颇疑惮之。睿左右用事者多中州亡官失守之士,驾御吴人,吴人颇怨。玘自以失职,又为刁协所轻,阴与其党谋诛执政,以南士代之。事泄,忧愤而卒。将死,谓其子勰曰:"杀我者,诸伧子也。能复之,乃吾子也。"

华谭曾经在寿春依附周馥，这时司马睿对华谭说："周馥为什么要反叛呢？"华谭说："周馥虽然死了，天下仍然还有敢于直言的人。周馥见盗寇不断增多，想用迁都的办法来解除国难，当政者不高兴，就发兵讨伐他。他死了不久，京城洛阳就沦陷了。如果说他这是造反，不是冤枉吗！"司马睿说："周馥身居戍守地方的军事要职，朝廷征召他他不入朝，朝廷危险他不来扶持，也是天下的罪人啊。"华谭说："是的，见朝廷危险而不去扶持，他应当与天下的将领一起受到责难，不只是周馥一个人啊。"司马睿的参佐幕僚大多都是躲避事情以求自身安逸的人，参军陈颀对司马睿说："洛阳在太平安定的时候，朝臣们认为小心谨慎恪守职责是平庸，认为傲慢放肆是优雅，这种风气流行感染，以至国家败亡。现在您的僚属们都秉承了洛阳时的弊病，修养名望，自以为高明，这是前车已覆，而后车又将重蹈覆辙啊。请下令从今以后，凡接受使命而称病不行使职责的，都免去官职。"司马睿没有听从华谭的意见。齐王司马同、成都王司马颖、河间王司马颙三人在诛杀赵王司马伦的时候，曾制定《己亥格》来奖赏功臣，从此沿袭使用。陈颀说："从前赵王司马伦叛逆篡权，惠皇帝失去地位，三王举兵征讨司马伦，因此用厚赏来安抚响应义举的人。现在不论功劳大小，都用《己亥格》来确定奖赏，致使金印紫绶佩带到士卒的身上，调兵的符节、授爵的策书送到了仆隶的家门，这不是重视国家礼仪制度、匡正纲纪法度的做法，请一律停止这样做。"陈颀出身贫寒，多次发表义正辞严的议论，王府中很多人都很讨厌他，于是把他外放担任谯郡太守。

吴兴太守周玘去世。

周玘宗族很强盛，琅邪王司马睿对他很猜疑忌惮。司马睿身边任用的大多是在中原地区丢官弃职的人，让他们来管理吴地人，吴地人都很怨恨。周玘因为自己失去职位，又受到习协的轻视，就暗中与他的同党密谋杀掉当政者，用南方的士人来代替。事情泄露了，周玘忧愤而死。他在将死的时候，对儿子周勰说："杀我的人，是那些中原来的伧子。能为我报仇的，是我的儿子。"

慕容廆攻段氏,取徒河。

初,中国民避乱者多依王浚,浚政法不立,往往去之。段氏兄弟专尚武勇,不礼士大夫。唯廆政事修明,爱重人物,故多归之。廆以裴嶷、阳耽为谋主,游邃、逄羡、封抽、裴开为股肱,宋该、皇甫岌、岌弟真及封奕、封裕典机要。嶷清方有干略,兄武为玄菟太守卒,嶷与武子开以其丧归,过廆,廆敬礼之。行及辽西,道不通,嶷欲还,开曰:"等为流寓,段氏强,慕容氏弱,何必去此而就彼也?"嶷曰:"欲求托足之地,岂可不慎择其人?汝观诸段,岂有远略,且能待国士乎?慕容公修仁行义,有霸王之志,加以国丰民安,今往从之,高可以立功名,下可以庇宗族,汝何疑焉!"既至,廆大喜。邃尝避地于蓟,后归廆。王浚屡以手书召其兄畅,畅欲赴之,邃曰:"彭祖必不能久,宜且磐桓以俟之。"畅曰:"彭祖忍而多疑,今手书殷勤,而稽留不往,将累及卿。且乱世,宗族宜分以冀遗种。"遂从之。卒与浚俱没。

五月,以琅邪王睿为左丞相,南阳王保为右丞相,分督陕东、西诸军事。

诏曰:"今当扫除鲸鲵,奉迎梓宫。令幽、并两州勒卒三十万,直造平阳,右丞相宜帅秦、凉、梁、雍之师,径诣长安,左丞相帅所领精兵造洛阳,同赴大期,克成元勋。"又诏睿以时进军,与乘舆会除中原。睿辞以方平定江东,未暇北伐。以刁协为丞相左长史,刘隗为司直。

慕容廆攻打段氏,攻取了徒河。

当初,中原人躲避战乱的大多去投靠王浚,王浚行政法令都没有建立,人们又都离他而去。段氏兄弟只知使用武力,不能礼敬士大夫。只有慕容廆政事清明,爱惜人才,因此人们大都去归附他。慕容廆用裴嶷、阳耽为主要谋士,游邃、逄羡、封抽、裴开为辅佐,宋该、皇甫岌、皇甫岌的弟弟皇甫真,以及封奕、封裕掌管机要。裴嶷清廉公正,有才干谋略,其兄裴武任玄菟太守,在任上去世后,裴嶷与裴武的儿子裴开送灵柩回乡,经过慕容廆那里,慕容廆以礼相待。他们走到辽西时,道路不通,裴嶷想返回慕容廆那里,裴开说:"同样是寄人篱下,段氏强大,慕容氏弱小,何必离开段氏到慕容氏那里去呢?"裴嶷说:"想要寻求立足之地,岂能不谨慎地选择人?你观察段氏兄弟,哪是有雄心大略的人,而且能把我们作为国士对待吗?慕容公修仁行义,有实现霸业的志向,再加上国家富足人民安定,我们现在去投奔他,上可以建功扬名,下可以庇护宗族,你还有什么可怀疑的呢!"到了那里以后,慕容廆非常高兴。游邃曾在蓟地避乱,后来投奔慕容廆。王浚多次写亲笔信征召游邃的哥哥游畅,游畅想应召前往,游邃说:"王浚必定不会长久,你先逗留一段时间等等看。"游畅说:"王浚残忍而又多疑,现在他亲笔写信态度殷勤,而我停留不去,将会牵累你。况且乱世之中,同一宗族应当分开,以期留下后代。"于是游邃听从了他哥哥的意见。最终游畅和王浚一同死了。

五月,朝廷任命琅邪王司马睿为左丞相,南阳王司马保为右丞相,分别都督陕东、陕西诸军事。

朝廷的诏书说:"现在应当扫除刘聪这样的鲸鲵,奉迎怀帝的灵柩。令幽州、并州出兵三十万,直抵平阳,右丞相应率领秦、凉、梁、雍数州的军队,直达长安,左丞相率领所属精兵直到洛阳,共同奔赴约定的大业,完成这伟大的功勋。"又下诏,让司马睿按时进军,与皇帝一起扫清中原。司马睿推辞说刚刚平定了江东,没有时间北伐。任用刁协为丞相左长史,刘隗为司直。

隗雅习文史,善伺候睿意,故特亲爱之。主簿熊远上书,以为:"军兴以来,处事不用律令,主者不敢任法,每辄关谘,非为政之体也。愚谓凡为驳议者,皆当引律令、经传,不得直以情言,无所依准,以亏旧典。若开塞随宜,权道制物,此人君之所得行,非臣子所宜用也。"睿不能从。

左丞相睿以祖逖为豫州刺史。

逖,范阳人,少有大志,与刘琨俱为司州主簿,同寝,中夜闻鸡鸣,蹴琨觉曰:"此非恶声也。"因起舞。及渡江,左丞相睿以为军谘祭酒。逖居京口,纠合骁健,言于睿曰:"晋室之乱,非上无道而下怨叛也,由宗室争权自相鱼肉,遂使戎狄乘隙,毒流中土。今遗民思奋,大王诚能命将出师,使如逖者统之,以复中原,郡国豪杰必有望风响应者矣!"睿素无北伐之志,以逖为豫州刺史,给千人廪,布三千匹,不给铠仗,使自召募。逖将其部曲百余家渡江,中流击楫而誓曰:"祖逖不能清中原而复济者,有如大江。"遂屯淮阴,起冶铸兵,募得二千余人而后进。

陶侃破走杜弢,王敦表侃为荆州刺史。

周颚屯浔水城,为杜弢所困,陶侃使将军朱伺救之。弢退保泠口,侃使伺逆击,大破之,弢遁归长沙。敦乃表侃刺荆州,屯沔江。左丞相睿召颚复为军谘祭酒。

冬十月,氐杨难敌寇陷梁州。刺史张光卒。

刘隗熟习文史,善于体察司马睿的心意,所以司马睿特别亲近喜欢他。主簿熊远上书,认为:"兴兵以来,处理事务不依照法令,主事的人不敢运用法律,每决断事务都要请示询问,这不是治理国家的办法。我认为凡是提出不同意见的,都应当引用法令和经传典籍,不能简单地按常情来论说,没有依据和标准,而损害原有的典制。若说到根据情况放开或禁止,用权宜变通的方法处理事务,这只有君主才可以做,不是臣子应当使用的。"司马睿没有听从。

左丞相司马睿任用祖逖为豫州刺史。

祖逖是范阳人,年轻时就有大志,与刘琨一起任司州主簿,一起睡觉时,半夜听到鸡鸣,用脚将刘琨蹬醒说:"这不是叫人讨厌的声音啊。"就起床舞剑。渡江以后,左丞相司马睿任用他为军谘祭酒。祖逖住在京口,聚集了一些骁勇强健的壮士,对司马睿说:"晋室的变乱,并不是因为君主无道而使臣下怨恨叛乱的,而是由于宗室争权自相残杀,才使戎狄乘机入侵,祸及中原。现在晋朝的遗民都想奋起,大王您如能命令将领率兵出师,派像我这样的人来统领军队,收复中原,郡国的英雄豪杰必然有望风响应的!"司马睿向来没有北伐的志向,就任命祖逖为豫州刺史,拨给他一千人的口粮,三千匹布,不给铠甲武器,让祖逖自己想办法募集。祖逖带领其私人的军队一百多家渡过长江,在江中敲打着船桨发誓说:"祖逖如果不能恢复中原再渡江的话,就有如江水一样一去不返。"于是驻扎在淮阴,建造熔炉铸造兵器,召募了两千多人又继续前进。

陶侃击败赶跑了杜弢,王敦表奏陶侃为荆州刺史。

周顗驻扎在浔水城,被杜弢围困,陶侃派将军朱伺去援救。杜弢撤退到泠口守卫,陶侃派朱伺迎头痛击,将杜弢打得大败,杜弢逃归长沙。王敦于是表奏陶侃为荆州刺史,驻扎在沔江。左丞相司马睿征召周顗,又让他担任军谘祭酒。

冬十月,氐人杨难敌侵犯并占领了梁州。梁州刺史张光去世。

初,氐王杨茂搜之子难敌遣养子贩易于梁州,刺史张光杀之。及光与王如余党杨虎相攻,求救于茂搜,茂搜遣难敌救光。虎厚赂难敌,与夹击光,大破之。光婴城自守,愤激成疾,僚属劝光退据魏兴,光按剑曰:"吾受国重任,不能讨贼,今得死如登仙,何谓退也!"声绝而卒。难敌竟攻拔之。

陶侃复击杜弢,大破之。　汉刘曜寇长安,十一月,麹允破走之。

曜使赵染帅精骑袭长安,夜入外城。帝奔射雁楼,染焚龙尾及诸营,退屯逍遥园。将军麹鉴帅众救长安,与曜遇于零武,鉴兵大败。曜恃胜不设备,麹允引兵袭之,汉兵大败,杀其将军乔智明,曜引归平阳。

十二月,石勒遣使奉表于王浚。

浚谋称尊号,刘亮、高柔切谏,皆杀之。燕国霍原志节清高,屡辞征辟。浚以尊号事问之,原不答,浚诬以罪,杀而枭其首。于是士民骇怨,而浚矜豪日甚,不亲政事。所任皆苛刻小人,枣嵩、朱硕贪横尤甚,北州谣曰:"府中赫赫朱丘伯,十囊五囊入枣郎。"

石勒欲袭之,未知虚实,将遣使觇之,参佐请用羊祜、陆抗故事,致书于浚。勒以问张宾,宾曰:"浚名为晋臣,实欲废晋自立,但患四海英雄莫之从耳。将军威振天下,今折节事之,犹惧不信,况为羊、陆之亢敌乎!夫谋人而使人觉其情,难以得志矣。"勒曰:"善。"遣舍人王子春奉表于浚曰:"勒本小胡,遭世饥乱,流离屯厄,窜命冀州,窃相保聚,

当初，氐王杨茂搜的儿子杨难敌派他的养子到梁州去贩卖货物，被刺史张光杀了。等到张光和王如的余党杨虎交战时，向杨茂搜求救，杨茂搜派遣杨难敌去救张光。杨虎用丰厚的礼物贿赂杨难敌，二人夹击张光，将张光打得大败。张光环城自守，激愤成疾，僚属劝张光退守魏兴，张光按着剑说："我接受国家重任，不能讨平贼寇，今天战死如同登仙，怎么能讲撤退的事呢！"说完就死了。杨难敌最后攻下了梁州。

陶侃又攻打杜弢，将杜弢打得大败。 汉刘曜侵犯长安，十一月，麹允打败并赶跑了刘曜。

刘曜派赵染率领精锐骑兵袭击长安，乘夜进入外城。愍帝奔往射雁楼，赵染焚烧了龙尾道和各个营帐，退到逍遥园驻扎。将军麹鉴率军援救长安，在零武与刘曜相遇，麹鉴的军队被打得大败。刘曜倚仗打了胜仗不加防备，麹允带兵袭击他，汉兵大败，杀了汉将军乔智明，刘曜带兵回到平阳。

十二月，石勒派使者向王浚进表。

王浚图谋称帝，刘亮、高柔恳切劝谏，都被杀死。燕国人霍原志节清高，王浚多次征召他，他都推辞不去。王浚又问他称帝的事，他不回答，王浚就捏造了一个罪名，将霍原杀死，并悬首示众。这样士人百姓都畏惧怨恨，而王浚日益骄矜奢豪，不问政事。他亲信任用的都是苛刻小人，枣嵩、朱硕尤其贪婪骄横，北方有民谣说："府中赫赫朱丘伯，十囊五囊入枣郎。"

石勒想攻打王浚，不知虚实，就想派人去侦察一下，部下请求石勒采用羊祜、陆抗那样以交邻之礼对待敌国的先例，给王浚写一封信。石勒征求张宾的意见，张宾说："王浚名义上是晋臣，实际想废掉晋帝而自立，只是怕四海英雄豪杰无人听从他罢了。将军您威振天下，现在降低身份去事奉他，还怕他不相信，何况是羊祜和陆抗那样势均力敌的呢！想图谋别人却使对方觉察到你的意图，是难以达到目的的。"石勒说："说得对。"于是派遣舍人王子春向王浚上表说："我本来是小小胡人，遭遇饥荒动乱的世道，流离失所，遭受困厄，流窜到冀州，想相互聚集保卫，

以救性命。今晋祚沦夷，中原无主，为帝王者非公复谁？愿殿下应天顺人，早登皇祚，勒奉戴殿下，如天地父母，殿下察勒微心，亦当视之如子也。"

浚甚喜，谓子春曰："石公可信乎？"子春曰："殿下中州贵望，威行夷夏，自古胡人为辅佐名臣则有矣，未有为帝王者也。石将军非恶帝王不为而让于殿下，顾以帝王自有历数，非智力之所取故也，又何怪乎？浚大悦，遣使报聘。游纶兄统，为浚镇范阳，遣使私附于勒。勒斩其使以送浚，浚虽不罪统，益信勒为忠诚，无复疑矣。

左丞相睿遣世子绍镇广陵。
以丞相掾蔡谟为参军。
代城盛乐及平城。
代公猗卢城盛乐以为北都，治故平城为南都，又作新平城于㶟水之阳，使右贤王六脩居之，统领南部。

甲戌（314）　二年_{汉嘉平四年。}
春正月，有如日陨于地，又有三日相承东行。　有流星陨于平阳北，化为肉。
流星出牵牛，入紫微，光烛地，陨平阳北，化为肉，长三十步，广二十七步。汉主聪恶之，以问公卿，陈元达以为"女宠太盛，亡国之征"。聪曰："此阴阳之理，何关人事！"

汉石勒复遣使奉表于王浚。
浚使者至襄国，勒匿其劲卒精甲，羸师虚府以示之，北面拜使者而受书。浚遗勒麈尾，勒阳不敢执，悬之于壁，

以挽救性命。现在晋朝的皇位已经沦没,中原无主,做帝王的人,不是您又有谁呢?希望殿下能够顺应上天和百姓的意愿,早登皇位,我尊奉殿下,如同尊奉天地父母,望殿下能体察我的用心,也应当把我看作您的儿子一样。"

王浚非常高兴,对王子春说:"石公这人可以相信吗?"王子春说:"殿下是中州的名门望族,威振夷夏,自古以来胡人作为帝王的辅佐名臣是有的,但没有成为帝王的。石将军并不是厌恶帝王之位而让给殿下,只是认为帝王自有天道气数,并不是仅靠智慧和力量就能取得的,又有什么奇怪的呢?"王浚大喜,派遣使者去回访。游纶的哥哥游统,为王浚镇守范阳,派使者私下依附石勒。石勒杀了使者并送交王浚,王浚虽然没有治游统的罪,但更加相信石勒的忠诚,不再有什么怀疑。

左丞相司马睿派世子司马绍镇守广陵。

任用丞相掾蔡谟为参军。

代公拓跋猗卢在盛乐和平城筑城。

代公拓跋猗卢在盛乐筑城作为北都,把旧平城作为南都,又在㶟水的北面修建新平城,派右贤王拓跋六脩居住在那里,总管南部地区事务。

甲戌(314) **晋愍帝建兴二年**汉嘉平四年。

春正月,有个像太阳似的东西陨落在地,又接连出现三个太阳向东方运行。　有流星陨落在平阳城北,变成肉。

流星从牵牛星座出来,进入紫微星座,星光照亮了地面,流星坠落在平阳城北,变成肉,长三十步,宽二十七步。汉主刘聪很厌恶这件事,询问公卿大臣,陈元达认为"后宫女宠太多,是亡国的征兆"。刘聪说:"这是阴阳变化的规律,和人事有何关系!"

汉石勒又派遣使者向王浚上表。

王浚的使者到达襄国,石勒藏匿了他的精锐部队和铠甲,把老弱残兵和空虚的府库给使者看,面向北称臣拜见使者接受书信。王浚送给石勒麈尾,石勒假装不敢拿在手上,悬挂在墙上,

朝夕拜之,曰:"我不得见王公,见其所赐,如见公也。"复遣董肇奉表于浚,期以三月中旬亲诣幽州,奉上尊号。亦修笺于枣嵩,求并州牧。勒问浚于王子春,子春曰:"幽州去岁大水,人不粒食,浚积粟百万,不能赈赡,刑政苛酷,赋役殷烦,忠贤内离,夷狄外叛。人皆知其将亡,而浚意气自若,曾无惧心,方更置立台阁,布列百官,自谓汉高、魏武不足比也。"勒抚几笑曰:"王彭祖真可擒也。"浚使者还蓟,具言石勒形势寡弱,款诚无二。浚益骄怠,不复设备。

梁州人张咸逐杨难敌,以州降成。

于是汉嘉、涪陵、汉中之地皆为成有,成主雄虚己好贤,随才授任。命太傅骧养民于内,李凤等招怀于外,刑政宽简,狱无滞囚。兴学校,置史官。其赋,民男丁岁谷三斛,女丁半之,疾病又半之。户调绢不过数丈,绵数两。事少役希,民多富实,新附者给复除。是时天下大乱,而蜀独无事,年谷屡熟,乃至闾门不闭,路不拾遗。然朝无仪品,爵位滥溢,吏无禄秩,取给于民,军无部伍,号令不肃,此其所短也。

二月,以张轨为太尉、凉州牧,刘琨为大将军。 三月,汉石勒袭蓟,陷之,杀王浚。师还,蓟降于段匹磾。

勒纂严,将袭王浚而未发,张宾曰:"岂非畏刘琨及鲜卑、乌桓为吾后患乎?"勒曰:"然。"宾曰:"彼三方智勇无及

早晚叩拜，说："我不能见到王公，看到他赐给我的物品，就如同见到王公一样。"又派遣董肇向王浚上表，约定三月中旬亲自到幽州去，尊奉王浚称帝。又给枣嵩写了一封信，请求担任并州牧。石勒向王子春询问王浚的情况，王子春说："幽州去年发大水，百姓没有一粒粮食可吃，王浚囤积了百万石粟谷，却不赈济灾民，刑罚政令苛刻严酷，赋税劳役繁重，内部忠贤之臣离心，外部夷狄之人反叛。人们都知道他将要灭亡，而王浚自己神气自如，竟没有一点惧怕的心情，刚刚又重新设置台阁，安排文武百官，自认为汉高祖、魏武帝都不能和他相比。"石勒手扶几案笑着说："王浚确实可以抓到了。"王浚的使者回到蓟城，都说石勒势单力孤兵力衰弱，忠诚不二。王浚听了更加骄傲懈怠，不再设置防务。

梁州人张咸驱逐了杨难敌，连同梁州一起投降了成汉。

从此汉嘉、涪陵、汉中等地，都被成汉占有，成汉国主李雄能虚心听取意见，喜欢接纳贤能之士，根据他们的才能授予官职。下令让太傅李骧在国内治理好民众，李凤等人在外招抚怀柔远民，刑罚政令宽简，监狱没有长期不判的囚犯。又兴办学校，设置史官。制定的赋税，百姓中成年男子每年每人交三斛谷，成年女子减半，有病的人再减一半。每户征调的物品仅仅是几丈绢，几两绵。事少劳役也少，百姓大多富裕殷实，新近归附的人还免除赋税徭役。当时天下大乱，只有蜀地安居无事，连年五谷丰收，以至达到夜不闭户、路不拾遗的程度。然而朝廷中没有礼仪和品秩，爵位过于冗滥，官吏没有俸禄等级，而向百姓索取，军队没有队伍建制，号令不严肃，这些都是成汉所欠缺的。

二月，晋朝任命张轨为太尉、凉州牧，刘琨为大将军。 三月，汉石勒袭击蓟城，蓟城陷落，杀死了王浚。石勒退兵后，蓟城投降了段匹磾。

石勒集结军备，将要攻打王浚，还没有发兵，张宾说："您莫非是害怕刘琨以及鲜卑、乌桓成为我们的后患吗？"石勒说："是这样的。"张宾说："这三方的智慧和勇敢都没有能比得上

将军者,将军虽远出,彼必不敢动,且彼未谓将军便能悬军千里取幽州也。轻军往返,不出二旬,藉使彼有心,比其谋议出师,吾已还矣。刘琨、王浚虽同名晋臣,实为仇敌,若修笺于琨,送质请和,琨必喜我之服,而快浚之亡,终不救浚而袭我也。用兵贵神速,勿后时也。”勒曰:“吾所未了,右侯已了之。”遂以火宵行,遣使奉笺于琨,自陈罪恶,请讨浚自效。琨大喜,移檄州郡,言勒已降,当袭平阳,除僭逆。

三月,勒军达易水,浚督护孙纬驰遣白浚,将勒兵拒之,游统禁之。浚将佐皆曰:“胡贪而无信,必有诡计,请击之。”浚怒曰:“石公来,正欲奉戴我耳,敢言击者斩!”设馔以待之。勒晨至蓟,叱门者开门,犹疑有伏兵,先驱牛羊数千头,声言上礼,实欲塞诸街巷。浚始惧。勒升其听事,执浚于前,浚骂曰:“胡奴调乃公,何凶逆如此!”勒曰:“公位冠元台,手握强兵,坐观本朝倾覆,曾不救援,乃欲自尊为天子,非凶逆乎!”即送襄国斩之。

浚将佐等诣军门谢罪,前尚书裴宪,从事中郎荀绰独不至。勒召而让之,对曰:“宪等世仕晋朝,荷其荣禄。浚虽凶粗,犹是晋之藩臣,故从之不敢有二。明公苟不修德义,专事威刑,则宪等死自其分,请就死!”不拜而出。勒谢之,待以客礼。勒数朱硕、枣嵩等以纳财乱政,责游统以不忠所事,皆斩之。籍浚将佐亲戚家赀,皆巨万,惟宪、绰止有

将军的，您即使远征，他们也不敢动，况且他们未必料到将军能孤军深入千里去夺取幽州。军队轻装往返，用不了二十天，即使他们有心袭击我们，等到他们商议好出兵，我们已经回来了。刘琨、王浚虽然名义上都是晋臣，实际却是仇敌，如果给刘琨写信，送去人质请求和解，刘琨必然为我们的归服而高兴，对王浚的灭亡而称快，最终不会去援救王浚而袭击我们。兵贵神速，不要拖延时间。"石勒说："我还未明了的，右侯早已料到了。"于是打着火把连夜行军，派使者给刘琨送信，陈说自己的罪过，请求以讨伐王浚来报效刘琨。刘琨大喜，向各州郡发布檄文，说石勒已经投降，应当去进攻平阳，清除僭称皇帝的刘聪。

　　三月，石勒的军队到达易水，王浚的督护孙纬急忙派人报告王浚，将要带兵去阻击石勒，游统制止他这样做。王浚的将领参佐都说："胡人贪而无信，其中必有诡计，请让我们去阻击他。"王浚发怒说："石公来，正是想来拥戴我的，再敢说攻打他的，立即斩首！"准备设宴招待石勒。石勒清晨到了蓟城，喝令守门人打开城门，还怀疑会有伏兵，先驱赶数千头牛羊在前边走，声称是送给王浚的礼物，实际是为了堵塞街巷。这时王浚才害怕了。石勒坐在中庭，押着王浚站在他面前，王浚骂道："胡奴竟敢戏弄老子，为何凶恶叛逆到如此地步！"石勒说："您地位高于所有大臣，掌握着强大的军队，却坐视朝廷倾覆，竟不去救援，还想尊自己为天子，难道不是凶恶叛逆吗！"于是石勒把王浚送到襄国杀了。

　　王浚的部将参佐都到石勒的军门谢罪，只有前尚书裴宪、从事中郎荀绰没有来。石勒把他们召来叱责他们，他们回答说："我们世代在晋朝做官，享受着荣华俸禄。王浚虽然粗暴凶恶，但仍然是晋朝的藩臣，所以我们服从他没有二心。您如果不讲道德信义，专用威势和刑罚，那么我们被处死也是自己的本分，请让我们赴死吧！"说完，没有拜辞就走出去了。石勒向他们谢罪，用待客之礼对待他们。石勒历数朱硕、枣嵩等人受贿乱政的罪行，叱责游统不忠于自己的职守，把他们全都杀了。查抄没收了王浚部将参佐和亲戚的家产，都数量巨大，唯独裴宪、荀绰只有

书百余帙,盐、米各十余斛而已。勒曰:"吾不喜得幽州,喜得二子。"以宪为从事中郎,绰为参军。分遣流民,各还乡里。勒停蓟二日,焚浚宫殿,以故尚书刘翰行幽州刺史,戍蓟,置守宰而还。孙纬遮击之,勒仅而得免。

勒遣使奉浚首献捷于汉,汉以勒为东单于。刘琨请兵于拓跋猗卢以击汉,会猗卢所部杂胡谋应勒,猗卢悉诛之,不果赴约。琨知勒无降意,大惧。刘翰不欲从勒,乃归段匹磾,匹磾遂据蓟城。

左丞相睿以邵续为平原太守。

王浚所署乐陵太守邵续附勒,勒以其子义为督护。勃海太守刘胤弃郡依续,谓曰:"君晋之忠臣,奈何从贼以自污乎?"会段匹磾以书邀续同归江东,续从之。其人曰:"其如义何?"续泣曰:"我岂得顾子而为叛臣乎?"杀异议者数人。勒闻之,杀义。续遣胤使江东,睿以胤为参军,续为平原太守。石勒围续,匹磾救之,勒引去。

襄国大饥。

时谷二升直银一斤。

夏五月,太尉、凉州牧、西平公张轨卒,子寔嗣。

轨寝疾,遗令文武将佐"务安百姓,上思报国,下以宁家"。轨卒,长史张玺等表世子寔摄父位,诏寔为都督、刺史、西平公。谥轨曰武穆。

六月,汉寇长安,索綝大破之。

汉大司马中山王曜、赵染寇长安,索綝出拒之。染有轻綝之色,长史鲁徽曰:"晋之君臣自知强弱不敌,将致死于我,不可轻也。"染曰:"以司马模之强,吾取之如拉朽,索綝

书百余帙，盐、米各十余斛而已。石勒说："得到幽州我并不怎么高兴，高兴的是得到他们二人。"任裴宪为从事中郎，荀绰为参军。分别遣送流民，让他们各回故乡。石勒在蓟城停留了两天，焚烧了王浚的宫殿，命前尚书刘翰兼任幽州刺史，戍守蓟城，设置了郡县长官就回去了。孙纬出兵截击，石勒仅仅得以逃脱。

石勒派使者带着王浚的首级向汉报捷，汉封石勒为东单于。刘琨向拓跋猗卢请兵去攻汉，正遇到拓跋猗卢管辖的其他胡人密谋响应石勒，拓跋猗卢把他们全都杀了，没有兑现和刘琨的约定。刘琨知道石勒没有投降的意思，非常害怕。刘翰不愿服从石勒，于是归附了段匹磾，段匹磾就占据了蓟城。

左丞相司马睿任用邵续为平原太守。

王浚属下的乐陵太守邵续归附石勒，石勒任命其子邵义为督护。勃海太守刘胤弃职投奔邵续，对邵续说："您是晋朝的忠臣，为什么要顺从贼寇来玷污自己呢？"正巧段匹磾写信邀请邵续同归江东，邵续听从了他的意见。与他同归的人说："邵义怎么办呢？"邵续哭着说："我哪能为了顾惜儿子而当叛臣呢？"杀了几个持异议的人。石勒听说了这件事，杀了邵义。邵续派遣刘胤出使江东，司马睿任命刘胤为参军，邵续为平原太守。石勒围攻邵续，段匹磾来援救他，石勒带兵退走了。

襄国发生大饥荒。

当时，二升谷子值一斤银子。

夏五月，太尉、凉州牧、西平公张轨去世，其子张寔继承父位。

张轨病危，给文武将佐留下遗令说："一定要安定百姓，上思报国，下要安家。"张轨去世，长史张玺等人表奏世子张寔继承父位，朝廷下诏封张寔为都督、刺史、西平公。追谥张轨为武穆。

六月，汉兵侵犯长安，被索綝打得大败。

汉大司马中山王刘曜、赵染进犯长安，索綝带兵出城阻击他们。赵染表现出轻视索綝的神色，长史鲁徽说："晋朝的君臣自知强弱和我们不能相敌，将会拼死和我们战斗，不可以轻视他们。"赵染说："像司马模那样强大，我打败他犹如摧枯拉朽，索綝

小竖,岂能污吾马蹄刀刃邪!"晨,帅轻骑数百逆之,曰:"要当获綝而后食。"綝与战于城西,染兵败而归,悔曰:"吾不用徽言至此,何面目见之!"先命斩徽,徽曰:"将军愚愎以取败,乃复忌前害胜,犹有天地,其得死于枕席乎!"染攻北地,中弩而死。

汉石勒命州郡阅实户口。

户出帛二匹,谷二斛。

冬,汉主聪以子粲为相国。

汉晋王粲,少有隽才,自为相,骄奢专恣,远贤亲佞,严刻愎谏,国人始恶之。

乙亥(315)　三年汉建元元年。

春正月,左丞相睿以周札为吴兴太守。

周勰以其父遗言,因吴人之怨,谋作乱。使吴兴功曹徐馥矫称叔父札之命,收合徒众,以讨王导、刁协,豪杰翕然附之。是月馥杀吴兴太守袁琇,欲奉札为主。札闻之大惊,以告义兴太守孔侃。勰知札意不同,不敢发,馥党惧,攻馥杀之。札子续亦聚众应馥,左丞相睿议发兵讨之,王导曰:"今少发兵则不足以平寇,多发兵则根本空虚,续族弟黄门侍郎莛,忠果有谋,请独使莛往,足以诛续。"睿从之。莛兼行至郡,将入,遇续于门,逼与俱诣侃,坐定,莛谓侃曰:"府君何以置贼在坐?"续即出衣中刀逼莛,莛叱郡传教格杀之。因欲诛勰,札不听,委罪于从兄邵而诛之。

这小子,岂能弄脏我的马蹄和刀刃!"清晨,率领数百轻骑兵去迎战索綝,说:"要抓住索綝以后再吃饭。"索綝与赵染在新丰城西交战,赵染兵败而归,悔恨地说:"我不听鲁徽的话,以至落到如此地步,还有什么面目去见他呢!"先下令杀掉鲁徽,鲁徽说:"将军愚鲁刚愎,所以遭到失败,仍要忌恨残害以前胜过你的人,还有天地可鉴,你将来能够像普通人一样死在枕席上吗!"赵染后来攻打北地,中弩箭身亡。

汉石勒命令州郡核实户口。

每户征收帛二匹、谷二斛。

冬季,汉主刘聪任命其子刘粲为相国。

汉晋王刘粲,年轻时就有杰出的才能,自从当上相国以后,骄奢专横,疏远贤能亲近奸佞,严酷苛刻刚愎拒谏,国人开始憎恶他。

乙亥(315) **晋愍帝建兴三年** 汉建元元年。

春正月,左丞相司马睿任用周札为吴兴太守。

周勰根据他父亲的遗言,利用吴人的怨恨,密谋作乱。派吴兴功曹徐馥假称叔父周札的命令,纠集徒众,来讨伐王导、刁协,江南豪杰纷纷来归附他。当月,徐馥杀了吴兴太守袁琇,想拥奉周札为首领。周札听说后大惊,把这件事告诉了义兴太守孔侃。周勰知道周札和他的想法不一样,不敢冒然举事,徐馥的同党害怕了,就攻打徐馥,将徐馥杀了。周札的儿子周续也聚集部众响应徐馥,左丞相司马睿商议要发兵去征讨他,王导说:"现在发兵少了则不足以平定寇贼,发兵多了根基就会空虚,周续的族弟黄门侍郎周莚,忠诚果敢有谋略,请派周莚独自前去,足以诛杀周续。"司马睿采纳了这个建议。周莚日夜兼程来到郡城,正要进去,在门口遇到了周续,就逼着他一起去见孔侃,坐下以后,周莚对孔侃说:"府君为什么让贼寇坐在你这里?"周续立即从衣服中取出刀来逼近周莚,周莚喝令郡传教把周续杀死了。又要去杀周勰,周札不同意,把罪名推到堂兄周邵身上,将周邵杀了。

莚不归家省母,遂长驱而去。睿以札为吴兴太守,莚为太子右卫率。以周氏吴之豪望,故不穷治,抚飖如旧。

二月,**以左丞相睿为丞相、都督中外诸军事。南阳王保为相国,刘琨为司空。** **进代公猗卢爵为王。**

诏进猗卢爵为代王,置官属,食代、常山二郡。猗卢请并州从事莫含于刘琨,含不欲行,琨曰:"以并州单弱,吾之不材,而能自存于胡羯之间者,代王之力也。吾倾身竭赀,以长子为质而奉之者,庶几为朝廷雪大耻也。卿欲为忠臣,奈何惜共事之小诚而亡徇国之大节乎?往事代王,为之腹心,乃一州之所赖也。"含遂行。猗卢甚重之,常与参大计。猗卢用法严,国人犯法者,或举部就诛,老幼相携而行。人问:"何之?"曰:"往就死。"无一人敢逃匿者。

三月,**杜弢将张彦陷豫章,寻阳太守周访击斩之。**

王敦遣陶侃等讨杜弢,前后数十战,弢将士多死,乃请降,丞相睿以为巴东监军。弢既受命,诸将犹攻之不已,弢不胜愤怒,复反,遣其将张彦陷豫章,周访击斩之。

汉太子太傅崔玮、少保许遐伏诛。

雨血于汉东宫延明殿,太弟乂恶之,崔玮、许遐说乂曰:"今相国威重逾于东宫,殿下非徒不得立也,朝夕且有不测之危,不如早为之计。"乂弗从。舍人告之,汉主聪杀玮、遐,使将军卜抽将兵监守东宫。乂上表乞为庶人,且请以粲为嗣,抽弗为通。

周莚没有回家看望母亲,就长驱离去。司马睿任用周札为吴兴太守,周莚为太子右卫率。因为周氏是吴地的豪门望族,所以没有深究,对周颤抚慰如旧。

二月,朝廷任用左丞相司马睿为丞相、都督中外诸军事。南阳王司马保为相国,刘琨为司空。　进封代公拓跋猗卢为王。

朝廷下诏进封拓跋猗卢为代王,设置官吏,以代郡、常山郡作为食邑。拓跋猗卢请求刘琨让并州从事莫含到他那儿去,莫含不想去,刘琨说:"以并州的势单力薄,我又缺乏才能,而能在胡人、羯人之间生存,这都是靠代王的力量。我一心竭尽财产,让长子作为人质来侍奉代王,就是希望或许能为朝廷报仇雪耻。你想当忠臣,为什么顾惜我们一起共事的小诚而忘记为国献身的大节呢?你去侍奉代王,成为他的腹心,这是全州的依赖啊。"莫含于是去了。拓跋猗卢非常看重他,常常让他参与制定大计。拓跋猗卢执法很严,国人有犯法的,有时整个部族被处死,这个部族就老幼互相搀扶着前往。有人问:"到哪儿去?"回答说:"去赴死。"没有一个敢逃避躲藏的。

三月,杜弢的部将张彦攻陷了豫章,寻阳太守周访攻打并杀死张彦。

王敦派遣陶侃等人去讨伐杜弢,前后打了数十仗,杜弢的将士死了很多,于是请求投降,丞相司马睿让他担任了巴东监军。杜弢接受了任命,晋朝的将领还是不停地攻打他,他不胜愤怒,又反叛了,派他的部将张彦攻陷了豫章,周访又攻打张彦,把张彦杀了。

汉太子太傅崔玮、少保许遐被诛杀。

汉东宫延明殿降下了血雨,太弟刘乂很厌恶,崔玮、许遐劝刘乂说:"现在相国的威势超过了东宫,殿下非但不能继承皇位,而且朝夕都有不可预测的危险,不如尽早安排对策。"刘乂没有听从。舍人告发了这件事,汉主刘聪杀了崔玮、许遐,派将军卜抽带兵监守东宫。刘乂上表请求做一个普通百姓,并请求立刘粲为继承人,卜抽没有给他通报。

汉曹嶷据临淄。

汉青州刺史曹嶷尽得齐、鲁间郡县,自镇临淄,有众十余万,临河置戍。石勒表称:"嶷有专据东方之志,请讨之。"汉主聪恐勒灭嶷不可复制,弗许。

汉立三后。

汉主聪纳中护军靳准二女月光、月华,立月光为上皇后,刘贵妃与月华为左右皇后。陈元达极谏,以为并立三后非礼也,聪不悦。元达又奏月光有秽行,聪不得已废之。月光惭恚自杀,聪以是恨元达。

夏六月,盗发汉霸、杜二陵。

盗发二陵及薄太后陵,得金帛甚多。朝廷以用度不足,诏收其余,以实内府。

陶侃击杜弢,破之。弢走死,湘州平。丞相睿加王敦都督江、扬等军事。

陶侃与杜弢相攻,弢使王贡出挑战,侃遥谓之曰:"弢为益州小吏,盗用库钱,父死不奔丧。卿本佳人,何为随之?天下宁有白头贼耶?"贡遂降。弢众溃,遁走,道死。侃进克长沙,湘州悉平。丞相睿进王敦镇东大将军,都督江、扬、荆、湘、交、广六州诸军事、江州刺史。敦始自选置刺史以下,浸益骄横。初,王如之降也,敦从弟棱爱如骁勇,请敦配己麾下,甚加宠遇。如数与敦诸将角射争斗,棱杖之,如深以为耻。及敦潜畜异志,棱每谏之,敦怒,密使人激如杀棱。敦闻之,阳惊,亦捕如诛之。

荆州吏杜曾举兵拒陶侃,王敦徙陶侃为广州刺史。

汉曹嶷据守临淄。

汉青州刺史曹嶷夺取了齐、鲁地区所有郡县,自己镇守临淄,有十多万军队,沿黄河设置防卫。石勒上表说:"曹嶷有独据东方的想法,请让我去讨伐他。"汉主刘聪恐怕石勒消灭了曹嶷以后,对石勒难以控制,就没有同意。

汉立三位皇后。

汉主刘聪纳娶了中护军靳准的两个女儿月光、月华,立月光为上皇后,刘贵妃为左皇后,月华为右皇后。陈元达极力劝谏,认为同时立三位皇后不合礼制,刘聪很不高兴。陈元达又上奏说月光有放荡的行为,刘聪不得已,就将她废黜了。月光羞惭愤恨而自杀,刘聪因此很恨陈元达。

夏六月,盗贼盗发了汉朝的霸陵和杜陵。

盗贼盗发霸、杜二陵及薄太后陵,得到很多金帛。朝廷因用度不足,下诏书把剩下的金帛收回来,充实宫内的府库。

陶侃攻打杜弢,杜弢被打败。杜弢逃走死在路上,湘州被平定。丞相司马睿加授王敦为都督江、扬等州诸军事。

陶侃与杜弢相互攻击,杜弢派王贡出去挑战,陶侃和他相距很远就大声说:"杜弢本是益州小吏,盗用州库钱财,父死不去奔丧。你本来是个好人,为什么要跟着他?天下难道会有白头到老的贼寇吗?"于是王贡就投降了。杜弢的部众溃败,杜弢奔逃,死在路上。陶侃又进军攻克了长沙,湘州全部平定。丞相司马睿进封王敦为镇东大将军、都督江、扬、荆、湘、交、广六州诸军事、江州刺史。王敦开始自己选拔安排刺史以下的官吏,变得越来越骄纵蛮横。当初,王如投降的时候,王敦的堂弟王稜喜爱王如骁勇善战,请求王敦把王如安排在自己的麾下,甚为宠信。王如多次和王敦的部将比试射箭及膂力,王稜用棍杖打了他,王如认为是奇耻大辱。等到王敦对晋室有了二心,王稜多次劝谏,王敦大怒,就秘密让人激怒王如杀死了王稜。王敦听说后,表面假装吃惊,也把王如抓起来杀了。

荆州官员杜曾起兵抵御陶侃,王敦将陶侃贬为广州刺史。

　　初，朝廷以第五猗为荆州刺史，杜曾迎猗于襄阳，聚兵万人，与猗分据汉、沔。侃既破杜弢，乘胜进击曾，有轻曾之志，反为所败，死者数百人。时荀崧都督荆州，屯宛，曾引兵围之。崧兵少食尽，欲求救于故吏襄城太守石览。崧小女灌，年十三，帅勇士数十人，逾城突围夜出，且战且前，遂达览所，又为崧书求救于周访。访遣子抚帅兵与览共救崧，曾乃遁去。曾复致笺于崧求自效，崧许之。侃遗崧书曰："杜曾凶狡，所谓鸱枭食母之物。此人不死，州土未宁。足下当识吾言。"崧以兵少，藉为外援，不从。曾复帅流亡二千余人围襄阳，不克而还。王敦嬖人钱凤疾侃之功，屡毁之。侃诣敦自陈，敦留不遣，左转广州刺史，以其从弟廙刺荆州。将吏郑攀等诣敦留侃，不许。众情愤惋，遂迎杜曾、第五猗以拒廙。敦意攀等承侃风旨，被甲持矛将杀侃，出而复还者数四。侃正色曰："使君雄断，当裁天下，何此不决乎？"因起如厕。参军梅陶言于敦曰："周访与侃亲姻，如左右手，安有断人左手而右手不应者乎？"敦意解，乃设盛馔以饯之。侃便夜发。时王机盗据广州，侃至始兴，州人皆言宜观察形势，侃不听，直至广州，遣督护讨机，走之，广州遂平。侃在州无事，辄朝运百甓于斋外，暮运于斋内。人问其故，答曰："吾方致力中原，过尔优逸，恐不堪事，故习劳耳。"

冬十月，汉寇冯翊，陷之。

当初，朝廷任命第五猗为荆州刺史，杜曾到襄阳迎接第五猗，聚集了一万多兵力，与第五猗分别占据汉水、沔水地区。陶侃打败杜弢以后，乘胜进攻杜曾，有轻视杜曾的心理，反而被杜曾打败，死了数百人。当时荀崧都督荆州，驻扎在宛城，杜曾带兵包围了他。荀崧兵少食尽，想向以前的部下襄城太守石览求援。荀崧的小女儿荀灌只有十三岁，率领数十名勇士，夜间越过城墙突围出去，边战斗边前进，到达了石览处，石览又替荀崧写信向周访求救。周访派他的儿子周抚率兵与石览共同援救荀崧，杜曾才退走。杜曾又写信给荀崧，请求在荀崧手下效力，荀崧同意了。陶侃给荀崧去信说："杜曾这人凶恶狡诈，就是人们常说的鸱枭一类食母的东西。此人不死，州土不宁。您应当记住我这些话。"荀崧因为兵少，想把杜曾作为外援，没有听从陶侃的话。杜曾又带领两千多流亡者包围了襄阳，没有攻打下来就返回去了。王敦宠臣钱凤嫉妒陶侃的功劳，多次诋毁陶侃。陶侃到王敦那里为自己辩白，王敦扣留不放，把他降为广州刺史，而派自己的堂弟王廙任荆州刺史。荆州的将吏郑攀等人到王敦那儿去挽留陶侃，王敦不允许。群情怨愤，于是迎接杜曾、第五猗来抗拒王廙。王敦认为郑攀等人是受了陶侃指使，就披上铠甲拿上长矛要杀陶侃，这样走出去又返回来好几次。陶侃表情严肃地说："您的雄才大略，能判断天下的事，为什么这样犹豫不决呢？"说完就到厕所去了。参军梅陶对王敦说："周访和陶侃是儿女亲家，如同左右手，哪有砍断人的左手而右手没有反应的呢？"王敦要杀陶侃的想法这才消除，于是安排丰盛的宴席为陶侃饯行。陶侃便连夜出发。这时王机正窃据广州，陶侃到了始兴，州中人都说应该观察一下形势，陶侃不听，直接进入广州，派遣督护讨伐王机，王机逃走，广州被平定。陶侃在州衙无事可做，就每天早晨把一百块砖搬到屋外，黄昏时又搬回屋内。有人问为何这样做，陶侃回答说："我正致力于收复中原，现在却过于悠闲安逸，恐怕将来难以承担工作，因此自己活动活动罢了。"

冬十月，汉进犯冯翊，冯翊失陷。

刘曜寇北地,进拔冯翊。麴允军于灵武,以兵弱不敢进。帝屡征兵于相国保,保左右皆曰:"蝮蛇螫手,壮士断腕。今胡寇方盛,且宜断陇道以观其变。"从事中郎裴诜曰:"今蛇已螫头,头可断乎!"保乃以胡崧行前锋都督,须诸军集乃发。允欲奉帝往就保,索綝曰:"保得天子,必逞其私志。"乃止。于是自长安以西不复贡奉,百官饥乏,采穄以自存。

张寔得玺献之。

凉州军士得玺,文曰"皇帝行玺",献于张寔。僚属皆贺,寔曰:"是非人臣所得留。"归之长安。

丙子(316)　**四年**汉麟嘉元年。
春二月,汉杀其少府陈休等七人。

汉中常侍王沈、郭猗等宠幸用事,汉主聪游宴后宫,或百日不出,政事一委相国粲,惟杀生除拜,乃使沈等入白,沈等多自以其私意决之。

猗有怨于太弟乂,谓粲曰:"闻太弟与大将军谋,因上巳大宴作乱。今祸期甚迫,宜早图之。殿下傥不信臣言,可召大将军从事王皮、司马刘惇,许其归首以问之,必可知也。"粲许之。猗密谓皮、惇曰:"二王逆状,主上及相国具知之矣,卿同之乎?"二人惊曰:"无之。"猗曰:"兹事已决,吾怜卿亲旧并见族耳!"因歔欷流涕。二人大惧,叩头求哀。猗曰:"相国问卿,卿但云有之。"皮、惇许诺。粲问之,二人至不同时,而其辞若一。粲以为信然。

刘曜进犯北地,又向前攻取了冯翊。麹允驻扎在灵武,因兵力微弱不敢前进。愍帝多次向相国司马保征召军队,司马保身边的官员说:"被蝮蛇咬了手,壮士就截断手腕来保存性命。现在胡兵正士气旺盛,应该截断陇地的道路来观察事态的变化。"从事中郎裴诜说:"现在蛇已经咬了头,头难道也可以砍掉吗!"司马保这才让胡崧任前锋都督,等待各军都集合到一起再出发。麹允想护送愍帝到司马保那儿去,索綝说:"司马保得到天子,必然要借此达到他个人的目的。"于是就没去。从此以后长安以西的地区不再向朝廷进贡,朝中百官饥饿困乏,靠采食野生谷子来生存。

张寔得到玉玺,献给朝廷。

凉州军士得到一方玉玺,印文为"皇帝行玺",献给了张寔。僚属都来庆贺,张寔说:"这不是臣子应当留下的。"送归长安。

丙子(316) **晋愍帝建兴四年**汉麟嘉元年。

春二月,汉杀了他们的少府陈休等七人。

汉中常侍王沈、郭猗等人因受到宠信而掌握了大权,汉主刘聪在后宫游玩宴饮,有时百日不出后宫,政事全部交给相国刘粲处理,只有在决定生死或任命官吏时,才派王沈等人进宫报告,王沈等人经常按照自己的意思决断。

郭猗与太弟刘义有仇怨,对刘粲说:"听说太弟和大将军密谋,趁上巳日大宴时作乱。现在发生祸乱的日子已经很近了,应该尽早想办法解决。您如果不相信我的话,可找来大将军从事王皮、司马刘惇,允许他们归顺自首,再询问他们,一定能知道事情的真相。"刘粲同意了。郭猗秘密地对王皮、刘惇说:"二王谋反的情况,主上和相国全都知道了,你们也参加了吗?"二人吃惊地说:"没有这样的事。"郭猗说:"这件事已经决定了处理办法,我只是怜惜你们的亲戚朋友都要被灭族罢了!"说完叹息流泪。二人非常害怕,叩头请求哀怜。郭猗说:"相国如果问你们,你们只说有这件事。"王皮、刘惇答应了。刘粲问他们,二人不是同时来的,但所说的话相同。刘粲认为刘义谋反的事是真的了。

靳准复说粲曰:"人告太弟为变,主上必不信。宜缓东宫之禁,使宾客得往来,太弟雅好待士,必不以此为嫌。轻薄小人不能无迎合为之谋者,然后下官为殿下露表其罪,收其宾客考问之,狱辞既具,则主上无不信之理也。"粲乃命卜抽引兵去东宫。

少府陈休、将军卜崇为人清直,沈等深疾之。侍中卜幹谓休、崇曰:"沈等势力足以回天地,卿辈自料亲贤孰与窦武、陈蕃?"休、崇曰:"吾辈年逾五十,职位已崇,惟欠一死耳!死于忠义,乃为得所,安能俯首低眉以事阉竖乎!"至是,聪命收休、崇及特进綦毋达等七人诛之,皆宦官所恶也。卜幹泣谏,王沈叱之,聪怒,免幹为庶人。

河间王易及陈元达等谏曰:"今遗晋未殄,巴蜀不宾,石勒谋据赵、魏,曹嶷欲王全齐,陛下心腹四支何处无患?乃复以沈等助乱,诛巫咸,戮扁鹊,臣恐遂成膏肓之疾,后虽救之,不可及已。请免沈等官,付有司治罪。"聪以表示沈等,笑曰:"群儿为元达所引,遂成痴也。"聪问沈等于粲,粲盛称其忠清。聪悦,封沈等为列侯。易又上疏极谏,聪大怒,手坏其疏。易忿恚而卒。易素忠直,元达倚之为援,得尽谏争。及卒,元达哭之恸,曰:"'人之云亡,邦国殄瘁',吾既不复能言,安用默默苟生乎!"归而自杀。

既而聪宴群臣,引见太弟义,见其憔悴,涕泣陈谢,聪亦恸哭,待之如初。

代六脩弑其君猗卢,普根讨之而立,寻卒。郁律立。

靳准又劝刘粲说："有人告发说太弟要谋反，主上必然不信。应该放松对东宫的禁令，使宾客能够往来出入，太弟平时喜欢接待士人，一定不会猜疑这有什么问题。轻薄小人中不可能没有为迎合太弟心意而为他谋划的，之后我就可以为殿下表奏太弟的罪行，拘捕太弟的宾客进行审问，有了供词之后，主上就没有不相信的理由了。"刘粲于是命令卜抽带兵撤离东宫。

少府陈休、将军卜崇为人清高正直，王沈等人很忌恨他俩。侍中卜幹对陈休、卜崇说："王沈等人的势力足以使天地翻覆，你们自己料想一下，谁能像窦武那样和皇帝关系亲近，谁能像陈蕃那样贤能？"陈休、卜崇说："我们都已年过五十，职位已经很高，只欠一死罢了！为忠义而死，是死得其所，怎能俯首低眉来事奉阉宦呢！"这时，刘聪下令拘捕了陈休、卜崇以及特进綦毋达等七人，并下令处以死刑，这些人都是宦官忌恨的人。卜幹哭着劝谏，王沈喝叱他，刘聪也发怒了，把卜幹免去官职贬为庶人。

河间王刘易以及陈元达等人劝谏说："现在晋朝还没有完全被消灭，巴蜀也没有归服，石勒图谋占据赵、魏，曹嶷想在齐地称王，陛下心腹四肢何处没有祸患？还要让王沈等人再来添乱，就像诛杀了神巫巫咸和神医扁鹊，我恐怕会变成不治之症，以后即使再救治，也来不及了。请免去王沈等人官职，交付有关部门治罪。"刘聪把奏表交给王沈等人看，笑着说："这群小子被陈元达带着，也都成了痴呆了。"刘聪问刘粲，王沈等人怎么样，刘粲盛赞王沈等人忠诚清廉。刘聪很高兴，封王沈等人为列侯。刘易又上疏极力劝谏，刘聪大怒，撕毁了奏疏。刘易愤恨而死。刘易一向忠心正直，陈元达依靠他的援助，才能极力谏争。刘易去世后，陈元达哭得很悲痛，说："'贤人死去，国家必将困窘'，我既然再不能进言了，怎能默默苟活在世上呢！"回家就自杀了。

不久刘聪大宴群臣，接见太弟刘乂，见刘乂面容憔悴，哭着向他陈述谢罪，刘聪也伤心痛哭，对待刘乂和以往一样。

代王的儿子拓跋六脩杀死了代王拓跋猗卢，拓跋普根讨伐拓跋六脩而立为王，不久去世。拓跋郁律继任代王。

初，代王猗卢爱其少子比延，欲以为嗣，使长子六脩出居新平城，而黜其母。六脩来朝，猗卢使拜比延，六脩不从而去。猗卢大怒，帅众讨之，兵败，遂为所弑。猗㐌子普根攻六脩，灭之，代立，国中大乱。将军卫雄、箕澹与刘琨质子遵帅晋人及乌桓三万家、马牛羊十万头归于琨，琨兵由是复振。普根寻卒，国人立郁律。

张寔遣兵入援。

张寔下令所部吏民，有能举其过者，赏以布帛羊米。贼曹佐隗瑾曰："明公为政，事无巨细皆自决之，群下畏威，受成而已。如此，虽赏之千金，终不敢言也。谓宜少损聪明，延访群下，使各尽所怀，然后采而行之，则嘉言自至，何必赏也！"寔悦，从之，增瑾位三等。寔遣将军王该帅步骑五千入援长安，且送诸郡贡计。诏拜寔都督陕西诸军事。

石勒寇廪丘，陷之。

刘演奔段氏。

夏六月朔，日食。　秋七月，汉刘曜陷北地，进至泾阳。

曜围北地，麴允救之，曜使反间绐允曰："郡城已陷，往无及也。"众惧而溃。曜追败允，遂取北地。允性仁厚，无威断，喜以爵位悦人。诸郡太守皆领征、镇，村坞主帅，小者犹假银青将军之号，然恩不及下，故诸将军骄恣，而士卒离怨。曜进至泾阳，渭北诸城悉溃，曜获将军鲁充、

当初，代王拓跋猗卢喜爱他的小儿子拓跋比延，想让他继承王位，派长子拓跋六脩出去居住在新平城，并废黜了六脩的母亲。拓跋六脩来朝见，拓跋猗卢让他向拓跋比延行礼，拓跋六脩不听从，就离去了。拓跋猗卢大怒，率兵去讨伐拓跋六脩，结果兵败，被杀死了。拓跋猗㐌的儿子拓跋普根攻打拓跋六脩，并消灭了他，拓跋普根暂时成为首领，国内大乱。将军卫雄、箕澹与刘琨派来做人质的儿子刘遵带领晋人以及乌桓人三万家、马牛羊十万头归附刘琨，刘琨的兵力从此又大振。不久拓跋普根去世，国人立拓跋郁律为王。

张寔派兵入援长安。

张寔给所属的官吏和百姓下令，有能指出他的过失的，赏给布帛羊米。主管盗贼事务的佐吏隗瑾说："您处理政事，事无巨细都自己决定，下级官吏畏惧您的权威，只是接受成命而已。像这样，即使赏赐千金，他们也不敢说话。我认为您应少做些主张，多访求听取下属的意见，使他们把心中的想法都说出来，然后您采纳实行，这样有益的意见自然会来，何必需要赏赐呢！"张寔很高兴，听从了他的意见，给隗瑾提升了三级。张寔派将军王该率领步兵、骑兵五千人入援长安，并且送去各郡贡品的清单。朝廷下诏任命张寔为都督陕西诸军事。

石勒进犯廪丘，廪丘失陷。

刘演投奔段氏。

夏季六月初一，出现日食。　秋七月，汉刘曜攻下北地，进兵到泾阳。

刘曜围攻北地，麴允带兵去援救，刘曜派间谍欺骗麴允说："郡城已经陷落，去也来不及了。"麴允的部队惊惧溃逃。刘曜乘机追击，打败了麴允，于是攻取北地。麴允性情仁慈宽厚，缺乏威严果断，喜欢用爵位取悦别人。各郡的太守都兼任征、镇将军，各村堡的首领，小的也让他们佩带银印青绶，加将军名号，然而恩惠不施及下层兵士，因此将领们骄横放纵，士兵也离心怨恨。刘曜前进到泾阳，渭北各城全部溃败，刘曜俘获了将军鲁充、

梁纬，饮之酒曰：“吾得子，天下不足定也。”充曰：“身为晋将，国家丧败，不敢求生。若蒙公恩，速死为幸。”曜曰：“义士也！”与之剑，令自杀。纬妻辛氏美色，曜将妻之，辛氏大哭曰：“妾夫已死，义不独生。且一妇人而事二夫，明公又安用之！”曜曰：“贞女也！”亦听自杀，皆以礼葬之。

汉主聪立婢樊氏为后。

樊氏，故张后侍婢也，聪立为上皇后。三后之外，佩皇后玺绶者复七人。嬖宠用事，刑赏紊乱。大将军敷数涕泣切谏，聪怒曰：“汝欲乃公速死耶！何以朝夕生来哭人！”敷忧愤而卒。

汉大蝗。

河东平阳大蝗，民流殍者什五六。石勒遣将屯并州，招纳流民，归之者二十万户。聪遣使让之，勒不受命。

冬十一月，汉刘曜陷长安，帝出降。御史中丞吉朗死之。汉封帝为怀安侯。

曜逼长安，安定太守焦嵩、新平太守竺恢引兵来救，皆畏汉兵强，不敢进。相国保遣胡崧入援，击曜于灵台，破之。崧恐国威复振，则麹、索势盛，乃还槐里。曜攻陷长安外城，麹允、索綝退守小城，内外断绝，城中饥甚，亡逃不可制，唯凉州义众千人守死不移。太仓有曲数十饼，允屑之为粥以进，至是帝泣谓允曰：“今穷厄如此，外无援救，当忍耻出降，以活士民。”因叹曰：“误我事者，麹、索二公也。”使侍中宗敞送降笺于曜。綝潜留敞，使其子说曜曰：“若许綝

梁纬,让他们饮酒说:"我得到你们,安定天下就不成问题了。"鲁充说:"身为晋朝的将领,国家沦丧败落,我们也不敢求生。如果能蒙受您的恩惠,让我们快点死就是最大的幸运。"刘曜说:"真是义士啊!"给他们剑,让他们自杀。梁纬的妻子辛氏长得很美,刘曜想娶她为妻,辛氏大骂说:"我的丈夫已死,从道义上说我不能独自活下去。况且一个妇人侍奉两个丈夫,您又怎能用我这样的人呢!"刘曜说:"真是贞节烈女啊!"也听任她自杀,都按照礼制将他们安葬。

汉主刘聪把婢女樊氏立为皇后。

樊氏是死去的张皇后的侍婢,刘聪把她立为上皇后。三位皇后之外,佩带皇后玺印绶带的还有七人。朝中宠幸的小人掌权,刑赏混乱。大将军刘敷多次哭泣着恳切劝谏,刘聪发怒说:"你是想让老子早点死吗!为什么一天到晚活生生地哭人!"刘敷忧愤而死。

汉发生严重蝗灾。

河东平阳遭受严重蝗灾,百姓流亡和饿死的十有五六。石勒派遣部将驻扎在并州,招纳流民,投奔他的有二十万户。刘聪派使者去责备他,石勒不听从。

冬十一月,汉刘曜攻陷长安,愍帝出宫投降。御史中丞吉朗因此自杀。汉封愍帝为怀安侯。

刘曜逼近长安,安定太守焦嵩、新平太守竺恢带兵来援救,都畏惧汉兵的强盛,不敢前进。相国司马保派遣胡崧前去援救,在灵台攻击刘曜,把他打败了。胡崧担心国威重新振作起来,那样麹允、索綝的势力就会强盛,就回到了槐里。刘曜攻陷了长安外城,麹允、索綝退到小城守卫,内外断绝了联络,城中人饥饿难忍,逃亡不可控制,惟有凉州义兵几千人死守不动。太仓中有数十个麦饼,麹允将饼弄碎做成粥给愍帝吃,这时愍帝哭着对麹允说:"现在饥饿困苦到了如此地步,外无援救,应当忍受耻辱出去投降,使士人百姓能够活下来。"又叹息着说:"耽误我事的,就是麹允、索綝二公啊。"派侍中宗敞向刘曜送去降书。索綝暗中将宗敞留下,派他自己的儿子对刘曜说:"如果答应封索綝

以车骑、仪同、万户郡公者,请以城降。"曜斩而送之曰:"帝王之师,以义行也。孤将兵十五年,未尝以诡计败人,必穷兵极势,然后取之。今绲所言如此,天下之恶一也,辄相为戮之。"

帝乘羊车,肉袒出降。群臣号泣攀车。帝亦悲不自胜。御史中丞吉朗叹曰:"吾智不能谋,勇不能死,何忍君臣相随,北面事贼虏乎!"乃自杀。曜送帝于平阳,汉主聪临光极殿,帝稽首于前。允伏地恸哭,聪怒,囚之,允自杀。聪以帝为光禄大夫,封怀安侯。以曜为太宰,假黄钺,督陕西,封秦王。赠允车骑将军,谥节愍侯。斩绲于市。

石勒寇乐平,刘琨救之,大败,乐平遂陷。

石勒围乐平,太守韩据请救于刘琨。琨新得猗卢之众,欲因其锐气以讨勒。箕澹谏曰:"此虽晋民,久沦异域,未习明公恩信,恐其难用。不若闭关守险,务农息兵。"琨不从,命澹帅骑二万为前驱,琨屯广牧,为之声援。勒据险要,设疑兵于山上,前设二伏,出轻骑与澹战,阳为不胜而走,澹纵兵追之,入伏中,勒前后夹击,大破之。澹奔代郡,据弃城走,并土震骇。

十二月朔,日食。　刘琨长史以并州叛,降石勒。琨奔蓟。

司空长史李弘以并州降勒,琨进退失据,段匹磾遣信邀之,琨帅众奔蓟。匹磾见琨,甚相亲重,与结婚,约为兄弟。

石勒以李回为高阳守。

为车骑将军、仪同三司、万户郡公,就献城投降。"刘曜杀了他送回尸体,说:"帝王之师,按照道义行事。我带兵十五年,不曾以诡计击败别人,必定使对方兵尽势绝,然后才占领其地。现在索綝说出这样的话,看来天下诡诈的人都是一样的,所以我要杀了他。"

愍帝乘着羊拉的车,袒露着臂膀,出城投降。群臣呼号哭泣牵挽着羊车。愍帝也悲伤万分不能自持。御史中丞吉朗叹息着说:"我的智力不能为国谋划,勇力又不能为国战死,怎能忍心君臣相随,面朝北向贼寇投降称臣呢!"就自杀了。刘曜把愍帝送到平阳,汉主刘聪来到光极殿,愍帝在刘聪面前跪拜行礼。麴允伏在地上悲伤地大哭,刘聪大怒,把他囚禁起来,麴允就自杀了。刘聪任命愍帝为光禄大夫,封怀安侯。任命刘曜为太宰,假黄钺,都督陕西军事,封秦王。追赠麴允为车骑将军,谥号为节愍侯。在闹市上杀了索綝。

石勒进攻乐平,刘琨去援救,大败,乐平失陷。

石勒围攻乐平,乐平太守韩据向刘琨请求援救。刘琨刚得到拓跋猗卢的部众,想靠着他们的锐气来攻讨石勒。箕澹劝谏说:"这些人虽是晋民,但长久沦落在异族地区,不了解您的恩德信义,恐怕难以为用。不如封闭关口,守卫险要之地,让他们从事农耕不再打仗。"刘琨不听,命令箕澹率领二万骑兵为前锋,刘琨驻兵广牧,为他们声援。石勒占据险要之地,在山上设置疑兵,前面安排两队伏兵,派出轻骑兵与箕澹交战,假装失败逃走,箕澹带兵追击,进入埋伏圈,石勒的军队前后夹击,大败箕澹。箕澹逃到代郡,韩据弃城逃走,并州一带为之震惊恐惧。

十二月初一,发生日食。　刘琨的长史献出并州叛变,投降了石勒。刘琨逃到蓟城。

司空长史李弘献出并州投降了石勒,刘琨进退无地,段匹磾派人送信邀请他,刘琨就率领部众奔往蓟城。段匹磾见了刘琨十分亲近敬重,与他联姻,结拜为兄弟。

石勒任用李回为高阳太守。

勒遣孔苌攻贼帅冯赭,久而不克。流民数万户在辽西,迭相招引,民不安业。勒问计于张宾,宾曰:"冯赭本非公仇,流民亦皆恋本,今班师振旅,选良牧守使招怀之,则幽冀之寇可不日而清,辽西流民将相帅而至矣。"勒乃召苌归,以李回为高阳太守。赭帅其众降,流民归者相继于道。

丞相睿出师露次,移檄北征。

睿闻长安不守,出师露次,躬擐甲胄,移檄四方,刻日北征。以漕运稽期,斩督运令史淳于伯,刑者以刀拭柱,血流上至柱末二丈余而下,观者咸以为冤。司直刘隗上言:"伯罪不至死,请免从事中郎周莚等官。"于是王导等引咎请解职。睿曰:"政刑失中,皆吾暗塞所致。"一无所问。隗性刚讦,当时名士多被弹劾,睿率皆容贷,由是众怨归之。南中郎将王含,敦之兄也,以族强位显,骄傲自恣。隗奏含,文致甚苦,事虽被寝,而王氏深忌疾之。

丞相睿以邵续为冀州刺史,刘遐为平原内史。

遐,续女婿也,聚众河、济之间。

丁丑(317) **中宗元皇帝建武元年**汉麟嘉二年。凉元公张寔称建兴五年。旧大国一,并成小国一,新小国一,凡三僭国。

春正月,张寔遣司马韩璞将兵伐汉。

黄门郎史淑自长安奔凉州,称愍帝出降前一日,使淑赍诏赐张寔,拜凉州牧,承制行事。且曰:"朕已诏琅邪王

石勒派孔苌攻打强盗首领冯䴬,久攻不胜。数万户流民在辽西,多次招引,百姓不能安居乐业。石勒问张宾有什么办法,张宾说:"冯䴬本来不是您的仇人,流民也都留恋故土,现在您班师回朝整顿军队,选择贤良的地方官吏来招抚流民,这样幽、冀二州的寇贼不久就可肃清,辽西的流民将会相互跟随而至。"石勒于是召孔苌回来,任命李回为高阳太守。冯䴬率领部下投降,流民来归附的不绝于路。

丞相司马睿带兵露营野外,发布檄文北征。

司马睿听说长安失守,带兵驻扎在野外,身披铠甲,向各地发布檄文,限定日期北征。因漕运耽误了日期,斩了督运令史淳于伯,行刑的人在柱子上擦刀,血向上喷到二丈多高的柱子顶端才流下来,观看的人都认为淳于伯冤枉。司直刘隗上言说:"淳于伯罪不至死,请免去从事中郎周筵等人的官职。"于是王导等人引咎辞职。司马睿说:"政令刑罚失当,都是我昏昧不明所致。"对其他人都没问罪。刘隗性格刚直而不能容人之过,当时的名士大都被他弹劾过,司马睿总是加以宽容,因此大家都把怨恨集中到刘隗身上。南中郎将王含,是王敦的哥哥,因为宗族强盛而地位显赫,骄傲放纵。刘隗弹劾王含,罗织了很多罪名,事情虽然被压下来,但王氏却深恨刘隗。

丞相司马睿任用邵续为冀州刺史,刘遐为平原内史。

刘遐是邵续的女婿,在黄河、济水一带聚集了一些人马。

晋元帝

丁丑(317) **晋元帝建武元年** 汉麟嘉二年。前凉元公张寔称建兴五年。原有一个大国,以及成汉一个小国,新增一个小国,共有三个僭伪之国。

春正月,张寔派司马韩璞带兵攻汉。

黄门郎史淑从长安逃奔到凉州,声称晋愍帝向刘曜投降的前一天,就派遣史淑带着诏令到凉州赐给张寔,拜张寔为凉州牧,按照皇帝的旨意行事。诏书上还说:"朕已经下诏让琅邪王

时摄大位，君其协赞，共济多难。"淑至姑臧，寔大临三日，辞官不受。初，寔叔父肃为西海太守，闻长安危逼，请为先锋入援，寔以其老弗许。及是，肃悲愤而卒。寔遣司马韩璞等帅步骑一万东击汉，遗相国保书曰："王室有事，不忘投躯，前遣贾骞瞻公举动，中被符命，敕骞还军。会闻朝廷倾覆，为忠不遂，愤痛之深，死有余责。今遣璞等，惟公命是从。"璞等卒不能进而还。先是，长安谣曰："秦川中，血没腕，唯有凉州倚柱观。"及汉兵覆关中，氐、羌掠陇右，雍、秦之民死者什八九，独凉州安全。

二月，汉寇荥阳，太守李矩击走之。

汉刘畅帅兵三万攻荥阳，矩未及为备，乃遣使诈降。畅不复设备，矩欲夜袭之，士卒皆怔惧，乃遣其将郭诵祷于子产祠，使巫扬言曰："子产有教，当遣神兵相助。"众皆踊跃争进，掩击畅营，畅仅以身免。

三月，丞相睿即晋王位。

弘农太守宋哲为汉所攻，弃郡奔建康，称受愍帝诏，令丞相睿统摄万机。睿素服出次，举哀三日。官属上尊号，不许。固请不已，睿慨然流涕曰："孤，罪人也。若见逼不已，当归琅邪耳！"命驾将归国。请依魏、晋故事称晋王，乃许之。遂即位改元，置百官，立宗庙，建社稷。有司请立太子，王爱次子宣城公裒，欲立之，谓王导曰："立子当以德。"导曰："世子、宣城俱有朗隽之美，而世子年长。"王从之，

及时代理君位,你们要协助他,共度多难岁月。"史淑到达姑臧,张寔隆重哭祭愍帝三天,辞官不受。当初,张寔的叔父张肃为西海太守,听说长安形势危急,请求担任先锋前去援救,张寔因他年老没有答应。至此,张肃悲愤而死。张寔派司马韩璞等人率领步兵、骑兵一万人向东进攻汉军,派人给相国司马保送信说:"王室遇到危难,不能忘记舍身捐躯,事前我曾派遣贾骞看您怎样行动,这中间接到命令,令贾骞回军。刚好听说朝廷已经倾覆,尽忠的愿望没能实现,忧愤悲痛之情深重,即使死去也有余责。现在派韩璞等人前去,听从您的命令。"韩璞等人最终也没能东进,只好回来。在这之前,长安有民谣说:"秦川中,血没腕,唯有凉州倚柱观。"等汉兵攻下了关中,氐人、羌人在陇右抢掠,雍州、秦州的百姓十有八九死亡,只有凉州安然无事。

二月,汉兵进犯荥阳,太守李矩击退了汉军。

汉刘畅率兵三万进攻荥阳,荥阳太守李矩没来得及防备,只好派遣使者假装投降。刘畅不再防备,李矩想乘夜袭击他,士兵都十分畏惧,李矩就派部将郭诵到子产祠去祈祷,让巫祝扬言说:"子产说,他要派神兵相助。"兵士们听了都踊跃争先,袭击刘畅的军营,刘畅仅得脱身。

三月,丞相司马睿即晋王位。

弘农太守宋哲受到汉兵的攻击,放弃了郡城,逃奔到建康,他说奉有愍帝诏书,令丞相司马睿总摄国家所有的政务。司马睿穿上素色衣服,避居于别室,为愍帝举哀三天。司马睿手下的官员进上皇帝尊号,他不同意。这些人坚持请求,不肯罢休,司马睿感慨地流着眼泪说:"我是有罪的人啊。如果你们不停地逼我,我就要回琅邪国去了!"下令准备车驾回封国去。这些官员又请求司马睿依照魏、晋的成例称晋王,司马睿这才同意。于是即位,改年号,设置百官,立宗庙,建社稷。主管官员请求册立太子,晋王喜爱次子宣城公司马裒,想立他为太子,就对王导说:"册立太子应以德行为标准。"王导说:"世子、宣城公都有清朗隽秀的美德,但世子更为年长。"于是晋王听从了王导的意见,

立世子绍为王太子，封衷为琅邪王，奉恭王后，镇广陵。以西阳王兼为太保，封谯王逊之子承为谯王。王敦为大将军，王导为扬州刺史、领中书监、录尚书事。刁协为仆射，周顗为吏部尚书，贺循为太常。时承丧乱之后，江东草创，协久宦中朝，谙练旧事，循为世儒宗，明习礼乐，凡有疑议，皆取决焉。

刘琨、慕容廆皆遣使劝进。

刘琨、段匹䃅相与歃血同盟，翼戴晋室。琨檄告华夷，遣右司马温峤奉表诣建康劝进。琨谓峤曰："晋祚虽衰，天命未改，吾当立功河朔，使卿延誉江南。行矣，勉之！"峤至建康，王导、周顗、庾亮等皆爱其才，争与之交。

王以慕容廆为龙骧将军、大单于、昌黎公，廆不受。处士高诩曰："霸王之资，非义不济。今晋室虽微，人心犹附之，宜遣使江东，示有所尊，然后仗大义以征诸部，不患无辞矣。"廆从之，遣长史王济浮海诣建康劝进。

夏四月，汉主聪杀其太弟乂。

相国粲使其党谓乂曰："适奉中诏，云京师将有变，宜衷甲以备。"乂信之，命宫臣皆衷甲。粲遣告靳准、王沈，准白汉主聪曰："太弟将为乱，已衷甲矣。"聪于是诛东宫官属，坑士卒万五千余人，废乂为北部王，粲寻使准杀之。乂形神秀爽，宽仁有器度，故士心多附之。聪闻其死，哭之恸，曰："吾兄弟止余二人而不相容，安得使天下知吾心邪！"

五月，日食。 **六月，豫、冀、青、宁等州皆上表劝进。**

立世子司马绍为王太子，封司马裒为琅邪王，继承恭王的祭祀，镇守广陵。任命西阳王司马羕为太保，封谯王司马逊的儿子司马承为谯王。任命王敦为大将军，王导为扬州刺史、领中书监、录尚书事。任命习协为仆射，周颉为吏部尚书，贺循为太常。这时正是晋朝君丧国乱之后，江东政权刚刚建立，习协长期在朝中为官，熟悉旧制，贺循是当世儒学宗主，精通礼乐制度，凡有疑难问题，都由他们定夺。

刘琨、慕容廆都派使者劝司马睿即帝位。

刘琨、段匹磾二人歃血盟誓，相约共同拥戴晋朝。刘琨发布檄文遍告汉族和其他民族，派遣右司马温峤带着奏表到建康劝司马睿即帝位。刘琨对温峤说："晋朝国运虽然衰微，但天命还未改变，我将在河朔建立功名，使你将声誉传播到江南。出发吧，努力啊！"温峤到了建康，王导、周颉、庾亮等人都喜爱他的才能，争着与他结交。

晋王任命慕容廆为龙骧将军、大单于、昌黎公，慕容廆辞谢不受。隐士高诩说："霸王的功业，无义就不能成功。现在晋室虽然衰微，人心还是归附的，应该派使者到江东，表示有所尊崇，然后依仗君臣大义征伐各部族，就不怕没有正当理由了。"慕容廆采纳了他的意见，派长史王济渡海到建康劝晋王即帝位。

夏四月，汉主刘聪杀太弟刘乂。

相国刘粲让他的党羽对太弟刘乂说："刚刚接到密诏，说京师将有变乱，应当内穿甲衣做好准备。"刘乂相信了这话，令东宫臣属都在外衣内穿上甲衣。刘粲派人报告靳准、王沈，靳准又对汉主刘聪说："太弟将要作乱，已内穿甲衣了。"刘聪于是诛杀了东宫的官属，活埋了士卒一万五千多人，废刘乂为北部王，不久又派靳准杀了他。刘乂形神俊秀爽朗，宽厚仁爱有器度，所以士人大多都归附他。刘聪听说刘乂已死，哭得很伤心，说："我们兄弟只剩下二人却不能相容，怎么才能让天下的人知道我的心情呢！"

五月，发生日食。 **六月，豫、冀、青、宁等州都上表劝晋王即帝位。**

豫州牧荀组及冀州刺史邵续、青州曹嶷、宁州王逊等，皆上表劝进，王不许。

祖逖取谯城，汉石虎入寇，逖击走之。

初，流民张平、樊雅各聚众在谯为坞主，王之为丞相也，遣行参军桓宣说而下之。及逖屯芦洲，使参军殷义诣平、雅，义意轻平，视其屋曰："可作马厩。"见大镬曰："可铸铁器。"平曰："此乃帝王镬，天下清平方用之。"义曰："卿未能保其头而爱镬邪！"平大怒，于坐斩义，勒兵固守。逖攻之，岁余不下，乃诱其部将使杀之。雅犹据谯城，逖攻之不克，南中郎将王含遣桓宣将兵助逖，逖谓宣曰："卿信义已著于彼，今复为我说雅。"宣乃单马从两人诣雅曰："祖豫州方欲平荡刘、石，倚卿为援。前殷义轻薄，非豫州意也。"雅即诣降。逖既入谯城，石勒遣石虎围谯，含复遣宣救之，虎解去。逖表宣为谯国内史。晋王传檄天下，称"石虎敢帅犬羊渡河纵毒，今遣琅邪王裒等水陆四道径造贼场，受逖节度"。寻复召裒还建康，数月而卒。

秋七月，大旱，蝗，河、汾溢。　汉立子粲为太子。刘琨、段匹磾讨石勒，未行而罢。

匹磾推琨为大都督，檄其兄辽西公疾陆眷及叔父涉复辰、弟末柸等，共讨石勒。末柸说眷、辰曰："以父兄而从子弟，耻也。"各引兵还。琨、匹磾不能独留，亦还蓟。

杜曾攻陷扬口，周访讨破之。

郑攀等相与拒王廙，众心不一。攀惧请降，杜曾亦请击第五猗以自赎。廙将赴荆州，留长史镇扬口垒。竟陵内史

豫州牧苟组以及冀州刺史邵续、青州刺史曹嶷、宁州刺史王逊等人，都上表劝晋王即帝位，晋王不答应。

祖逖攻取了谯城，汉石虎进犯谯城，祖逖击退了他。

当初，流民张平、樊雅在谯城各自聚众为坞主，晋王任丞相时，派行参军桓宣去劝说并降服了他们。祖逖驻扎芦洲以后，派参军殷义去见张平、樊雅，殷义有轻视张平的意思，观看张平的屋子说："可以当马厩。"看见大镬说："可以熔铸铁器。"张平说："这是帝王的镬，天下清平时才可使用。"殷义又说："你都不能保住自己的头，却爱什么镬！"张平大怒，在座位上杀了殷义，率军固守。祖逖攻打他，一年多也没攻下，就诱使张平的部将把张平杀了。樊雅仍占据着谯城，祖逖攻打不下，南中郎将王含派桓宣带兵援助祖逖，祖逖对桓宣说："你的信义已为对方所了解，现在请替我再去劝说樊雅。"桓宣于是只带两个随从骑着马去见樊雅说："祖逖正准备荡平刘聪、石勒，倚仗你作为援助。前次殷义轻薄无礼，并不是祖逖的意思。"樊雅立即拜会祖逖投降。祖逖进入谯城以后，石勒派石虎包围了谯城，王含又派桓宣去援救，石虎解围而去。祖逖表奏桓宣为谯国内史。晋王向天下发布檄文，称"石虎竟敢率领他的犬羊之众渡过黄河荼毒民众，现在派遣琅邪王司马裒等从水陆四路直赴贼寇所在之地，受祖逖指挥"。不久又将司马裒召回建康，过了几个月司马裒就去世了。

秋七月，大旱，发生蝗灾，黄河、汾水泛滥。　汉立刘粲为太子。　刘琨、段匹磾讨伐石勒，没有出兵就停止了。

段匹磾推举刘琨为大都督，用公文请兄长辽西公段疾陆眷、叔父段涉复辰、弟弟段末柸等，共同征讨石勒。段末柸对段疾陆眷和段涉复辰说："以父兄的身份去顺从子弟，是耻辱的事。"又各自带兵回去了。刘琨、段匹磾不能单独留守，也返回蓟城。

杜曾攻陷扬口，周访进攻并打败杜曾。

郑攀等人共同抗拒王廙，但众人却不能协同一心。郑攀害怕了，便请求归降，杜曾也请求去袭击第五猗来为自己赎罪。王廙将要到荆州去，将长史留下镇守扬口壁垒。竟陵内史

朱伺谓廙曰："曾,猾贼也,外示屈服,宜大部分,未可便西。"廙矜厉自用,以伺为老怯,遂行。曾等果还攻扬口,陷之,乘胜径造沔口。王使豫章太守周访击之。访有众八千,进至沌阳,使将军李桓督左甄,许朝督右甄,自领中军。曾先攻左右甄,访于阵后射雉以安众心,令其众曰："一甄败,鸣三鼓;两甄败,鸣六鼓。"自旦至申,两甄皆败。访选精锐八百人,自行酒饮之,敕不得妄动,闻鼓音乃进。曾兵未至三十步,访亲鸣鼓,将士皆腾跃奔赴,曾遂大溃。访夜追之,诸将请待明日,访曰："曾骁勇能战,向者彼劳我逸,故克之。宜及其衰乘之,可灭也。"乃鼓行而进,遂定汉沔。曾走保武当。廙始得至荆州。访以功迁梁州刺史,屯襄阳。

十一月朔,日食。　以刘琨为太尉。　立太学。

征南军司戴邈上疏,以为"世道久丧,礼俗日弊,犹火消膏,莫之觉也。今王业肇建,万物权舆,谓宜笃道崇儒,以厉风化"。王从之。

十二月,汉主刘聪弑帝于平阳,辛宾死之。
汉主聪出畋,以愍帝行车骑将军,戎服执戟前导。见者指之曰："此故长安天子也。"故老有泣者。太子粲言于聪曰："昔周武王岂乐杀纣乎? 正恐同恶相求为患故也。不如早除之。"聪曰："前杀庾珉辈,而民心犹如是,吾未忍也,且小观之。"十二月,聪飨群臣,使帝行酒洗爵,已而又使执盖,晋臣涕泣,有失声者。尚书郎辛宾起,抱帝大哭,聪斩之。

朱伺对王廙说:"杜曾是狡猾的贼人,外表表示屈服,我们应增强军力部署,不能立即西进。"王廙高傲严厉,自以为是,认为朱伺年老怯懦,就自己率军西进。杜曾等人果然回军攻打扬口,攻下扬口后,乘胜直达沔口。晋王司马睿派豫章太守周访去进攻杜曾。周访有八千人,进军到沌阳,让将军李桓督守左翼,许朝督守右翼,自己带领中军。杜曾先进攻左右翼,周访在军阵后射猎野鸡来安定军心,对士卒下令说:"一翼兵败,鸣鼓三声;两翼兵败,鸣鼓六声。"从早晨战斗到下午申时,两翼都失败了。周访选择了精兵八百人,亲自为他们斟酒给他们喝,命令他们不要妄动,听到鼓声再前进。杜曾军队前进不到三十步,周访亲自击鼓,将士们都腾跃着向敌人进攻,把杜曾打得大败。周访乘夜追击,将领们请求明天再追,周访说:"杜曾骁勇善战,以前我们以逸待劳,所以能打败他。现在应该趁他衰败时追击,就可消灭他。"于是鸣鼓进军,平定了汉水、沔水一带。杜曾退守武当。王廙这才得以到达荆州。周访因功升任梁州刺史,驻守襄阳。

十一月初一,发生日食。　晋王任命刘琨为太尉。　设立太学。

征南军司戴邈上疏,认为"世道丧乱已久,礼制一天天凋敝,这就如同点着的油灯,灯油慢慢耗掉,人们还不知不觉。现在王业初建,万事初兴,我认为应笃守道义,尊崇儒术,以鼓励世风好转"。晋王听从了他的意见。

十二月,汉主刘聪在平阳杀死愍帝,辛宾为愍帝而被杀。

汉主刘聪出去打猎,让愍帝充任车骑将军,穿着军服拿着戟作为前导。看见的人指着说:"这就是过去长安的天子。"西晋遗老有哭泣的。太子刘粲对刘聪说:"从前周武王难道是想杀殷纣王吗?只是因为怕恶人又勾结在一起造成祸患。不如早点把晋帝除掉。"刘聪说:"以前我杀了庾珉等人,但民心仍然如此,我不忍再杀了,暂且再观察一段时间吧。"十二月,刘聪大宴群臣,让愍帝斟酒洗爵,一会儿又让他拿着伞盖,晋臣泣涕不止,有的哭出声来。尚书郎辛宾起身抱着愍帝大哭,刘聪下令把辛宾杀了。

洛阳守将赵固、河内太守郭默侵汉河东，扬言曰："要当生缚刘粲，以赎天子。"帝遂遇害。谥曰孝愍。

王命课督农功。

王命课督农功，二千石长吏以入谷多少为殿最。诸军各自佃作，即以为禀。

河南王吐谷浑卒。

吐谷浑者，慕容廆之庶兄也。父涉归，分户以隶之。及廆嗣位，二部马斗，廆遣使让之曰："分建有别，何不相远？"浑怒曰："马斗乃其常，何至怒人？欲远别甚易，恐后会为难耳！"遂帅其众西徙。廆遣长史追谢之，浑遂西傅阴山而居。属永嘉之乱，因度陇，据洮水之西，极于白兰，地方数千里。鲜卑谓兄为阿干，廆追思之，为之作《阿干之歌》。浑有子六十人，长子吐延嗣。延有勇力，羌胡畏之。

戊寅（318）　**大兴元年**汉主刘曜光初元年。

春，辽西公段疾陆眷卒。

疾陆眷子幼，叔父涉复辰自立。末柸乘虚袭杀之，自称单于。

三月，王即皇帝位。

愍帝凶问至建康，王斩缞居庐，百官请上尊号，不许。纪瞻曰："晋氏统绝，于今二年。两都燔荡，宗庙无主。刘聪窃号于西北，而陛下高让于东南，此所谓揖让而救火也。"王犹不许，使殿中将军韩绩彻去御坐。瞻叱绩曰："帝坐上应列星，敢动者斩！"王为之改容。奉朝请周嵩

洛阳守将赵固、河内太守郭默进攻汉河东地区,声言说:"要活捉刘粲,赎回天子。"愍帝于是被杀害。谥号为孝愍。

晋王下令鼓励农业生产。

晋王下令鼓励农耕,俸禄二千石的官员以收缴谷物的多少来评定政绩的高下。各方军队要亲自耕作,以收获作为给养。

河南王吐谷浑去世。

吐谷浑是慕容廆的异母兄长。他的父亲涉归,分给他一些民户归他管理。等到慕容廆继位以后,吐谷浑和慕容廆两方的马群争斗,慕容廆派人指责吐谷浑说:"先父划分的部族本来就不同,你为何不离我远点呢?"吐谷浑生气地说:"马群争斗本是常事,何至于对人发怒?想让我走远点很容易,恐怕将来再相见就困难了!"于是率领部下向西迁徙。慕容廆派长史去追赶谢罪,吐谷浑在西边靠着阴山定居下来。遇到永嘉之乱,吐谷浑乘机度过陇山,占据了洮水以西地区,直到白兰,方圆有数千里。鲜卑人称兄长为阿干,慕容廆思念兄长,作了一首《阿干之歌》。吐谷浑有六十个儿子,长子吐延继承了王位。吐延勇武有力,羌人、匈奴人都畏惧他。

戊寅(318) **晋元帝大兴元年**汉主刘曜光初元年。

春季,辽西公段疾陆眷去世。

疾陆眷儿子幼小,叔父段涉复辰自立为王。段末柸乘虚袭击,杀死了涉复辰,自称单于。

三月,晋王即皇帝位。

愍帝死讯传到建康,晋王穿着粗麻布制作的丧服另居别室守丧,百官请他用皇帝尊号,他不答应。纪瞻说:"晋朝政权灭亡,到现在已两年了。洛阳、长安两座京城都被焚毁,宗庙无主。刘聪在西北窃自称帝,而陛下却在东南清高地拒绝登上帝位,这就是所说的恭敬谦让着去救火啊。"晋王仍然不同意,让殿中将军韩绩撤掉皇帝宝座。纪瞻喝斥韩绩说:"皇帝宝座和天上的星座相应,敢动它就斩首!"晋王的脸色为之转变。奉朝请周嵩

上疏曰:"古之王者,义全而后取,让成而后得,是以享世长久。今梓宫未返,旧京未清,宜开延嘉谋,训卒厉兵,先雪大耻,副四海之心,则神器将安适哉!"由是忤旨,出为新安太守。嵩,颙之弟也。

王遂即皇帝位,百官皆陪列,命王导升御坐,导固辞曰:"若太阳下同万物,苍生何由仰照?"乃止。大赦,文武增位二等。帝欲赐诸吏投刺劝进者加位一等,民投刺者皆除吏,凡二十余万人。散骑常侍熊远曰:"陛下应天继统,率土归戴,岂独近者情重,远者情轻?不若依汉法,遍赐天下爵,于恩为普,且可以息检核之烦,塞巧伪之端也。"帝不从。

立王太子绍为皇太子。

绍仁孝,喜文辞,善武艺,好贤礼士,容受规谏,与庾亮、温峤等为布衣之交。亮风格峻整,善谈老庄,帝器重之,聘其妹为绍妃,使亮侍讲东宫。帝好刑名家,以《韩非》书赐太子,亮谏曰:"申、韩刻薄伤化,不足留圣心。"太子纳之。

以慕容廆为龙骧将军、大单于。

廆以游邃为龙骧长史,刘翔为主簿,命邃创朝仪。裴嶷曰:"晋室衰微,介居江表,中原之乱,非明公不能拯也。今诸部虽各拥兵,然皆顽愚相聚,宜以渐并,取为西讨之资。"廆以为长史,委以军国之谋,诸部弱小者稍稍击取之。

以李矩都督河南军事。

上书说："古代称王的，符合道义才取得王位，谦让再三不得已才登上宝座，因此能长久地居于帝位。现在愍帝的灵柩还没有回来，旧日的京城还没有廓清，应该广开言路听取良策，训练士兵整备武器，先洗净国家的耻辱，符合天下人的心愿，这样皇帝的宝座还能给谁呢！"这些话违背了晋王的旨意，周嵩被贬出京，任新安太守。周嵩是周颉的弟弟。

晋王于是即皇帝位，文武百官分列陪侍，下令让王导也登上御座，王导坚决推辞说："如果太阳和地下的万物等同，天下苍生怎能受到阳光的照耀？"这才没让王导登御床共坐。元帝即位后大赦天下，文武百官都升两级。元帝还想对所有写劝进信的官吏再升一级，百姓写劝进信的都授予官位，总共有二十多万人。散骑常侍熊远说："陛下上应天命，继承晋朝皇位，天下都归顺拥戴，岂止是临近的情深，偏远的情浅呢？不如依照汉朝的做法，对天下的人普遍赐予官爵，这样恩情普施，还可以省去考察核实的麻烦，堵塞弄虚作假的渠道。"元帝不听从。

立王太子司马绍为皇太子。

司马绍仁义孝顺，喜欢文学，擅长武功，礼贤下士，宽容大度，能接受别人劝谏，与庾亮、温峤等人结为平民之交。庾亮为人端庄肃正，喜欢谈论老、庄，元帝很器重他，聘娶他的妹妹为皇太子妃，让庾亮侍讲东宫。元帝喜好刑名之学，把《韩非子》一书赐给太子，庾亮劝谏说："申不害、韩非子刻薄有伤教化，不值得殿下留心。"太子听取了他的意见。

任命慕容廆为龙骧将军、大单于。

慕容廆任命游邃为龙骧长史，刘翔为主簿，令游邃制定朝廷的礼仪制度。裴嶷说："晋室衰微，孤独地处于江南，中原的混乱局面，除了您谁也不能拯救。现在各部虽各自拥有兵力，但都是顽钝愚昧的人组成的，当逐渐吞并他们，作为将来向西进发的力量。"慕容廆任命裴嶷为长史，军国大计都让他策划，各个弱小的部族逐渐被兼并。

任命李矩都督河南诸军事。

荥阳太守李矩使郭默、郭诵救赵固，诵潜遣其将耿稚等夜袭汉营，汉军惊溃，死伤太半，太子粲走保阳乡。稚等据其营，获器械军资不可胜数。汉主聪使太尉范隆帅骑助之，稚等杀其所获牛马，焚其军资，突围奔虎牢。诏以矩都督河南三郡诸军事。

汉螽斯则百堂灾。
烧杀汉主聪子二十一人。
张寔遣使上表。
都尉陈安叛相国保，举兵逼上邽。保遣使告急于张寔，寔遣步骑二万赴之。军至新阳，闻愍帝崩，保谋称尊号。破羌都尉张诜言于寔曰：“南阳忘大耻而亟欲自尊，必不能成功。晋王近亲，且有名德，当帅天下以奉之。”寔从之，遣牙门蔡忠奉表诣建康。比至，帝已即位。然寔竟不用江东年号，犹称建兴。

夏四月朔，日食。　加王导骠骑大将军、开府仪同三司。

导遣从事行扬州郡国，还见，各言二千石官长得失，独顾和无言。导问之，和曰：“明公作辅，宁使网漏吞舟，何缘采听风闻，以察察为政邪？”导咨嗟称善。

成丞相范长生卒。
长生博学多艺能，年近百岁，蜀人奉之如神。
汉杀其尚书令王鉴、中书监令崔懿之、曹恂。
中常侍王沈养女有美色，汉主聪立以为左皇后，鉴及中书监崔懿之、中书令曹恂谏曰：“借使沈之弟女，刑余小丑，犹不可以尘污椒房，况其家婢邪！”聪大怒，收斩之。

荣阳太守李矩派郭默、郭诵去援救赵固，郭诵暗中派遣手下将领耿稚等人夜袭汉营，汉军惊慌溃逃，死伤大半，太子刘粲逃到阳乡据守。耿稚等人占据了汉军军营，缴获的兵器和军用物资不可胜数。汉主刘聪派太尉范隆率领骑兵去救助，耿稚等人杀掉缴获的牛马，焚毁了军用物资，突围奔向虎牢。元帝下诏任命李矩都督河南三郡诸军事。

汉螽斯则百堂发生火灾。

烧死汉主刘聪的儿子二十一人。

张寔派人到建康送劝进表。

都尉陈安叛变了相国司马保，起兵进逼上邽。司马保派使者向张寔告急，张寔派遣步兵、骑兵二万人赶去援助。军队到了新阳，听到愍帝去世的消息，司马保谋划称帝登基。破羌都尉张诜对张寔说："南阳王司马保忘记了国家的大耻而急于自己称帝，必定不会成功。晋王司马睿是皇室近亲，并且有名望贤德，你应当率天下人来尊奉他。"张寔听从了张诜的意见，派牙门蔡忠带着劝进表到建康去。等到了建康，晋王已即帝位。但是张寔最终没有用江东新改的年号，仍用愍帝建兴年号。

夏四月初一，发生日食。　　加任王导为骠骑大将军、开府仪同三司。

王导派遣从事巡视扬州所属郡国，回来后来见王导，每人都谈了二千石官员的为政得失，唯有顾和没说话。王导问他，顾和说："您辅佐国政，宁可使法网宽松漏掉能吞舟的大鱼，为何要采纳听信那些传闻，以苛察来处理政务呢？"王导感叹称赞。

成汉丞相范长生去世。

范长生博学多才，享年近百岁，蜀人尊敬他如神仙一般。

汉杀了尚书令王鉴、中书监崔懿之、中书令曹恂。

中常侍王沈的养女容貌美丽，汉主刘聪立她为左皇后，王鉴以及中书监崔懿之、中书令曹恂劝谏刘聪说："即使她是王沈的亲妹妹或亲女儿，也不过是阉宦丑类，尚且不能使其玷污后妃之位，何况是他家的婢女呢！"刘聪大怒，把他们收捕斩首。

鉴等临刑，沈以杖叩之曰："庸奴复能为恶乎！"鉴瞋目叱之曰：竖子！灭大汉者，正坐汝鼠辈与靳准耳！"懿之谓准曰："汝心如枭镜，必为国患，汝既食人，人亦当食汝。"

五月，段匹磾杀太尉、广武侯刘琨。

初，琨世子群为段末柸所得，末柸厚礼之，许以琨为幽州刺史，欲与之袭匹磾。密遣使赍群书请琨为内应，为匹磾逻骑所得。时琨别屯征北小城，不知也。来见匹磾，匹磾以书示琨曰："意亦不疑公，是以白公耳！"琨曰："与公同盟，庶雪国家之耻，若儿书密达，亦终不以一子之故负公而忘义也。"匹磾雅重琨，初无害琨意，将听还屯。其弟叔军谏之，遂留琨。会代郡太守辟间嵩潜谋袭匹磾，事泄，匹磾收琨，缢杀之。琨从事卢谌等帅琨余众依末柸。朝廷以匹磾尚强，冀其能平河朔，乃不为琨举哀。温峤表琨"尽忠帝室，家破身亡，宜在褒恤"，后数岁乃加赠太尉，谥曰愍。于是夷、晋皆不附匹磾。峤之诣建康也，其母崔氏固止之，峤绝裾而去。既至，屡求返命，朝廷不许。会琨死，除散骑侍郎。峤闻母亡，阻乱不得奔丧临葬，固让不拜，苦请北归。诏曰："今桀逆未枭，诸军奉迎梓宫，犹未得进，峤可以私难而不从王命邪！"峤不得已受拜。

青州刺史曹嶷叛，降石勒。

王鉴等人临刑前，王沈用手杖叩打他们说："你们这些没用的奴才还能再作恶吗！"王鉴瞪大眼睛叱骂王沈说："小子！覆灭大汉的人，正是你们这些鼠辈和靳准啊！"崔懿之对靳准说："你的心就如同食母的枭和食父的獍这类恶兽一样，必然成为国家的祸患，你既然吃人，人们也会吃了你。"

五月，段匹磾杀了太尉、广武侯刘琨。

当初，刘琨的世子刘群被段末柸俘获，段末柸以厚礼待他，许愿让刘琨当幽州刺史，想和刘琨一起去进攻段匹磾。段末柸秘密派遣使者带着刘群的书信请刘琨做内应，结果被段匹磾巡逻的骑兵抓获了。这时刘琨另外驻扎在征北小城，并不知道这件事。刘琨来见段匹磾，段匹磾把刘群的书信拿给他看，说："我心中对您并没有怀疑，所以告诉您这件事！"刘琨说："与您结成同盟，希望能为国家报仇雪恨，即使儿子的书信秘密地送到我手中，我最终也不会因为一个儿子来背叛您而忘记大义啊。"段匹磾素来看重刘琨，本来也没有害他的想法，准备听任他回到驻扎地。段匹磾的弟弟段叔军劝说他，于是把刘琨留了下来。正遇上代郡太守辟闾嵩密谋要袭击段匹磾，结果事情泄露，段匹磾收捕了刘琨，把他勒死了。刘琨的从事卢谌等人率领刘琨的余部投奔段末柸。朝廷因为段匹磾力量还很强大，希望能依靠他平定河朔，就没有为刘琨举行丧礼。温峤上表称颂刘琨"尽忠于帝室，家破身亡，应加以褒扬抚恤"，几年以后才追赠刘琨为太尉，谥号为愍。从此夷人、晋人都不再归附段匹磾。温峤要到建康去，他的母亲崔氏坚决阻止他去，温峤扯断衣襟走了。到了建康以后，多次请求回去复命，朝廷不允许。正遇到刘琨死去，朝廷就任命温峤为散骑侍郎。温峤听到他母亲去世的消息，因战乱阻隔不能回去奔丧并安葬，坚决辞让不接受官职，苦苦请求北归。元帝下诏说："现在逆贼还未消灭，奉迎愍帝灵柩的部队尚且不能前进，温峤怎能以个人的危难而不听从王命呢！"温峤不得已，就只好接受任命。

青州刺史曹嶷叛变，投降了石勒。

初,嶷既据青州,乃叛汉来降。又以建康悬远,复与石勒相结。

六月,以刁协为尚书令。

协性刚悍,与物多忤,与侍中刘隗俱为帝所宠任。欲矫时弊,每崇上抑下,排沮豪强,故为王氏所疾,诸刻碎之政皆云隗、协所建。协又使酒,侵毁公卿,见者侧目。

秋七月,代王郁律击刘虎,破之。

刘虎侵拓跋西部,郁律击之,虎走出塞,其部落降于郁律。于是郁律西取乌孙故地,东兼勿吉以西,士马精强,雄于北方。

汉主聪卒,太子粲立。八月,靳准弑而代之,石勒引兵讨准。冬十月,刘曜自立于赤壁,封勒为赵公。

汉主聪寝疾,征刘曜、石勒,受遗诏辅政,皆固辞。乃以曜为丞相,领雍州牧;勒为大将军,领幽、冀牧。上洛王景、济南王骥并录尚书事,靳准为大司空,皆决决奏事。聪卒,粲即位,改元汉昌。聪后四人,皆年未二十,粲多行无礼。

靳准阴有异志,私谓粲曰:"如闻诸公欲行伊、霍之事,宜早图之。"粲乃收景、骥等杀之。游宴后宫,军国之事一决于准。八月,准遂勒兵升殿,执粲杀之。刘氏男女无少长皆斩东市。发渊、聪二陵,斩聪尸,焚其庙。自号大将军、汉天王。谓胡嵩曰:"自古无胡人为天子者,今以传国玺付汝,还如晋家。"嵩不敢受,准杀之。遣使告司州刺史李矩曰:"刘渊,屠各小丑,矫称天命,使二帝幽没。辄帅

当初，曹嶷已经占据了青州，就叛汉投降晋朝。后来因为离建康遥远，就又和石勒交结。

六月，任命刁协为尚书令。

刁协性格刚强勇悍，经常对事情有不同意见，他和侍中刘隗都受到元帝的宠信。他们想要纠正时弊，每每崇奉君主抑制臣下，排挤豪强，所以被王氏所恨，王氏说所有苛刻烦琐的制度，都是刘隗和刁协制定的。刁协又酗酒任性，醉后就攻讦其他公卿大臣，看见的人都畏惧而不敢正视。

秋七月，代王拓跋郁律攻击刘虎，打败了刘虎的军队。

刘虎侵犯拓跋郁律的西部，拓跋郁律袭击他，刘虎逃到塞外，他的部落投降了拓跋郁律。于是拓跋郁律向西攻取了乌孙国的故地，向东兼并了勿吉以西地区，兵精马壮，称雄于北方。

汉主刘聪去世，太子刘粲继位。八月，靳准杀死刘粲取而代之，石勒带兵讨伐靳准。冬十月，刘曜在赤壁称帝，封石勒为赵公。

汉主刘聪病重，征召刘曜、石勒，让他们接受遗诏辅佐国政，他们都坚决推辞不肯接受。于是任命刘曜为丞相，兼任雍州牧；任命石勒为大将军，兼任幽州、冀州牧。上洛王刘景、济南王刘骥一同录尚书事，靳准为大司空，都轮流决断所上奏的事情。刘聪去世，刘粲即位，改年号为汉昌。刘聪有四位皇后，都不到二十岁，刘粲多次有非礼的举动。

靳准暗怀异心，私下对刘粲说："好像听说诸位公卿中有人要像商代伊尹、汉代霍光那样代摄朝政，应该早做准备。"刘粲于是收捕了刘景和刘骥等人，把他们杀了。刘粲经常在后宫宴游，军国大事全都让靳准决断。八月，靳准便带兵登上光极殿，抓住刘粲杀了。刘氏的男女无论长幼都斩首于东市。靳准掘开了刘渊、刘聪的陵墓，斩断刘聪的尸体，焚烧了刘氏宗庙。靳准自称大将军、汉天王。他对胡嵩说："自古以来胡人没有做天子的，现在把传国玉玺交给你，还给晋王室。"胡嵩不敢接受，靳准就把他杀了。又派遣使者告诉司州刺史李矩说："刘渊不过是匈奴屠各部的小丑，假称天命，使怀帝、愍帝被俘身亡。我立即率

众扶侍梓宫,请以上闻。"矩驰表闻,诏遣太常韩胤等奉迎梓宫。准欲以王延为左光禄大夫,延骂曰:"屠各逆奴,何不速杀我,以吾左目置西阳门,观相国之入也;右目置建春门,观大将军之入也!"准杀之。

曜闻乱,自长安赴之。勒帅精锐五万以讨准,据襄陵北原。准数挑战,勒坚壁以挫之。十一月,曜至赤壁,即皇帝位。以勒为大司马,加九锡,进爵为赵公。勒进攻准于平阳,巴及羌、羯降者十余万落,勒皆徙于所部。

冬十一月,日夜出,高三丈。　以王敦为荆州刺史。诏州郡秀、孝复试经策。

时诏群公卿士各陈得失。御史中丞熊远上疏以为:"胡贼猾夏,梓宫未返,而不能遣军进讨,一失也。群官不以仇贼未报为耻,务在调戏、酒食而已,二失也。选官用人,不料实德,惟在白望,不求才干,惟事请托。当官者以治事为俗吏,奉法为苛刻,尽礼为谄谀,从容为高妙,放荡为达士,骄蹇为简雅,三失也。世所恶者,陆沉泥滓,时所善者,翱翔云霄,是以万机未整,风俗伪薄。朝廷以从顺为善,相违见贬,安得朝有辨争之臣,士无禄仕之志乎!古之取士,敷奏以言,今光禄不试,甚违古义。又举贤不出世族,用法不及权贵,是以才不济务,奸无所惩。若此道不改,求以救乱,难矣!"

先是,帝欲慰悦人心,州郡秀、孝,至者不试,皆署吏。尚书陈頵亦上言:"宜循旧制,试以经策。"从之。仍诏:

众人扶侍二帝灵柩回到南方，请报告皇帝。"李矩派人急速上报元帝，元帝下诏派太常韩胤等人奉迎二帝灵柩。靳准想让王延任左光禄大夫，王延大骂说："屠各逆奴，为什么不快点杀了我，把我的左眼放在西阳门上，好看着相国刘曜攻打进来；把右眼放在建春门上，好看着大将军石勒攻打进来！"靳准杀了王延。

刘曜听说国中有乱，从长安赶回来。石勒率领五万精兵讨伐靳准，占据襄陵以北的平原。靳准多次挑战，石勒坚壁不出以挫其锐气。十一月，刘曜到达赤壁，即皇帝位。任命石勒为大司马，加九锡，进爵为赵公。石勒在平阳进攻靳准，巴人以及羌、羯各族归降的有十多万，石勒都把他们迁徙到自己统治的郡县内。

冬十一月，夜间出现了太阳，高三丈。　任命王敦为荆州刺史。　元帝下诏，州郡推举的秀才、孝廉仍进行经策考试。

这时元帝下诏，让公卿大臣都上书陈说国政的得失。御史中丞熊远上疏认为："胡人侵扰华夏，二帝灵柩还未返回，却又不能派兵去征讨，这是一失。群臣不以仇敌未报为耻，只是沉溺于调侃游戏和饮酒饮食，这是二失。选官用人，不考察实际德行，只重虚名，不求有才干，只重关系。当官的人把处理政事看作俗吏所为，把依法行事看作苛刻，把遵守礼仪视作谄媚阿谀，把无所事事看作高妙，把放荡不羁的人看作通达之士，把骄傲怠慢看作简洁雅致，这是三失。世俗所憎恶的，沉沦于污泥，时俗所褒扬的，翱翔于云霄，因此万事不能治理，风俗伪诈浇薄。朝廷中，能顺从的就是好官，提出不同意见的就遭贬斥，这样怎能使朝廷有抗辩谏诤之臣，使士人不为俸禄而做官呢！古代选拔官吏，是根据他们陈奏的言论，现在光禄大夫不举行考试，大大违背古制。加之举荐贤良不出世家豪族，施用刑法不涉及权要贵族，因此有才能的人不能成功立业，奸邪之人得不到惩治。如果这种局面不改变，而希望拯救危乱，实在是太难了！"

在此之前，元帝为了抚慰与取悦人心，州郡举荐的秀才、孝廉，进京不必考试，就都任用为吏。尚书陈颌也上书说："应当遵循旧制，进行经策考试。"元帝听从了陈颌的建议。又下诏说：

"不中科者，刺史、太守免官。"于是秀、孝皆不敢行，其有到者，亦托疾。比三年无就试者。帝欲特除孝廉已到者官，尚书郎孔坦以为："近郡惧累君父，皆不敢行；远郡冀于不试，冒昧来赴。若加除署，是为谨身者失分，侥幸者得官，颓风伤教，恐从此始。不若一切罢归，而为之延期，使得就学，则法均而令信矣！"帝从之，听申至七年乃试。

十二月，汉将军乔泰讨靳准，杀之。

靳准使侍中卜泰送乘舆、服御，请和于石勒，勒囚泰送于汉主曜。曜谓泰曰："先帝末年，实乱大伦。司空行伊、霍之权，使朕及此，其功大矣。若早迎大驾者，当悉以政事相委，况免死乎！"泰还言之，准未从。将军乔泰等相与杀准，推靳明为主，遣卜泰奉传国六玺降汉。石勒大怒，进军攻明，明出战大败。

琅邪王焕卒。

焕，郑夫人之子，时生二年矣。帝爱之，以其疾笃，故王之。及卒，帝备吉凶仪服，营起园陵，功费甚广。右常侍孙霄谏曰："古者凶荒杀礼，况今丧乱？宪章旧制，犹宜节省，而礼典所无，顾崇饰如是乎！竭已罢之民，营无益之事，殚已困之财，修无用之费，此臣之所不安也。"不从。

彭城内史周抚叛，降石勒。诏下邳内史刘遐、泰山太守徐龛讨之。 石勒攻拔平阳，靳明奔赤壁，汉主曜族诛之。

"凡举荐的秀才、孝廉考试不合格,刺史、太守免去官职。"于是秀才、孝廉都不敢进京,有来到的人,也托病不去考试。连续三年都没有来考试的人。元帝想对已到京的孝廉按特例授予官职,尚书郎孔坦认为:"京城附近的郡被举荐的人怕连累长官、家人,都不敢进京;边远的郡希望能免于考试,冒昧进京。如果授予他们官职,那么处事谨慎的人就失去了机会,侥幸前来的则会得到官职,风气败坏教化损伤,恐怕会从此开始。不如对所有人都不授予官职,推迟考试日期,让他们再回去学习,这样法令就更公正而诚信了!"元帝听从了,任凭策试推迟了七年。

十二月,汉将军乔泰讨伐靳准,将靳准杀死。

靳准派侍中卜泰给石勒送车马服饰等物,向石勒求和,石勒囚禁了卜泰,押送到汉主刘曜那里。刘曜对卜泰说:"先帝末年,行为实在违背人伦。司空靳准行使伊尹、霍光那样的权力,使我登上君位,他的功劳大了。如果能早日来迎接我,我会把政事全都委任给他掌管,何止是免死呢!"卜泰回去把这些话告诉了靳准,靳准没有信从。将军乔泰等人合谋杀了靳准,推举靳明为主,派卜泰奉送传国六玺投降了汉。石勒大怒,出兵攻打靳明,靳明出兵迎战,被打得大败。

琅邪王司马焕去世。

司马焕是郑夫人之子,当时已经两岁了。元帝很喜爱他,因为他病重,所以封他为琅邪王。司马焕死后,元帝为他准备了吉凶礼服,营造陵园,花费的人力财力甚多。右常侍孙霄劝谏说:"古代遇到凶年荒年都要简化礼仪,何况现在正值丧乱之时?典章旧制,尚且应当节省简化,何况是典章礼制中没有的,难道能这样大肆铺张吗!穷尽已经疲惫的百姓,干那些没有益处的事情,耗尽已经困乏的钱财,用以修建无用之物,这是臣感到不安的事。"元帝不听从。

彭城内史周抚叛变,投降石勒。元帝下诏让下邳内史刘遐、泰山太守徐龛去讨伐周抚。 石勒攻下平阳城,靳明逃往赤壁,汉主刘曜诛灭了靳明的全族。

靳明屡败，遣使求救于汉，汉主曜使人迎之。明帅平阳士女万五千人奔汉。曜收靳氏男女，皆斩之。石勒焚平阳宫室，修二陵，收粲已下百余口葬之，置戍而归。

靳明屡次失败,派使者向汉求救,汉主刘曜派人去迎接他。靳明率领平阳百姓一万五千人奔汉。刘曜收捕了靳氏一家男女老幼,全部杀掉。石勒焚烧了平阳的宫室,修复了永光、宣光两座陵墓,收殓汉主刘粲以下一百多人的尸体入土埋葬,设置了戍守的军队就回去了。

资治通鉴纲目卷十九

起己卯(319)晋元帝大兴二年,尽丁酉(337)晋成帝咸康三年。凡一十九年。

己卯(319) **大兴二年**汉改号赵光初二年,后赵高祖石勒元年。旧大国一,成、凉小国二,新大国一,凡四僭国。

春二月,刘遐、徐龛击周抚,斩之。

初,掖人苏峻帅乡里结垒以自保,远近多附。曹嶷恶其强,将攻之。峻帅众浮海来奔,以为鹰扬将军。助遐讨抚有功,以为淮陵内史。

石勒献捷于汉,汉斩其使。

勒遣左长史王脩献捷于汉,汉主曜遣使授勒太宰,进爵赵王,加殊礼,称警跸。脩舍人曹平乐留仕汉,言于曜曰:"勒遣脩来,实觇强弱,俟其复命,将袭乘舆。"时汉兵疲弊,曜乃追所遣使,斩脩于市。勒大怒曰:"孤事刘氏,于人臣之职有加矣。彼之基业,皆孤所为,今既得志,还欲相图。赵王、赵帝,孤自为之,何待于彼邪!"

三月,合祭天地于南郊。

帝令群臣议郊祀,刁协等以为宜须还洛。司徒荀组等曰:"汉献帝都许,即行郊祀,何必洛邑!"从之,立郊丘于建康城之巳地,亲祀之。以未有北郊,并地祇合祭之。

己卯（319） **晋元帝大兴二年**汉改国号为赵（前赵）光初二年，后赵高祖石勒元年。原有一个大国，成汉、前凉两个小国，新增一个大国，共有四个僭伪之国。

春二月，刘遐、徐龛攻击周抚，将其杀死。

当初，掖县人苏峻率领乡里百姓建造壁垒自卫，远近民众大多附从。曹嶷憎恨苏峻势力强大，准备攻打他。苏峻率领部众渡海前来投奔东晋，元帝任命他为鹰扬将军。苏峻帮助刘遐讨伐周抚有功，被任命为淮陵内史。

石勒向汉主献俘报捷，汉主斩杀其使臣。

石勒派遣左长史王脩向汉主献俘报捷，汉主刘曜派使臣任命石勒为太宰，进爵为赵王，予以特殊礼遇，出入如帝王般开路清道，禁止他人通行。王脩的舍人曹平乐留在汉做官，对刘曜说："石勒派王脩来，实际上是窥探您的强弱，等他回去报告后，就将袭击您。"当时汉军疲惫不堪，刘曜便追回所派使臣，将王脩在闹市上斩首。石勒大怒，说："我侍奉刘氏，已超出了作为臣子的职责。他的基业都是我创建的，如今他志得意满，却反过头要图谋我。赵王、赵帝，我自己去做，为什么要等他呢！"

三月，晋元帝在南郊合祭天地。

晋元帝令大臣们商议郊祀之事，习协等人认为应该等返回洛阳后再举行。司徒荀组等人说："汉献帝迁都许昌，立即就举行郊祀，何必要等返回洛阳！"晋元帝采纳其意见，在建康城的巳地建立郊祀圆丘，亲自祭祀。由于没有北郊，所以与地神一同祭祀。

尊琅邪恭王为皇考。既而罢之。

诏:"琅邪恭王宜称皇考。"贺循曰:"《礼》,子不敢以己爵加于父。"乃止。

夏四月,将军陈川以浚仪叛,降石勒。

初,蓬陂坞主陈川自称陈留太守,祖逖之攻樊雅也,川遣其将李头助之。头力战有功,逖厚遇之。头每叹曰:"得此人为主,吾死无恨。"川闻而杀之,大掠豫州诸郡,逖遣兵击破之。川遂叛,降石勒。

徐龛以泰山叛,降石勒。

周抚之败走也,龛部将追斩之。及朝廷论功,而刘遐先之,龛怒,以郡降石勒。

汉徙都长安,立妃羊氏为后,子熙为太子。

羊氏即惠帝后也。曜尝问之曰:"吾何如司马家儿?"羊氏曰:"陛下,开基之圣主;彼,亡国之暗夫。何可并言?彼贵为帝王,有一妇、一子及身三耳,曾不能庇。妾于尔时,实不欲生,意谓世间男子皆然。自奉巾栉已来,始知天下自有丈夫耳。"曜甚宠之,颇预国事。

南阳王保自称晋王。

保既称王,改元建康,置百官。陈安叛降于成。上邽大饥,又为安所逼,张寔遣韩璞救之,安乃退。

江东大饥,诏百官言事。

益州刺史应詹上疏曰:"元康以来,贱经尚道,以玄虚宏放为夷达,以儒术清俭为鄙俗,宜崇奖儒官,以新俗化。"

祖逖讨陈川,石勒遣兵救之,逖退屯淮南,勒兵守蓬关。

尊琅邪恭王为皇考。不久被取消。

晋元帝下诏:"琅邪恭王应该被称为皇考。"贺循说:"按照《礼记》,儿子不敢将自己的爵位加给父亲。"于是停止执行。

夏四月,将军陈川占据浚仪反叛,投降石勒。

当初,蓬陂坞主陈川自称陈留太守,祖逖攻打樊雅时,陈川派部将李头协助作战。李头奋战有功,祖逖给他优厚的待遇。李头经常叹道:"能得到此人做主公,我死而无憾。"陈川听说后就杀掉李头,并大肆劫掠豫州各郡,祖逖派兵打败了他。于是陈川反叛,投降石勒。

徐龛占据泰山反叛,投降石勒。

周抚败逃时,徐龛的部将追击并将其斩杀。等到朝廷论功时,刘遐却先于徐龛,徐龛大怒,率全郡投降石勒。

汉主迁都长安,立妃羊氏为皇后,儿子刘熙为太子。

羊氏原是晋惠帝的皇后。汉主刘曜曾经问她:"我与司马家的儿子相比如何?"羊氏说:"陛下是开国立基的圣主,他是亡国丧家的昏君。怎么能相提并论?他贵为帝王,只有一个妻子、一个儿子以及自己三个人而已,竟然不能庇护。我在那时,实在是不想活下去了,认为世上的男子都是这样。自从嫁给您以来,才知道天下自有大丈夫。"刘曜非常宠爱她,羊氏经常干预国家大事。

南阳王司马保自称晋王。

司马保称王后,改年号为建康,设置文武百官。陈安叛变投降成汉。上邽发生严重饥荒,司马保又被陈安所逼迫,张寔派韩璞救援,陈安才退兵。

江东发生严重饥荒,晋元帝下诏让百官上书言事。

益州刺史应詹上疏说:"元康年间以来,就贬低儒经,崇尚道学,将玄远虚无开阔奔放当作平达,将儒术、清俭视为陋俗,应该尊崇与奖掖儒官,以革新风俗教化。"

祖逖讨伐陈川,石勒派兵救援陈川,祖逖退驻淮南,石勒的军队驻守蓬关。

逖攻陈川于蓬关，石勒遣石虎、桃豹救之。逖兵败，退屯淮南。虎徙川部众于襄国，留豹守川故城。

石勒寇幽州，陷之，段匹磾奔乐陵。　梁州刺史周访击杜曾，斩之。

初，王敦患曾难制，谓周访曰："若擒曾，当相论为荆州。"至是访破斩曾，而敦不用。王廙在荆州，多杀陶侃将佐，士民怨怒。帝征为散骑常侍，而以访代之。敦忌访威名，难之。从事郭舒说敦曰："荆州虽荒弊，乃用武之国，不可以假人，宜自领之。访为梁州足矣。"敦从之，乃加访安南将军，余如故。访大怒，敦手书譬解，并玉环、玉碗遗之。访抵之于地，曰："吾岂贾竖，可以宝悦邪！"访在襄阳，务农训兵，阴有图敦之志。守宰有缺辄补，然后言上。敦不能制。

汉改号赵。

汉主曜立宗庙、社稷、南北郊于长安，改国号为赵，以冒顿配天，光文配上帝。

徐龛寇济、岱。以羊鉴为都督，讨之。

徐龛寇掠济、岱。王导以为太子左卫率羊鉴，龛之州里冠族，必能制之。鉴深辞才非将帅，郗鉴亦表鉴不可使。导不从，以鉴为征讨都督，督徐州刺史蔡豹及刘遐、鲜卑段文鸯等讨之。

冬十一月，石勒称赵王。

勒即赵王位，称元年，是为后赵。以将军支雄等主胡人辞讼，禁胡人，不得陵侮华族。号胡为国人。遣使

祖逖在蓬关攻打陈川，石勒派石虎、桃豹救援陈川。祖逖战败，退驻淮南。石虎将陈川的部众调到襄国，留下桃豹守卫陈川的旧城。

石勒进犯幽州，幽州被攻陷，段匹磾逃奔乐陵。 **梁州刺史周访攻打杜曾，将他斩杀。**

当初，王敦担忧杜曾难以控制，对周访说："如果擒获杜曾，我将论功让你治理荆州。"到此时，周访打败并斩杀杜曾，而王敦却没有任用他。王廙在荆州，杀死许多陶侃的将佐，士人百姓怨恨愤怒。晋元帝征召王廙任散骑常侍，而以周访替代王廙。王敦嫉妒周访的威名而为难他。从事郭舒劝说王敦道："荆州虽然荒凉凋敝，却是用武之地，不可以让给他人，应该由自己管辖。周访治理梁州就足够了。"王敦采纳其意见，便加授周访为安南将军，其余职务不变。周访大怒，王敦写亲笔信进行劝解，并赠送给周访玉环、玉碗。周访将东西扔在地上，说："我难道是商人，可以用宝器来使我高兴吗！"周访在襄阳，务农练兵，暗中有图谋王敦的志向。地方长官出现空缺就补授，然后才上报。王敦不能控制。

汉改国号为赵。

汉主刘曜在长安建立宗庙、社稷、南北郊，改国号为赵，祭天时以冒顿配祭，祭上帝时以光文配祭。

徐龛侵犯济水、泰山一带。东晋朝廷任命羊鉴为都督，讨伐徐龛。

徐龛侵犯劫掠济水、泰山一带。王导认为太子左卫率羊鉴是徐龛州里的显贵豪族，必定能制服徐龛。羊鉴恳切地推辞，称自己不是将帅之才，郗鉴也上表认为羊鉴不能任用。王导没有听从，任命羊鉴为征讨都督，督率徐州刺史蔡豹及刘遐、鲜卑人段文鸯等讨伐徐龛。

冬十一月，石勒称赵王。

石勒即赵王位，称元年，这就是后赵。命将军支雄等主管胡人诉讼，禁止胡人，不得凌辱汉人贵族。称胡人为国人。派遣使者

循行州郡,劝课农桑。朝会始用天子礼乐。加张宾大执法,专总朝政;以石虎为骠骑将军,督诸军,赐爵中山公。宾任遇优显,群臣莫及,而谦虚敬慎,开怀下士,屏绝阿私,以身帅物,入则尽规,出则归美,勒甚重之。每朝,常为之正容貌,简辞令,呼曰右侯而不敢名。

十二月,宇文氏攻慕容廆,廆大败之,遂取辽东。遣长史裴嶷来献捷。

平州刺史崔毖以士民多归慕容廆,心不平,阴说高句丽、段氏、宇文氏,使共攻之。毖所亲高瞻力谏,不从。三国合兵伐廆,诸将请击之,廆曰:"彼为毖所诱,欲邀一切之利。军势初合,其锋甚锐,不可与战,当固守以挫之。彼乌合而来,莫相归服,久必携贰,然后击之,破之必矣。"

三国进攻棘城,廆闭门自守,独以牛、酒犒宇文氏。二国疑宇文与廆有谋,各引兵归。宇文士卒数十万,连营四十里,其大人悉独官曰:"二国虽归,吾当独取之。"廆使召其子翰于徒河。翰曰:"彼众我寡,难以力胜,请为奇兵于外,伺其间而击之。若并兵为一,彼得专意攻城,非策之得也。"廆从之。悉独官闻之曰:"翰不入城,或能为患,当先取之。"分遣数千骑袭翰。翰为段氏使者,逆于道,而设伏以待。奋击,获之。乘胜径进,遣间使语廆出兵大战。前锋始交,翰将千骑从旁直入其营,纵火焚之,众遂大败,悉独官仅以身免。廆俘其众,获皇帝玉玺三纽。

巡行州郡，鼓励督促种田植桑。朝会时开始使用天子的礼乐。加授张宾为大执法，专门总理朝政；任命石虎为骠骑将军，都督各军，赐爵为中山公。张宾得到的任用宠遇优厚显贵，大臣们无人可比，而他则谦虚、恭敬、谨慎，真诚地礼贤下士，杜绝私情，以身作则，入朝时则尽心规谏，出朝后则将美誉归于主上，石勒非常器重他。每次上朝，石勒常常为了他而端正容貌，修饰辞令，称呼他为右侯而不敢叫他的名字。

十二月，宇文氏攻打慕容廆，慕容廆大败宇文氏，于是夺取辽东。慕容廆派长史裴嶷前来献俘报捷。

平州刺史崔毖因为士人百姓大多归附慕容廆而心中不平，就暗中游说高句丽、段氏、宇文氏，让他们共同攻打慕容廆。崔毖的亲信高瞻极力劝谏，崔毖不听。三国合兵讨伐慕容廆，将领们请求出击，慕容廆说："他们被崔毖诱惑，想乘机谋利。其军势刚刚会合，锋头正锐，不能与他们交战，应当坚守以挫伤其锐气。他们就像乌鸦般聚集而来，相互之间都不服气，时间久了必定怀有二心，然后再攻打他们，一定能取胜。"

三国的军队进攻棘城，慕容廆闭门自守，唯独用牛和酒犒劳宇文氏。另外两国怀疑宇文氏与慕容廆有阴谋，便各自领兵返回。宇文氏有数十万士卒，军营相连达四十里，其首领悉独官说："二国虽然返回，但我要独自攻取慕容廆。"慕容廆派人从徒河召回儿子慕容翰。慕容翰说："敌众我寡，难以靠实力取胜，我请求在外面作为奇兵，伺机攻打敌军。如果合兵一处，敌军得以专心攻城，这不是合适的策略。"慕容廆采纳其建议。悉独官听说此事，说："慕容翰不进城，或许会成为祸患，应当先攻取他。"分派数千名骑兵袭击慕容翰。慕容翰让人假扮段氏的使者，在大道上迎接宇文氏的骑兵，并设下埋伏等待。然后奋力攻击，敌人被俘获。乘胜径直进军，派密使告诉慕容廆出动军队大战。两军前锋刚刚交战，慕容翰率千名骑兵从旁边直入敌人军营，纵火焚营，于是宇文氏大败，悉独官只身逃脱。慕容廆俘获宇文氏士众，得到三枚皇帝玉玺。

廆闻之，惧，奔高句丽。廆以其子仁镇辽东，官府、市里按堵如故。以高瞻为将军，瞻称疾不就。廆数临候之，抚其心曰："君之疾在此，不在他也。今晋室丧乱，孤欲与诸君共清世难，翼戴帝室，奈何以华夷之异，介然疏之哉！夫立功立事，惟问志略如何耳！"瞻犹不起，廆颇不平。瞻以忧卒。廆使裴嶷奉表，并所得玺诣建康献之。

蒲洪降赵。

庚辰（320） **三年**赵光初三年，后赵二年。
春二月，后赵寇冀州，执刺史邵续。诏以其子缉代之。

段末柸攻段匹磾，破之。匹磾谓冀州刺史邵续曰："吾本夷狄，以慕义破家。君不忘久要，请相与共击末柸。"续遂相与追击，大破之。匹磾遂与弟文鸯进攻蓟。后赵王勒知续势孤，遣虎将兵攻之。续自出击虎，虎伏骑断其后，遂执续，使降其城。续呼兄子竺等谓曰："吾志欲报国，不幸至此。汝等努力奉匹磾为主，勿有贰心。"匹磾还，与续子缉等固守。虎送续于襄国，勒以为忠，释而礼之，因下令："自今克敌，获士人，必生致之。"吏部郎刘胤闻续被攻，言于帝曰："北方藩镇，惟余邵续，如使为虎所灭，孤义士之心，宜发兵救之。"帝不能从。闻续已没，乃诏以续位任授缉。

赵将尹安等降。

崔毖听说此事,心中恐惧,逃奔高句丽。慕容廆让他的儿子慕容仁镇守辽东,官府、街市里巷安定如故。又任命高瞻为将军,高瞻称病不肯就任。慕容廆几次亲临问候他,抚摸他的心口说:"您的病在这里,不在别处。如今晋王室丧乱,我想与诸君共同清除世上的灾难,辅佐拥戴帝室,怎能因为汉人、夷人的不同,而耿耿于怀地疏远他们呢!对于建功立业,只问其志向、谋略如何罢了!"高瞻仍不肯就任,慕容廆心中十分不满。高瞻最终因忧虑而死。慕容廆派裴嶷奉奏表,与所获得的玉玺一并进献到建康。

蒲洪投降前赵。

庚辰(320)　**晋元帝大兴三年**<small>前赵光初三年,后赵石勒二年。</small>

春二月,后赵侵犯冀州,抓获刺史邵续。晋元帝下诏任命他的儿子邵缉代替其职位。

段末柸攻打段匹磾,打败了他。段匹磾对冀州刺史邵续说:"我本是夷狄之人,因为仰慕君臣大义而导致兵败家破。您如果没有忘记旧约的话,请与我共同攻打段末柸。"于是邵续便与段匹磾共同追击段末柸,大败段末柸。段匹磾就和弟弟段文鸯进军攻打蓟城。后赵王石勒知道邵续势单力孤,派石虎率兵攻打他。邵续亲自率军出击石虎,石虎埋伏骑兵断其后路,于是抓获邵续,让他向全城军民劝降。邵续呼喊兄长的儿子邵竺等,对他们说:"我的志向是要报效国家,不幸落到如此境地。你们要努力尊奉段匹磾为主帅,不要有二心。"段匹磾返回后,与邵续的儿子邵缉等坚守城池。石虎将邵续送到襄国,石勒认为邵续忠诚,释放并礼遇他,随即下达命令:"从今以后攻克敌城,俘获士人,一定要活着送来。"吏部郎刘胤听说邵续被攻击,对晋元帝说:"北方的藩镇,只剩下邵续了,如果让他被石虎所灭,将辜负义士之心,应派兵救援他。"晋元帝没能听从。听说邵续已败没,就下诏将邵续的官职授予邵缉。

前赵将军尹安等投降东晋。

安及宋始等四军屯洛阳,降于司州刺史李矩,矩使颍川太守郭默将兵入洛。后赵石生虏宋始一军,北渡河。于是河南之民皆相帅归矩,洛阳遂空。

三月,以慕容廆为平州刺史。

裴嶷至建康,盛称廆之威德,贤隽皆为之用,朝廷始重之。帝欲留嶷,嶷曰:"臣少蒙国恩,出入省闼,若得复奉辇毂,臣之至荣。但以旧京沦没,山陵穿毁,名臣宿将莫能雪耻,独龙骧竭忠王室,故使臣万里归诚。今臣不返,必谓朝廷以其僻陋而弃之,孤其向义之心,使懈于讨贼,此臣之所甚惜也。"帝然之,遣使随嶷拜廆为安北将军、平州刺史。

夏五月,上邽诸将杀晋王保。保故将陈安降赵。

保体重八百斤,喜睡,好读书,而暗弱无断,故及于难。

羊鉴有罪除名,以徐州刺史蔡豹代之。

鉴讨徐龛,顿兵下邳,不敢前。蔡豹败龛于檀丘,龛求救于后赵,勒遣其将王伏都救之。伏都淫暴,龛疑其袭己,斩之。复来请降,不受。敕鉴进讨,鉴犹疑惮不进。刁协劾鉴,免死除名,以豹代领其兵。王导以失举,乞自贬,不许。

凉州杀其刺史张寔,寔弟茂立。

京兆人刘弘客居凉州天梯山,以妖术惑众,张寔左右皆事之。弘自言天与神玺,应王凉州,于是帐下阎涉等谋杀寔而奉之。寔弟茂知其谋,告之。寔遣收弘,未至,

尹安及宋始等四支军队驻扎洛阳，向东晋司州刺史李矩投降，李矩派颍川太守郭默领兵进入洛阳。后赵石生俘获宋始这支军队，向北渡过黄河。于是黄河以南的百姓全都相继归附李矩，洛阳便成为空城。

三月，任命慕容廆为平州刺史。

裴嶷到达建康，盛赞慕容廆的威仪德行，贤才俊杰都被他任用，东晋朝廷开始重视慕容廆。晋元帝想留下裴嶷，裴嶷说："我自年少时就蒙受国恩，出入宫禁，如果能再次侍奉皇上，是我无上的荣耀。只因旧都沦陷，陵园毁坏，名臣良将也没有能报仇雪耻的，唯独龙骧将军慕容廆尽忠晋王室，所以让我不远万里前来表示归顺。如果我不返回，必定认为朝廷是由于他偏僻落后而抛弃他，辜负其崇尚大义之心，使他懈怠讨伐贼寇之事，这是我非常惋惜的。"晋元帝认为言之有理，便派使者随从裴嶷前去拜授慕容廆为安北将军、平州刺史。

夏五月，上邽的将领们杀死晋王司马保。司马保的旧将陈安投降前赵。

司马保体重八百斤，喜欢睡觉，爱好读书，但是糊涂懦弱，没有决断力，所以遇难。

羊鉴因有罪而被免除官职，任命徐州刺史蔡豹代替其职。

羊鉴讨伐徐龛，在下邳驻兵，不敢再前进。蔡豹在檀丘打败徐龛，徐龛向后赵求救，石勒派将军王伏都救援他。王伏都荒淫暴虐，徐龛怀疑他袭击自己，将其斩杀。又前来东晋请求投降，朝廷没有接受。朝廷敕令羊鉴进军攻打徐龛，羊鉴依然疑虑害怕不敢前进。刁协弹劾羊鉴，敕令羊鉴免于处死，除去官职，任命蔡豹代他统领军队。王导因举荐失误，乞求将自己贬职，没有被允许。

凉州人杀死刺史张寔，张寔的弟弟张茂即位。

京兆人刘弘客居凉州天梯山，以妖术迷惑大众，张寔周围的人都事奉他。刘弘自称上天赐他神玺，应当称王凉州，于是张寔帐下的阎涉等人谋划杀死张寔而拥奉刘弘。张寔的弟弟张茂知道了他们的阴谋，就告诉张寔。张寔派人拘捕刘弘，还没赶到，

涉等遂杀寔。寔所遣兵执弘辕之,诛其党与数百人。左司马阴元等以寔子骏尚幼,推茂为刺史,茂以骏为世子。

氐、羌、巴、羯叛赵,赵讨平之。

赵将解虎、尹车谋反,与巴酋句徐、库彭等相结。事觉,虎、车伏诛。赵主曜囚徐、彭等五十余人,将杀之,光禄大夫游子远谏曰:"圣王用刑,惟诛元恶,不宜多杀。"曜怒,囚之,杀徐、彭等。于是巴众尽反,四山氐、羌、巴、羯应之者三十余万,关中大乱,城门昼闭。子远又从狱中上表谏争,曜手毁其表,叱左右速杀之。呼延晏等谏曰:"子远幽囚不忘谏争,忠之至也,奈何杀之! 子远朝诛,臣等亦当夕死,以彰陛下之过,天下将舍陛下而去,陛下谁与居乎!"曜乃止。又欲自将讨之。子远又谏曰:"彼非有大志,欲图非望也,直畏威刑,欲逃死耳。莫若大赦,与之更始。其没入者皆纵遣之,使相招引,听其复业。彼得生路,何为不降! 若其中自知罪重屯结不散者,愿假臣弱兵五千,必为陛下枭之。"曜大悦,即日大赦,以子远为车骑大将军,出屯安定。反者皆降,惟句氏宗党保于阴密,进攻,灭之。徙氐、羌二十余万于长安。曜以子远为大司徒、录尚书事。

赵立太学。

赵立太学,选民之可教者千五百人,择儒臣以教之。

赵以乔豫、和苞为谏议大夫。

赵主曜作酆明观及西宫、陵霄台,又营寿陵。侍中乔

阎涉等人就杀死了张寔。张寔派去的士兵拘捕刘弘并将其车裂处死，诛杀其党羽数百人。左司马阴元等人因为张寔的儿子张骏年幼，就推举张茂为刺史，张茂立张骏为世子。

氐、羌、巴、羯等族背叛前赵，前赵讨伐平定了叛乱。

前赵将军解虎、尹车阴谋反叛，与巴族酋长句徐、厍彭等相勾结。事情败露后，解虎、尹车被处死。前赵主刘曜将句徐、厍彭等五十余人囚禁起来，准备杀死他们，光禄大夫游子远劝谏说："圣明的君王施行刑罚，只处死首恶，不应过多杀人。"刘曜大怒，将游子远囚禁起来，杀死句徐、厍彭等人。于是巴族民众全都反叛，四山的氐、羌、巴、羯等族响应的人达三十多万，关中地区大乱，城门在白天也紧闭。游子远又从狱中上表直言进谏，刘曜亲手撕毁他的奏表，叱令身边的人立即杀死他。呼延晏等劝谏说："游子远虽被幽禁却不忘直言劝谏，忠诚至极，怎能杀他！游子远早上被处死，我们也应当傍晚死去，以显示陛下的过错，天下人将舍弃陛下而离去，陛下与谁在一起呢！"于是刘曜便停止了行动。刘曜又打算亲自率军讨伐。游子远再次进谏说："他们并非胸怀大志，要非分地图谋帝王大业，只是畏惧陛下威严的刑罚，想逃避一死而已。不如实行大赦，使他们重新做人。对那些被籍没为奴的人全都遣送回乡，使他们互相招引，准许其恢复家业。他们得到生路，怎会不投降呢！如果其中有自知罪恶深重而集结不散的，希望借给我五千老弱士兵，一定为陛下斩杀他们。"刘曜大喜，即日实行大赦，任命游子远为车骑大将军，外出驻扎在安定。反叛的全都投降了，只有句氏宗族、乡党固守阴密，游子远进军将他们攻灭。把氐人、羌人共二十多万迁到了长安。刘曜任命游子远为大司徒、录尚书事。

前赵建立太学。

前赵建立太学，挑选一千五百名可以教育的百姓，选择儒臣去教导他们。

前赵任命乔豫、和苞为谏议大夫。

前赵主刘曜建酆明观及西宫、陵霄台，又营建寿陵。侍中乔

豫、和苞谏曰："前营鄡明，市道细民咸曰：'以一观之功，足以平凉州矣！'今又欲拟阿房而建西宫，法琼台而起陵霄，其为劳费，亿万鄡明，若以给军，则可以兼吴、蜀而一齐、魏矣！又营寿陵，周围四里，铜椁金饰，其深三十五丈，殆非国内之所能办也。自古无不亡之国、不掘之墓，故圣人之俭葬，乃深远之虑也。"曜下诏曰："二侍中恳恳有古人之风，可谓社稷之臣矣！其悉罢诸役，寿陵制度，一遵霸陵之法。"以豫、苞领谏议大夫，又省鄡水囿以与贫民。

秋七月，后赵兵退走。祖逖进屯雍丘，诏加号镇西将军。

祖逖将韩潜与后赵将桃豹分据陈川故城，相守四旬。逖以布囊盛土，使千余人运以馈潜。又使数人担米息于道，豹兵逐之，即弃而走。豹兵久饥，以为逖士众丰饱，大惧。后赵运粮馈豹，逖又使潜邀击，获之。豹宵遁，逖使潜进屯封丘以逼之。逖镇雍丘，后赵镇戍归逖者甚多。

先是，李矩、郭默等互相攻击，逖驰使和解，示以祸福，遂皆受逖节度。诏加逖镇西将军。逖与将士同甘苦，约己务施，劝课农桑，抚纳新附，虽疏贱者皆结以恩礼。河上诸坞，先有任子在后赵者，皆听两属，时遣游军伪抄之，明其未附。坞主皆感恩，后赵有异谋，辄密以告，由是多所克获。自河以南，多叛后赵归晋。

豫、和苞劝谏说："前些时候营造酆明观,市井小民都议论说:'以建造一座观的人力,足以平定凉州了!'如今又想比拟阿房宫而建造西宫,效法琼台而营造陵霄台,其花费的人力、财力,是建造酆明观的亿万倍,如果将这些供给军队,则可以兼并吴、蜀,而统一齐、魏了! 又营造寿陵,周长四里,用铜做棺椁,用金做装饰,深三十五丈,这大概不是国内所能办到的。自古没有不亡之国、不被盗掘之墓,所以圣人俭朴安葬,是深远的考虑。"刘曜下诏说:"两位侍中恳恳忠诚,有古人之风,可以说是国家重臣呀! 全部停止各处工程,寿陵的建造规格,一切都遵从霸陵的成例。"任命乔豫、和苞兼谏议大夫之职,又罢省酆水苑囿,交给贫民使用。

秋七月,后赵军队撤退。祖逖进驻雍丘,诏命加授他镇西将军的封号。

祖逖部将韩潜与后赵将领桃豹分别占据陈川旧城,双方相持坚守了四十天。祖逖用布袋盛土,派一千多人运送给韩潜。又让几个人挑米在道旁休息,桃豹的士兵追逐他们时,就立即放弃米担逃走。桃豹的士兵饿了很久,认为祖逖的兵众丰衣足食,非常恐惧。后赵运粮给桃豹,祖逖又派韩潜截击,缴获了粮食。桃豹趁夜逃跑,祖逖派韩潜进驻封丘以逼迫桃豹。祖逖镇守雍丘,后赵营垒中的士兵很多人归附祖逖。

在此之前,李矩、郭默等互相攻击,祖逖派使者飞驰前往进行调解,分析福祸利害,于是二人全都接受祖逖节制。下诏加授祖逖镇西将军。祖逖与将士同甘共苦,约束自己,注重施舍,鼓励督促农业生产,安抚接纳新近归附的士众,即使关系疏远、地位低贱的人也都以恩德礼遇相结交。黄河边上的各个坞堡,先前有把儿子作为人质送到后赵的,祖逖都听任他们同时归属东晋和后赵,并不时派流动部队假装抄掠他们,以显示他们没有归附自己。坞堡的主人们全都感恩戴德,一旦后赵有异常举动,就秘密报告祖逖,因此经常获胜,缴获很多。从黄河以南,大多背叛后赵归附东晋。

逖练兵积谷,为取河北之计。后赵王勒患之,乃下幽州为逖修祖、父墓,置守冢二家。因与逖书,求通使及互市。逖不报书,而听其互市,收利十倍。逖牙门童建降于后赵,勒复斩送其首,曰:"叛臣逃吏,吾之深仇。将军之恶,犹吾恶也。"自是后赵人叛归者,逖皆不纳,禁诸将不使侵暴后赵之民,边境之间,稍得休息。

八月,梁州刺史周访卒,诏以甘卓代之。

访善于抚纳,士众皆为致死。知王敦有不臣之心,私常切齿,敦由是终访之世未敢为逆。及卒,敦遣郭舒监其军,帝以甘卓镇襄阳。征舒为右丞,敦留不遣。

蔡豹与徐龛战败,伏诛。龛遂降后赵。　后赵定九品,举六科。

后赵王勒用法严峻,使张宾领选,定九品。命公卿及州郡岁举秀才、至孝、廉清、贤良、直言、武勇之士各一人。

十二月,以谯王承为湘州刺史。

帝之始镇江东也,王敦与从弟导同心翼戴,帝亦推心任之。敦总征讨,导专机政,群从子弟布列显要,时人为之语曰:"王与马,共天下。"后敦恃功骄恣,帝畏而恶之,乃引刘隗,刁协等以为腹心,稍抑损王氏权,导亦渐见疏外。中书郎孔愉陈导忠贤,有佐命之勋,宜加委任,帝出愉为长史。导能任真推分,澹如也;而敦益怀不平。其参军沈充、钱凤皆巧谄凶狡,知敦有异志,阴为画策,敦宠信之。敦上疏为导

祖逖训练士兵，积聚粮食，为攻取黄河以北做准备。后赵王石勒觉得他是个隐患，就下令幽州为祖逖缮修缮祖父、父亲的坟墓，安置两户人家守护坟冢。又给祖逖写信，要求互通使节和往来贸易。祖逖不答复他的信，而是听任双方来往贸易，获利十倍。祖逖的牙门童建投降后赵，石勒又将其斩杀并送去首级，说："叛变逃跑的大臣官吏，是我深深仇恨的。将军所憎恶的，就如同我所憎恶的。"从此后赵人有叛变归附东晋的，祖逖都不接纳，禁止将领们侵害欺凌后赵百姓，边境之间，渐渐得以休养生息。

　　八月，梁州刺史周访去世，诏命甘卓代替其官职。

　　周访善于抚慰结纳士众，士众全都愿意为他去死。他知道王敦怀有篡逆之心，私下常常咬牙切齿，王敦因此在周访在世时一直不敢做叛逆之事。等到周访去世，王敦派郭舒监管其军队，晋元帝让甘卓镇守襄阳。征召郭舒为右丞，王敦将他留下不让他去。

　　蔡豹与徐龛交战失败，被处死。于是徐龛投降后赵。　后赵制定九品官阶，举荐六科人才。

　　后赵王石勒施行严刑峻法，让张宾负责选官事宜，制定九品官阶。命令公卿大臣及各州郡每年举荐秀才、至孝、廉清、贤良、直言、武勇六方面的人才各一人。

　　十二月，任命谯王司马承为湘州刺史。

　　晋元帝开始统治江东时，王敦与堂弟王导同心辅佐拥戴，晋元帝也推心置腹地任用他们。王敦总管征战讨伐，王导独领机要政务，众多子弟分布占据显要职位，当时人为此说道："王与马，共天下。"后来王敦自恃有功，骄横放纵，晋元帝害怕并且憎恶他，于是召引刘隗、刁协等人作为心腹，逐渐压制削弱王氏的权力，王导也渐渐被疏远。中书郎孔愉陈述王导的忠诚贤明，有辅佐王室的功勋，应该加以委任，晋元帝将孔愉贬出朝廷做长史。王导能够顺其自然，安守本分，性情澹泊；而王敦则愈加心怀不满。王敦的参军沈充、钱凤都是奸巧谄媚、凶残狡诈之人，知道王敦怀有异志，就暗地里为他谋划，王敦很宠信他们。王敦上疏为王导

讼屈,辞语怨望。左将军、谯王承忠厚有志行,帝亲信之。夜召承,以敦疏示之。

陶亦为帝谋,出心腹以镇方面。会敦表充为湘州刺史,帝谓承曰:"敦奸逆已著,朕以惠皇,其势不远。湘州据上流,控三州之会,欲以叔父居之,何如?"承曰:"臣奉承诏命,惟力是视,何敢有辞!然湘州经蜀寇之余,民物凋弊,若及三年,乃可即戎;苟未及此,虽灰身无益也。"诏以承为湘州刺史。行至武昌,敦与之宴,谓承曰:"大王雅素佳士,恐非将帅才也。"承曰:"公未见知耳,铅刀岂无一割之用!"敦谓钱凤曰:"彼不知惧而学壮语,无能为也。"乃听之镇。时湘土困弊,承躬身俭约,倾心绥抚,甚有能名。

辛巳(321) **四年**赵光初四年,后赵三年。

春正月,徐龛复降。　三月,日中有黑子。

著作佐郎郭璞上疏,以为:"阴阳错缪,皆繁刑所致。赦不欲数,然子产知铸刑书非政之善,不得不作者,须以救弊故也。今之宜赦,理亦如之。"

后赵陷幽、冀、并州,抚军将军、幽州刺史段匹磾死之。

后赵使石虎攻匹磾于厌次,孔苌攻其统内诸城,悉拔之。文鸯出战,力尽被执,骂贼不已。匹磾欲单骑归朝,邵续之弟洎勒兵不听,复欲执台使送虎。匹磾正色责之曰:"卿不能遵兄之志,逼吾不得归朝,亦已甚矣,复欲执天子使者!我虽夷狄,所未闻也!"洎与缉、竺等出降。

鸣不平,言辞中露出怨恨情绪。左将军、谯王司马承忠厚有操行,晋元帝亲近信任他。夜晚召来司马承,把王敦的奏疏拿给他看。

刘隗也为晋元帝出谋划策,派出心腹去镇守各方。恰巧赶上王敦表奏沈充任湘州刺史,晋元帝对司马承说:"王敦奸邪叛逆的行为已经显著,朕成为惠帝的态势不远了。湘州位居长江上流,控制荆、交、广三州的交会处,想让叔父去镇守此地,怎么样?"司马承说:"我尊奉诏命,只有尽力而为,怎敢有说辞!然而湘州经历蜀人侵犯之后,百姓贫困,物资匮乏,如果等待三年,才有可能参与征战;如果等不到这么长时间,即使粉身碎骨也无益于事。"下诏任命司马承为湘州刺史。走到武昌时,王敦宴请他,对他说:"大王平素是个文人才子,恐怕不是将帅之才。"司马承说:"只是您不知道而已,难道铅刀就没有割一下的用途!"王敦对钱凤说:"他不知道害怕却学豪言壮语,不会有什么作为。"于是就听任司马承去上任。当时湘州地区贫困凋敝,司马承亲自带头节俭,尽心安抚百姓,很有才能出众的名声。

辛巳(321) **晋元帝大兴四年**前赵光初四年,后赵石勒三年。

春正月,徐龛再次投降。 **三月,太阳中出现黑子。**

著作佐郎郭璞上疏,认为:"阴阳错乱,都是繁多的刑罚导致的。赦免罪人不要太频繁,但是子产也知道铸刻刑法条文不是治国的好方法,不得不这样做的原因,是要用它去拯救时弊。如今应该赦免罪人,道理也与此相同。"

后赵攻陷幽州、冀州、并州,抚军将军、幽州刺史段匹磾为此而死。

后赵派石虎在厌次攻打段匹磾,孔苌攻打段匹磾统辖内各城,全部攻克。段文鸯出城迎战,力量耗尽被俘,骂敌不止。段匹磾想单人匹马返回朝廷,邵续的弟弟邵洎拥兵不听指挥,又想抓朝廷使者送交石虎。段匹磾正色斥责他说:"你不能遵从兄长之志,逼得我不能回朝廷,已经是过分了,又要抓天子的使者!我虽是夷狄之人,也闻所未闻!"邵洎与邵缉、邵竺等人出城投降。

匹磾见虎曰:"我受晋恩,志在灭汝,不幸至此,不能为汝敬也。"虎素与匹磾结为兄弟,即起拜之。于是幽、冀、并三州皆入于后赵。匹磾不为勒礼,常著朝服,持晋节。久之,与文鸯、邵续皆见杀。

夏五月,免扬州僮客以备征役。

诏免中州良民遭难为扬州诸郡僮客者,以备征役。刁协之谋也,由是众益怨之。

终南山崩。 秋七月,以戴渊都督司、豫,刘隗都督青、徐诸军事,王导为司空、录尚书事。

以渊为征西将军,督六州,镇合肥;隗为镇北将军,督四州,镇淮阴。皆假节领兵,名为讨胡,实备王敦也。隗虽在外,而朝廷机事,进退士大夫,帝皆与之密谋。敦遗隗书言:"欲与之戮力王室,共静海内。"隗答曰:"鱼相忘于江湖,人相忘于道术。竭股肱之力,效之以忠贞,吾之志也。"敦怒。帝以敦故,以导为司空、录尚书事,而实疏忌之。御史中丞周嵩上疏,以为:"不宜听孤臣之言,放逐旧德,亏既往之恩,招将来之患。"帝颇感寤,导由是得全。

八月,常山崩。 九月,豫州刺史祖逖卒,以其弟约代之。

逖以戴渊吴士,虽有才望,无弘致远识;且已翦荆棘、收河南地,而渊雍容,一旦来统之,意甚怏怏。又闻王敦与刘、刁构隙,将有内难,知大功不遂,感激发病,卒于雍丘。

段匹磾见到石虎说："我蒙受晋室恩德,志在消灭你们,不幸落到如此境地,不能对你表示敬意。"石虎以前与段匹磾结为兄弟,这时立即起身行拜礼。于是幽州、冀州、并州三州全部并入后赵。段匹磾不向石勒行礼,经常身穿东晋的朝服,手持东晋符节。时间久了,与段文鸯、邵续一同被杀。

夏五月,免除扬州家僮、佃客的奴仆身份,准备在战争时服役。

晋元帝下诏免除中原良民遭难后沦为扬州各郡家僮、佃客的奴仆身份,以便在战争时服役。这是刁协的主意,因此众人更加怨恨他。

终南山发生山崩。 秋七月,任命戴渊都督司、豫等州诸军事,刘隗都督青、徐等州诸军事,王导为司空、录尚书事。

任命戴渊为征西将军,都督六州诸军事,镇守合肥;刘隗为镇北将军,都督四州诸军事,镇守淮阴。他们全都持符节统领军队,名义上是讨伐胡人,实际是防备王敦。刘隗虽然在外领兵,但是朝廷的机要事务,士大夫的升迁降职,晋元帝全都与他密谋。王敦给刘隗写信说:"想与您同心协力辅佐王室,共同平定天下。"刘隗答复说:"鱼在江湖中就彼此忘记,人为追求道义也会相互忘记。竭尽自身的力量,以忠贞来报效,这就是我的志向。"王敦大怒。晋元帝因为王敦的缘故,任命王导为司空、录尚书事,而实际是疏远忌惮他。御史中丞周嵩上疏,认为:"不应当只听个别大臣的一面之词,放逐有功旧臣,亏损从前的恩德,招致将来的祸患。"晋元帝颇有感悟,王导因此得以保全。

八月,常山发生山崩。 九月,豫州刺史祖逖去世,任命他的兄弟祖约代替其职。

祖逖由于戴渊是吴地人,虽然有才气和名望,却没有弘大的抱负和远见卓识;更何况自己已经披荆斩棘、收复了黄河以南地区,而戴渊却从从容容,一日之间就前来统领此地,内心非常不满。祖逖又听说王敦与刘隗、刁协产生了隔阂,将要发生内乱,知道自己大功难成,感慨激愤而生了重病,死在了雍丘。

豫州士女若丧父母，谯、梁间皆为立祠。敦由是益无所惮。约无绥御之才，不为士卒所附。范阳李产避乱依逖，至是见约志趣异常，乃帅子弟十余人间行归乡里。

后赵以李阳为都尉。

后赵王勒悉召武乡耆旧诣襄国欢饮，勒微时与李阳邻居，数争沤麻池相殴，阳由是独不敢来。勒曰："孤方兼容天下，岂仇匹夫乎！"遽召与饮，引阳臂曰："孤往日厌卿老拳，卿亦饱孤毒手。"因拜都尉。以武乡比丰、沛，复三世。

后赵禁酿酒。

勒以民始复业，资储未丰，于是重禁酿。郊祀宗庙，皆用醴酒行之。数年无复酿者。

以慕容廆为车骑将军、平州牧、辽东公。

诏听廆承制除官，廆于是备置僚属，立子皝为世子。作东横，使皝与诸生同受业。廆得暇亦亲临听之。皝雄毅多权略，喜经术，国人称之。廆徙翰镇辽东，仁镇平郭。翰抚安民夷，甚有威惠。

代弑其君郁律，子贺傉立。

拓跋猗㐌妻惟氏忌代王郁律之强，恐不利其子，乃杀郁律而立子贺傉。郁律之子什翼犍幼在襁褓，其母王氏匿于袴中，祝之曰："天苟存汝，则勿啼。"久之不啼，乃得免。

豫州百姓如同失去父母,谯国、梁国之间都为他建立祠庙。王敦从此更加肆无忌惮。祖约没有安抚驾驭部下的才能,不被士卒所亲附。范阳人李产因躲避战乱而依附祖逖,到此时见祖约志趣不同寻常,就率十多名子弟抄小路返回乡里。

后赵任命李阳为都尉。

后赵王石勒召集武乡所有的耆旧故老们到襄国欢宴饮酒,石勒微贱时与李阳是邻居,多次因争夺沤麻的池子而斗殴,因此唯独李阳不敢来。石勒说:“孤正准备兼并天下,岂能与一介平民为仇!”赶快召他来共饮,拉着李阳的手臂说:“我从前饱受你的老拳,你也饱尝我的毒手。”于是拜授李阳为都尉。石勒把自己的故里武乡比作汉室故乡丰县、沛县,免除武乡人三代的赋税徭役。

后赵禁止酿酒。

石勒由于百姓刚开始恢复旧业,物资储备不够丰富,于是严禁酿酒。举行祭祀天地和祭祀宗庙的仪式时,全部用一夜而成的甜酒代替。因而多年不再有酿酒的人。

任命慕容廆为车骑将军、平州牧、辽东公。

晋元帝下诏允许慕容廆秉承圣旨委任官员,于是慕容廆设置了完备的幕僚属吏,立儿子慕容皝为世子。建造学舍,让慕容皝与学子们一同学习。慕容廆有空闲时也亲临学舍听讲。慕容皝雄猛刚毅,富有权谋策略,喜爱经学,国人称赞他。慕容廆调慕容翰去镇守辽东,慕容仁镇守平郭。慕容翰安抚百姓,恩威并重。

代国杀死国君拓跋郁律,其子拓跋贺傉即位。

拓跋猗㐌的妻子惟氏忌惮代王拓跋郁律势力强大,担心不利于她的儿子,就杀掉拓跋郁律而立自己的儿子拓跋贺傉为王。拓跋郁律的儿子拓跋什翼犍因年幼尚在襁褓之中,他的母亲王氏把他藏在裤裆中,为他祷告说:“上天如果要你活下去,就不要啼哭。”很久也没有啼哭,才得以幸免。

壬午(322) 永昌元年赵光初五年,后赵四年。

春正月,王敦举兵反,谯王承、甘卓移檄讨之,敦分兵寇长沙。

初,敦既与朝廷乖离,乃羁录朝士有时望者置己幕府,以羊曼、谢鲲为长史。曼、鲲终日酣醉,故不委以事。敦将作乱,谓曰:"刘隗奸邪,将危社稷,吾欲除君侧之恶,何如?"鲲曰:"隗诚始祸,然城狐社鼠。"敦怒曰:"君庸才,岂达大体!"

至是举兵武昌,上疏称:"刘隗佞邪谗贼,威福自由。臣辄进军致讨,隗首朝悬,诸军夕退。昔太甲颠覆厥度,幸纳伊尹之忠,殷道复昌。愿陛下深垂三思,则四海乂安,社稷永固矣。"沈充亦起兵于吴兴以应敦。敦至芜湖,又上表罪状刁协。帝大怒,诏曰:"王敦凭恃宠灵,敢肆狂逆,方朕太甲,欲见幽囚。是可忍也,孰不可忍!今亲帅六军,以诛大逆,有杀敦者,封五千户侯。"

太子中庶子温峤谓仆射周颛曰:"大将军此举似有所在,当无滥邪?"颛曰:"人主自非尧、舜,何能无失,安可举兵以胁之!举动如此,岂得云非乱乎!"

敦初起兵,遣使告梁州刺史甘卓,约与俱下,卓许之。后更狐疑不赴。或说卓:"且伪许敦,待至都而讨之。"卓曰:"昔陈敏之乱,吾先从而后图之,论者谓吾惧逼而思变,心常愧之。今若复尔,何以自明!"

壬午（322）　晋元帝永昌元年前赵光初五年，后赵石勒四年。

春正月，王敦起兵反叛，谯王司马永、甘卓散发檄文讨伐王敦，王敦分派兵力侵犯长沙。

当初，王敦已经与朝廷离心离德，便笼络、录用当时有名望的士人安置在自己幕府内，任命羊曼、谢鲲为长史。羊曼、谢鲲终日喝得大醉，所以王敦不把事情委派给他们。王敦准备作乱，对谢鲲说："刘隗奸佞邪恶，将会危害国家，我打算削除君主身边的恶人，怎么样？"谢鲲说："刘隗确实是祸源，然而他就如同是城中的狐狸和社庙里的老鼠，躲在皇上身边得到庇护。"王敦发怒说："你这个庸才，哪里识得大体！"

到此时，王敦在武昌起兵，上疏说："刘隗奸佞邪恶，谗言惑众，残害忠良，肆意作威作福。我这就进军声讨，刘隗的首级早晨悬挂起来，各路人马晚上就退走。过去商朝国君太甲败坏国家制度，幸好接纳了伊尹忠诚无私的处置，商朝才再次昌盛起来。希望陛下再三深思，那么四海就会安宁，国家就永远稳固了。"沈充也在吴兴起兵以响应王敦。王敦到达芜湖，又上表列数习协的罪状。晋元帝大怒，下诏说："王敦倚仗朝廷对他的恩宠，胆敢肆行狂妄叛逆的举动，把朕比作太甲，想将朕幽禁起来。是可忍，孰不可忍！如今朕将亲率六军去诛杀这个逆贼，有斩杀王敦的，就封他为五千户侯。"

太子中庶子温峤对仆射周颉说："大将军王敦此举似乎有一定的原因，应当不算过分吧？"周颉说："皇上本来就不是尧、舜，怎能没有过失，哪能起兵去胁迫皇上！如此做法，难道能够说不是叛乱吗！"

王敦刚起兵时，派使者去告诉梁州刺史甘卓，与他相约一同沿江而下，甘卓答应了他。后来甘卓又狐疑不决，没有赴约。有人劝甘卓道："暂且假装答应王敦，等到了都城就讨伐他。"甘卓说："过去陈敏作乱时，我先跟从而后图谋他，议论者说我是害怕被逼迫才考虑转变立场的，内心常常感到惭愧。如今如果再那样做，用什么去表明自己！"

　　敦遣参军桓罴说谯王承，请为己军司。承叹曰："吾其死矣！地荒民寡，势孤援绝，将何以济！然得死忠义，夫复何求！"承檄长沙虞悝为长史，会悝遭母丧，承往吊之，曰："王室方危，金革之事，古人所不辞，将何以教之？"悝曰："鄙州荒弊，难以进讨，宜且收众固守，传檄四方，敦势必分，分而图之，庶几可捷也。"承乃因罴，以悝为长史，弟望为司马。移檄远近，列敦罪恶，州内皆应之。惟敦姊夫郑澹为湘东太守，不从命。承使望讨斩之，以徇四境。

　　又遣主簿邓骞说甘卓曰："刘大连虽骄蹇失众心，非有害于天下。大将军以私憾称兵向阙，此忠臣义士竭节之时也。公受任方伯，奉辞伐罪，乃桓、文之功也。"卓参军李梁曰："昔隗嚣跋扈，窦融保河西以奉光武，卒受其福。今但当按兵坐待。敦事若捷，必委将军以方面；不捷，朝廷必以将军代之，何忧不富贵？而释此庙胜，决存亡于一战邪？"骞曰："光武当创业之初，故隗、窦可以从容顾望。今将军之于本朝，非窦融之比也；襄阳之于太府，非河西之固也。使敦克刘隗，还武昌，增石城之戍，绝荆、湘之粟，将军欲安归乎！势在人手，而曰我处庙胜，未之闻也。且为人臣，国家有难，坐视不救，于义安乎！以将军之威名，杖节鸣鼓，以顺讨逆，举武昌若摧枯拉朽耳。武昌既定，据其军实，招怀士卒，使还者如归，此吕蒙所以克关羽也。"

王敦派参军桓罴游说谯王司马丞，请他做自己的军司。司马丞叹道："我是要死了！这里地荒民少，势单力孤，后援断绝，将靠什么渡过难关！然而能够为忠义而死，还能再要求什么呢！"司马丞用文书征召长沙人虞悝为长史，正赶上虞悝母亲去世，司马丞前去吊唁，说："王室正处在危难之际，金戈铁马的征战，古人服丧期间也在所不辞，您对我有什么教诲？"虞悝说："鄙州荒凉凋敝，难以进军讨伐，应该暂且收拢士众固守，向四方发布讨伐檄文，王敦的兵力必定分散，再分别去谋划攻击他们，大概可以取胜。"司马丞便囚禁桓罴，任命虞悝为长史，他的兄弟虞望为司马。向远近散发讨伐檄文，列数王敦的罪恶，州内郡县全都响应。只有王敦的姐夫湘东太守郑澹不从命。司马丞让虞望讨伐并斩杀他，以晓示四方。

又派主簿邓骞去游说甘卓道："刘隗虽然骄横失去人心，却对天下没有危害。大将军王敦因私仇就对朝廷用兵，这是忠臣义士尽忠的时候。您受命任一方长官，奉命讨伐罪人，是齐桓公、晋文公那样的功绩。"甘卓的参军李梁说："过去隗嚣飞扬跋扈，窦融保住河西地区以拥奉光武帝，最终受到福禄。如今只应按兵不动，坐等事态变化。王敦如果大功告成，必定委任将军您为一方统帅；如果不成功，朝廷必定让将军您替代王敦，何愁没有荣华富贵？何必要放弃这个胜算，去靠一仗来决定生死存亡呢？"邓骞说："光武帝当时正是创业之初，所以隗嚣、窦融可以从容观望。如今将军您对于本朝，不是窦融可以类比的；襄阳对于王敦的太府，也不像河西那样险固。假使王敦攻克刘隗，返回武昌，增强石城的守卫力量，切断荆州、湘州的粮道，将军您将何去何从呢！大势握在别人手中，却说自己处在胜算地位，从没听说过。况且身为人臣，国家有难，却坐视不救，这在道义上说得过去吗！以将军的威名，手持符节鸣鼓前进，以顺臣讨伐叛逆，攻克武昌不过像摧枯拉朽而已。武昌平定后，占有其军用物资，招纳安抚士卒，使回来的人如同回到了家，这就是吕蒙之所以战胜关羽的原因。"

敦恐卓于后为变，又遣参军乐道融往邀之。道融忿其悖逆，乃说卓曰："王敦背恩肆逆，举兵向阙。君受国厚恩，而与之同，生为逆臣，死为愚鬼，不亦惜乎！为君之计，莫若伪许应命，而驰袭武昌，必不战而自溃矣。"卓意始决，遂露檄数敦逆状，帅所统致讨。遣参军至广州约陶侃，侃遣参军高宝帅兵北下。武昌城中传卓军至，人皆奔散。

敦遣魏乂帅兵攻长沙。城池不完，资储又阙，人情震恐。或说承南投陶侃，或退据零、桂。承曰："吾之志欲死忠义，岂可贪生苟免，为奔败之将乎！事之不济，令百姓知吾心耳。"乃婴城固守。虞望战死，甘卓亦遗承书劝之，且云当以兵出沔口，断敦归路，则湘围自解矣。承复书曰："足下能卷甲电赴，犹有所及；若其狐疑，则求我于枯鱼之肆矣。"卓不能从。

封子昱为琅邪王。　赵封杨难敌为武都王。
赵主曜自击杨难敌，难敌逆战不胜，退保仇池。遣使称藩，赵以为武都王。
陈安叛赵。
赵秦州刺史陈安求朝于曜，曜辞以疾。安怒，大掠而归。陇上氐、羌皆附之，有众十余万，自称凉王。获赵将呼延寔及鲁凭，将用之，二人不屈，皆杀之。

三月，敦据石头，杀骠骑将军戴渊、尚书仆射周颛。甘卓还襄阳。夏四月，敦还武昌。
帝征戴渊、刘隗入卫。百官迎于道，隗岸帻大言，意气自若。与刁协劝帝尽诛王氏，帝不许。王导帅宗族，每

王敦担心甘卓在后方有变，又派参军乐道融前去邀请甘卓一道东进。乐道融对王敦的悖逆行为愤恨不已，便劝甘卓道："王敦背弃皇恩肆行叛逆，起兵反叛朝廷。您蒙受国家厚恩，却与王敦同流，生为逆臣，死是愚鬼，不是很可惜吗！为您考虑，不如假装答应听从其命令，却飞驰袭击武昌，王敦必定不战自溃。"甘卓这才拿定主意，于是张贴檄文历数王敦的叛逆行为，率领所统帅的军队进行讨伐。派参军到广州与陶侃相约，陶侃派参军高宝率兵北下。武昌城中传说甘卓大军到了，人们都四散奔逃。

王敦派魏义领兵攻打长沙。长沙城池修整得不完善，物资储备又匮乏，人心震惊恐惧。有人劝说司马承向南投奔陶侃，或者退守零陵、桂阳。司马承说："我的志向是为忠义而死，怎能贪生怕死苟且活命，做个败逃的将军呢！即使事情不成功，也要让百姓知道我的意愿。"于是环城坚守。虞望战死，甘卓也给司马承写信劝他，并且说将要领兵从沔口出击，切断王敦的退路，那么湘州的围困自然就会解除。司马承回信说："足下如果能够轻装火速赶来，或许还来得及；如果犹豫不决，那么就只有到干鱼铺里去找我了。"甘卓没能听从。

晋元帝封皇子司马昱为琅邪王。　前赵封杨难敌为武都王。

前赵主刘曜亲自率军攻打杨难敌，杨难敌迎战，没有取胜，退守仇池。派使者向前赵称藩，前赵封他为武都王。

陈安背叛前赵。

前赵的秦州刺史陈安请求朝见刘曜，刘曜以有病推辞不见。陈安大怒，大肆劫掠一番而后返回。陇上的氐人、羌人都归附陈安，拥有十多万人，自称凉王。俘获前赵将领呼延寔和鲁凭，准备任用他们，二人不肯屈服，全部被杀。

三月，王敦占据石头城，杀死骠骑将军戴渊、尚书仆射周顗。甘卓返回襄阳。夏四月，王敦返回武昌。

元帝征召戴渊、刘隗入京侍卫。文武百官在大道迎接，刘隗掀起头巾，露出前额，高谈阔论，意气风发，神态自若。他与刁协一起劝元帝尽诛王氏，元帝没答应。王导率本宗族的人，每天

旦诣台待罪。周颙将入,导呼之曰:"伯仁,以百口累卿!"颙直入不顾。既见帝,言导忠诚,申救甚至,帝纳其言。颙喜,饮酒至醉而出。导又呼之,颙不与言,顾左右曰:"今年杀诸贼奴,取金印如斗大,系肘后。"既出,又上表明导无罪,言甚切。导不知,恨之。

帝命还导朝服,召见之。导稽首曰:"逆臣贼子,何代无之,不意今者近出臣族!"帝跣而执其手曰:"茂弘,方寄卿以百里之命,是何言邪!"以为前锋大都督,诏曰:"导以大义灭亲,可以吾为安东时节假之。"

将军周札素矜险好利。帝使隗军金城,札守石头。敦至石头,欲攻隗。杜弘曰:"隗死士多,未易可克。周札少恩,兵不为用,攻之必败,札败则隗走矣。"敦从之,以弘为前锋。札果开门纳弘。敦据石头,叹曰:"吾不复得为盛德事矣!"谢鲲曰:"何为其然也!但使自今已往,日忘日去耳。"

帝命协、隗、渊、导、颙等分道出战,皆大败。太子绍欲自帅将士决战,温峤执鞿谏曰:"殿下国之储副,奈何以身轻天下!"抽剑斩鞿,乃止。

敦拥兵不朝,放士卒劫掠,宫省奔散,惟将军刘超按兵直卫,及侍中二人侍帝侧。帝遣使谓敦曰:"公若不忘本朝,于此息兵,则天下尚可共安。如其不然,朕当归琅邪,以避贤路。"协、隗败还,帝流涕执其手,劝令避祸。给人马,

清晨到朝廷等待定罪。周顗将要入朝时，王导呼喊他说："伯仁，我把全家百口的性命都托付给您了！"周顗径直入宫头也不回。见到元帝后，周顗说王导为人忠诚，极力为他申辩，元帝采纳了他的意见。周顗内心喜悦，喝酒直到大醉才出宫。王导又喊他，周顗不与他讲话，环顾左右说："今年杀死乱臣贼子们以后，取来斗一样大的金印，系在臂肘后边。"出宫后，又上表申明王导无罪，言辞非常恳切。王导不了解这些，所以怨恨周顗。

　　晋元帝命令归还王导朝服，召见王导。王导叩头说："叛臣贼子，哪个朝代没有，没想到如今近在眼前地出现在臣下的家族中！"晋元帝光脚拉着他的手说："茂弘，正要将朝政托付给你，这是说的什么话呀！"任命王导为前锋大都督，下诏说："王导大义灭亲，可以把我任安东将军时的符节交给他。"

　　将军周札为人一向骄纵阴险，贪图私利。晋元帝派刘隗驻军金城，周札驻守石头城。王敦到达石头城，准备攻打刘隗。杜弘说："刘隗部下敢死勇士很多，不容易攻克。周札为人缺少恩惠，士兵不被他所用，只要攻打他肯定会败走，周札败走刘隗就会逃跑了。"王敦听从其建议，任命杜弘为前锋。周札果然打开城门接纳杜弘。王敦占据石头城后，叹道："我不能够再做功德盛大的事情了！"谢鲲说："为什么是这样呢！只要从今以后，使这些事一天天淡忘，也就会一天天从心中消失了。"

　　晋元帝命令习协、刘隗、戴渊、王导、周顗等人分路出击，全都大败。太子司马绍想亲自率将士与敌决战，温峤抓住马笼头劝谏说："殿下是国家的储君，怎能因一己之快而轻弃天下！"抽出剑将马的鞔带斩断，司马绍才作罢。

　　王敦拥兵自重，不朝见皇帝，放纵士卒到处劫掠，皇宫中的人四散奔逃，只有将军刘超驻兵值宿护卫，没有两名侍中在晋元帝身边侍奉。晋元帝派使者对王敦说："你如果没有忘记本朝，就此休兵，那么还可以一起安定天下。如果不这样的话，朕将返回琅邪，以便为贤人让路。"习协、刘隗战败返回宫中，晋元帝流泪拉着他们的手，劝说他们躲避这场灾祸。拨给二人随行人马，

使自为计。协素无恩纪，募从者皆委之，为人所杀。隗奔后赵，官至太子太傅而卒。

帝令百官诣石头见敦。敦谓渊曰："前日之战，有余力乎？"渊曰："岂敢有余，但力不足耳！"敦曰："吾今此举，天下以为何如？"渊曰："见形者谓之逆，体诚者谓之忠。"敦笑曰："卿可谓能言。"又谓周顗曰："伯仁，卿负我！"顗曰："公戎车犯顺，下官亲帅六军不能其事，使王旅奔败，以此负公！"

敦以太子有勇略，为朝野所向，欲诬以不孝而废之，大会百官，问温峤曰："皇太子以何德称？"声色俱厉。峤曰："钩深致远，盖非浅局所量，以礼观之，可谓孝矣。"众皆以为信然，敦谋遂沮。

帝召周顗谓曰："近日大事，二宫无恙，诸人平安，大将军固副所望邪？"顗曰："二宫自如明诏，臣等尚未可知。"或劝顗避敦，顗曰："吾备位大臣，朝廷丧败，宁可草间求活，外投胡、越邪！"敦参军吕猗素以奸谄为渊所恶，说敦曰："周、戴皆有高名，足以惑众，近者之言，曾无怍色，公不除之，恐必有再举之忧。"敦然之，以问导曰："周、戴，南北之望，当登三司无疑也。"导不答。又曰："止应令仆邪？"又不答。敦曰："若不尔，正当诛尔！"又不答。敦遂遣部将收之。顗被收，路经太庙，大言曰："贼臣王敦，倾覆社稷，枉杀忠臣，神祇有灵，当速杀之！"收人以戟伤其口，流血至踵，容止自若，观者皆为流涕。并渊杀之。

让他们自谋出路。习协平素缺恩少情,招募的随从人员都推诿不去,后来被人杀死。刘隗逃奔后赵,官至太子太傅时去世。

晋元帝命令文武百官到石头城见王敦。王敦对戴渊说:"前些日子的交战,还有余力吗?"戴渊说:"怎敢留有余力,只是力量不够而已!"王敦说:"我如今这个举动,天下人认为怎样?"戴渊说:"只看见形式的认为是叛逆,体会到真心的认为是忠贞。"王敦笑着说:"您可以说是能言善辩了。"又对周𫖮说:"伯仁,您有负于我!"周𫖮说:"您以武力犯上,我亲率六军讨伐不能胜任,使得王师败逃,因此辜负了您!"

王敦因为太子司马绍勇猛有谋略,为朝野人士所拥戴,想用不孝的罪名诬陷太子并废黜他,所以大会文武百官,问温峤道:"皇太子以什么德行著称?"问话时声色俱厉。温峤说:"探讨深奥玄远的道理,大概不是我浅显的度量所能衡量的,按礼义观察他,可以说是孝了。"众人都认为确实如此,王敦的阴谋于是被挫败。

晋元帝召见周𫖮,对他说:"近日发生这些大事,两宫却没有受到伤害,大家全都平安,是否说明大将军王敦原本就符合众望呢?"周𫖮说:"两宫的情况自然如同陛下所说的,至于我们还不可知。"有人劝说周𫖮避让王敦,周𫖮说:"我位居大臣之列,朝廷衰败,难道可以在草野间求生存,出外投奔胡、越吗!"王敦的参军吕猗一向因奸邪诣媚而被戴渊所厌恶,他劝说王敦道:"周𫖮、戴渊都享有盛名,足以迷惑人心,近来的言谈竟然毫无愧色,您不除掉他们,恐怕必然会有再次起兵讨伐的忧患。"王敦认为他的话有道理,去询问王导说:"周𫖮、戴渊,在南方、北方都有声望,升任三公应当是毫无疑问的。"王导不回答。又说:"只应该任尚书令或仆射吗?"王导又不答话。王敦说:"如果不是那样,正应当诛杀他们!"王导仍不答话。于是王敦派部将拘捕二人。周𫖮被逮捕,路过太庙,高声说:"贼臣王敦,颠覆国家,枉杀忠臣,神明有灵的话,应当迅速杀死他!"抓他的人用戟刺伤他的嘴,鲜血一直流到脚跟,神色举止仍泰然自若,看到的人都为他流泪。周𫖮与戴渊一同被杀。

帝使敦弟彬劳敦。彬素与颙善，先往哭之，然后见敦。敦怪其容惨，问之。彬曰："向哭伯仁，情不能已。"敦怒曰："伯仁自致刑戮，且凡人遇汝，汝何哀而哭之？"彬勃然数之曰："兄抗旌犯顺，杀戮忠良，图为不轨，祸及门户矣！"辞气慷慨，声泪俱下。敦大怒曰："尔以吾为不能杀汝邪！"导劝彬起谢。彬曰："脚痛不能拜，且此复何谢！"敦曰："脚痛孰若颈痛？"彬殊无惧容。

导后料检中书故事，乃见颙表，执之流涕曰："吾虽不杀伯仁，伯仁由我而死，幽冥之中，负此良友！"

初，敦闻甘卓起兵，大惧。卓兄子卬为敦参军，敦遣卬归说卓使旋军。卓虽慕忠义，性多疑少决，闻周、戴死，流涕谓卬曰："吾之所忧，正为今日。若径据武昌，敦势逼，必劫天子以绝四海之望，不如更思后图。吾据敦上流，敦亦未敢遽危社稷也。"即命旋军。乐道融曰："今分兵断彭泽，使敦上下不得相赴，其众自然离散，可一战擒也。将军起义兵而中止，窃为将军不取也。"卓不从。道融忧愤而卒。卓本宽和，忽更强塞，径还襄阳，意气骚扰，识者知其将死矣。

敦改易百官及诸军镇，惟意所欲。将还武昌，谢鲲曰："公若朝天子，使君臣释然，则物情皆悦服矣。"敦竟不朝而去。四月，还武昌。

敦兵陷长沙，湘州刺史谯王承死之。

魏乂等攻湘州百日，拔之，执谯王承。杀虞悝，子弟对之号泣，悝曰："人生会当有死，今阖门为忠义之鬼，

晋元帝让王敦的兄弟王彬去慰劳王敦。王彬平素与周颛交情很好,他先去哭吊周颛,然后去见王敦。王敦对他面色凄惨感到奇怪,问他原因。王彬说:"刚才去哭吊周伯仁,情不自禁。"王敦大怒说:"周伯仁自己招致杀戮,而且把你当作普通人看待,你为什么悲哀并哭吊他?"王彬勃然发怒,数落王敦道:"兄长你违抗君命犯上作乱,杀害忠良,图谋不轨,已降祸到自家门户了!"语气慷慨,声泪俱下。王敦大怒说:"你以为我不能杀你吗!"王导劝王彬起身谢罪。王彬说:"我的脚痛不能下拜,况且这又为何要谢罪!"王敦说:"脚痛与颈痛相比怎样?"王彬毫无惧色。

王导后来整理中书省的旧档案,才见到周颛的奏表,拿着它流泪说:"我虽然没有杀害周伯仁,周伯仁却因我而死,幽冥之中,有负于这位好友!"

当初,王敦听说甘卓起兵,非常恐惧。甘卓哥哥的儿子甘卬是王敦的参军,王敦派甘卬回去劝说甘卓,让他撤回军队。甘卓虽然仰慕忠义,性格却多疑少断,听说周颛、戴渊死去,流着泪对甘卬说:"我所忧虑的,正是今天。如果我直接占据武昌,王敦被大势所逼,必然会劫持天子以断绝天下人的期望,不如回去,再考虑后面的计策。我占据王敦的上游地区,王敦也不敢马上危害国家。"随即命令回军。乐道融说:"如今分兵切断彭泽的道路,使王敦上下不能相互救援,其士众自然会离散,可以一战擒获王敦。将军您发动正义之师却中途停止,我私下认为将军此举不可取。"甘卓没有听从。乐道融忧愤而死。甘卓原本性情宽和,忽然变得强硬死板,径直返回襄阳,神情躁动不安,有见识的人知道他快要死了。

王敦改换文武百官及各军镇守将,随心所欲。准备返回武昌,谢鲲说:"您如果朝见天子,使君臣间消释前嫌,那么众心都会心悦诚服了。"王敦最终没有朝见天子便离去。四月,返回武昌。

王敦的军队攻陷长沙,湘州刺史、谯王司马承死去。

魏义等攻打湘州百天才攻克,俘获了谯王司马承。杀虞悝时,子弟对他号哭,虞悝说:"人生定有一死,今满门都是忠义之鬼,

亦复何恨!"又以槛车载承送武昌,主簿桓雄、书佐韩阶、从事武延毁服为僮从承,不离左右。又见雄姿貌举止非凡人,惮而杀之。王廙承敦旨杀承于道,阶、延送承丧至都,葬之而去。

五月,敦杀甘卓。

卓家人皆劝卓备敦,卓不从,悉散兵佃作。襄阳太守周虑承敦意袭杀之,传首于敦,敦以从事周抚代卓镇沔中。敦既得志,暴慢滋甚,四方贡献多入其府,将帅岳牧皆出其门。以沈充、钱凤为谋主,二人所谮无不死者。

秋七月,后赵拔泰山,杀徐龛。 兖州刺史郗鉴退屯合肥。

鉴在邹山三年,有众数万。战争不息,百姓饥馑,为后赵所逼,退屯合肥。仆射纪瞻以鉴雅望清德,宜从容台阁,疏请征之,乃征拜尚书。徐、兖间诸坞多降于后赵,赵置守宰以抚之。

冬十月,后赵寇谯,祖约退屯寿春。

祖逖既卒,后赵屡寇河南,拔襄城、城父,围谯。祖约不能御,退屯寿春。后赵遂取陈留,梁、郑之间复骚然矣。

闰十一月,帝崩。司空导受遗诏辅政。太子绍即位。

帝恭俭有余而明断不足,故大业未复而祸乱内兴,竟以忧愤成疾而崩。太子即位,尊所生母荀氏为建安君。

后赵右长史张宾卒。

还有什么遗憾！"魏义用槛车载着司马承解送到武昌,主簿桓雄、书佐韩阶、从事武延除去官服而充当僮仆跟随司马承,不离左右。魏义见到桓雄相貌举止不同凡人,心中忌惮而杀了他。王廙禀承王敦旨意在半道上杀死了司马承,韩阶、武延为司马承送丧到京都,安葬后离去。

五月,王敦杀死甘卓。

甘卓的家人都劝说甘卓防备王敦,但甘卓没有听从,将兵众全部遣散去做佃农。襄阳太守周虑禀承王敦的旨意袭击并杀死了甘卓,将甘卓的首级传送给王敦,王敦任命从事周抚代替甘卓镇守沔中。王敦得志之后,暴虐傲慢更加厉害,四方贡献的财物大多送进他的府中,将帅以及一方长官全都出自他的门下。他让沈充、钱凤担任主要谋士,这两个人所诬陷的人没有不死的。

秋七月,后赵攻克泰山,杀死徐龛。　　兖州刺史郗鉴退驻合肥。

郗鉴在邹山三年,有士众数万人。因战争不断,百姓饥荒,又被后赵逼迫,便退驻合肥。仆射纪瞻认为郗鉴德高望重,应该在朝廷中施展才能,便上疏请求征召他,于是征召并拜授郗鉴为尚书。徐州、兖州一带的各坞堡大多投降后赵,后赵设置官员以安抚他们。

冬十月,后赵侵犯谯,祖约退驻寿春。

祖逖死后,后赵屡次侵犯河南,攻克襄城、城父,包围谯。祖约不能抵挡,退驻寿春。后赵便攻取陈留,梁、郑一带又骚动不安了。

闰十一月,晋元帝驾崩。司空王导接受遗诏辅佐朝政。太子司马绍即位。

晋元帝恭俭有余而决断不足,所以没有恢复大业却在国内发生祸乱,最终因忧愤成疾而驾崩。太子司马绍即位,尊生母荀氏为建安君。

后赵右长史张宾去世。

宾卒,后赵王勒哭之恸,曰:"天不欲成吾事邪! 何夺吾右侯之早也!"程遐代为右长史。勒每与遐议,有不合,辄叹曰:"右侯舍我去,岂非酷乎!"因流涕弥日。

张茂取陇西、南安,置秦州。

癸未(323) **肃宗明皇帝太宁元年**赵光初六年,后赵五年。

春正月,成寇台登,陷越巂、汉嘉郡。 二月,葬建平陵。 三月,后赵寇彭城、下邳,徐州刺史卞敦退保盱眙。夏四月,敦移屯姑孰,自领扬州牧。以王导为司徒。

敦谋篡位,讽朝廷征己,帝手诏征之。敦移镇姑孰,屯于湖,以导为司徒,自领扬州牧。敦欲为逆,王彬谏之甚苦。敦变色,目左右,将收之。彬正色曰:"君昔岁杀兄,今又杀弟邪!"敦乃止。

宁州刺史王逊卒。

成李骧攻宁州,刺史王逊遣将军姚岳拒战,大败之,追至泸水而还。逊以岳不穷追,大怒,鞭之。怒甚,冠裂而卒。在州十四年,威行殊俗。诏除其子坚为刺史。

六月,立皇后庾氏,以庾亮为中书监。 秋七月,赵击陈安,斩之。封姚弋仲为平襄公。

赵主曜围安于陇城,安频出战,辄败。突围出奔,曜遣将军平先追,斩之。安善抚将士,与同甘苦。及死,陇上人思之,为作《壮士之歌》。氐、羌皆送任请降,以赤亭羌酋姚弋仲为平西将军,封平襄公。

张宾去世，后赵王石勒哭得十分悲哀，说："上天不想让我的事业成功吗！为什么这么早就夺去了我的右侯！"程遐代替张宾任右长史。石勒每次与程遐商议事情，出现意见不合，就叹息说："右侯舍我而去，难道不太残酷了吗！"于是终日流泪。

张茂攻取陇西、南安，设置秦州。

晋明帝

癸未（323）　**晋明帝太宁元年**<small>前赵光初六年，后赵石勒五年。</small>

春正月，成汉侵犯台登，攻陷越嶲、汉嘉郡。　二月，将晋元帝安葬在建平陵。　三月，后赵侵犯彭城、下邳，徐州刺史卞敦退守盱眙。　夏四月，王敦移驻姑孰，自己兼任扬州牧。任命王导为司徒。

王敦阴谋篡夺皇位，暗示朝廷征召自己，晋明帝亲笔书写诏书征召他。王敦迁往姑孰镇守，驻扎在于湖，任命王导为司徒，自己兼任扬州牧。王敦准备叛逆篡位，王彬苦苦劝谏他。王敦变了脸色，示意左右，要拘捕王彬。王彬神色庄重地说："您以前杀死兄长，如今又杀害弟弟吗！"王敦这才停止。

宁州刺史王逊去世。

成汉李骧攻打宁州，刺史王逊派将军姚岳迎战，大败李骧，追击到泸水后返回。王逊因为姚岳没有穷追李骧，大怒，鞭打姚岳。姚岳非常愤怒，以至冠帽破裂而死。王逊在宁州任职十四年，威仪行止不同凡俗。诏令任命他的儿子王坚为刺史。

六月，立皇后庾氏，任命庾亮为中书监。　秋七月，前赵攻打陈安，将其斩杀。封姚弋仲为平襄公。

前赵主刘曜在陇城包围陈安，陈安频繁出城交战，都战败。陈安突围出逃，刘曜派将军平先追击，斩杀陈安。陈安善于安抚将士，与他们同甘共苦。等到他死了，陇上人思念他，为他作《壮士之歌》。氐人、羌人全都送去人质请求归降，刘曜任命赤亭羌酋长姚弋仲为平西将军，封平襄公。

八月,敦表江西都督郗鉴为尚书令。

帝畏王敦之逼,以鉴为外援,使镇合肥。敦忌之,表鉴为尚书令。鉴还过敦,敦与论西朝人士曰:"乐彦辅,短才耳,考其实,岂胜满武秋邪!"鉴曰:"彦辅道韵平淡,愍怀之废,柔而能正;武秋失节之士,安能拟之!"敦曰:"当是时,危机交急。"鉴曰:"丈夫当死生以之。"敦恶其言,不复见。敦党皆劝杀之,不从。鉴还台,遂与帝谋讨敦。

后赵寇青州,陷之。

石虎帅步骑四万击青州,郡县多降,遂围广固。曹嶷出降,杀之,坑其众三万。虎欲尽杀嶷众,刺史刘徵曰:"今留徵,使牧民也,无民焉牧,徵将归尔。"虎乃留男女七百口配徵,使镇广固。

赵击凉州,张茂降,赵封茂为凉王。

赵主曜自陇上西击凉州,戎卒二十八万,凉州大震。参军马岌劝张茂亲出拒战,长史氾祎请斩之。岌曰:"氾公糟粕书生,不思大计。明公父子欲为朝廷诛曜有年矣,今曜自至,远近观公此举,当立信勇之验以副秦、陇之望,力虽不敌,势不可以不出。"茂曰:"善!"乃出屯石头。问计于参军陈珍,珍曰:"曜兵虽多,皆氐、羌乌合之众,恩信未洽,且有山东之虞,安能旷日持久,与我争河西邪!若二旬不退,珍请得弊卒数千,为明公擒之。"赵诸将争欲济河,曜曰:"吾军疲困,其实难用。今但案甲勿动,以威声震之,

八月，王敦表奏任命江西都督郗鉴为尚书令。

晋明帝害怕王敦的逼迫，把郗鉴作为外援，让他镇守合肥。王敦忌惮他，上表奏请任命郗鉴为尚书令。郗鉴返回朝廷时经过王敦处，王敦与他评论西晋人物说："乐广才能有限，考察他的实际能力，难道能胜过满奋吗！"郗鉴说："乐广处事风格平淡，愍怀太子被废时，他柔和而又刚正；满奋是失节之人，怎能与乐广相比！"王敦说："在当时，危险的局势十分急迫。"郗鉴说："大丈夫应当舍弃生命来对待它。"王敦厌恶郗鉴的言论，不再见他。王敦的同党都劝王敦杀死郗鉴，他没有听从。郗鉴回到朝廷，便与晋明帝谋划讨伐王敦。

后赵侵犯青州，将其攻陷。

石虎率四万步兵、骑兵攻打青州，各郡县大多投降，于是包围广固。曹嶷出城投降，被杀，活埋其士众三万人。石虎想全部杀死曹嶷的士众，刺史刘徵说："如今留下我是让我治理百姓，没有百姓怎么治理，我要回去了。"于是石虎留下百姓七百人配给刘徵，派他镇守广固。

前赵攻打凉州，张茂投降，前赵封张茂为凉王。

前赵主刘曜从陇上向西攻打凉州，所率士卒达二十八万，凉州非常震恐。参军马岌劝张茂亲自出城迎战，长史汜祎请求斩杀马岌。马岌说："汜祎是个糟粕书生，不考虑国家大计。您父子想要为朝廷诛杀刘曜已经很多年了，如今刘曜自己到来，远近的人们都在观察明公的这个举动，此时应当建立诚信、勇猛的实绩以满足秦州、陇上百姓的期望，力量虽然不相当，但是在大势上却不能不出战。"张茂说："好！"于是出城驻扎在石头。张茂向参军陈珍询问计策，陈珍说："刘曜的兵士虽然很多，却全是氐人、羌人等乌合之众，恩德信义没有遍及，而且有对山东石勒的顾虑，怎能旷日持久地与我们争夺黄河以西地区呢！如果刘曜二十天后仍不退走，我请求给我几千名战斗力不强的士兵，为明公擒获刘曜。"前赵将领们争相要渡过黄河，刘曜说："我军疲惫困乏，实际上难以作战。现在只要按兵不动，用威势震慑敌人，

若出中旬，茂表不至者，吾为负卿矣。"茂寻遣使称藩，曜拜茂太师，封凉王，加九锡。

杨难敌降成，复叛，杀成将李玱、李稚。

难敌闻陈安死，大惧，请降于成，成将军李稚受其赂，遣还武都，难敌遂据险不服。稚自悔失计，亟请讨之。成主雄遣稚兄玱击之，长驱至下辨。难敌遣兵断其归路，四面攻之。玱、稚深入无继，皆为所杀。

赵封故世子胤为永安王。

初，赵主曜世子胤年十岁，长七尺五寸。既长，多力善射，骁捷如风。靳准之乱，没于黑匿郁鞠部。陈安既败，自言于郁鞠，郁鞠礼而归之。曜悲喜，谓群臣曰："义孙，故世子也，材器过人，且涉历艰难。吾欲法周文王、汉光武，以固社稷而安义光，何如？"左光禄大夫卜泰进曰："文王定嗣于未立之前，则可；光武以母失恩而废其子，岂足为法！向以东海为嗣，未必不如明帝也。胤文武才略，诚高绝于世，然太子孝友仁慈，亦足为承平贤主。况东宫民、神所系，岂可轻动！臣等有死而已，不敢奉诏。"曜默然。胤进曰："父之于子，当爱之如一，今黜熙而立臣，臣何敢自安！苟以臣颇堪驱策，岂不能辅熙以承圣业乎！臣请效死于此，不敢闻命。"曜亦以熙羊后所生，时后已卒，不忍废也。泰，即胤之舅也，曜嘉其公忠，以为光禄大夫、领太子太傅；封胤永安王，都督二宫禁卫，录尚书事。命熙尽家人之礼。

如果超出十天，张茂的降表还没有送到的话，就是我辜负你们了。"张茂不久便派使者向刘曜称臣，刘曜拜授张茂为太师，封为凉王，加九锡之礼。

杨难敌投降成汉，又反叛，杀害成汉将军李琀、李稚。

杨难敌听说陈安已死，非常恐惧，请求向成汉投降，成汉将军李稚接受杨难敌的贿赂，让他返回武都，于是杨难敌占据险要地势不再归服成汉。李稚后悔自己的失策，一再请求讨伐杨难敌。成汉国主李雄派李稚的兄长李琀攻打杨难敌，长驱直入到达下辨。杨难敌派兵切断李琀的退路，四面攻打成汉军队。李琀、李稚孤军深入，没有后援，全被杀死。

前赵封原世子刘胤为永安王。

当初，前赵主刘曜的世子刘胤年方十岁，身高七尺五寸。长大后，力大善射，骁勇敏捷如风一般。靳准作乱时，刘胤隐匿身世，藏身在匈奴黑匿郁鞠部。陈安战败后，刘胤自己向郁鞠讲明身世，郁鞠以礼相待并送他回国。刘曜悲喜交加，对群臣说："义孙是原来的世子，才能器度出众，又历经艰难困苦。我想效法周文王、汉光武帝，为巩固社稷另外安置义光，怎么样？"左光禄大夫卜泰进谏说："周文王在没有立太子前选定继位人，则是可以的；光武帝因母亲失宠而废黜其子，哪里值得去效法！从前将东海王刘熙立为太子，未必就不如光武帝所立的明帝。刘胤的文才武略确实举世无双，但太子的孝悌友爱、仁慈宽厚也足以成为承袭太平的贤明君主。况且东宫太子与百姓、神灵相关联，怎能轻易改动！我们只有一死而已，不敢尊奉诏令。"刘曜默然无语。刘胤进言说："父亲对于儿子们，应爱之如一，如今废刘熙而立我，我怎能自安！如果觉得我还可以使唤，难道不能辅佐刘熙去继承神圣的事业吗！我请求立即死在这里，不敢从命。"刘曜也因刘熙是羊皇后所生，当时羊皇后已死，所以不忍废黜刘熙。卜泰，就是刘胤的舅舅，刘曜为嘉奖卜泰的忠诚无私，任命他为光禄大夫、兼太子太傅；封刘胤为永安王，都督两宫的禁卫军，录尚书事。命刘熙全都以自家人的礼仪对待刘胤。

赵凉王张茂城姑臧。

茂大城姑臧，修灵钧台。别驾吴绍谏曰："明公所以修城筑台者，盖惩既往之患耳。愚以为苟恩未洽于人心，虽处层台，亦无所益，适足以疑群下之志，示怯弱之形尔。"茂曰："亡兄一旦失身于物，岂无忠臣义士欲尽节者哉！顾祸生不意，虽有智勇无所施耳。王公设险，勇夫重闭，古之道也。"卒为之。

冬十一月，敦以王含督江西军。

初，敦从子允之方总角，敦爱其聪警，常以自随。敦尝夜饮，允之辞醉先卧。敦与钱凤谋为逆，允之悉闻其言，即于卧处大吐，衣面并污。凤出，敦果照视，见允之卧于吐中，不复疑之。会其父舒拜廷尉，允之求归省，悉以其谋白舒。舒与王导俱启帝，阴为之备。敦欲强其宗族，故徙含督江西，以舒、彬为荆、江刺史。

甲申(324) 二年赵光初七年，后赵六年。

春正月，敦杀其从事周嵩、周莚及会稽内史周札。

札一门五侯，宗族强盛，王敦忌之。嵩以兄颛之死，心常愤愤，敦恶之。会道士李脱以妖术惑众，敦诬嵩及札兄子莚与脱谋不轨，杀之。遣沈充袭会稽，札拒战而死。

后赵陷东莞、东海。攻赵河南，斩其守将。

自是二赵构隙，日相攻掠，河东、弘农之间，民不聊生。

前赵凉王张茂整修姑臧城。

张茂大规模整修姑臧城，修建灵均台。别驾吴绍劝谏说："明公之所以修城筑台，大概是为了纠正以往所遭遇的忧患。我认为如果恩泽没有遍及人心，即使身居多层高台上，也没有什么好处，只能够使众臣对自己的志向产生疑惑，显示出怯弱的形态。"张茂说："亡兄张寔突然死于非命，难道没有忠臣义士想为他效死尽节的吗！不过灾祸发生在意想不到之时，即使智勇双全也无法施展罢了。王公设置险阻，勇士多设关隘，这是自古以来的道理。"最终仍继续修建。

冬十一月，王敦任命王含都督江西军事。

当初，王敦的侄子王允之正值童年，王敦喜爱他的聪明机警，常常让他跟随自己。王敦曾经夜间饮酒，王允之以喝醉为由先睡下。王敦与钱凤谋划叛乱之事，王允之全部听到了他们的谈话，立即在躺着的地方大吐，衣服、脸上全都沾上了污秽。钱凤出去后，王敦果然点灯察看，见王允之醉卧在污物中，就不再怀疑他。恰巧赶上王允之的父亲王舒被任命为廷尉，王允之请求回家探视，就把王敦的阴谋全部告诉了王舒。王舒与王导一同向晋明帝禀报，暗中做好准备。王敦想加强其宗族的势力，所以调王含都督江西军事，任命王舒、王彬为荆州、江州刺史。

甲申（324）　**晋明帝太宁二年** _{前赵光初七年，后赵石勒六年。}
春正月，王敦杀死从事周嵩、周莚及会稽内史周札。

周札一家有五位侯，宗族势力强盛，王敦对此很忌惮。周嵩因为兄长周顗之死，心中常常愤愤不平，王敦很厌恶他。恰巧有个道士李脱用妖术蛊惑人心，王敦便诬陷周嵩及周札哥哥的儿子周莚与李脱图谋不轨，杀死了他们。王敦派沈充袭击会稽，周札抵抗战死。

后赵攻陷东莞、东海。攻打前赵河南郡，斩杀其守将。

从此前赵、后赵结怨，天天互相攻战劫掠，河东、弘农之间，民不聊生。

成主雄立其兄子班为太子。

成主雄,后任氏无子,有姜子十余人,雄立其兄荡之子班为太子,使任后母之。群臣请立诸子,雄曰:"吾兄,先帝之嫡统,有奇材大功,事垂克而早世,朕常悼之。且班仁孝好学,必能负荷先烈。"太傅骧谏曰:"先王立嗣必子者,所以明定分而防篡夺也。宋宣公、吴余祭,足以观矣!"雄不听。退而流涕曰:"乱自此始矣!"班为人谦恭下士,动遵礼法,雄每有大议,辄令豫之。

夏五月,赵凉王张茂卒,世子骏嗣。

茂疾病,执骏手泣曰:"吾家世以孝友忠顺著称,晋室虽微,汝奉承之,不可失也。"且下令曰:"吾官非王命,苟以集事。死之日,当以白帢入棺,勿以朝服敛。"及卒,赵以骏为凉州牧、凉王。

六月,加司徒导大都督、扬州刺史,督诸军讨敦,敦复反。秋七月,至江宁,帝亲征,破之。敦死,众溃,其党钱凤、沈充伏诛。

敦无子,养兄含子应为嗣。至是疾甚,矫诏拜为武卫将军以自副。钱凤曰:"脱有不讳,便当以后事付应邪?"敦曰:"非常之事,非常人所能为。且应年少,岂堪大事!我死之后,释兵归朝,保全门户,上计也;退还武昌,收兵自守,贡献不废,中计也;及吾尚存,悉众而下,万一侥幸,下计也。"凤谓其党曰:"公之下计,乃上策也。"遂与沈充定谋。以宿卫尚多,奏令三番休二。

成汉国主李雄立哥哥的儿子李班为太子。

成汉国主李雄的皇后任氏没有儿子,有妾妃所生的儿子十多个,李雄立哥哥李荡的儿子李班为太子,让任皇后做李班的养母。大臣们请求立李雄自己的儿子,李雄说:"我的哥哥是先帝的嫡系后裔,有奇才和大功,事业将要成功时却过早去世,朕常常悼念他。而且李班仁孝好学,一定能继承先祖的功业。"太傅李骧劝谏说:"先王立继承人一定立自己儿子的原因,就是为了明确固定的名分而防止篡夺皇位。宋宣公、吴国余祭的例子就足以看出其作用了!"李雄没有听从。李骧退下后流泪说:"祸乱从现在开始了!"李班为人谦恭,礼贤下士,一举一动都遵守礼法,李雄每次有重大决策,都让李班参与。

夏五月,前赵的凉王张茂去世,世子张骏继位。

张茂病重,拉着张骏的手哭泣说:"我家世代以孝敬友爱、忠诚顺从著称,晋室虽然衰微,但你要尊奉晋王室,不可缺失。"又下令说:"我的官职不是朝廷任命,只是为顺应事变而苟且自任。我死的那天,应当头戴白色便帽入棺,不要用朝服殡殓。"等到张茂去世后,前赵任命张骏为凉州牧、凉王。

六月,加授司徒王导大都督、扬州刺史,都督各军讨伐王敦,王敦再次反叛。秋七月,到达江宁,晋明帝亲自出征,打败王敦军队。王敦死去,其部众溃散,党羽钱凤、沈充被诛杀。

王敦没有儿子,收养哥哥王含的儿子王应做继承人。到此时病重,便伪造诏令任命王应为武卫将军,让他辅佐自己。钱凤说:"假如您发生不幸,就应当把身后事托付给王应吗?"王敦说:"不平常的事情,不是平常人所能办的。况且王应年纪轻轻,怎能胜任大事!我死之后,遣散兵众归顺朝廷,以保全家族门户,是上策;退回武昌,聚集兵力自守,向朝廷贡献物品无所缺废,是中策;趁我还活着时,出动全部兵力顺江而下攻打京城,以期望侥幸获胜,是下策。"钱凤对其党羽说:"王公的下策,才是上策。"于是与沈充定下计谋。又由于值宿守卫的士卒还很多,就奏令每三班休息两班。

　　帝亲任中书令温峤，敦恶之，请为左司马。峤乃缪为勤敬，综其府事，时进密谋以附其欲。深结钱凤，为之声誉，每曰："钱世仪精神满腹。"峤素有藻鉴之名，凤甚悦，深与结好。会丹阳尹缺，峤言于敦曰："京尹咽喉之地，公宜自选。"敦然之，问："谁可者？"峤荐钱凤，凤亦推峤，峤伪辞；敦不听，遂表用之，使觇伺朝廷。峤恐既去而凤于后间之，因敦钱别，起行酒，至凤，凤未及饮，峤佯醉，以手版击凤帻坠，作色曰："钱凤何人，温太真行酒而敢不饮！"敦以为醉，两释之。峤与敦别，涕泗横流，出阁复入者再三。行后，凤谓敦曰："峤于朝廷甚密，而与庾亮深交，未可信也。"敦曰："太真昨醉，小加声色，何得便尔相谗！"峤至建康，尽以敦逆谋告帝，与亮画计讨之。敦闻之，大怒，曰："吾乃为小物所欺！"与王导书曰："太真别来几日，作如此事！当募人生致之，自拔其舌。"

　　帝加导大都督、领扬州刺史，使峤与将军卞敦、应詹、郗鉴分督诸军。鉴请召临淮太守苏峻、兖州刺史刘遐等入卫。帝屯于中堂。导闻敦疾笃，帅子弟为之发哀，众以为敦信死，咸有奋志。于是尚书腾诏下敦府曰："敦辄立兄息以自承代，不由王命。顽凶相奖，志窥神器。天不长奸，敦以陨毙，凤复煽逆。今遣司徒导等讨之。诸为敦所授用者，一无所问。敦之将士，从敦弥年，违离家室，朕甚愍之。其单丁遣归，终身不调；余皆与假三年，休讫还台，当与宿卫同例三番。"

晋明帝亲近信任中书令温峤,王敦厌恶他,奏请任命他为左司马。温峤便假装勤勉恭敬,治理王敦府事,不时进献一些秘密计谋以迎合王敦的心意。与钱凤结下深交,为他制造声誉,经常说:"钱凤全身充满活力。"温峤一向有善于品评与鉴别人才的名声,钱凤非常高兴,尽力与温峤结好。恰巧丹阳尹的职位空缺,温峤对王敦说:"京尹是咽喉要职,您应当亲自挑选人才出任。"王敦认为很对,问他:"谁可以出任?"温峤推荐钱凤,钱凤也推荐温峤,温峤假装推辞;王敦没有听从,于是上表奏请任命温峤,让温峤窥视朝廷动向。温峤担心离去后钱凤在背后离间他,趁王敦为他饯行时,起身逐个敬酒,到钱凤面前,钱凤还没来得及喝,温峤假装喝醉,用手版击落钱凤的头巾,脸色一变说:"钱凤是什么人,我温峤敬酒却敢不喝!"王敦认为他醉了,把双方劝解开。温峤与王敦告别时,涕泪横流,一次次地出屋后又进来。温峤走后,钱凤对王敦说:"温峤与朝廷关系非常密切,而且与庾亮交情深厚,不可信任。"王敦说:"温峤昨天喝醉了,对你稍有失敬,怎能立刻就诋毁他呢!"温峤到达建康,将王敦反叛的阴谋全部禀报晋明帝,与庾亮谋划讨伐王敦。王敦听说此事非常愤怒,说:"我竟然被这小子欺骗!"给王导写信说:"温峤离开只几天,竟做出这种事!应当找人活捉他来,我亲自拔掉他的舌头。"

晋明帝加授王导大都督、兼扬州刺史,派温峤与将军卞敦、应詹、郗鉴分别都督各军。郗鉴请求征召临淮太守苏峻、兖州刺史刘遐等入京护卫。晋明帝在中堂驻军。王导听说王敦病重,率子弟为他发丧,众人以为王敦确实死了,都有了斗志。于是尚书传送诏令到王敦府上说:"王敦擅立兄长的儿子承袭自己的官职,而不由君王任命。凶顽之徒相互奖掖,志在窥视君位。上天不助长奸人,王敦因而毙命,钱凤又煽动叛逆。如今派司徒王导等讨伐他们。各位被王敦所任用的人,一律不再过问。王敦的将士跟随王敦多年,远离家室,朕非常怜悯他们。那些独生子都遣返回家,终身不征调;其余的人都放三年假,休假期满返回朝廷后,将与宿卫的士卒一样,每三班休息两班。"

　　敦见诏，甚怒，而病转笃。将举兵，使郭璞筮之，璞曰："无成。"敦素疑璞助峤，又问："吾寿几何？"璞曰："明公起事，祸必不久；若住武昌，寿不可测。"敦大怒曰："卿寿几何？"曰："命尽今日日中。"敦乃收璞，斩之。而使王含、钱凤、邓岳、周抚等帅众向京师。凤问曰："事克之日，天子云何？"敦曰："尚未南郊，何称天子！便尽卿兵势，但保护东海王及裴妃而已。"

　　七月，含水陆五万，奄至江宁南岸，人情恟惧。峤烧朱雀桁以挫其锋。帝欲亲将兵击之，闻桥已绝，大怒。峤曰："今宿卫寡弱，征兵未至，若贼豕突，社稷且恐不保，何爱一桥乎！"司徒导遗含书曰："承大将军已不讳。兄此举，谓可如昔年之事乎？昔年佞臣乱朝，人怀不宁，如导之徒，心思外济。今则不然。大将军来屯于湖，渐失人心。临终之日，委重安期。诸有耳者，皆知将为禅代，非人臣之事也。先帝中兴，遗爱在民；圣主聪明，德洽朝野。兄乃欲妄萌逆节，凡在人臣，谁不愤叹！导门户大小受国厚恩，今日之事，明目张胆为六军之首，宁为忠臣而死，不为无赖而生矣！"含不答。

　　或以为"含、凤众力百倍，苑城小而不固，宜及军势未成，大驾自出拒战"。郗鉴曰："群逆纵逸，势不可当；可以谋屈，难以力竞。且含等号令不一，抄盗相寻。旷日持久，必启义士之心。今决胜负于一朝，万一蹉跌，虽有申胥之徒，何补既往哉！"

王敦见到诏令,非常愤怒,而病情转重。王敦准备起兵,让郭璞占卜,郭璞说:"不能成功。"王敦一向怀疑郭璞帮助温峤,又问:"我的寿命多少?"郭璞说:"明公起兵的话,灾祸不久必定降临;如果留在武昌,寿命长不可测。"王敦大怒说:"你寿命多少?"郭璞说:"今天正午命丧。"王敦便拘捕郭璞,将他斩杀。并派王含、钱凤、邓岳、周抚等人率兵向京师进发。钱凤问道:"事成之日,把天子怎么处置?"王敦说:"还没有在南郊祭天,怎么能称天子! 只管出动你全部兵力,保护东海王和裴妃而已。"

七月,王含率水陆五万人突然来到江宁秦淮河南岸,京城人心惶恐不安。温峤烧毁朱雀桥以挫伤敌军锐气。晋明帝想亲自率兵攻打王含,听说桥已毁坏,非常愤怒。温峤说:"如今宿卫的士卒人少兵弱,征召的士兵没有来到,如果敌军蜂入,国家尚且担心保不住,为什么又爱惜一座桥呢!"司徒王导送给王含一封信说:"听说大将军王敦已遇不幸。兄长这种举动,是认为能做成前些年大将军做的事情吗? 当年奸臣乱朝,人心不安,像我这样的人,也心存投外自救之念。如今则不一样。大将军王敦前来驻军于湖,渐渐失去人心。临终之日,把重任委托给王应。各位听说此事的人,都知道将要进行禅让,不是身为人臣所应做的事。先帝中兴祖业,将恩惠留给百姓;当今圣主聪慧贤明,恩德遍及朝野。兄长竟想要狂妄地启衅作乱,凡是身为人臣的,谁不愤慨叹息! 王导一家老小蒙受国家厚恩,今日之事,我明目张胆地出任六军统帅,宁肯做忠臣而死,也不做无赖而生!"王含没有答复。

有人认为"王含、钱凤的军队人数和战斗力都要强出百倍,苑城既小又不坚固,应当趁敌军没有形成优势时,皇帝大驾亲自出城迎战"。郗鉴说:"逆臣们放纵恣肆,势不可挡;可以用计谋使敌人屈服,难以凭力量取胜。况且王含等人号令不一,劫掠不断。旷日持久,必定开启义士的心志。如今一朝决胜负,万一出现闪失,即使有舍命救楚的申包胥那样的人,对既成之事又能有什么补益呢!"

帝乃帅诸军出屯南皇堂。夜，募壮士，遣将军段秀等帅千人渡水，掩其未备。平旦，战于越城，大破之。秀，匹䃅弟也。敦闻含败，大怒曰："我兄，老婢耳。门户衰，世事去矣！我当力行。"因作势而起，困乏复卧。乃谓应曰："我死，汝便即位，先立朝廷百官，然后营葬。"敦寻卒，应秘不发丧，裹尸以席，蜡涂其外，埋于厅事中，日夜纵酒淫乐。

帝使人说沈充，许以为司空。充不奉诏，遂举兵与含合。司马顾飏说充曰："今举大事，而天子已扼其咽喉，锋摧气沮，持久必败。若决破栅塘，因湖水以灌京邑，纵舟师以攻之，上策也；藉初至之锐，并东、西军之力，十道俱进，众寡过倍，理必摧陷，中策也；转祸为福，召钱凤计事，因斩之以降，下策也。"充不能用。

刘遐、苏峻等帅精卒万人至，击充、凤，大破之。寻阳大守周光帅千余人赴敦求见，应辞以疾。光退见其兄抚曰："王公已死，兄何为与钱凤作贼！"众皆愕然。含等遂烧营夜遁，明日帝还宫。含欲奔荆州，应曰："不如江州。"含曰："大将军平素与江州云何，而欲归之？"应曰："此乃所以宜归也。江州当人强盛时，能立同异，此非常人所及；今睹困厄，必有愍恻之心。荆州守文，岂能意外行事邪！"含不从，遂奔荆州。王舒遣军迎之，沉其父子于江。王彬闻应当来，密具舟待之；不至，深以为恨。周光斩凤，诣阙自赎。充为故将吴儒所杀，传首建康。敦党悉平。

晋明帝于是率各军出城驻扎在南皇堂。夜晚,招募精壮士卒,派将军段秀等率一千人渡过秦淮河,攻其不备。清晨,在越城与敌交战,大败敌军。段秀是段匹磾的弟弟。王敦听说王含战败,非常愤怒地说:"我的哥哥不过是个老奴婢而已。门户衰败,大事完了!我将尽力而行。"于是用力起身,因气力困乏,只得又躺下。王敦于是对王应说:"我死后,你就立即即帝位,先设立朝廷文武百官,然后再安排丧事。"王敦不久去世,王应秘不发丧,用草席裹尸,在外边涂上蜡,埋在议事厅中,日夜纵酒淫乐。

　　晋明帝派人游说沈充,许诺任命他为司空。沈充不遵诏令,于是起兵与王含会合。司马顾飏劝说沈充道:"如今起事,而天子已扼制咽喉,锐气受挫士气衰落,时间久了必定失败。如果掘开用栅栏围住的湖塘,用湖水灌没京城,用水军攻打敌军,这是上策;凭借初到时的锐气,合并东、西军的力量,十路同进,我众敌寡,悬殊超过一倍,按理必定能摧毁攻克敌军,这是中策;转祸为福,召钱凤前来议事,趁机斩杀钱凤,归降朝廷,这是下策。"沈充没能采用其建议。

　　刘遐、苏峻等率精兵一万人到达,攻打沈充、钱凤,大败敌军。寻阳太守周光率一千多人赶赴王敦处请求召见,王应以王敦患病推辞。周光退下后见到兄长周抚说:"王公已死,兄长为什么与钱凤一起当贼寇呢!"众人都很惊愕。于是王含等人便烧毁营寨趁夜逃走,第二天晋明帝返回宫中。王含想逃往荆州,王应说:"不如去江州。"王含说:"大将军王敦平素与江州的王彬关系怎么样,你想投奔他?"王应说:"这就是投奔他合适的原因。江州的王彬在别人强盛时,能够坚持不同意见,这是常人所不能及的;如今看到我们遭受困厄,一定会产生恻隐之心。荆州的王舒循规蹈矩,怎能超出常规行事呢!"王含没有听从,便逃奔荆州。王舒派军队迎接,将王含、王应父子沉入江底。王彬听说王应将来,秘密准备好船只等待他们;王应没有到,王彬深感遗憾。周光斩杀钱凤,自己到朝廷赎罪。沈充被旧部将吴儒所杀,首级被传送到建康。王敦的同党全部被平定。

有司发敦瘗，焚其衣冠，踞而斩之，与充首同悬于南桁。郗鉴曰："前朝诛杨骏等，皆先极官刑，后听私殡。臣以为王诛加于上，私义行于下，宜听敦家收葬。"帝许之。导等皆以讨敦功受封赏。有司奏："王彬等当除名。"诏曰："司徒导以大义灭亲，犹将百世宥之，况彬等皆其近亲乎！"悉无所问。

有诏："敦纲纪除名，参佐禁锢。"温峤上疏曰："敦刚愎不仁，忍行杀戮。处其朝者，恒惧危亡，原其私心，岂遑安处！必其赞导凶悖，自当正以典刑；如其枉陷奸党，谓宜施之宽贷。"郗鉴以为先王立君臣之教，贵于伏节死义。王敦佐吏虽多逼迫，然进不能止其逆谋，退不能脱身远遁，准之前训，宜加义责。帝卒从峤议。

代王贺傉徙居东木根山。

是岁，贺傉始亲国政，以诸部多未服，乃筑城于东木根山，徙居之。

乙酉（325） 三年赵光初八年，后赵七年。

春二月，赠故谯王承、戴渊、周顗等官有差。

诏故谯王承、戴渊、周顗及甘卓、虞望、郭璞等赠官有差。周札故吏为札讼冤，尚书卞壸议以为："札开门延寇，不当赠谥。"王导以为："往年之事，敦奸逆未彰，自臣等有识以上，皆所未悟，与札无异。既悟其奸，札便以身许国，寻取枭夷。臣谓宜与周、戴同例。"郗鉴以为："周、戴死节，

朝廷有关部门挖开王敦的坟冢,焚毁其衣冠,摆成跪姿斩首,与沈充的首级一同悬挂在南桁。郗鉴说:"以前朝廷诛杀杨骏等人,都是先处以官府的极刑,然后听任私人殡葬。我认为在上应施以君王的刑戮,在下要体现私人的情义,应听任王敦家人收葬其尸体。"晋明帝准许。王导等人都因讨伐王敦有功而受封赏。有关部门奏报:"王彬等人应当除名削职。"晋明帝下诏说:"司徒王导大义灭亲,尚且还要世世代代宽宥他,何况王彬等全都是王导的近亲呢!"全都没有问罪。

有诏令说:"王敦的重要党羽除名削职,参佐僚属终身禁锢不用。"温峤上疏说:"王敦刚愎不仁,残忍杀戮。身处其幕府中的人,始终畏惧危亡,推究他们的内心,怎么可能泰然处之!确实是帮凶或诱导其作乱的人,自然应当依据刑典正法;如果是被迫沦为奸党的人,我认为应该宽赦他们。"郗鉴认为先王设立君臣间的礼教,贵在严守节操,舍生取义。王敦的参佐属吏虽然大多受到逼迫,然而进不能制止王敦的叛逆阴谋,退不能脱身远远地逃离,按照从前的典训,应该按君臣大义加以责罚。晋明帝最终采纳了温峤的意见。

代王拓跋贺傉迁居东木根山。

这一年,拓跋贺傉开始亲理朝政,由于各部大多没有归服,于是在东木根山修筑城堡,迁居到那里。

乙酉(325) **晋明帝太宁三年**前赵光初八年,后赵石勒七年。
春二月,追赠原谯王司马承、戴渊、周颢等人不同的官衔。

晋明帝诏令对原谯王司马承、戴渊、周颢及甘卓、虞望、郭璞等人追赠不同的官衔。周札的旧属吏为周札诉冤,尚书卞壸评议认为:"周札打开城门接纳贼寇,不应当追赠谥号。"王导认为:"往年的事,王敦的奸逆行为尚不明显,从我们这些有识之士开始,全都没有觉察,与周札没有什么不同。等到已经觉察王敦的奸逆后,周札便以身报国,不久遭到诛杀。我认为应该将他与周颢、戴渊同等对待。"郗鉴认为:"周颢、戴渊为节操而死,

周札延寇,事异赏均,何以劝沮! 如司徒议,则谯王、周、戴皆应受责,何赠谥之有! 今三臣既褒,则札宜贬明矣。"导曰:"札与谯王、周、戴,虽所见有异同,皆人臣之节也。"鉴曰:"敦之逆谋,履霜日久,若以往年之举,义同桓、文,则先帝可为幽、厉邪!"然卒用导议。

许昌叛,降后赵。 **立子衍为皇太子。** **夏五月**,以陶侃都督荆、湘等州军事。

侃复镇荆州,士女相庆。侃性聪敏恭勤,终日敛膝危坐,军府众事,检摄无遗,未尝少闲。常语人曰:"大禹圣人,乃惜寸阴,至于众人,当惜分阴。岂可逸游荒醉,生无益于时,死无闻于后,是自弃也!"诸参佐以谈戏废事者,命取其酒器、蒲博之具,悉投之于江,将吏则加鞭扑,曰:"樗蒲者,牧猪奴戏耳! 老、庄浮华,非先王之法言,不益实用。君子当正其威仪,何有蓬头、跣足,自谓宏达邪!"有奉馈者,必问其所由,若力作所致,虽微必喜,慰赐参倍;若非理得之,则切厉诃辱,还其所馈。尝出游,见人持一把未熟稻,侃问:"用此何为?"人云:"行道所见,聊取之耳。"侃大怒曰:"汝既不佃,而戏贱人稻!"执而鞭之。是以百姓勤于农作,家给人足。尝造船,其木屑竹头,侃皆令籍而掌之,人咸不解。后正会,积雪始晴,厅事前犹湿,乃以木屑布地。及桓温伐蜀,又以所贮竹头作丁装船。其综理微密,皆此类也。

周札接纳贼寇,事情不同而赏赐相等,用什么去劝善惩恶! 照司徒的说法,谯王、周颚、戴渊都应受责罚,有什么理由追赠谥号! 如今三位大臣已受褒奖,那么周札应该被贬罚就明了了。"王导说:"周札与谯王、周颚、戴渊,虽然表现有所不同,却都遵守人臣的节操。"郗鉴说:"王敦的叛逆阴谋,策划已久,如果将王敦往年的做法在道义上与齐桓公、晋文公相提并论,那么先帝不就成了周幽王、周厉王了吗!"然而最终采用了王导的意见。

许昌叛变,投降后赵。 **晋明帝立儿子司马衍为皇太子。夏五月,任命陶侃都督荆州、湘州等州军事。**

陶侃再次镇守荆州,百姓相互庆祝。陶侃生性聪明机敏,恭敬勤勉,终日收拢双膝,正襟危坐,对军府中的大小事务检视督察毫无遗漏,不曾休闲片刻。他经常对人说:"大禹那样的圣人,还珍惜每寸光阴,至于普通人,就应当珍惜每分光阴。怎能安逸逍遥醉生梦死,活着对时世没有益处,死后默默无闻,这是自弃啊!"属下众参佐有因谈笑嬉戏而荒废正务的,命人取来他们的酒具、赌博用具,全部投入江中,是将领、属吏的则加以鞭打,说:"樗蒲这种游戏,不过是放猪奴玩的游戏! 老子、庄子崇尚浮华,不是先王可以作为典则的言论,不利于实用。君子应当端正威仪,哪有蓬头、光脚,而自以为宏达的呢!"有人进奉馈赠,陶侃一定要询问来源,如果是劳作所得,礼物虽然微薄也一定高兴,慰劳赏赐给他价值三倍的物品;如果不是正当途径得到的,就严厉训斥,退还所馈赠的物品。陶侃曾经外出巡游,看见有人手拿一把没有熟的稻子,问道:"拿这个做什么?"那个人说:"走在路上看见的,随便摘下来罢了。"陶侃大怒,说:"你既然不耕田种地,却随便糟蹋别人的稻子玩!"抓住并鞭打那个人。所以百姓都勤于种田劳作,家家充实,人人富足。陶侃曾经造船,那些木屑和竹头,他命令全部登记并掌管起来,人们都不理解。后来元旦朝会时,正逢积雪后开始放晴,议事堂前仍然潮湿,于是用木屑铺在地上。等到桓温讨伐蜀地时,又用所贮存的竹头制成隼钉装配船只。陶侃治理政务的仔细和缜密,一向如此。

后赵石生寇河南,司州降赵。赵主曜击生,大败,司、豫、徐、兖皆陷于后赵。

后赵将石生寇掠河南,司州刺史李矩、颍川太守郭默军数败,乃附于赵。赵主曜使刘岳、呼延谟围生于金墉。后赵石虎救之,败岳。击谟,斩之。曜自将救岳,虎逆战。曜军无故惊溃,遂归长安。虎擒岳,杀之。曜愤恚成疾。郭默南奔建康,李矩卒于鲁阳。于是司、豫、徐、兖之地,率皆入于后赵,以淮为境矣。

秋闰七月,帝崩,司徒导、中书令庾亮、尚书令卞壸受遗诏辅政。太子衍即位,尊皇后为皇太后。太后临朝称制。

右卫将军虞胤,左卫将军、南顿王宗俱为帝所亲任,典禁兵,直殿内,多聚勇士以为羽翼。王导、庾亮颇以为言,帝待之愈厚,宫门管钥,皆委之。帝寝疾,亮夜有所表,从宗求钥,宗不与,叱亮使曰:"此汝家门户邪!"亮益忿之。及帝疾笃,群臣无得进者。亮疑宗、胤有异谋,排闼入见,请黜之,帝不纳。引太宰西阳王羕、司徒导及尚书令卞壸、将军郗鉴、庾亮、陆晔、丹阳尹温峤,并受遗诏辅太子,更以亮为中书令而崩。帝明敏有机断,故能以弱制强,诛翦逆臣,克复大业。

太子即位,生五年矣。群臣进玺,导以疾不至。壸正色于朝曰:"王公非社稷之臣也! 大行在殡,嗣皇未立,岂人臣辞疾之时耶!"导闻之,舆疾而至。太后临朝。以导

后赵石生侵犯黄河以南地区,司州投降前赵。前赵国主刘曜攻打石生,结果前赵大败,司州、豫州、徐州、兖州全都被后赵攻克。

后赵将军石生侵犯劫掠黄河以南地区,司州刺史李矩、颍川太守郭默的军队多次战败,于是归附前赵。前赵国主刘曜派刘岳、呼延谟将石生包围在金墉。后赵的石虎救援石生,打败刘岳。攻打呼延谟,将他斩杀。刘曜亲自率军救援刘岳,石虎迎战。刘曜的军队无缘无故惊慌溃散,于是返回长安。石虎擒获刘岳,杀了他。刘曜愤懑成疾。郭默向南逃奔建康,李矩死在了鲁阳。于是司州、豫州、徐州、兖州等地全部归于后赵,与东晋以淮河为界。

秋季,闰七月,晋明帝去世,司徒王导、中书令庾亮、尚书令卞壸接受遗诏辅佐朝政。太子司马衍即帝位,尊皇后为皇太后。皇太后临朝听政。

右卫将军虞胤,左卫将军、南顿王司马宗都是晋明帝亲近信任的人,他们掌管禁军,在宫殿内值勤护卫,聚集许多勇士作为羽翼。王导、庾亮经常为此向晋明帝进言,晋明帝对待他们却更加优厚,宫门的锁钥,全部交给他们。晋明帝卧病不起,庾亮夜间有表上奏,向司马宗要钥匙,司马宗不给,呵叱庾亮派来的人说:"这里是你家的门户吗!"庾亮更加愤恨他。等到晋明帝病重,大臣们都无人能进见。庾亮怀疑司马宗、虞胤另有所谋,推门入宫进见晋明帝,请求罢黜他们,晋明帝没有采纳。晋明帝延请太宰西阳王司马羕、司徒王导以及尚书令卞壸、将军郗鉴、庾亮、陆晔、丹阳尹温峤,一同接受遗诏辅佐太子,改任庾亮为中书令后驾崩。晋明帝明智机敏,有决断力,所以能以弱制强,剪除叛臣,光复大业。

太子即帝位,年仅五岁。大臣们进献国玺,王导因病没有到来。卞壸在朝上正色说道:"王公不是国家重臣!先帝灵柩还停放着,继位的皇帝还没有登基,难道是人臣以病推辞不到的时候吗!"王导听说后,抱病坐车赶到。皇太后临朝听政。任命王导

录尚书事,与亮、壶参辅朝政,然大要皆决于亮。尚书召乐谟为郡中正,庾怡为廷尉评。谟,广之子;怡,珉族子也,各称父命不就。壶曰:"人非无父而生,职非无事而立;有父必有命,居职必有悔。若父各私其子,则王者无民,而君臣之道废矣。广、珉受宠圣世,身非己有,况后嗣哉!"谟、怡不得已就职。

葬武平陵。 **冬十一月朔,日食。** **十二月,段辽弑其君牙而自立。**

段氏自务勿尘以来,日益强盛,其地西接渔阳,东界辽水,所统胡、晋三万余户,控弦四五万骑。末柸卒,子牙代立,至是疾陆眷之孙辽攻牙,杀而代之。

代王贺傉卒,弟纥那嗣。

丙戌(326) **显宗成皇帝咸和元年**赵光初九年,后赵八年。
夏四月,后赵石生寇汝南,执内史祖济。 **六月,以郗鉴为徐州刺史。**

司徒导称疾不朝,而私送郗鉴。卞壶奏:"导亏法从私,无大臣之节,请免官。"虽事寝不行,举朝惮之。壶俭素廉洁,裁断切直,当官干实,性不弘裕,不肯苟同时好,故为诸名士所少。阮孚谓曰:"卿常无闲泰,如含瓦石,不亦劳乎!"壶曰:"诸君子以道德恢弘,风流相尚,执鄙吝者,非壶而谁!"时贵游子弟多慕王澄、谢鲲为放达,壶厉色于朝曰:

录尚书事,与庾亮、卞壶辅佐朝政,然而关键事务全都由庾亮决定。尚书征召乐谟为郡中正,庾怡为廷尉评。乐谟是乐广的儿子,庾怡是庾珉同族兄弟的儿子,二人各以尊父命为由不上任。卞壶说:"人不是没有父亲而出生的,职位不是没有事而设立的;有父亲一定会有父亲的指令,身居官位一定要忧虑费心。如果父亲各自把儿子作为私有财产,那么君王就没有百姓了,而君臣之道也就废弃了。乐广、庾珉在圣朝受到宠信,身体不是自己所有,何况他们的后代呢!"乐谟、庾怡不得已而赴任。

将晋明帝安葬在武平陵。　冬十一月初一,发生日食。十二月,段辽杀死其君王段牙而自立为王。

段氏自从段务勿尘以来,日益强盛,其辖地西接渔阳,东以辽水为界,所统领的胡人、晋人有三万多户,能拉弓放箭的骑兵四五万人。段末杯去世,他的儿子段牙继位,到此时段疾陆眷的孙子段辽攻打段牙,杀死段牙并取而代之。

代王拓跋贺傉去世,他的弟弟拓跋纥那继位。

晋成帝

丙戌(326)　晋成帝咸和元年前赵光初九年,后赵石勒八年。

夏四月,后赵石生侵犯汝南,抓获汝南内史祖济。　六月,任命郗鉴为徐州刺史。

司徒王导称病不去上朝,却私下为郗鉴送行。卞壶上奏说:"王导徇私枉法,没有做大臣的节操,请免除他的官职。"虽然此事被搁下没有实行,但是满朝文武大臣都害怕卞壶。卞壶俭朴廉洁,裁断事情准确直率,为官干练实在,性格并不宽容,不肯随便趋同世俗的喜好,所以受到名士们的贬责。阮孚对他说:"您常常没有闲暇舒适的时候,好像含着瓦石,不是太劳累了吗!"卞壶说:"各位君子以道德恢弘博大,为人风流倜傥而相互崇尚,那么去做鄙陋狭隘之事的人,不是我是谁呢!"当时贵族游闲子弟大多仰慕王澄、谢鲲行为放达,卞壶在朝上面色严厉地说:

"悖礼伤教，罪莫大焉；中朝倾覆，实由于此。"欲奏推之，导及庾亮不听，乃止。

秋八月，以温峤为都督江州军事，王舒为会稽内史。

初，王导以宽和得众。及庾亮用事，任法裁物，颇失人心。祖约自以名辈不后郗、卞，而不豫顾命。遗诏褒进大臣，又不及约与陶侃，二人皆疑亮删之。历阳内史苏峻有功于国，威望渐著，卒锐器精，有轻朝廷之志。招纳亡命，众力日多，皆仰食县官，稍不如意，辄肆忿言。亮既疑峻、约，又畏侃之得众，乃以峤镇武昌，舒守会稽，以广声援，又修石头以备之。丹阳尹阮孚谓所亲曰："江东创业尚浅，主幼，时艰，庾亮年少，德信未孚，以吾观之，乱将作矣。"遂求出广州刺史。

冬十月，杀南顿王宗，降封西阳王羕为弋阳县王。

宗自以失职怨望，又素与苏峻善；庾亮欲诛之，宗亦欲废执政。中丞钟雅劾宗谋反，亮收杀之。降封其兄太宰西阳王羕为弋阳县王。宗，宗室近属；羕，先帝保傅。亮一旦翦黜，由是愈失远近之心。宗之死也，帝不之知，久之，帝问亮曰："常日白头公何在？"亮对以谋反伏诛。帝泣曰："舅言人作贼，便杀之；人言舅作贼，当如何？"亮惧变色。

后赵使其世子弘守邺。

后赵王勒用程遐之谋，营邺宫，使弘镇之。石虎自以功多，无去邺之意，及修三台，迁其家室，由是怨遐。

"违背礼义损伤教化，没有比这罪过更大的了；朝廷倾覆，实在是因此而起。"想要上奏追究其罪过，王导及庾亮没有听从，于是停止。

秋八月，任命温峤为都督江州军事，王舒为会稽内史。

当初，王导因宽厚仁和赢得人心。等到庾亮主持政事，依法裁断事情，颇失人心。祖约自认为名望和辈分不在郗鉴、卞壶之下，却没能成为晋明帝的顾命大臣。遗诏中褒扬、提拔大臣，又没有提到祖约和陶侃，二人都怀疑是庾亮删掉的。历阳内史苏峻对国家有功，威望渐渐显赫，加上士兵精锐武器优良，有轻视朝廷之心。又招纳亡命徒，人数日渐增多，全都仰仗朝廷供给生活物资，稍不如意，就肆意斥骂。庾亮既怀疑苏峻、祖约，又畏惧陶侃得人心，便任命温峤镇守武昌，王舒镇守会稽，以扩大声援力量，又修筑石头城以防备他们。丹阳尹阮孚对所亲近的人说："江东朝廷创立时间还短，君主年幼，时世艰难，庾亮年轻，德行威信都未能使人信服，在我看来，祸乱将要发生了。"于是请求出任广州刺史。

冬十月，处死南顿王司马宗，将西阳王司马羕降封为弋阳县王。

司马宗自认为不应失去官职而产生怨恨情绪，平素又与苏峻友善；庾亮想要诛杀司马宗，司马宗也想要废黜庾亮。中丞钟雅弹劾司马宗谋反，庾亮捕杀司马宗。将他的哥哥太宰、西阳王司马羕降封为弋阳县王。司马宗是皇帝的近亲，司马羕是保育、教导过先帝的人。庾亮一夜之间将他们杀戮和废黜，因此更加失去远近众人之心。司马宗之死，晋成帝并不知道，过了许久，晋成帝问庾亮道："平日里那个白头发老头在哪儿？"庾亮回答说因谋反被处死了。晋成帝哭泣着说："舅父说别人是叛贼，就杀了他；别人说舅父是叛贼，应该怎么办？"庾亮恐惧变色。

后赵让世子石弘守邺城。

后赵王石勒采纳程遐的计谋，营建邺城宫室，让石弘镇守邺城。石虎自认为功劳多，没有离开邺城之意，等到修筑三台时，迁走了他的家室，因此石虎怨恨程遐。

十一月，后赵寇寿春，历阳内史苏峻击走之。

石聪攻寿春，祖约屡表请救，朝廷不为出兵。聪遂进寇阜陵。建康大震，苏峻遣其将韩晃击走之。朝议欲作涂塘以遏胡寇，约曰："是弃我也！"益怀愤恚。

十二月，下邳叛，降后赵。　　后赵始定九流，立秀、孝试经之制。

丁亥（327）　**二年**赵光初十年，后赵九年。

夏五月朔，日食。　　张骏遣兵攻赵，赵击败之，遂取河南地。

骏闻赵兵为后赵所败，乃去赵官爵，复称晋大将军、凉州牧，遣辛岩等帅众数万攻赵秦州。赵遣刘胤将兵击败之，乘胜追奔，济河，拔令居，据振武。河西大骇。金城、枹罕降之，骏遂失河南之地。

征苏峻为大司农，峻与祖约举兵反。

庾亮以苏峻在历阳，终为祸乱，欲下诏征之。司徒导曰："峻必不奉诏，不若且包容之。"亮曰："今纵不顺命，为祸犹浅；若复经年，不可复制，犹七国之于汉也。"卞壸曰："峻拥强兵，逼近京邑，路不终朝，一旦有变，易为蹉跌，宜深思之！"温峤亦累书止亮。举朝以为不可，亮皆不听。峻闻之，遣司马诣亮辞，亮不许，征为大司农，以弟逸代领部曲。峻上表辞，复不许。峻遂不应命。温峤即欲帅众下卫建康，三吴亦欲起义兵。亮报峤书曰："吾忧西陲，过于历阳，足下无过雷池一步也。"亮复遣使谕峻，峻曰："台下云我欲反，

十一月,后赵侵犯寿春,历阳内史苏峻击退了敌军。

石聪攻打寿春,祖约屡次上表请求救援,朝廷不肯出兵。于是石聪便进军侵犯阜陵。建康大为震动,苏峻派部将韩晃击退了石聪。朝廷议论打算兴修涂塘,以阻止胡人侵犯,祖约说:"这是抛弃我!"更加心怀愤恨。

十二月,下邳叛变,投降后赵。　后赵开始评定九流高下,设立秀才、孝廉考试经策的制度。

丁亥(327)　晋成帝咸和二年前赵光初十年,后赵石勒九年。

夏五月初一,发生日食。　张骏派兵攻打前赵,前赵将他打败,于是夺取黄河以南地区。

张骏听说前赵军队被后赵打败,便除去前赵官爵,又称晋朝大将军、凉州牧,派辛岩等率数万士众攻打前赵的秦州。前赵派刘胤领兵将其打败,乘胜追击败逃的敌军,渡过黄河,攻克令居,占据振武。河西大为惊骇。金城、枹罕投降了前赵,于是张骏便失去了黄河以南地区。

征召苏峻为大司农,苏峻与祖约起兵反叛。

庾亮觉得苏峻在历阳终将成为祸患,想下诏征召他入朝。司徒王导说:"苏峻一定不会尊奉诏命,不如暂且容忍他。"庾亮说:"现在他纵然不从命,造成的祸害也还不大;如果再过几年,就不能再制服他,那就犹如汉代的七个诸侯国反对朝廷那样。"卞壸说:"苏峻拥有强大的兵力,逼近京城,路途用不了一个上午,一旦发生变故,就容易出差错,应当对此深思!"温峤也多次写信劝阻庾亮。满朝文武大臣都认为不可以,庾亮全都不听。苏峻听说此事,派司马到庾亮那里推辞不受,庾亮不准许,征召苏峻为大司农,让他的弟弟苏逸代领属下部众。苏峻上表推辞,又不准。于是苏峻不听从诏命。温峤想要立即率士众顺流而下保卫建康,三吴地区也要发动义军。庾亮给温峤写信说:"我对西部边境的忧虑,超过对历阳苏峻的忧虑,足下不要越过雷池一步。"庾亮又派使者晓谕苏峻,苏峻说:"您说我要造反,

岂得活邪！我宁山头望廷尉，不能廷尉望山头。"峻知祖约亦怨朝廷，乃请共讨亮。约大喜。谯国内史桓宣曰："使君欲为雄霸，助国讨峻，则威名自举。今乃与俱反，安得久乎！"约不从，宣遂绝之。约遣兄子沛内史涣、婿许柳以兵会峻。

十二月，峻袭陷姑孰，诏庾亮督诸军讨之。宣城内史桓彝起兵赴难。

尚书左丞孔坦、司徒司马陶回言于司徒导，请"及峻未至，急断阜陵，守江西当利诸口，彼少我众，一战决矣。今不先往，而峻先至，则人心危骇，难与战矣。"导然之，庾亮不从。至是峻使其将韩晃等袭陷姑孰，取盐米，亮方悔之。京师戒严，假亮节，都督征讨诸军，使左将军司马流将兵据慈湖以拒之。宣城内史桓彝欲起兵赴朝廷，长史裨惠以郡兵寡弱，山民易扰，宜且按甲以待之。彝厉色曰："'见无礼于其君者，若鹰鹯之逐鸟雀。'今社稷危逼，义无宴安。"遂进屯芜湖。韩晃击破之，因攻宣城，彝退保广德。徐州刺史郗鉴欲帅所领赴难，诏以北寇，不许。

戊子（328）　**三年**赵光初十一年，后赵太和元年。
春正月，温峤以兵赴难，至寻阳。二月，尚书令、成阳公卞壶督军讨峻，战败死之。庾亮奔寻阳，峻兵犯阙。

温峤欲救建康，军于寻阳。韩晃袭司马流于慈湖。流素懦怯，将战，食炙不知口处，兵败而死。苏峻济自横江，台兵屡败。陶回谓庾亮曰："峻知石头有重戍，必向小丹阳

我难道还能活命吗！我宁肯在山头观望廷尉，也不能从廷尉处回望山头。"苏峻知道祖约也怨恨朝廷，就请他共同讨伐庾亮。祖约非常高兴。谯国内史桓宣说："使君想要成为盖世豪雄，就帮助国家讨伐苏峻，那么威名自然树立。如今竟与苏峻一同反叛，怎么能长久呢！"祖约没有听从，于是桓宣与祖约断绝关系。祖约派哥哥的儿子沛国内史祖涣和女婿许柳领兵与苏峻会合。

十二月，苏峻袭击攻克姑孰，东晋朝廷诏命庾亮督率各路人马讨伐苏峻。宣城内史桓彝起兵奔赴国难。

尚书左丞孔坦、司徒司马陶回向王导进言，请求"趁苏峻没有到来，迅速切断阜陵的通路，守住长江以西当利等各入江口，敌寡我众，一战便可决胜负了。如今不先行前往，而苏峻先到的话，人心就会危惧惊骇，难以与他交战了。"王导认为确实如此，庾亮却不听从。到此时苏峻派部将韩晃等袭击攻克姑孰，夺取食盐和米，庾亮方才后悔。京城戒严，授庾亮符节，都督征讨各路人马，派左将军司马流领兵据守慈湖以拒敌。宣城内史桓彝打算起兵赶赴朝廷，长史裨惠认为郡内士兵少，战斗力差，山地居民不断骚扰，应该暂且按兵不动以等待时机。桓彝面色严厉地说："'见到对君王无礼的人，就要像凶猛的鹰鹯追逐鸟雀一样。'如今国家危急，按道义不能安处。"于是进军驻扎芜湖。韩晃将他打败，顺势攻打宣城，桓彝退守广德。徐州刺史郗鉴想率所部奔赴国难，晋成帝下诏因为北方胡人的侵扰，没有准许。

戊子（328） **晋成帝咸和三年**前赵光初十一年，后赵太和元年。

春正月，温峤领兵奔赴国难，到达寻阳。二月，尚书令、成阳公卞壸督军讨伐苏峻，战败而死。庾亮逃奔寻阳，苏峻军队入犯朝廷。

温峤打算去救援建康，驻扎在寻阳。韩晃在慈湖袭击司马流。司马流一向怯懦，将要交战时，吃烤肉不知道嘴在哪里，战败而死。苏峻从横江渡过长江，朝廷军队屡次作战失败。陶回对庾亮说："苏峻知道石头城有重兵守卫，必定会从小丹阳

南道步来,宜伏兵邀之,可一战擒也。"亮不从。峻果如回言,而夜迷失道,无复部分。亮始悔之。朝士多遣家人入东避难,左卫将军刘超独迁妻孥入居宫内。

诏以卞壶都督大桁东诸军,及峻战于西陵,大败。峻攻青溪栅,壶又拒击之。峻因风纵火,烧台省、诸营,皆尽。壶背痈新愈,疮犹未合,力疾苦战而死,二子眕、盱随之,亦赴敌死。其母抚尸哭曰:"父为忠臣,子为孝子,夫何恨乎!"丹阳尹羊曼、黄门侍郎周导、庐江太守陶瞻皆战死。瞻,侃子也。亮及郭默、赵胤俱奔寻阳。将行,顾谓侍中钟雅曰:"后事深以相委。"雅曰:"栋折榱崩,谁之咎也!"

峻兵入台城,司徒导谓侍中褚翜曰:"至尊当御正殿。"翜即入,抱帝登太极前殿,导及光禄大夫陆晔、荀崧、尚书张闿共登御床卫帝。刘超、钟雅及翜侍立左右,太常孔愉朝服守宗庙。峻兵既入,叱翜令下。翜呵之曰:"苏冠军来觐至尊,军人岂得侵逼!"峻兵不敢上殿,突入后宫,宫人皆见掠夺。驱役百官,裸剥士女。官有布二十万匹,金银五千斤,钱亿万,绢数万匹,峻尽费之。或谓钟雅曰:"君性亮直,必不容于寇仇,盍早为计!"雅曰:"国乱不能匡,君危不能济,各遁逃以求免,何以为臣!"

峻以王导有德望,犹使以本官居己之右。以祖约为太尉,峻自录尚书事。弋阳王羕诣峻,称述功德,峻复以为太宰、西阳王。

温峤闻建康不守,号恸;人有候之者,悲哭相对。庾亮至寻阳,宣太后诏,以峤为骠骑将军、开府仪同三司。峤曰:"今日当以灭贼为急,未有功而先拜官,何以示天下!"

南道步行而来,应该埋伏军队截击,可以一战擒获苏峻。"庾亮不听从。苏峻果然如同陶回所讲的那样,又因夜行时迷路,军队各部混乱。庾亮这才后悔。朝中士人大多把家人遣散到东边避难,唯独左卫将军刘超将妻子儿女迁入宫内居住。

诏命以下壶都督大桁以东各军,与苏峻战于西陵,大败。苏峻攻打青溪栅,下壶再次抗击。苏峻趁风势纵火,焚烧朝廷台省及各军营,全部烧光。下壶背疮刚好,疮口还没愈合,强撑病体苦战而死,二子卞眕、卞盱跟随他,也赴敌战死。母亲抚摸着尸体痛哭说:"父亲是忠臣,儿子是孝子,还有何遗憾!"丹阳尹羊曼、黄门侍郎周导、庐江太守陶瞻都战死。陶瞻是陶侃之子。庾亮及郭默、赵胤一同逃奔寻阳。临行,回头对侍中钟雅说:"以后的事情深深拜托了。"钟雅说:"房梁折断,屋椽崩塌,是谁的过错呢!"

苏峻军队进入台城,司徒王导对侍中褚翌说:"皇上应当在正殿。"褚翌立即进入内室,抱着晋成帝登上太极前殿,王导以及光禄大夫陆晔、荀崧、尚书张闿共同登上御床护卫晋成帝。刘超、钟雅以及褚翌侍立在左右,太常孔愉身穿朝服守卫宗庙。苏峻的军队进入后,喝令褚翌退下。褚翌呵斥他们说:"冠军将军苏峻前来觐见皇上,军士怎能侵犯威逼!"苏峻的军队不敢上殿,冲进后宫,宫女全都遭到掠夺。驱使奴役文武百官,剥光男女百姓的衣物。官府中有布二十万匹,金银五千斤,钱亿万,绢数万匹,苏峻全部耗费掉。有人对钟雅说:"您的性情诚实正直,必定不被贼寇所容,何不早做打算!"钟雅说:"国家的祸乱不能匡正,君主的危难不能拯救,各自逃跑以求免祸,凭什么做人臣呢!"

苏峻因为王导德高望重,仍让他担任原职,位居自己之上。任命祖约为太尉,苏峻自己录尚书事。弋阳王司马羕到苏峻处,称述苏峻的功德,苏峻又任命他为太宰、西阳王。

温峤听说建康失守了,号啕痛哭;有人前去问候他,就一起相对悲伤哭泣。庾亮到达寻阳后,宣谕太后的诏令,任命温峤为骠骑将军、开府仪同三司。温峤说:"今日应当以诛灭贼寇为当务之急,没有立下功劳却先授予官职,将用什么去昭示天下!"

遂不受。峤素重亮，亮虽奔败，峤愈推奉，分兵给之。

三月，皇太后庾氏以忧崩。峻南屯于湖。　葬明穆皇后。　夏五月，温峤以陶侃入讨峻，峻迁帝于石头。郗鉴、王舒来赴难。

温峤将讨峻，而不知建康声闻。会范汪至，言："峻政令不一，贪暴纵横，虽强易弱，宜时进讨。"峤深纳之。庾亮辟汪参护军事。与峤互相推为盟主，峤从弟充曰："陶征西位重兵强，宜共推之。"峤乃遣督护王愆期诣荆州邀侃同赴国难。侃犹以不预顾命为恨，答曰："吾疆埸外将，不敢越局。"峤屡说，不回，乃遣使谓曰："仁公且守，仆当先下。"使行二日，参军毛宝闻之，说峤曰："师克在和，不宜异同。假令可疑，犹当外示不觉。宜急追信改书，言必俱进。若不及，则更遣使可也。"峤从之。侃果遣督护龚登帅兵诣峤。峤有众七千，于是列上尚书，陈约、峻罪状，移告征镇，洒泣登舟。

侃复追登还。峤遗书曰："夫军有进而无退，可增而不可减。近已移檄远近，言于盟府，惟须仁公军至，便齐进耳。今乃反追军还，疑惑远近，成败之由，将在于此。假令此州不守，则荆楚将来之危，乃当甚于此州之今日。仁公进当为大晋之忠臣，参桓、文之功；退当以慈父之情，雪爱子之痛。且峻、约无道，人皆切齿。今之进讨，如石投卵；若复召兵还，是为败于几成。而或者遂谓仁公缓于讨贼，

于是没有接受官职。温峤一向看重庾亮,庾亮虽然败逃,温峤却更加推崇尊奉他,分出军队给他。

三月,皇太后庾氏因忧愁而死。苏峻向南驻扎在于湖。**安葬明穆皇后。　夏五月,温峤命陶侃入京讨伐苏峻,苏峻将晋成帝迁到石头城。郗鉴、王舒前来赴国难。**

温峤将要讨伐苏峻,却不知建康的消息。正好范汪到寻阳,说:"苏峻政令不一,贪婪强暴无所顾忌,虽然貌似强大,却很容易转化为弱小,应该及时进军讨伐。"温峤深表赞同。庾亮征召范汪为参护军事。庾亮与温峤互相推举对方为盟主,温峤的堂弟温充说:"征西将军陶侃职位重要兵力强大,应该共同推举他为盟主。"于是温峤便派督护王愆期到荆州邀请陶侃共赴国难。陶侃仍然因为没有参与接受晋明帝遗诏而耿耿于怀,回答说:"我是在外戍守边疆的将领,不敢超越职权范围。"温峤多次劝说,陶侃都不予答复,于是派使者对陶侃说:"明公暂且守卫,我当先行顺江而下征讨。"使者已经出发两天,参军毛宝听说此事,劝说温峤道:"军队取胜在于和同,不应有所区别。即使可疑,仍然要让外界毫无察觉。应当迅速追回信使改写书信,讲明一定要一同进军。如果来不及了,就应重新派遣使者。"温峤听从了他的意见。陶侃果然派督护龚登率军赶到温峤那里。温峤有七千士众,于是列名上呈尚书,陈述祖约、苏峻的罪状,转告各地方将领,洒泪登上战船。

陶侃又追回龚登。温峤给他写信说:"军队只有前进没有后退,可增多而不可减少。最近已向远近各地传送檄文,向贵盟府讲明,只等您的军队到达,就一同进发了。如今却反而追回军队,使远近的人们产生疑惑,成败的根由,将在于此。假使此州不保,那么荆楚将来的危险,就会比此州今日更严重。您进则成为大晋朝的忠臣,与齐桓公、晋文公的功绩等同;退则当以慈父之情,去洗刷爱子被杀的苦痛。况且苏峻、祖约叛逆无道,人人都切齿痛恨。今日进军讨伐,如同以石击卵;如果再召回军队,这是在几近成功时失败。而且有人会说您对讨伐贼寇迟缓不决,

此声难追。愿深察之！"惔期亦谓侃曰："峻，豺狼也，如得遂志，公宁有容足之地乎！"侃深感悟，即戎服登舟。瞻丧至不临，兼道而进。

郗鉴在广陵，城孤粮少，逼近胡寇，人无固志。得诏书，即流涕誓众，入赴国难，将士争奋。遣将军夏侯长等间行谓峤曰："或闻贼欲挟天子东入会稽，当先立营垒，屯据要害，既防其越逸，又断贼粮运，然后清野坚壁以待贼。贼攻城不拔，野无所掠，必自溃矣。"峤深以为然。

五月，侃至寻阳。议者谓侃欲诛亮以谢天下。亮甚惧，用峤计，诣侃拜谢。侃惊，止之曰："庾元规乃拜陶士行邪！"亮引咎自责，侃乃释然，曰："君侯修石头以拟老子，今日反见求邪！"遂同趣建康。戎卒四万，旌旗七百余里。峻闻之，自姑孰还。

迁帝于石头，司徒导固争，不从。帝哀泣升车，时天雨，泥泞，刘超、钟雅步侍左右，峻给马，不肯乘，而悲哀慷慨。峻恶之。峻以仓屋为帝宫，日肆丑言。超、雅与荀崧、华恒、丁潭等不离帝侧。时饥馑米贵，峻问遗，超一无所受，缱绻朝夕，臣节愈恭，虽居幽厄之中，犹启帝，授《孝经》《论语》。

导密令张闿以太后诏谕三吴，使起义兵。会稽内史王舒使庾冰将兵一万，西渡浙江，于是吴兴太守虞潭、吴国内史蔡谟、义兴太守顾众等皆应之。潭母孙氏谓潭曰："汝当舍生取义，勿以吾老为累！"尽遣家僮从军，鬻环佩以给军费。

这个名声难以追回。希望您深深体察这一切！"王愆期也对陶侃说："苏峻是豺狼，如果他得志了，您难道还有立足之地吗！"陶侃深深感悟，立即戎装登上战船。他儿子陶瞻的丧礼也没能参加，日夜兼行地进军。

郗鉴在广陵，城孤粮少，紧靠胡人，人心不稳。得到诏书后，立即流着泪誓师，奔赴国难，将士们奋勇争先。郗鉴派将军夏侯长等人走小路前去对温峤说："有人听说贼寇想要挟持天子东入会稽，应当抢先建立军营壁垒，占据要害地形，既能防止贼寇逃逸，又切断了他们的粮食运送，然后坚壁清野等待贼寇。贼寇攻城不克，田野间又没有东西劫掠，必定自己溃散。"温峤深以为然。

五月，陶侃到达寻阳。人们议论说陶侃想诛杀庾亮以向天下人谢罪。庾亮非常恐惧，采用温峤的计策，前去陶侃那里拜见谢罪。陶侃大惊，制止他说："庾亮竟然要叩拜我陶侃吗！"庾亮引咎自责，陶侃便放开心怀，说："您修筑石头城来对付老夫，今天反倒有所求吗！"于是与庾亮、温峤同赴建康。共有四万士卒，旌旗绵延七百多里。苏峻听说后，从姑孰返回。

苏峻将晋成帝迁到石头城，司徒王导力争，没有听从。晋成帝哀哭着登上车，当时天正下雨，道路泥泞，刘超、钟雅步行随侍在身边，苏峻给他们马匹，他们不肯骑乘，悲哀慷慨。苏峻很厌恶他们。苏峻将仓房作为帝宫，终日口出狂言。刘超、钟雅与荀崧、华恒、丁潭等人不离晋成帝身边。当时因饥荒而米贵，苏峻慰问馈赠，刘超毫不接受，朝夕守候在晋成帝身边，更加恭敬地行臣子礼仪，虽然身处困厄之中，仍启蒙晋成帝，讲授《孝经》《论语》。

王导密令张阖用太后诏令晓谕三吴地区官民，让他们发动义军。会稽内史王舒派庾冰领一万士兵，向西渡过浙江，于是吴兴太守虞潭、吴国内史蔡谟、义兴太守顾众等全都响应。虞潭的母亲孙氏对虞潭说："你应当舍生取义，不要因为我年老成为你的拖累！"派出全部家僮从军，卖掉玉环玉佩以供军费。

峻遣其将管商等拒之。侃、峤军于茄子浦。峤以南兵习水，峻兵便步，令："将士有上岸者死！"会峻送米万斛馈祖约。毛宝为峤前锋，告其众曰："兵法'军令有所不从'，岂可视贼可击，不上岸击之邪！"乃往袭取之，约由是饥乏。峤表宝为庐江太守。

侃表舒、潭监浙东、西军事，郗鉴都督扬州八郡军事。鉴遂帅众渡江，与侃等会。舟师直指石头，峻望之，有惧色。侃部将李根请筑白石垒，侃使庾亮守之，峻攻之，不克。舒等数战不利。孔坦曰："本不须召郗公，遂使东门无限。今宜遣还，虽晚，犹胜不也。"侃乃令鉴还据京口，立大业、曲阿、庱亭三垒以分峻兵势。

祖约遣祖涣、桓抚袭湓口，毛宝中流矢，贯髀彻鞍，宝使人蹋鞍拔箭，血流满靴。还击，破走之。

峻分兵陷宣城，内史桓彝死之。

桓彝闻京城不守，进屯泾县。裨惠劝彝与峻通使，以纾交至之祸。彝曰："吾受国厚恩，义在致死，焉能忍耻与逆臣通问！如其不济，此则命也。"彝遣将军俞纵守兰石，韩晃攻之，将败，左右劝退军。纵曰："吾受桓侯厚恩，当以死报。吾之不可负桓侯，犹桓侯之不负国也！"遂力战而死。晃遂进军，至是城陷，执彝，杀之。

秋七月，后赵攻寿春，约众溃，奔历阳。

祖约诸将阴与后赵通谋，许为内应。后赵石聪引兵济淮，攻寿春。约众溃，奔历阳。

秋八月，后赵攻赵蒲阪。赵主曜击破走之，遂攻金墉。

苏峻派部将管商等拒战。陶侃、温峤在茄子浦驻军。温峤因南方军队熟悉水战，苏峻的军队擅长陆战，下令："将士有上岸的处死！"恰巧遇上苏峻运送一万斛米赠给祖约。毛宝任温峤的前锋，遍告所率士众说："兵法上讲'军令有所不从'，怎能看见贼寇可以攻击，却不上岸攻打呢！"于是前去袭击夺取了米，祖约因此饥饿困乏。温峤上表奏请任命毛宝为庐江太守。

陶侃上表推荐王舒、虞潭分别监浙东、浙西军事，郗鉴都督扬州八郡军事。于是郗鉴便率士众渡过长江，与陶侃等会合。陶侃等人的水军直指石头城，苏峻望见后，脸上露出恐惧的神色。陶侃的部将李根请求修筑白石垒，陶侃让庾亮守卫，苏峻攻打白石垒，没有攻克。王舒等交战几次都失利。孔坦说："本来不需要召来郗鉴，结果造成东门失去防卫。现在应当派遣他返回，虽然晚点，还是胜过不回去。"陶侃便令郗鉴返回据守京口，建立大业、曲阿、废亭三座壁垒以分散苏峻的兵力。

祖约派祖涣、桓抚袭击湓口，毛宝身中流箭，箭射穿髀骨，插在马鞍上，毛宝让人踏住马鞍拔箭，血流满靴。毛宝反击，敌军战败逃跑。

苏峻分派兵力攻陷宣城，宣城内史桓彝遇害。

桓彝听说京城失守，便进军驻扎在泾县。禅惠劝桓彝与苏峻通使，以延缓交相到来的灾祸。桓彝说："我蒙受国家厚恩，在道义上应当效死，怎能忍受耻辱与叛臣通使问候！如果事情不成功，这就是命。"桓彝派将军俞纵守兰石，韩晃攻打俞纵，俞纵将要战败，身边的人劝他退军。俞纵说："我蒙受桓侯厚恩，当以死相报。我不能辜负桓侯，就像桓侯不能辜负国家！"于是奋力作战而死。韩晃便进军，到此时攻陷宣城，抓获桓彝，杀死了他。

秋七月，后赵攻打寿春，祖约的士众溃败，逃奔历阳。

祖约部下众将暗中与后赵串通，许诺作为内应。后赵的石聪领兵渡过淮水，攻打寿春。祖约的士众溃败，逃奔历阳。

秋八月，后赵攻打前赵的蒲阪。前赵国主刘曜将后赵军队打败，石虎逃跑，于是前赵攻打金墉。

石虎帅众四万击赵,攻蒲阪。赵主曜自将救之,虎惧,引退。曜追及与战,大破之,斩其将石瞻,枕尸二百余里,虎奔朝歌。曜攻石生于金墉,决千金堨以灌之。荥阳、野王皆降。襄国大震。

九月,陶侃、温峤讨峻,斩之。峻弟逸代领其众。

峻腹心路永、贾宁劝峻尽诛诸大臣,更树腹心。峻雅敬司徒导,不许,永等更贰于峻。导使袁耽诱永,与皆奔白石。西军与峻久相持不决。

温峤军食尽,贷于陶侃。侃怒,欲西归。峤曰:"凡师克在和,古之善教也。光武之济昆阳,曹公之拔官渡,以寡敌众,杖义故也。峻、约小竖,凶逆滔天,何忧不灭!奈何舍垂立之功,设进退之计乎!且天子幽逼,社稷危殆,乃臣子肝脑涂地之日。峤等与公并受国恩,事若克济,则臣主同祚;如其不捷,当灰身以谢先帝耳。今之事势,义无旋踵,譬如骑虎,安可中下哉!公若违众独返,人心必沮;沮众败事,义旗将回指于公矣。"毛宝说侃曰:"军政有进无退,非直整齐三军,示众必死而已,亦谓退无所据,终至灭亡。可试与宝兵,断贼资粮,若不立效,然后公去,人心不恨矣。"侃然而遣之。竟陵太守李阳说侃曰:"大事不济,公虽有粟,安得而食诸!"侃乃分米五万石以饷峤军。宝烧峻句容、湖孰积聚,峻军乏食,侃遂不去。

韩晃等急攻大业垒。郗鉴参军曹纳曰:"大业,京口之

石虎率士众四万人攻打前赵，进攻蒲阪。前赵国主刘曜亲自率军前去救援，石虎心中恐惧，领兵退走。刘曜追上石虎并与他交战，大败石虎，斩杀石虎部将石瞻，尸体枕藉二百余里，石虎逃奔朝歌。刘曜在金墉攻打石生，决开千金堨以水淹石生。荥阳、野王全部投降前赵。襄国大为震惊。

九月，陶侃、温峤讨伐苏峻，将他斩杀。苏峻的弟弟苏逸代领其士众。

苏峻的心腹路永、贾宁劝说苏峻将大臣全部杀死，另外树立心腹。苏峻一向敬重司徒王导，没有准许，路永等转而对苏峻怀有二心。王导让袁耽引诱路永，与路永一同逃奔白石垒。西路联军与苏峻相持很久也没有决出胜负。

温峤的军队粮食吃光，向陶侃借粮。陶侃大怒，想返回西方。温峤说："凡是军队取胜在于协同，这是古人的好经验。光武帝在昆阳获胜，曹操攻克官渡，以寡敌众，是凭仗道义的缘故。苏峻、祖约小儿，凶顽叛逆，罪恶滔天，何愁不灭！怎能舍弃垂手可立的战功，做撤退的打算呢！况且天子被幽禁逼迫，国家危难，正是臣子肝脑涂地的时候。我们与您同受国恩，事情如果成功，那么臣子、君主同享福祚；如果不能取胜，就应当粉身碎骨以向先帝谢罪而已。如今的事态，是义无反顾，就好像骑虎，怎能中途而下呢！您如果违背众心独自返回，人心必定沮丧；使人心沮丧而败坏大事，正义的大旗就将要转而指向您了。"毛宝劝说陶侃道："用兵之道有进无退，不只是整肃三军，向众人显示必死的信念而已，也是说后退没有可凭据之处，最终会导致灭亡。可以尝试给我一些士兵，切断贼寇的物资粮食，如果不建立战功，然后您再离去，人们心中也就不遗憾了。"陶侃认为很对并派他前去。竟陵太守李阳劝说陶侃道："大事没有成功，您即使有粮食，又怎么能吃得上呢！"陶侃便分出五万石米送给温峤军队。毛宝焚烧苏峻在句容、湖孰积蓄的物资，苏峻的军队缺粮，于是陶侃便没有离去。

韩晃等猛攻大业垒。郗鉴参军曹纳说："大业垒，是京口的

捍蔽也,一旦不守,则贼兵至矣。请还广陵,以俟后举。"鉴大会僚佐,责纳,将斩之,久乃得释。

侃将救大业,长史殷羡曰:"吾兵不习步战,不如急攻石头,则大业自解。"侃从之,督水军向石头。亮、峤帅步兵万人从白石南上,峻将八千人逆战。乘醉突陈,不得入,将回,马踬,侃部将斩之,三军皆称万岁。余众大溃。峻司马任让等共立峻弟逸为主,闭城自守。峤乃立行台,布告远近,凡故吏二千石以下,皆令赴台,于是至者云集。

冬十二月,后赵王勒大破赵兵于洛阳,获赵主曜以归,杀之。

后赵王勒欲自将救洛阳,程遐等固谏,勒大怒,按剑叱遐等出。召徐光谓曰:"庸人之情皆谓刘曜锋不可当。曜带甲十万,攻一城而百日不克,师老卒怠,以我初锐击之,可一战而擒也。若洛阳不守,曜必自河以北席卷而来,吾事去矣。卿以为何如?"对曰:"曜不能进临襄国,更守金墉,此其无能为可知也。以大王威略临之,彼必望旗奔败。平定天下,在今一举矣。"勒笑曰:"光言是也。"乃使内外戒严。命石堪等会荥阳,石虎进据石门,勒自统步骑济自大碣。谓光曰:"曜盛兵成皋关,上策也;阻洛水,其次也;坐守洛阳,此成擒耳。"至成皋,勒见赵无守兵,大喜,举手加额曰:"天也!"卷甲衔枚,诡道兼行,出于巩、訾之间。

屏障,一旦失守,那么敌军就会到来了。请求返回广陵,以待后举。"郗鉴大会僚属参佐,责备曹纳,准备斩杀他,很久才得以释免。

陶侃将要去救援大业垒,长史殷羡说:"我们的士兵不熟悉步战,不如猛攻石头城,那么大业垒的危急自然就解除了。"陶侃采纳其建议,督领水军奔向石头城。庾亮、温峤率一万步兵从白石垒南上,苏峻率八千人迎战。苏峻趁着醉意突击敌阵,未能突破,准备返回时,马被绊倒,陶侃部将斩杀了他,三军将士都高呼万岁。苏峻的余部大败。苏峻的司马任让等共同拥立苏峻的弟弟苏逸为主,紧闭城门自守。温峤便设立行台,向远近各地散发通告,凡是原任官吏职位在二千石以下的,都让他们赴行台报到,于是到来的人有如云集。

冬十二月,后赵王石勒在洛阳大败前赵军队,俘获前赵国主刘曜后返回,将他杀死。

后赵王石勒想亲自率军救援洛阳,程遐等极力劝谏,石勒大怒,手按剑柄喝叱程遐等人出去。召来徐光对他说:"普通人的心理都认为刘曜锋芒不可抵挡。刘曜带领十万甲士,对一座城池攻打了一百天却不能攻克,军队疲惫士兵懈怠,以我方刚刚投入战斗的精锐部队攻打他,可以一战就擒获刘曜。如果洛阳失守,刘曜肯定从黄河以北席卷而来,我们就大势已去了。你认为怎么样?"徐光回答说:"刘曜不能进军兵临襄国,反而据守金墉,这就可以知道他不能有所作为。以大王的威风胆略逼近敌军,敌军必定望见大旗就败逃了。平定天下,在此一举了。"石勒笑着说:"徐光说得对呀。"于是让宫室内外戒严。命令石堪等会集荥阳,石虎进军占据石门,石勒亲自统领步兵、骑兵从大碣渡过黄河。石勒对徐光说:"刘曜在成皋关屯军,是上策;以洛水作为屏障,是其次的策略;坐守洛阳,就是束手就擒。"到达成皋,石勒望见前赵没有守卫军队,非常高兴,举手拍额说:"天意啊!"命令士兵卷起铠甲,马匹衔枚噤声,从隐秘小道日夜兼行,在巩县、訾县之间穿出。

曜专与嬖臣饮博，不抚士卒。左右或谏，曜以为妖言，斩之。俄而洛水候者与后赵前锋交战，擒羯送之。曜问之，知勒自来，色变，使摄金墉之围，陈于洛西，众十余万，南北十余里。勒望见曰："可以贺我矣！"帅步骑四万入洛阳城。虎引步卒攻赵中军，堪以精骑击其前锋，大战于西阳门。勒躬贯甲胄，出闾阖门，夹击之。曜素嗜酒，至是将战，饮数斗。至西阳门，挥陈就平。堪因而乘之，赵兵大溃。曜昏醉坠马，为堪所执。勒下令曰："所欲擒者一人耳，今已获之。其抑锋止锐，纵其归命之路。"曜至襄国，勒严兵围守。使曜与其太子熙书，谕令速降，曜但敕熙与诸大臣"匡维社稷，勿以吾易意"，勒乃杀之。

己丑（329）　四年赵光初十二年，赵太和二年。是岁赵亡。大国一，成、凉小国二，凡三僭国。

春正月，逸杀右卫将军刘超、侍中钟雅。

初，峻逼居民聚之后苑，使其将匡术守之。至是光禄大夫陆晔及弟玩说术，以苑城附于西军，百官皆赴之。钟雅谋奉帝出赴西军，事泄，苏逸使任让将兵入宫收超、雅。帝抱持悲泣曰："还我侍中、右卫！"让夺而杀之。

冠军将军赵胤攻拔历阳，约奔后赵。　赵太子熙奔上邽。后赵取长安。

赵太子熙与南阳王胤谋保秦州。尚书胡勋曰："今虽丧君，境土尚完，将士不叛，当并力拒之。力不能拒，走未晚也。"胤以为沮众，斩之，遂奔上邽。关中大乱。蒋英拥众

刘曜只与宠臣饮酒博戏,不抚恤士兵。身旁人有的劝谏他,刘曜认为是妖言,斩杀了劝谏者。不久洛水的侦察部队与后赵的前锋部队交战,擒获羯人士兵送来。刘曜询问俘虏,知道石勒亲自前来,脸色大变,命令解除金墉之围,在洛水西面列阵,有士众十多万人,南北绵延十多里。石勒望见后说:"可以祝贺我了!"率四万步兵、骑兵进入洛阳城。石虎领步兵攻打前赵的中军,石堪用精锐骑兵攻击前赵的前锋,在西阳门展开大战。石勒身穿甲胄,出阊阖门,夹击前赵军队。刘曜一向嗜酒,到此时即将交战,仍喝了数斗酒。到了西阳门,指挥军阵向平坦地区靠近。石堪便趁势攻击,前赵军队大败。刘曜喝得昏沉沉地坠落马下,被石堪抓获。石勒下令说:"想要擒获的只有一个人而已,如今已经擒获了他。停止攻击,放开他们逃命的道路。"刘曜到达襄国,石勒派军队严密围守。石勒让刘曜给他的太子刘熙写信,令刘熙迅速归降,刘曜只敕令刘熙与大臣们"匡正维护国家,不要因为我改变主意",于是石勒便杀死了刘曜。

己丑(329) **晋成帝咸和四年**前赵光初十二年,后赵太和二年。这一年前赵灭亡。有一个大国,成汉、前凉两个小国,共有三个僭伪之国。

春正月,苏逸杀死右卫将军刘超、侍中钟雅。

当初,苏峻逼迫居民聚集在后苑,让部将匡术守卫。到此时光禄大夫陆晔及兄弟陆玩劝说匡术,将苑城归附于西军,百官全都赶来。钟雅谋划侍奉晋成帝出奔西军,事情泄露,苏逸让任让率兵入宫拘捕刘超、钟雅。晋成帝抱着他们悲声哭泣说:"还我侍中、右卫!"任让夺过来并杀死了他们。

冠军将军赵胤攻克历阳,祖约逃奔后赵。　前赵太子刘熙逃奔上邽。后赵攻取长安。

前赵太子刘熙与南阳王刘胤图谋据守秦州。尚书胡勋说:"如今虽然失去了国君,但是国土仍然完整,将士也没有反叛,应当合力拒敌。力量不能抵抗时,再逃走也不晚。"刘胤认为他动摇军心,将他斩杀,然后逃奔上邽。关中地区大乱。蒋英拥兵

数十万据长安,遣使降于后赵,石生帅众赴之。

二月,诸军讨逸,斩之,及西阳王羕。

诸军攻石头。建威长史滕含大破其兵,获苏逸、韩晃,斩之。含部将曹据抱帝奔温峤船,群臣见帝,顿首号泣请罪。杀西阳王羕。陶侃与任让有旧,为请其死。帝曰:"是杀吾侍中、右卫者,不可赦也。"乃杀之。司徒导入石头,令取故节,侃笑曰:"苏武节似不如是。"导有惭色。

以褚翜为丹阳尹。

时宫阙灰烬,峤欲迁都豫章,三吴之豪请都会稽。导曰:"孙仲谋、刘玄德俱言'建康,王者之宅',古之帝王,不必以丰俭移都。苟务本节用,何忧凋弊!若农事不修,则乐土为墟矣。且北寇游魂,伺我之隙,一旦示弱,窜于蛮越,求之望实,惧非良计。今特宜镇之以静,群情自安。"由是不复徙都。而以翜为丹阳尹。翜收集散亡,京邑遂安。

三月,以陶侃为太尉,郗鉴为司空,温峤为骠骑将军、开府仪同三司,庾亮为豫州刺史。

论平苏峻功,侃、鉴、峤以下,封拜有差。谥卞壸曰忠贞,其二子眕、盱及桓彝、刘超、钟雅、羊曼、陶瞻,皆加赠谥。路永、匡术、贾宁,皆峻党,先归朝廷,司徒导欲赏之。峤曰:"永等首为乱阶,晚虽改悟,未足赎罪,得全首领,为幸多矣。"乃止。侃以江陵偏远,移镇巴陵。朝议欲留辅政,峤以导先帝所任,固辞;又以京邑荒残,留资蓄,具器用,而后还藩。庾亮泥首谢罪,欲阖门投窜山海。

数十万占据长安,派使者向后赵归降,石生率士众赶赴长安。

二月,各路军队讨伐苏逸,将他斩杀,还杀死了西阳王司马羕。

各路军队攻打石头城。建威长史滕含大败苏逸军队,擒获苏逸、韩晃,将他们斩杀。滕含部将曹据抱着晋成帝跑到温峤的船上,群臣见到晋成帝,叩头号泣请罪。杀死西阳王司马羕。陶侃与任让有旧交,为他请求免死。晋成帝说:"这是杀死我侍中、右卫的人,不能赦免。"于是杀死了任让。司徒王导进入石头城,让人取出原来的符节,陶侃笑着说:"苏武的符节似乎不如你这个。"王导面有愧色。

任命褚翜为丹阳尹。

当时宫殿已成灰烬,温峤想把都城迁到豫章,三吴地区的豪族请求定都会稽。王导说:"孙权、刘备都说'建康是帝王的宅府',古代的帝王,不一定因为物资的多寡而迁都。如果从事农业生产,节约费用,何愁暂时的凋敝!如果不致力于农事,那么乐土也会成为废墟。况且北方贼寇的游魂,窥伺着我方的可乘之机,一旦显示出虚弱,逃窜到蛮越之地,从声望和实际上考虑,恐怕都不是良策。如今只应保持宁静,人心自然安定。"因此不再迁都。又任命褚翜为丹阳尹。褚翜收拢聚集散失的人口,于是京城便安定了。

三月,任命陶侃为太尉,郗鉴为司空,温峤为骠骑将军、开府仪同三司,庾亮为豫州刺史。

评论平定苏峻的功绩,陶侃、郗鉴、温峤以下,都各自封爵拜官。追赠卞壸谥号为忠贞,两个儿子卞眕、卞盱及桓彝、刘超、钟雅、羊曼、陶瞻,都追赠谥号。路永、匡术、贾宁,都是苏峻同党,但率先归附朝廷,司徒王导想赏赐他们。温峤说:"路永等首先制造祸端,后虽改悔醒悟,也不足以赎罪,能保全首级,就是很大的幸运了。"于是便停止。陶侃因江陵偏僻遥远,就迁往巴陵镇守。朝廷议论想留下温峤辅佐朝政,温峤认为王导是先帝任命的,坚决推辞;又因京城荒凉残破,就留下物资储蓄,备齐器物用品,然后回藩地。庾亮叩头至地谢罪,想全家投身山海间隐居。

帝手诏慰谕曰："此社稷之难,非舅之责也。"亮乃求外镇自效,遂以为豫州刺史,出镇芜湖。侃之讨峻也,独湘州刺史卞敦拥兵不赴,又不给军粮,侃奏请槛车收付廷尉。司徒导以丧乱之后,宜加宽宥,乃以敦为广州刺史,敦忧愧而卒。

夏四月,骠骑将军、始安公温峤卒。以刘胤为江州刺史。

峤卒,时年四十二,谥曰忠武。胤,峤军司也。陶侃、郗鉴皆言胤非方伯才,王导不从。或谓导子悦曰："自江陵至于建康三千余里,流民万计。国之南藩,要害之地,而胤以汰侈卧而对之,不有外变,必有内患矣。"

秋八月,后赵石虎攻拔上邽,杀赵太子熙,遂取秦、陇。

赵南阳王胤帅众数万,自上邽趣长安,陇东戎、夏皆应之。石生婴城自守,虎救之。大破赵兵,乘胜追击,枕尸千里。上邽溃,虎执赵太子熙及胤以下三千余人,皆杀之。徙其台省文武、关东流民、秦、雍大族于襄国;秦、陇悉平。蒲洪、姚弋仲俱降于虎,虎表洪监六夷军事,弋仲为六夷左都督。徙氐、羌十五万落于司、冀州。

冬十二月,将军郭默杀刘胤。

胤矜豪纵酒,不恤政事。郭默被征为右军将军,求资于胤,不得。会有司奏:"朝廷空竭,百官无禄,惟资江州运漕。而胤商旅继路,以私废公,请免胤官。"胤方自申理,默遂诬胤以大逆,袭斩之,传首京师。招引谯国内史桓宣,宣固守不从。太尉侃上宣为武昌太守。

晋成帝亲笔写下诏书安慰劝谕说："这是国家的灾难，不是舅父的责任。"庾亮便请求出外镇守效力，于是任命他为豫州刺史，出京镇守芜湖。陶侃讨伐苏峻时，唯独湘州刺史卞敦拥兵没有赶来，又不供给军粮，陶侃奏请用槛车拘捕卞敦送交廷尉治罪。司徒王导认为国家丧乱之后，应该施以宽宥，于是任命卞敦为广州刺史，卞敦忧愁惭愧而死。

夏四月，骠骑将军、始安公温峤去世。任命刘胤为江州刺史。

温峤去世，时年四十二岁，谥号忠武。刘胤，是温峤的军司。陶侃、郗鉴都说刘胤不是独掌一方大权的人才，王导不听从。有人对王导之子王悦说："从江陵到建康有三千多里，流民数以万计。江州是国家的南部屏障，处要害之地，而刘胤以奢侈挥霍的性格横卧着对待政事，没有外部的事变，也必定会有内患。"

秋八月，后赵石虎攻克上邽，杀死前赵太子刘熙，于是夺取秦州、陇西。

前赵的南阳王刘胤率数万士兵，从上邽前往长安，陇东的戎狄、汉人全都响应他。石生环城自守，石虎救援他。石虎大败前赵军队，乘胜追击，尸体枕藉长达千里。上邽城破，石虎抓获前赵太子刘熙及刘胤和他的部下三千多人，全部斩杀。将前赵朝廷文武官员、关东流民、秦州和雍州的豪门大族都迁到襄国；秦州、陇西全部平定。蒲洪、姚弋仲都归降石虎，石虎表荐蒲洪监领六夷军事，姚弋仲为六夷左都督。将氐族、羌族的十五万村落百姓迁到司州、冀州。

冬十二月，将军郭默杀死刘胤。

刘胤倨傲豪奢，纵酒狂饮，不过问政事。郭默被征召为右军将军，向刘胤请求资助，没有得到。适逢主管官员奏报："朝廷国库空竭，文武百官没有俸禄，只能依靠江州的漕运。而刘胤的商旅在路上往来不断，因私废公，请求罢免刘胤官职。"刘胤正要为自己申辩，郭默便诬陷刘胤大逆不道，袭击并斩杀了他，将首级传送京城。郭默招引谯国内史桓宣，桓宣坚守驻地不从命。太尉陶侃上奏任命桓宣为武昌太守。

代王纥那出奔宇文部，翳槐立。

翳槐，郁律之子也。

羌杀河南王吐延。

河南王吐延为羌酋所杀，其子叶延立，保于白兰。叶延孝而好学，以为礼"公孙之子得以王父字为氏"，乃自号其国曰吐谷浑。

庚寅（330）　**五年** 赵建平元年。

春正月，太尉侃讨郭默，斩之。

刘胤首至建康。司徒导以郭默骁勇难制，枭胤首于大航，以默为江州刺史。陶侃闻之，投袂起曰："此必诈也。"即将兵讨之。上表言状，且与导书曰："默杀方州即用为方州，害宰相便为宰相乎？"导乃收胤首，答侃书曰："默据上流之势，加以船舰成资，故苞含隐忍以俟足下，岂非遵养时晦以定大事者邪！"侃笑曰："是乃遵养时贼也！"兵至，默将缚默以降，侃斩之。

二月，赵王勒称赵天王，以石虎为太尉，封中山王。

赵群臣请勒即皇帝位，勒乃称大赵天王，行皇帝事。立妃刘氏为王后，世子弘为太子，子宏为大单于；中山公虎为太尉，进爵为王。虎怒，私谓其子邃曰："吾身当矢石二十余年，以成大赵之业，大单于当以授我，乃与黄吻婢儿，念之令人气塞，不能寝食！待主上晏驾后，不足复留种也！"

赵诛祖约，夷其族。

仆射程遐言于勒曰："天下粗定，当显明逆顺，故汉高祖赦季布，斩丁公。今祖约犹存，臣窃惑之。"姚弋仲

代王拓跋纥那出逃宇文部,拓跋翳槐被立为代王。

拓跋翳槐是拓跋郁律的儿子。

羌人杀死河南王吐延。

河南王吐延被羌人酋长所杀,他的儿子叶延继位,据守白兰。叶延孝顺好学,认为按照礼仪"公孙之子可以用祖父的字作为姓氏",于是自取国号为吐谷浑。

庚寅(330)　**晋成帝咸和五年**后赵建平元年。

春正月,太尉陶侃讨伐郭默,将他斩杀。

刘胤的首级被送到建康。司徒王导认为郭默骁勇难以控制,就将刘胤的首级悬挂在大航示众,任命郭默为江州刺史。陶侃听说后,甩袖站起来说:"这件事一定有诈。"立即率兵讨伐郭默。陶侃上表陈述郭默罪状,并且给王导写信说:"郭默杀死一州长官就任命他为该州长官,那么害死宰相就要当宰相吗?"王导便收起刘胤首级,答复陶侃来信说:"郭默占据上游地势,加上船舰已为其所用,所以对他包涵容忍以等待足下的到来,难道不是暂时遵从,等待时机再决定大事吗!"陶侃笑着说:"这是遵从与养护贼寇啊!"大军到达,郭默的部将把他捆绑起来投降陶侃,陶侃斩杀了郭默。

二月,后赵王石勒自称赵天王,任命石虎为太尉,封中山王。

后赵的大臣们请求石勒即皇帝位,石勒便自称大赵天王,行使皇帝权力。立妃子刘氏为王后,世子石弘为太子,儿子石宏为大单于;任命中山公石虎为太尉,进爵为王。石虎很愤怒,私下对儿子石邃说:"我亲自冲锋陷阵二十多年,成就了大赵的功业,大单于的称号应当授给我,现在竟然给了奴婢所生的黄口小儿,想起来就令人气愤,寝食难安! 等主上去世后,不值得再留下他的后代子孙!"

后赵诛杀祖约,灭掉他的全族。

仆射程遐对石勒说:"天下大体平定,应彰明顺逆,所以汉高祖赦免季布,斩杀丁公。今祖约尚存,我私下感到迷惑。"姚弋仲

亦以为言。勒族诛之。初，祖逖有胡奴曰王安，甚爱之。在雍丘，谓曰："石勒是汝种类。"厚资遣之，安仕赵为左卫将军。及约诛，安叹曰："岂可使祖士稚无后乎！"乃往观刑。窃取逖庶子道重，匿之。及石氏亡，复归江南。

夏五月，诏太尉侃兼督江州。

侃遂移镇武昌。

六月，赵以张骏为凉州牧。

骏因前赵之亡，复收河南地，至于狄道，置五屯护军，与赵分境。赵拜骏凉州牧，骏耻为之臣，不受。及赵破休屠王羌，骏始惧，乃称臣入贡。

秋九月，赵王勒称皇帝。　赵寇陷襄阳。

赵郭敬寇襄阳。南中郎将周抚拒之，敬退屯樊城，偃藏旗帜，寂若无人。侦者至则告之曰："汝宜自爱坚守，后七八日，大骑将至，相策，不复得走矣。"使人浴马于津，周而复始，昼夜不绝。侦者还告，抚以为赵兵大至，惧，奔武昌。敬毁襄阳，迁其民于沔北，城樊城以戍之。抚坐免官。

更造新宫。

辛卯（331）　**六年**赵建平二年。

春三月朔，日食。　夏，赵举贤良方正，起明堂、辟雍、灵台。

赵令公卿以下，岁举贤良方正，仍令举人得更相荐引，以广求贤之路。起明堂、辟雍、灵台于襄国城西。

也如此说。石勒将祖约灭族。当初,祖逖有个胡人奴仆叫王安,祖逖非常喜欢他。在雍丘时,祖逖对王安说:"石勒是你同种族的人。"用丰厚的财物打发他回去,王安在后赵做官,任左卫将军。等到祖约被诛杀,王安叹道:"怎能让祖逖无后呢!"于是前去观看行刑。暗地里带出祖逖的庶子祖道重,把他藏起来。等到石氏灭亡,祖道重又返回江南。

夏五月,诏命太尉陶侃兼督江州。

于是陶侃迁往武昌镇守。

六月,后赵任命张骏为凉州牧。

张骏趁前赵灭亡,再次收复黄河以南地区,直到狄道,设置五屯护军,与后赵划定边界。后赵拜授张骏为凉州牧,张骏耻于当后赵的臣子,不接受。等到后赵打败休屠王石羌,张骏才开始恐惧,于是向后赵称臣进贡。

秋九月,后赵王石勒称皇帝。 后赵侵犯并攻陷襄阳。

后赵的郭敬侵犯襄阳。东晋的南中郎将周抚拒战,郭敬退驻樊城,将旗帜放倒隐藏起来,静若无人。晋军侦察兵到来就告诉他们说:"你们应该爱惜自己,坚固防守,七八天之后,大队骑兵将到达,与我们相互策应,你们就不再能跑掉了。"郭敬派人在渡口为马洗澡,周而复始,昼夜不断。侦察兵回去后报告周抚,周抚认为后赵军队要大批到达,心中恐惧,逃奔武昌。郭敬毁坏襄阳城,把百姓迁到沔水以北,在樊城修筑城堡守卫。周抚获罪被免官。

东晋朝廷重新建造新的皇宫。

辛卯(331) **晋成帝咸和六年**后赵建平二年。

春三月初一,发生日食。 夏季,后赵举荐贤良方正人才,建造明堂、辟雍、灵台。

后赵国主石勒下令公卿以下官员,每年举荐贤良方正人才,并且让被举荐人得以交相引荐,以扩大求贤的途径。在襄国城西建造明堂、辟雍、灵台。

秋九月,赵营邺宫。

初,赵主勒如邺,将营新宫。廷尉续咸苦谏,勒怒,欲斩之。徐光曰:"咸言不可用,亦当容之,奈何一旦以直言斩列卿乎!"勒叹曰:"为人君,不得自专如是乎!匹夫家赀满百匹,犹欲市宅,况富有四海乎!此宫终当营之,且敕停作,以成吾直臣之气。"因赐咸绢百匹。至是复营邺宫,以洛阳为南都,置行台。

冬,有事于太庙。

烝祭太庙,诏归胙于司徒导,且命无下拜,导辞疾不敢当。初,帝即位冲幼,每见导必拜,与导手诏则云"惶恐言",中书作诏则曰"敬问"。有司议:"元会日,帝应敬导不?"博士郭熙以为:"礼无拜臣之文。"侍中冯怀以为:"天子临辟雍,拜三老,况先帝师傅!谓宜尽敬。"侍中荀奕曰:"三朝之首,宜明君臣之体,若他日小会,自可尽礼。"诏从之。

慕容廆遣使诣太尉侃。

廆僚属诣共表请进廆官爵。参军韩恒驳曰:"立功者患信义不著,不患名位不高。宜缮甲兵,除凶逆,功成之后,九锡自至。比于邀君以求宠,不亦荣乎!"廆不悦,于是遣使与陶侃笺,劝以兴兵北伐,共清中原。而东夷校尉封抽等疏上侃府,请封廆为燕王。侃复书曰:"夫功成进爵,古之成制也。车骑虽未能为官摧勒,然忠义竭诚。今腾笺上听,可不、迟速,当在天台也。"

秋九月，后赵营建邺城宫室。

当初，后赵国主石勒到邺城，准备营建新的宫室。廷尉续咸苦苦劝谏，石勒大怒，想要斩杀他。徐光说："续咸的话虽然不能采纳，也应当宽容他，怎能因一时的直言劝谏就斩杀列卿呢！"石勒叹息说："作为人君，不能自行决断到如此地步吗！普通百姓家财满一百匹，还想买住宅，何况富有四海呢！这座宫殿终将营建起来，暂且下令停止建造，以成全我耿直大臣的气节。"于是赐给续咸一百匹绢。到此时再次营建邺宫，把洛阳作为南都，设置行台。

冬季，在太庙举行祭祀仪式。

在太庙举行冬祭，下诏将祭祀的胙肉送给司徒王导，并且命令他不用下拜谢恩，王导以有病为由推辞不敢接受。当初，晋成帝即位时年幼，每次见到王导必定下拜，给王导写亲笔诏书时就说"惶恐地讲"，中书写的诏书就说"敬问"。主管官员议论："元旦朝会那天，皇帝是否应该礼敬王导？"博士郭熙认为："礼法上没有皇帝拜臣子的条文。"侍中冯怀认为："天予驾临辟雍，礼拜三老，何况是先帝的太师、太傅！我认为应该竭尽敬意。"侍中荀奕说："元旦是一年中朝会的第一次，应该彰明君臣各自的身份，如果是其他时间的小型朝会，自然可以备加礼敬。"诏命依从荀奕的意见。

慕容廆派使者前去见太尉陶侃。

慕容廆的僚属共同送去奏表，请求为慕容廆加官进爵。参军韩恒驳斥说："建立功勋的人应该忧虑诚信、道义不彰显，不应该忧虑名声地位不高。应当修缮铠甲武器，铲除凶顽叛逆，大功告成之后，九锡之礼自然得到。与向君主请求得到恩宠相比，不是更荣耀吗！"慕容廆心中不悦，于是派使者送去写给陶侃的信，劝说陶侃起兵北伐，共同肃清中原。而东夷校尉封抽等人写疏文上报陶侃幕府，请求封慕容廆为燕王。陶侃回信说："成就功业后加官进爵，是古代的定制。车骑将军慕容廆虽然没能为国家剿灭石勒，但是忠诚仁义，竭心尽力。现在我把疏文转呈圣上知晓，是否授官或授官早晚，应当由朝廷决定。"

壬辰（332）　**七年**赵建平三年。

春正月，赵大飨群臣。

赵主勒谓徐光曰：“朕可方自古何等主？”对曰：“陛下神武谋略过于汉高。”勒笑曰：“人岂不自知！卿言太过。朕若遇高祖，当北面事之，与韩、彭比肩；若遇光武，当并驱中原，未知鹿死谁手。大丈夫行事，宜礌礌落落，如日月皎然，终不效曹孟德、司马仲达欺人孤儿、寡妇，狐媚以取天下也。”勒虽不学，好使诸生读书而听之，时以其意论古今得失，闻者悦服。尝使人读《汉书》，闻郦食其劝立六国后，惊曰：“此法当失，何以遂得天下？”及闻留侯谏，乃曰：“赖有此耳。”

赵命太子弘省可尚书奏事。

弘好属文，亲敬儒素。勒谓中书令徐光曰：“大雅愔愔，殊不似将家子。”光曰：“汉祖以马上取天下，孝文以玄默守之。圣人之后，必有胜残去杀者，天之道也。”勒甚悦。光因说曰：“中山王雄暴多诈，陛下一旦不讳，臣恐社稷非太子所有也。宜渐夺其权，使太子早参朝政。”程遐亦曰：“中山王勇悍残忍，威振内外，诸子皆典兵权。志愿无极，若不除之，臣见宗庙不血食矣。”勒皆不听。徐光他日承间言曰：“今国家无事，而陛下若有不怡，何也？”勒曰：“吴、蜀未平，恐后世不以吾为受命之主。”光曰：“陛下苞括二都，平荡八州，帝王之统不在陛下，复当在谁！且陛下不忧腹心之疾，而更忧四支乎！中山王资性不仁，见利忘义，父子并据权位，而耿耿常有不满之心。近于东宫侍宴，

壬辰（332）　**晋成帝咸和七年**后赵建平三年。

春正月，后赵大宴群臣。

后赵国主石勒对徐光说："朕能够与自古以来的哪一等君主相比？"徐光回答说："陛下的神勇谋略超过汉高祖。"石勒笑着说："人怎能不自知！你说得太过分了。朕如果遇上汉高祖，应当面朝北向他称臣，与韩信、彭越并肩而立；如果遇到汉光武帝，将与他共同逐鹿中原，不知道鹿死谁手。大丈夫做事，应该光明磊落，如日月般光洁明亮，终究不应仿效曹操、司马懿去欺凌人家的孤儿、寡妇，靠阴柔手段夺取天下。"石勒虽然没有读过书，却喜好让读书人念书给他听，并时常用自己的观点评论古今得失，听到的人都心悦诚服。他曾经让人读《汉书》，听到郦食其劝说汉高祖册立六国的后代，吃惊地说："这个做法应当是失策了，凭什么就得到天下呢？"等听到留侯张良的进谏，才说："多亏有这件事。"

后赵国主石勒命太子石弘批阅定夺尚书的奏事。

石弘爱好写文章，亲近尊敬儒雅之士。石勒对中书令徐光说："石弘和悦文雅，一点不像将军家的儿子。"徐光说："汉高祖靠驰骋于马上夺取天下，孝文帝用沉静无为守天下。圣人的后代，必定出现遏止残暴、去除杀戮的人，这是天道。"石勒非常高兴。徐光便劝说石勒道："中山王石虎勇猛残暴，诡计多端，一旦陛下辞世，我担心国家就不是太子所有了。应该渐渐夺去石虎的权势，让太子早日参与朝政。"程遐也说："中山王勇悍残忍，威震内外，几个儿子都掌握兵权。他的志向、欲望是无止境的，如果不除去他，我看宗庙就要绝祀了。"石勒全都不听。徐光后来又寻机说："如今国家平安无事，而陛下好像有些不高兴，为什么？"石勒说："吴地、蜀地没有平定，恐怕后世不把我当做承受天命的君主。"徐光说："陛下囊括长安、洛阳二都，荡平八州，帝王的正统不在陛下，又应当在谁呢！况且陛下不担忧心腹之患，却反而担忧四肢呢！中山王禀性不仁，见利忘义，父子共同占据权位，而且耿耿于怀，常有不满之心。最近他在东宫陪侍宴饮，

有轻皇太子色。臣恐陛下万年后，不可复制也。"勒默然，始命太子省可尚书奏事，以中常侍严震参综可否，惟征伐断斩大事乃呈之。于是震权过于主相，虎之门可设雀罗矣。虎愈怏怏。

秋，太尉侃遣南中郎将桓宣攻拔襄阳，遂留镇之。

赵郭敬南掠江西，陶侃遣桓宣乘虚攻樊城，悉俘其众。敬旋救樊，宣与战于涅水，破之。敬惧，遁去；遂拔襄阳。侃使宣镇之。宣招怀初附，简刑罚，略威仪，劝课农桑，或载锄耒于轺轩，亲帅民芸获。在襄阳十余年，赵再攻之，宣以寡弱拒守，赵不得胜。时人以为亚于祖逖、周访。

赵凉州牧张骏立其子重华为世子。

重华，骏之次子也。凉州僚属劝骏称凉王，置百官。骏曰："此非人臣所宜言也。敢言此者，罪不赦！"然境内皆称之为王。

癸巳（333） **八年**赵建平四年。

春，赵遣使来修好，诏焚其币。 三月，宁州叛，降于成。 夏五月，辽东公慕容廆卒，世子皝嗣。 秋七月，赵主勒卒，太子弘立。

赵主勒寝疾，中山王虎入侍，矫诏，群臣亲戚皆不得入。时秦王宏、彭城王堪将兵在外，皆召使还。勒疾小瘳，见宏，惊曰："吾使王处藩镇，正备今日，有召王者邪？当按诛之！"虎惧曰："秦王思慕，暂还耳，今遣之。"仍留不遣。

有轻视皇太子的神色。我担心陛下去世后，不能再控制他。"石勒沉默不语，开始命太子批阅定夺尚书的奏事，让中常侍严震参与判断可否，只有征伐斩杀等大事才呈报他。于是严震的权力超过宰相，石虎则是门可罗雀了。石虎更加怏怏不乐。

秋季，太尉陶侃派南中郎将桓宣攻克襄阳，于是留下桓宣镇守襄阳。

后赵的郭敬向南劫掠长江以西地区，陶侃派桓宣乘虚攻打樊城，全部俘获其士众。郭敬掉头救援樊城，桓宣与他在涅水交战，打败了他。郭敬害怕，逃走了；于是桓宣攻克襄阳。陶侃让桓宣镇守襄阳。桓宣招抚新近归附的人，简易刑罚，省略威仪，鼓励督促农事，有时用轻便马车装载着锄、耒等农具，亲自率领百姓耕耘收获。在襄阳十多年，后赵两次攻打桓宣，桓宣用又少又弱的军队抵抗防守，后赵人也不能取胜。当时的人们认为他仅次于祖逖、周访。

后赵凉州牧张骏立儿子张重华为世子。

张重华是张骏的次子。凉州的僚属劝张骏称凉王，设置百官。张骏说："这不是人臣所应该讲的。敢说此话的，罪不容赦！"然而辖境内都称他为凉王。

癸巳（333）　晋成帝咸和八年后赵建平四年。

春季，后赵派使者前来与东晋修好，晋成帝下诏焚烧使者带来的礼物。　三月，宁州叛变，向成汉投降。　夏五月，辽东公慕容廆去世，世子慕容皝继位。　秋七月，后赵国主石勒去世，太子石弘即位。

后赵国主石勒卧病不起，中山王石虎入宫侍奉，伪造诏书，令大臣们和亲戚全都不能入内。当时秦王石宏、彭城王石堪领兵在外，石虎将他们全都召回来。石勒的病情稍有好转，看见石宏，吃惊地说："我让你驻守藩镇，正是防备今天，有人征召你来吗？应当查办并诛杀他！"石虎害怕地说："秦王想念您，不过是暂时回来而已，现在就让他回去。"却仍然留下秦王不遣返。

至是勒疾笃,遗命曰:"大雅兄弟,宜善相保,司马氏,汝曹之前车也。中山王宜深思周、霍,勿为将来口实。"勒卒。虎劫太子弘,使收程遐、徐光,下廷尉。召其子邃,使将兵入宿卫。弘大惧,让位于虎。虎曰:"若不堪重任,天下自有大义,何足豫论!"弘乃即位。杀遐、光。夜,以勒丧潜瘗山谷。乃备仪卫,虚葬于高平陵。

八月,赵石虎自为丞相、魏王。九月,弑其太后刘氏。冬十月,赵河东王石生等举兵讨之,不克而死。

赵石虎自为丞相、魏王、大单于,加九锡。勒旧臣皆补散任,虎亲党悉署要职。刘太后谓彭城王堪曰:"先帝甫晏驾,丞相遽相陵藉如此,将若之何?"堪曰:"宫省之内,无可为者,请奔兖州,举兵诛之。"遂微服、轻骑袭兖州,不克,南奔谯。虎遣将追获,送襄国,并刘氏杀之。刘氏有胆略,佐勒建功业,有吕后之风。时石生镇关中,石朗镇洛阳,闻变皆举兵讨虎。生遣使降晋,而蒲洪西附张骏。虎攻朗,斩之,进向长安。生麾下斩生以降。虎命麻秋讨洪,洪降于虎,说虎徙关中豪杰及氐、羌以实东方,虎从之,徙十余万户于关东。以洪为龙骧将军、流民都督,居枋头;以姚弋仲为奋武将军、西羌大都督,居滠头。虎还建魏台,如魏武辅汉故事。

慕容皝兄翰奔段氏,弟仁据辽东。

慕容皝初嗣位,用法严峻,国人不安,主簿皇甫真切谏,不听。皝庶兄翰、母弟仁皆有勇略,屡立战功,得志,有宠于廆。皝忌之,翰乃与其子出奔段氏。段辽素闻其才,

到此时石勒病重，留下遗命说："石弘兄弟，应该好好相互保护，司马氏是你们的前车之鉴。中山王石虎应当深深追思周公、霍光，不要做成为后世口实的事。"石勒去世。石虎劫持太子石弘，让他拘捕程遐、徐光，交送廷尉治罪。石虎征召儿子石邃，让他领兵入宫宿卫。石弘非常恐惧，让位给石虎。石虎说："你如果不能承担重任，天下自然有大义来评说，怎能事先谈论！"于是石弘即位。杀死程遐、徐光。夜晚，把石勒尸体悄悄地埋在山谷中。又备齐仪仗护卫，假装将石勒安葬在高平陵。

八月，后赵石虎自任丞相、魏王。九月，杀死太后刘氏。冬十月，后赵河东王石生等起兵讨伐石虎，没有成功而死。

后赵石虎自任丞相、魏王、大单于，加九锡。石勒的旧臣都补任闲散的官职，石虎的亲信党羽全部充任重要职位。刘太后对彭城王石堪说："先帝刚刚去世，丞相就立即对我们如此欺凌践踏，该怎么办？"石堪说："宫廷之内，没有能够有所作为的人，请奔往兖州，再起兵诛杀叛逆。"于是石堪便衣、轻骑袭击兖州，没有成功，向南奔往谯国。石虎派部将追击并俘获石堪，送到襄国，与刘氏一起斩杀。刘氏有胆略，辅佐石勒建立功业，有吕后的风采。当时石生镇守关中，石朗镇守洛阳，听闻事变后都起兵讨伐石虎。石生派使者向东晋归降，而蒲洪归附西方的张骏。石虎攻打石朗，斩杀了他，向长安进军。石生麾下部将杀死石生投降。石虎命令麻秋讨伐蒲洪，蒲洪投降石虎，劝说石虎迁徙关中的豪杰及氐人、羌人以充实东方，石虎采纳他的建议，将十多万户迁到关东。任命蒲洪为龙骧将军、流民都督，驻扎枋头；任命姚弋仲为奋武将军、西羌大都督，驻扎滠头。石虎返回襄国建造魏台，依照魏武帝辅佐汉朝的先例。

慕容皝的哥哥慕容翰逃奔段氏，弟弟慕容仁占据辽东。

慕容皝刚继位，使用刑罚严厉，国内人心不安，主簿皇甫真恳切劝谏，慕容皝不听。慕容皝的异母兄慕容翰、同母弟慕容仁都有勇有谋，屡立战功，志得意满，受慕容廆宠爱。慕容皝妒忌他们，慕容翰便与儿子出逃段氏。段辽一向听说慕容翰的才能，

甚爱重之。仁据平郭,皝遣兵讨之,大败,于是仁尽有辽东之地,段辽及鲜卑诸部皆应之。皝追思真言,以为平州别驾。

张骏遣张淳来上表。

张骏欲假道于成以通表建康,成主雄不许。骏乃遣治中从事张淳称藩于成以假道,雄伪许之,将使盗覆诸东峡。或以告淳,淳谓雄曰:"寡君使小臣行无迹之地,通诚于建康者,以陛下嘉尚忠义,能成人之美故也。若欲杀臣,当斩之都市,宣示众目曰:'凉州不忘旧德,通使琅邪,主圣臣明,发觉杀之。'如此,则义声远播,天下畏威。今使盗杀之江中,威刑不显,何足以示天下乎!"雄大惊曰:"安有此邪!"司隶景骞言于雄曰:"张淳壮士,请留之。"雄曰:"壮士安肯留!且试以卿意观之。"骞谓淳曰:"卿体丰大,天热,可且遣下吏,小住须凉。"淳曰:"寡君以皇舆播越,梓宫未返,生民涂炭,莫之振救,故遣淳通诚上都。所论事重,非下吏所能传;使下吏可了,则淳亦不来矣。虽火山汤海,犹将赴之,岂寒暑之足惮哉!"雄谓淳曰:"贵主英名盖世,土险兵强,何不称帝自娱一方?"淳曰:"寡君祖考以来,世笃忠贞,以仇耻未雪,枕戈待旦,何自娱之有!"雄甚惭,厚为礼而遣之。淳卒致命于建康。

甲午(334) **九年**赵主石弘延熙元年。

春正月,仇池王杨难敌卒,子毅嗣,遣使来称藩。 二月,以张骏为大将军。

非常宠爱器重他。慕容仁据守平郭，慕容皝派兵讨伐他，大败，于是慕容仁全部占有辽东地区，段辽及鲜卑各部落都响应他。慕容皝追思皇甫真说过的话，任命他为平州别驾。

张骏派张淳前来东晋上表。

张骏想向成汉借路到建康通奏上表，成汉国主李雄不允许。张骏便派治中从事张淳向成汉称藩属以借路，李雄假装答应，准备让盗贼把张淳沉于东峡。有人将此事告诉张淳，张淳对李雄说："我的君主让我来到从未通行的地方，向建康表达诚意的原因，是因为陛下嘉许与崇尚忠诚仁义，能够成人之美的缘故。如果想杀我，应当在都市斩首，向众人宣示说：'凉州不忘朝廷旧恩，与晋室互通使者，由于君主圣贤，臣子明察，发觉此事后杀了他。'如此一来，那么仁义的声名就远远传播，天下都畏惧陛下的威风。如今让盗贼把我杀死在江中，威风、刑罚都不显露，靠什么去晓示天下呢！"李雄大惊说："哪有此事呢！"司隶校尉景骞对李雄说："张淳是位壮士，请留下他。"李雄说："既然是壮士，怎么肯留下！暂且试着以你的意思试探他。"景骞对张淳说："你身体肥胖，天气炎热，可以暂且派属下小吏去，你先小住一段时间，等天气凉爽后再走。"张淳说："我的君主因为皇室迁往远方，先帝的灵柩没有送返，生民涂炭，无人拯救，所以派我向建康表达诚意。所议论的事情重大，不是属下小吏能够传达的；假使属下小吏可以办妥，就不用我来了。即使是火山汤海，仍将前往，严寒酷暑又怎么值得害怕呢！"李雄对张淳说："贵主上英名盖世，地险兵强，为什么不称帝而自己享乐一方呢？"张淳说："我的君主从祖父、父亲以来，世代笃守忠贞，因国家的仇恨与耻辱未雪，所以枕戈待旦，哪有自己享乐一说！"李雄非常惭愧，备下厚礼并送他上路。张淳最终到建康完成了使命。

甲午（334） **晋成帝咸和九年**后赵国主石弘延熙元年。

春正月，仇池王杨难敌去世，儿子杨毅继位，派使者前来东晋称藩属。 二月，任命张骏为大将军。

自是每岁使者不绝。

段辽遣兵攻柳城，破之。

段辽遣其弟兰与慕容翰将兵共攻柳城，慕容皝遣慕容汗等救之，大败。兰欲乘胜穷追，翰恐遂灭其国，止之曰："受命之日，正求此捷；若贪进取败，何以返面！"兰曰："此已成擒，卿正虑遂灭卿国耳！"翰曰："吾投身相依，无复还理；国之存亡，于我何有！但欲为大国计耳。"乃命所部欲独还，兰不得已，从之。

夏六月，太尉、长沙公陶侃卒。

侃晚年深以满盈自惧，不预朝权，屡欲告老归国，佐吏等苦留之。至是疾笃，上表逊位。奉送所假节、麾、幢、曲盖、侍中貂蝉、太尉章、八州刺史印传、棨戟；军资、器仗、牛马、舟船，皆有定簿，封印仓库，自加管钥。以后事付右司马王愆期，舆车就船，将归长沙，顾谓愆期曰："老子婆娑，正坐诸君！"卒，谥曰桓。侃在军四十一年，明毅善断，识察纤密，人不能欺。自南陵迄于白帝，数千里中，路不拾遗。尚书梅陶尝谓人曰："陶公机神明鉴似魏武，忠顺勤劳似孔明，陆抗诸人不能及也。"谢安每言："陶公虽用法而恒得法外意。"安，鲲之从子也。

成主雄卒，太子班立。

雄生疡于头。身素多金创，及病，旧痕皆脓溃，诸子恶而远之；独太子班昼夜侍侧，不脱衣冠，亲为吮脓。雄召建宁王寿受遗诏辅政。及卒，班即位。政事皆委于寿及司徒何点、尚书令王瓌，班居中行丧礼，一无所预。

从此，每年使者往来不断。

段辽派兵攻打柳城，将其攻破。

段辽派弟弟段兰与慕容翰领兵共同攻打柳城，慕容皝派慕容汗等救援，结果大败。段兰想要乘胜穷追，慕容翰担心因此而灭掉了自己的国家，便阻止段兰说："接受命令那天，正是想求得今日的胜利；如果贪功进军导致失败，有什么脸面返回呢！"段兰说："擒获这些人已成定局，你不过是担忧趁势灭掉你的国家而已！"慕容翰说："我既投身依附，没有再返回的道理；国家的存亡与否，和我有什么关系！只是想为贵国谋划罢了。"于是命令部下，打算独自返回，段兰不得已，听从了他。

夏六月，太尉、长沙公陶侃去世。

陶侃晚年深切地以物极必反的道理来警诫自己，所以不参与朝政，多次想告老还乡，佐官僚属等人苦苦相留。到此时病重，上表请求退职。奉还所持有的符节、旌旗、伞盖、侍中貂蝉冠、太尉印章、八州刺史的玺印传符、荣戟；至于军资、兵器、牛马、舟船等，都有统计账簿，加盖封印储存在仓库中，亲自上锁。陶侃将身后事托付给右司马王愆期，乘车离开武昌，到渡口上船，准备返回长沙，回头对王愆期说："老夫现在蹒跚难行，正是因为各位阻拦！"去世后，赠谥号为桓。陶侃在军中四十一年，明智坚毅，善于决断，明察秋毫，别人不能欺骗他。从南陵直到白帝，数千里之内，路不拾遗。尚书梅陶曾经对人说："陶公神机明鉴好似魏武帝，忠顺勤劳好似诸葛亮，陆抗等人不能与他相比。"谢安常常说："陶公虽然施用刑罚，却常常能领会到刑罚之外的含义。"谢安是谢鲲的侄子。

成汉国主李雄去世，太子李班即位。

李雄头上生了疮。他身上向来有很多刀枪创伤，等到病发，老伤痕都化脓溃烂，儿子们都因厌恶而远离他；唯独太子李班昼夜在旁侍奉，不脱衣帽，亲自为他吸吮脓疮。李雄征召建宁王李寿接受遗诏辅佐朝政。等到李雄去世，李班即位。政事全交托给李寿及司徒何点、尚书令王瓌，李班在宫中服丧，毫不干预。

以庾亮都督江、荆等州军事。

亮镇武昌，辟殷浩为记室参军。浩与褚裒、杜乂皆以识度清远，善谈《老》《易》，擅名江东，而浩尤为风流所宗。桓彝尝谓裒曰："季野有皮里《春秋》。"言其外无臧否，而内有褒贬也。谢安曰："裒虽不言，而四时之气亦备矣。"

秋，以慕容皝为镇军大将军、平州刺史、辽东公。　冬十月，成李越弑其主班而立其弟期。

越，成主雄之子也。先出屯江阳，奔丧至成都，与其弟期谋作乱。班弟玝劝班遣越还江阳，以期为梁州刺史。班以未葬，不忍遣，推心待之，遣玝出屯于涪。至是越因班夜哭，弑之于殡宫。奉期而立之，期以越为相国，加大将军寿大都督，皆录尚书事。

冬十一月，赵石虎弑其主弘，自立为居摄天王。

赵主弘自赍玺绶诣魏宫，请禅位。虎曰："帝王大业，天下自当有议，何为自论邪！"弘流涕还宫，谓太后程氏曰："先帝种真无复遗矣！"于是尚书奏："魏台请依唐、虞禅让故事。"虎曰："弘愚暗，居丧无礼，不可以君万国，便当废之，何禅让也！"遂废之。虎称居摄天王，幽弘及太后，寻皆杀之。姚弋仲称疾不贺，累召乃至。正色谓虎曰："弋仲常谓大王命世英雄，奈何把臂受托而反夺之邪？"虎心虽不平，然察其诚实，亦不之罪。

慕容皝攻辽东，克之。

任命庾亮都督江州、荆州等州军事。

庾亮镇守武昌，征召殷浩为记室参军。殷浩与褚裒、杜义都因见识与气度清明弘远，擅长讲谈《老子》《周易》，在江东享有盛名，而殷浩尤其被风流雅士所推重。桓彝曾经对褚裒说："褚季野有皮里《春秋》。"是说他表面上虽然不评论人物好坏，而内心却有所褒贬。谢安说："褚裒虽然不讲话，但一年四季的精神他都具备。"

秋季，任命慕容皝为镇军大将军、平州刺史、辽东公。　冬十月，成汉李越杀死君主李班而立自己的弟弟李期为主。

李越是成汉国主李雄的儿子。他先前外出驻扎江阳，奔父丧而回到成都，与弟弟李期谋划作乱。李班的弟弟李玶劝说李班遣送李越返回江阳，任命李期为梁州刺史。李班因为没有安葬父亲，不忍心遣返李越，推心置腹地对待他，派李玶外出驻扎在涪城。到此时李越趁李班夜晚哭丧时，将他杀死在殡宫。拥奉李期并立他为国主，李期任命李越为相国，加授大将军李寿为大都督，二人都录尚书事。

冬十一月，后赵的石虎杀死君主石弘，自立为居摄天王。

后赵国主石弘自己携带着印玺来到魏宫，请求禅位给石虎。石虎说："帝王大业，天下自然会有公论，为什么要自己评判呢！"石弘流着泪返回宫中，对太后程氏说："先帝的后代真的不会再有遗存了！"于是尚书上奏说："陛下请求依照唐尧、虞舜禅让的先例。"石虎说："石弘愚昧昏庸，服丧期间不遵礼法，不能让他君临万国，应当废黜他，怎么能够禅让呢！"于是废黜了石弘。石虎自称居摄天王，幽禁石弘及太后，不久把他们全部杀死了。姚弋仲称病不去向石虎祝贺，多次征召才到。姚弋仲面色严肃地对石虎说："我常说大王您是闻名于当世的英雄，怎么能拉着手臂接受托付辅佐幼君，反而又夺去人家的君位呢？"石虎虽然忿忿不平，然而看到姚弋仲确实是真心实意，也就没有加罪于他。

慕容皝攻打辽东，辽东被攻克。

虓欲悉坑辽东民,高诩谏曰:"今元恶犹存,始克此城,遽加夷灭,则未下之城,无归善之路矣。"虓乃止。

乙未(335) **咸康元年**赵太祖石虎建武元年,成主李期玉恒元年。

春正月朔,帝冠。　　三月,幸司徒导府。

司徒导羸疾,不堪朝会。帝幸其府,与群臣宴于内室,拜导及其妻曹氏。侍中孔坦密谏,以为初加元服,动宜顾礼。时帝方委政于导,坦复言曰:"陛下春秋已长,圣敬日跻,宜博纳朝臣,谘诹善道。"导闻而恶之,出为廷尉。坦以疾去职。丹阳尹桓景诣巧,导亲爱之。会荧惑守南斗经旬,导谓将军陶回曰:"斗,扬州之分,吾当逊位以厌天谴。"回曰:"公以明德作辅,而与桓景造膝,使荧惑何以退舍!"导深愧之。导辟王濛、王述为掾、属。濛不修小廉,而以清约见称。与沛国刘惔友善,惔常称濛性至通,而自然有节。濛曰:"刘君知我,胜我自知。"当时称风流者,以惔、濛为首。述性沉静,每坐客辩论蜂起,而述处之恬如也。年三十,尚未知名,人谓之痴。导以门地辟之。既见,唯问江东米价,述张目不答。导曰:"王掾不痴。"导每发言,一坐莫不赞美,述正色曰:"人非尧、舜,何得每事尽善!"导改容谢之。

夏四月,赵王虎南游,临江而还。帝亲勒兵戒严,六日罢。

慕容皝想要全部活埋辽东百姓，高诩劝谏说："如今首恶元凶仍在，刚攻克此城，就立即将他们杀光灭尽，那么那些没有攻下的城池，就没有归顺向善的路了。"慕容皝才停止。

乙未（335）　**晋成帝咸康元年**后赵太祖石虎建武元年，成汉国主李期玉恒元年。

春正月初一，晋成帝加冠。　三月，晋成帝驾临司徒王导的府宅。

司徒王导身体虚弱多病，不能参加朝会。晋成帝驾临王导府宅，与群臣在内室宴饮，礼拜王导及他的妻子曹氏。侍中孔坦秘密进谏，认为皇帝刚刚加冠，一举一动应当顾及礼法。当时晋成帝刚把朝政交托给王导，孔坦又进言说："陛下年龄渐大，智慧与端庄与日俱增，应博采群臣意见，征询更好的治国方法。"王导听说后厌恶孔坦，将他调出去担任廷尉。孔坦称病辞职。丹阳尹桓景为人谄媚奸巧，王导亲近宠爱他。适逢火星停留在南斗六星达十多天，王导对将军陶回说："南斗，是扬州的分野，我应当退位以回应上天的谴责。"陶回说："您靠显明的德行充任辅臣，却与桓景促膝亲近，怎么能让火星退回原位！"王导对此深深惭愧。王导征召王濛、王述为僚属。王濛不拘小节，而以清静简约著称。他与沛国刘惔友善，刘惔常说王濛性情至为通达，自然而有气节。王濛说："刘君对我的了解，胜过我对自己的了解。"当时人称风流雅士的，以刘惔、王濛为首。王述性情沉静，每当在座的客人们辩论蜂起，王述却能淡然处之。年已三十，仍没有出名，人们都认为他痴呆。王导因门第关系征召他。见面后，只问他江东的米价，王述睁大眼睛不答话。王导说："王述不痴呆。"王导每次发言，在座的人无不赞美，王述却面色严肃地说："人不是尧、舜，怎能每件事都尽善尽美！"王导改变脸色向他道歉。

夏四月，后赵王石虎到南方巡游，来到长江边后返回。晋成帝亲自率兵戒严，六天后才解除。

赵王虎南游，临江而还。有游骑十余至历阳，太守袁耽表上之，不言多少。朝廷震惧。加司徒导大司马、都督征讨诸军事。帝观兵广莫门，分命诸将救历阳及戍慈湖、牛渚，郗鉴使广陵相陈光将兵入卫。俄闻赵骑至少，又已去，遂解严，导解大司马。耽坐轻妄免官。

大旱。　秋九月，赵迁都邺。　赵听其民事佛。

初，赵主勒以天竺僧佛图澄豫言成败，数有验，敬事之。及虎即位，奉之尤谨，衣以绫锦，乘以雕辇。朝会之日，太子、诸公扶翼上殿。国人化之，争造寺庙，削发出家。至是或避赋役为奸宄，诏中书曰："佛，国家所奉，里闾小人无爵秩者，应得事不？"著作郎王度等议曰："王者祭祀，典礼具存。佛，外国之神，非天子所应祠也。汉、魏唯听西域人立寺都邑，汉人皆不得出家。今宜禁公卿以下，毋得诣寺烧香、礼拜；其赵人为沙门者，皆返初服。"虎诏曰："朕生自边鄙，忝君诸夏，至于飨祀，应从本俗。其夷、赵百姓乐事佛者，特听之。"

成杀其臣罗演及故主班母罗氏。

成太子班之舅罗演等谋杀成主期，立班子。事觉，期杀演等及班母罗氏。期自得志，轻诸旧臣，信任景骞、姚华、田褒、中常侍许涪等，刑赏大政，皆决于数人。褒无他才，尝劝雄立期为太子，故有宠。由是纪纲隳紊，雄业衰矣。

冬十月朔，日食。　建安君荀氏卒。

荀氏，明帝母也。在禁中尊重同于太后，卒，赠豫章郡君。

后赵王石虎到南方巡游，到长江边才返回。有十多名后赵巡逻骑兵到达历阳，太守袁耽上表奏报，没说数量多少。朝廷震惊恐惧。加授司徒王导为大司马、都督征讨诸军事。晋成帝在广莫门阅兵，分别命令各将领救援历阳并戍守慈湖、牛渚，都鉴派广陵相陈光领兵入京护卫。不久听说后赵骑兵极少，又已离去，便解除戒严，王导卸任大司马。袁耽因轻妄不察之罪被免官。

发生严重干旱。　秋九月，后赵迁都到邺城。　后赵听任百姓信佛。

当初，后赵国主石勒因为天竺僧人佛图澄预言事情的成败，多次应验，所以恭敬地侍奉他。等到石虎即位，侍奉他更加恭谨，给他穿绫锦，乘雕辇。朝会那天，太子、公卿们搀扶簇拥着他上殿。本国人受此影响，争相建造寺庙，削发出家。到此时有的人借以逃避赋税徭役，做非法勾当，于是下诏书问中书说："佛是国家所信奉的，里巷小民没有爵位官职的人，是否应当信奉？"著作郎王度等人议论说："君王祭祀，典制礼仪都存在。佛是外国的神，不是天子所应供奉的。汉、魏时只允许西域人在都城建立寺庙，汉人都不能出家。如今应禁止公卿以下的人，不能到寺庙烧香、拜佛；赵国人当和尚的，全都恢复原来的服饰。"石虎下诏说："朕生在边远地区，愧为华夏百姓的君主，至于祭祀，应当遵从本来的风俗。夷人、赵国百姓乐于信奉佛教的，特准其便。"

成汉杀死大臣罗演及原国主李班的母亲罗氏。

成汉太子李班的舅父罗演等图谋杀死成汉国主李期，立李班的儿子为国主。事情被发觉，李期杀死罗演等人及李班的母亲罗氏。李期自以为得志，轻视各位旧臣，信任景骞、姚华、田褒、中常侍许涪等，刑罚赏赐等大政，都由这几个人决断。田褒没有其他才能，只因曾劝说李雄立李期为太子，所以受到宠信。由此朝廷纲纪败坏紊乱，李雄的基业开始衰败。

冬十月初一，发生日食。　建安君荀氏去世。

荀氏是晋明帝的母亲。在宫中受到的尊重与太后相同，去世后，追赠为豫章郡君。

代王纥那复入，翳槐奔赵。　张骏遣使上疏请北伐。

初，张寔及寔、茂保据河右，军旅之事，无岁无之。及骏嗣位，境内渐平。骏勤修庶政，总御文武，咸得其用，民富兵强，远近称为贤君。骏遣将伐龟兹、鄯善，于是西域诸国皆诣姑臧朝贡。骏有兼秦、雍之志，遣使上疏，以为："勒、雄既死，虎、期继逆。先老消落，后生不识，慕恋之心，日远日忘。乞敕司空鉴、征西亮等泛舟江、沔，首尾齐举。"

丙申（336）　**二年**赵建武二年。
春正月，彗星见奎、娄。　慕容皝讨其弟仁，杀之。

皝将讨仁，司马高诩曰："仁叛弃君亲，民神共怒；前此海未尝冻，自仁反以来，冻者三矣。天其或者欲使吾乘冰以袭之也。"皝从之。自昌黎东践冰而进，凡三百余里。至历林口，舍辎重，轻兵趣平郭。去城七里，候骑以告仁，仁狼狈出战。皝纵兵擒之。先为斩其帐下之叛者，然后赐仁死。

二月，立皇后杜氏。
帝临轩，遣使备六礼逆之，群臣毕贺。后，预孙女也。

前廷尉孔坦卒。
坦疾笃，庾冰省之，流涕。坦慨然曰："大丈夫将终，不问济国安民之术，乃为儿女子相泣邪！"冰深谢之。

代王拓跋纥那再次入境,拓跋翳槐逃奔后赵。 张骏派使者上疏请求北伐。

当初,张轨以及张寔、张茂据守河右,征伐打仗之类的事,没有一年不发生。等到张骏继位,境内渐渐安定。张骏勤于治理政事,总领文武官员,使他们全部各得其用,民富兵强,远近之人都称他为贤君。张骏派部将讨伐龟兹、鄯善,于是西域各国都到姑臧向张骏朝贡。张骏有兼并秦州、雍州的志向,派使者向东晋上疏,认为:"石勒、李雄已死,石虎、李期继续叛逆。先辈老臣消亡,后辈不知旧事,仰慕思恋朝廷的心情,一天天疏远淡忘。请求敕令司空郗鉴、征西将军庾亮等出水军于长江、沔水,与我首尾呼应,同时发动。"

丙申(336) **晋成帝咸康二年**后赵建武二年。

春正月,彗星出现在奎宿、娄宿附近。 慕容皝讨伐他的弟弟慕容仁,杀死了慕容仁。

慕容皝将要讨伐慕容仁,司马高诩说:"慕容仁背弃君主亲人,人神共怒;在此之前海水不曾冻冰,自从慕容仁反叛以来,冻冰已经三年了。上天也许想让我们趁海水结冰时去袭击他吧。"慕容皝听从了高诩的建议。于是从昌黎以东踏冰进军,共三百多里。到达历林口,舍弃辎重,轻装前往平郭。离城七里,侦察骑兵将情况报告慕容仁,慕容仁狼狈出城迎战。慕容皝纵兵擒获慕容仁。慕容皝首先为慕容仁斩杀了军中反叛的人,然后赐慕容仁自尽。

二月,立杜氏为皇后。

晋成帝驾临前殿,派使臣按照成婚的六礼迎接杜氏,大臣们都来祝贺。杜皇后是杜预的孙女。

原廷尉孔坦去世。

孔坦病重,庾冰去探视他,流下眼泪。孔坦慷慨地说:"大丈夫将要死去,不询问救国安民的方法,却像妇女小孩一样相对哭泣吗!"庾冰向他深深道歉。

赵作太武殿，东、西宫。

赵作太武殿于襄国，作东、西宫于邺，皆甃以文石，以漆灌瓦，金珰银楹，珠帘玉壁，穷极工巧。选士民之女以实之，服珠玉、被绮縠者万余人。教宫人占星气、马步射。以女骑千人为卤簿，皆着紫纶巾，熟锦袴，执羽仪，鸣鼓吹，游宴以自随。于是境内大旱，金一斤直粟二斗，百姓嗷然，而虎用兵不息，百役并兴。徙洛阳钟虡、九龙、翁仲、铜驼、飞廉于邺。又于邺南投石于河，以作飞桥，功费数千万亿，竟不成。

丁酉（337）　**三年**赵建武三年。
春正月，赵王虎称赵天王。

初，左校令成公段作庭燎于杠末，高十余丈，上盘置燎，下盘置人，虎试而悦之。至是文武五百余人入上尊号，庭燎油灌下盘，死者二十余人，虎恶之，腰斩成公段。

立太学。

国子祭酒袁瓌、太常冯怀以江左浸安，请兴学校，帝从之。立太学，征集生徒。而士大夫习尚老、庄，儒术终不振。

秋七月，赵王虎杀其太子邃，更立子宣为太子。

邃素骁勇，虎爱之。常谓群臣曰：“司马氏父子兄弟自相残灭，故使朕得至此，如朕有杀阿铁理否？”既而邃骄淫残忍，好妆饰美姬，斩其首，与宾客传观，又烹其肉共食之。虎荒耽酒色，喜怒无常。使邃省可尚书事，诮责箠棰，月至再三。邃私谓中庶子李颜等曰：“官家难称，吾欲行冒顿之事，

后赵建造太武殿和东、西宫。

后赵在襄国建造太武殿,在邺城建造东、西宫,全都用带纹理的砖石砌成,用漆涂饰房瓦,金瓦当银楹柱,珠帘玉壁,巧夺天工。挑选士人百姓的女儿充实宫中,身佩珠玉、披穿绫罗绸缎的有一万多人。教她们占星气、马上和马下的射术。让一千名女骑兵做仪仗侍从,都戴着紫色头巾,身穿熟锦制作的裤子,手持羽仪,鸣奏鼓乐,游巡饮宴时让她们跟随自己。此时后赵境内发生严重干旱,金子一斤才值粟米二斗,百姓饥饿哀号,而石虎却用兵不止,各种徭役并举。将洛阳的钟虡、九龙、翁仲、铜驼、飞廉搬到邺城。又在邺城南部向黄河投入石块,用来建造飞桥,工程耗费几千万亿,最终也没有建成。

丁酉（337） **晋成帝咸康三年**后赵建武三年。

春正月,后赵王石虎自称赵天王。

当初,左校令成公段在木杠末端安装照明用的庭燎,高十多丈,上盘放置火烛,下盘安置人,石虎试用后很喜欢。到此时文武官员五百多人入殿奉上皇帝尊号,结果庭燎的油灌到下盘,烫死二十多人,石虎很厌恶,腰斩成公段。

建立太学。

国子祭酒袁瓌、太常冯怀因江东渐渐安定,请求兴建学校,晋成帝采纳他们的建议。建立太学,征集生徒。但是士大夫们崇尚老子、庄子之学,儒学终究没有振兴。

秋七月,后赵王石虎杀死太子石邃,改立儿子石宣为太子。

石邃一向骁勇善战,石虎喜爱他。经常对大臣们说:“司马氏父子兄弟自相残杀,所以使朕能有今天,而朕岂有杀石邃的道理呢?”不久石邃骄奢淫逸,残忍暴虐,喜好打扮美丽的姬妾,斩下她们的首级,与宾客们传递观赏,又烹煮她们的肉与宾客共食。石虎沉溺酒色,喜怒无常。让石邃批阅定夺尚书的奏事,对他斥骂责备、鞭打杖击,一个月有两三次。石邃私下对中庶子李颜等人说:“主上的心意难以满足,我想做冒顿杀父那样的事,

卿从我乎?"颜等伏不敢对。遂称疾不视事。佛图澄谓虎曰:"陛下不宜数往东宫。"虎将视遂疾,思澄言而还,命所亲信女尚书往察之。遂抽剑击之。虎怒,收颜等诘问,颜具言状,杀颜等三十余人。废遂,杀之,并男女二十六人同埋一棺,而立宣为太子。

慕容皝自称燕王。

镇军长史封奕等劝皝称王,皝从之,因以奕为国相。

燕称藩于赵。

燕王皝欲伐段氏,以其数侵赵边,乃遣使称藩于赵,乞师讨辽,而请悉众以会之。赵王虎大悦,厚加慰答,期以明年。

赵纳代王翳槐于代,纥那奔燕。 **杨初杀杨毅,自称仇池公,附于赵。**

你们跟随我吗?"李颜等伏在地上不敢回答。石邃称病不问政事。佛图澄对石虎说:"陛下不宜经常前往东宫。"石虎正准备探视石邃的病,想到佛图澄的话便返回,命令所亲信的女尚书前去察看石邃。石邃拔出剑击刺她。石虎大怒,逮捕李颜等审问,李颜把情况全部供出,杀死李颜等三十多人。石虎废黜石邃,杀了他,将他与男女二十六人同埋在一口棺材中,立石宣为太子。

慕容皝自称燕王。

镇军长史封奕等劝说慕容皝称王,慕容皝听从,于是任命封奕为国相。

前燕向后赵称藩臣。

前燕王慕容皝想要讨伐段氏,因为段氏多次侵犯后赵边境,于是派使者向后赵称藩臣,请求出兵讨伐段辽,并请求出动全部士众与后赵军队会合。后赵王石虎非常高兴,盛情抚慰答谢,约定明年会合。

后赵在代国接纳代王拓跋翳槐,拓跋纥那逃奔前燕。 杨初杀死杨毅,自称仇池公,归附后赵。

资治通鉴纲目卷二十

起戊戌（338）晋成帝咸康四年，尽己未（359）晋穆帝升平三年。凡二十二年。

戊戌（338）　**咸康四年**赵建武四年。成改号汉，中宗李寿汉兴元年，代高祖什翼犍建国元年。旧大国一，汉、凉小国二，新小国一，凡四僭国。

春，赵王虎、燕王皝合兵攻段氏，破之。虎拔令支，悉取其地。

赵王虎击段辽，使桃豹等将舟师十万出漂渝津，支雄等帅步骑七万为前锋。燕王皝引兵攻掠令支以北，段辽将追之。慕容翰曰："今赵兵在南，当并力御之，而更与燕斗，万一失利，何以御南敌乎！"段兰怒曰："吾前为卿所误，以成今日之患，今不复堕卿计中矣！"乃悉众追之。皝设伏邀击，大破之，掠五千户而归。虎进屯金台。支雄长驱入蓟，辽所署渔阳、上谷、代郡守相皆降，取四十余城。北平相阳裕帅数千家登燕山以自固，诸将恐其为后患，欲攻之。虎曰："裕儒生，矜惜名节，耻于迎降耳，无能为也。"遂过之，至徐无。辽不敢复战，弃令支，奔密云山。翰奔宇文氏。虎入令支宫，徙二万余户于司、雍、兖、豫四州，士大夫之有才行者皆擢叙之。阳裕诣军门降。

夏四月，成李寿弑其主期而自立，改国号汉。

戊戌（338）　　**晋成帝咸康四年**后赵建武四年。成（成汉）改国号为汉，中宗李寿汉兴元年，代高祖拓跋什翼犍建国元年。原有一个大国，成汉、前凉两个小国，新增一个小国，共有四个僭伪之国。

　　春季，后赵王石虎、前燕王慕容皝合兵攻打段辽，将其打败。石虎攻克令支，全部占领其地。

　　后赵王石虎攻击段辽，派桃豹等率十万水军由漂渝津出发，派支雄等率七万步兵、骑兵为前锋。前燕王慕容皝领兵攻掠令支以北地区，段辽准备追击他。慕容翰说："如今赵军在南边，应当全力抵御，却又要与燕军战斗，万一失利，将如何抵御南面的敌人呢！"段兰发怒说："我上次被你所误，造成今日的祸患，现在不再上你的当了！"于是便率领所有部众追击慕容皝。慕容皝设下埋伏截击，大败段兰的军队，掳掠五千户百姓后返回。石虎进驻金台。支雄长驱直入到达蓟城，段辽任命的渔阳、上谷、代郡的地方长官全部归降，占领四十多座城。北平相阳裕率数千家民众登上燕山自我坚守，众将担心他会成为后患，准备攻打他。石虎说："阳裕是位儒生，珍惜名声气节，耻于投降而已，不会有所作为的。"于是经过燕山，到达徐无。段辽不敢再战，放弃令支，逃奔密云山。慕容翰投奔宇文氏。石虎进入令支宫室，将两万多户百姓迁到司、雍、兖、豫四州，对有才能、德行的士大夫都予以提拔叙用。阳裕到石虎军营门前归降。

　　夏四月，成汉李寿杀死其国主李期并自立为国主，改国号为汉。

　　成主期骄虐日甚，多所诛杀，大臣多不自安。尤忌汉王寿威名，使出屯涪。寿惧不免，每当入朝，常诈为边书，辞以警急。初，巴西处士龚壮父、叔皆为李特所杀，壮欲报仇，积年不除丧。寿数以礼辟之，壮不应。而往见寿，寿问自安之策。壮曰："蜀民本皆晋臣，节下若能发兵西取成都，称藩于晋，则福流子孙，名垂不朽，岂徒脱今日之祸而已！"寿然之，遂袭成都。寿世子势为翊军校尉，开门纳之，遂克成都，屯兵宫门。奏杀大臣数人，纵兵大掠，数日乃定。矫太后任氏令，废期为县公，幽之。期缢而卒。罗恒、解思明等劝寿如壮策；寿用任调等言，遂自称帝，改国号曰汉，尊父骧帝号。更以旧庙为大成庙，后竟尽杀成主雄诸子。以安车束帛征龚壮为太师，壮誓不仕，赠遗一无所受。

五月，赵王虎击燕，不克。燕慕容恪追击，大败之。

　　赵王虎以燕不会攻段辽而自专其利，伐之。又遣使四出，招诱民夷，得三十六城，遂进逼棘城。皝欲出亡，帐下将慕舆根谏曰："赵强我弱，大王一举足则赵之气势遂成，不可复敌矣。今固守坚城，其势百倍；事之不济，不失于走。奈何望风委去，为必亡之理乎！"皝乃止，然犹惧形于色。玄菟太守刘佩曰："事之安危，系于一人，大王当自强以厉将士，不宜示弱。事急矣，臣请出击之，纵无大捷，足以安众。"乃将敢死数百骑出冲赵兵，所向披靡，斩获而还，

成汉国主李期骄纵暴虐日甚一日，诛杀甚多，大臣们大多惶恐不安。李期尤其忌惮汉王李寿的威名，派他出外驻扎在涪城。李寿害怕不能免祸，每当入宫朝见时，经常伪造边境告急文书，以警报危急为由推辞。当初，巴西隐士龚壮的父亲、叔父都被李特所杀，龚壮想要报仇，多年不脱丧服。李寿多次以礼征召，龚壮从不应召。这时他前往拜见李寿，李寿便询问自保的良策。龚壮说："蜀地的百姓本来都是晋国的臣民，您如果能发兵向西夺取成都，对晋称臣，福泽就将传给子孙，名垂不朽，岂止是摆脱今天的灾祸而已呢！"李寿认为正确，便袭击成都。李寿的世子李势任翊军校尉，打开城门迎接李寿，于是攻占了成都，驻扎在宫门前。李寿奏请处死数名大臣，放纵士兵大肆劫掠，数日后才安定。假托任太后令，将李期废黜为县公，并幽禁起来。李期自缢而死。罗恒、解思明等劝说李寿按龚壮的计策去做；而李寿却采纳任调等人的建议，自称皇帝，改国号为汉，追尊父亲李骧皇帝的称号，将旧宗庙改为大成庙，后来竟将成汉国主李雄的儿子们全部杀死。以安车、束帛征召龚壮为太师，龚壮誓不做官，对馈赠的物品一律不接受。

五月，后赵王石虎攻击前燕，没有取胜。前燕慕容恪追击后赵军，大败敌军。

后赵王石虎因前燕没有与后赵军合攻段辽，却独占其利，便对其进行讨伐。又四处派遣使者，招纳诱降各族百姓，得到三十六座城，于是进逼棘城。慕容皝准备出逃，其帐下将领慕舆根劝谏说："赵强我弱，大王一抬脚那么赵军的气势就形成了，便不能再与之抗衡了。如今牢牢守卫坚固的城池，气势便增加百倍；即使事情不成功，再逃走也不迟。怎能望风而逃，造成必亡的局势呢！"慕容皝便中止了出逃计划，但恐惧之色仍然表现在脸上。玄菟太守刘佩说："事情的安危决定在您一人身上，大王应当奋发自强以激励将士，不该显示出怯弱。如今事情危急，我请求出击敌军，纵然不能大胜，也足以稳定人心。"于是率领几百名敢死骑兵出城冲击后赵军队，所向披靡，有所斩获后返回，

于是士气自倍。皝意乃安。根等昼夜力战,凡十余日,赵兵不能克而退。皝遣其子恪帅二千骑追击之,赵兵大败,斩获三万余级。诸军皆溃,惟游击将军石闵一军独全。闵本姓冉,虎养以为子。骁勇善战,多策略,虎爱之比诸孙。虎还邺,蒲洪以功拜都督六夷诸军事。闵言于虎曰:"洪雄隽,得将士死力,诸子皆有非常之才,且握强兵,据近畿,宜密除之,以安社稷。"虎曰:"吾方倚其父子以取吴、蜀,奈何杀之!"待之愈厚。皝分兵讨诸叛城,皆下之,诛灭甚众。虎遣曹伏将青州之众戍海岛,运谷三百万斛以给之,又以舡三百艘运谷诣高句丽,使王典帅众万余屯田海滨,又令青州造舡千艘,谋复击燕。

赵冀州大蝗。

赵冀州八郡蝗,司隶请坐守宰。赵王虎曰:"此朕失政所致,而欲委咎守宰,岂罪己之意耶!司隶不进谠言佐朕不逮,而欲妄陷无辜,可白衣领职!"

以司徒导为太傅、都督中外诸军事,郗鉴为太尉,庾亮为司空。六月,更以导为丞相,罢司徒官。

导性宽厚,委任诸将,赵胤、贾宁等多不奉法,大臣患之。亮与鉴笺曰:"主上自八九岁以及成人,入则在宫人之手,出则唯武官、小人,读书无从受音句,顾闻未尝遇君子。秦政欲愚其黔首,天下犹知不可,况欲愚其主哉!人主春秋既盛,不稽首归政,甫居师傅之尊,多养无赖之士;公与

于是士气倍增。慕容皝这才安心。慕舆根等日夜奋战，共十几天，后赵军不能攻克就退却了。慕容皝派他的儿子慕容恪率两千骑兵追击后赵军，后赵军大败，斩获首级三万多。后赵军的各路人马都已溃不成军，唯独游击将军石闵的军队未遭创伤。石闵原本姓冉，石虎将他收为养子。石闵骁勇善战，机智多谋，石虎像对待自己的孙子们一样宠爱他。石虎返回邺城，蒲洪因功拜授都督六夷诸军事。石闵对石虎说："蒲洪雄武俊杰，赢得将士的拼死效力，他的儿子们都具有非凡的才能，而且握有强兵，驻扎在都城附近，应该秘密地除掉他们，以稳定国家。"石虎说："我正要倚靠他们父子来攻取吴、蜀之地，怎么能杀掉他们！"对他们更加厚待。慕容皝分派军队讨伐各个背叛的城镇，都攻占下来，诛灭甚多。石虎派曹伏率青州士众戍守海岛，运送三百万斛谷物供给食用，又用三百艘船运送谷物到高句丽，派王典率一万多人在海滨屯田垦荒，又命令青州建造一千艘船，打算再次攻打前燕。

后赵冀州发生严重蝗灾。

后赵冀州的八个郡发生蝗灾，司隶请求将地方官治罪。后赵王石虎说："这是朕治国不当造成的，却想把责任推托给地方官，这哪里有归罪自己的意思呢！身为司隶不进奏正直的言论以帮助朕纠正过失，却要任意陷害无辜，让他以平民身份掌管司隶的职务！"

任命司徒王导为太傅，都督中外诸军事，郗鉴为太尉，庾亮为司空。六月，改任王导为丞相，罢免司徒的官职。

王导性情宽厚，所委任的将领们，如赵胤、贾宁等人大多不遵守法令，大臣们为此感到忧虑。庾亮给郗鉴写信说："主上从八九岁开始直到成人，入内则由宫女守护，外出则只有武官、仆隶相随，读书无从学习读音与断句，顾视询问则不曾遇到过君子。秦始皇想要使百姓愚昧无知，天下人尚且知道不对，何况要使其主上愚昧呢！主上春秋正盛，王导还不恭敬地归还朝政，却开始自居太师太傅的尊位，蓄养很多没有才能的士人；您与

下官并荷托付,大奸不扫,何以见先帝于地下乎!"欲共起兵废导,鉴不听。或劝导密为之备,导曰:"吾与元规休戚是同,悠悠之谈宜绝智者之口。即如君言,吾便角巾还第,复何惧哉!"孙盛谏亮曰:"王公常有世外之怀,岂肯为凡人事耶!此必佞邪之徒欲间内外耳。"亮乃止。是时亮虽居外镇,而遥执朝权,既据上流,拥强兵,趣势者多归之。导内不能平,常遇西风尘起,举扇自蔽,徐曰:"元规尘污人!"

导以李充为掾。充以时俗崇尚浮虚,尝以为老子"绝仁弃义",盖患乎情仁义者寡,而利仁义者众耳。而凡人见形逐迹,离本逾远,乃作《学箴》以祛其蔽,曰:"名之攸彰,道之攸废;乃损所隆,乃崇所替。非仁无以长物,非义无以齐耻,仁义固不可远,去其害仁义者而已。"

秋,汉霖雨。

蜀中久雨,百姓饥疫。汉主寿命群臣极言得失。龚壮上封事曰:"陛下起兵之初,上指星辰,昭告天地,歃血盟众,举国称藩,天应人悦,大功克集。而论者未谕,权宜称制。今淫雨百日,饥疫并臻,天其或者将以监示陛下故也。愚谓宜遵前盟,推奉建康,彼必不爱高爵重位以报大功。虽降阶一等,而子孙无穷,永保福祚,不亦休哉!"寿省书内惭,秘而不宣。

冬十月,光禄勋颜含致仕。

我共同承担先帝的托付，不清除大奸之人，有何面目到地下去见先帝呢！"打算共同起兵废黜王导，都鉴不同意。有人劝说王导秘密地加以防备，王导说："我与庾亮休戚与共，这种庸俗荒谬的言论应该在智者口中绝迹。如果像你说的那样，我就头戴方巾归隐还乡，又有什么可怕的呢！"孙盛劝谏庾亮说："王公常常怀有弃政归隐的心愿，岂肯做凡夫俗子所做的事呢！这一定是奸邪之人想要离间内廷与百官的关系罢了。"庾亮这才作罢。此时，庾亮虽然镇守在外，但是却遥控朝廷大权，既身居显位，又拥有强大的军队，趋炎附势之徒大多归附其门下。王导心中不平，曾经遇到西风刮起尘土，便举起扇子遮挡自己，慢慢地说："庾亮的尘土玷污人！"

王导任命李充为丞相佐吏。李充由于当时的风气崇尚浮华虚无，曾认为老子主张的"绝仁弃义"，大概是担心真心崇尚仁义的少，而假借仁义谋私利的多。而凡夫俗子只追求外在的行迹，结果是离根本更远了，于是作《学箴》以消除时弊，文中说："声名越彰显，道德越废弛；只有削损显赫的虚名，才能使被废弛的道德得到尊崇。没有仁无法使万物生长，没有义无法使羞耻观统一，仁义本不可离，只不过是要舍弃那些损害仁义的东西罢了。"

秋季，成汉阴雨连绵。

蜀地久雨不停，百姓遭受饥荒并流行疫病。成汉国主李寿命令群臣对朝政的得失畅所欲言。龚壮呈上密封奏章说："陛下刚起兵时，上指星辰，昭告天地，与士众歃血为盟，率全国向晋室称臣，使上天感应，人民喜悦，大功才能建成。而议论的人不明白其道理，以至陛下顺从事势即位称制。如今久雨百日，饥荒、疫病同时来临，大概是上天想以此监督告诫陛下的缘故吧。我认为应遵守以前的盟誓，推尊建康的晋室，他们必定不惜高爵重位来回报陛下的大功。虽然身份降低一等，却可使子孙无穷无尽，永保福禄，不也很好吗！"李寿阅后心中惭愧，将奏章偷偷扣下没有公布。

冬十月，光禄勋颜含退休。

颜含以老逊位。时论者以"王导帝之师傅,百僚宜为降礼",太常冯怀以问含。含曰:"王公虽贵重,理无偏敬。降礼之言,或者诸君事宜;鄙人老矣,不识时务。"既而告人曰:"吾闻伐国不问仁人,向冯祖思问佞于我,我岂有邪德乎!"郭璞尝欲为之筮,含曰:"年在天,位在人。修己而天不与者,命也;守道而人不知者,性也。自有性命,无劳蓍龟。"致仕二十余年,年九十三而卒。

代王翳槐卒,弟什翼犍立。

代王翳槐之弟什翼犍质于赵,翳槐疾病,命诸大人立之。翳槐卒,诸大人以什翼犍在远,来未可必,谋立次弟孤。孤不可,自诣邺迎什翼犍,请身留为质。赵王虎义而俱遣之。什翼犍即位于繁畤北,分国之半以与孤。代自猗卢卒,国多内难,部落离散。什翼犍雄勇有智略,能修祖业。始置百官,分掌众务。以代人燕凤为长史,许谦为郎中令。制反逆、杀人、奸盗之法,号令明白,政事清简,无系讯连逮之烦,百姓安之。于是东自涉貊,西及破落那,南距阴山,北尽沙漠,率皆归服,有众数十万人。

十二月,赵遣兵迎段辽,燕慕容恪击败之。以辽归,杀之。

段辽自密云山遣使求迎于赵,既而中悔,复遣使于燕。赵王虎遣麻秋帅众迎之,敕秋曰:"受降如受敌,不可轻也!"燕王皝亦自将迎辽,辽密与燕谋覆赵军。皝遣恪伏精骑于密云山,大败秋兵,获其司马阳裕。尽得辽众,待辽以上宾之礼,以裕为郎中令。久之,辽谋反,皝斩之。

颜含因年老退位。当时议论者认为"王导是皇帝的老师,百官应向他行拜礼",太常冯怀以此询问颜含。颜含说:"王公虽地位显贵,但按理不该特别示以尊敬。行拜礼之说,也许是你们各位的事;我老了,不识时务。"不久告诉别人说:"我听说征伐别国不问仁人,刚才冯怀询问我谄佞之事,难道我有奸邪之德吗!"郭璞曾想为他占卜,颜含说:"寿命长短在天,地位高下在人。自我修养而天不佑助,是命;恪守道德而不为人知,是性。人自有性命,不必劳费占筮卜龟。"颜含退休二十多年,九十三岁去世。

代王拓跋翳槐去世,他的弟弟拓跋什翼犍即位。

代王拓跋翳槐的弟弟拓跋什翼犍在后赵做人质,拓跋翳槐病重,命众首领立拓跋什翼犍为王。拓跋翳槐去世后,众首领认为拓跋什翼犍身在远方,是否能来还不一定,所以谋划立次弟拓跋孤为王。拓跋孤不同意,自己到邺城去迎接拓跋什翼犍,请求将自己留下做人质。后赵王石虎认为他有道义而将他与拓跋什翼犍一同送回。拓跋什翼犍在繁畤以北即位,把国土的一半分给拓跋孤。代国自从拓跋猗卢去世后,国家内乱不断,部落离散。拓跋什翼犍威武勇猛富有谋略,能够发展祖先遗业。这时开始设置百官,分别掌管各种事务。任命代国人燕凤为长史,许谦为郎中令。制定惩治叛逆、杀人、劫盗的法律,号令明了,政事清简,没有囚禁审讯株连的烦扰,百姓安居。于是东起涉貊,西至破落那,南到阴山,北达沙漠,全部归顺,拥有士众数十万人。

十二月,后赵派兵迎接段辽,前燕慕容恪打败后赵军。前燕把段辽带回,杀了他。

段辽从密云山派使者向后赵请求归降,不久又反悔,又派使者到前燕。后赵王石虎派麻秋率士众迎接段辽,敕令麻秋说:"受降如同迎敌,不可轻视!"前燕王慕容皝也亲自率军迎接段辽,段辽秘密与前燕谋划颠覆后赵军。慕容皝派遣慕容恪在密云山埋伏精锐骑兵,大败麻秋的军队,俘获其司马阳裕。慕容皝尽数获得段辽的士众,以贵宾的礼节对待段辽,任命阳裕为郎中令。很久以后,段辽谋反,慕容皝将他斩杀。

己亥（339）　**五年**赵建武五年。

春三月，庾亮表请伐赵，诏谕止之。

亮欲开复中原，表以桓宣镇襄阳，弟怿镇魏兴，翼镇江陵，毛宝、樊峻戍邾城。上疏"欲帅大众十万移镇石城，遣诸军罗布江、沔，为伐赵之规"。帝下其议，丞相导请许之；太尉鉴议以为"资用未备，不可大举"。

太常蔡谟议曰："时有否泰，道有屈伸，苟不计强弱而轻动，则亡不终日，何功之有！为今之计，莫若养威以俟时。时之可否系胡之强弱，胡之强弱系虎之能否。自石勒举事，虎常为爪牙，百战百胜，遂定中原。勒死之后，虎挟嗣君，诛将相。内难既平，翦削外寇，四境之内，不失尺土。以是观之，虎为能乎，将不能也？

"今征西欲自将大军席卷河南，虎必亲帅其众来决胜负。欲与之战，何如石生？若欲城守，何如金墉？欲阻沔水，何如大江？欲拒石虎，何如苏峻？石生猛将，关中精兵，征西之战殆不能胜也！金墉险固，刘曜十万众不能拔。又当是时，洛阳、关中皆举兵击虎，今此三镇反为其用。方之于前，倍半之势也。石生不能敌其半，而征西欲当其倍，愚所疑也。苏峻之强不及石虎，沔水之险不及大江；大江不能御苏竣，而欲以沔水御石虎，又所疑也。昔祖士稚在谯，佃于城北界，豫置军屯以御其外。谷熟胡至，丁夫战于外，老弱获于内，多持炬火，急则烧谷而走。如此数年，

己亥（339） **晋成帝咸康五年**后赵建武五年。

春三月，庾亮上表请求讨伐后赵，被诏令制止。

庾亮想收复中原，上表请求派桓宣镇守襄阳，自己的弟弟庾怿镇守魏兴，庾翼镇守江陵，毛宝、樊峻戍守邾城。又上疏"打算率十万大军迁往石城镇守，派各军分布在长江、沔水一带，以作为征伐赵国的准备"。晋成帝将其奏疏下交朝臣们讨论，丞相王导请求批准；太尉郗鉴认为"物资费用还没有准备充足，不能大举北伐"。

太常蔡谟议论说："时机有好有坏，采取的方法有屈有伸，如果不对比强弱而轻率行动，那么就会迅速灭亡，有什么功业可言！当今之计，不如自蓄威势以等待时机。时机是否成熟在于胡人的强弱，胡人的强弱在于石虎的才能大小。自从石勒起兵，石虎便经常充当爪牙，百战百胜，于是平定中原。石勒死后，石虎挟持继位的君主，诛杀将相。内乱平定后，便翦灭和削弱外敌，四周国境之内，没有丢失一尺土地。因此看来，石虎是有才能呢，还是没有才能呢？

"如今征西将军庾亮准备亲率大军席卷黄河以南，石虎必定亲率其士众前来一决胜负。打算与石虎决战，与石生相比怎样？如果想固守城池，与金墉城相比怎样？想要凭借沔水来阻挡敌军，与长江相比怎样？想要抗拒石虎，与苏峻相比怎样？像石生这样的猛将，以及关中的精锐士兵，征西将军如果与他们交战恐怕不能取胜吧！金墉城险要坚固，刘曜以十万大军也不能攻克。再说那时，洛阳、关中全都起兵攻打石虎，现在这三镇反而被石虎所用。与以前相比，是一倍与一半的形势。石生不能与其一半相抗衡，而征西将军却想抵挡其一倍的力量，这是我所怀疑的。苏峻的强大不及石虎，沔水的险要不及长江；长江尚且不能抵御苏峻，却想以沔水抵御石虎，这又是我所怀疑的。从前祖逖驻扎于谯，在城北边垦荒种田，预先设置军屯以便在外围抵御。谷物成熟时胡人到来，壮丁在外围战斗，年老弱小的在内收获，让许多人手持火把，战事危急时就烧毁谷物逃走。如此数年，

竟不获利。当是时，胡唯据河北，方之于今，四分之一耳。土稚不能捍其一，而征西欲以御其四，又所疑也。

"然此但论征西既至之后耳，尚未论道路之虑也。自沔以西，水急岸高，鱼贯溯流，首尾百里。若胡无宋襄之义，及我未阵而击之，将如之何？今王土与胡水陆异势，便习不同，胡若送死，则敌之有余；若弃江远进，以我所短击彼所长，惧非庙胜之算也。"

朝议多与谟同，乃诏亮不听移镇。

代王什翼犍求昏于燕。

什翼犍会诸大人议都灅源川，其母王氏曰："吾自先世以来，以迁徙为业，今国家多难，若城郭而居，一旦寇来，无所避之。"乃止。什翼犍求昏于燕，燕王皝以其妹妻之。

秋七月，丞相、始兴公王导卒。以何充为护军将军，庾冰为中书监、扬州刺史、参录尚书事。

导简素寡欲，善因事就功，虽无日用之益，而岁计有余。辅相三世，仓无储谷，衣不重帛。初，导与庾亮共荐丹阳尹何充于帝，且曰："臣死之日，愿引充内侍，则社稷无虞矣！"及导卒，诏丧葬参用天子之礼，谥曰文献。征庾亮为丞相，亮固辞，遂以充及亮弟冰参录尚书事。冰经纶时务，不舍昼夜，宾礼朝贤，升擢后进，由是朝野翕然，称为贤相。初，导辅政每从宽恕，至冰颇任威刑，丹阳尹殷融谏之。冰曰：

最终也没有获利。在那时，胡人只占据了黄河以北，与现在相比，不过是四分之一罢了。祖逖不能抵挡其一，而征西将军却想抵御其四，这又是我所怀疑的。

"然而，这只不过是讨论征西将军已经到达中原之后的情况，还没有论及道路方面的顾虑。自沔水以西，水急岸高，舟船只能鱼贯逆流而上，首尾相连长达百里。如果胡人没有宋襄公那样的仁义，等我方军队还没有列阵就攻击，将会怎样呢？如今我国与胡地的水陆情况不同，擅长的技能也不一样，胡人如果来送死，那么与之抗衡将绰绰有余；如果放弃长江进发远方，以我方所短攻击敌方所长，恐怕不是庙堂中克敌制胜的筹划。"

朝廷中的议论大多与蔡谟相同，于是诏命庾亮不得迁移镇守地。

代王拓跋什翼犍向前燕求婚。

拓跋什翼犍会见诸部首领，商议定都灅源川，他的母亲王氏说："我们从祖先以来，就以游牧迁徙为业，如今国家多难，如果筑城定居，一旦敌人进犯，就无处躲避了。"于是中止了此事。拓跋什翼犍向前燕求婚，前燕王慕容皝将自己的妹妹嫁给他为妻。

秋七月，丞相、始兴公王导去世。任命何充为护军将军，庾冰为中书监、扬州刺史、参与总领尚书事务。

王导简朴寡欲，善于顺应事势以获成功，治理国家虽然日常用度不见宽裕，但是年终统计却有节余。他以丞相之职辅助晋朝元帝、明帝、成帝三代君王，而自家仓库内却无储粮，不穿双层帛的衣服。当初，王导与庾亮共同向成帝举荐丹阳尹何充，并且说："我死的时候，希望提拔何充到内廷任职，国家就没有忧虑了！"等到王导去世，诏令其葬礼仪式参照天子的礼节，谥号为文献。征召庾亮为丞相，庾亮坚持推辞不受，于是任命何充和庾亮的弟弟庾冰参与总领尚书事务。庾冰治理时政不分昼夜，以宾客之礼对待朝中贤臣，提拔后辈中有才能之人，因此朝廷内外都同声称赞，认为他是贤相。当初，王导辅佐朝政时常采取宽恕态度，到庾冰则很注重严刑，丹阳尹殷融劝谏他。庾冰说：

"前相之贤犹不堪其弘,况如吾者哉!"范汪谓冰曰:"顷天文错度,足下宜尽消御之道。"冰曰:"玄象岂吾所测,正当勤尽人事耳。"又隐实户口,料出无名万余人以充军实。冰好为纠察,近于繁细,后益矫违,复存宽纵,疏密自由,律令无用矣。

八月,改丞相为司徒。　太尉、南昌公郗鉴卒,以蔡谟都督徐、兖军事。

鉴疾笃,上疏曰:"臣所统错杂,卒多北人,迁徙新附,皆有归本之心。臣宣国恩,示以好恶,处与田宅,渐得少安。闻臣疾笃,众情骇动,若当北渡,必启寇心。太常臣谟,平简贞正,素望所归,可为徐州。"鉴卒,即以谟代之。时左卫将军陈光请伐赵,诏遣攻寿阳。谟上疏曰:"寿阳城小而固。又,王师在路五十余日,前驱未至,声息久闻,贼河北之骑,足以来赴。况停船水渚,引兵造城,前对坚敌,顾临归路,此兵法之所诫也。今光所将皆殿中精兵,以国之爪士,击寇之下邑,得之则利薄而不足损敌,失之则害重而足以益寇,非长策也。"乃止。

九月,赵人入寇,攻河南及邾城,陷之。

初,陶侃在武昌,议者以江北有邾城,宜分兵戍之。侃每不答,而言者不已。侃乃渡水猎,引将佐语之曰:"我所以御寇者,长江耳。邾城隔在江北,内无所倚,外接群夷,夷中利深。晋人贪利,夷不堪命,必引虏入寇,此乃致祸之由也。若羯虏有可乘之会,又不资于此矣。"

"凭前任丞相的贤良,尚且不能用宽政治国,何况像我这样的人呢!"范汪对庾冰说:"最近天象错乱失度,您应当采取消除、防御的对策。"庾冰说:"玄奥的天象岂是我能测知的,正应当勤勉地对人间事而已。"又对隐瞒不报的户口进行核实,清理出一万多无名无姓的人以充实军队。庾冰喜好举报纠察,近乎繁复琐细,后来矫枉过正,又宽容放纵,疏密由己,律令便不起作用了。

八月,改丞相官职为司徒。 太尉、南昌公郗鉴去世,任命蔡谟都督徐州、兖州军事。

郗鉴病重,上疏说:"我所统领的人员错乱复杂,大致上多为北方人,是迁移或新近归附来的,都怀有回归故土的心愿。我向他们宣扬国家的恩德,晓以好恶,给与田宅,才渐渐实现稍微的安定。听说我病重,众人心情惊骇骚动,如果真的北渡长江,必然引起敌人侵犯之意。太常蔡谟平和简朴,忠贞正直,一向为众望所归,可以治理徐州。"郗鉴去世后,便任命蔡谟代替他。当时左卫将军陈光请求讨伐后赵,诏命陈光攻打寿阳。蔡谟上疏说:"寿阳城小却很坚固。再者,朝廷的军队在路上需五十多天,先头部队没有到达,消息早已传出去了,敌人在黄河以北的骑兵,足以赶来增援。况且把船停泊在水中小岛边,领兵前往敌城,前临强敌,后临归路,这是兵法上所忌讳的。如今陈光所率领的都是宫中精兵,以国家的心腹精锐,攻打敌寇的下等城邑,取胜则利小且不足以损伤敌人,失利则受害严重且使敌人受益,这不是万全之计。"于是停止了此事。

九月,后赵人入境侵犯,攻打沔水以南及邾城,将其攻陷。

当初,陶侃驻扎在武昌,议论的人认为长江北边有邾城,应该分兵戍守。陶侃每每不作答复,然而提起此事的人却接连不断。陶侃便渡江狩猎,召集将佐对他们说:"我之所以能抵御敌寇,是靠长江而已。邾城阻隔在长江北边,内无可依靠的天险,外连夷人各部,对夷人是利害重大。如果我们贪图私利,夷人一旦不堪忍受,必定引领敌人前来侵犯,这正是导致祸乱的根由。如果羯族敌房有可乘之机,又不会仅仅凭借占据邾城这一点。"

至是,庾亮使毛宝、樊峻成之。赵王虎遣夔安等将兵数万入寇,败晋兵,杀五将军,以二万骑攻邾城。宝求救于亮,亮不时遣,沔南、邾城皆陷,宝、峻突围赴江死。安进寇江夏,义阳皆降;进围石城,竟陵太守李阳拒击,败之,乃退。时亮犹欲迁镇,闻邾城陷乃止。

赵以李巨为御史中丞。

赵王虎患贵戚豪恣,乃擢巨为中丞,中外肃然。虎曰:"朕闻良臣如猛虎,高步旷野而豺狼避路,信哉!"

汉杀其臣李演。

罗恒、解思明复议奉晋,汉主寿不从。李演复上书言之,寿怒,杀演。寿常慕汉武、魏明之为人,耻闻父兄时事,上书者不得言先世政教,自以为胜之也。

冬,燕王皝遣长史刘翔来献捷。

燕王皝自以称王未受晋命,遂遣长史刘翔来献捷论功,且言权假之意,并请刻期大举,共平中原。皝又使其子恪、霸击宇文别部。霸年十三,勇冠三军。

张骏立辟雍、明堂。

庚子(340) 六年赵建武六年。

春正月,司空庾亮卒。以何充为中书令,庾翼都督江、荆等州军事。

时人疑翼年少,不能继其兄。翼悉心为治,戎政严明,数年之间,公私充实,人皆称其才。

慕容翰自宇文部归于燕。

到此时，庾亮派毛宝、樊峻戍守邾城。后赵王石虎派遣夔安等率领数万兵士入境侵犯，打败晋军，杀死五位将军，并用二万骑兵攻打邾城。毛宝向庾亮求救，庾亮没有及时派兵，沔水以南、邾城全部沦陷，毛宝、樊峻突围渡江时淹死。夔安进犯江夏，义阳将军、太守全都投降；又进军包围石城，竟陵太守李阳抵抗还击，将夔安打败，后赵军才退走。这时庾亮还想迁移镇守地，听说邾城沦陷才停止。

后赵任命李巨为御史中丞。

后赵王石虎担心贵戚们放纵恣肆，于是提拔李巨为御史中丞，朝廷内外为此肃然。石虎说："朕听说良臣如同猛虎，昂首阔步行走在旷野而豺狼纷纷避开行路，确实是这样呀！"

成汉杀死大臣李演。

罗恒、解思明又议论拥奉晋朝，成汉国主李寿不同意。李演又上书讲此事，李寿大怒，杀死李演。李寿常常仰慕汉武帝、魏明帝的为人，耻于听到父兄时的事情，上书的人不准谈及先朝的政教功绩，李寿自认为胜过他们。

冬季，前燕王慕容皝派长史刘翔前来献俘报捷。

前燕王慕容皝自以为称王没有受到晋室的任命，于是派长史刘翔前来献俘报捷，论定功绩，并讲明假摄称王的心愿，又请求约期大举兴兵，共同平定中原。慕容皝又派遣儿子慕容恪、慕容霸攻打宇文氏别部。慕容霸只有十三岁，勇冠三军。

张骏建立辟雍、明堂。

庚子（340）　**晋成帝咸康六年**后赵建武六年。

春正月，司空庾亮去世。任命何充为中书令，庾翼都督江、荆等州军事。

当时人们怀疑庾翼年少，不能继承他兄长庾亮的业绩。庾翼尽心尽力进行治理，军政严明，数年之间，公私资财充实，人们都称赞他的才能。

慕容翰从宇文部返回前燕。

宇文逸豆归忌翰才名，翰乃阳狂乞食，举国贱之，不复省录，以故得往来自遂，山川形便，皆默记之。燕王皝以翰因猜嫌出奔，虽在它国，常潜为燕计，乃遣商人王车通市于宇文部以迎之。翰遂窃逸豆归名马，携其二子逃归。皝大喜，厚遇之。

有星孛于太微。 三月，代始都云中。 秋，汉大阅于成都。

赵王虎遗汉主寿书，欲连兵入寇，中分江南。寿大喜，集士卒为舟师，大阅于成都。龚壮谏曰："陛下与胡通孰若与晋通？胡，豺狼也，既灭晋，不得不北面事之；若与争天下，则强弱不敌，危亡之势也。"群臣亦皆叩头泣谏，寿乃止。壮以为人之行莫大于忠孝，既报父、叔之仇，又欲使寿事晋，寿不从。乃诈称耳聋，辞归，以文籍自娱，终身不复至成都。

冬，赵大发兵以伐燕。燕人袭之，入赵高阳，赵师还。

赵王虎合兵五十万，具船万艘，自河通海，运谷千一百万斛于乐安城。徙辽西、北平、渔阳万余户于兖、豫、雍、洛。自幽州以东至白狼，大兴屯田。括取民马，敢匿者腰斩，凡得四万余匹。大阅于宛阳，欲以击燕。燕王皝曰："虎自以乐安城防守重复，蓟城南北必不设备，今若诡路出其不意，可尽破也。"遂帅诸军入自蠮螉塞，直抵蓟城。破武遂津，入高阳，所至焚烧积聚，略三万余家而去。赵兵乃还。

宇文逸豆归妒忌慕容翰的才华名望，慕容翰便假装癫狂，四处讨饭，宇文部全国人都鄙视他，不再对他检视查验，因此慕容翰得以自由往来，将宇文部的山川形势都默记于心。前燕王慕容皝因为慕容翰当初由于猜忌疑心而出逃，虽然身在他国，却时常暗中为前燕谋划，于是派商人王车与宇文部通商以迎回慕容翰。慕容翰就盗出宇文逸豆归的名马，带着两个儿子逃回。慕容皝大喜，优厚地对待慕容翰。

有彗星出现在太微星旁。 **三月，代国开始在云中建都。秋季，成汉在成都举行大阅兵。**

后赵王石虎给成汉国主李寿写信，打算联军入侵晋朝，平分江南。李寿大喜，征集士卒作为水军，在成都举行大阅兵。龚壮劝谏说："陛下与胡人通好哪里比得上与晋朝通好？胡人是豺狼，灭晋之后，将不得不面北称臣侍奉他们；如果与他们争夺天下，则强弱不能相敌，我们就处在危亡的形势中了。"群臣也都叩头哭泣劝谏，李寿才停止了行动。龚壮认为人的品行没有比忠孝更重要的，已经报了父亲、叔父的大仇，又想让李寿侍奉晋室，李寿没有答应。于是龚壮诈称耳聋，辞官归故里，以作文读书为乐，至死不再去成都。

冬季，后赵大量调动军队讨伐前燕。前燕人袭击后赵军队，进入后赵的高阳城，后赵军队返回。

后赵王石虎集合五十万军队，准备一万艘船，从黄河通向大海，运送谷物一千一百万斛到乐安城。将辽西、北平、渔阳的一万多户百姓迁到兖州、豫州、雍州、洛州。自幽州以东到白狼，大办屯田。搜取民间马匹，敢于藏匿不交的处以腰斩之刑，共得到四万多匹马。在宛阳举行大阅兵，准备用以攻打前燕。前燕王慕容皝说："石虎自认为乐安城防守严密，蓟城南北必定不会设防，现在如果抄小路出其不意，可以彻底打败敌军。"于是率各军自蠮螉塞攻入，直抵蓟城。攻破武遂津，进入高阳城，所到之处将积聚的财物焚烧一空，劫掠三万多家百姓后离去。于是后赵军返回。

赵命其太子宣及弟韬迭省尚书奏事。

赵王虎以韬为太尉,与宣迭日省可尚书奏事,不复启白。司徒申钟谏曰:"太子职在视膳,不当预政,庶人鬶覆车未远也。且二政分权,鲜不阶祸。爱之不以道,适所以害之也。"虎不听。中谒者令申扁有宠于虎,宣亦昵之,使典机密。虎既不省事,而宣、韬皆好酣饮畋猎,由是除拜、生杀皆决于扁,自九卿以下望尘而拜。

汉遣使如赵,赵人报之。

汉主寿致书于后赵王虎,署曰"赵王石君",虎不悦。中书监王波曰:"寿既僭大号,今以制诏与之,彼必酬返,不若复为书与之。"会挹娄国献楛矢石砮于赵,波因请以遗汉,曰:"使其知我能服远方也。"虎从之,遣汉亡将李闳归报。闳至成都,寿下诏曰:"羯使来庭,贡其楛矢。"虎闻之,怒,黜波,以白衣领职。

辛丑(341)　**七年**赵建武七年。

春正月,燕筑龙城。

燕筑城于柳城之北、龙山之西,立宗庙宫阙,命曰龙城。

二月朔,日食。　封慕容皝为燕王。

刘翔至建康,帝引见,问慕容镇军平安。对曰:"臣受遣之日,朝服拜章。"翔为皝求大将军、燕王章玺。朝议以为:"故事,大将军不处边,异姓不封王。"翔曰:"自刘、石构乱,长江以北,翦为戎薮,未闻中华公卿之胄有能摧破凶逆者也。独慕容镇军心存本朝,屡殄强敌,使石虎畏惧,蹙国

后赵王命其太子石宣及弟弟石韬轮流批阅尚书奏事。

后赵王石虎任命石韬为太尉，与石宣按日轮流批阅定夺尚书奏事，不再启奏报告。司徒申钟规谏说："太子的职责在于侍奉父母，不应该干预朝政，这是离庶人的石邃乱政的前车之鉴不远了。而且两人执政分散权力，很少有不招致灾祸的。爱他们却不以正确的方式去爱，恰恰是害他们。"石虎不听规谏。中谒者令申扁被石虎宠爱，石宣也对他很亲昵，让他掌管机密事务。石虎已经不问政事，而石宣、石韬都喜好饮酒狩猎，所以官员的升迁、生死都取决于申扁，自九卿以下的官员对他望风而拜。

成汉派遣使臣到后赵、后赵人回报。

成汉国主给李寿给后赵王石虎写信，署名称"赵王石君"，石虎不高兴。中书监王波说："李寿已经僭称皇帝，如今以制诰诏书形式答复他，他必定以相同形式回报，不如再给他写封信。"正好遇上把娄国向后赵进献楛矢石砮，王波于是请求将它们送给成汉，说："让他们知道我国能够使远方的国家顺服。"石虎采纳其建议，派成汉的逃亡将领李闳归国回报。李闳到达成都，李寿下诏书说："羯人使节来到朝廷，进献他们的楛矢。"石虎听说此事，大怒，罢黜了王波，以平民身份代行其职。

辛丑（341）　**晋成帝咸康七年**后赵建武七年。

春正月，前燕修筑龙城。

前燕在柳城之北、龙山之西筑城，建立宗庙、宫阙，命名龙城。

二月初一，发生日食。　晋朝封慕容皝为燕王。

刘翔到达建康，晋成帝召见，询问慕容皝是否平安。刘翔回答说："我接受派遣的那一天，慕容皝还身穿朝服拜授章表。"刘翔为慕容皝请求大将军、燕王的印玺。朝中议论认为："按照从前的惯例，大将军不驻扎边关，异姓不封为王。"刘翔说："自从刘氏、石氏作乱以来，长江以北地区已完全沦为战乱的渊薮，还从未听说华夏公卿后裔中有能够摧灭凶顽叛逆之徒的人。唯独慕容皝心怀本朝，屡次消灭强敌，令石虎畏惧，使其国土缩小了

千里。功烈如此,而惜海北之地不以为封邑,何哉?吾非苟尊所事,窃惜圣朝疏忠义之国,使四海无所劝慕耳。"

尚书诸葛恢,翔之姊夫也,独主异议,以为:"夷狄相攻,中国之利;惟器与名,不可轻许。"乃谓翔曰:"借使慕容镇军能除石虎,乃是复得一石虎也,朝廷何赖焉!"翔曰:"嫠妇犹知恤宗周之陨。今晋室阽危,君位侔元、凯;曾无忧国之心?慕容镇军枕戈待旦,志殄凶逆,而君更唱邪惑之言,四海所以未一,良由君辈耳!"翔留岁余,众议终不决。

会皝上表罪状庾氏兄弟,又与冰书,责其当国不能雪耻。冰惧,乃与何充奏从其请,以皝为大将军、幽州牧、大单于、燕王,备物、典策皆从殊礼。以翔为代郡太守,翔固辞不受。

翔疾江南士大夫以骄奢酣纵相尚,尝因宴集谓充等曰:"四海板荡,奄逾三纪,宗社为墟,黎民涂炭,斯乃庙堂焦虑之时,忠臣毕命之秋也。而诸君宴安江沱,肆情纵欲,以奢靡为荣,以傲诞为贤,謇谔之言不闻,征伐之功不立,将何以尊主济民乎!"充等甚惭。

乃遣使持节册命,与翔偕北。公卿饯之,翔曰:"昔少康资一旅以灭有穷,勾践凭会稽以报强吴。蔓草犹宜早除,况寇仇乎!今石虎、李寿志相吞噬,王师纵未能澄清北方,且当从事巴、蜀。一旦石虎先人举事,并寿而有之,据形便之地以临东南,虽有智者不能善其后矣。"

一千里。如此丰功伟绩，却吝惜渤海以北的土地不给他作为封邑，为什么呢？我不是苟且尊奉所侍奉的人，而是私下惋惜圣朝疏远忠义之国，使得天下的人们无从劝勉和仰慕。"

尚书诸葛恢是刘翔的姐夫，只有他持不同观点，认为："夷狄间互相攻击，对中国有利；只有国家的礼器与名号，不能轻易相许。"便对刘翔说："假使慕容皝能够灭掉石虎，不过是又得到一个石虎，朝廷有什么可依赖的呢！"刘翔说："寡妇还懂得怜恤宗周的陨灭。如今晋王室面临危难，您的职位与尧舜时的八元、八凯相当，难道没有忧国之心吗？慕容皝枕戈待旦，立志除灭凶顽叛逆，而您却又散布奸邪惑众的言论，四海之所以没有统一，实在是由于您这样的人！"刘翔居留了一年多，众人的议论终究没有结果。

恰巧赶上慕容皝上表列举庾氏兄弟的罪状，又给庾冰写信，斥责他当国执政却不能为国雪耻。庾冰恐惧，便与何充奏报答应慕容皝的请求，任命慕容皝为大将军、幽州牧、大单于、燕王，所用物品、典册都按特殊礼遇。任命刘翔为代郡太守，刘翔坚持推辞不接受。

刘翔痛恨江南士大夫以骄奢淫逸、狂饮放纵来相互尊崇，曾经趁宴会聚集时对何充等说："天下动荡不定，已超过三十六年，宗庙社稷成为废墟，黎民百姓涂炭，这正是朝廷焦虑之时，忠臣效命之秋。而各位却在江沱游宴享乐，尽情纵欲，以奢侈颓废为荣，以傲慢放诞为贤，忠正耿直之言不闻于耳，征战讨伐的功绩不建，将凭什么尊奉主上、救济人民呢！"何充等人非常惭愧。

于是派遣使臣持符节去册封慕容皝，与刘翔一同北上。公卿百官为他们饯行，刘翔说："从前夏朝的少康依靠一支军队消灭有穷氏，勾践凭借会稽向强大的吴国报仇。蔓延的野草尚且应当尽早除掉，何况仇敌呢！如今石虎、李寿都打算吞并对方，朝廷的军队纵使不能扫除北方，尚且应当经营巴、蜀。一旦石虎先于他人起兵，吞并李寿而占有其地盘，依据便利的地形兵临东南，即使富于智慧的人也不能妥善处理以后发生的事情了。"

中护军谢广曰："是吾心也！"

三月，皇后杜氏崩。夏四月，葬恭皇后。　诏正土断、白籍。　秋，代筑盛乐城。　燕慕容恪镇平郭。

燕王皝以恪为渡辽将军，镇平郭。恪抚旧怀新，屡破高丽兵。高丽畏之，不敢入境。

汉杀其仆射蔡兴、李嶷。

初，成主雄以俭约宽惠得蜀人心。及李闳还，盛称邺中繁庶，宫殿壮丽；且言赵王虎以刑杀御下，故能控制境内。寿慕之，大修宫室。人有小过，辄杀以立威。仆射蔡兴、李嶷皆坐直谏死。民疲于赋役，思乱者众。

壬寅（342）　**八年**赵建武八年。
春正月朔，日食。　二月，豫州刺史庾怿有罪，自杀。
怿以酒饷江州刺史王允之。允之觉其毒，饮犬，犬毙，密奏之。帝曰："大舅已乱天下，小舅复欲尔邪？"怿遂饮鸩而卒。

夏六月，帝崩，琅邪王岳即位。

帝幼冲嗣位，既长，颇有勤俭之德。至是不豫，或诈为尚书符，敕宫门无得内宰相，众皆失色。庾冰曰："此必诈也。"推问，果然。帝二子丕、奕皆在襁褓，冰恐易世之后亲属愈疏，为人所间，请以母弟琅邪王岳为嗣，帝许之。中书令何充曰："父子相传，先王旧典，且今将如孺子何！"冰不听。帝乃诏冰、充及武陵王晞、会稽王昱、尚书令诸葛恢并

中护军谢广说："这正是我的想法！"

三月，杜皇后去世。夏四月，安葬恭皇后。　晋成帝下诏将北方侨居于江南的人全部以现居住地确定籍贯，著录于户口版籍。　秋季，代国修筑盛乐城。　前燕慕容恪镇守平郭。

前燕王慕容皝任命慕容恪为渡辽将军，镇守平郭。慕容恪安抚旧属，怀柔新附，屡次打败高句丽军队。高句丽畏惧他，不敢入境侵犯。

成汉杀死仆射蔡兴、李嶷。

当初，成汉国主李雄以俭朴、宽厚仁惠赢得蜀人之心。等到李阀返回，盛赞邺中繁华富庶，宫殿壮丽；并说赵王石虎靠刑罚杀戮驾驭臣下，所以能控制境内。李寿对此很羡慕，便大修宫室。有人犯了小过失，就处死以树威。仆射蔡兴、李嶷都因直言进谏被处死。百姓疲于赋税劳役，想作乱的人很多。

壬寅（342）　**晋成帝咸康八年**后赵建武八年。

春正月初一，发生日食。　二月，豫州刺史庾怿犯罪，自杀。

庾怿用酒慰劳江州刺史王允之。王允之觉得酒里有毒，给狗喝，狗死了，王允之秘密地奏报了此事。晋成帝说："我的大舅庾亮已经使天下大乱，小舅庾怿又想如此吗？"于是庾怿饮毒酒而死。

夏六月，晋成帝驾崩，琅邪王司马岳即帝位。

晋成帝年幼即帝位，长大以后，很有勤俭的美德。到此时成帝身体不适，有人伪造尚书符令，敕令宫门守卫不准宰相入内，众人都大惊失色。庾冰说："这必定是伪造的。"追究查问，果然不错。成帝的两个儿子司马丕、司马奕都还在襁褓之中，庾冰担心新皇帝即位之后自己的亲属关系更加疏远，被别人离间，就请求让成帝的同母弟弟、琅邪王司马岳成为皇位继承人，成帝准许了此事。中书令何充说："父子相传，是先王制定的旧例，况且如今将怎样对待这两个小孩子呢！"庾冰不听。于是，成帝诏令庾冰、何充及武陵王司马晞、会稽王司马昱、尚书令诸葛恢共同

受顾命而崩。琅邪王即位。亮阴不言，委政于冰、充。

封成帝子丕为琅邪王，奕为东海王。　秋七月，葬兴平陵。以何充都督徐州军事。

帝徒行送丧，至阊阖门，乃升素舆。既葬，临轩，庾冰、何充侍坐。帝曰："朕嗣鸿业，二君之力也。"充曰："陛下龙飞，臣冰之力也。若如臣议，不睹升平之世。"帝有惭色。充避诸庾，出镇京口。

冬十月，燕迁都龙城。　十一月，燕王皝击高句丽。入丸都，载其王钊父尸及母以归。

慕容翰言于燕王皝曰："宇文屡为国患。今逸豆归篡窃得国，群情不附。加之庸暗，将帅非才，国无防卫，军无部伍。臣久在其国，悉其地形，今若击之，百举百克。然高句丽去国密迩，必乘虚掩吾不备，此心腹之患也。宜先除之，还取宇文，如返手耳。二国既平，利尽东海，国富兵强，无返顾之忧，然后中原可图也。"皝曰："善。"高句丽有二道，北道平阔，南道险狭，众欲从北道。翰曰："虏必重北而轻南，王宜帅锐兵从南道击之，出其不意，丸都不足取也。别遣偏师出北道，纵有蹉跌，其腹心已溃，四支无能为也。"

皝从之，自将劲兵四万出南道，以翰及慕容霸为前锋；别遣长史王寓等将兵万五千出北道，以伐高句丽。其王钊果遣弟武帅精兵拒北道，自帅羸兵备南道。翰等先至，与钊合战，皝以大众继之。高句丽兵大败，诸军乘胜，

接受遗命,之后就驾崩了。琅邪王司马岳即帝位。康帝居丧不言事,将朝政交给庾冰、何充。

封成帝之子司马丕为琅邪王,司马奕为东海王。　秋七月,将成帝安葬在兴平陵。任命何充都督徐州军事。

康帝步行为成帝送葬,到达阊阖门,才坐上素色的车舆。安葬后,康帝来到前殿,庾冰、何充在一旁侍坐。康帝说:"朕继承大业,是二位的功劳。"何充说:"陛下登基,是庾冰的功劳。如果按我的意图,陛下就看不到这升平之世了。"康帝面有愧色。何充为避让庾氏家族,出外镇守京口。

冬十月,前燕将都城迁到龙城。　十一月,前燕王慕容皝攻打高句丽。进入丸都,运载着高句丽王高钊父亲的尸体及其母亲返回。

慕容翰对前燕王慕容皝说:"宇文氏屡次成为国家的忧患。如今宇文逸豆归篡权窃国,众心不附。加上他昏庸无能,将帅无才,国家没有防卫,军队没有编制。我在他们国家长久居住,对其地形了如指掌,现在如果攻打宇文部,百战百胜。然而高句丽距离我国非常近,必定会趁我不备,乘虚而侵袭我国,这是心腹之患。应该先除掉高句丽,回来再攻取宇文部,就易如反掌了。这两个国家平定后,可尽得东海之利,国富兵强,无后顾之忧,然后就可以图谋中原了。"慕容皝说:"好。"通往高句丽有两条路,北路平坦宽阔,南路险峻狭窄,众人准备走北路。慕容翰说:"敌人必定是重视北路而轻视南路,大王应该率精锐部队从南路攻打他们,出其不意,攻取丸都就不费力了。再另派偏师从北路出击,纵使遭受挫折,敌人的腹心已经溃败,四肢便无能为力了。"

慕容皝采纳其建议,亲率精兵四万从南路出击,以慕容翰及慕容霸为前锋;另派长史王寓等领兵一万五千由北路出击,征伐高句丽。高句丽王高钊果然派弟弟高武率精兵在北路拒击,自率羸弱士兵防备南路。慕容翰等先到达,与高钊交战,慕容皝统率大队人马陆续赶到。高句丽军大败,各路军队乘胜追击,

遂入丸都。钊单骑走，获其母、妻。会王寓等战于北道，皆败没，皝不复穷追。遣使招钊，不出。

韩寿曰："高句丽之地不可戍守。今其主亡民散，潜伏山谷。大军既去，必复鸠聚，收其余烬，犹足为患。请载其父尸，囚其生母而归，俟其束身自归，然后返之，抚以恩信，策之上也。"皝遂发钊父墓，载其尸，虏男女五万余口，毁丸都城而还。

十二月，立皇后褚氏。

时征后父、豫章太守褚裒为侍中。裒以后父，不愿居中任事，乃除江州刺史，镇半洲。

赵作长安、洛阳宫。

赵王虎作台观四十余所于邺，又营长安、洛阳二宫，作者四十余万人。又敕境内治南伐、西讨、东征之计，皆三五发卒，造甲者五十余万人，船夫十七万人。公侯、牧宰竞营私利，百姓失业。贝丘人李弘因众怨谋作乱，事发诛之，连坐者数千家。

赵征兵入寇。

济南平陵城北石虎一夕移于城东南，有狼狐千余迹随之，迹皆成蹊。虎喜曰："石虎者，朕也。自西北徙而东南，天意欲使朕平荡江南也。其敕诸州兵明年悉集，朕当亲董六师以奉天命。"群臣皆贺，上《皇德颂》者一百七人。制："征士五人出车一乘，牛二头，米十五斛，绢十匹，不办者斩。"民鬻子以供，犹不能给，自经于道树者相望。

于是进入九都。高钊单人匹马逃走，其母亲、妻子被俘获。适逢王寓等在北路作战，全部打了败仗，慕容皝便不再穷追不舍。派遣使臣招安高句丽王高钊，高钊不肯出来。

韩寿说："高句丽这地方不能驻军戍守。如今其君主逃亡，百姓流散，潜伏在山谷之中。等到我方大军离去后，必定再次聚集起来，收拾残余力量，仍可成为祸患。请求运载高句丽王父亲的尸体，囚禁他亲生母亲返回，等到他捆绑着自己前来归降，然后再还给他，用恩德信义安抚他，这是上策。"于是慕容皝便发掘高钊父亲的陵墓，运走其尸体，掳掠男女百姓五万多人，毁坏九都城郭后返回。

十二月，封褚氏为皇后。

当时征召皇后的父亲、豫章太守褚裒为侍中。褚裒由于是皇后父亲，不愿在宫中任职，便出任江州刺史，镇守半洲。

后赵国建长安宫、洛阳宫。

后赵王石虎在邺城造四十多所楼台宫观，又营造长安宫、洛阳宫，参加劳作的达四十多万人。又敕令境内各地做好南伐、西讨、东征的准备，都是三个男丁中征发两人、五人中征发三人为士卒，制造盔甲的有五十多万人，船夫十七万人。公侯、牧宰竞相谋取私利，百姓失去家业。贝丘人李弘趁民众怨恨之机图谋作乱，事发后被杀，连坐的达数千家。

后赵征兵入侵东晋。

济南平陵城北的石头老虎一夜之间移到了城东南，有一千多只狼、狐狸的足迹尾随，足迹都踩成了一条小路。石虎高兴地说："石头老虎，就是朕。从西北迁到东南，是上天想让朕荡平江南。敕令各州军队明年全部集结，朕将亲率大军以遵从天命。"群臣全都称贺，呈上《皇德颂》的有一百零七人。石虎颁布诏令："征发的士卒每五人出一辆车，两头牛，十五斛米，十四匹绢，办不到的斩首。"百姓卖儿鬻女以供军需，仍不能达到要求，在路旁树上吊死的远近相望。

癸卯（343）　**康皇帝建元元年**_{赵建武九年。}

春二月，高句丽王钊朝贡于燕。

燕还其父尸，留母为质，数年而后归之。

秋七月，诏议经略中原，庾翼表遣梁州刺史桓宣伐赵。

翼在武昌，数有妖怪，欲移镇乐乡。王述与庾冰笺曰：“乐乡去武昌千有余里，数万之众一旦移徙，兴立城壁，公私劳扰；又江州当溯流供给，力役增倍，且武昌实江东镇戍之中，非但捍御上流而已，缓急赴告，骏奔不难。若移乐乡，远在西陲，一朝江渚有虞，不相接救。方岳重将固当居要害之地，为内外形势，使窥觎之心不知所向。昔秦忌亡胡之谶，卒为刘、项之资；周恶㜸弧之谣，而成褒姒之乱。是以达人君子直道而行，禳避之道皆所不取，正当择人事之胜理，社稷之长计耳。”翼乃止。

翼为人慷慨，喜功名，不尚浮华。琅邪内史桓温，彝之子也，尚南康公主，豪爽有风概。翼与之友善，尝荐于成帝曰：“温有英雄之才，愿勿以常婿畜之，宜委以方、邵之任，必有弘济之勋。”时杜乂、殷浩并才名冠世，翼独弗之重也，曰：“此辈宜束之高阁，俟天下太平，然后徐议其任耳。”浩累辞征辟，屏居十年，时人拟之管、葛。谢尚、王濛常伺其出处，以卜江左兴亡。尝相与省之，知浩有确然之志，

晋康帝

癸卯（343）　**晋康帝建元元年**_{后赵建武九年。}

春二月,高句丽王高钊向前燕朝贡称臣。

前燕归还高钊父亲的尸体,留下他母亲作为人质,几年后才让他母亲回国。

秋七月,晋康帝下诏命大臣们讨论谋取中原的战略,庾翼上表奏请派梁州刺史桓宣讨伐后赵。

庾翼驻扎武昌,多次出现妖异之事,打算迁到乐乡镇守。王述给庾冰写信说:"乐乡距武昌一千多里,数万之众一旦迁移,将兴建城池壁垒,官府、百姓就会疲劳困扰;江州也将逆流而上运送物资,劳役增加一倍,而且武昌实在是江东镇守戍卫的中心,不只是捍卫长江上流而已,一旦发生紧急情况需要快速禀报,快马奔驰也不难及时赶到。若移镇乐乡,远在西部边陲,一旦江东告急,相互间就不能援救。驻守地方的重要将领本应镇守要害之地,掌控内外形势,使窥视觊觎的企图不能得逞。从前秦始皇忌讳'亡秦者胡也'的谶语,最终被刘邦、项羽所利用;周宣王憎恶'檿弧箕服,实亡周国'的谣谚,却造成周幽王时褒姒的祸乱。所以达人君子直道行事,都不采取躲避妖异的做法,这正是决择人事的大道理,考虑国家社稷的长久之计。"庾翼便中止了此事。

庾翼为人慷慨,喜好功名,不崇尚浮华奢侈。琅邪内史桓温,是桓彝的儿子,娶南康公主为妻,豪爽而富有风范和气概。庾翼和桓温关系友善,曾经向晋成帝举荐说:"桓温有英雄的才能,希望不要以平常的女婿对待他,应当委以周宣王时方叔、邵虎那样的重任,他必定会建立济世的功勋。"当时杜乂、殷浩同以才华、名望冠绝当世,唯独庾翼对他们毫不重视,说:"这类人应束之高阁,等到天下太平,然后再慢慢商议他们的职务。"殷浩多次推辞朝廷的征召任命,隐居十年,当时人把他比作管仲、诸葛亮。谢尚、王濛经常观察他的出仕或隐居,用以推测江东的兴亡。他俩曾经一同去探视殷浩,了解到殷浩抱有坚定不移的志向,

既退，相谓曰："深源不起，当如苍生何！"翼请浩为司马，诏除侍中、安西军司，浩不应。翼遗之书曰："王夷甫立名非真，虽云谈道，实长华竞。明德君子遇会处际，宁可然乎！"浩犹不起。

浩父羡为长沙相，在郡贪残，庾冰与翼书属之。翼报曰："殷君骄豪，亦似由有佳儿，弟故小令物情容之。大较江东之政，妪煦豪强，时有行法，辄施之寒劣。如往年偷石头仓米一百万斛，皆是豪将辈，而杀仓督监以塞责。山遐为余姚长，为官出豪强所藏二千户，而众共驱之，令不得安席。虽皆前宰愔谬，江东事去，实此之由。兄弟不幸，横陷此中，不能拔足于风尘之外，当共明目而治之。荆州所统二十余郡，唯长沙最恶，恶而不黜，与杀督监者复何异耶！"

翼以灭胡取蜀为己任，遣使约燕、凉刻期大举。朝议多以为难，唯冰意与之同，而桓温、谯王无忌皆赞成之。至是诏议经略中原，翼欲悉众北伐，表桓宣督诸军趣丹水，桓温为前锋小督，帅众入临淮；并发所统六州奴及车牛驴马，百姓嗟怨。

汉主寿卒，太子势立。　庾翼移镇襄阳。诏以翼都督征讨军事；庾冰都督荆、江军事；征何充为扬州刺史，录尚书事。

翼欲移镇襄阳，恐朝廷不许，乃奏移镇安陆。帝遣使譬止之，翼遂违诏北行。至夏口，复请镇襄阳。翼时有众四万，诏加翼都督征讨诸军事。遣冰出镇武昌，以为继援。

回去后都说:"殷浩不出仕做官,百姓们该怎么办!"庾翼请殷浩任司马,有诏任命他为侍中、安西军司,殷浩不应召。庾翼给他写信说:"王衍树立的名望并不真实,虽然说是谈玄论道,实际是助长了追求浮华的风气。明智仁德的君子遇上好的机会时,难道可以这样吗!"殷浩仍不出仕。

殷浩的父亲殷羡任长沙相,在郡中贪婪残暴,庾冰给庾翼写信将殷羡托付给他。庾翼答复说:"殷羡骄纵豪横,恐怕就是由于有个好儿子,所以我也从物理人情出发稍加宽容他。总体考察江东的朝政,因为纵容豪强,有时行使法令,就施加在贫寒百姓身上。比如往年偷盗石头城仓库一百万斛大米的,都是豪强之辈,却只处死仓库督监以搪塞责任。山遐任余姚长,为官府清查出豪强隐瞒不报的百姓两千户,而众豪强共同驱逐他,令他不得安宁。这种现象虽然都是前任宰相王导昏庸荒谬所致,但是江东大业衰落,实在是由此而生。我们兄弟身处不幸,枉自陷身其中,自己无法拔足于风尘之外,就应当共同擦亮双眼去治理。荆州所统辖的二十多个郡,只有长沙郡最为恶劣,恶劣却不罢黜,与只处死仓库督监又有什么不同呢!"

庾翼以消灭胡人、攻取蜀地为己任,派使者与前燕、前凉相约,商定日期大举行动。朝中议论大多认为困难,只有庾冰的意见与他相同,而桓温、谯王司马无忌都赞成他。到此时,诏令讨论谋取中原之事,庾翼打算出动全部人马北伐,上表奏请派桓宣都督各军赶赴丹水,派桓温为前锋小督,率兵进入临淮;并出动所统领的六州奴仆及车牛驴马,百姓叹息怨恨。

成汉国主李寿去世,太子李势登基。　庾翼迁移到襄阳镇守。晋康帝下诏任命庾翼为都督征讨诸军事;任命庾冰为都督荆州、江州军事;征召何充为扬州刺史,录尚书事。

庾翼打算迁到襄阳镇守,担心朝廷不准,便奏请迁到安陆镇守。晋康帝派使者晓谕并制止他,庾翼便违背诏命北进。到达夏口,又奏请镇守襄阳。庾翼当时拥有四万兵众,诏命加授庾翼都督征讨诸军事。派庾冰外出镇守武昌,以作为庾翼的后援。

征充辅政，又征褚裒为卫将军，领中书令。裒以近戚畏嫌，寻复出督兖州，镇金城。

甲辰（344） 二年赵建武十年，汉主李势太和元年。

春正月，赵大阅，罢兵。

赵王虎享群臣于太武殿，有白雁百余集马道之南。时诸州兵集者百余万，太史令赵揽曰："白雁集庭，宫室将空之象，不宜南行。"虎乃临宣武观大阅而罢。

燕王皝击灭宇文部，逸豆归走死，皝还杀其兄翰。

燕王皝与左司马高诩谋伐宇文逸豆归，诩曰："伐之必克，然不利于将。"出而告人曰："吾往必不返，然忠臣不避也。"于是皝自将，以慕容翰为前锋。逸豆归遣南罗大涉夜干将兵逆战。皝遣谓翰曰："涉夜干勇冠三军，宜小避之。"翰曰："涉夜干素有勇名，一国所赖。今吾克之，其国不攻自溃矣。然吾熟其为人，虽有虚名，实易与耳，不宜避之以挫吾兵气。"遂进战，斩之。宇文士卒不战而溃，燕兵乘胜逐之，遂克其都城。逸豆归走死漠北，宇文氏由是散亡。皝徙其部众于昌黎，辟地千余里。高诩中流矢卒。诩善天文，皝尝谓曰："卿有佳书而不见与，何以为忠尽！"诩曰："臣闻人君执要，人臣执职。执要者逸，执职者劳。是以后稷播种，尧不预焉。占候、天文，晨夜甚苦，非至尊之所宜亲，殿下将安用之？"皝默然。翰与宇文氏战，为流矢所中，卧病积时。后渐差，于其家试骋马。或告翰欲为变，皝虽籍翰勇略，

征召何充辅佐朝政，又征召褚裒为卫将军，领中书令。褚裒因是皇帝近亲，为避嫌，不久又出外都督兖州，镇守金城。

甲辰（344）　**晋康帝建元二年**后赵建武十年，成汉国主李势太和元年。

春正月，后赵举行大阅兵，然后作罢。

后赵王石虎在太武殿宴会群臣，有一百多只白雁聚集在马道的南面。当时各州军队集结起来达一百多万，太史令赵揽说："白雁聚集在庭院，是宫室将要空旷的征兆，不宜南行。"石虎便驾临宣武观举行大阅兵，然后作罢。

前燕王慕容皝攻灭宇文部，宇文逸豆归逃跑后死去，慕容皝返国后杀死哥哥慕容翰。

前燕王慕容皝与左司马高诩谋划讨伐宇文逸豆归，高诩说："讨伐宇文氏必定能攻克，但是不利于将帅。"出来后告诉别人说："我此去必定不能回来，但是忠臣不避祸。"于是慕容皝亲自挂帅，任命慕容翰为前锋。宇文逸豆归派南罗城主涉夜干领兵迎战。慕容皝派人对慕容翰说："涉夜干勇冠三军，应当稍稍避让一下。"慕容翰说："涉夜干一向享有勇猛的名声，是全国的依靠。如今我战胜他，他的国家就不攻自溃了。但是我熟知其为人，虽有虚名，其实容易对付，不应避让他以挫伤我军士气。"于是进军交战，斩杀涉夜干。宇文氏的士卒不战而溃，燕军乘胜追击，于是攻克宇文氏的都城。宇文逸豆归逃跑，死在漠北，宇文氏因此离散消亡。慕容皝将其部众迁移到昌黎，开辟疆土一千多里。高诩中流箭而死。高诩擅长天文，慕容皝曾经对他说："你有好书却没有给我，怎么能认为是尽忠呢！"高诩说："我听说人君掌握关键，人臣执行具体职务。掌握关键的安逸，执行具体职务的劳累。所以后稷播种庄稼，尧不参与其事。占候、天文之事，早晚都十分辛苦，不是身份至尊者应当亲自参与的，殿下打算如何使用它呢？"慕容皝沉默不语。慕容翰与宇文氏交战，被流箭射中，卧病在床很长时间。后来渐渐痊愈，在家中试着骑马。有人告发说慕容翰想作乱，慕容皝虽然倚仗慕容翰的勇猛谋略，

然终忌之,乃赐翰死。翰曰:"吾负罪出奔,既而复还,死已晚矣。然羯贼跨据中原,吾不自量,欲为国家荡一区夏。此志不遂,没有遗恨!"饮药而卒。

荧惑守房,赵杀其中书监王波。

赵太子宣怒领军王朗,会荧惑守房,使赵揽言于赵王虎曰:"宜以贵臣王姓者当之。"虎曰:"谁可者?"揽曰:"无贵于王领军。"问其次,揽无以对,因曰:"唯王波耳。"虎乃下诏,追罪波前议楛矢事,腰斩之。既而悯其无罪,追赠司空。

桓宣及赵兵战于丹水,败绩。

宣击赵将李罴于丹水,为罴所败,惭愤而卒。庾翼遣子方之代领宣众。

九月,帝崩,太子聃即位。尊皇后曰皇太后。太后临朝称制。

帝疾笃,庾冰、庾翼欲立会稽王昱为嗣,何充建议立皇子聃,乃立聃为皇太子。帝崩,充奉太子即位,由是冰、翼深恨充。帝方二岁,太后临朝称制。充荐褚裒宜综朝政,裒固请居藩,改督徐、兖,镇京口。尚书奏:"裒见太后,在公庭则如臣礼,私觌则严父。"从之。

冬十月,葬崇平陵。　荆、江都督庾冰卒。庾翼还镇夏口。

冰卒,翼留方之戍襄阳,还镇夏口。诏翼复督江州。翼缮修军器,大佃积谷,以图后举。

然而终究对他有所忌惮，便赐令慕容翰自杀。慕容翰说："我负罪出逃，后来又返回，今天死已经是晚了。但是羯人占据中原，我自不量力，想为国家荡平、统一中原地区。这个志向不能如愿，我死有遗憾！"于是喝毒药而死。

火星停留在房宿，后赵杀死中书监王波。

后赵太子石宣对领军王朗很生气，恰巧这时火星停留在房宿，便派赵揽对后赵王石虎说："应当由显贵大臣中姓王的人承担此责任。"石虎问："谁可以呢？"赵揽说："没有人比王领军显贵。"问其次是谁，赵揽无言以对，就说："只有王波了。"石虎便下诏，追究王波以前议论楛矢一事的罪责，将他腰斩。不久又怜悯他并无罪责，追赠为司空。

桓宣与后赵军队在丹水交战，桓宣战败。

桓宣在丹水攻击后赵将领李黑，被李黑打败，惭愧怨恨而死。庾翼派儿子庾方之代为统领桓宣部众。

九月，晋康帝去世，太子司马聃即帝位。尊奉皇后为皇太后。太后临朝主政。

晋康帝病重，庾冰、庾翼想立会稽王司马昱为继承人，何充建议立皇子司马聃，于是立司马聃为皇太子。康帝去世，何充拥奉太子即帝位，因此庾冰、庾翼深深怨恨何充。穆帝刚两岁，太后临朝主政。何充举荐褚裒总揽朝政，褚裒坚持请求驻扎在藩镇，于是改任都督徐州、兖州，镇守京口。尚书奏议说："褚裒见太后时，在朝廷上相见则按臣子的礼节，私下相见则太后尊礼父亲。"太后听从。

冬十月，将康帝安葬在崇平陵。　荆州、江州都督庾冰去世。庾翼返回夏口镇守。

庾冰去世后，庾翼留下庾方之戍守襄阳，自己返回镇守夏口。诏命庾翼再次都督江州。庾翼修缮兵器，大力屯田，积蓄粮食，以图后举。

乙巳（345） **穆帝永和元年**_{赵建武十一年，燕王皝十二年。}
旧大国一，汉、凉、代小国三，新小国一，凡五僭国。

春正月，赵大发兵治长安、洛阳宫。

赵王虎发诸州四十余万人，治未央、洛阳宫。造猎车千乘，刻期校猎。自灵昌津至荥阳，数千里为猎场，犯其禽兽者罪至死。增置女官二十四等，大发民女三万余人以配之。郡县多强夺人妻，杀其夫。荆楚、扬、徐流叛略尽，守、令坐不能绥怀，下狱诛者五十余人。光禄大夫逯明切谏，虎怒杀之。

燕罢苑囿以给新民。

燕王皝以牛假贫民，使佃苑中，税其什之八，自有牛者税其七。记室参军封裕谏，以为："古者什一而税，天下之中正也。降及魏、晋，仁政衰薄，犹不取其七八也。今殿下拓地三千里，增民十万户，其无田者十有三四。是宜悉罢苑囿以赋新民，无牛者官赐之牛，不当更收重税也。今官司猥多，皆宜澄汰。工商末利，宜立常员。学生三年无成，当归之于农。参军王宪、大夫刘明近以言忤旨，免官禁锢；长史宋该阿媚苟容，轻劾谏士，不忠之甚者也。"皝乃下令悉从其言，仍赐裕钱五万。宣示内外，欲陈过失者勿有所讳。皝雅好文学，常亲临庠序讲授，考校学徒至千余人，颇有妄滥者，故裕及之。

以会稽王昱为抚军大将军，录尚书六条事。

晋穆帝

乙巳（345）　**晋穆帝永和元年**后赵建武十一年，前燕王慕容皝十二年。原有一个大国，成汉、前凉、代三个小国，新增一个小国，共有五个僭伪之国。

春正月，后赵大举征发兵士修建长安宫、洛阳宫。

后赵王石虎征发各州四十多万人，修建未央宫、洛阳宫。制造一千辆用于打猎的车子，定期进行狩猎活动。从灵昌津到荥阳，几千里的范围被当成猎场，伤害其中禽兽的人以死罪论处。将宫中女官增设为二十四等，大举征发民间女子三万多人配置各处。各郡县大多强夺他人的妻子，杀死她们的丈夫。荆楚、扬州、徐州因百姓的流失、叛乱而几乎空无一人，郡守、县令犯下不能安抚关怀这些百姓之罪，被投入监狱诛杀的有五十多人。光禄大夫逯明恳切劝谏，石虎愤怒地处死了他。

前燕罢除苑囿并将其分给新归附的百姓。

前燕王慕容皝将牛借给贫民，让他们在苑囿中耕种，收取十分之八的税赋，自己有牛的收取十分之七的税赋。记室参军封裕进谏，认为："古时候按十分之一来收税，是天下的公平法则。到了魏、晋，仁政衰微淡薄，尚且不收取十分之七八的税赋。如今殿下开拓土地三千里，增加百姓十万户，其中没有田地的有十分之三四。此时应当全部罢除苑囿并将其分给新归附的百姓，没有牛的由官府赐给牛，不应再收取重税。如今官府衙门杂乱繁多，都应该清理淘汰。从事工商业获利，应设置固定的人数。学生三年仍学无所成，应当让他们回去务农。参军王宪、大夫刘明最近以言语冒犯圣上，被免官禁锢；长史宋该阿谀谄媚，苟且安身，轻率地弹劾直言进谏之人，这是很严重的不忠。"慕容皝便下令全部采纳其建议，又赐给封裕五万钱。向内外宣示，想让指出朝政过失的人不要有所忌讳。慕容皝平素喜好文学，经常亲临学校讲学授业，考查录用学生达一千多人，其中颇有姑妄滥收的人，所以封裕谈及此事。

任命会稽王司马昱为抚军大将军，录尚书六条事。

诏征褚裒辅政，尚书刘遐说之曰："会稽王令德雅望，足下宜以大政授之。"裒乃固辞，归藩。昱清虚寡欲，尤善玄言，常以刘惔、王濛、韩伯为谈客，郗超、谢万为掾属。超，鉴之孙也，少卓荦不羁。父愔，简默冲退而啬于财，积钱至数千万，尝开库任超所取，超散施亲故，一日都尽。万，安之弟也，清旷秀迈，亦有时名。

二龙见于燕之龙山。

燕有黑、白二龙见于龙山，交首游戏，解角而去。燕王皝祀以太牢，命所居新宫曰和龙。是岁始不用晋年号，自称十二年。

秋七月，江州都督庾翼卒。以桓温都督荆、梁军事。

翼病，表子爰之为荆州刺史，委以后任。及卒，朝议以诸庾世在西藩，人情所安，欲从其请。何充曰："荆楚，国之西门，户口百万，北带强胡，西邻劲蜀，得人则中原可定，失人则社稷可忧，陆抗所谓'存则吴存，亡则吴亡'者也，岂可以白面少年当之哉！桓温英略过人，有文武器干，西夏之任，无出温者。"丹阳尹刘惔每奇温才，然知其有不臣之志，谓会稽王昱曰："温不可使居形胜之地，其位号常宜抑之。"劝昱自镇上流，以己为军司，昱不听。以温代翼，又以惔监沔中军，代庾方之。

汉主势杀其弟广。

汉主势之弟广以势无子，求为太弟，不许。马当、解思明谏曰："陛下兄弟不多，若复有所废，将益孤危。"固请许之。势疑其与广有谋，收斩之。袭广于涪城，广自杀。

下诏征召褚裒辅佐朝政，尚书刘遐劝说他道："会稽王德高望重，您应当将朝政交给他。"褚裒便坚持推辞，返回藩镇。司马昱清虚寡欲，尤其善于谈论玄学，经常将刘惔、王濛、韩伯作为谈客，任用郗超、谢万为僚属。郗超是郗鉴的孙子，年少时便卓绝超群，放纵不羁。他的父亲郗愔，简静寡言、性情淡泊却吝惜钱财，积蓄的钱财达几千万，曾经打开库房任郗超取用，郗超散发施舍给亲朋故旧，一日便都发放光了。谢万是谢安的弟弟，清远旷达，俊秀豪迈，当时也有名望。

两条龙出现在前燕的龙山。

前燕有黑、白两条龙出现在龙山，交头嬉戏，脱下龙角后离去。前燕王慕容皝以太牢祭祀，将所居住的新宫殿命名为和龙。从这一年开始不再使用晋朝年号，自称十二年。

秋七月，江州都督庾翼去世。任命桓温都督荆州、梁州军事。

庾翼生病，上表请求任命儿子庾爰之为荆州刺史，将后事委托给他。等到庾翼死后，朝中议论认为庾氏世代驻守西部藩镇，是人心所向，打算答应庾翼当初的请求。何充说："荆楚是国家的西大门，户口有上百万，北连强大的胡人，西邻强劲的蜀人，用人得当则中原可以平定，用人失当则国家命运堪忧，这就是陆抗所说的'存则吴存，亡则吴亡'，怎能让白面少年担当此重任呢！桓温英气、智略过人，具有文武才干，西边这个职位，没有超过桓温的人选。"丹阳尹刘惔常常为桓温的才干感到惊奇，然而知道他有不甘为人臣的志向，对会稽王司马昱说："不能让桓温驻扎地势险要的地方，对他的职位、封号应经常抑制。"规劝司马昱自己镇守长江上游地区，让自己任军司，司马昱没有听从。任命桓温代替庾翼的职位，又任命刘惔监管沔中军事，代替庾方之。

成汉国主李势杀死自己的弟弟李广。

成汉国主李势的弟弟李广因李势没有儿子，就请求当太弟，李势不答应。马当、解思明劝谏说："陛下兄弟不多，如果再有废黜，将更加孤立危险。"坚持请求准许此事。李势怀疑他们与李广有阴谋，逮捕并处死了二人。又在涪城袭击李广，李广自杀。

思明被收,叹曰:"国之不亡,以我数人在也,今其殆矣!"思明有智略,敢谏诤。当素得人心,及其死,士民无不哀之。

冬十二月,张骏自称凉王。

是岁,骏分境内二十二郡三营为凉、河、沙州,骏自称大都督、大将军、假凉王,督摄之。始置祭酒等官,车服拟于王者。

赵以姚弋仲为冠军大将军。

弋仲清俭鲠直,不治威仪,言无畏避,赵王虎甚重之。

丙午(346) **二年**赵建武十二年,汉嘉宁元年。

春正月,扬州刺史、都乡侯何充卒。

充有器局,临朝正色,以社稷为己任,所选用皆以功效,不私亲旧。卒,谥曰文穆。

燕袭夫余,拔之,虏其王玄以归。 二月,以光禄大夫蔡谟领司徒。 三月,以顾和为尚书令,殷浩为扬州刺史。

褚裒荐顾和、殷浩,诏以和为尚书令,浩为扬州刺史。和有母丧,固辞不起,谓所亲曰:"古人有释衰绖从王事者,以其才足干时故也。如和者,正足以亏孝道,伤风俗耳。"浩亦固辞。会稽王昱与浩书曰:"属当厄运,危弊理极,足下沉识淹长,足以经济。若复深存抱退,苟遂本怀,吾恐天下之事于此去矣。足下去就,即时之废兴也。家国不异,宜深思之。"浩乃就职。

夏四月朔,日食。 五月,凉王张骏卒,世子重华立。赵杀其尚书朱轨,立私论朝政法。

解思明被捕时,叹息说:"国家没有灭亡,是因为有我们几个人在,如今危险了!"解思明有智慧谋略,敢于直言上谏。马当一向得人心,等到他们死去,士人百姓们无不哀痛。

冬十二月,张骏自称凉王。

这一年,张骏将辖境内的二十二个郡、三个营分为凉州、河州、沙州,张骏自称大都督、大将军、假凉王,督摄三州。他开始设置祭酒等官,车驾、服饰仿效帝王。

后赵任命姚弋仲为冠军大将军。

弋仲清廉俭朴,性格耿直,不注重威仪,说话无所畏避,后赵王石虎非常器重他。

丙午(346) **晋穆帝永和二年**后赵建武十二年,成汉嘉宁元年。

春正月,扬州刺史、都乡侯何充去世。

何充具有才干和度量,上朝时面色肃穆,以国家为己任,所选用的人都以其政绩为标准,不为亲朋故旧徇私情。他去世后,谥号为文穆。

前燕袭击夫余,将其攻克,俘虏夫余王玄后返回。 二月,任命光禄大夫蔡谟兼领司徒。 三月,任命顾和为尚书令,殷浩为扬州刺史。

褚裒举荐顾和、殷浩,下诏任命顾和为尚书令,殷浩为扬州刺史。顾和为母服丧,坚持推辞不出仕,对所亲近的人说:"古人有脱下丧服为君王效命的,那是因为他们的才干足以济时成事。像我这样的,就只会损坏孝道,伤风败俗罢了。"殷浩也坚持推辞。会稽王司马昱给殷浩写信说:"眼下正当国家命运困厄,危殆的弊病已到极点,您见识深广,足以经国济世。如果再深怀谦抑之心,苟且满足自己的意愿,我恐怕天下之事就无可挽回了。您的去就,就是时世的废兴。家庭、国家的命运没有分别,应认真考虑此事。"殷浩这才就职赴任。

夏四月初一,发生日食。 五月,前凉王张骏去世,世子张重华即位。 后赵杀死尚书朱轨,订立私论朝政的法律。

赵中黄门严生恶朱轨，会久雨，谮轨不修道路，谤讪朝政，赵王虎囚之。蒲洪谏曰："陛下德政不修，天降淫雨，七旬乃霁。霁方二日，虽有鬼兵百万，亦未能去道路之涂潦，而况人乎！愿止作徒，罢苑囿，出宫女，赦朱轨，以副众望。"虎虽不悦，亦不之罪，为之罢长安、洛阳作役，而竟诛轨。又立私论朝政之法，听吏告其君，奴告其主。公卿以下朝觐以目，不敢相过谈语。

赵攻凉州，张重华遣主簿谢艾将兵逆战，大破之。

后赵遣将军王擢、麻秋击凉州，张重华悉发境内兵，使裴恒将以御之，久而不战。司马张耽曰："国之存亡在兵，兵之胜败在将。今议者举将多推宿旧。夫韩信之举，非旧德也，盖才之所堪则授以事。主簿谢艾兼资文武，可用也。"重华召艾，问以方略。艾愿请兵七千人，必破赵以报。重华拜艾中坚将军，给步骑五千。艾引兵出，夜有二枭鸣于牙中，艾曰："六博得枭者胜，今枭鸣牙中，克敌之兆也。"进与赵战，大破之。麻秋之克金城也，县令车济不降，伏剑而死。秋又遣书诱致宛戍都尉宋矩，矩曰："为人臣，功既不成，唯有死节耳。"先杀妻子，而后自刎。秋曰："皆义士也。"收而葬之。

冬，汉李奕举兵攻成都，不克而死。

汉主势骄淫，不恤国事，罕接公卿，信任左右，谗谄并进，刑罚苛滥，由是中外离心。太保李奕自晋寿举兵反，众至数万。势登城拒战，射杀之。蜀土先无獠，至是始从山出，自巴西至犍为、梓潼，布满山谷，十余万落，不可禁制，

后赵的中黄门严生厌恶朱轨，恰巧遇上久雨不断，就诋毁朱轨不修整道路，诽谤讥讽朝政，后赵王石虎将朱轨囚禁起来。蒲洪上谏说："陛下不修德政，所以天降淫雨，七十天才出现晴天。天晴刚两天，即使有一百万鬼神之兵，也不能去除道路上的泥水，又何况人呢！希望停止劳役，废除苑囿，释放宫女，赦免朱轨，以满足众人的愿望。"石虎虽然不高兴，也没有治他罪，为此罢除了长安、洛阳的劳役，但是最终杀死了朱轨。又订立私论朝政的法律，允许属吏告发其君长，奴仆告发其主人。公卿大臣以下，上朝觐见时以目示意，不敢互相来往谈话。

　　后赵攻打凉州，张重华派遣主簿谢艾领兵迎战，大败后赵军。

　　后赵派遣将军王擢、麻秋攻打凉州，张重华出动境内全部兵众，派裴恒率领以抵御后赵军队，过了很久却不交战。司马张耽说："国家的存亡在于军队，军队的胜败在于将领。如今议论的人举荐将领大多推举宿将旧臣。韩信被举荐，不是因为他以前是功臣，是因为才能胜任就授以重任。主簿谢艾文武双全，可以任用。"张重华召见谢艾，询问谋略。谢艾希望能给七千士兵，一定打败后赵军以作报答。张重华拜授谢艾为中坚将军，分给五千名步、骑兵。谢艾领兵出发，夜里有两只枭鸟在军营中鸣叫，谢艾说："玩六搏棋时，得到有枭鸟图案棋子的人获胜，如今枭鸟在军营中鸣叫，是战胜敌人的征兆。"于是进兵与后赵军交战，大败敌军。麻秋攻克金城时，县令车济拒不投降，用剑自杀而死。麻秋又送信劝诱宛戍都尉宋矩前来投降，宋矩说："作为君王的臣下，既然不能成就功业，就只有以死殉节。"他先杀死妻子儿女，然后自刎。麻秋说："他们都是义士。"于是收尸安葬。

　　冬季，成汉李奕起兵攻打成都，战败而死。

　　成汉国主李势骄奢淫逸，不问国事，极少接触公卿大臣，信任身边的人，谗言谄媚并进，刑罚苛刻泛滥，由此朝廷内外离心离德。太保李奕从晋寿起兵反叛，部众达数万人。李势登上城墙抵御，射死李奕。蜀地以前没有獠人，到此时开始在山中出现，从巴西到犍为、梓潼，布满山谷，有十余万部落，无法控制，

大为民患。加以饥馑,四境萧条。

十一月,桓温帅师伐汉。

桓温将伐汉,将佐皆以为不可。江夏相袁乔曰:"夫经略大事固非常情所及,智者了于胸中,不必待众言皆合也。今为天下患者,胡、蜀二寇而已。蜀虽险固,比胡为弱,将欲除之,宜先其易者。李势无道,臣民不附,且恃其险远,不修战备。宜以精卒万人轻赍疾趋,比其觉之,我已出其险要,可一战擒也。蜀地富饶,户口繁庶,诸葛武侯用之抗衡中夏,若得而有之,国家之大利也。论者恐大军既西,胡必窥觎,此似是而非。胡闻我万里远征,以为内有重备,必不敢动,纵有侵轶,缘江诸军足以拒守,必无忧也。"温拜表即行,委长史范汪以留事。朝廷以蜀道险远,温众少而深入,皆以为忧,惟刘惔以为必克。或问其故,惔曰:"以博知之。温善博者也,不必得则不为。但恐克蜀之后,专制朝廷耳。"

丁未(347) **三年**赵建武十三年。是岁,汉亡。大国一,凉、代、燕小国三,凡四僭国。

春三月,桓温败汉兵于笮桥。进至成都,汉主势降,诏以为归义侯。

温军至青衣。汉大发兵,趣合水以拒之。诸将欲设伏于江南以待晋兵,将军昝坚不从,引兵向犍为。温军至彭模。议者欲分为两军,异道俱进,以分汉兵之势。袁乔曰:"今悬军深入,当合势力以取一战之捷,万一偏败,

成为百姓的重大祸患。加上遭受饥荒，境内一片萧条景象。

十一月，桓温率军征伐成汉。

桓温准备征伐成汉，将佐都认为不可行。江夏相袁乔说："像经邦治国这样的大事本来就不是按常理去做的，富于智慧的人心中考虑成熟就可以，不必等待众人意见都一致。如今成为天下祸患的，不过是胡人、蜀人二寇而已。蜀地虽然险固，但力量比胡人弱，如果打算除掉二寇，就应先攻打容易的那个。李势治国无道，大臣、百姓不归附他，而且依仗其地势险峻和位置偏远，不做战备工作。应派一万精兵轻装快速前进，等到李势发觉，我方已越过其险峻要塞，可以一仗就擒获他。蜀地物产丰饶，人口众多，诸葛亮凭借它与中原抗衡，如果得到并占有它，是对国家大有好处的。议论的人担心大军西进后，胡人必定觊觎我方，这是看似正确其实错误的说法。胡人听说我方万里远征，认为内部布置了严密的防备，一定不敢轻举妄动，纵使发生对我方的侵扰袭击，沿江各军也足以抵御防守，必定没有忧患。"桓温奏上表章后立即行动，委派长史范汪留守处理事务。朝廷认为蜀道艰险遥远，桓温兵力少却孤军深入，都为此忧虑，只有刘惔认为一定能获胜。有人问他原因，刘惔说："由博戏知道的。桓温擅长博戏，不是一定能得到的就不去做。只是担心他攻克蜀地后，在朝廷专权而已。"

丁未（347）**晋穆帝永和三年**后赵建武十三年。这一年，成汉灭亡。有一个大国，前凉、代、前燕三个小国，共有四个僭伪之国。

春三月，桓温在笮桥打败成汉军。进兵到成都，成汉国主李势投降，下诏封李势为归义侯。

桓温的军队到达青衣。成汉大举出兵，前往合水以抵御东晋军队。众将打算在长江以南设下埋伏以等待东晋军队，将军昝坚没有听从，领兵奔向犍为。桓温的军队到达彭模。有人提议应该兵分两路，分路并进，以分散成汉军队的力量。袁乔说："如今孤军深入，应当集中兵力以争取一战成功，万一一方失败，

大事去矣。不如全军而进,弃去釜甑,赍三日粮,以示无还心,胜可必也。"温从之,留参军孙盛将羸兵守辎重,自将步卒直指成都。进遇汉将李权,三战三捷,汉兵散走。昝坚至犍为,乃知与温异道,还至,则温军于成都之十里陌矣。坚众自溃。势悉众出战于笮桥,温前锋不利,矢及温马首,众惧欲退,而鼓吏误鸣进鼓。袁乔拔剑督士卒力战,遂大破之。温乘胜长驱至成都,纵火烧其城门,汉人惶惧,无复斗志。势舆榇面缚诣军门。温送势于建康,引汉司空谯献之等以为参佐,举贤旌善,蜀人悦之。留成都三十日,振旅还江陵。诏封势归义侯。

夏四月,赵攻凉州,张重华遣谢艾将兵击破之。

赵麻秋攻枹罕。晋昌太守郎坦欲弃外城,武成太守张悛曰:"弃外城则动众心,大事去矣。"固守大城。秋帅众八万,围堑数重,云梯地突,百道皆进。城中御之,秋众死伤数万,退保大夏。张重华遣谢艾帅步骑三万进军临河。艾乘轺车,戴白帢,鸣鼓而行。秋望见怒曰:"艾年少书生,冠服如此,轻我也。"命黑矟龙骧三千人驰击之,艾左右大扰。艾踞胡床指麾处分,赵人以为有伏兵,惧不敢进。别将张瑁自间道引兵截赵军后,赵军退,艾乘势进击,大破之。赵王虎复遣孙伏都帅步骑二万会秋军,长驱济河,艾又破之。虎叹曰:"吾以偏师定九州,今以九州之力困于枹罕。彼有人焉,未可图也。"

赵筑华林苑。

则大势已去。不如大军一同前进，抛弃釜甑等炊具，携带三天的口粮，以表示没有退还之意，一定能够取胜。"桓温听从他的建议，留下参军孙盛率羸弱的士兵守卫辎重，自己率步兵直指成都。进军途中遇上成汉将军李权，三战三胜，成汉军溃散。昝坚到达犍为，才知道与桓温不同路，返回到达成都时，桓温的军队已经在成都的十里陌了。昝坚的部众自己就溃败了。李势出动全部兵力与桓温军队在笮桥交战，桓温的前锋部队出师不利，流箭射到桓温的马头，兵众心中惧怕想要退却，而负责击鼓的官吏却错敲前进的鼓声。袁乔拔剑督促士兵奋力战斗，于是大败李势的军队。桓温乘胜长驱直达成都，纵火焚烧城门，成汉人惶恐惊惧，不再有斗志。李势拉着棺材、反绑双手到桓温的军门前投降。桓温将李势送到建康，召引成汉司空谯献之等作为参佐僚属，举贤扬善，蜀人欢欣喜悦。桓温在成都逗留三十天，整顿军队返回江陵。晋穆帝下诏封李势为归义侯。

夏四月，后赵攻打凉州，张重华派遣谢艾率军打败后赵军。

后赵麻秋攻打枹罕。晋昌太守郎坦想放弃外城，武成太守张悛说："放弃外城则动摇人心，大事就无可挽回了。"于是固守城池。麻秋率八万兵众，以多层壕沟将城包围，搭云梯、挖地道，各路齐进。城中顽强抵抗，麻秋的兵众死伤数万，只得退守大夏。张重华派遣谢艾率三万步兵、骑兵进军临河。谢艾乘着轻便的马车，头戴白色便帽，击鼓行进。麻秋望见后，愤怒地说："谢艾不过是年轻书生，如此衣着，是轻视我。"命令三千名装备黑槊的龙骧兵驰马攻击谢艾，谢艾身边的人大乱。谢艾坐在胡床上指挥部署战斗，后赵人以为有伏兵，心中害怕而不敢前进。别将张瑁从小道领兵截断后赵军的后路，后赵军后退，谢艾乘势进攻，大败后赵军队。后赵王石虎又派遣孙伏都率二万步兵、骑兵与麻秋的军队会合，长驱直渡黄河，谢艾又打败他们。石虎叹道："我用部分军队就平定了九州，如今拥有九州的兵力却在枹罕受困。他们在这里有人才，是不能对付的。"

后赵修筑华林苑。

赵王虎据十州之地，聚敛财物不可胜纪，犹以为不足，悉发前代陵墓，取其金宝。沙门吴进言于虎曰："胡运将衰，晋当复兴，宜苦役晋人以厌其气。"虎遂发近郡男女十六万人，车十万乘，运土筑华林苑及长墙于邺北，然烛夜作，暴风大雨，死者数万人。郡国前后送苍麟十六，白鹿七，虎命司虞调之以驾芝盖。命太子宣祈福于山川，因行游猎。宣乘大辂，羽葆华盖，建天子旌旗，戎卒十八万，出自金明门。虎升陵霄观望之，笑曰："我家父子如是，自非天崩地陷，当复何愁！但抱子弄孙，日为乐耳。"宣所舍纵猎，士卒饥冻，死者万余人。所过三州十五郡，资储皆无孑遗。虎复命秦公韬继出，自并州至于秦、雍亦如之。宣怒其与己均敌，宦者赵生劝宣除之。

冬十月，以张重华为凉州刺史、西平公。

遣侍御史俞归授重华官爵，重华欲称凉王，未肯受诏，使所亲私谓归曰："主公奕世为晋忠臣，今曾不如鲜卑，何也？"归曰："吾子失言！昔三代之王也，爵之贵者莫若上公。及周之衰，吴、楚始僭号称王，而诸侯亦不之非，盖以蛮夷畜之也；借使齐、鲁称王，诸侯岂不四面攻之乎！汉高祖封韩、彭为王，寻皆诛灭，盖权时之宜，非厚之也。圣上以贵公忠贤，故爵以上公，任以方伯，宠荣极矣，岂鲜卑夷狄所可比哉！且吾闻之，功有大小，赏有重轻。今贵公始继世而为王，若帅河右之众东平胡、羯，修复陵庙，迎天子返洛阳，将何以加之乎？"重华乃止。

后赵王石虎占据十个州的土地，聚敛的财物不可胜数，仍觉得不满足，便将以前朝代的陵墓全部发掘，盗取其中的金银财宝。和尚吴进对石虎说："胡人的命运将要衰落，晋王室当会复兴，应当苦苦地役使晋人以压制其气势。"于是石虎征发都城附近各郡的男女十六万人，车十万辆，运送土石到邺城以北修筑华林苑和长长的围墙，挑灯夜作，遇上狂风大雨，造成数万人死亡。各郡国先后进献十六只苍麟，七只白鹿，石虎命司虞调训它们，用来驾芝盖车。命太子石宣向山川祈祷求福，顺便进行游猎活动。石宣乘坐大型马车，使用华盖上装饰鸟羽的仪仗，树立天子的旌旗，率十八万士卒，从金明门出发。石虎登上陵霄观观望，笑着说："我家父子如此威风，除非天崩地陷，又有什么发愁的呢！只管抱抱儿子、逗逗孙子，每天享乐而已。"石宣所到之处纵情狩猎，士卒饥寒交迫，死亡的达一万多人。所经过的三个州、十五个郡，物资储备都毫无存留。石虎又命秦公石韬继石宣之后出行，从并州直到秦州、雍州，也与石宣所作所为相同。石宣对石韬与自己权势对等非常愤怒，宦官赵生劝石宣除掉石韬。

冬十月，任命张重华为凉州刺史、西平公。

晋室派侍御史俞归前去授予张重华官爵，张重华想称凉王，不肯接受诏命，让亲信私下对俞归说："我家主公世代做晋室的忠臣，如今竟然不如鲜卑，为什么？"俞归说："您说错了！从前夏、商、周三代统治天下时期，爵位中最尊贵的没有比得上上公的。等到周室衰微，吴国、楚国开始僭越封号称王，而诸侯们也不加以非难，是因为把他们作为蛮夷来看待；假使齐国、鲁国称王，诸侯们难道不四面攻击他们吗！汉高祖封韩信、彭越为王，不久就将他们全部诛灭，大概只是权宜之计，并非厚待他们。圣上因为贵主公忠诚贤明，所以赐以上公爵位，委以一方长官之任，宠信荣耀到极点了，难道是鲜卑夷狄所能比的吗！况且我听说，功劳有大小，赏赐有轻重。如今贵主公刚继位就称王，如果他率领黄河以西的士众向东平定胡人、羯人，修复陵庙，迎接天子返回洛阳，将用什么来加授给他呢？"于是张重华放弃了称王打算。

杨初遣使称藩，诏以初为雍州刺史、仇池公。

戊申（348）　**四年**赵建武十四年。

秋八月，赵太子宣杀其弟韬，伏诛。

秦公韬有宠于赵王虎，欲立之，以太子宣长，犹豫未决。宣谓所幸杨杯、赵生曰："汝能杀韬，当以韬之国邑分封汝等。韬死，主上必临丧，吾因行大事，蔑不济矣。"八月，杯等杀韬，虎哀惊气绝，久之方苏。将出临其丧，司空李农谏曰："害秦公者未知何人，銮舆不宜轻出。"虎乃止。既而事觉，虎囚宣，杀之邺北。穷极惨酷，纵火焚之。虎登中台观之，取灰分置诸门交道中。杀其妻子九人。宣小子才数岁，虎素爱之，抱之而泣，欲赦之，大臣不听，取杀之。儿挽虎衣大叫，至于绝带，虎因此发病。东宫卫士十余万人皆谪戍凉州。

加桓温征西大将军。

朝廷论平蜀之功，欲以豫章郡封桓温。左丞荀蕤曰："温若复平河、洛，将何以赏之？"乃加温征西大将军、开府仪同三司，封临贺郡公。温既灭蜀，威名大振，朝廷惮之。会稽王昱以殷浩有盛名，朝野推服，乃引为心膂，与参综朝权，欲以抗温，由是与温浸相疑贰。浩以王羲之为护军将军。羲之以为内外协和，然后国家可安，劝浩不宜与温构隙，浩不从。

九月，燕王皝卒，世子隽立。

杨初派遣使者向晋室称藩臣,诏命杨初为雍州刺史、仇池公。

戊申(348) **晋穆帝永和四年**后赵建武十四年。

秋八月,后赵太子石宣杀害弟弟石韬,被处死。

秦公石韬被后赵王石虎宠爱,石虎想立他为太子,由于太子石宣年长,犹豫不决。石宣对所亲信的杨柸、赵生说:"你们如果能够杀死石韬,我就把石韬的封国郡邑分封给你们。石韬一死,主上必定亲临吊丧,我便趁机将他杀死,没有不成功的。"八月,杨柸等人杀死石韬,石虎听说后又悲又惊,昏死过去,很久才苏醒过来。当石虎准备出宫前去参加石韬的丧礼时,司空李农劝谏说:"杀害秦公石韬的不知是何人,銮驾不宜轻率出宫。"石虎便停止了行动。不久此事败露,石虎将石宣囚禁起来,并在邺城北面处死了他。行刑手段极其残酷,然后纵火焚烧其尸体。石虎登上中台观看,取来骨灰分别放置在通向各城门的交叉路口中。还杀掉了石宣的妻子儿女共九人。石宣的小儿子刚几岁,石虎平时很喜爱他,抱着他哭泣,打算赦免他,大臣们不同意,抱过来杀掉了。当时小孩拉着石虎的衣服大叫,甚至将腰带都拉断了,石虎因此而生病。石宣宫中的卫士十多万人全部被贬谪戍守凉州。

加授桓温征西大将军。

东晋朝廷评论平定蜀地的功劳,想将豫章郡封给桓温。左丞荀蕤说:"如果桓温再平定黄河、洛水地区,将用什么赏赐他?"于是加授桓温征西大将军、开府仪同三司,封为临贺郡公。桓温灭蜀之后,威名大振,朝廷也忌惮他。会稽王司马昱认为殷浩享有盛名,受到朝野上下的推崇佩服,便召为心腹骨干,让他参与总揽朝中大权,想以此抗衡桓温,因此与桓温渐渐互相猜疑离心。殷浩任命王羲之为护军将军。王羲之认为朝廷内外齐心和谐,然后国家才能安定,就劝说殷浩不宜与桓温产生隔阂,殷浩不听。

九月,前燕王慕容皝去世,世子慕容儁继位。

皝有疾,召儁属之曰:"今中原未平,方资贤杰以经世务。恪智勇兼济,才堪重任,汝其委之。阳士秋士行高洁,忠干贞固,可托大事,汝善待之!"卒,谥曰文明。

赵立子世为太子。

赵王虎议立太子,太尉张举曰:"燕公斌有武略,彭城公遵有文德,惟陛下所择。"虎之拔上邽也,将军张豺获前赵主曜幼女,有殊色,纳于虎。虎嬖之,生齐公世。豺乃说虎曰:"陛下再立太子,其母皆贱,故祸乱相寻,今宜择母贵子孝者立之。"虎纳其言,令公卿上疏请之。大司农曹莫不肯署名,虎问其故,莫顿首曰:"天下重器,不宜立少,故不敢署。"虎称其忠而不能用。遂立世为太子,以刘昭仪为后。

冬十二月,以蔡谟为司徒。

谟上疏固让,谓所亲曰:"我若为司徒,将为后代所哂,义不敢拜也。"

己酉(349) **五年**赵太宁元年。

春正月,赵王虎称皇帝。 赵谪戍梁犊反,虎遣兵击斩之。

赵王虎以即位大赦。故东宫高力等万余人谪戍凉州,行达雍城,不在赦例,高力督梁犊因众怨作乱,攻拔下辨。掠民斧,施一丈柯,攻战若神,所向崩溃,长驱而东。比至长安,众已十万。乐平王苞尽锐拒之,一战而败,犊遂趣洛阳。虎遣李农统步骑十万讨之,大败。虎大惧,以燕王斌为大都督,统姚弋仲、蒲洪等讨之。弋仲

慕容皝病重，召来慕容儁嘱咐他说："如今中原没有平定，正要依靠俊贤豪杰来管理朝政。慕容恪智勇双全，才能足以承担重任，你应委任于他。阳士秋品行高洁，忠诚干练，坚贞不屈，可以将重大事委托给他，你应好好对待他！"慕容皝去世，谥号为文明。

后赵王石虎立儿子石世为太子。

后赵王石虎与大臣们商议立太子之事，太尉张举说："燕公石斌有军事才干，彭城公石遵富于文德，只看陛下选择。"石虎攻克上邽时，将军张豺俘获前赵国主刘曜的小女儿，由于姿色出众，被石虎纳入后宫。石虎很宠幸她，生下齐公石世。于是张豺劝说石虎道："陛下立了两次太子，他们的母亲都是出身微贱，所以祸乱相随不断，如今应选择母贵子孝的立为太子。"石虎采纳其意见，令公卿大臣们上疏请求立石世为太子。大司农曹莫不肯署名，石虎询问其原因，曹莫叩头说："国家重位，不宜立年少之人，所以我不敢署名。"石虎称赞他忠诚，却没有采纳其建议。于是立石世为太子，封刘昭仪为后。

冬十二月，任命蔡谟为司徒。

蔡谟上疏坚决推辞，对所亲近的人说："我如果做司徒，将被后代所耻笑，从道义上讲我不敢受命。"

己酉（349） **晋穆帝永和五年**后赵太宁元年。

春正月，后赵王石虎称皇帝。 后赵被贬谪戍守凉州的梁犊率众反叛，石虎派兵攻打并杀掉了他。

后赵王石虎因即帝位而实行大赦。原护卫东宫号称"高力"的一万多人被贬谪戍守凉州，行进到雍城，因不在大赦范围内，高力督梁犊利用众人的怨恨而作乱，攻克了下辨城。他们抢来百姓家的斧头，装上一丈左右的斧柄，攻战时如有神助，所向披靡，长驱向东。等到抵达长安，已有十万之众。乐平王石苞出动全部精锐士兵进行阻挡，仅一仗就战败，于是梁犊前往洛阳。石虎派遣李农统领十万步、骑兵讨伐，李农大败。石虎非常恐惧，任命燕王石斌为大都督，统领姚弋仲、蒲洪等讨伐梁犊。姚弋仲

将其众八千余人至邺,求见虎。虎病,未之见,引入赐食。弋仲怒曰:"主上召我来击贼,当面授方略,我岂为食来耶! 且主上不见我,我何以知其存亡?"虎力疾见之。弋仲让虎曰:"儿死,愁耶,何为而病? 儿幼时不择善人教之,使至于为逆。既诛之,又何愁焉! 且汝久病,所立儿幼,汝若不愈,天下必乱。当先忧此,勿忧贼也。犊等穷困思归,相聚为盗,何所能至! 老羌为汝一举了之!"弋仲性犷直,人无贵贱皆汝之,虎亦不之责,赐以铠马。弋仲曰:"汝看老羌堪破贼否?"乃被铠跨马于庭中,因策马南驰,不辞而出。遂与斌等击犊于荥阳,大破斩之。虎命弋仲剑履上殿,入朝不趋,进封平西郡公。以蒲洪为雍州刺史,都督秦、雍,封洛阳郡公。

夏四月,赵主虎卒,太子世立。其兄遵弑之及其太后刘氏而自立。

赵主虎病甚,以彭城王遵镇关右,燕王斌为丞相,张豺为镇卫大将军,并受遗诏辅政。刘后恐斌不利于太子,矫诏免归第。遵自幽州至邺,敕朝堂受拜,遣之,涕泣而去。虎临西阁,龙腾中郎二百余人列拜于前曰:"圣体不安,宜令燕王入宿卫,典兵马。"虎曰:"燕王不在内耶? 召以来!"左右言:"王酒病,不能人。"虎曰:"促持辇迎之,当付玺绶。"亦竟无行者。寻惛眩而人,豺遂矫诏弑斌。

率部下八千多人到邺城，求见石虎。石虎正生病，没有见他，召入宫中赏赐他御膳。姚弋仲怒道："主上召我来攻打贼人，应当面授机宜，我难道是为吃饭而来的吗！况且主上不见我，我怎么知道他的生死存亡？"石虎带病勉强接见了他。姚弋仲责备石虎说："儿子死了，忧愁吧，否则为什么会生病呢？儿子小时候不选择好人去教导他，致使他干出了叛逆的事情。既然诛杀了他，又有什么忧愁的呢！况且你久病在身，所立的儿子又年幼，你如果不痊愈，天下必定大乱。应当先忧虑此事，不用忧虑叛贼之事。梁犊等人穷困潦倒，思念家乡，所以互相聚集成为强盗，能有什么作为呢！老羌我为你一举了结此事！"姚弋仲性情急躁耿直，对人无论贵贱都直呼为"你"，石虎也不责怪他，赐给他铠甲战马。姚弋仲说："你看老羌我能打败叛贼不能？"于是在庭院中披挂铠甲、跨上战马，然后策马向南驰去，没有辞别便出了宫。于是与石斌等在荥阳攻打梁犊，大败敌军，斩杀了梁犊。石虎命姚弋仲可以佩剑穿鞋上殿，入朝觐见不必小跑进前，晋封他为平西郡公。任命蒲洪为雍州刺史，都督秦州、雍州，封为洛阳郡公。

夏四月，后赵国主石虎去世，太子石世即位。石世的哥哥石遵杀害石世及太后刘氏而自立为帝。

后赵国主石虎病重，命令彭城王石遵镇守关右，任命燕王石斌为丞相，张豺为镇卫大将军，一同接受遗诏辅佐朝政。刘后担心石斌会对太子不利，于是假传诏命将他免职归家。石遵从幽州来到邺城，敕令他到朝堂接受任命，然后让他回去，石遵流着泪离去了。石虎驾临西阁，二百多名龙腾中郎列队在他面前参拜说："圣体欠安，应该命令燕王入宫值宿护卫，统领兵马。"石虎说："燕王不在宫内吗？把他召来！"左右的人回答说："燕王因为饮酒过量而生了病，不能入宫。"石虎说："赶快用御辇去迎接他入宫，应当把玺印绶带交给他。"竟然还是无人行动。不久石虎因为头昏目眩入内休息，张豺便假传诏令杀死了石斌。

虎卒，世即位，刘氏临朝称制。遵至河内，闻丧。姚弋仲、蒲洪及征虏将军石闵等讨梁犊还，遇遵于李城，共说遵曰："殿下长且贤，先帝亦有意以为嗣，末年惛惑，为张豺所误。今若声豺之罪，鼓行而讨之，其谁不开门倒戈以迎殿下者！"遵从之。遂还趣邺，耆旧、羯士皆出迎之。豺惶怖亦出迎，遵命执之。擐甲曜兵，入升前殿，擗踊尽哀。斩豺于市，夷其三族。假刘氏令，以遵嗣位。封世为谯王，废刘氏为太妃，寻皆杀之。以石闵为都督中外诸军事。

于是邺中暴风拔树，震电，雨雹大如盂升。太武、晖华殿灾，及诸门观阁荡然无余，金石皆尽。火月余乃灭。时沛王冲镇蓟，起兵讨遵。遵使闵等讨之，冲兵大败，获冲杀之，坑其士卒三万。

蒲洪遣使来降。

石闵言于赵主遵曰："蒲洪，人杰也，今镇关中，恐秦、雍之地非复国家之有，宜改图之。"遵从之，罢洪都督。洪怒，归枋头，遣使来降。

燕以慕容恪为辅国将军。

慕容霸上书于燕王儁曰："石虎穷凶极暴，天之所弃，余烬仅存，自相鱼肉。今中国倒悬，企望仁恤，若大军一振，势必投戈。"儁以新遭大丧，弗许。霸曰："难得而易失者，时也。万一石氏复兴，或有英豪据其成资，岂惟失此大利，亦恐更为后患。"儁犹豫未决，将军封奕、慕舆根曰："用兵之道，敌强则用智，敌弱则用势。今中国之民困于石氏之乱，

石虎去世，石世即位，刘后临朝主政。石遵到河内，听闻丧讯。姚弋仲、蒲洪及征虏将军石闵等讨伐梁犊后返回，在李城遇到石遵，共同劝说石遵道："殿下年长而且贤明，先帝也有意让您做继承人，只是因晚年糊涂迷惑，才被张豺蒙骗。如今若声讨张豺的罪行，击鼓行进去讨伐他，有谁不打开城门倒戈来迎接殿下呢！"石遵采纳其建议。于是掉头前往邺城，城内德高望重的老者和羯族士兵全部出城迎接。张豺心中惶恐，也只得出去迎接，石遵命人将他逮捕。石遵身披铠甲，炫耀武力，进城登上前殿，捶胸顿足，以表达悲痛。将张豺在闹市斩首，灭其三族。借刘后的命令，由石遵即皇帝位。封石世为谯王，将刘后废为太妃，不久将他们全部杀害。任命石闵为都督中外诸军事。

　　这时邺城中狂风将树连根拔起，雷电交加，冰雹像盂钵和粮升那样大。太武殿、晖华殿发生火灾，殃及各门的楼观亭阁，烧得荡然无存，金银玉石全都损失殆尽。大火烧了一个多月才熄灭。当时沛王石冲镇守蓟城，起兵讨伐石遵。石遵派石闵等讨伐石冲，石冲军大败，俘获石冲并杀了他，将其士兵三万人活埋。

　　蒲洪派使者前来向东晋投降。

　　石闵对后赵国主石遵说："蒲洪是人中俊杰，如今镇守关中，恐怕秦州、雍州之地不再归国家所有，应改变策略对付他。"石遵听从其建议，罢免了蒲洪的都督官职。蒲洪很愤怒，回到枋头后，派使者前来向东晋投降。

　　前燕任命慕容恪为辅国将军。

　　慕容霸向前燕王慕容儁上书说："石虎穷凶极恶，残暴无比，被上天所抛弃，仅仅留下点余烬，还自相残食。如今中原大地困苦危急，企盼仁爱抚恤，如果我大军一举奋起，敌军势必倒戈投降。"慕容儁因国家刚刚遭遇大丧，没有准许。慕容霸说："时机是难以得到却容易失去的。万一石氏复兴，或者有英雄豪杰将其已有积蓄据为己有，岂止是失去这一重大利益，恐怕更会成为后患。"慕容儁犹豫不决，将军封奕、慕舆根说："用兵之道，敌强就运用智慧，敌弱就凭借强势。如今中原百姓被石氏的祸乱困扰，

咸思易主以救汤火之急，此千载一时，不可失也。自武宣王以来，招贤养民，务农训兵，正俟今日。若复顾虑，岂天意未欲使海内平定邪！将大王不欲取天下也！"隽从之。以慕容恪、慕容评、阳骛为"三辅"将军，霸为前锋都督，选精兵二十余万，讲武戒严，为进取之计。

秋七月，征讨都督褚裒率师伐赵，不克而还。

桓温闻赵乱，出屯安陆，遣诸将经营北方。赵扬州刺史王浃举寿春降，西中郎将陈逵进据寿春。征北大将军褚裒上表请伐赵，即日戒严，直指泗口。朝议以裒事任贵重，不宜深入，宜先遣偏师。裒奏言："前已遣前锋王颐之等径造彭城，后遣督护糜嶷进据下邳，今宜速发，以成声势。"乃加裒征讨大都督。裒帅众三万径赴彭城，北方士民降附者日以千计。朝野皆以中原指期可复，蔡谟独谓所亲曰："胡灭诚为大庆，然恐更贻朝廷之忧。"其人曰："何谓也？"谟曰："夫能顺天乘时、济群生于艰难者，非上圣与英雄不能为也，自余则莫若度德量力。观今日之事，殆非时贤所及，必将经营分表，疲民以逞。既而材略疏短，不能副心，财殚力竭，智勇俱困，安得不忧及朝廷乎！"鲁郡民五百余家起兵附晋，求援于裒。裒遣部将王龛将锐卒迎之，与赵将李农战于代陂，败没不还。裒退屯广陵，陈逵亦焚寿春积聚，毁城遁还。裒还镇京口，解征讨都督。时河北大乱，遗民二十余万口渡河欲来归附，会裒已还，威势不接，皆不能自拔，死亡略尽。

都想改换君主以拯救水深火热的危急，这是千载难逢的时机，不能失去。自武宣王以来，招纳贤士，养育百姓，致力农耕，训练士兵，正是为等待今日。如果再顾虑犹豫，难道是天意不想使天下安定吗！还是大王不想夺取天下呢！"慕容儁听从其建议。任命慕容恪、慕容评、阳鹜为"三辅"将军，慕容霸为前锋都督，挑选精兵二十多万，讲习武功，进入警戒状态，为进攻做准备。

秋七月，东晋征讨都督褚裒率军讨伐后赵，不胜而返。

桓温听说后赵国内大乱，就出兵屯驻安陆，派将领们谋取北方。后赵扬州刺史王浃率寿春城投降东晋，西中郎将陈逵进驻寿春。征北大将军褚裒上表请求讨伐后赵，当天就进入戒备状态，兵锋直指泗口。朝中议论认为褚裒身负重任，不应率军深入，应先派次要的部队出征。褚裒上奏说："先前已派前锋王颐之等直抵彭城，随后派督护糜嶷进据下邳，如今应迅速出兵，以造成声势。"于是加授褚裒征讨大都督。褚裒率三万士众径直奔赴彭城，投降归附的北方士人百姓日以千计。东晋朝野上下都认为中原指日便可光复，唯独蔡谟对所亲近的人说："胡人灭亡诚然值得大大庆贺，但是恐怕更会给朝廷留下忧患。"那人问："您是指什么呢？"蔡谟答："能够顺应天意掌握时机、从艰难困苦中解救众生的，不是最伟大的圣人和英雄是不能做到的，其余的人则不如衡量一下自己的品德和力量。观察今天这件事，大概不是当今的贤人所能办到的，必将是步步为营，分兵攻守，以劳民为代价满足个人意愿。不久就会因才能谋略平庸短浅，而不能称心如意，加上财力耗尽，精疲力竭，智慧与勇气全部变得困窘，怎能不给朝廷造成忧患呢！"鲁郡的五百多家百姓起兵归附晋室，向褚裒求援。褚裒派部将王龛率精兵迎接他们，与后赵大将李农在代陂交战，全军覆没，没能返回。褚裒后退屯驻广陵，陈逵也焚烧寿春积聚的物资，毁坏城池后逃回。褚裒返回镇守京口，被解除征讨都督职务。当时黄河以北地区大乱，二十多万晋室遗民渡过黄河打算前来归附，正好褚裒已经退回，威势不能相接，这些人全部陷入不能自救的境地，几乎全部死亡。

九月,张重华自称凉王。

重华屡以钱帛赐左右,又喜博弈,颇废政事。索振谏曰:"先王勤俭以实府库,正以仇耻未雪,志平海内故也。今蓄积已虚,而寇仇尚在,岂可轻有耗散,以与无功之人乎! 汉光武躬亲万机,章奏诣阙,报不终日,故能隆中兴之业。今章奏停滞,下情不得上通,沉冤困于囹圄,殆非明主之事也。"重华谢之。

梁州刺史司马勋伐赵,拔宛城。

赵乐平王苞谋帅关右之众攻邺。苞贪而无谋,雍州豪杰知其无成,并遣使告晋,梁州刺史司马勋帅众赴之。出骆谷,破赵戍,壁于悬钩,去长安二百里。三辅豪杰多杀守令以应之。赵主遵遣王朗帅精骑二万以拒勋为名,因劫苞送邺。勋兵少不敢进,拔宛城,杀赵南阳太守而还。

冬十一月,赵石鉴弑其主遵而自立。

初,赵主遵之发李城也,谓闵曰:"努力! 事成,以尔为太子。"既而立太子衍。闵素骁勇,屡立战功,既总内外兵权,乃抚循殿中将士。中书令孟准劝遵诛之。十一月,遵召义阳王鉴等入议于郑太后前,太后不可。鉴出告闵,闵遂劫李农,使将军苏彦、周成帅甲士执遵及太子衍,杀之,推鉴即位。鉴以闵为大将军,李农为大司马,并录尚书事。

秦、雍流民立蒲洪为主。

秦、雍流民相帅西归,路由枋头,共推蒲洪为主,众至十余万。鉴惧其逼,欲以计遣之,乃以洪为雍州牧。洪会官属,议应受与不,主簿程朴请且与赵连和,分境而治。

九月，张重华自称凉王。

张重华屡次将钱帛赏赐身边的人，又喜欢玩樗蒲和下棋，非常耽误政事。索振劝谏说："先王勤劳节俭以充实府库，正是由于没有报仇雪耻，立志平定海内的缘故。如今积蓄已经空虚，而敌仇仍然存在，怎能轻易耗光散尽，将它们送给无功之人呢！汉光武帝亲理万机，奏章送到朝中，批复不出当天就发下，所以能使中兴大业兴隆昌盛。如今奏章滞留积压，下情不能上达，沉冤困于监牢，这恐怕不是贤明君主做的事情。"张重华向索振道歉。

梁州刺史司马勋讨伐后赵，攻克宛城。

后赵乐平王石苞谋划率关右士众攻打邺城。石苞贪婪而无谋略，雍州豪杰知道他不能成事，就一起派使者报告给东晋朝廷，梁州刺史司马勋率兵前往。司马勋出骆谷，攻克后赵防线，在悬钩建立营垒，距离长安二百里。三辅地区的豪杰大多杀死郡守县令以响应司马勋。后赵国主石遵派王朗率两万精锐骑兵以抵抗司马勋为名，趁机劫持石苞送到邺城。司马勋因兵力不够而不敢前进，便攻克宛城，杀死后赵的南阳太守后返回。

冬十一月，后赵石鉴杀死其君主石遵而自立为帝。

当初，后赵国主石遵在李城起兵时，对石闵说："努力！事成之后，让你做太子。"不久却立了太子石衍。石闵一向骁勇善战，屡立战功，总揽内外兵权后，便安抚殿中将士。中书令孟准劝说石遵杀了他。十一月，石遵召义阳王石鉴等人入宫在郑太后面前商议此事，太后不准。石鉴出来告诉了石闵，于是石闵便劫持了李农，派将军苏彦、周成率甲士逮捕并杀死石遵和太子石衍，拥立石鉴即帝位。石鉴任命石闵为大将军，李农为大司马，共同掌管尚书职事。

秦州、雍州的流民拥立蒲洪为主。

秦州、雍州的流民结伴西归，路经枋头时，共同推举蒲洪为主，部众达十多万。石鉴害怕蒲洪逼近自己，想用计调他离开，于是任命蒲洪为雍州牧。蒲洪召集属下官吏，商议是否应该接受任命，主簿程朴请求暂且与后赵联合，各自划分地域统治。

洪怒曰："吾不堪为天子耶！"引朴斩之。

十二月，徐、兖都督褚裒卒。以荀羡监徐、兖军事。

裒还至京口，闻哭声甚多，以问左右，对曰："皆代陂死者之家也。"裒惭愤发疾卒。以羡代之。时羡年二十八，中兴方伯未有如羡之少者。

赵石闵幽其主鉴，杀胡、羯二十万人。

赵主鉴使乐平王苞夜攻石闵、李农，不克。鉴惧，伪若不知者，夜杀苞。将军孙伏都、刘铢等结羯士三千，欲诛闵、农。鉴曰："卿好为官陈力，勿虑无报也。"于是伏都等攻闵、农，又不克。闵、农攻斩伏都等，以兵守鉴于御龙观，悬食给之。下令城中曰："孙、刘构逆，支党伏诛，良善无一预也。今日已后，与官同心者留，不同者各任所之。敕城门不禁。"于是赵人百里内悉入城，胡、羯去者填门。闵知胡之不为己用，遂帅赵人诛胡、羯，无贵贱、男女、少长皆斩之，死者二十余万。其屯戍四方者，皆命赵人为将帅者诛之，或高鼻多须滥死者半。

燕遣使如凉州。

约张重华共击赵。

庚戌（350）　**六年** 赵主石祗永宁元年，魏主冉闵永兴元年。旧大国二，凉、代、燕小国三，新大国一，凡五僭国。

春闰正月，赵石闵杀鉴而自立，改国号魏。

蒲洪愤怒地说:"我就不能当天子吗!"将程朴拉出去杀了。

十二月,徐州、兖州都督褚裒去世。任命荀羡监徐州、兖州军事。

褚裒返回京口,听到有很多哭声,就问身边的人,身边的人回答说:"他们都是代陂之役中战死者的家属。"褚裒既惭愧又怨愤,生病而死。东晋朝廷任命荀羡代替褚裒的职务。当时荀羡年仅二十八岁,晋室中兴后的一方长官中没有像荀羡这样年轻的。

后赵石闵幽禁其主石鉴,杀死胡人、羯人共二十万人。

后赵国主石鉴派乐平王石苞夜里攻打石闵、李农,没有成功。石鉴心中害怕,装作不知情的样子,连夜杀了石苞。将军孙伏都、刘铢等结交三千名羯族壮士,准备诛杀石闵、李农。石鉴说:"你好好地为我效力,不要担心没有报答。"于是孙伏都等攻打石闵、李农,又没有成功。石闵、李农攻杀孙伏都等,派兵在御龙观看守石鉴,用绳子吊食物给他吃。石闵在城中下令说:"孙伏都、刘铢制造叛乱,余党全被诛杀,良善之人无一人参与。今天以后,与陛下同心的人留下,不同心的人要去哪里各自听便。命令城门不再禁止出入。"于是方圆百里之内的后赵国汉人全部涌入城中,而离去的胡人、羯人堵塞了城门。石闵知道胡人不为自己所用,于是便率后赵汉人诛杀胡人、羯人,无论贵贱、男女、老幼一律杀死,有二十多万人被杀。对于那些驻守在各地的胡人、羯人,全都命令后赵军中汉人做将帅的将他们杀死,以致鼻子高、胡须多的汉人大半都被滥杀而死。

前燕派使者到凉州。

与张重华相约共同攻打后赵。

庚戌(350) **晋穆帝永和六年**后赵国主石祇永宁元年,魏主冉闵永兴元年。原有两个大国,前凉、代、前燕三个小国,新增一个大国,共有五个僭伪之国。

春闰正月,后赵石闵杀死石鉴而自立为帝,改国号为魏。

闵欲灭去石氏之迹,托以谶文有"继赵李",更国号曰卫,易姓李氏。时新兴王祗镇襄国,公侯、卿、校出奔从之者万余人。诸将张沈、张贺度等拥众各数万,亦皆不附于闵。汝阴王琨帅众伐邺,闵与战于城北,败之,遂与农击张贺度于石渎。鉴密召张沈,使乘虚袭邺。宦者以告闵、农,废鉴,杀之,并杀赵主虎三十八孙,尽灭石氏。司徒申钟等上尊号于闵,闵以让农,农固辞。闵曰:"吾属故晋人也,请与诸君分割州、郡,各称牧、守、公、侯,奉迎天子还都洛阳,何如?"尚书胡睦曰:"陛下圣德应天,宜登大位。晋氏衰微,远窜江表,岂能总驭英雄,混一四海乎!"闵曰:"尚书可谓识机知命矣。"乃即皇帝位,国号大魏。

以殷浩督扬、豫等州军事。

朝廷闻中原大乱,复谋进取,故以浩为中军将军,督扬、豫、徐、兖、青州;蒲洪为征北大将军,督河北诸军事。

蒲洪自称三秦王,改姓苻。

姚弋仲、蒲洪各有据关右之志,弋仲遣其子襄击洪。洪迎击,破之,自称大都督、大将军、大单于、三秦王,改姓苻氏。以雷弱儿、梁楞、鱼遵、段陵为将、相。

二月,燕王儁击赵,拔蓟城,徙都之。

燕王儁与慕容霸、慕舆于将兵三道出塞以伐赵,赵守将皆走,儁遂拔蓟。欲悉坑其士卒,霸谏曰:"赵为暴虐,王兴师伐之,将以拯民于涂炭而抚有中州也。今始得蓟而坑其士卒,恐不可以为王师之先声。"乃释之。儁入都于蓟,中州士女降者相继。燕兵至范阳,太守李产欲为石氏拒燕,

石闵打算消除石氏的痕迹，以谶文中有"继赵李"的字样为托辞，更改国号为卫，改姓李氏。当时新兴王石祗镇守襄国，出逃投奔他的公侯、卿、校有一万多人。张沈、张贺度等将领各自拥兵数万，也全都不归附石闵。汝阴王石琨率士众讨伐邺城，石闵在城北与之交战，打败石琨，于是又与李农在石渎攻打张贺度。石鉴秘密召见张沈，让他乘虚袭击邺城。宦官将此事报告石闵、李农，于是石闵废黜并杀害石鉴，并杀死石虎的三十八个孙子，全部灭掉了石氏。司徒申钟等向石闵奉上皇帝尊号，石闵将其让给李农，李农坚决推辞。石闵说："我辈过去是晋朝人，请与诸位分割州、郡，各自称牧、守、公、侯，迎接天子还都洛阳，怎么样？"尚书胡睦说："陛下圣明的德行顺应天意，应当登帝位。晋室衰微，远逃江南，怎能统驭各路英雄，统一天下呢！"石闵说："尚书可说是知时机知天命啊。"于是即皇帝位，国号为大魏。

任命殷浩都督扬、豫等州军事。

晋廷听说中原地区大乱，又图谋进攻收复，便任命殷浩为中军将军，都督扬、豫、徐、兖、青州；蒲洪为征北大将军，都督河北诸军事。

蒲洪自称三秦王，改姓苻。

姚弋仲、蒲洪各自都有占据关右的意图，姚弋仲派儿子姚襄攻打蒲洪。蒲洪迎战，打败了姚襄，自称大都督、大将军、大单于、三秦王，改姓苻氏。任命雷弱儿、梁楞、鱼遵、段陵为将、相。

二月，前燕王慕容儁攻打后赵，攻克蓟城，将都城迁到此地。

前燕王慕容儁与慕容霸、慕舆于率兵分三路出塞讨伐后赵，后赵的守将全都逃走，于是慕容儁便攻克蓟城。慕容儁想要全部活埋后赵的士卒，慕容霸劝谏说："赵国统治暴虐，大王兴兵讨伐它，将要把百姓从水深火热中拯救出来，进而安抚并占据中原地区。如今刚刚得到蓟城就活埋其士卒，恐怕不能将此作为朝廷军队的先声。"于是便释放了后赵的士卒。慕容儁进入蓟城并定都在这里，中原地区的百姓归降者接连不断。前燕军队到达范阳，范阳太守李产想要为石氏抵御前燕军队，

众莫为用,乃帅八城令长出降。隽悉置幽州郡县守宰,引兵还蓟。

魏主闵复姓冉氏。

闵以李农为太宰、录尚书事。遣使者持节赦诸军屯,皆不从。

故赵将麻秋杀苻洪。洪子健斩秋,遣使来请命。

初,赵将麻秋为苻洪所获,以为军师将军。说洪曰:"冉闵、石祇方相持,中原未可平也。不如先取关中,基业已固,然后东争天下。"洪深然之。既而秋因宴鸩洪,欲并其众。世子健收秋,斩之。洪谓健曰:"吾所以未入关者,以为中州可定,今不幸为竖子所困。中州非汝兄弟所能办,我死,汝急入关!"言终而卒。健代统其众,乃去王号,称晋官爵,告丧请命。

赵石祇称帝于襄国。

祇既称帝,六夷据州郡拥兵者皆应之。祇以姚弋仲为右丞相,待以殊礼。弋仲子襄雄勇多才,祇以为骠骑将军,又以苻健为镇南大将军。

魏杀其太宰李农。

魏主闵既杀农,遣使临江告晋曰:"逆胡乱中原,今已诛之。能共讨者,可遣军来也。"朝廷不应。

夏五月,庐江太守袁真攻魏合肥,克之。 杜洪据长安,苻健击败之。

王朗闻赵乱,自长安赴洛。其司马杜洪据长安,自称晋征北将军,关西夷、夏皆应之。苻健欲取之,乃治宫室于枋头,课民种麦,示无西意。既而自称晋征西大将军、都督

但兵众却不为所用,于是便率所辖八县的县令出来投降。慕容儁一一设置了幽州的地方官员,领兵返回蓟城。

魏主石闵恢复姓冉。

冉闵任命李农为太宰、录尚书事。派使者手持符节赦免各地驻军,全都不服从。

原后赵将领麻秋杀死符洪。符洪的儿子符健斩杀麻秋,派使者前来晋室请求诏命。

当初,后赵将领麻秋被符洪俘获,任命他为军师将军。麻秋劝说符洪:"冉闵、石祇正相持不下,中原地区不能平定。不如先攻取关中地区,等基业已经稳固,然后再向东争夺天下。"符洪非常同意其观点。不久麻秋趁宴请时使符洪喝下毒酒,想吞并符洪的士众。世子符健逮捕了麻秋,将他杀死。符洪对符健说:"我之所以没有入关,是认为中原地区可以平定,如今不幸被麻秋这小子所困。中原地区不是你们兄弟所能平定的,我死后,你们赶紧入关!"说完就死了。符健代替符洪统领其士众,便去掉王号,称晋室的官职爵位,向朝廷报告丧讯并请求诏命。

后赵石祇在襄国称帝。

石祇称帝后,占据州郡、掌握军队的夷族将领全都响应他。石祇任命姚弋仲为右丞相,以特殊礼遇相待。姚弋仲的儿子姚襄勇猛多才,石祇任命他为骠骑将军,又任命符健为镇南大将军。

魏国杀死太宰李农。

魏主冉闵杀死李农后,派使者到江边报告晋室说:"逆胡搅乱中原,如今已经将其诛杀。能够共同讨伐中原的话,可以派遣军队来。"东晋朝廷没有反应。

夏五月,庐江太守袁真攻克魏国合肥。 杜洪占据长安,符健打败了他。

王朗听说后赵大乱,就从长安奔赴洛阳。王朗的司马杜洪占据了长安,自称晋征北将军,关西的夷人、汉人全都响应他。符健打算夺取长安,便在枋头建造宫室,督促百姓种植麦子,显示出没有西进的意图。不久符建自称晋征西大将军、都督

关中、雍州刺史,悉众而西。以鱼遵为前锋,为浮梁以济孟津。遣弟辅国将军雄帅众五千自潼关入,兄子扬武将军菁帅众七千自轵关入。临别谓菁曰:"若事不捷,汝死河北,我死河南,不复相见。"既济,焚桥,自帅大众随雄而进。洪使张先逆战于潼关之北,大败,走还。洪惧,固守长安。

故赵将张贺度等会兵讨魏,不克。

赵故将张贺度等会于昌城,将攻邺。魏主闵自将击之,战于苍亭,贺度等大败,尽俘其众而归。闵戎卒三十余万,旌旗、钲鼓百余里,虽石氏之盛无以过也。

魏主闵征故散骑常侍辛谧为太常,谧不食而卒。

故晋散骑常侍、陇西辛谧有高名,历刘、石之世,征辟皆不就。魏主闵备礼征为太常,谧遗闵书,以为"物极则反,致至则危。君王功已成矣,宜因兹大捷归身晋朝,必有由、夷之廉,享乔、松之寿矣"。因不食而卒。

秋九月,燕徇冀州,取章武、河间。

初,勃海贾坚少尚气节,仕赵,为殿中督。及赵亡,坚还乡里,拥部曲数千家。燕慕容评徇勃海,招之不降,与战擒之,以为乐陵太守。

冬十一月,苻健入长安,遣使来献捷。

健长驱至长安,杜洪奔司竹。健以民心思晋,乃遣参军杜山伯诣建康献捷,并修好于桓温,于是秦、雍夷夏皆附之。

十二月,免蔡谟为庶人。

关中、雍州刺史,率全部兵众西进。任命鱼遵为前锋,架浮桥从孟津渡黄河。派兄弟辅国将军苻雄率五千兵众从潼关进入,兄长的儿子扬武将军苻菁率七千兵众从轵关进入。临别时对苻菁说:"如果事情不成功,你死在黄河以北,我死在黄河以南,不再相见。"渡过黄河后便烧毁浮桥,自己率大军随苻雄前进。杜洪派张先在潼关北面迎战,大败,逃回长安。杜洪内心惧怕,便固守长安。

原后赵将领张贺度等合兵讨伐魏国,没有成功。

原后赵将领张贺度等在昌城会师,准备攻打邺城。魏主冉闵亲自率军迎战敌军,双方在苍亭交战,张贺度等大败,魏军全部俘虏了敌军,然后返回。冉闵的士卒有三十多万人,旌旗、钲鼓绵延一百多里,即使石氏在最强盛的时候也没能够超过冉闵。

魏主冉闵征召原散骑常侍辛谧为太常,辛谧绝食而死。

原晋朝散骑常侍、陇西人辛谧享有崇高声誉,历经刘氏、石氏时代,征召一律不受。魏主冉闵以周全的礼节征召他做太常,辛谧给冉闵写了封信,认为"物极则反,到了极点就危险了。君王大功已成,应该趁这个大捷的时机归附晋朝,必定会有许由、伯夷那样的廉直名声,享受王子乔、赤松子那样的天年高寿"。于是绝食而死。

秋九月,前燕王巡行冀州,攻取章武、河间。

当初,勃海人贾坚在少年时就崇尚气节,在后赵做官,任殿中督。等到后赵灭亡,贾坚返回家乡,拥有家兵数千家。前燕慕容评巡行勃海,招纳他他却不投降,与他交战时擒获了他,被任命为乐陵太守。

冬十一月,苻健进入长安,派使者前来晋室献俘报功。

苻健长驱直达长安,杜洪逃奔到司竹。苻健以为百姓心中思念晋室,于是派遣参军杜山伯到建康献俘报捷,并与桓温言归于好,于是秦州、雍州的夷人、汉人全都归附他。

十二月,将蔡谟免官并贬为庶人。

谟除司徒，三年不就职。诏书屡下，终不受。于是帝临轩，遣侍中、黄门征之。谟陈疾笃，自旦至申，使者十余返。时帝方八岁，甚倦，问左右曰："所召人何以至今不来？临轩何时当竟？"太后乃诏罢朝。会稽王昱令曹曰："蔡公傲违上命，无人臣之礼。若人主卑屈于上，大义不行于下，亦不复知所以为政矣。"公卿乃奏请送廷尉。谟惧，帅子弟素服诣阙稽颡，自到廷尉待罪。殷浩欲加谟大辟，会苟羡入朝，语浩曰："蔡公今日事危，明日必有桓、文之举。"浩乃止，诏免谟为庶人。

辛亥（351）　**七年** 赵永宁二年，魏永兴二年，秦高祖符健皇始元年。是岁，赵亡。旧大国一，凉、代、燕小国三，新大国一，凡五僭国。

春正月，日食。　鲜卑段龛以青州来降。

初，段兰死于令支，龛领其众，因石氏之乱，南徙广固。至是来降，以为镇北将军，封齐公。

符健自称秦天王。

健左长史贾玄硕等请依刘备称汉中王故事，表健为都督关中诸军事、大单于、秦王。健怒曰："吾岂堪为秦王邪！且晋使未返，我之官爵非汝曹所知也。"既而密使梁安讽玄硕等上尊号，遂即天王、大单于位，国号大秦。

二月，魏主闵围赵主祗于襄国，姚弋仲及燕王儁遣兵救之，魏兵败绩。

魏主闵攻襄国百余日。赵主祗危急，乃去帝号称王，遣太尉张举乞师于燕，许送传国玺。将军张春乞师于姚弋仲，弋仲遣其子襄救之，诫襄曰："冉闵弃仁背义，屠灭石氏。

蔡谟被任命为司徒,三年不去就职。诏书屡次下达,却始终不接受。于是穆帝亲自临朝,派侍中、黄门去征召他。蔡谟说自己身患重病,从清晨到傍晚,使者往返了十多次。当时穆帝年仅八岁,非常疲倦,问身边的人:"征召的人为何至今不来?临朝何时才能结束?"太后便下令退朝。会稽王司马昱命令尚书曹说:"蔡公傲慢地违抗皇上命令,无人臣之礼。若皇上在上卑躬受屈,臣子在下不奉行大义,也就不再知道怎样治政了。"公卿们便奏请将蔡谟送交廷尉治罪。蔡谟害怕,率领子弟穿素服到朝廷叩头谢罪,并且自己到廷尉那里等待治罪。殷浩想对蔡谟处以死刑,正巧荀羡入朝,对殷浩说:"蔡公今天被处死,明天定会有齐桓公、晋文公那样兴兵问罪的举动。"殷浩这才作罢,有诏贬蔡谟为庶人。

辛亥(351)　**晋穆帝永和七年**后赵永宁二年,冉魏永兴二年,前秦高祖苻健皇始元年。这一年,后赵灭亡。原有一个大国,前凉、代、前燕三个小国,新增一个大国,共有五个僭伪之国。

春正月,发生日食。　鲜卑人段龛以青州归降晋室。

当初,段兰死在令支,段龛统领其士众,趁石氏之乱,向南迁到广固。到此时前来归降,任命他为镇北将军,封齐公。

苻健自称秦天王。

苻健的左长史贾玄硕等人请求依照当年刘备称汉中王的旧例,表奏苻健为都督关中诸军事、大单于、秦王。苻健愤怒地说:"我岂能当秦王呢!况且晋朝使臣没有返回,我的官职爵位不是你们所知道的。"不久却秘密地让梁安暗示贾玄硕等人上尊号,于是即天王、大单于位,国号为大秦。

二月,魏主冉闵将后赵国主石祗包围在襄国,姚弋仲及前燕王慕容儁派兵救援石祗,魏军战败。

魏主冉闵攻打襄国一百多天。后赵国主石祗处境危急,便去掉帝号改称王,派太尉张举向前燕请求援军,许诺送去传国印玺。将军张春向姚弋仲请求援军,姚弋仲派儿子姚襄前去援救,告诫姚襄说:"冉闵抛弃仁爱,违背道义,屠杀灭绝了石氏。

我受人厚遇,当为复仇,老病不能自行。汝才十倍于闵,若不枭擒,必不复见我也!"燕主儁遣悦绾将兵往会之。闵遣中郎常炜使于燕,儁使封裕诘玺所在,炜曰:"在邺。"裕曰:"张举言在襄国,何也?"炜曰:"彼求救者为妄诞之辞耳。"儁乃积柴其旁,使裕以其私诱之,炜辞不变。左右请杀之,儁曰:"彼不惮杀身以徇其主,忠臣也。"使出就馆。夜使其乡人往劳之,且曰:"君何以不实言?王怒,欲处君于辽、碣之表,奈何?"炜曰:"吾结发以来,尚不欺布衣,况人主乎!曲意苟合,性所不能。直情尽言,虽沉东海,不敢避也。"遂卧向壁,不复言。儁乃囚之于龙城,后知张举之妄,乃杀举而释炜之囚。

三月,魏主闵及赵、燕、姚襄之兵战,败绩。

姚襄及赵石琨各引兵东救襄国。魏主闵遣将军胡睦拒襄于长芦,孙威拒琨于黄丘,皆败还。闵欲自出击之,卫将军王泰谏曰:"今襄国未下,外救云集,若我出战,必腹背受敌,此危道也。不若固垒以挫其锐,徐观其衅而击之。"道士法饶进曰:"太白入昂,当杀胡王,百战百克,不可失也!"闵攘袂大言曰:"吾战决矣,敢沮众者斩!"乃悉众出与襄、琨战。悦绾适以燕兵至,去魏兵数里,疏布骑卒,曳柴扬尘,魏人望之恟惧。襄、琨、绾三面击之,赵王祗自后冲之,魏兵大败。闵与十余骑走还邺,将士死者十万余人。姚襄还滠头,姚弋仲怒其不擒闵,杖之一百。闵之为赵相也,

我受过石虎的厚待，应为他报仇，但因年老多病不能亲自前往。你的才能比冉闵高十倍，如果不将他擒获并斩首示众，一定不要回来见我！"前燕主慕容儁派悦绾领兵前去与姚襄会合。冉闵派中郎常炜出使前燕，慕容儁让封裕责问传国印玺在哪里，常炜说："在邺城。"封裕问："张举说在襄国，为什么？"常炜说："这不过是那些求救的人的虚妄荒诞之辞罢了。"于是慕容儁在常炜身边架起木柴，让封裕以他的私人利害来劝诱他，常炜言辞不变。周围的人请求杀死他，慕容儁说："他不怕被杀来为其君主尽节，是位忠臣。"放常炜出去住进馆舍。夜晚派常炜的同乡前去慰劳他，并说："您为什么不实说？大王一旦发怒，要将您流放到辽水、碣石山之外，该怎么办？"常炜说："自从我结发成年以来，连平民百姓都不欺骗，何况是君主呢！违背心意地迎合他人，是我的本性所不能做的。尽情直言，即使被沉入东海，也不敢逃避。"于是面向墙壁躺下，不再说话。慕容儁便将他囚禁在龙城，后来知道张举讲的是谎言，就杀了张举并解除了对常炜的囚禁。

三月，魏主冉闵与后赵、前燕、姚襄的军队交战，魏军战败。

姚襄与后赵石琨各自领兵向东救援襄国。魏主冉闵派将军胡睦在长芦抵御姚襄，派孙威在黄丘抵御石琨，全都战败而还。冉闵想要亲自出战，卫将军王泰劝谏说："如今襄国还没有攻下，外援已经云集而至，如果我方出去迎战，必定会腹背受敌，这是危险的做法。不如加固堡垒以挫伤敌军锐气，慢慢地看着他们之间出现裂痕后再攻打。"道士法饶却进言说："太白星入昴宿，理当诛杀胡王，百战百胜的大好时机，不可丧失啊！"冉闵捋起袖子大声喊道："我已经决定迎战了，胆敢动摇军心者斩首！"于是率全部人马出城与姚襄、石琨交战。恰巧悦绾正率前燕军队赶到，距离魏军仅有几里，便分散地布置骑兵，拖着树枝扬起漫天尘土，魏军望见后心中十分恐惧。姚襄、石琨、悦绾三面夹击，后赵王石祇从后面冲锋，魏军大败。冉闵与十几名骑兵逃回邺城，有十万多将士阵亡。姚襄回到滠头，姚弋仲对他没有擒获冉闵很愤怒，打了他一百杖。冉闵做后赵丞相时，

所徙青、雍、幽、荆之民及氐、羌、胡、蛮数百万口，以赵法禁不行，各还本土。道路交错，互相杀掠，其能达者什有二三。中原大乱，因以饥疫，人相食，无复耕者。

赵遣其将刘显伐魏，不克。

赵王祗使其将刘显攻邺，闵悉众出战，大破显军，斩首三万余级。显惧，密使请降，求杀祗以自效，闵乃引归。

秦遣使问民疾苦。

秦王健分遣使者问民疾苦，搜罗隽异，宽重敛之税，弛离宫之禁，罢无用之器，去侈靡之服，凡赵之苛政不便于民者，皆除之。

夏四月，司马勋会杜洪等兵击秦，败还。

杜洪遣使召梁州刺史司马勋，勋帅步骑三万赴之，秦王健御之于五丈原。勋屡战皆败，退归南郑。健以贾玄硕始者不上尊号，衔之，使人告玄硕与勋通，杀之。

赵刘显弑其主祗而自立。　秋八月，魏徐、兖、荆、豫、洛州来降。　燕慕容恪取中山。

恪入中山，迁其将帅、土豪数十家诣蓟，余皆安堵。军令严明，秋毫不犯。

姚弋仲遣使来降。

诏以弋仲为车骑大将军、六夷大都督，子襄为平北将军，督并州。

冬十二月，桓温移军武昌，寻复还镇。

初，桓温请经略中原，事久不报。知朝廷仗殷浩以抗己，甚忿之，然素知浩之为人，亦不之惮。以国无他衅，

所迁徙的青州、雍州、幽州、荆州百姓以及氐、羌、胡、蛮等达数百万人，由于后赵的法令没能执行，这些人便各自返回本土。但是因道路交错，便互相攻杀抢劫，能够回到本土的只有十分之二三。中原地区大乱，再加上饥荒瘟疫，以至于发生人吃人的现象，没有人再去耕种田地了。

后赵派将军刘显讨伐魏国，没有成功。

后赵王石祗派将军刘显攻打邺城，冉闵率全部兵马出城迎战，大败刘显的军队，斩首三万多人。刘显害怕，秘密派使者请求投降，并请求杀死石祗以表示自己的效忠，于是冉闵便领兵返回。

前秦派使者访问百姓疾苦。

前秦王苻健分别派遣使者访问百姓疾苦，搜罗才智卓越的人才，放宽暴征的税赋，开放离宫划定的禁区，撤掉毫无用处的器具，去除奢侈浪费的服饰，凡是后赵不利于百姓的苛刻政令，一律废除。

夏四月，司马勋会合杜洪等人的军队攻打前秦，大败而回。

杜洪派使者征召梁州刺史司马勋，司马勋率三万步兵、骑兵前往，前秦王苻健在五丈原抵御。司马勋屡战屡败，退回南郑。苻健由于贾玄硕当初没有主动进上尊号，很怨恨他，便让人诬告贾玄硕与司马勋勾结，杀害了贾玄硕。

后赵刘显杀死君主石祗而自立。　秋八月，魏国的徐州、兖州、荆州、豫州、洛州向晋室投降。　前燕慕容恪攻取中山。

慕容恪进入中山，将将帅、当地的土豪几十家迁到蓟城，其余的全都就地安居。慕容恪部队军令严明，秋毫无犯。

姚弋仲派使者前来向晋室归降。

诏命以姚弋仲为车骑大将军、六夷大都督，他的儿子姚襄为平北将军，督并州。

冬十二月，桓温将军队迁移到武昌，不久又返回原驻扎地。

当初，桓温请求谋划攻取中原地区，但此事很久也没得到答复。桓温知道朝廷凭借殷浩来抗衡自己，非常愤怒，但因为一向了解殷浩的为人，也就没有惧怕。由于国家没有发生其他变故，

遂得相持弥年。虽有君臣之迹,羁縻而已,八州士众资调,殆不为国家用。屡求北伐,不听。至是拜表辄行,帅众四五万顺流而下,军于武昌。朝廷大惧。

浩欲去位以避温,又欲以驺虞幡驻温军。吏部尚书王彪之言于会稽王昱曰:"若浩去职,人情离骇。必有任其责者,非殿下而谁乎?"又谓浩曰:"彼若抗表问罪,卿为之首。欲作匹夫,岂有全地邪!且当静以待之。令相王手书,为陈成败,彼必为旋师;若不从,则遣中诏;又不从,乃当以正义相裁。奈何无故匆匆,先自猖蹶乎!"浩曰:"决大事正自难,顷日来欲使人闷。闻卿此谋,意始得了。"

抚军司马高崧为昱草书曰:"寇难宜平,时会宜接。此实为国远图,经略大算,能弘斯会,非足下而谁!然异常之举,众之所骇,游声噂沓,想足下亦少闻之。苟或望风振扰,一时崩散,则望实并丧,社稷之事去矣。吾与足下虽职有内外,安社稷,保家国,其致一也。当先思宁国而后图其外。区区诚怀,岂可顾嫌而不尽哉!"温即上疏,惶恐致谢,回军还镇。

朝廷将行郊祀,昱问于彪之曰:"应有赦否?"彪之曰:"自中兴以来,郊祀往往有赦,愚谓非宜。凶愚之人必将生心于徼幸矣!"昱从之。

于是得以相持共处了一年。虽然有君臣之间的往来,也不过是稍有约束而已,所辖八州的士兵及物资税赋,几乎不为国家所用。桓温屡次请求北伐,都不被采纳。到此时上表后就立即行动,率四五万人顺流而下,在武昌驻扎。朝廷非常恐惧。

殷浩打算辞官以躲避桓温,又想用带有骆驿标志的旗幡来使桓温的军队停止前进。吏部尚书王彪之向会稽王司马昱进言说:"如果殷浩辞官,人心就会离散恐惧。如果一定要有人出来承担责任,不是殿下又是谁呢?"又对殷浩说:"桓温如果直言上表,兴师问罪,首当其冲的就是您。想做平民百姓,哪里有万全之地呢!应当暂且静止不动以等待桓温。让宰相写封亲笔信,向桓温陈述成败利害,他一定会班师返回;如果不听从,就让皇上下达诏命;如果还不听从,就应当以正义来裁决。怎么能无缘无故地匆匆行事,先自我倾覆呢!"殷浩说:"我正在为决断大事而犯难,近日来一直使我很烦闷。听到您这个谋略,主意才拿定了。"

抚军司马高崧为司马昱草拟书信说:"贼寇发难了就应平定,时运到来了就应把握。这实在是为国家着想的长远谋划,治国安邦的宏谋远略,能够弘扬光大这一时运的人,不是足下是谁!然而异常的举动,会使众人惊骇,虚妄不实之辞便纷至沓来,想必足下也稍稍听说了一些。或许有的人闻风惊扰,顷刻间分崩离析,则愿望和成果一同丧失,国家的事业也就完了。我与足下虽然官职上有内外之分,但是安定社稷,保家卫国,其目标是一致的。应当先考虑使国家安宁,然后再谋划向外拓展。区区一点心意,怎能因顾虑疑忌而不坦诚尽言呢!"桓温当即上疏,诚惶诚恐地表示谢罪,率军返回原镇守地。

东晋朝廷准备举行祭祀天地的仪式,司马昱问王彪之说:"是否应该有大赦?"王彪之说:"自从皇朝中兴以来,祭祀天地时往往有大赦,我认为不适宜。因为这样做必将使凶残愚顽之人产生侥幸心理!"司马昱采纳其意见。

壬子（352）　八年魏永兴三，秦皇始二。燕烈祖慕容儁元玺元年。是岁，魏亡。旧大国一，凉、代小国二，新大国一，凡四僭国。

春正月，日食。　秦王健称皇帝。

健以单于统一百蛮非天子所宜领，以授太子苌。

杜洪司马张琚杀洪，自称秦王。

杜洪、张琚屯宜秋。洪自以右族轻琚，琚遂杀洪而自立。

魏克襄国，杀刘显，迁其民于邺。　赵汝阴王琨来奔，斩之。

石氏遂绝。

殷浩使督统谢尚、荀羡进屯寿春。张遇据许昌叛，降于秦。

尚书左丞孔严言于殷浩曰："比来众情，良可寒心，不知使君将何以镇之？愚谓宜明受任之方，韩、彭专征伐，萧、曹守管籥；深思廉、蔺屈身之义，平、勃交欢之谋，令穆然无间，然后可以保大定功。降附之徒皆人面兽心，恐难以义感也。"浩不从。上疏请北出许、洛，以谢尚、荀羡为督统，进屯寿春。初，魏豫州牧张遇以州来降，至是尚等不能抚慰之，遇怒，据许昌叛，降于秦。浩军不能进，命羡镇下邳。

三月，姚弋仲卒。子襄率众来归，诏屯谯城。

弋仲有子四十二人。及病，谓诸子曰："石氏待吾厚，本欲为之尽力，今已灭矣。中原无主，我死，汝亟自归于晋，当执臣节，无为不义也！"及襄与秦兵战败，遂帅众归晋。

壬子(352)　**晋穆帝永和八年**冉魏永兴三年，前秦皇始二年。前燕烈祖慕容儁元玺元年。这一年，冉魏灭亡。原有一个大国，前凉、代两个小国，新增一个大国，共有四个僭伪之国。

春正月，发生日食。　前秦王符健称皇帝。

符健因单于统一百蛮之事不是天子所应掌管的，便授权给太子符苌掌管。

杜洪的司马张琚杀死杜洪，自称秦王。

杜洪、张琚驻扎在宜秋。杜洪自以为是名门望族而轻视张琚，张琚便杀死杜洪而自立为王。

魏国攻克襄国，杀死刘显，将其百姓迁到邺城。　后赵汝阴王石琨前来投奔晋室，被杀死。

石氏便灭绝了。

殷浩让督统谢尚、荀羡进驻寿春。张遇占据许昌反叛，投降前秦。

尚书左丞孔严向殷浩进言说："近来众人的情绪实在使人寒心，不知您将用什么办法使其安定？我认为应该明确官吏的职责，韩信、彭越专事征伐，萧何、曹参业理财；应深思廉颇、蔺相如屈己为国的道理，陈平、周勃结交覆灭吕氏的谋略，使人们和睦相处，亲密无间，然后才可以安居高位，建立功业。投降归附之人都是人面兽心，恐怕很难以道义感化他们。"殷浩没有听从。上疏请求北上许昌、洛阳，任命谢尚、荀羡为督统，进驻寿春。当初，魏国豫州牧张遇率全州投降晋室，到此时谢尚等不能抚慰他们，张遇大怒，占据许昌反叛，并投降前秦。殷浩军队不能前进，命荀羡镇守下邳。

三月，姚弋仲去世。他的儿子姚襄率士众前来归附晋室，诏命他驻扎谯城。

姚戈仲有四十二个儿子。等到他病重时，对儿子们说："石氏待我甚厚，原本想为他尽力，如今已经灭绝了。中原地区混乱无主，我死后，你们赶快自行归附晋室，应履行臣子之节，不要做不义之事！"等到姚襄与前秦军队交战失败，便率士众归附晋室。

诏襄屯谯城。襄单骑渡淮,见谢尚于寿春。尚闻其名,命去仗卫,幅巾待之,欢若平生。襄博学,善谈论,江东人士皆重之。

夏四月,燕慕容恪等击魏,大破之。执其主闵以归,杀之。

魏主闵既克襄国,因游食常山、中山诸郡。夏,燕王儁遣恪等击之,闵趣常山。恪追,及于魏昌之廉台,燕兵十战皆不胜。闵素有勇名,所将兵精锐,燕人惮之。恪巡陈,谕将士曰:"闵勇而无谋,一夫敌耳! 其士卒饥疲,甲兵虽精,其实难用,不足破也!"闵所将多步卒,将趣林中。恪参军高开曰:"吾骑兵利平地,若闵得入林,不可复制。宜亟遣轻骑邀之,既合而阳走,诱致平地,然后可击也。"恪从之。魏兵还就平地,恪分军为三部,谓诸将曰:"闵性轻锐,又自以众少,必致死于我。我厚集中军之陈以待之,俟其合战,卿等从旁击之,无不克矣。"乃择鲜卑善射者五千人,以铁锁连其马,为方陈而前。闵乘千里马,左操双刃矛,右执钩戟,以击燕兵,斩首三百余级。望见大幢,知其为中军,直冲之。燕两军从旁夹击,大破之。围闵数重,闵溃围东走,其马忽毙,为燕兵所执。送于龙城,斩之。遣慕容评帅精骑攻邺,魏大将军蒋幹及太子智闭城拒守,城外皆降于燕。

五月,秦主健击张琚,斩之。　　魏人遣使请降。

诏命姚襄驻扎谯城。姚襄单人匹马渡过淮河,在寿春与谢尚见面。谢尚久闻其名,命令撤掉仪仗侍卫,头束便巾接待他,就像见到老朋友一样高兴。姚襄博学,善于言谈议论,江东人士全都尊重他。

夏四月,前燕慕容恪等攻打魏国,大败魏军。逮捕魏主冉闵后返回,杀死了他。

魏主冉闵攻克襄国后,便在常山、中山各郡游玩吃喝。夏季,前燕王慕容儁派慕容恪等攻打冉闵,冉闵奔往常山。慕容恪追赶冉闵,在魏昌的廉台追上,前燕军队交战十次都没有获胜。冉闵一向有勇猛之名,所率士兵精良,前燕人都惧怕他。慕容恪巡视战阵,对将士们说:"冉闵有勇无谋,一个人就可对付!其士兵饥饿疲惫,铠甲、武器虽然精良,实际上难以发挥作用,是不难打败的!"冉闵所率领的大多是步兵,准备向树林中开进。慕容恪的参军高开说:"我们的骑兵利于平地作战,如果冉闵得以进入树林中,就不能再制服他了。应赶快派轻骑兵截击敌军,交战后佯装败逃,将他们引诱到平地,然后就可以攻打了。"慕容恪听从了他的建议。魏军回到平地,慕容恪便将部队分为三部分,对将领们说:"冉闵生性轻敌,锐气十足,又自认为士兵不多,必然会与我方拼死一战。我将主力集中在中军阵地来等待他,等到交战后,你们从侧翼攻打他,没有不胜利的。"于是挑选五千名善于射箭的鲜卑人,用铁锁将他们的战马联结起来,成为一个方阵前进。冉闵乘坐千里马,左手持双刃矛,右手拿钩戟,去攻打前燕军队,斩杀三百多人。他望见大旗后,知道那里是中军阵地,便径直冲去。前燕军的另两部分从侧翼夹击,大败冉闵的军队。将冉闵重重包围,冉闵突围向东逃跑,但是坐骑忽然倒地而死,被前燕军抓住。将他送到龙城杀掉。前燕派慕容评率精锐骑兵攻打邺城,魏国大将军蒋干及太子冉智紧闭城门抵抗守卫,城外的兵众则全部投降了前燕军。

五月,前秦国主苻健攻打张琚,将他杀死。 魏国派使者请求投降晋室。

邺中大饥,人相食,故赵时宫人被食略尽。蒋幹遣侍中缪嵩奉表请降,且求救于谢尚。

六月,谢尚得传国玺,献之。

初,谢尚使戴施据枋头。施闻蒋幹求救,乃帅壮士百余人入邺,助守三台。绐幹得传国玺,宣言使督护何融迎粮,阴令怀玺送于枋头。尚迎至建康,百僚毕贺。

谢尚攻张遇于许昌,秦人救之。尚等败绩,殷浩退屯寿春。

尚遣姚襄共攻张遇,秦主健遣丞相、东海王雄等救之。战于颍水之诫桥,尚等大败,奔还淮南。殷浩自许昌退屯寿春。雄徙遇及陈、颍、许、洛之民五万余户于关中,以杨群为豫州刺史,镇许昌。尚降号建威将军。

秋八月,燕慕容评攻邺,克之,遂留守邺。 九月,殷浩进屯泗口。

浩之北伐也,中军将军王羲之以书止之,不听。既而无功,复谋再举。羲之遗浩书曰:"今以区区江左,天下寒心固已久矣,力争武功,非所当作。自顷处内外之任者,未有深谋远虑,而疲竭根本,各从所志,竟无一功可论,遂令天下将有土崩之势。任其事者,岂得辞四海之责哉!今军破于外,资竭于内,保淮之志,非所复及,莫若还保长江,督将各复旧镇,自长江以外羁縻而已。引咎责躬,更为善治,省其赋役,与民更始,庶可以救倒悬之急也!若犹以前事为未工,复求之于分外,宇宙虽广,自容何所!

邺城地区发生严重饥荒，出现人吃人现象，原来后赵时的宫女几乎被吃光。蒋幹派侍中缪嵩带奏表请求投降晋室，并且向谢尚求救。

六月，谢尚得到传国印玺，献给东晋朝廷。

当初，谢尚让戴施据守枋头。戴施听说蒋幹求救，便率一百多名壮士进入邺城，帮助守卫三台。当他哄骗蒋幹得到传国印玺后，就宣称派督护何融去迎接军粮，暗中让何融怀揣印玺送到枋头。谢尚将印玺迎送到建康，朝中百官共同庆贺。

谢尚在许昌攻打张遇，前秦军队救援张遇。谢尚等战败，殷浩退驻寿春。

谢尚派姚襄与自己共同攻打张遇，前秦主苻健派丞相、东海王苻雄等前去救援。双方在颍水的诫桥交战，谢尚等大败，逃回淮南。殷浩从许昌退驻寿春。苻雄将张遇以及陈郡、颍川、许昌、洛阳的五万多户百姓迁往关中，任命杨群为豫州刺史，镇守许昌。谢尚将名号降为建威将军。

秋八月，前燕慕容评攻克邺城，于是留守邺城。　九月，殷浩进驻泗口。

殷浩北伐时，中军将军王羲之写信劝阻他，他没有听从。不久便无功而返，又谋划再次举兵出征。王羲之给殷浩写信说："如今以区区江左之地，使天下人寒心就已经很久了，力争战功，不是应当做的事情。近来在朝廷内外当官的人，都没有深谋远虑，却使国家的根基疲敝枯竭，各自顺从自己的意志，最终却没有一件战功可以评说，于是使天下将要出现土崩瓦解的趋势。担任其职务的人，怎能推卸掉天下人的责备呢！如今军队在外边被攻破，资财在国内枯竭耗尽，保守淮南的志向，不再是所能顾及的，不如回来保住长江，让都督将领们各自恢复原来的镇守地，对长江以外的地区有所约束就可以了。引咎自责，重新推行良好的治政措施，减轻赋税徭役，与百姓共同重新奋斗，大概还可以解救异常困苦的危难局势吧！如果您还认为以前的事情做得不周全，再去追求分外之功，那么宇宙虽然广阔，又有何处能容纳您自己呢！

此愚智所不解也！"

又与会稽王昱笺曰："今虽有可喜之会，内求诸己，而所忧乃重于所喜。功未可期，遗黎歼尽，以区区吴、越经纬天下十分之九，不亡何待！而不度德量力，不弊不已，此封内所痛心叹悼者也！愿殿下先为不可胜之基，须根立势举，谋之未晚。"浩不从，进屯泗口，遣戴施据石门，刘遁戍仓垣。

罢遣太学生徒。

浩以军兴，罢遣太学生徒，学校由此遂废。

冬十月，谢尚攻许昌，克之。 十一月，燕王儁称皇帝。

故赵将拥兵据州郡者，各遣使降燕。群僚共上尊号，儁许之。始置百官，即皇帝位。诈言获传国玺，改元元玺。时晋使适至燕，儁谓曰："汝还白汝天子，我承人乏，为中国所推，已为帝矣！"改司州为中州，建留台于龙都，以乙逸为尚书，专委留务。

癸丑（353） **九年**秦皇始三，燕元玺二年。

夏五月，张重华攻秦上邽，拔之。诏进重华凉州牧。
秋七月，秦杀其司空张遇。

初，张遇降秦，秦主健以为司空，而纳其继母韩氏为昭仪。数于众中谓遇曰："卿，吾假子也。"遇耻之。阴结关中豪杰，欲灭苻氏，以其地来降。事觉，伏诛。于是关中豪杰数人各拥众数万，遣使来请兵。秦皆攻灭之。

这是我愚钝的头脑所不能理解的！"

王羲之又给会稽王司马昱写信说："如今虽然有可喜的机会，但是对内检讨一下自己，所忧虑的就重于所高兴的了。功绩不可预期，遗民损失殆尽，以区区吴、越之地去治理天下十分之九的地区，不灭亡还等待什么！而且不权衡自己的德行与力量，不彻底失败就不停止，这是国内的士人们所痛心哀叹的！希望殿下先建立不可战胜的根基，等到根基建立、势力强大后，再做谋划也不晚。"殷浩没有听从，进驻泗口，派戴施据守石门，刘遁戍守仓垣。

遣散太学生。

殷浩因为要举兵征伐，就遣散了太学生，学校从此便废止了。

冬十月，谢尚攻克许昌。　十一月，前燕王慕容儁称皇帝。

原来后赵将领中那些拥兵占据州郡的，各自派使者向前燕投降。百官共同奉上尊号，慕容儁表示同意。慕容儁开始设置百官，即皇帝位。他诈称获得了传国印玺，就改年号为元玺。当时晋室的使臣恰好来到前燕，慕容儁对他说："你回去告诉你们天子，我趁天下没有人才，被中原所推举，已成为皇帝了！"慕容儁改司州为中州，在龙都建立留台，任命乙逸为尚书，专门委任他负责留台事务。

癸丑（353）　**晋穆帝永和九年**前秦皇始三年，前燕元玺二年。

夏五月，张重华攻克前秦的上邽。晋室下诏升任张重华为凉州牧。　秋七月，前秦杀死司空张遇。

当初，张遇投降前秦，前秦主苻健任命他为司空，并将他的继母韩氏纳为昭仪。苻健多次当众对张遇说："你是我的干儿子。"张遇以此为耻。他便暗中结交关中豪杰，打算灭掉苻氏，率其领地投降晋室。事情败露后，张遇被杀。于是几位关中豪杰各自率领数万兵众，派使者前来向晋室请求援兵。前秦把他们全部攻灭了。

殷浩遣兵袭姚襄，不克。冬十月，遂率诸军北伐。襄邀败之，浩走谯城。

姚襄屯历阳，以燕、秦方强，未有北伐之志，乃夹淮广兴屯田，训厉将士。浩在寿春，恶其强盛，囚襄诸弟，屡遣刺客刺之，客皆以情告襄。浩潜遣将军魏憬帅众五千袭之，襄斩憬，并其众。浩愈恶之，迁襄蠡台，表授梁国内史。

襄益疑惧，遣参军权翼使于浩，浩曰："身与姚平北共为王臣，平北每举动自专，甚失辅车之理。"翼曰："平北英姿绝世，拥兵数万，而远归晋室者，以朝廷有道，宰辅明哲故也。今将军轻信谗慝，与之有隙，愚谓猜疑之端，在此而不在彼也。"浩曰："平北生杀自由，又掠吾马，王臣之礼，固若是乎？"翼曰："奸宄之人，亦王法所不容也，杀之何害！"浩曰："然则掠马，何也？"翼曰："将军谓平北雄武难制，终将讨之，故取以自卫耳。"浩笑曰："何至是也！"

初，浩阴遣人诱秦梁安、雷弱儿，使杀秦主健，许以关右之任。弱儿等伪许之，且请兵应接。浩闻张遇作乱，以为安等事成，遂自寿春帅众七万北伐，欲进据洛阳，修复园陵。王彪之上会稽王昱笺，以为"容有诈伪，未应轻进"，不从。

浩以襄为前驱。襄度浩将至，伪遁而阴伏甲以邀之。浩追至山桑，襄纵兵击之，浩大败，弃辎重，走保谯城。襄俘斩万余，悉收其资仗，使兄益守山桑，而复如淮南。昱谓彪之曰："君言无不中，张、陈无以过也！"

殷浩派兵袭击姚襄,没有成功。冬十月,殷浩便率各路人马北伐。姚襄阻击获胜,殷浩逃到谯城。

姚襄驻扎在历阳,由于前燕、前秦力量正强盛,所以没有北伐的意向,就沿淮河两岸广开屯田,训练勉励将士。殷浩在寿春,厌恶他的强盛,就囚禁他的弟弟们,并多次派刺客刺杀他,但是刺客全都将实情告诉了姚襄。殷浩暗地里派将军魏憬率五千兵士袭击姚襄,姚襄斩杀魏憬,兼并其士众。殷浩更加厌恶姚襄,将他迁到蠡台,上表授予他梁国内史的职务。

姚襄更加怀疑恐惧,派参军权翼出使到殷浩那里,殷浩说:"我与姚襄同是君王的臣下,姚襄却经常独断专行,十分违背唇齿相依的道理。"权翼说:"姚襄英姿盖世,拥有数万兵众,但是却不辞遥远归附晋室,就是由于朝廷有道义,辅臣贤明智慧的缘故。如今将军您轻信谗言诽谤,与他有了隔阂,我认为相互猜忌的根源,是在您这里而不在于他。"殷浩说:"姚襄任意杀戮,又掠夺我的马匹,作为君王臣下的礼节,原本就该是这样吗?"权翼说:"奸诈邪恶之徒,也是王法所不能容忍的,杀了他们有什么害处!"殷浩说:"然而为什么掠夺马匹呢?"权翼说:"将军您认为姚襄雄猛威武,难以控制,终究会讨伐他,所以他才夺取马匹来自卫罢了。"殷浩笑道:"何至于此呢!"

当初,殷浩暗中派人劝诱前秦的梁安、雷弱儿,使他们杀死前秦主苻健,许诺将关右地区的官职授予他们。雷弱儿等假装答应此事,并且请求派兵接应。殷浩听说张遇制造叛乱,认为梁安等人的事情已成功,便从寿春率七万士众北伐,打算进攻占据洛阳,修复皇室陵墓。王彪之给会稽王司马昱写信,认为"可能会有欺诈,不宜轻易进兵",司马昱没有听从。

殷浩任命姚襄为前锋。姚襄猜测殷浩要来了,就假装逃跑却暗中埋伏甲士阻击殷浩。殷浩追到山桑,姚襄纵兵攻击,殷浩大败,丢弃物资装备,逃走保守谯城。姚襄俘虏斩杀万余人,收缴全部物资武器,让哥哥姚益守山桑,自己又前往淮南。司马昱对王彪之说:"您说的没有不言中的,张良、陈平也不如您!"

十一月,西平公张重华卒,子曜灵立。

重华有疾,曜灵才十岁,立为世子。重华庶兄祚有勇力、吏干,而倾巧善事内外,与嬖臣赵长等结异姓兄弟。谢艾以桁罕之功有宠,左右潛之,出为酒泉太守。艾上言:"权幸用事,公室将危,乞听臣入侍。"且言:"祚及长等将为乱,宜尽逐之。"重华疾甚,手令征艾辅政,祚、长等匿而不宣。重华卒,曜灵立,称凉州刺史、西平公。长等矫遗令,以祚辅政。

十二月,姚襄徙屯盱眙。

襄济淮,屯盱眙,招掠流民,众至七万。分置守宰,劝课农桑。遣使诣建康,罪状殷浩,并自陈谢。

以谢尚都督江西、淮南军事。

镇历阳。

凉州废其主曜灵,立张祚为凉公。

凉州长史赵长等以"时难未夷,宜立长君",乃废曜灵而立祚。祚既得志,恣为淫虐,杀重华妃裴氏及谢艾。

燕以慕容霸守常山。

慕容恪屡荐霸有命世之才,宜总大任,故燕主用之。

甲寅(354)　**十年**秦皇始四,燕元玺三年。凉王张祚和平元年。

春正月,张祚自称凉王。

祚自称凉王,改元,置百官,郊祀天地。尚书马岌切谏,坐免官。郎中丁琪复谏曰:"自武公以来,世守臣节,

十一月,西平公张重华去世,儿子张曜灵即位。

张重华患病,将年仅十岁的张曜灵立为世子。张重华的异母兄长张祚勇猛有力,具备做官的才干。但是为人狡诈,善于迎合内外官员,与宠臣赵长等结为异姓兄弟。谢艾因为枹罕战役的功劳而受宠,张重华身边的人诬陷他,便将他外调为酒泉太守。谢艾上书说:"有权势而受宠的人当政,朝廷将有危难,请求让我入宫侍奉。"又说:"张祚和赵长等人将要作乱,应全部驱逐他们。"张重华病重,亲笔下令征召谢艾辅佐朝政,张祚、赵长等将命令藏起来不公布。张重华去世,张曜灵即位,称凉州刺史、西平公。赵长等假造张重华的遗令,让张祚辅佐朝政。

十二月,姚襄迁往盱眙驻扎。

姚襄渡过淮河,驻扎盱眙,招募掳掠流民,士众达到七万。分别设置地方官,勉励督促农业生产。派使者到建康,历数殷浩罪状,并为自己陈述谢罪之意。

任命谢尚都督江西、淮南军事。

谢尚镇守历阳。

凉州废黜其君主张曜灵,立张祚为凉公。

凉州长史赵长等认为"当前的灾难还没有平定,应当立年长者为君",于是废黜张曜灵而立张祚。张祚达到目的后,毫无顾忌地行淫威虐政,杀死张重华的妃子裴氏及谢艾。

前燕以慕容霸镇守常山。

慕容恪屡次举荐慕容霸有显赫于世的才能,应该总揽大权,所以前燕主慕容儁任用他。

甲寅(354)　**晋穆帝永和十年**前秦皇始四年,前燕元玺三年。前凉王张祚和平元年。

春正月,张祚自称凉王。

张祚自称凉王,改易年号,设置百官,举行祭祀天地的仪式。尚书马岌恳切劝谏,结果获罪被免除了官职。郎中丁琪又劝谏张祚说:"自从武公张轨以来,世代恪守作为臣子的礼节,

抱忠履谦,故能以一州之众,抗举世之虏,师徒岁起,民不告疲。今而自尊,则中外离心,安能以一隅之地,拒天下之强敌乎!"祚大怒,斩之。

殷浩以罪免为庶人,徙信安。以王述为扬州刺史。

浩连年北伐,师徒屡败,粮械都尽。桓温因朝野之怨,上疏请废之。朝廷不得已,免浩为庶人,徙之信安。自此内外大权一归于温矣。浩少与温齐名,而心竞不相下,温常轻之。浩既废黜,虽愁怨不形辞色,常书空作"咄咄怪事"字。久之,温谓掾郗超曰:"浩有德有言,向为令仆,足以仪刑百揆,朝廷用违其才耳。"将以浩为尚书令,以书告之。浩欣然许焉。将答书,虑有谬误,开闭者十数,竟达空函。温大怒,由是遂绝,卒于徙所。

二月,桓温率师伐秦。

温统步骑四万发江陵。水军自襄阳入均口,至南乡;步兵自淅川趣武关;命司马勋出子午道以伐秦。

姚襄叛,降于燕。 夏四月,桓温大败秦兵于蓝田。进军灞上,三辅皆降。

桓温别将攻上洛,获秦荆州刺史郭敬,进击青泥,破之。秦主健遣太子苌等帅众五万拒温,战于蓝田,秦兵大败。温转战而前,进至灞上,苌等退屯城南。健与老弱六千固守长安小城,悉发精兵三万,遣大司马雷弱兒等与苌合以拒温。三辅郡县皆来降,温抚谕居民,使安堵复业。民争持牛酒迎劳,男女夹路观之,耆老有垂泣者曰:"不图今日复睹官军!"

胸怀忠诚，行事谦恭，所以能够以一个州的士众去抗衡全天下的敌人，虽然征战连年不断，百姓却并不诉说疲惫。如今自尊为帝，则内外离心离德，怎能以一隅之地去抵抗天下的强敌呢！”张祚大怒，杀死丁琪。

殷浩因罪被免为庶人，流放到信安。任命王述为扬州刺史。

殷浩连年北伐，军队屡次被打败，粮草武器都消耗一空。桓温趁朝野的怨愤情绪，上疏请求废黜殷浩。朝廷不得已，将殷浩免为庶人，流放到信安。从此内外大权一并归到桓温手中了。殷浩年轻时与桓温齐名，但二人内心争强比胜，互不相让，桓温经常轻视殷浩。殷浩被废黜后，虽然忧愁怨愤之情不显露于言辞和神色，却经常对空书写“咄咄怪事”四字。过了许久，桓温对属吏郗超说：“殷浩有德行，善言辞，以前让他任尚书令或仆射的话，足以成为百官的楷模，是朝廷任命的官职配不上他的才能。”桓温准备任命殷浩为尚书令，写信告诉了殷浩。殷浩欣然答应了桓温。殷浩准备回信，担心信中还有不妥之处，就将信封开、封了十几次进行检查，以至忙中出错，最后送去的是一封空函。桓温非常愤怒，因此断绝了启用殷浩的念头，殷浩死在了流放地。

二月，桓温率军讨伐前秦。

桓温统领四万步兵、骑兵从江陵出发。水军从襄阳入均口，到达南乡；步兵从淅川前往武关；命令司马勋出子午道去讨伐前秦。

姚襄反叛，投降前燕。　夏四月，桓温在蓝田大败前秦军队。又进军灞上，三辅地区全都投降。

桓温的另一个部将攻打上洛，俘获前秦的荆州刺史郭敬，又进军攻克青泥。前秦主苻健派太子苻苌等率五万人抵抗桓温，在蓝田交战，前秦军队大败。桓温转战前进，到达灞上，苻苌等退驻城南。苻健与六千老弱士兵固守长安小城，将三万精兵全部派出，派大司马雷弱儿等与苻苌合兵抵抗桓温。三辅地区的郡县全都前来投降，桓温安抚告谕当地百姓，让他们安居复业。百姓们争相手拿牛肉、美酒迎接慰劳，男男女女夹道观看，有的老年人流着泪说：“没想到今天又看到了官军！”

燕以慕容恪为大司马。

燕主儁以恪为大司马、录尚书事，封太原王；评为司徒，封上庸王；霸为吴王；德为梁公；�..为中山王；阳骛为司空。初，燕王皝奇霸之才，故名之曰霸，将以为世子。群臣谏而止，然宠遇犹逾于世子。由是儁恶之，以其尝坠马折齿，更名曰缺，寻以其应谶文，更名曰垂。迁侍中，录留台事，徙镇龙城。垂大得东北之和，儁愈恶之，复召还。

五月，江西流民叛，降姚襄。诏屯兵中堂，谢尚入卫。

江西流民郭敞等千余人，执陈留内史刘仕降于姚襄。建康震骇，以尚书周闵为中军将军，屯中堂。谢尚自历阳还卫京师，固江备守。

桓温及秦兵战，不利。六月，师还。

北海王猛少好学，倜傥有大志，不屑细务，人皆轻之。猛悠然自得，隐居华阴。闻温入关，披褐诣之，扪虱而谈当世之务，旁若无人。温异之，问曰："吾奉天子之命，将锐兵十万，为百姓除残贼，而三秦豪杰未有至者，何也？"猛曰："公不远数千里深入敌境，今长安咫尺，而不度灞水，百姓未知公心，所以不至。"温嘿然无以应，徐曰："江东无卿比也。"乃署猛军谋祭酒。温与秦丞相雄等战于白鹿原，温兵不利，死者万余人。初，温指秦麦以为粮，既而秦人悉芟麦，清野以待之。温军乏食，徙关中三千余户而归。欲与猛俱还，猛辞不就。秦太子苌等随温击之，比至潼关，

前燕任命慕容恪为大司马。

前燕国主慕容儁任命慕容恪为大司马、录尚书事,封为太原王;任命慕容评为司徒,封上庸王;封慕容霸为吴王;封慕容德为梁公;封慕容晖为中山王;任命阳骜为司空。当初,前燕王慕容皝对慕容霸的才能感到惊奇,所以给他起名为"霸",准备立他为世子。由于大臣们劝谏而作罢,然而对他的宠爱仍超过世子。因此慕容儁很厌恶他,因为他曾经从马上摔下来摔断了牙齿,便将他的名字改为"缺",不久又因应验了谶文,改名为"垂"。慕容垂升任侍中,负责留台事务,迁往龙城镇守。慕容垂深得东北地区百姓的拥戴,慕容儁更加讨厌他,于是就召回了他。

五月,江西的流民叛乱,投降了姚襄。东晋朝廷下诏在宫中驻扎军队,谢尚入京城戍卫。

江西流民郭敞等一千多人,抓住陈留内史刘仕并投降了姚襄。建康的晋室非常震惊,任命尚书周闵为中军将军,驻扎在宫中。谢尚从历阳返回保卫京师,巩固江防进行守备。

桓温与前秦兵交战,失利。六月,率军返回。

北海人王猛从小好学,才能卓越并胸怀大志,不屑于琐碎事务,人们都轻视他。王猛悠然自得,隐居在华阴。他听说桓温入关后,穿着粗布衣服来到桓温处,一面摸着虱子,一面谈论当时的大事,旁若无人。桓温觉得他奇异,问道:"我奉天子之命,率十万精兵为百姓消灭凶残的贼寇,但是为什么三秦地区的豪杰却没有前来归附的?"王猛说:"您不远数千里深入敌境,如今长安近在咫尺,却不渡过灞水,百姓们不了解您的意图,所以不来归附。"桓温沉默着无言以对,慢慢地说:"江东无人能与你相比。"于是让王猛暂任军谋祭酒。桓温与前秦丞相苻雄等在白鹿原交战,桓温军队作战失利,死亡一万多人。当初,桓温指望将前秦的小麦作为军粮,不久前秦人把小麦全部收割,以清理干净的田野等待桓温。桓温的军队缺少粮食,只得迁移关中地区三千多户百姓后返回。桓温打算与王猛一同返回,王猛推辞不去。前秦太子苻苌等追随桓温的军队不断攻击,等到了潼关,

温军屡败，失亡以万数。苻雄击司马勋，勋亦奔还汉中。温之屯灞上也，顺阳太守薛珍劝温径进逼长安，温弗从。珍以偏师独济，颇有所获。及温退，乃还，显言于众，自矜其勇，而咎温之持重，温杀之。

秦东海王苻雄卒。

秦主健弟、东海王雄卒。健哭之呕血，曰："天不欲吾平四海耶！何夺吾元才之速也！"雄以佐命元勋，位兼将相，权侔人主，而谦恭泛爱，遵奉法度，故健重之，常曰："元才，吾之周公也。"子坚袭爵。坚性至孝，幼有志度，博学多能，交结英豪，吕婆楼、强汪及略阳梁平老皆与之善。

秦大饥。

乙卯（355） 十一年秦主生寿光元，燕元玺四年。凉去年号。

春二月，秦大蝗。

百草无遗，牛马相啖毛。

夏，秦立子生为太子。

秦太子苌拒桓温，中流矢死。淮南王生幼无一目，性粗暴。其祖洪尝戏之曰："吾闻瞎儿一泪，信乎？"生怒，引佩刀自刺出血，曰："此亦一泪也！"洪大惊，鞭之。生曰："性耐刀槊，不堪鞭棰！"洪谓健曰："此儿狂悖，宜早除之，不然必破人家。"健将杀之，雄曰："儿长自应改，何可遽尔！"及长，力举千钧，手格猛兽，走及奔马，击刺骑射，冠绝一时。强后欲立少子晋王柳，秦主健

桓温的军队已多次战败，损失的士兵数以万计。符雄攻打司马勋，司马勋也逃回汉中。桓温驻扎灞上时，顺阳太守薛珍劝说桓温径直进逼长安，桓温没有听从。薛珍率部分军队独自渡过灞水，颇有收获。等到桓温撤退时，他便返回，在众人面前大肆炫耀，自夸其勇，而责备桓温的谨小慎微，桓温杀死了他。

前秦的东海王符雄去世。

前秦主符健的弟弟、东海王符雄去世。符健哭得吐了血，说："上天不想让我平定天下呀！为什么这么快就夺去了我的弟弟元才呢！"符雄以辅国元勋的身份，位兼将、相之职，权力与君主相当，但是却谦恭博爱，遵奉法律制度，所以符健器重他，经常说："元才是我的周公。"符雄的儿子符坚承袭了爵位。符坚生性极其孝顺，自幼就有气度，博学多才，交结英雄豪杰，吕婆楼、强汪及略阳人梁平老都与他交情很好。

前秦发生严重饥荒。

乙卯（355）　晋穆帝永和十一年前秦主符生寿光元年，前燕元玺四年。前凉取消年号。

春二月，前秦发生严重的蝗灾。

百草无存，牛马相互吃毛充饥。

夏季，前秦主符健立儿子符生为太子。

前秦太子符苌抵抗桓温时，中流箭而死。淮南王符生自幼少了一只眼，性情粗暴。他的祖父符洪曾经逗他说："我听说眼瞎的孩子只能一只眼流泪，真是这样吗？"符生大怒，拔出佩刀自己将瞎眼刺出血，说："这也是一只眼的眼泪！"符洪大惊，用鞭子抽他。符生说："我生性能忍受刀和矛，但不能忍受鞭打！"符洪对符健说："这孩子狂暴叛逆，应尽早除掉他，不然必定家破人亡。"符健准备杀掉符生，符雄说："孩子长大了自然就会改变，怎能这样快下结论呢！"等到符生长大后，力能举千钧，徒手与猛兽搏斗，跑起来能赶上奔驰的快马，击剑、刺矛、骑马、射箭等武艺冠绝一时。强太后打算立小儿子晋王符柳为太子，前秦主符健

以谶文有"三羊五眼",乃立生为太子。

姚襄据许昌。

襄所部多劝北还,襄乃进据许昌。

六月,秦主健卒,太子生立。

健勤于政事,数延公卿咨讲治道。承赵人苛虐奢侈之后,易以宽简节俭,崇儒礼士,由是秦人悦之。至是寝疾,引太师鱼遵、丞相雷弱儿、太傅毛贵、司空王堕、尚书令梁楞、仆射梁安、段纯等受遗诏辅政。谓太子生曰:"六夷酋帅及大臣执权者,若不从汝命,宜渐除之。"健卒,生即位,大赦,改元。群臣奏曰:"未逾年而改元,非礼也。"生怒,穷推议主,得段纯,杀之。

秋九月,秦杀其后梁氏及太傅毛贵等。

中书监胡文言于秦主生曰:"比有星孛于大角,荧惑入东井。不出三年,国有大丧,大臣戮死。愿陛下修德以禳之!"生曰:"皇后与朕对临天下,可以应大丧矣。毛太傅、梁车骑、梁仆射受遗诏辅政,可以应大臣矣。"乃杀皇后及毛贵、梁楞、梁安。

闰月,凉州弑其君祚,立张玄靓为凉王。

凉王祚淫虐,上下怨愤。恶河州刺史张瓘之强,使索孚代之。瓘斩孚起兵,传檄州郡,废祚,复立曜灵。将军宋混合众万余人以应之。祚杀曜灵,混闻之,为之发哀。军至姑臧,张瓘弟琚开门纳之。赵长等惧罪,入阁呼张重华母马氏,立曜灵弟玄靓为主。诸将收长等,杀之。祚素失众心,莫肯为之斗者,遂见杀。枭其首,城内咸称万岁。

因为谶文中有"三羊五眼"之说，便立苻生为太子。

姚襄占据许昌。

姚襄所率部众大多劝他返回北方，于是姚襄进军占据许昌。

六月，前秦主苻健去世，太子苻生即位。

苻健勤于政事，多次延请公卿咨询讨论治国之道。继后赵人苛刻暴虐、浮华奢侈的做法之后，他改行宽松简易、节约俭朴的政策，尊崇儒生，礼贤下士，因此前秦人喜爱他。到此时，苻健卧病不起，便召太师鱼遵、丞相雷弱儿、太傅毛贵、司空王堕、尚书令梁楞、仆射梁安、段纯等人接受遗诏辅佐朝政。苻健对太子苻生说："六夷首领及大臣中执掌权力的人，如果不听从你的命令，就应慢慢除掉他们。"苻健去世，苻生即位，大赦天下，更改年号。群臣上奏说："没有超过一年就改年号，不合礼数。"苻生大怒，穷究此议的主谋，结果是段纯，便杀了他。

秋九月，前秦杀死皇后梁氏及太傅毛贵等人。

中书监胡文对前秦主苻生说："最近有彗星出现在大角星座，火星进入东井。不出三年，国家就会有大的丧事，大臣也将被杀死。希望陛下修养德行以祛除此灾！"苻生说："皇后与朕一同统治天下，可以应验大丧出现的说法了。太傅毛贵、车骑将军梁楞、仆射梁安接受遗诏辅佐朝政，可以应验大臣被杀的说法了。"于是杀死了皇后及毛贵、梁楞、梁安。

闰九月，凉州人杀死其君王张祚，立张玄靓为凉王。

凉王张祚荒淫暴虐，上下怨愤。他厌恶河州刺史张瓘的强大，就让索孚代替张瓘。张瓘斩杀索孚后起兵，将讨伐檄文传送到各州郡，废黜张祚，重新立张曜灵为王。将军宋混聚集士众一万余人响应张瓘。张祚杀死张曜灵，宋混听说此事后，为张曜灵发丧。宋混的部队到达姑臧，张瓘的弟弟张琚打开城门让其进城。赵长等对自己的罪行感到害怕，入宫呼请张重华的母亲马氏，立张曜灵的弟弟张玄靓为国主。将领们逮捕了赵长等人，杀死了他们。张祚平时就失去了人心，所以没有人肯为他战斗，于是被杀死。宋混等将张祚枭首示众，城内的人们全都高呼万岁。

混、琚上玄靓为大将军、西平公，复称建兴四十三年。时玄靓始七岁。瓘至，推为凉王，自为都督中外诸军事、尚书令，以混为尚书仆射。

冬十月，诏谢尚镇寿春。 十一月，燕慕容恪击段龛。

龛与燕主儁书，抗中表之仪，非其称帝。儁怒，遣恪击之。

十二月，秦杀其丞相雷弱兒。

弱兒性刚直，以仆射赵韶、董荣乱政，每公言于朝，见之常切齿。韶、荣谮之于秦主生，杀弱兒及其九子、二十七孙，于是诸羌皆有离心。生虽在谅阴，游饮自若，弯弓露刃以见朝臣，锤钳锯凿备置左右。即位未几，后妃、公卿下至仆隶，凡杀五百余人。

丙辰（356） **十二年**秦寿光二，燕元玺五年。

春正月，燕慕容恪大破段龛兵，进围广固。

段龛弟黑骁勇有智谋，言于龛曰："慕容恪善用兵，加之众盛，若听其济河，进至城下，恐虽乞降不可得也。请兄固守，黑帅精锐拒之于河。幸而战捷，兄帅大众继之；若其不捷，不若早降，犹不失为千户侯也。"龛不从。黑固请不已，龛怒，杀之。恪遂引兵济河，龛帅众逆战，恪大破之。龛友辟间蔚被创，恪闻其贤，遣使求之，则已死矣。龛还城固守，恪进军围之。

秦杀其司空王堕。

堕性刚峻。董荣及侍中强国皆以佞幸进，堕疾之如仇。会有天变，荣、国言于生曰："宜以贵臣应之。"生乃杀堕。

宋混、张琚上书请立张玄靓为大将军、西平公,恢复称建兴四十三年。当时张玄靓才七岁。张瓘到达后,推戴张玄靓为凉王,自己任都督中外诸军事、尚书令,任命宋混为尚书仆射。

冬十月,诏命谢尚镇守寿春。　十一月,前燕慕容恪攻打段龛。

段龛给前燕主慕容儁写信,使用中表亲戚的礼仪,责难其称帝的行为。慕容儁大怒,派慕容恪攻打段龛。

十二月,前秦杀死其丞相雷弱兒。

雷弱兒性情刚直,因为仆射赵韶、董荣乱政,就经常在朝廷公开评论,见到二人常咬牙切齿。赵韶、董荣向前秦主苻生进谗言诽谤雷弱兒,苻生杀了雷弱兒及其九个儿子、二十七个孙子,于是羌族各部全都产生离心。苻生虽然在居丧,却游乐饮酒自如,佩刀带弓接见朝臣,将锤、钳、锯、凿等刑具准备齐全放在身边。即位不久,后妃、公卿以下直到奴仆,共有五百多人被杀。

丙辰（356）　**晋穆帝永和十二年**前秦寿光二年,前燕元玺五年。

春正月,前燕慕容恪大败段龛军队,进军包围广固。

段龛的弟弟段黑骁勇善战且富于智谋,他对段龛说:"慕容恪善于用兵,加上他兵力众多,如果听任其渡过黄河,进军城下,恐怕即使请求投降也不能被允许了。请哥哥坚守,我率精锐部队在黄河抵御他。如果幸运地获胜,哥哥您率大军跟进;如果没有获胜,不如早投降,或许还能得到个千户侯。"段龛没有听从。段黑坚持请求不止,段龛大怒,杀了他。慕容恪便领军渡过黄河,段龛率众迎战,慕容恪大败段龛。段龛的朋友辟闾蔚受伤,慕容恪听说他贤明,就派使者访求他,而他却已经死了。段龛返回广固城坚守,慕容恪进军将其包围。

前秦杀死司空王堕。

王堕性格刚直冷峻。董荣及侍中强国都因谄媚而受宠升官,王堕对他们恨如仇敌。正赶上天象有变,董荣、强国对苻生说:"应该由显贵的大臣去回应天象。"于是,苻生就杀死了王堕。

凉州遣使称藩于秦。

秦晋王柳遣参军阎负、梁殊使于凉。张瓘见之曰：“我，晋臣也。臣无境外之交，二君何以来辱？”负、殊曰：“晋王与君邻藩，故来修好，君何怪焉！”瓘曰：“吾尽忠事晋，于今六世矣。若与征东通使，是上违先君之志，下隳士民之节，其可乎！”负、殊曰：“晋室衰微久矣，凉之先王北面二赵，唯知机也。今大秦威德方盛，凉王若欲自帝河右，则非秦之敌；欲以小事大，则曷若舍晋事秦，长保福禄乎！”瓘曰：“中州好食言。向者石氏使车适返，而戎骑已至，吾不敢信也。”负、殊曰：“张先、杨初皆阻兵不服，先帝讨而擒之。赦其罪戾，宠以爵秩，固非石氏之比也。”瓘曰：“必如君言，秦之威德无敌，何不先取江南，则天下尽为秦有，征东何辱命焉！”负、殊曰：“江南文身之俗，道污先叛，化隆后服。主上以为江南必须兵服，河右可以义怀，故遣行人先申大好。若君不达天命，则江南得延数年之命，而河右恐非君之土也。”瓘曰：“我跨据三州，带甲十万，西苞葱岭，东距大河，伐人有余，况于自守，何畏于秦！”负、殊曰：“贵州山河之固，孰若崤、函？民物之饶，孰若秦、雍？杜洪、张琚因赵氏成资，有囊括关中、席卷四海之志；先帝戎旗西指，冰消云散，旬月之间，不觉易主。主上若以贵州不服，赫然奋怒，控弦百万，鼓行而西，未知贵州将何以待之？”瓘笑曰：“兹事当决之于王，非身所了。”负、殊曰：“凉王虽英睿夙成，

凉州派使者向前秦称藩。

前秦的晋王苻柳派参军阎负、梁殊出使前凉。张瓘见到他们说："我是晋室的臣子。作为臣子就不能有国境之外的交往，二位为什么来侮辱我？"阎负、梁殊说："晋王苻柳与您是邻邦，所以前来修好，您有何奇怪的呢！"张瓘说："我竭尽忠心地事奉晋室，到今天已经六代了。如果与征东大将军苻柳互通使节，这是上违先辈的遗志，下毁士人的气节，难道可以吗！"阎负、梁殊说："晋室衰微很久了，凉国的先王向二赵称臣，是懂得机运。如今大秦威势德行正盛，凉王如果想自己在黄河以西称帝，则不是大秦的对手；若想以小的事奉大的，那么何不舍弃晋室事奉大秦，以长保福禄呢！"张瓘说："中原人爱食言。从前石氏使臣的车子刚刚返回，而武装的骑兵就已经到达，我不敢相信。"阎负、梁殊说："张先、杨初都是拥兵抵抗不肯降服，所以先帝讨伐并擒获了他们。但是却赦免了他们的罪行，以爵位官职宠待他们，原本就不是石氏所能比的。"张瓘说："一定像您所说的，秦的威势德行天下无敌，为什么不先攻取江南，则天下全都被秦占有，苻柳为什么还要辱赐恩命于我们呢！"阎负、梁殊说："江南仍是断发纹身的风俗，朝廷道义衰落就首先反叛，教化兴盛也是最后才归服。我们主上认为江南必须以武力征服，而黄河以西则可以凭道义安抚，所以派使节前来先申明友善之意。如果您不洞察天命，那么江南就能够延长数年的寿命，而黄河以西恐怕就不是您的土地了。"张瓘说："我们跨据三个州，拥有军队十万人，西含葱岭，东至黄河，讨伐他人尚且有余，何况是自守，有什么畏惧秦的！"阎负、梁殊说："贵领地内山河的险固，哪个比得上崤山、函谷关？百姓、物产的丰饶，哪个比得上秦州、雍州？杜洪、张琚承借赵国已建基业，大有囊括关中、席卷天下的志向；先帝战旗西指，立刻冰消云散，旬月之间，不知不觉就换了主人。主上如果因贵地不归服，勃然发怒，出兵百万，击鼓西行，不知贵地将靠什么对付此事？"张瓘笑着说："此事应当由凉王决定，不是我能解决的。"阎负、梁殊说："凉王虽然自小就有英明睿智的品性，

然年在幼冲，国家安危系君一举耳。"瓘惧，乃以玄靓之命遣使称藩于秦，秦因玄靓所称官爵而授之。

以桓温为征讨大都督，督诸军讨姚襄。

温请移都洛阳，修复园陵，不许，而诏温讨襄。

夏四月，秦太后强氏以忧卒。

长安大风，发屋拔木，秦宫中惊扰，或称贼至，宫门昼闭，五日乃止。秦主生推告贼者，刳出其心。强太后弟平谏曰："天降灾异，陛下当爱民事神，缓刑崇德以应之，乃可弭也。"生怒，凿其顶而杀之。太后以忧恨卒。生复下诏曰："朕受天命，君临万邦。有何不善，而谤讟之音扇满天下！杀不过千，而谓之残虐！行者比肩，未足为希。方当峻刑极罚，复如朕何！"自去春以来，潼关之西至于长安，虎狼食人，群臣请禳之。生曰："野兽饥则食人，饱当自止，何禳之有？且天岂不爱民哉！正以犯罪者多，故助朕杀之耳。"

秋八月，桓温败姚襄于伊水，遂入洛阳，修谒诸陵，置戍而还。　襄北走，据襄陵。

初，魏将周成降晋，反据洛阳。姚襄攻之，逾月不克。长史王亮谏曰："今顿兵坚城之下，力屈威挫，或为他寇所乘，此危道也。"襄不从。桓温自江陵北伐，遣督护高武据鲁阳，将军戴施屯河上，自帅大兵继进。与寮属登平乘楼望中原，叹曰："遂使神州陆沉，百年丘墟，王夷甫诸人不得不任其责！"记室袁宏曰："运有兴废，岂必诸人之过！"

但是年纪幼小，国家的安危不过是系于您的一个举动而已。"张瓘心中惧怕，就以张玄靓的名义派使者向前秦称臣，前秦沿用张玄靓所自称的官爵而正式授予他。

晋室任命桓温为征讨大都督，督率各路人马讨伐姚襄。

桓温请求迁都洛阳，修复先帝陵园，朝廷没有批准，而下诏命桓温讨伐姚襄。

夏四月，前秦太后强氏因忧愤而死。

长安城刮起大风，掀掉屋顶，拔起树木，前秦王宫中一片惊恐混乱，有人称贼寇来了，于是宫门大白天也关闭着，一连五天才停止。前秦主苻生追查声称贼寇到来的人，挖出了他的心。强太后的弟弟强平劝谏说："上天降下灾异，陛下应爱民奉神，宽缓刑罚，崇尚道德，以此回应天意，才能消除灾祸。"苻生大怒，凿开其头顶杀死了他。强太后因忧愤而死。苻生又下诏命说："朕接受天命，君临万邦。有什么不好的地方，诽谤之声竟横行天下！杀人没超过一千，却说是残酷暴虐！如今行人比肩接踵，不能说是稀少。正应当施行严刑重罚，谁又能将朕怎样！"自从前一年春天以来，潼关以西直至长安一带，虎狼吃人，大臣们请求祭祀以祛除此害。苻生说："野兽饿了就吃人，吃饱了自然就停止，有什么可祭祀消灾的？况且哪有上天不爱护百姓的呢！正是因为犯罪的人多，所以帮助朕处死他们罢了。"

秋八月，桓温在伊水打败姚襄，于是进入洛阳，修复并拜谒各帝王陵墓，设置守卫后返回。　姚襄向北逃走，占据襄陵。

当初，魏将周成投降晋室，又反叛占据洛阳。姚襄攻打周成，超过一个月也没有攻克。长史王亮劝谏姚襄说："如今屯兵于坚固的城池下，力量受损，威势受挫，或许会被其他敌人所利用，这是危险的做法。"姚襄没有听从他的建议。桓温自江陵北伐，派督护高武占据鲁阳，将军戴施驻扎在黄河边，自己率领大军随后进发。他与幕僚属下登上大船的船楼眺望中原地区，叹道："使神州大地沦陷，百年基业成为废墟，王衍等人不能不负其责！"记室袁宏说："时运有兴废之别，哪里一定是这几个人的过错！"

温作色曰："昔刘景升有千斤大牛，啖刍豆十倍于常牛，负重致远，曾不若一羸牸。魏武入荆州，杀以享军。"至伊水，襄撤围拒之，匿精锐于水北林中，遣使谓温曰："承亲帅王师以来，襄今奉身归命，愿乞三军小却，当拜伏路左。"温曰："我自开复中原，展敬山陵，无豫君事。欲来便前，何烦使人。"襄拒水战败，奔北山。襄勇而爱人，虽战屡败，民知襄所在，辄扶老携幼驰而赴之，温追之不及。弘农杨亮自襄所来奔，温问襄之为人，亮曰："襄神明器宇，孙策之俦，而雄武过之。"周成帅众出降，温屯金墉。谒诸陵，修毁坏，各置陵令。表谢尚镇洛阳，留颍川太守毛穆之等戍之，徙降民三千余家于江、汉之间。襄奔平阳。秦并州刺史尹赤复以众降襄，襄遂据襄陵。

冬十月朔，日食。　十一月，段龛降燕，慕容恪悉定齐地。

燕诸将请急攻广固，恪曰："用兵之势有宜缓者，有宜急者。若彼我势敌，外有强援，恐有腹背之患，则攻之不可不急；若我强彼弱，无援于外，当羁縻守之以待其毙。兵法十围五攻，正谓此也。龛兵尚众，未有离心，今凭阻坚城，上下戮力，我尽锐攻之，计数旬可拔，然杀吾士卒必多矣。自有事中原，兵不暂息，吾每念之，夜而忘寐，奈何轻用其死乎！要在取之，不必求功之速也。"军中闻之，人人感悦，

桓温脸色一变说："从前刘表有头一千斤重的大牛,吃的草料豆饼是普通牛的十倍,背负重物远行,竟不如一头病弱的母牛。魏武帝进入荆州,就将它杀掉犒劳士兵。"到达伊水,姚襄撤掉包围以抵抗桓温,在伊水北面的树林中藏匿了精锐部队,派使者对桓温说："承蒙您亲率王师前来,姚襄如今献身归附天命,希望您敕令三军稍稍后退,我们自当在路边拜伏欢迎。"桓温说："我自领军队光复中原,察看拜谒皇陵,不关你的事。想来就来,何必麻烦使者。"姚襄凭据伊水与桓温交战失败,逃奔北山。姚襄勇猛而且爱护百姓,虽然作战屡次失败,百姓知道姚襄在什么地方后,就扶老携幼地迅速投奔他,桓温没有追赶上姚襄。弘农人杨亮从姚襄那里前来投奔,桓温询问姚襄的为人,杨亮说："姚襄的精神气度,与孙策相当,而雄才武略超过孙策。"周成率部众出来投降,桓温驻扎在金墉。桓温拜谒各皇陵,修复被毁坏的陵墓,每座陵墓都设置了陵令。上表请求谢尚镇守洛阳,留颍川太守毛穆之等人守卫洛阳,将投降的三千多户百姓迁到长江、汉水之间。姚襄逃奔到平阳。前秦的并州刺史尹赤又率众投降姚襄,于是姚襄占据襄陵。

　　冬十月初一,发生日食。　　十一月,段龛投降前燕,慕容恪全部平定了齐地。

　　前燕的将领们请求迅速攻打广固,慕容恪说："用兵之道有应该缓慢的,有应该急速的。如果敌我势均力敌,敌方外边又有强大的援军,恐怕我会有腹背受敌的危险,那么攻打敌人就不能不迅速;如果我强敌弱,外边又没有援军,就应当包围并守住他们,以等待其自己灭亡。兵法上的十围五攻,讲的正是这种情况。段龛兵力尚多,没有出现离心离德的现象,如今凭据险阻坚守城池,上下齐心协力,我方出动全部精锐攻打他们,算起来只几十天就可以攻克,但是杀伤我方的士卒必定很多。自从中原地区发生战事以来,士兵们没有片刻休息,我每当念及此事,就夜不能寐,又怎能轻易让他们献出生命呢! 重要的在于夺取城池,不必追求迅速成功。"军中士兵听说此事后,人人感动喜悦,

于是为高墙深堑以守之。龛婴城自守,樵采路绝,城中人相食,龛面缚出降。恪抚安新民,悉定齐地。龛竟为隽所杀,并坑其徒三千人。

遣司空车灌如洛阳修五陵。

诏遣灌等持节如洛阳修五陵。帝及群臣皆服缌,临于太极殿三日。

丁巳（357） **升平元年**秦世祖坚永兴元,燕光寿元年。

春正月朔,帝冠。太后归政,徙居崇德宫。 燕以乙逸为左光禄大夫。

逸自幽州刺史被征,夫妇共载鹿车。子璋从数十骑,服饰甚丽,奉迎于道。逸大怒,闭车不与言,到城,深责之,璋犹不悛。逸常忧其败,而璋更被擢任,历中书令、御史中丞。逸乃叹曰:"吾少自修立,克己守道,仅能免罪;璋不治节检,专为奢纵,而更居清显,此岂唯璋之忝幸,实时世之陵夷也!"

二月,太白入东井。

秦有司奏:"太白罚星,东井秦分,必有暴兵起京师。"秦主生曰:"太白入井,自为渴耳,何所怪乎!"

夏四月,姚襄据黄落,秦遣兵击斩之。弟苌以众降秦。

襄将图关中,进屯杏城。羌、胡及秦民归之者五万余户,遂据黄落。秦遣广平王黄眉、东海王坚、将军邓羌御之。襄坚壁不战。羌谓黄眉曰:"襄为桓温所败,锐气丧矣。然其为人强狠,若鼓噪扬旗,直压其垒,彼必忿恚而出,

于是筑高墙、挖深沟来守住包围圈。段龛环绕城池自守,砍柴的路被切断,城中出现人吃人的景象,段龛只得反绑双手出城投降。慕容恪安抚新归附的百姓,全部平定了齐地。段龛最终被慕容儁所杀,并活埋其士众三千人。

晋室派司空车灌前往洛阳修复五座先帝的陵墓。

晋穆帝下诏派车灌等手持符节前往洛阳修复五座先帝的陵墓。晋穆帝及大臣们全都身穿细麻布丧服,到太极殿悼念三天。

丁巳(357) **晋穆帝升平元年**<small>前秦世祖苻坚永兴元年,前燕光寿元年。</small>
春正月初一,晋穆帝行加冠礼。太后将朝政归还给他,自己迁到崇德宫居住。 **前燕任命乙逸为左光禄大夫。**

乙逸从幽州刺史任上被征召,夫妇二人同乘一辆鹿拉的车。他的儿子乙璋带着随从数十骑,身着非常华丽的服饰,在路边迎候。乙逸大怒,关上车门不与他说话,进城后,对他深加责备,而乙璋仍不认错。乙逸经常担忧他会败落,但是乙璋却一再被提拔,历任中书令、御史中丞。于是乙逸叹道:"我从小就修养自身,克己守道,仅仅能够免罪;乙璋不检点品行,专做奢侈放纵之事,却一再身居政事清简地位显赫的官职,这难道仅仅是乙璋有愧于宠幸吗?实在是世道的衰落!"

二月,太白星进入井宿。

前秦的有关官署上奏道:"太白星是主惩罚的星,井宿是秦的分野,京师必定会有起兵暴动的事件。"前秦主苻生说:"太白星进入井宿,不过是它自己渴了,有什么可奇怪的呢!"

夏四月,姚襄占据黄落,前秦派兵攻打并斩杀姚襄。他的弟弟姚苌卒众投降前秦。

姚襄准备谋取关中,就进驻杏城。羌、胡及秦地百姓有五万多户归附他,于是占据黄落。前秦派广平王苻黄眉、东海王苻坚、将军邓羌抵御姚襄。姚襄坚守营垒不交战。邓羌对苻黄眉说:"姚襄被桓温打败,锐气已失。但他为人好强且凶狠,如果击鼓呐喊、挥舞旗帜,直接压向他的营垒,他必定会愤怒地出战,

可一战擒也。"乃帅骑三千压其垒门而陈。襄怒，出战。羌阳败走，襄追至三原，羌回骑击之，黄眉等以大众继至，襄兵大败，擒而斩之。弟苌帅其众降。秦以公礼葬襄。黄眉等还长安，生不之赏，数众辱之。黄眉怒，谋弑生，发觉，伏诛。

六月，秦苻坚弑其君生，自立为天王。

生梦大鱼食蒲，又长安谣曰："东海大鱼化为龙，男皆为王女为公。"生乃诛鱼遵及其子孙。自以眇目，讳言"残、缺、偏、只、少、无、不具"之类，误犯而死者不可胜数。剥人面皮，使之歌舞以为乐。群臣得保一日如度十年。

东海王坚素有时誉，与故姚襄参军薛赞、权翼善。赞、翼密说坚宜早为计，勿使他姓得之，坚以问尚书吕婆楼。婆楼曰："仆，刀环上人耳，不足以办大事。仆里舍有王猛者，其人谋略不世出，宜请而咨之。"坚因婆楼以招猛，一见如旧友。语及时事，坚大悦，自谓如玄德之遇孔明也。会太史令康权言于生曰："昨夜三月并出，孛星入太微，连东井。自去月上旬沉阴不雨，以至于今。将有下人谋上之祸。"生怒，以为妖言，扑杀之。夜对侍婢言曰："阿法兄弟亦不可信，明当除之。"婢以告坚及坚兄清河王法。法与梁平老帅壮士潜入云龙门，坚与吕婆楼帅麾下继进，宿卫将士皆舍杖归坚。生犹醉寐，坚兵杀之。

坚以位让法，法曰："汝嫡嗣且贤，宜立。"坚乃去帝号，称大秦天王。诛生幸臣董荣、赵韶等二十余人。大赦，改元。

就可以一战而擒获他。"于是邓羌率三千骑兵压到姚襄营垒门前摆开战阵。姚襄大怒,出营交战。邓羌佯装战败逃跑,姚襄一直追到三原,邓羌掉转骑兵攻打姚襄,苻黄眉等率大军随即到达,姚襄军队大败,将他擒获并斩杀。姚襄的弟弟姚苌率众投降。前秦按照公爵的礼仪安葬了姚襄。苻黄眉等人返回长安,苻生并没有赏赐他们,而且多次当众侮辱他们。苻黄眉很愤怒,谋划杀死苻生,被发觉而遭处死。

六月,前秦苻坚杀死其君主苻生,自立为天王。

苻生梦见大鱼吃蒲草,而且长安又有谣谚说:"东海大鱼化为龙,男皆为王女为公。"于是苻生杀死鱼遵及其子孙。自己因为少了一只眼,所以忌讳说"残、缺、偏、只、少、无、不具"之类的词,因误犯此忌而死的人不计其数。苻生还剥下人的脸皮,让他们唱歌跳舞作乐。大臣们能够保全一天就如同度过十年。

东海王苻坚一向受到时人的称誉,与原姚襄的参军薛赞、权翼关系友好。薛赞、权翼秘密劝说苻坚应尽早定下计策,不要让其他姓氏的人得到大权,苻坚将此事询问尚书吕婆楼。吕婆楼说:"我不过是如同刀环那样无用的人,不足以办成大事。我府上有个叫王猛的,此人谋略世间少见,应请他来咨询。"苻坚通过吕婆楼召来王猛,二人一见如故。谈及时事,苻坚大喜,自认为如同刘备遇到诸葛亮。正赶上太史令康权对苻生说:"昨夜三个月亮同时出现,有彗星进入太微星座,连接井宿。自从上个月的上旬阴沉不下雨,一直到今天。将会发生下人犯上作乱的灾祸了。"苻生大怒,认为是妖言,将他捽死。苻生夜晚对侍女说:"苻法、苻坚兄弟也不可信,明天应除掉他们。"侍女将此消息告诉了苻坚及苻坚的哥哥清河王苻法。苻法与梁平老率壮士潜入云龙门,苻坚与吕婆楼率部下随后跟进,守卫王宫的将士全都扔掉武器归顺苻坚。苻生仍因醉酒而大睡,苻坚的兵众杀死了他。

苻坚将王位让给苻法,苻法说:"你是嫡传嗣子,而且贤明,应该即位。"于是苻坚去掉了皇帝的称号,改称大秦天王。又诛杀苻生的宠臣董荣、赵韶等二十多人。大赦天下,更改年号。

立子宏为太子,法为丞相,弟融为阳平公,子丕为长乐公,李威为左仆射,吕婆楼为司隶校尉,王猛为中书侍郎。又以权翼为黄门侍郎,薛赞为中书侍郎,与猛并掌机密。

融好文学,明辩过人,耳闻则诵,过目不忘;力敌百夫,善骑射击刺,少有令誉。坚爱重之,常与共议国事。融经综内外,刑政修明,荐才扬滞,补益弘多。丕亦有文武才干,治民断狱皆亚于融。威,苟太后之姑子也,生屡欲杀坚,赖威营救得免。威知王猛之贤,常劝坚以国事任之。坚谓猛曰:"李公知君,犹鲍叔牙之知管仲也。"猛以兄事之。

秋七月,秦冀州牧张平降。

平,故赵将,据新兴、雁门、西河、太原、上党、上郡之地,壁垒三百余,夷、夏十余万户。初降燕,又降秦,至是来降,欲以中立自固。

八月,立皇后何氏。

故散骑侍郎准之女也。礼如咸康而不贺。

十一月,燕徙都邺。

燕主儁梦赵主虎啮其臂,乃发虎墓,求尸不获。购以百金,得于东明观下,僵而不腐。儁数其残暴之罪而鞭之,投于漳水。

秦王坚杀其兄东海公法。

秦太后苟氏游宣明台,见东海公法之第门车马辐辏,恐终不利于秦王坚,乃与李威谋赐法死。坚与法诀于东堂,恸哭呕血。封其子阳为东海公,敷为清河公。

立儿子苻宏为太子，任命苻法为丞相，封弟弟苻融为阳平公，儿子苻丕为长乐公，李威为左仆射，吕婆楼为司隶校尉，王猛为中书侍郎。又任命权翼为黄门侍郎，薛赞为中书侍郎，与王猛共同掌管机密。

苻融喜好文学，聪辩过人，耳闻成诵，过目不忘；力量之大能敌百人，擅长骑马射箭、击剑刺矛，从小就有美誉。苻坚喜爱器重他，经常与他共商国家大事。苻融谋划治理内外政事，刑罚政令清明，举荐贤才，拔擢沉沦之士，对苻坚帮助很多。苻丕也有文武才干，治理百姓、决断刑狱都逊于苻融。李威是苟太后姑姑的儿子，苻生多次想杀死苻坚，都是依靠李威的营救才得以幸免。李威知道王猛的贤明，经常劝说苻坚将国家大事委任给他。苻坚对王猛说："李公了解你，就如同鲍叔牙了解管仲。"王猛对待李威像对待兄长一样。

秋七月，前秦的冀州牧张平投降晋室。

张平是原赵国的将军，占据新兴、雁门、西河、太原、上党、上郡等地区，修筑了三百多座营垒，拥有夷人、汉人十万多户。他开始投降前燕，又投降前秦，到此时来投降晋室，打算以中立自保。

八月，晋穆帝立皇后何氏。

皇后是原散骑侍郎何准的女儿。立后礼仪如同咸康二年成帝立杜皇后一样不加庆贺。

十一月，前燕将都城迁到邺城。

前燕主慕容儁梦见后赵主石虎啮他的手臂，便发掘石虎的陵墓，寻找尸首却没有得到。以一百金悬赏寻找，在东明观下找到，尸首僵硬却不腐烂。慕容儁历数石虎的残暴罪行并鞭打其尸首，将其投入漳水。

前秦王苻坚杀死哥哥东海公苻法。

前秦苟太后游览宣明台，见到东海公苻法的府门前车水马龙，担心终将不利于前秦王苻坚，就与李威谋划赐死苻法。苻坚与苻法在东堂诀别，痛哭得吐了血。封苻法的儿子苻阳为东海公，苻敷为清河公。

秦以王猛为尚书左丞。

秦王坚行至尚书,以文案不治,免左丞程卓官,以王猛代之。举异才,修废职,课农桑,恤困穷,礼百神,立学校,旌节义,继绝世,秦民大悦。

燕作铜雀台。　以王彪之为左仆射。

戊午(358)　**二年**秦永兴二,燕光寿二年。
春二月,秦王坚击张平,降之。

秦王坚自将击平,以邓羌为前锋,军于汾上。平使养子蚝御之。蚝多力矫捷,能曳牛却走,超越高城。坚募人生致之,邓羌擒之以献。平众大溃,请降,拜右将军。以蚝为虎贲中郎将,常置左右。秦人称羌、蚝皆万人敌。

秋八月,以谢万监司、豫等州军事。

会稽王昱欲以桓温弟云为豫州刺史,仆射王彪之曰:"温居上流,已割天下之半,其弟复处西藩,兵权萃于一门,非深根固蒂之宜也。"昱乃更以谢万代之。王羲之与温笺曰:"谢万才流经通,使处廊庙,固是后来之秀;今以之俯顺荒余,则违才易务矣。"又遗万书曰:"以君迈往不屑之韵,而俯同群碎,诚难为意也。然所谓通识,正当随事行藏耳。愿君每与士卒之下者同甘共苦,则尽善矣。"万不能用。

秦大旱。

秦王坚减膳彻乐,命后妃以下悉去罗纨,开山泽之利,息兵养民,旱不为灾。

前秦任命王猛为尚书左丞。

前秦王苻坚巡视到尚书省时,发现文牍案卷没有进行整理,便罢免了尚书左丞程卓的官职,任命王猛代替他。苻坚任用贤才,治理荒废的政事,督促农业生产,救济穷困,礼敬百神,建立学校,表彰节操义行,恢复已断绝的世祀,前秦百姓非常高兴。

前燕建造铜雀台。　东晋任命王彪之为左仆射。

戊午(358)　晋穆帝升平二年 前秦永兴二年,前燕光寿二年。

春二月,前秦王苻坚攻打张平,降服了他。

前秦王苻坚亲自率军攻打张平,任命邓羌为前锋,驻扎在汾水边。张平派养子张蚝抵御前秦军队。张蚝力大而且身手矫捷,能拉着牛退行,可以翻越高高的城墙。苻坚招募人活捉张蚝,邓羌将他擒获献给苻坚。张平的士众四散溃逃,于是张平请求投降,授予他右将军。苻坚任命张蚝为虎贲中郎将,经常带在身边。前秦人称邓羌、张蚝都是万人敌。

秋八月,任命谢万监司州、豫州等州军事。

会稽王司马昱想任命桓温的弟弟桓云为豫州刺史,仆射王彪之说:"桓温驻扎长江上游,已经分割了一半天下,他的弟弟再身处西部藩屏,兵权集中在一家,不是使国家根深蒂固的适宜做法。"司马昱便改任谢万代替他。王羲之给桓温写信说:"谢万才华横溢且通达世务,让他身居朝廷,肯定是后起之秀;如今让他屈身治理兵荒马乱后的边疆地区,就是违背其才能而改变其职务了。"又给谢万写信说:"以您空前的才干和不屑于琐事的神韵,却屈身去治理军中的琐细事务,实在难以称心如意。但是所谓通达的见识,正是应当适应环境的变化而决定如何行动。希望您能经常与下层士兵同甘共苦,那么就尽善尽美了。"谢万没能采用此建议。

前秦发生严重干旱。

前秦王苻坚减少膳食,取消舞乐,命后妃以下的人全都换掉丝绢衣服,开发山林湖泽,休兵养民,使干旱没有引发灾荒。

秦杀其特进樊世。

王猛日亲幸用事,勋旧多疾之。樊世本氐豪,佐秦主健定关中,谓猛曰:"吾辈耕之,君食之邪!"猛曰:"非徒使君耕之,又将使君炊之。"世大怒,曰:"要当悬汝头于长安城门,不然,吾不处世!"猛以白坚,坚曰:"必杀此老氐,然后百寮可肃。"会世入言事,与猛争论于坚前,世欲起击猛,坚怒,斩之。于是群臣见猛皆屏息。

燕击张平,平复降燕。　冬,燕陷河南。

泰山太守诸葛攸攻燕东郡,入武阳。燕主㑺遣大司马恪击之,攸败走,还泰山。恪遂渡河略地,分置守宰。㑺遂欲经营秦、晋。令州郡校实见丁,户留一丁,余悉发为兵,欲使步卒满一百五十万,期来春大集洛阳。刘贵上书极陈"百姓凋敝,发兵非法,必致土崩之变",㑺善之,乃更令三五发兵,以来冬集邺。时燕调发繁数,官司各遣使者,道路旁午,郡县苦之。太尉封奕奏请:"非军期严急,不得遣使,自余赋发皆责成州郡。"从之。

荀羡伐燕,不克而还。以郗昙督徐、兖军事。

燕泰山太守贾坚屯山茌,羡引兵击之。坚所将才七百余人,羡兵十倍。坚叹曰:"吾自结发,志立功名,而每值穷厄,岂非命乎!与其屈辱而生,不若守节而死。"乃开门直出,羡兵四集擒之,遂拔山茌。羡谓坚曰:"君父祖世为晋臣,奈何背本不降?"坚曰:"晋自弃中华,非吾叛也。

前秦杀死特进樊世。

王猛日益受到宠幸重用，有功勋的旧臣大多妒忌他。樊世原是氐族豪强，辅佐秦主苻健平定了关中，他对王猛说："我们这些人耕种，你来吃现成的吗！"王猛说："不只让你耕种，还要让你去做熟了。"樊世大怒，说："定当把你的脑袋悬挂在长安城门上，不这样，我就不活在世上！"王猛把这些告诉了苻坚，苻坚说："一定要杀了这氐人老头，然后百官才能够恭顺。"正巧樊世入宫议事，与王猛在苻坚面前争论起来，樊世想起身打王猛，苻坚大怒，杀死樊世。于是大臣们见到王猛时，都吓得大气也不敢出。

前燕攻打张平，张平又投降前燕。　冬季，前燕攻陷河南。

泰山太守诸葛攸攻打前燕的东郡，进入武阳。前燕国主慕容儁派大司马慕容恪攻打诸葛攸，诸葛攸败逃，返回泰山。于是慕容恪渡过黄河，攻城略地，分设地方官员。慕容儁便想谋划攻取前秦、东晋。他命令各州郡核实现有成年男子的数目，每户留下一人，其余全部征发为士兵，打算使步兵满一百五十万，以期转年春天大举集中在洛阳。刘贵上书极言"百姓贫困不堪，征发士兵的方法违反古法，必然导致土崩瓦解的灾祸"，慕容儁认为他的意见很对，便改为按五丁抽三丁的比例征发士兵，定于转年冬天集中到邺城。当时前燕征调频繁，官府衙门各自派遣使者，在道路上穿梭往返，郡县苦不堪言。太尉封奕上奏请求："不是军令期限紧急，不能派遣使者，其余征调全都责成州郡办理。"慕容儁采纳其意见。

荀羡讨伐前燕，无功而返。任命郗昙都督徐州、兖州军事。

前燕的泰山太守贾坚驻扎山茌，荀羡领兵攻打他。贾坚所率士兵仅有七百多人，荀羡的兵力十倍于他。贾坚感叹道："我自从成年以来，立志建立功名，却每每身陷穷困的境地，难道不是命吗！与其屈辱而生，不如守节而死。"于是打开城门径直出战，荀羡的士兵四面汇集抓住了他，于是攻克了山茌。荀羡对贾坚说："您父亲、祖父世代是晋室之臣，您怎能背叛祖先、不肯投降呢？"贾坚说："晋室自己抛弃中原华夏，不是我背叛。

民既无主,强则托命。既已事人,安可改节!吾束修自立,涉赵历燕未尝易志,君何匆匆相谓降乎!"羡怒,执置雨中,数日,愤惋而卒。燕青州刺史慕容尘遣司马悦明救泰山,羡兵大败,燕复取山茌。燕主以坚子活为任城太守。羡疾笃,征还。以郗昙督徐、兖军,镇下邳。

燕使慕容垂守辽东。

燕吴王垂娶段末柸女,生子令宝。段氏才高性烈,自以贵姓,不尊事可足浑后,后衔之。中常侍涅皓希旨告段氏为巫蛊,欲以连污垂。收下廷尉考验,终无挠辞,故垂得免祸,而段氏竟死狱中。出垂为平州刺史,镇辽东。垂以段氏女弟为继室,可足浑后黜之,以其妹妻垂。垂不悦,由是益恶之。

己未(359) 三年秦甘露元,燕光寿三年。

春二月,燕主宴群臣于蒲池。

初,燕太子晔早死,立其弟暐。至是燕主儁宴群臣,语及周太子晋,潸然流涕曰:"才子难得。自景先之亡,吾须发中白,卿等谓景先何如?"司徒长史李绩对曰:"献怀太子至孝、聪敏、沉毅、疾谀、好学、多艺、谦恭、好施。"儁曰:"卿誉之虽过,然此儿在,吾死无忧矣。景茂何如?"时太子暐侍侧,绩曰:"皇太子天资岐嶷,然好游畋而乐丝竹,此其所以为损也。"儁顾谓暐曰:"伯阳之言,药石之惠也,汝宜诫之!"暐甚不平。

百姓既然没有了君主，谁强大就将命运托付给谁。我既然已经事奉他人，怎能改变气节！我从师就学自立于世，历经赵、燕也不曾改变志向，您为何匆匆忙忙就对我说投降的事呢！"荀羡大怒，押着他放在雨中，过了几天，贾坚满怀悲愤遗憾而死。前燕青州刺史慕容尘派司马悦明救援泰山，荀羡军队大败，前燕再次夺取山茌。前燕主慕容儁任命贾坚之子贾活为任城太守。荀羡病重，被朝廷召回。任命郗昙都督徐州、兖州军事，镇守下邳。

前燕派慕容垂镇守辽东。

前燕国吴王慕容垂娶段末柸的女儿，生下儿子慕容令宝。段氏才高性烈，自认为是名门贵姓，不尊敬事奉可足浑王后，王后对她怀恨在心。中常侍涅皓迎合君主的旨意，诬告段氏用巫术害人，想以此牵连污蔑慕容垂。慕容儁将段氏拘捕并交由廷尉审讯拷问，段氏始终没有屈招，所以慕容垂得以免祸，而段氏最终死在狱中。慕容儁将慕容垂调出，任平州刺史，镇守辽东。慕容垂将段氏的妹妹娶为继室，可足浑王后却废黜了她，把自己的妹妹嫁给慕容垂。慕容垂很不高兴，慕容儁因此更加厌恶他。

己未（359）　**晋穆帝升平三年**前秦甘露元年，前燕光寿三年。

春二月，前燕国主慕容儁在邺城的蒲池大宴群臣。

当初，前燕太子慕容晔早死，便立他的弟弟慕容暐为太子。到此时，前燕国主慕容儁大宴群臣，谈到周朝太子姬晋时，潸然泪下说："有才能的儿子很难得到。自从景先死后，我的胡须头发已经半白，你们说景先怎么样？"司徒长史李绩回答说："献怀太子极其孝顺，聪敏机智，沉稳坚毅，痛恨阿谀，好学不倦，多才多艺，谦虚恭顺，乐善好施。"慕容儁说："你赞誉他虽然有些过分，但是如果此儿还在世，我死也无忧了。景茂怎么样？"当时太子慕容暐在一旁侍奉，李绩说："皇太子天资聪颖，但是喜好游猎和音乐，这是他有所缺憾的原因。"慕容儁回头对慕容暐说："李绩的话，如同良药一样有利于你，你应以此为诫！"慕容暐非常不服气。

凉宋混诛张瓘。

张瓘猜忌苛虐,专以爱憎为赏罚。郎中殷郇谏之,瓘曰:"虎生三日,自能食肉,不须人教也。"由是人情不附。宋混性忠鲠,瓘惮之,欲杀混,因废凉王玄靓而代之。混帅壮士奄入南城,宣告诸营曰:"张瓘谋逆,被太后令诛之。"瓘出战,不胜,与弟琚皆自杀。混辅政,请玄靓去王号,复称凉州牧。

秦以王猛为京兆尹。

秦王坚以邓羌为御史中丞,王猛领京兆尹。强太后弟德酗酒豪横,掠人财货子女。猛下车收德,奏未及报,已陈尸于市。坚驰使赦之,不及。与羌同志,疾恶纠案无所顾忌。数旬之间,权豪、贵戚杀戮刑免者二十余人,朝廷震栗,奸猾屏气,路不拾遗。坚叹曰:"吾始今知天下之有法也!"

泰山太守诸葛攸伐燕,败绩。冬十月,谢万、郗昙复伐之。昙病,引还;万众溃,免为庶人。

攸将水陆二万击燕。入自石门,屯于河渚。燕上庸王评帅步骑五万与战东阿,攸兵大败。诏万、昙复伐之。万矜豪傲物,但以啸咏自高,未尝抚众。兄安深忧之,谓万曰:"汝为元帅,宜数接对诸将以悦其心,岂有傲诞如此而能济事也!"万召集诸将,一无所言,直以如意指四坐云:"诸将皆劲卒。"诸将益恨之。安虑万不免,乃自队帅以下无不亲造,厚相亲托。既而万帅众入涡、颍以援洛阳。

前凉的宋混杀死张瓘。

张瓘生性猜忌，苛刻暴虐，专门以自己的爱憎作为赏罚的标准。郎中殷郇劝谏他，张瓘说："老虎生下来三天，自己就能吃肉，不用人去教。"因此人心都不归附他。宋混性情忠厚耿直，张瓘忌惮他，想将他杀死，趁势废黜凉王张玄靓并取代他做凉王。宋混率壮士潜入南城，向各军营宣告说："张瓘谋反叛逆，奉太后的命令诛杀他。"张瓘出来迎战，没有取胜，与弟弟张琚都自杀了。宋混辅佐朝政，请求张玄靓去掉凉王称号，恢复称凉州牧。

前秦任命王猛为京兆尹。

前秦王苻坚任命邓羌为御史中丞，王猛兼任京兆尹。强太后的弟弟强德酗酒成性，霸道蛮横，抢夺他人的财物子女。王猛一上任就逮捕了强德，奏章还没来得及批复，强德已经陈尸闹市。苻坚火速派使者前去赦免强德，已经来不及了。王猛与邓羌志同道合，对于铲除邪恶、纠正冤假错案无所顾忌。几十天之内，权贵豪强、皇亲国戚中被处死或依法黜免的有二十多人，朝廷震动，奸猾之辈屏声敛气，路不拾遗。苻坚叹道："我从今天开始才知道天下有法律了！"

东晋泰山太守诸葛攸讨伐前燕，战败。冬十月，谢万、郗昙再次讨伐前燕。郗昙生病，率军返回；谢万的军队溃散，被免为庶人。

诸葛攸率二万水、陆军攻打前燕。从石门进入，驻扎在黄河中的小岛上。前燕上庸王慕容评率五万步兵、骑兵与诸葛攸在东阿交战，诸葛攸军大败。晋穆帝诏命谢万、郗昙再次讨伐前燕。谢万豪放自负，对人傲慢，只以吟啸歌咏自命清高，不曾抚慰士众。哥哥谢安非常忧虑，对谢万说："你作为元帅，应时常接触将领们以使他们心中悦服，岂有如此傲慢放肆而能成事的！"谢万召集将领们，一句话没说，直接用如意指着坐在四周的人说："众将都是精壮的士卒。"将领们更加痛恨谢万。谢安担心谢万不能免遭灾祸，便亲自深入每队将领以下的军官，一一亲访，以深情厚谊相托。不久谢万率士众进入涡水、颍水以救援洛阳。

昙以病退屯彭城。万以为燕兵大盛,故昙退,即引兵还,众遂惊溃。万狼狈单归,军士欲图之,以安故止。诏废万为庶人,降昙号建武将军。于是许昌、颍川、谯、沛诸城相次皆没于燕。

十二月,大旱。　秦以王猛兼司隶校尉。

秦王坚以猛为辅国将军、司隶校尉,居中宿卫,仆射、詹事、侍中、中书令、领选如故。猛荐阳平公融、光禄任群、处士朱肜自代。坚不许,而以融为中书监,群为太子家令,肜为太子庶子。猛时年三十六,岁中五迁,权倾内外。人有毁之者,坚辄罪之,于是群臣莫敢复言。

郗昙因病退驻彭城。谢万以为是前燕的兵力强大，所以郗昙后退，就立即领兵返回，于是士众惊慌溃散。谢万一个人狼狈地逃回，将士们想趁他失败算计他，由于谢安的缘故才没这样干。诏命将谢万废黜为庶人，把郗昙的封号降为建武将军。于是许昌、颍川、谯、沛各城都相继被前燕吞并。

十二月，发生严重干旱。　前秦任命王猛兼司隶校尉。

前秦王苻坚任命王猛为辅国将军、司隶校尉，居住在宫中值宿护卫，仆射、詹事、侍中、中书令及兼管选官的职务一切如前。王猛举荐阳平公苻融、光禄任群、隐士朱彤代替自己。苻坚没有准许，而任命苻融为中书监，任群为太子家令，朱彤为太子庶子。王猛当时三十六岁，一年内五次升迁，权倾朝廷内外。有诋毁他的人，苻坚就将其治罪，于是大臣们没人敢再随便讲话。

资治通鉴纲目卷二十一

起庚申(360)晋穆帝升平四年,尽甲申(384)晋孝武帝太元九年。凡二十五年。

庚申(360)　**升平四年**秦甘露二年,燕幽帝㬆建熙元年。

春正月,燕主儁卒,太子㬆立。

初,燕主儁寝疾,谓太原王恪曰:"今二方未平,景茂冲
幼,社稷属汝,何如?"恪曰:"太子虽幼,胜残致治之主也。
臣何敢干正统?"儁怒曰:"兄弟之间,岂虚饰邪!"恪曰:"陛
下若以臣能荷天下之任者,岂不能辅少主乎?"儁喜曰:"汝
能为周公,吾复何忧!李绩清方忠亮,汝善遇之。"召吴王
垂还邺。至是疾笃,召恪及司空阳骛、司徒评、将军慕舆根
受遗诏辅政,乃卒。太子㬆即位,年十一。

二月,燕以慕容恪为太宰,专录朝政。太师慕舆根伏诛。

燕人以太原王恪为太宰,专录朝政;上庸王评为太傅,
阳骛为太保,慕舆根为太师,参辅朝政。

根自恃勋旧,心不服恪,欲为乱,乃言于恪曰:"主上幼
冲,母后干政,俟毕山陵,殿下宜自取之。"恪曰:"公醉邪!
何言之悖也!吾与公受遗诏云何,而遽有此议?"根愧谢而
退。恪以告吴王垂,垂劝恪诛之。恪曰:"今新遭大丧,二

庚申（360）　**晋穆帝升平四年**前秦甘露二年，前燕幽帝暐建熙元年。
春正月，前燕主慕容儁去世，太子慕容暐即皇帝位。

当初，前燕主慕容儁患病，对太原王慕容恪说："现在秦、晋两方尚未平定，景茂年幼，我想把国家托付给你，怎么样？"慕容恪说："太子虽小，却是能够战胜残暴、使天下得到治理的君主。臣哪里敢扰乱皇家正统？"慕容儁生气地说："兄弟之间，难道还要虚言伪饰！"慕容恪说："陛下如果认为臣能够担负统治天下的重任，难道不能以此来辅佐少主吗？"慕容儁转怒为喜，说："你能做周公，我还有什么可担忧的呢！李绩这个人清廉正直、忠心诚信，你要好好对待他。"征召吴王慕容垂返回邺城。慕容儁到这时病重，召慕容恪及司空阳骛、司徒慕容评、将军慕舆根受遗诏辅佐朝政，随即去世。太子慕容暐即皇帝位，时年十一岁。

二月，前燕任命慕容恪为太宰，总领朝政。太师慕舆根被处死。

前燕人任命太原王慕容恪为太宰，总领朝政；任命上庸王慕容评为太傅，阳骛为太保，慕舆根为太师，参辅朝政。

慕舆根仗恃着自己是先朝的功勋旧臣，心中不服气慕容恪，想要作乱，于是向慕容恪进言说："主上年幼，太后干预政事，等到先帝的丧事完毕之后，殿下应当取代他自己登极称帝。"慕容恪说："您喝醉了吗？怎么说出这样悖逆的话来！我与您同受先帝遗诏时说什么来着？而您突然有这样的建议！"慕舆根面带愧色，谢罪而退。慕容恪将这件事告诉了吴王慕容垂，慕容垂劝说慕容恪杀掉慕舆根。慕容恪说："理在新遭先帝大丧，秦、晋两个

邻观衅,而宰辅自相诛夷,恐乖远近之望,且可忍之。"

根又言于可足浑后及燕主晔曰:"太宰、太傅将谋不轨,臣请率禁兵诛之。"后将从之,晔曰:"二公,国之亲贤,先帝托以孤嫠,必不肯尔。安知非太师欲为乱也!"乃止。根又思恋旧土,谋欲还东。恪乃密奏根罪状,诛根,并其党与。时新遭大丧,诛夷狼藉,内外恟惧。恪举止如常,人不见其有忧色,每出入,一人步从。或说以宜自严备,恪曰:"人情方惧,当安重以镇之,奈何复自惊扰!"

恪虽综大任,而朝廷之礼兢兢严谨,每事必与司徒评议之。虚心待士,谘询善道,量才授任,人不逾位。朝臣或有过失,不显其状,随宜他叙。时人以为大愧,莫敢犯者。或有小过,自相责曰:"尔复欲望宰公迁官邪?"朝廷初闻儁卒,皆以为中原可图。桓温曰:"慕容恪尚在,忧方大耳!"

三月,燕遣慕容垂守鲁台。
燕所征郡国兵去冬集邺,欲遣伐晋,以燕主儁病,大阅而罢。至是,以燕朝多难,互相惊动,擅自散归,自邺以南,道路断塞。太宰恪以吴王垂为征南将军,镇鲁台,孙希、傅

邻国都在注意观察我方是否有机可乘,而我们执政大臣之间如果互相残杀,这恐怕会违背远近人士的期望,我们可以暂且忍耐一下。"

慕舆根又向可足浑太后及前燕主慕容暐进言说:"太宰慕容恪、太傅慕容评将要图谋不轨,臣请求率领禁兵去消灭他们。"太后准备答应他的请求,慕容暐说:"太宰、太傅两位先生是国家的亲支贤明,先帝将我们孤儿寡母托付给他们,他们一定不会去做这样的事情。怎么知道这不是太师慕舆根想要作乱呢?"慕舆根的请求这才没被批准。慕舆根又思恋故土,谋划东返龙城。慕容恪这才向上密奏慕舆根的罪状,杀掉慕舆根及其党羽。当时前燕新遭皇帝大丧,又诛杀累累,朝廷内外,人心恐惧不安。慕容恪举止如常,人们见不到他有忧虑的神色,每每出入宫廷、府邸,身边仅有一人步行相随。有人劝说他应当自己严加戒备,慕容恪说:"现在正是人心恐惧不安的时候,应该以平静稳重来镇抚安定他们,怎么能再自相惊扰!"

慕容恪虽然总领朝廷大权,但他对于朝廷的礼仪法度谨慎小心地严格遵守,凡事一定与司徒慕容评商议之后实行。平时虚心对待士人,注意谘询征求治国的良途善策,根据才能授任官职,使每个人都在恰当的位置任职。朝臣中如果有人出现过失,他从不公开宣扬其事,而只是在恰当的时候将这人调任他职。当时人都以这种处置为莫大羞愧,没有人敢轻犯过失。有人出现小的过失,便会自己互相责备说:"你又想让太宰调动你的官职吗?"东晋朝廷最初听到慕容儁去世的消息,都以为中原将可以收复。桓温说:"慕容恪还在,我方的忧患正大呢!"

三月,前燕派遣慕容垂镇守蠡台。

前燕所征发的郡国士卒,已于去年冬季集中于邺城,准备派遣他们进攻东晋,后因前燕主慕容儁去世,大检阅后就中止了进兵计划。这时因为前燕国内变乱不断,这些士卒相互惊扰骚动,擅自散去回乡,造成自邺城以南的道路断塞不通。于是太宰慕容恪任命吴王慕容垂为征南将军,镇守蠡台,并派遣孙希、傅

颜帅骑二万,观兵河南,临淮而还,境内乃安。

匈奴刘卫辰降秦。

刘卫辰遣使降秦,请田内地,春来秋返,秦王坚许之。夏,云中护军贾雍帅骑袭之,大获而还。坚怒曰:"朕方以恩信怀戎狄,而汝贪小利以败之,何也!"黜雍以白衣领职,遣使还其所获,慰抚之。卫辰于是入居塞内,贡献相寻。

秋八月朔,日食,既。　桓温以谢安为征西司马。

安少有重名,前后征辟皆不就,寓居会稽,以山水、文籍自娱。虽为布衣,时人皆以公辅期之,士大夫至相谓曰:"安石不出,当如苍生何!"安每游东山,常以妓女自随。会稽王昱闻之,曰:"安石既与人同乐,必不得不与人同忧,召之必至。"安妻,刘惔之妹也。见家门贵盛,而安独静退,谓丈夫不如此也。安掩鼻曰:"恐不免耳。"及弟万废黜,安始有仁进之志,时已年四十余。桓温请为司马,安乃赴召。温深礼重之。

冬十月,乌桓独孤部、鲜卑没弈干降秦。

独孤部及没弈干各帅众数万降秦,秦王坚处之塞内。阳平公融谏曰:"戎狄人面兽心,不知仁义。其稽颡内附,实贪地利,非怀德也;不敢犯边,实惮兵威,非感恩也。今与民杂居,彼窥郡县虚实,必为边患,不如徙之塞外。"坚

颜率骑兵二万到河南炫耀武力,进至淮水之后返回,前燕境内于是安定下来。

匈奴刘卫辰投降前秦。

刘卫辰派使者向前秦请降,请求入塞内耕种田地,春天南来,秋天北返,前秦王苻坚答应了他们。夏季,云中护军贾雍率领骑兵袭击刘卫辰,俘获大量人口财物而还。苻坚生气地说:"朕正以恩德诚信安抚戎狄,而你去贪图小利来败坏我的大事,这是为什么?"贬去贾雍的名位,让他以平民百姓的身份暂领职务,派遣使臣将他掳掠的人口财物还给刘卫辰,并对他加以慰问安抚。刘卫辰于是入塞内居住,进贡不断。

秋八月初一,出现日全食。 桓温以谢安为征西司马。

谢安自小就有很大的名声,朝廷前后多次征召辟举,他都不肯就任,寄居在会稽,以山水风景、文章书籍自娱自乐。他虽然身为平民百姓,当时人却都期望他能出任宰相,士大夫甚至于互相议论说:"谢安如果不出来做官,叫天下的百姓怎么办?"谢安每次到东山游玩,常常带着歌舞女子。会稽王司马昱听说后说:"谢安石既然同别人一起享乐,就一定不得不与人共担忧患,征召他,他一定会来。"谢安之妻是刘惔的妹妹。她见谢氏一门尊贵显盛,但谢安却自居寂寞退避不仕,认为大丈夫不应该这样。谢安手捂鼻子说道:"我就怕也不能免于入仕任官这样的事。"等到弟弟谢万被免职后,谢安才有了进身仕途之心,这时他已经四十多岁了。桓温延请他出任司马,谢安于是应召赴任。桓温对他极为器重,礼敬有加。

冬十月,乌桓的独孤部、鲜卑的没弈干投降前秦。

独孤部和没弈干各率部众数万人归降前秦,前秦王苻坚将他们安置在塞内。阳平公苻融劝谏苻坚说:"戎狄是人面兽心,不懂仁义。他们叩首归降,实际上是贪图土地之利,而不是感念我方的仁德;他们不敢侵扰边境,实际上是惧怕兵威,而不是感怀我方的恩惠。现在安排他们与百姓杂居一处,他们窥得郡县的虚实后,一定会成为边地的祸患,不如将他们迁至塞外。"苻坚

从之。

燕李绩卒。

太宰恪欲以绩为右仆射,燕主暐不许。恪屡以为请,暐曰:"万机之事,皆委之叔父,伯阳一人,暐请独裁之。"出为章武太守,以忧卒。

辛酉(361) 五年秦甘露三年,燕建熙二年。是岁,凉奉升平之号。

春正月,刘卫辰叛秦降代。 燕河内太守吕护遣使来降,燕人围之。

吕护遣使来降,拜冀州刺史。护欲引晋兵以袭邺。燕太宰恪将兵讨之,护婴城自守。将军傅颜请急攻之,恪曰:"老贼经变多矣,观其守备,未易猝攻。然内无蓄积,外无救援,我深沟高垒,坐而守之,休兵养士,离间其党,于我不劳,而贼势日蹙,不过十旬,取之必矣,何为多杀士卒以求旦夕之功乎?"乃筑长围守之。

夏四月,凉宋混卒。

混疾甚,张玄靓及其祖母马氏往省之,曰:"将军万一不幸,寡妇孤儿将何所托?"混曰:"臣弟澄政事愈于臣,但恐其儒缓,机事不称耳。殿下策励而使之,可也。"混戒澄曰:"吾受国大恩,当以死报,无恃势位以骄人。"又见朝臣,皆戒之以忠贞。及卒,行路为之挥涕。玄靓以澄为领军将军,辅政。

五月,帝崩。琅邪王丕即位。

采纳了这一建议。

前燕李绩去世。

太宰慕容恪想任命李绩为尚书右仆射,前燕主慕容暐不批准。慕容恪屡次为李绩请求,慕容暐说:"国家诸多政务,全都委托叔父裁决,只李伯阳一个人,慕容暐我请求独自决定。"随即将李绩调出京师,任为章武太守,李绩忧郁而终。

辛酉(361) **晋穆帝升平五年**<small>前秦甘露三年,前燕建熙二年。是岁,前凉奉升平之号。</small>

春正月,刘卫辰背叛前秦,投降代国。 前燕河内太守吕护派遣使者投降东晋,前燕军队围攻吕护。

吕护派遣使者前来归降,东晋任命他为冀州刺史。吕护准备带领东晋军队袭击前燕邺城。前燕太宰慕容恪率领军队讨伐吕护,吕护环城坚守。前燕将军傅颜请求急攻吕护,慕容恪说:"这个老贼经历的变故太多了,看他的守备情形,急攻很难一举而克。然而他内无物资储备,外无救兵援助,我方只要深挖战壕、高筑营垒,坚守阵地不动,休养战士,同时离间吕护同党,这样一来,我方毫不劳累,而敌人形势却日益危急,不过一百天,我方一定可以攻克它,为什么要牺牲大量战士的生命去求取一时之功呢?"于是修筑长围坚守。

夏四月,前凉宋混去世。

宋混病重,张玄靓与其祖母马氏前去探视,对宋混说:"将军万一不幸,我们寡妇孤儿将依靠谁呢?"宋混说:"臣的弟弟宋澄处理政事的能力胜过臣,但只怕他舒缓迟钝,不能随机应变。殿下对他加以鞭策鼓励而任用他,那就可以了。"宋混又告诫宋澄说:"我们蒙受国家的大恩,应当以死相报,不要仗恃权势地位对人自傲自大。"他又会见朝中大臣,都告诫他们要忠贞报国。等到宋混去世之后,路人都为他悲哀落泪。张玄靓任命宋澄为领军将军,辅理朝政。

五月,东晋穆帝去世。琅邪王司马丕即皇帝位。

帝崩，无嗣。皇太后令曰："琅邪王丕，中兴正统，义望情地，莫与为比，其以王奉大统。"于是百官备法驾迎入即位。

秋七月，葬永平陵。　燕拔野王，吕护奔荥阳。　九月，立皇后王氏为皇后。

后，濛之女也。

尊何皇后为穆皇后。　凉张邕杀宋澄。冬十月，张天锡诛之。诏以张玄靓为凉州刺史、西平公。

张邕既杀宋澄，与玄靓叔父天锡同辅政。骄淫专权，多所刑杀，天锡杀之，尽灭其族。玄靓以天锡为大将军辅政，始奉升平年号，故有是命。

秦灭张平。　秦举四科。

秦王坚命牧伯守宰各举孝悌、廉直、文学、政事，察其所举，得人者赏之，非其人者罪之。由是人莫敢妄举，而请托不行，士皆自励，虽宗室外戚，无才能者皆弃不用。当是之时，内外之官率皆称职，田畴修辟，仓库充实，盗贼屏息。

吕护复奔燕。

壬戌（362）晋哀皇帝隆和元年秦甘露四年，燕建熙三年。

春正月，减田租，亩收二升。　二月，以庾希为徐、兖刺史，袁真监豫、司等州军事。

希镇下邳，真镇汝南。

拜母贵人周氏为皇太妃。　燕吕护攻洛阳，桓温遣兵

东晋穆帝去世，没有子嗣。皇太后下令说："琅邪王司马丕，是中兴以来的皇家正统，道义名望和宗亲地位，没有人能和他相比，以琅邪王承继帝位。"于是朝中百官备办皇帝所用的车驾奉迎琅邪王司马丕入朝即皇帝位。

秋七月，东晋安葬穆帝于永平陵。　前燕攻克野王，吕护逃奔荥阳。　九月，东晋哀帝司马丕立琅邪王妃王氏为皇后。

王皇后是王濛的女儿。

尊穆帝何皇后为穆皇后。　前凉张邕杀掉宋澄。冬十月，张天锡杀掉张邕。东晋朝廷下诏任命张玄靓为凉州刺史、西平公。

张邕杀掉宋澄后，与张玄靓的叔父张天锡共辅朝政。张邕骄横放荡、专擅朝政，滥施刑罚，任意杀戮，张天锡将他杀掉，并诛灭其一族。张玄靓任命张天锡为大将军，让他辅佐朝政，开始奉行东晋的升平年号，所以东晋有任命张玄靓的诏令。

前秦消灭张平。　前秦以四种科目选举人才。

前秦王符坚命令州刺史和郡太守各自依照孝悌、廉直、文学、政事四个科目举荐人才，并对他们所举荐的人才进行考察，举荐得其人的给以奖赏，举荐不能名副其实的予以责罚。因此，人人都不敢胡乱举荐，请托私求的现象也没有出现，士人都自勉自励，即使宗室外戚，没有才能的也都摒弃不用。这个时候，朝廷内外各级官吏大都人称其职，农田得到修治，荒田得到开垦，仓库充盈，盗贼息声不敢作恶。

吕护又投归前燕。

晋哀帝

壬戌（362）　晋哀皇帝隆和元年_{前秦甘露四年，前燕建熙三年。}

春正月，东晋减免田租，每亩收租米二升。　二月，东晋任命庾希为徐、兖二州刺史，命袁真监豫、司等州军事。

庾希镇守下邳，袁真镇守汝南。

尊帝母贵人周氏为皇太妃。　前燕吕护攻洛阳，桓温派兵

救之。秋七月,燕师引还。

吕护攻洛阳,守将陈祐告急,桓温遣庾希、竟陵太守邓遐帅舟师三千人助祐守之。因上疏请迁都洛阳,自永嘉之乱播流江表者,一切北徙,以实河南。朝廷畏温,不敢为异。著作郎孙绰上疏曰:"昔中宗龙飞,非惟信顺协于天人,实赖万里长江,画而守之耳。丧乱已来,六十余年,河、洛丘墟,函夏萧条。士民播流江表已经数世,存者老子长孙,亡者丘陇成行,虽北风之思感其素心,目前之哀,实为交切。温今此举,诚为远图,而百姓震骇,岂不以反旧之乐赊,而趋死之忧促哉?臣愚以为宜遣将帅有威名资实者,先镇洛阳,扫平梁、许,清壹河南。运漕之路既通,开垦之积已丰,豺狼远窜,中夏小康,然后可徐议迁徙耳。奈何舍百胜之长理,举天下而一掷哉!"绰少慕高尚,尝著《遂初赋》以见志。温见绰表,不悦,曰:"致意兴公:'何不寻君《遂初赋》,而知人家国事邪?'"

时朝廷忧惧,将遣侍中止温。王述曰:"温欲以虚声威朝廷耳,非事实也。但从之,自无所至。"诏从其计。温果不行。

温又议移洛阳钟虡,述曰:"永嘉不竞,暂都江左,方当荡平区宇,旋轸旧京。若其不尔,宜改迁园陵,不应先事钟虡。"温乃止。

救援。秋七月,前燕军队退回。

　　吕护进攻洛阳,东晋洛阳守将陈祐告急求救,桓温派遣庾希、竟陵太守邓遐率水军三千人帮助陈祐守卫洛阳。桓温于是上疏请求迁都洛阳,并请凡自永嘉之乱以来流落江南的人,全部北迁,以充实河南地区。东晋朝廷畏惧桓温,不敢表示不同意见。著作郎孙绰上疏说:"从前中宗登基即位,不仅仅是在于他的诚信和顺应天意人愿,实在是依靠万里长江,划地而守。自从灾祸大乱以来,已经六十余年,黄河、洛水一带已成废墟,中原地区零落萧条。士人百姓流离江南已经有几代了,活着的人,儿子已年老,孙儿已年长,死去的人则已是坟丘成行,虽然对北方故土之思一直在他们心中萦绕,但眼前的哀痛,对他们实在是更为现实急切。桓温现在这个举动,确实是宏远的谋划,然而百姓却因此震惊恐惧,这难道不是因为返回故园的快乐尚为遥远,而走向死亡的忧患却已在眼前的缘故吗?臣愚意认为应当派遣素有威名声望而又有实际才能的将帅,先去镇守洛阳,扫平梁、许一带,肃清黄河以南地区。运送粮草的水路打通以后,开垦耕种的积蓄也已丰富,异族敌人远远逃窜,中原地区出现小康局面,达到这种形势以后才可以慢慢商量迁徙之事。为什么要舍弃万无一失的常理,而去拿整个天下孤注一掷呢!"孙绰少时仰慕名士的清高,曾经撰著《遂初赋》以表达自己的志向。桓温见到孙绰的表章,很不高兴,说:"告诉孙兴公:'为什么不去探求您的《遂初赋》,而却要过问别人的家国大事呢?'"

　　当时朝廷忧虑害怕,准备派遣侍中去劝止桓温迁都。王述说:"桓温是想虚张声势威胁朝廷,并非真的想要迁都。尽管依从他,他自然不会去了。"于是朝廷下诏批准桓温迁都之计。桓温果然没有照计而行。

　　桓温又建议迁移洛阳宫殿的巨钟和钟架,王述说:"永嘉之乱,国势不振,暂时建都于江南,现在正应当荡平海内,回转旧都。如果做不到,则应当改迁先帝的陵墓,不应该先考虑钟和钟架。"桓温于是罢止此议。

七月,护退,希等亦还。

秦王坚临太学。

秦王坚亲临太学,考第诸生经义,与博士讲论,自是每月一至焉。

冬十二月朔,日食。　庾希退屯山阳,袁真退屯寿阳。

癸亥（363）　**兴宁元年**秦甘露五年,燕建熙四年。

春三月,皇太妃周氏薨。

太妃薨于琅邪第。帝就第治丧,诏会稽王昱总内外众务。帝欲为太妃服三年,仆射江虨启:"于礼,应服缌麻。"帝犹欲服期,虨曰:"厌屈私情,所以上严祖考。"乃服缌麻。

夏五月,加桓温大司马、都督中外诸军、录尚书事。

温以王坦之为长史。坦之,述之子也。又以郗超为参军,王珣为主簿,每事必与二人谋之。府中为之语曰:"髯参军,短主簿,能令公喜,能令公怒。"温气概高迈,罕有所推,与超言,常自谓不能测,倾身待之。超亦深自结纳。珣,导之孙也。与谢玄皆为温掾,温俱重之,曰:"谢掾年四十必拥旄杖节,王掾当作黑头公,皆未易才也。"玄,安兄弈之子也。

秋八月,有星孛于角、亢。　凉张天锡弑其君玄靓而自立。

张玄靓庶母郭氏以张天锡专政,与大臣谋诛之。事泄,天锡皆杀之,遂弑玄靓,自称凉州牧、西平公,时年十八。遣司马奉章诣建康请命。

七月,吕护退兵,庾希等人也率军返回。

前秦王苻坚亲临太学。

前秦王苻坚亲临太学,考试众学生的儒家经义,与博士一起讲习讨论儒经,从此每月亲临太学一次。

冬十二月初一,出现日食。　庾希退驻山阳,袁真退驻寿阳。

癸亥(363)　**晋哀皇帝兴宁元年**前秦甘露五年,前燕建熙四年。

春三月,东晋皇太妃周氏去世。

周太妃在琅邪王府第中去世。东晋哀帝前往琅邪王府第办理丧事,诏令会稽王司马昱总理朝廷内外事务。哀帝想为周太妃服丧三年,尚书仆射江虨启奏说:"依照礼法,应该服丧三个月。"哀帝仍想服丧一年,江虨说:"克制和委屈自己的私情,这正是为了尊敬祖先。"哀帝于是服丧三个月。

夏五月,东晋朝廷加任桓温为大司马、都督中外诸军事、录尚书事。

桓温任命王坦之为长史。王坦之是王述的儿子。桓温又任命郗超为参军,王珣为主簿,每件事情一定要与他们二人商量。桓温府中的人为他们作俗语说:"长髯参军,矮个主簿,能让桓公高兴,能让桓公生气。"桓温气派超逸,见解超群,很少有他看重的人,但他和郗超谈话时,常常说自己不能测度郗超,而虚心敬待他。郗超也倾心与桓温交结。王珣是王导的孙子。他和谢玄都是桓温的掾属,桓温对他们二人都很看重,说:"谢玄四十岁时一定会拥旄杖节统领雄兵,王珣将会在年纪轻轻时登上三公高位,二人都是不可多得的人才。"谢玄是谢安之兄谢弈的儿子。

秋八月,角宿、亢宿之旁出现彗星。　前凉张天锡杀掉前凉主张玄靓,自立为国主。

张玄靓的庶母郭氏因为张天锡专擅朝政,与大臣谋划想杀掉他。事情泄露,张天锡将他们全部杀掉。张天锡于是杀死张玄靓,自称凉州牧、西平公,时年十八岁。张天锡派遣司马携带奏章到建康向东晋请求命令。

汝南太守朱斌袭燕许昌,克之。

甲子(364) **二年**秦甘露六年,燕建熙五年。凉西平悼公张天锡一年。

春二月,燕慕容评略地河南。 三月,大阅户口,令所在土断。

谓之庚戌制。

帝寝疾,皇太后临朝摄政。

帝信方士言,断谷饵药以求长生。侍中高崧谏,不听。寻以药发,不能亲万机,太后复摄政。

夏四月,燕陷许昌、汝南、陈郡。

燕李洪败晋兵于悬瓠,汝南太守朱斌奔寿春,陈郡太守朱辅退保彭城。大司马温遣袁真等御之,温帅舟师屯合肥。燕人遂拔许昌、汝南、陈郡,遣将军慕容尘屯许昌。

五月,以王述为尚书令。

述每受职,不为虚让,其所辞必于不受。及为尚书令,子坦之白述:"故事当让。"述曰:"汝谓我不堪邪?"曰:"非也,但克让自美事耳。"述曰:"既谓堪之,何为复让!人言汝胜我,定不及也。"

加大司马温扬州牧。

时召温入参朝政,辞不至。

六月,秦以张天锡为西平公。 秋七月,大司马温城赭圻。

诏复征温入朝。温至赭圻,诏止之,温遂城赭圻居之。固让内录,遥领扬州牧。

东晋汝南太守朱斌袭击前燕许昌,攻占该城。

甲子(364) 晋哀皇帝兴宁二年前秦甘露六年,前燕建熙五年。前
凉西平悼公张天锡一年。

春二月,前燕慕容评进军黄河以南地区,攻城略地。 三月,
东晋大规模核查户籍人口,命令人们在所居住之地土断。

土断的规制法令称为庚戌制。

东晋哀帝患病卧床,皇太后临朝摄政。

哀帝听信方术之士的话,不吃饭,服药以求长生。侍中高崧
劝谏,哀帝不听。不久,哀帝因药性发作不能亲理朝政,皇太后
再度临朝摄政。

夏四月,前燕攻占许昌、汝南、陈郡等地。

前燕李洪在悬瓠击败东晋军,东晋汝南太守朱斌逃奔寿春,
陈郡太守朱辅退保彭城。大司马桓温派遣袁真等人抵御前燕军
队,桓温自率水军驻屯合肥。前燕攻克许昌、汝南、陈郡,派遣将
军慕容尘驻屯许昌。

五月,东晋朝廷任命王述为尚书令。

王述每次接受新的任命,都不假意辞让,然而他每当有所辞
让,便一定不肯受命。等到他被任命为尚书令时,其子王坦之对
他说:"按照惯例应当辞让一番。"王述说:"你认为我不能胜任
吗?"王坦之说:"不是,但能谦让当然是件好事。"王述说:"既然
认为能够胜任,为什么还要辞让!人们说你能强于我,我看你一
定不如我。"

东晋朝廷命桓温加任扬州牧。

当时朝廷征召桓温入朝参理政事,桓温推辞不至。

六月,前秦任命张天锡为西平公。 秋七月,大司马桓温在
赭圻筑城。

东晋朝廷再次下诏征桓温入朝。桓温进至赭圻,朝廷又下
诏劝止他入朝,桓温便在赭圻筑城居住下来。桓温坚决辞掉朝
廷任命的录尚书事一职,只同意在赭圻遥兼扬州牧一职。

秦苻腾谋反,伏诛。

秦汝南公腾,秦主生之弟也,以谋反诛。时生弟犹有五人,王猛曰:"不去五公,终必为患。"坚不从。

燕徙其宗庙、百官于邺。　燕陷河南诸城。

太宰恪将取洛阳,先遣人招纳士民,远近诸坞皆归之,乃使悦希军盟津,孙兴军成皋。

初,沈充之子劲以其父死于逆乱,志欲立功以雪旧耻,年三十余,以刑家不得仕。及燕人逼洛阳,陈祐守之,兵不过二千。劲自表求配祐效力,诏补长史,令自募壮士。得千余人以行,屡以少击众,摧破燕军。而洛阳粮尽援绝,祐自度不能守,乃以救许昌为名,留劲以五百人守之。劲喜曰:"吾志欲致命,今得之矣。"悦希引兵略河南诸城,尽取之。

秦平阳公融等降爵为侯。

秦王坚命公国各置三卿,并余官皆听自采辟,独为置郎中令。富商赵掇等车服僭侈,诸公竞引以为卿。坚乃诏:"有司推捡辟召非其人者,自今国官皆委之铨衡。非命士不得乘马,工商皂隶不得服金银、锦绣,犯者弃市。"于是五公降爵为侯。

前秦苻腾谋反,被杀。

前秦汝南公苻腾,是故前秦王苻生的弟弟,因为谋反被杀。当时苻生的弟弟还有五个,王猛说:"不除掉这五个公爵,他们最终一定会作乱。"苻坚不肯听从。

前燕将其宗庙、百官迁移至邺城。　　前燕攻占黄河以南诸城。

前燕太宰慕容恪准备攻占洛阳,先派人招纳当地士民百姓,于是远近众多坞堡都归附前燕,慕容恪便命悦希驻军于盟津,孙兴驻军于成皋。

当初,东晋沈充之子沈劲因为其父死于反叛作乱,立志要为国立功以洗掉旧时的耻辱,他年纪已三十出头,但因是刑罚之家不能入仕。及至前燕军队进逼洛阳,陈祐守卫洛阳,将士不足二千人。沈劲自上表章,请求到陈祐麾下效力,朝廷下诏任命他为长史,令他自己招募勇士。沈充招募到一千余人后前往洛阳,屡次以少击众,挫败前燕军队。但洛阳不久便粮草用尽,援救断绝,陈祐自己估量洛阳已无法守住,便以援救许昌为名率军撤离,留下沈劲以五百人的兵力守卫洛阳。沈劲高兴地说:"我的志向就是要为国捐躯,现在得到机会了。"悦希率军攻略黄河以南诸城,全部攻克了。

前秦平阳公苻融等降爵位为侯。

前秦王苻坚命令诸公爵封国各设置郎中令、中尉、大农三卿,连同其他官吏都允许各公卿自行征召选用,只郎中令一职由国家任命。富商赵掇等人车马服饰奢侈,超逾规定,各公爵竞相荐举他们任三卿。苻坚于是下诏命令:"有关部门追究检查荐举不当的人选,从此以后,封国的官吏都由吏部尚书选举派任。不是朝廷命官不许乘马,从事工、商及低级差役的人不许穿戴饰有金银、锦绣的衣服,有违犯者斩首示众。"于是平阳公苻融等五位公爵降爵为侯。

乙丑（365） 三年秦建元元年，燕建熙六年。

春正月，皇后王氏崩。 刘卫辰复叛代，代王什翼犍击走之。

代王什翼犍性宽厚，郎中令许谦盗绢二匹，知而匿之，谓左长史燕凤曰：“吾不忍视谦之面，卿慎勿泄，若谦惭而自杀，是吾以财杀士也。”尝讨西部叛者，流矢中目，既而获射者，群臣欲脔割之，什翼犍曰：“彼各为其主斗耳，何罪！”遂释之。

大司马温移镇姑孰，以弟豁监荆、扬等州军事。 三月，帝崩，琅邪王奕即位。

帝崩，无嗣。皇太后诏以奕承大统。

燕陷洛阳，将军沈劲死之。

燕太宰恪及吴王垂共攻洛阳，恪谓诸将曰：“卿等常患吾不攻，今洛阳城高而兵弱，勿畏也。”乃攻克之，执沈劲。劲神气自若，恪将宥之，将军慕舆虔曰：“劲虽奇士，观其志度，终不为人用。”遂杀之。

恪略地至崤、渑，关中大震，秦王坚自将屯陕城以备之。

燕以慕容筑镇金墉，吴王垂镇鲁阳。

恪还邺，谓僚属曰：“吾前平广固，不能济辟闾蔚，今定洛阳，使沈劲为戮，虽皆非本情，实有愧于四海。”朝廷嘉劲之忠，赠东阳太守。

恪为将不事威严，专用恩信。抚士卒务综大要，不为苛令，使人人得便安。平时营中宽纵，似若可犯，然警备严密，敌至莫能近，故未尝败。

乙丑(365)　晋哀皇帝兴宁三年前秦建元元年，前燕建熙六年。

春正月，皇后王氏去世。　刘卫辰又背叛代国，代王拓跋什翼犍进击刘卫辰，将他赶跑。

代王拓跋什翼犍性情宽厚，代国郎中令许谦盗窃丝绢两匹，拓跋什翼犍知道后替他隐瞒下来，对左长史燕凤说："我不忍看许谦之面，你要谨慎不可泄漏，假若许谦惭愧而自杀，这就是我因为财物而杀士人了。"拓跋什翼犍曾率兵讨伐西部叛乱部落，被流矢射中眼睛，不久捉到了射箭的人，群臣想将他碎刀割死，拓跋什翼犍说："他这是各为其主而战罢了，有什么罪呢！"于是将射箭人免罪释放。

东晋大司马桓温移镇姑孰，任命他的弟弟桓豁为监荆、扬等州诸军事。　三月，东晋哀帝去世，琅邪王司马奕即皇帝位。

哀帝去世，没有子嗣。皇太后下诏命司马奕承继皇位。

前燕攻占洛阳，东晋将军沈劲死于国事。

前燕太宰慕容恪及吴王慕容垂合兵进攻洛阳，慕容恪对众将说："各位常常担心我不发动进攻，现在洛阳虽城高而兵弱，各位进攻不要胆怯。"于是前燕军攻占洛阳，生擒沈劲。沈劲神态自若，慕容恪准备赦免他，将军慕舆虔说："沈劲虽是一位奇士，但观察他的志向气度，终归不会被人所用。"前燕于是将沈劲杀掉。

慕容恪攻城略地直至崤谷、渑池一带，关中大震，前秦王苻坚亲自率军驻屯陕城，以防备前燕军。

前燕使慕容筑镇守金墉城，吴王慕容垂镇守鲁阳。

慕容恪返回邺城，对僚属说："我前次平定广固，没能救助辟闾蔚，现在平定洛阳，又使沈劲被杀，尽管都不是出于本意，但实在有愧于天下。"东晋朝廷嘉勉沈劲的忠诚，追赠他东阳太守。

慕容恪任大将统兵，不着意树立自己的威严，专用恩德信义。安抚士卒只注意大局关键，不发布苛刻细碎的命令，因而使军中人人都安好便当。平时军营之中宽和随便，好像可以被人所进犯，但实际上却是戒备严密，敌兵来了也不能接近，所以从来没有打过败仗。

葬安平陵。 **夏四月,燕以阳骛为太尉。**

骛历事四朝,年耆望重,自太宰恪以下皆拜之。而骛谦恭谨厚,过于少时,戒束子孙,虽朱紫罗列,无敢违犯其法度者。

六月,益州刺史周抚卒。

抚在益州三十余年,甚有威惠,诏以其子楚代之。

秋七月,徙会稽王昱为琅邪王。

昱固让,卒自称会稽王。

立皇后庾氏。

后,冰之女也。

匈奴曹毂、刘卫辰叛秦,秦击降之。 **冬十一月,梁州刺史司马勋反,围成都,大司马温遣江夏相朱序救之。**

勋为政暴酷,治中、别驾言语忤意,即于坐斩之。常有据蜀之志,惮周抚不敢发。及抚卒,遂举兵反,自号成都王,引兵入剑阁,围成都。温表序为征讨都护以救之。

以王彪之为仆射。

丙寅(366) **晋帝奕太和元年**秦建元二年,燕建熙七年。

夏五月,皇后庾氏崩。 朱序及益州刺史周楚击司马勋,斩之。 代王什翼犍遣使入贡于秦。 秋七月,葬孝皇后。 秦寇荆州,掠万余户而还。 冬十月,以会稽王昱为丞相、录尚书事,加殊礼。

东晋安葬哀帝于安平陵。　夏四月,前燕任命阳骛为太尉。

阳骛前后奉事前燕四代君主,年高望重,从太宰慕容恪以下,朝廷百官见他都要下拜。然而阳骛谦恭谨慎,宽厚待人,胜过年轻之时,平时对子孙严加管教约束,因而子孙中虽然高官罗列,却没有敢违犯他法度的人。

六月,东晋益州刺史周抚去世。

周抚在益州任职三十余年,很有威信恩德,东晋朝廷诏令其子周楚接任益州刺史。

秋七月,东晋会稽王司马昱被尊为琅邪王。

司马昱坚决辞让琅邪王爵,最终还是自称会稽王。

东晋立原琅邪王妃庾氏为皇后。

庾皇后是庾冰的女儿。

匈奴曹毂、刘卫辰背叛前秦,前秦派军进攻,逼迫其投降。

冬十一月,东晋梁州刺史司马勋反叛,围攻成都,大司马桓温派遣江夏相朱序救援成都。

司马勋在梁州为政残酷暴虐,治中、别驾等高级掾属言语不合他的心意,便在座位上将他们斩首。他一直有割据蜀地的心思,因为惧怕周抚而未敢动手。等到周抚去世,司马勋便起兵反叛,自称成都王,率兵入剑阁,围攻成都。桓温表奏朱序为征讨都护以救援成都。

东晋朝廷任命王彪之为尚书仆射。

晋海西公

丙寅(366)　晋帝奕太和元年<small>前秦建元二年,前燕建熙七年。</small>

夏五月,皇后庾氏去世。　朱序和益州刺史周楚进攻司马勋,将他斩杀。　代王拓跋什翼犍派遣使者向前秦进贡。　秋七月,东晋安葬庾孝皇后。　前秦进犯东晋荆州,掳掠百姓万余户而回。　冬十月,任命会稽王司马昱为丞相、录尚书事,并加予他特殊的礼遇。

入朝不趋,赞拜不名,剑履上殿。

燕寇兖州,陷鲁、高平数郡。 南阳督护赵亿以宛城叛,燕遣赵盘戍之。

丁卯(367) **二年**秦建元三年,燕建熙八年。
春二月,燕太宰慕容恪卒。

恪疾病,燕主暐亲视之,问以后事。恪曰:"吴王垂文武兼资,管、萧之亚,若任以政,国家可安,不然,秦、晋必有窥窬之计。"言终而卒。

匈奴曹毂遣使如燕。

秦王坚闻慕容恪卒,阴有图燕之计,命毂发使如燕,以西戎主簿郭辩为之副。燕司空皇甫真兄腆及从子奋、覆皆仕秦。辩至燕,谓真曰:"仆本秦人,家为秦所诛,故寄命曹王,贵兄常侍及奋、覆兄弟并相知有素。"真怒曰:"臣无境外之交,此言何以及我!君似奸人,得无因缘假托乎?"白暐,请穷治之,太傅评不许。辩还,为坚言:"燕政无纲可图,鉴机识变唯皇甫真耳。"坚曰:"以六州之众,岂得不使有智士一人哉!"

毂寻卒,秦分其部落为二,使其二子分统之,号东、西曹。

桓豁攻宛,拔之,获赵盘。 秋九月,以郗愔都督徐、兖等州军事。 冬十月,秦苻柳、双、庾、武举兵反,秦遣兵讨之。

东晋朝廷加予会稽王司马昱的特殊礼遇是入朝晋见皇帝不用小步趋行,唱拜不直呼姓名,上殿时可以佩剑着鞋。

前燕进犯兖州,攻占鲁、高平等数郡。 东晋南阳督护赵億据宛城反叛,前燕派遣赵盘戍守宛城。

丁卯(367) **晋帝奕太和二年**_{前秦建元三年,前燕建熙八年。}

春二月,前燕太宰慕容恪去世。

慕容恪病重,前燕主慕容暐亲自前去探望,并询问他身后之事。慕容恪说:"吴王慕容垂文武兼备,是仅次于前代管仲、萧何等名相的人才,圣上如果将朝政委托给他,国家可以安定无事,否则的话,秦、晋二国一定会有谋算我方的阴谋。"说完之后便去世了。

匈奴曹毂派遣使者到前燕。

前秦王符坚闻知慕容恪去世,暗中准备谋划前燕之计,命曹毂派遣使者到前燕,命西戎主簿郭辩为其副使。前燕司空皇甫真的兄长皇甫腆及其侄儿皇甫奋、皇甫覆都在前秦做官。郭辩到前燕,对皇甫真说:"我本是秦人,因家人被秦王诛杀,所以将生命寄托于曹王,您的兄长散骑常侍皇甫腆和皇甫奋、皇甫覆兄弟与我都是多年的相知好友。"皇甫真发怒说:"作为臣子,没有国境之外的交往,您这番话为什么要对我说!您好像是奸佞之人,该不会是借此来假托吧?"将郭辩这番话报告慕容暐,请求穷究细查以治其罪,太傅慕容评不许。郭辩返回后,替符坚分析说:"燕国的朝政混乱没有纲纪,可以图谋。知机识变的只皇甫真一人而已。"符坚说:"燕拥有六个州的人口,怎么能不让它有一个智能之士呢!"

曹毂不久去世,前秦将他的部落分为两部,使他的两个儿子各统一部,号称东、西曹。

东晋桓豁进攻宛城,攻克,生擒赵盘。 秋九月,东晋朝廷任命郗愔为都督徐、兖等州诸军事。 冬十月,前秦符柳、符双、符庾、符武起兵反叛,前秦派遣军队讨伐。

秦晋公柳、赵公双与魏公庾、燕公武谋作乱,坚闻之,征诣长安。柳据蒲坂,双据上邽,庾据陕城,武据安定,反。坚遣使谕以罢兵安位,各啮梨以为信,皆不从。

代王什翼犍击匈奴刘卫辰,走之。

什翼犍击卫辰,河冰未合,命以苇绋约流澌,俄而冰合,然犹未坚,乃散苇于其上,冰草相结,有如浮梁,兵乘以渡。卫辰不意兵猝至,遂西走,什翼犍收其部落什六七而还。卫辰奔秦,秦送还朔方,遣兵戍之。

戊辰(368) 三年秦建元四年,燕建熙九年。

春二月,燕以慕容冲为大司马。

初,燕太宰恪有疾,以燕主暐幼弱,政不在己,太傅评多猜忌,谓暐兄乐安王臧曰:"今南有遗晋,西有强秦,常蓄进取之志,大司马总统六军,不可任非其人。我死之后,以亲疏言之,当在汝及冲。汝曹虽才识明敏,然年少未堪多难,吴王天资英杰,智略超世,汝曹若推以授之,必能混壹四海,况外寇乎!慎无冒利而忘害。"又以语评。及恪卒,评不能用。

秦苻廋以陕城降燕。

秦魏公庾以陕城降燕,请兵应接,秦人大惧。

前秦晋公苻柳、赵公苻双和魏公苻庾、燕公苻武密谋作乱，苻坚听说这件事，征召这几人到京师长安。于是苻柳占据蒲坂，苻双占据上邽，苻庾占据陕城，苻武占据安定，起兵反叛。苻坚派遣使者晓谕他们各自罢兵安其爵位，并分别给其咬过的梨子以为信物，他们都没有听从。

代王拓跋什翼犍进攻匈奴刘卫辰，将他赶跑。

拓跋什翼犍率军进攻刘卫辰，黄河尚未封冻，拓跋什翼犍命令将士以用苇草搓就的粗绳阻拦流动的冰块，不一会儿河水冻合，但仍不太坚固，于是又命将士在水上撒放苇草，冰草相结，如同浮桥一样，将士从这条冰草相连的道上渡过黄河。刘卫辰想不到代国大军猝然而至，仓皇西逃，拓跋什翼犍俘获其部落十之六七，胜利返回。刘卫辰逃奔前秦，前秦将他送回朔方，派遣军队戍守。

戊辰（368） **晋帝奕太和三年**前秦建元四年，前燕建熙九年。

春二月，前燕任命慕容冲为大司马。

当初，前燕太宰慕容恪患病，因为前燕主慕容暐年幼，不能亲自主持政事，太傅慕容评又多疑猜忌，便对慕容暐之兄乐安王慕容臧说："现在南有残存的晋国，西有强大的秦国，它们常怀有进取中原之志，大司马之职总管六军，不能由不恰当的人选担任。我死之后，依亲疏关系而言，大司马一职应当会由你或慕容冲来担任。你们虽然才识高明敏锐，但年纪尚轻，不能承担这种多灾多难的局面。吴王慕容垂天资英明，智谋才略超众，你们如果能推举他担任大司马一职，一定能够统一天下。何况这些外敌，还在话下吗！你们千万不要妄贪权力而忘掉祸患。"慕容恪又将这番话告诉了慕容评。等到慕容恪去世，慕容评没能采纳他的建议。

前秦苻廋以陕城投降前燕。

前秦魏公苻廋以陕城投降前燕，请求前燕派兵接应，前秦人十分恐惧。

燕范阳王德以为:"苻氏骨肉乖离,投诚请援,是天以秦赐燕也。天与不取,反受其殃,吴、越之事,足以观矣。宜命皇甫真引并、冀之众径趋蒲坂,吴王垂引许、洛之兵驰解鄃围,太傅总京师虎旅为二军后继,传檄三辅,示以祸福,彼必望风响应。"太傅评曰:"秦大国也,今虽有难,未易可图,朝廷虽明,未如先帝,吾等智略又非太宰之比,但能闭关保境足矣。"

鄃遗垂及真笺曰:"苻坚、王猛,皆人杰也,谋为燕患久矣。今不乘机取之,恐异日有甬东之悔矣。"垂谓真曰:"主上富于春秋,太傅识度岂能敌坚、猛乎?"

三月朔,日食。 **秋七月,**秦讨苻双、苻柳,皆斩之。**冬,燕罢荫户。**

燕王公贵戚多占民为荫户,国之户口少于私家,仓库空竭,用度不足。悦绾请罢荫户,尽还郡县。燕主暐从之,使绾专治其事。纠擿奸伏,无敢蔽匿,出户二十余万,举朝怨怒。

十二月,秦拔陕城,斩苻鄃。

王猛等拔陕城,获魏公鄃,送长安。秦王坚问之,对曰:"臣本无反心,但以兄弟屡谋逆乱,臣惧并死,故耳。"坚泣曰:"汝素长者,固知非汝心也,且高祖不可以无后。"乃赐鄃死,原其七子,以长子袭魏公,余子嗣诸弟之无后者。

加大司马温殊礼。

位在诸侯王上。

前燕范阳王慕容德认为："苻氏骨肉之间分崩离析,前来投诚请求援助,这是上天将秦国赐与大燕。上天赐与不去接受,就会反过来遭受其害,从前吴、越两国之间的事,足以看到这一点。应当命令皇甫真率领并、冀二州的军队直趋蒲坂,吴王慕容垂统带许昌、洛阳的军队火速去解苻廋之围,太傅慕容评总领京师禁卫雄兵以为皇甫真、慕容垂二军的后继,与此同时,传播檄文至三辅地区,向秦人昭示祸福利害,他们一定会望风响应。"太傅慕容评说："秦是一个大国,现在虽然其国内有难,也并不容易谋取,主上虽然英明,但却比不上先帝,我们这些人的智谋才略又远不如太宰慕容恪,只要能闭关自守,保住国境就足够了。"

　　苻廋写信给慕容垂和皇甫真说："苻坚、王猛都是人杰,图谋侵扰燕国已经很久了。现在如果不乘机消灭他们,恐怕日后燕国会有吴王夫差居于甬东一样的悔恨。"慕容垂对皇甫真说："主上年轻,太傅的识见气度怎能与苻坚、王猛匹敌呢?"

　　三月初一,出现日食。　秋七月,前秦进讨苻双、苻柳,将二人都杀掉。　冬季,前燕罢除荫户。

　　前燕王公贵戚大多占有百姓作为自己的荫户,国家拥有的户数人口少于私家,这使得仓库空竭,国家费用不足。悦绾请求罢除荫户,使他们全部还至郡县登记入籍。前燕主慕容暐批准,命悦绾专门主持此事。悦绾纠举揭发隐藏的奸邪之人,没有人敢隐瞒藏匿,清出户口二十余万,朝廷上下的权贵一片怨怒之声。

　　十二月,前秦攻占陕城,斩杀苻廋。

　　王猛等人攻克陕城,生擒魏公苻廋,送往长安。前秦王苻坚问苻廋为何谋反,苻廋回答说："臣本来没有反叛之心,只是因为兄弟们屡次谋划叛乱,臣惧怕一同被杀,所以才反叛。"苻坚落泪说："你素来是个忠厚长者,我本来就知道这不是你的本意,况且高祖不可以没有后代。"于是赐苻廋死,赦免他的七个儿子,以其长子袭魏公爵,其余诸子出继诸弟中没有后代者。

　　东晋朝廷对大司马桓温加以特殊的礼遇。

　　命桓温位在各诸侯王之上。

以仇池公杨世为秦州刺史。

世亦称臣于秦,秦以为南秦州刺史。

己巳(369) 四年秦建元五年,燕建熙十年。

夏四月,大司马温帅师伐燕,秦人救之。秋九月,温及燕人战于枋头,不利而还。袁真以寿春叛,降于燕。

桓温请与徐、兖刺史郗愔,江州刺史桓冲、豫州刺史袁真等伐燕。初,愔在北府,温常云:"京口酒可饮,兵可用。"深不欲愔居之。愔遗温笺,欲共奖王室,请督所部出河上。愔子超为温参军,取视,毁之,更作愔笺,自陈非将帅才,加以老病,乞闲地自养,劝温并领己所统。温大喜,即以愔为会稽内史,而自领徐、兖。夏,帅步、骑五万发姑孰。

将自兖州伐燕。郗超曰:"道远汴浅,漕运难通。"温不从。六月,至金乡,天旱,水绝。使将军毛虎生凿钜野三百里,引汶会于清。引舟自清入河,舳舻数百里。超曰:"清水入河,难以通运。若寇不战,运道又绝,因敌为资,复无所得,此危道也。不若举众趋邺,彼必望风逃溃,北归辽、碣。若能出战,则事可立决。若恐胜负难必,务欲持重,则莫若顿兵河、济,控引漕运,俟资储充备,来夏乃进。舍此二策而连军北上,进不速决,退必愆乏。贼因此势以日月相引,渐及秋冬,水更涩滞,北土早寒,三军裘褐者少,恐于

东晋朝廷任命仇池公杨世为秦州刺史。

杨世也向前秦称臣,前秦任命他为南秦州刺史。

己巳(369)　**晋帝奕太和四年**前秦建元五年,前燕建熙十年。

　　夏四月,东晋大司马桓温率师讨伐前燕,前秦人援救前燕。秋九月,桓温与前燕军在枋头交战,兵败而还。袁真据寿春反叛,投降前燕。

　　桓温请求与徐、兖二州刺史郗愔,江州刺史桓冲、豫州刺史袁真等人讨伐前燕。当初,郗愔居于北府京口,桓温常说:"京口的酒可以饮,兵可以用。"很不愿意郗愔待在那里。郗愔给桓温写信,说想要共同辅助王室,请求督率部下将士出于黄河北进。郗愔的儿子郗超是桓温的参军,取信看过后将其毁掉,另外假托郗愔口气改写信一封,称自己不是将帅之才,又加以年老有病,请求寻一悠闲之地休养,并劝桓温将他郗愔所领部队一并归于自己麾下。桓温见信大喜,立即任命郗愔为会稽内史,自己兼任徐、兖二州刺史。夏季,桓温率步、骑五万自姑孰进发。

　　桓温准备从兖州出兵讨伐前燕。郗超说:"北伐路途遥远,汴水又浅,恐怕水路运输难以畅通。"桓温没有听从。六月,桓温大军进至金乡,天旱,水路断绝。桓温命将军毛虎生开凿钜野水路三百里,引汶水与清水会合。桓温率水军自清水进入黄河,船舰前后相连,绵延数百里。郗超说:"从清水进入黄河,难以通畅运道。如果敌人不与我方交战,那运道又断绝,利用敌人的物资来补充我方给养,又会一无所得,这是危亡之道。因此不如以现有兵力直趋邺城,敌人一定会闻风溃逃,向北回他们的故乡辽东、碣石一带。如果对方能出来迎战,那事情立刻就可以解决。假若您怕这样做没有必胜的把握,一定要持重行事,那就不如将大军驻屯在黄河、济水一线,控制水路运输,等到物资储备充足之后,明年夏季再挥军北进。舍弃这两个方案而连军北上,前进不能速战速决,后退一定会狼狈困乏。敌人乘着这种形势与我们周旋以拖延时日,渐渐到了秋冬之季,水路干旱断绝,北土寒冷天气来得又早,三军将士身着皮衣冬装的很少,恐怕到那个时

时所忧,非独无食而已。"温又不从。

　　遣攻湖陆,拔之。燕主暐使下邳王厉逆战,败还。前锋邓遐、朱序亦败燕兵于林渚。

　　七月,温至枋头。暐及太傅评大惧,谋奔和龙。吴王垂曰:"臣请击之,若其不捷,走未晚也。"暐乃使垂帅众五万以拒温。垂表申胤、封孚、悉罗腾从军。

　　暐又遣乐嵩请救于秦,许赂虎牢以西之地。秦群臣议曰:"昔桓温伐我,燕不我救,今温伐燕,我何救焉?"王猛曰:"燕虽强大,慕容评非温敌也。若温举山东,进屯洛邑,收幽、冀之兵,引并、豫之粟,观兵崤、渑,则陛下大事去矣。不如与燕合兵以退温,温退,燕亦病矣,然后我承其弊而取之,不亦善乎?"坚从之,遣苟池、邓羌帅步、骑二万以救燕。

　　封孚问于申胤曰:"事将何如?"胤曰:"以温声势,似能有为,然吾观之,必无成功。何则?晋室衰弱,温专制其国,晋之朝臣未必皆与之同心,必将乖阻以败其事。又温骄而恃众,怯于应变,大众深入,值可乘之会,反更逍遥中流,不出赴利,欲望持久,坐取全胜,若粮廪愆悬,情见势屈,必不战自败,此自然之数也。"

　　初,温使袁真攻谯、梁,开石门以通水运,不克。

候所忧虑的,就不仅仅是没有粮食了。"桓温又没有听从。

桓温派遣军队攻打湖陆,将其攻克。前燕主慕容暐命下邳王慕容厉前来迎战,兵败退回。东晋前锋邓遐、朱序在林渚也击败前燕军。

七月,桓温率军进至枋头。慕容暐及太傅慕容评大为恐惧,商量逃回和龙。吴王慕容垂说:"臣请求率兵去攻击他们,如果不能得胜,再跑也不晚。"慕容暐于是命慕容垂率军五万去抵御桓温。慕容垂上表请求让申胤、封孚、悉罗腾随军同往。

慕容暐又派遣乐嵩去向前秦请求救援,答应将虎牢以西的地方送给前秦当作酬劳。前秦的群臣计议说:"从前桓温进攻我们,燕国不来相救,现在桓温进攻燕国,我们为什么要救援它?"王猛说:"燕国虽然强大,但慕容评不是桓温的对手。如果桓温占据全部山东地区,进军屯驻洛阳,收聚幽、冀二州之兵,征引并、豫二州的粮食,进兵于崤谷、渑池一线,那样一来,陛下的大业也就付之东流了。所以我们不如与燕国联合作战击退桓温,桓温退走以后,燕国也必将疲惫不堪,然后我方乘其疲惫而消灭它,这不也是很好的事情吗?"苻坚听从了王猛的建议,派遣苟池、邓羌率步、骑二万去救援前燕。

封孚向申胤请教说:"事态发展将会怎么样?"申胤回答说:"从桓温现在的声势看,好像是能够有所作为,但据我来看,他一定不能成就功业。为什么呢?现在晋国皇室衰弱,桓温专制朝政,晋国的众多朝臣未必都与他同心,一定会从中百般阻挠以破坏他的事情。再说桓温骄傲而仗恃兵力雄厚,怯于随机应变。他率大军深入,正值可乘之机,却反而在黄河中流逍遥,不出击去取得胜利,想要与人长期相持,坐而获取全胜。一旦粮食供应不上,这些不利的情况就会显露而其形势则将逆转,一定会不战而败,这是必然之理。"

当初,桓温命袁真进攻谯郡、梁国,打开石门以通畅水路运输,但袁真未能打开石门。

九月,燕范阳王德帅骑屯石门,李邽帅兵断温粮道。德使慕容宙帅骑一千为前锋,与晋兵遇。宙曰:"晋人轻剽,怯于陷敌,勇于乘退,宜设饵以钓之。"乃使二百骑挑战,分余骑为三伏。挑战者兵未交而走,晋兵追之,宙帅伏击之,晋兵死者甚众。

温战数不利,粮储复竭,又闻秦兵将至,焚舟弃辎重铠仗,自陆道奔还。

自东燕出仓垣,凿井而饮,行七百余里。燕将争欲追之,吴王垂曰:"温初退,必严设警备,简精锐为后拒,不如缓之。彼幸吾未至,昼夜疾趋,俟其气衰,击之无不克矣。"乃帅八千骑行蹑其后。温果兼道而进。数日,垂曰:"可矣。"乃急追之,及于襄邑。德先帅劲骑伏于东涧中,与垂夹击温,大破之,斩首三万级。秦苟池邀击温于谯,又破之。

温收散卒,屯于山阳。深耻丧败,乃归罪袁真,奏免为庶人。真不服,表温罪状,朝廷不报,遂据寿春叛,降燕。

燕遣郝晷、梁琛如秦。

秦、燕既结好,燕使郝晷、梁琛相继如秦。晷与王猛有旧,猛接以平生,问晷东方之事。晷知燕将亡,阴欲自托,颇泄其实。

琛至长安,秦王坚方畋于万年,欲引见琛。琛曰:"秦使至燕,燕之君臣朝服备礼,洒扫宫廷,然后敢见。今秦主

九月，前燕范阳王慕容德率骑兵驻屯石门，李邽率军断绝桓温粮道。慕容德命慕容宙率骑兵一千为前锋，与晋军遭遇。慕容宙说："晋人轻捷急躁，害怕攻阵破敌，勇于在敌人败退时乘胜追击，应该设诱饵使他们上钩。"于是派出二百骑兵去挑战，将剩下的骑兵分成三路埋伏起来。挑战者未曾交战便即后退，东晋军随后追击，慕容宙率伏兵发动攻击，东晋兵将死亡累累。

桓温与前燕数次接战失利，粮食储备又枯竭了，又听说前秦军队将要来到，便烧毁战船，抛弃辎重器杖，从陆路败退回师。

东晋军自东燕出仓垣，沿途凿井供应大军饮用，连行七百余里。前燕众将争先恐后请求追击，吴王慕容垂说："桓温刚刚撤退的时候，一定会严加戒备，挑选精锐将士为断后部队，我们不如暂缓行事。他庆幸我们没去随后追击，一定会昼夜急行，等到他士气衰落时，我们再向他发动进攻，那就没有不胜的了。"于是慕容垂率八千骑兵暗中跟在东晋军之后慢慢前进。桓温果然兼程而进。几天之后，慕容垂说："可以进攻了。"便率军急速追击，在襄邑追上了东晋大军。慕容德事先率强悍骑兵埋伏在东涧中，这时与慕容垂夹击桓温，大破其军，斩首三万级。前秦苟池在谯地截击桓温，又击败其军。

桓温收集溃散的士卒，驻屯于山阳。桓温对这次大败深感耻辱，便将罪责推到袁真身上，奏请朝廷将袁真免为平民。袁真不肯伏罪，上表奏报桓温的罪状，朝廷置之不理，袁真于是据寿春反叛，投降前燕。

前燕派遣郝晷、梁琛到前秦通好。

前秦、前燕二国交好以后，前燕相继命郝晷、梁琛到前秦通好。郝晷与前秦王猛本为旧交，王猛于是以当年的情感接待郝晷，叙说往事，并询问东方前燕的情况。郝晷知道前燕将要灭亡，想暗中依托王猛，便泄露了很多前燕的内情。

梁琛到达长安时，前秦王苻坚正在万年打猎，他准备在打猎之地接见梁琛。梁琛说："秦国使者来到燕国，燕国的君臣会身着朝服备办礼仪，洒扫宫廷，然后才敢接见秦国使者。现在秦主

欲野见之,使臣不敢闻命。"尚书郎辛劲谓琛曰:"天子称乘舆,所至曰行在所,何常居之有?又《春秋》亦有遇礼,何为不可乎?"琛曰:"桓温窥我王略,燕危秦孤,是以秦主恤患结好,交聘方始,谓宜崇礼笃义以固二国之欢。若忽慢使臣,是卑燕也,岂修好之义乎?夫天子以四海为家,故行曰乘舆,止曰行在,今海县瓜裂,天光分曜,安得以是为言哉?礼,不期而见曰遇,盖因事权行,其礼简略,岂平居容与之所为哉?客使单行,诚势屈于主人,然苟不以礼,亦不敢从也。"坚乃为设行宫,百僚陪位,然后延之。

琛从兄奕为秦尚书郎,坚使典客馆琛于奕舍。琛曰:"昔诸葛瑾为吴聘蜀,与诸葛亮惟公朝相见,退无私面。今使之即安私室,所不敢也。"奕数问琛东事,琛曰:"兄弟本心,各有所在,欲言国美,恐非所欲闻,欲言其恶,又非使臣之所得论也。"

坚使太子延琛相见,秦人欲使琛拜,先讽之曰:"邻国之君,犹其君也;邻国之储君,亦何以异乎?"琛曰:"天子之子,尚不敢臣其父之臣,况他国之臣乎?礼有往来,情岂忘恭,但恐降屈为烦耳。"乃不果拜。

王猛劝坚留琛,坚不许。

冬十一月,燕慕容垂出奔秦,秦以为冠军将军。

想要在野地接见我,使臣我不敢从命。"前秦尚书郎辛劲对梁琛说:"天子称为乘舆,所到之处叫行在所,哪里有固定的住所呢?再说《春秋》上也有路途中相遇的礼节,这有什么不可以的?"梁琛说:"晋国桓温觊觎我大燕王业,燕国危险则秦国就会孤立无援,所以秦主忧虑灾祸与我国结好,现在两国之间的来往访问刚刚开始,我认为应当崇尚礼节、谨守大义,以此来巩固两国的友好关系。如果轻视怠慢使臣,便是看不起燕国,这难道是两国修好所该有的意思吗?天子以四海为家,所以出行叫乘舆,驻止称行在,现在天下四分五裂,天光分照数国,怎么能以这种说法来作为托词呢?依据礼制,没有事先约好而见到叫作遇,由于这是因事权宜而行,所以其礼节简略,难道是平时悠闲安居所应该做的吗?使者在外只身单行,气势确实劣于主人,但如果不以礼相待,我也不敢从命。"符坚于是为接见梁琛而设置行宫,并使百官列位陪伴,然后延请梁琛相见。

梁琛的堂兄梁奕是前秦的尚书郎,符坚命典客官安排梁琛到梁奕的宅第歇宿。梁琛说:"从前诸葛瑾为吴国出使蜀国,与他的弟弟诸葛亮只在办公事的朝堂相见,退下后没有私下个人的会面。现在我出使秦国即安居私人的处所,这是我所不敢做的。"梁奕屡次向梁琛询问东方前燕的情况,梁琛说:"我们兄弟俩的本心,各有所在的地方,我想称美我燕国,恐怕不是你所想要听的,想要言说我燕国的不好,又不是作为使臣的我可以议论的事情。"

符坚命太子延请梁琛相见,前秦人想让梁琛对太子行下拜礼,先暗示他说:"邻国的君主,就如同自己的君主一样;邻国的太子,又有什么不同的呢?"梁琛说:"天子的儿子,尚且不敢拿他父亲的臣子当作自己的臣子,何况别国的臣子呢?礼节有来有往,内心怎能忘掉恭敬,只不过是怕降低礼节相待会招致以后双方互相降格的繁文缛节来。"最后还是不肯下拜。

王猛劝符坚留下梁琛,符坚不许。

冬十一月,前燕慕容垂出逃投奔前秦,前秦任命他为冠军将军。

吴王垂自襄邑还邺，威名益振，太傅评愈忌之。垂奏将士功赏，皆抑而不行。太后可足浑氏素恶垂，与评谋诛之。太宰恪之子楷及垂舅兰建知之，以告曰："先发制人，但除评及乐安王臧，余无能为矣。"垂曰："骨肉相残，而首乱于国，吾不忍为也，宁避之于外耳。"

世子令曰："主上暗弱，委任太傅，一旦祸发，疾于骇机，今欲保族全身，不失大义，莫若逃之龙城，逊辞谢罪，以待主上之察，感寤得还，幸之大者。如其不然，则内抚燕、代，外怀群夷，守肥如之险以自保，亦其次也。"垂曰："善！"

十一月，请畋于大陆，因微服将趋龙城。至邯郸，少子麟素不为垂所爱，逃还告状。燕主㠉遣精骑追之，垂散骑灭迹，得免。世子令请给数骑袭邺，垂曰："不可。"乃与段夫人及令、宝、农、隆、楷、建，及郎中令高弼俱奔秦。

初，秦王坚闻恪卒，阴有图燕之志，惮垂不敢发。及闻垂至，大喜，郊迎，执手曰："天生贤杰，必相与共成大功，此自然之数也。要当与卿共定天下，告成岱宗，然后还卿本邦，世封幽州，使卿去国，不失为子之孝，归朕不失事君之忠，不亦美乎？"坚复爱令及楷之才，皆厚礼之。王猛曰："垂父子譬如龙虎，非可驯之物，若借以风云，将不可复制，

吴王慕容垂自襄邑回到邺城后，威名更振，太傅慕容评也更加猜忌他。慕容垂奏请给麾下将士加功颁赏，慕容评都压住不办。太后可足浑氏素来厌恶慕容垂，与慕容评谋划想杀掉慕容垂。太宰慕容恪的儿子慕容楷和慕容垂的舅舅兰建听闻后，便告诉慕容垂说："应该先发制人，只要除掉慕容评和乐安王慕容臧，其他的人便无能为力了。"慕容垂说："骨肉之间互相残杀，而领头作乱危害国家，我不忍心这样做，宁愿出外去躲避他们。"

　　他的世子慕容令说："当今主上昏庸懦弱，朝政大权委任给太傅慕容评，一旦发生灾祸，比突然发出的弩箭还要来得快，现在想要保全宗族和自身而又不失大义，不如逃到龙城，用恭逊的言辞上表谢罪，以等待主上的明察，如果主上有所感悟而您可以还朝，这是最大的庆幸事。如果做不到，便可以对内安抚燕、代一带，对外安抚众多异族，守卫肥如之险用以自保，这也是差一等的办法。"慕容垂说："好！"

　　十一月，慕容垂请求到大陆打猎，于是他改换服装准备直趋龙城。进至邯郸，他的小儿子慕容麟素来不被慕容垂宠爱，便逃还邺城告发。前燕主慕容暐派遣精锐骑兵追赶，慕容垂命手下骑兵分散行动，并灭掉自己一行的痕迹，因此没有被捉住。世子慕容令请求率数名骑兵去袭击邺城，慕容垂说："不可以这样做。"于是与段夫人及慕容令、慕容宝、慕容农、慕容隆、慕容楷、兰建，还有郎中令高弼一同逃奔前秦。

　　当初，前秦王符坚闻知慕容恪去世，暗中有图谋前燕之心，因惧怕慕容垂而不敢动手。等到听说慕容垂来奔，大喜，亲自到郊外迎接，拉着慕容垂的手说："天生贤士豪杰，一定会相互合作共同成就大业，这是自然之理。我自当与您共同平定天下，到泰山去告祭上天，然后还给您故国，让您世代封在幽州，使您离开故国而不丢掉作为儿子的孝顺，归附朕而不丢掉事奉君主的忠诚，不也是美事吗？"符坚又爱惜慕容令和慕容楷的才气，都给他们以很高的礼遇。王猛说："慕容垂父子就如同龙虎，不是可以驯服之物，假若给他们以施展才能的机会，那将无法再控制，

不如早除之。"坚曰:"吾方收揽英雄以清四海,奈何杀之!且其始来,吾已推诚纳之矣,匹夫犹不弃言,况万乘乎!"乃以垂为冠军将军。

梁琛归言于评曰:"秦人日阅军旅,聚粮陕东,和必不久。今吴王又往,宜为之备。"评曰:"秦主何如人?"琛曰:"明而善断。"问王猛,曰:"名不虚得。"既又以告燕主暐,皆不然之。唯皇甫真深以为忧,上疏请选将益兵,以防未然,不听。

秦遣使如燕。
秦石越聘于燕,太傅评示之以奢。尚书郎高泰曰:"越言诞而视远,乃观衅也,宜耀兵以折其谋,今乃示之以奢,益为所轻矣。"评不从。泰遂谢病归。

时太后侵桡国政,评贪昧无厌,货赂上流,官非才举,群下怨愤。尚书左丞申绍上疏以为:"宜精择守宰,并官省职,存恤兵家,使公私两遂,节抑浮靡,爱惜用度,赏必当功,罚必当罪。如此则温、猛可枭,二方可取,岂特保境安民而已!"疏奏,不省。

秦遣王猛等伐燕。十二月,取洛阳。
初,燕人许割虎牢以西赂秦。晋兵既退,燕人谓曰:"行人失辞,有国有家者,分灾救患,理之常也。"秦王坚大怒,遣猛及将军梁成、邓羌帅步、骑三万伐之。攻洛阳,洛阳降。

不如及早将他们除掉。"符坚说："我正要收揽天下英雄以扫清四海，怎么能杀掉他们？况且他们刚刚来到，我便已经诚心接纳他们了，一般人尚且不肯食言，何况是万乘之天子呢？"于是任命慕容垂为冠军将军。

梁琛归国后对慕容评说："秦人每日检阅操练军队，在陕城以东积聚粮食，我国与他们的友好一定不能长久。现在吴王慕容垂又去了秦国，我们应当早做防备。"慕容评说："秦主是什么样的人？"梁琛说："英明而善于决断。"又问王猛，梁琛说："名不虚传。"随后梁琛又把这番话告诉前燕主慕容暐，都不以为然。只有皇甫真对此深为忧虑，上疏请求选择将领增加兵力，以防患于未然，慕容暐及慕容评不能听从。

前秦派遣使者到前燕。

前秦石越出访前燕，前燕太傅慕容评向他显示豪华奢侈。前燕尚书郎高泰说："石越口说怪诞之辞，眼睛张望远方，这是在观察我们的破绽，应该炫耀兵力来挫败他的打算，现在却向他展示豪华奢侈，更会被他轻视。"慕容评不听。高泰便告病辞官回家了。

当时可足浑太后干预扰乱前燕朝政，慕容评贪得无厌，钱财宝物流入上层当权者的手中，官吏不根据才能选拔，百姓怨恨愤怒。尚书左丞申绍上疏认为："应当严格选择郡县守宰，裁撤官员合并职务，优抚慰问士卒家属，以使公私两方都能顺心遂意，抑止杜绝浮华奢靡，爱惜国家的经费，奖赏一定与功劳相符，处罚一定与罪过相当。如果能够这样，那么桓温、王猛就可以斩杀，秦、晋二国就可消灭，哪里仅仅是保全国土安定百姓而已？"表章奏上，朝廷置之不理。

前秦派遣王猛等人进攻前燕。十二月，攻占洛阳。

当初，前燕答应将虎牢以西之地送给前秦作为相救的酬劳。东晋军队退走以后，前燕对前秦说："那是我国使者词不达意，没有说清楚，有国有家的人，互相分担灾难救助祸患，本是平常的道理。"前秦王符坚大为恼怒，派遣王猛及将军梁成、邓羌率领步、骑三万人进攻前燕。前秦军进攻洛阳，洛阳投降。

大司马温徙镇广陵。

温发徐、兖州民筑广陵城,徙镇之。时征役既频,加之疫疠,死者十四五,百姓嗟怨。秘书监孙盛作《晋春秋》,直书时事。温见之,怒,谓盛子曰:"枋头诚为失利,何至乃如尊君所言! 若此史遂行,自是关君门户事!"其子遽拜谢,请改之。时盛年老家居,性方严,有轨度,子孙虽班白,待之愈峻。至是诸子号泣稽颡,请为百口计,盛大怒,不许。诸子遂私改之。盛先已写别本,传之外国。及孝武帝购求异书,得之于辽东人,与见本不同,遂两存之。

庚午(370) **五年**秦建元六年,燕建熙十一年。是岁,燕亡,大国一,代、凉二小国,凡三僭国。

春正月,慕容令自秦奔燕。

王猛之发长安也,请慕容令参其军事,以为向导。将行,造慕容垂饮酒,从容谓垂曰:"今当远别,卿何以赠我? 使我睹物思人。"垂脱佩刀赠之。猛至洛阳,赂垂所亲,使诈为垂使者,谓令曰:"吾父子来此,以逃死也。今王猛疾人如仇,秦王心亦难知,闻东朝比来悔寤,吾今还东,汝可速发。"令疑之,踌躇终日,又不可审覆,乃奔燕军。猛表令叛状,垂惧而出走,及蓝田,为追骑所获。秦王坚劳之曰:"卿家国失和,委身投朕。贤子心不忘本,亦各其志。然燕

东晋大司马桓温迁至广陵镇守。

桓温征发徐、兖二州的百姓修筑广陵城，迁徙到那里镇守。当时战争所征发的差役已经很频繁，再加上瘟疫流行，死掉的人有十之四五，百姓怨声载道。秘书监孙盛修撰《晋春秋》，直书当时发生的事，毫不隐讳。桓温见到此书很恼怒，对孙盛的儿子说："枋头一战确实败了，但哪至于像尊父所说的那样！假若此部史书得以流行，自然是要关系到您家门的事情！"其子连忙下拜谢罪，请求修改。当时孙盛年纪已老，在家闲居，性情方正严肃，做事有规矩法度，有的子孙已年纪很大，但孙盛对他们却更为严厉。这时他的儿子们叩头痛哭，请他为家族百口人考虑，孙盛大怒，不肯答应。于是他的儿子们便私下偷偷删改。孙盛事先另外抄写了一部，传到了境外其他国家。等到后来东晋孝武帝购求天下异书时，从辽东人那里得到这个抄本，与当时的本子不同，于是便将两部书都保存下来。

庚年（370）　**晋帝奕太和五年**前秦建元六年,前燕建熙十一年。这年燕亡,有大国一,代、凉二小国,共三个僭越国。

春正月,慕容令自前秦逃奔前燕。

前秦王猛从长安出发时，请慕容令做他的参军，任向导。将要动身时，王猛拜访慕容垂，二人饮酒，王猛随便地对慕容垂说："如今要和您远别了，您送给我点什么呢？使我睹物思人。"慕容垂解下佩刀送给他。王猛到了洛阳以后，便贿赂收买慕容垂的亲信，让他假装成慕容垂的使者，去对慕容令说："我们父子来到这里，是为了逃避一死。现在王猛厌恶我们就像仇敌，秦王苻坚的心思也很难确知，听说东朝燕国最近悔悟，我现在就要东归燕国，你也要赶快动身回来。"慕容令心中疑惑，终日犹豫不决，但又没有办法去核实确定，于是投奔了前燕军。王猛上表奏报慕容令反叛的情况，慕容垂恐惧出逃，行至蓝田，被追赶的骑兵抓获。前秦王苻坚安慰慕容垂说："您家国内部失和，委身来投靠朕。您的贤子心不忘本，也是各人的志向不同。然而燕

之将亡,非令所能存,惜其徒入虎口耳。且父子兄弟,罪不相及,卿何为惧而狼狈如是乎?"待之如旧。燕人以令叛而复还,疑为反间,徙之沙城。

燕慕容臧将兵拒秦师,秦王猛击走之。

燕乐安王臧自新乐进屯荥阳,猛遣梁成、邓羌击走之。留羌镇金墉,以桓寅代羌成陕城而还。

秦王坚以猛为司徒、录尚书事,封平阳郡侯。猛固辞,曰:"今燕、吴未平,戎车方驾,而始得一城,即受三事之赏,若克殄二寇,将何以加之!"坚曰:"苟不暂抑朕心,何以显卿谦光之美!"遂寝司徒、尚书之命。

二月,袁真死,子瑾代领其众。燕、秦皆遣兵助之。夏四月,大司马温遣兵击破之。　五月,慕容令袭燕龙城,不克而死。

令自度终不得免,密谋起兵,沙城中谪戍士数千人,皆厚抚之,帅以东袭威德城,据之,诸戍皆应。将袭龙城,弟麟以告,令出走,遂为其下所杀。

六月,秦王猛督诸军复伐燕。

秦王坚送猛于灞上,曰:"今委卿以关东之任,当先破壶关,平上党,长驱取邺,所谓'疾雷不及掩耳'。吾当亲督万众,继卿星发,舟车粮运,水陆俱进,卿勿以为后虑也。"猛曰:"臣仗威灵,奉成筭,荡平残胡,如风扫叶,不烦銮舆亲犯尘雾,但速敕所司部置鲜卑之所。"坚大悦。

国必将灭亡，不是慕容令所能挽救的，只可惜他白白入了虎口罢了。况且父子兄弟，有罪不相连及，您为什么过于恐惧而狼狈到这种地步呢？"对待慕容垂如同过去一样。前燕人因为慕容令反叛后又返回，怀疑他是来行反间计的，将他迁徙至沙城。

前燕慕容臧率兵抵御前秦军队，前秦王猛进击，将他赶跑。

前燕乐安王慕容臧自新乐进兵驻屯荥阳，王猛派遣梁成、邓羌进击，将他赶跑。王猛留下邓羌镇守金墉，命桓寅代替邓羌戍守陕城，然后自己返回。

前秦王符坚任命王猛为司徒、录尚书事，封平阳郡侯。王猛坚决推辞，说："现在燕、晋二国尚未平定，战争正在进行之中，不过刚刚取得一座城池，便受到这三公之赏，如果消灭燕、晋二寇，那将再加以什么奖赏呢？"符坚说："如果不暂时压抑一下朕的心意，如何来显示您谦让的美德呢？"于是中止对王猛司徒、录尚书事两个官职的任命。

二月，袁真死，他的儿子袁瑾接替他统理部众。前燕、前秦都派遣军队帮助袁瑾。夏四月，东晋大司马桓温派遣军队击败前燕军。 **五月，慕容令袭击前燕龙城，没能成功而死。**

慕容令估量最终也不能免于灾祸，密谋起兵反叛。沙城中有被徙边戍守的免罪士卒数千人，慕容令对他们都给予优厚的安抚，然后率他们袭击东边的威德城，占据该城，附近诸戍都响应归顺于他。慕容令准备袭击龙城，他的弟弟慕容麟将他告发，慕容令出逃，被其部下杀死。

六月，前秦王猛督率诸军再次进攻前燕。

前秦王符坚在灞上为王猛送行，说："现在我将平定关东的重任委托给你，应当先攻占壶关，平定上党，长驱直进攻取邺城，这就是所谓的'迅雷不及掩耳'。我将亲自督率万众，继你之后连夜出发，车船运送粮食，水陆并进，你不要担忧后方的事情。"王猛说："臣仰仗主上威灵，遵奉您谋定的计划，扫平残存的胡人，如同风扫落叶，不用烦主上亲自冒风尘出征，您只要赶快命令有关部门准备好安置鲜卑的处所就可以了。"符坚大悦。

秋七月朔，日食。　八月，秦克壶关。

王猛攻壶关，燕主暐命太傅评将中外精兵三十万以拒之，畏猛不敢进。猛克壶关。所过郡县皆望风降附，燕人大震。申胤叹曰："邺必亡矣。然越得岁而吴伐之，卒受其祸。今福德在燕，秦虽得志，而燕之复建，不过一纪耳。"

大司马温败袁瑾于寿春，遂围之。　九月，秦王猛入晋阳。冬十月，及燕慕容评战于潞川，败之。遂围邺。

秦杨安攻晋阳，久未下。猛引兵助攻，为地道，使将军张蚝帅壮士数百潜入城中，大呼斩关，纳秦兵，遂入晋阳。评屯潞川，猛进兵与相持。

遣将军徐成觇燕军，期以日中，及昏而返。猛将斩之，邓羌固请曰："成，羌郡将也，愿与效战以赎罪。"猛弗许。羌怒，还营，严鼓勒兵，将攻猛。猛赦之，羌诣猛谢，猛执其手曰："吾试将军耳，将军于郡将尚尔，况国家乎？"

评为人贪鄙，鄣固山泉，鬻樵及水，积钱帛如丘陵，士卒怨愤，莫有斗志。猛闻之，笑曰："慕容评真奴才，虽亿兆之众不足畏，况数十万乎？"乃遣将军郭庆帅骑五千，夜从间道出评营后，烧评辎重，火见邺中。燕主暐惧，让评曰："府库之积，朕与王共之，何忧于贫，若家国丧亡，王持钱帛欲安所置之！"乃命悉以其钱帛散之军士，且趋使战。评大惧，请战。

秋七月初一,出现日食。　　八月,前秦攻克壶关。

王猛进攻壶关,前燕主慕容暐命令太傅慕容评率中外精兵三十万去抵御前秦军,慕容评惧怕王猛不敢前进。王猛攻克壶关。前秦军所到之处,前燕郡县皆望风归降,前燕人大震。申胤感叹道:"邺城一定要陷落了。然而从前越国占得岁星,吴国进攻它,最终遭受了灾祸。现在福德在燕国,秦国现在虽然得志,但燕国的复兴重建,不会超过十二年。"

东晋大司马桓温在寿春击败袁瑾,随之将他包围。　　九月,前秦王猛进入晋阳。冬十月,王猛与前燕慕容评在潞川交战,击败慕容评。于是包围邺城。

前秦杨安进攻晋阳,很久未能攻克。王猛率军去帮助杨安攻打晋阳,命将士挖掘地道,派将军张蚝率壮士数百人潜入晋阳城中,大声呼喊砍开城门,接纳前秦将士,前秦军于是攻入晋阳。慕容评驻军潞川,王猛率军前进与他相持。

王猛派遣将军徐成侦察前燕军的情况,限令他于正午返回,结果徐成到黄昏时才回来。王猛准备将徐成斩首,邓羌一再坚持为徐成求情,说:"徐成是邓羌我的郡将,我愿与他一起效力死战来赎罪。"王猛不许。邓羌恼怒,返回军营,急促擂鼓集合将士,要去进攻王猛。王猛于是将徐成赦免,邓羌到王猛那里去谢罪,王猛拉着他的手说:"我这是在试探将军罢了,将军对自己的郡将尚且如此忠诚,何况是对国家呢?"

慕容评为人贪婪俗陋,封闭山林泉水,自己贩卖樵木和饮水,积蓄的钱帛堆积如山,士卒怨恨愤怒,全无斗志。王猛听说这件事,笑着说:"慕容垂真是个奴才,他就是有亿万将士也不值得害怕,何况数十万呢!"于是派遣将军郭庆率骑兵五千,乘夜从小路绕到慕容评营寨的后面,焚烧慕容评的辎重,火光直照邺城城中。前燕主慕容暐害怕,责备慕容评说:"国家府库中的钱财宝物,朕与王共同享有,哪里有贫穷的忧虑呢,假如国家败亡,您拿着钱帛准备往哪里放呢?"于是命慕容评将他的钱帛全部散发给将士,并且催促他赶快出战。慕容评大为恐惧,请战。

猛陈于渭源而誓之曰："王景略受国厚恩，任兼内外，今与诸君深入贼地，当竭力致死，有进无退，共立大功，以报国家，受爵明君之朝，称觞父母之室，不亦美乎！"众皆踊跃，破釜弃粮，大呼竞进。

猛望燕兵之众，谓邓羌曰："今日非将军不能破勍敌，将军勉之！"羌曰："若能以司隶见与者，公勿以为忧。"猛曰："此非吾所及也，必以安定太守、万户侯相处。"羌不悦而退。俄而兵交，猛召羌，羌寝弗应。猛驰就许之，羌乃大饮帐中，与张蚝、徐成等跨马运矛，驰赴燕陈，出入数四，旁若无人，所杀伤数百。及日中，燕兵大败，俘斩五万余人，乘胜追击，所杀及降又十万余。评单骑走还邺。

秦兵长驱围邺，号令严明，军无私犯，法简政宽，燕民各安其业，更相谓曰："不图今日复见太原王！"猛闻之，叹曰："慕容玄恭可谓古之遗爱矣！"设太牢以祭之。秦王坚诏猛曰："朕今亲帅六军，星言电赴，将军其休养将士，以俟朕至，然后取之。"

十一月，秦王坚入邺，执燕主暐。以王猛为冀州牧，都督关东六州军事。

秦王坚留李威辅太子，自帅精锐十万赴邺，七日而至安阳，宴祖父时故老。

燕主暐与慕容评等奔龙城，坚入邺宫。慕容垂见燕公卿及故僚吏，有愠色。高弼密言曰："今虽国家倾覆，安知其不为兴运之始邪？宜恢江海之量，慰结其心，以立覆篑

王猛在渭源列阵誓师，对将士们说:"我王景略身受国家厚恩,职兼内外重任,现在和各位深入敌国之境,应当竭力死战,有进无退,共立大功,以报效国家。到时候在圣明君主的朝堂之上接受封爵,在父母的居室之内举杯称庆,不也是美事吗?"于是前秦将士个个踊跃,砸掉炊锅、扔掉粮食,大声呼喊着争先前进。

王猛见前燕军人数众多,对邓羌说:"今天非将军不能击败这强敌,将军努力吧!"邓羌说:"如果能委予我司隶校尉一职,您就不用为这强敌担忧了。"王猛说:"这不是我所能办到的,不过一定给予你安定太守、万户侯的职位。"邓羌不高兴而退。过一会儿,两军交战,王猛传召邓羌,邓羌待在帐中不予理睬。王猛驰马到邓羌帐中答应了他的要求,邓羌于是在帐中豪饮一番,随后与张蚝、徐成等跨马挥矛,奔向前燕军阵中,几番进出敌阵,如入无人之境,杀伤敌兵数百人。等到正午,前燕军大败,被前秦军俘虏斩杀五万余人,前秦军乘胜追击,前燕军被杀及被俘的又达十万余人。慕容评单骑逃回邺城。

前秦军长驱而进,包围邺城,号令严明,将士对当地百姓秋毫无犯。王猛法令简明为政宽和,前燕百姓各安其业,因此都互相议论说:"想不到今日又见到了太原王慕容恪!"王猛听到这些话,感叹地说:"慕容玄恭真可以称作是遗留于后世的爱啊!"设置太牢来祭奠他。前秦王苻坚诏令王猛说:"朕现在亲自率领六师,即刻启程,快速奔赴,将军可以休养将士,等朕到达之后,攻取邺城。"

十一月,前秦王苻坚进入邺城,擒获前燕主慕容暐。苻坚任命王猛为冀州牧,都督关东六州军事。

前秦王苻坚留下李威辅佐太子,自己率领精锐将士十万赶赴邺城,七日后进至安阳,宴请祖父、父亲时的故旧老者。

前燕主慕容暐与慕容评等逃奔龙城,苻坚进入邺宫。慕容垂见到前燕公卿及过去的僚属,面有怒色。高弼偷偷对慕容垂说:"现在虽然国家倾覆,怎么知道这不是复兴运数的开始呢?应当用江海一样大的度量,安慰结纳他们的心,用此来奠定

之基,成九仞之功,奈何以一怒捐之!"垂悦,从之。

暐既出城,卫士皆散,惟将军孟高扶侍,极其勤瘁,所在遇盗,转斗而前,与将军艾朗俱死于贼。暐失马步走,坚使将军郭庆追之,及于高阳。执以诣坚,坚诘其不降之状,对曰:"狐死首丘,欲归死于先人坟墓耳。"坚哀而释之,令还宫,帅文武出降。暐称高、朗之忠于坚,坚命厚加殓葬,拜其子为郎中。

评奔高句丽,高句丽执送于秦。

凡得郡百五十七、户二百四十六万、口九百九十九万,以燕宫人珍宝分赐将士。

评之败也,暐疑梁琛知秦谋,收系狱。至是坚召释之,谓曰:"卿不能见几而作,反为身祸,可谓智乎?"对曰:"臣闻'几者动之微,吉凶之先见者也'。如臣愚暗,实所不及。然为臣莫如忠,为子莫如孝,是以烈士临危不改,见死不避,以徇君亲。彼知几者,心达安危,身择去就,不顾家国,臣虽知之,尚不忍为,况非所及邪!"

坚闻悦绾之忠,恨不及见,拜其子为郎中。

坚以猛为使持节、都督关东六州诸军事、冀州牧,镇邺,悉以评第中之物赐之。守令有缺,令以便宜补授。将士

最初的根基,成就兴复大业,为什么因为一怒而把他们抛弃!"慕容垂听后喜悦,采纳了他的建议。

慕容暐逃出邺城后,卫士全部散去,只有将军孟高扶侍身侧,极其辛劳,路上遇到强盗,还要向前边打边行,与将军艾朗都被强盗杀死。慕容暐失去马匹步行赶路,符坚命将军郭庆追赶,在高阳追上了慕容暐。郭庆将慕容暐擒获送到符坚那里,符坚责问他为什么不投降,慕容暐回答说:"狐狸将死,还要将头对着它出生的山丘,我是想回去死在先人的坟墓之侧罢了。"符坚听后很觉悲哀,便将慕容暐放了,命令他返回宫中,率文武百官出降。慕容暐向符坚称美孟高、艾朗二人的忠诚,符坚命令将二人厚葬,并任命他们的儿子为郎中。

慕容评投奔到了高句丽,高句丽却将他拘捕起来送给了前秦。

前秦共得郡一百五十七个,户二百四十六万,人口九百九十九万,符坚将前燕的宫女、珍宝分赐给将士。

慕容评败于潞川时,慕容暐怀疑梁琛知道前秦的谋划,将梁琛逮捕关进监狱。这时符坚将梁琛释放,对他说:"您不能见到事物的预兆而照之行动,反而为自己召来灾祸,这能叫明智吗?"梁琛回答说:"臣听说'预兆是行动的微隐苗头,是吉凶的预先显示'。像臣这样愚昧的人,实在是不能观察得到。然而作为臣子,最可贵的莫如忠诚,作为儿子,最好的莫如孝顺,所以忠烈之士临危不改臣节,见死不肯逃避性命,以此来为君亲殉身。那些知道预兆的人,心中明晓安危,为自身选择去就之路,不顾家族国家,臣即使能够知道预兆,尚且不忍这样去做,何况臣没有能力知道呢?"

符坚听说悦绾的忠诚,遗憾自己未能得见,任命他的儿子为郎中。

符坚任命王猛为使持节、都督关东六州诸军事、冀州牧,镇守邺城,将慕容评宅第中的财物全部赏赐给他。他管辖之内郡守县令如有缺职,准许他根据情况自行选人补职授官。众将士

封赏各有差,州县守长皆因其旧,以燕申绍与韦儒俱为绣衣使者,循行关东,观省风俗,劝课农桑,振恤穷困,收葬死亡,旌显节行,燕政有不便于民者,皆变除之。

十二月,秦迁故燕主㬒及鲜卑四万户于长安。

秦王坚迁燕主慕容㬒及其百官并鲜卑四万余户于长安。

猛表留梁琛为主簿。他日,与僚属宴,语及燕使,猛曰:"人心不同,昔梁君专美本朝,郝君微说国弊。"参军冯诞曰:"敢问取臣之道何先?"猛曰:"郝君知几为先。"诞曰:"然则明公赏丁公而诛季布也。"猛大笑。

秦封㬒为新兴侯,以评为给事中,皇甫真为奉车都尉。

燕故太史黄泓叹曰:"燕必中兴,其在吴王乎!恨吾老,不及见耳!"

初,燕以宜都王桓将兵为评后继,闻败,走和龙,攻辽东。时辽东已降秦,秦追桓击而杀之。其子凤,年十一,阴有复仇之志,鲜卑、丁零有气干者皆倾身与之交。权翼谓曰:"儿方以才望自显,勿效尔父不识天命。"凤厉色曰:"先王欲建忠而不遂,此乃人臣之节,君侯之言,岂劝奖将来之义乎?"翼改容谢之,言于坚曰:"凤慷慨有才器,但狼子野心,恐终不为人用耳。"

得到的赐封奖赏,数量各有不同,前燕的州县守令等官都使其照常任职,以前燕申绍和前秦韦儒同为绣衣使者,使他们循行关东,观察民情风俗,鼓励农耕蚕织,赈济抚恤穷困百姓,收殓埋葬死亡之人,旌表发扬节义善行,前燕政令中有不便于百姓的,都给予废除或修正。

十二月,前秦迁徙前燕主慕容暐和鲜卑四万户到长安。

前秦王符坚迁徙慕容暐及其百官和鲜卑四万余户到长安。

王猛上表奏请留下梁琛担任他的主簿。一天,王猛与众僚属饮宴,提到了前燕的官吏,王猛说:"人心不同,从前梁君一味称美自己的朝廷,郝君则暗中透露自己国家的弊端。"参军冯诞说:"敢问您选择巨子的标准,以哪一个人为先?"王猛说:"郝君明晓预兆为先。"冯诞说:"那么明公您是奖赏丁公而诛杀季布了。"王猛大笑。

前秦封慕容暐为新兴侯,任命慕容评为给事中,皇甫真为奉车都尉。

前燕过去的太史黄泓感叹说:"燕国一定能中兴,大约是在吴王慕容垂身上吧!遗憾的是我已经老了,等不及看到了!"

当初,前燕以宜都王慕容桓率军做慕容评的后继部队,慕容桓闻知己方兵败后,逃往和龙,进攻辽东。当时辽东已经归降前秦,前秦追击慕容桓将他杀掉。慕容桓的儿子慕容凤,当时年十一岁,暗中有复仇之心,对鲜卑、丁零中有才气的人,他都倾心与之结交。权翼对慕容凤说:"孩子你正该以才干名望自显,不要学你父亲不识天命。"慕容凤疾言厉色地说:"先王是想建忠于国而未能如愿,但这是人臣的节操,君侯您所说的话,难道是勉励后辈的道理吗?"权翼改换面容向慕容凤道歉,然后告诉符坚说:"慕容凤慷慨有才干气度,但他狼子野心,恐怕最终也不会为我们所用。"

辛未(371)　晋太宗简文皇帝昱咸安元年_{秦建元七年。}

春正月,大司马温拔寿春,获袁瑾,斩之。

袁瑾求救于秦,秦遣将军王鉴、张蚝帅步、骑二万救之。温遣桓伊等击鉴、蚝于石桥,大破之,遂拔寿春,擒瑾送建康,斩之。

秦徙关东豪杰及杂夷十五万户于关中。　凉州张天锡称藩于秦。

秦王坚命王猛为书,谕天锡曰:"昔贵先公称藩刘、石者,惟审于强弱也。今秦之威旁振无外,关东既平,将移兵河右,恐非六郡士民所能抗也。"天锡大惧,遣使称藩。坚拜天锡凉州刺史、西平公。

吐谷浑入贡于秦。

吐谷浑王辟奚遣使献马千匹、金银五百斤于秦,秦以为漒川侯。辟奚,好学,仁厚而无威断。三弟专恣,国人患之,长史钟恶地与司马乞宿云收杀之。辟奚由是发病恍惚,命世子视连曰:"吾祸及同生,何以见之于地下,国事汝自治之,吾余年残命,寄食而已。"遂以忧卒。

视连立,不饮酒游畋者七年,军国之事,委之将佐。恶地谏,以为人主当自娱乐,建威布德。视连泣曰:"孤自先世以来,以仁孝忠恕相承,先王念友爱之不终,悲愤而亡,孤虽纂业,尸存而已,声色游娱,岂所安也!威德之建,将付之将来耳。"

代世子寔卒。

晋简文帝

辛未（371） 晋太宗简文皇帝昱咸安元年_{前秦建元七年。}

春正月，大司马桓温攻克寿春，擒获袁瑾，将他斩首。

袁瑾向前秦求救，前秦派遣将军王鉴、张蚝率步、骑二万去救袁瑾。桓温派遣桓伊等人在石桥进攻王鉴、张蚝，大败其军，于是攻克寿春，擒获袁瑾送往建康，将他斩首。

前秦迁徙关东地区的豪杰及各夷族人口十五万户到关中。凉州张天锡向前秦称属国。

前秦王符坚命王猛写书信一封，告谕张天锡说："从前尊先父之所以称属国于刘、石二家，是考虑到当时的强弱形势。现在秦国的威势，天下无敌，关东已经平定，将要移兵锋于河右，恐怕这不是你六郡的士人百姓所能抗衡的。"张天锡大为恐惧，派遣使者出使前秦自称属国。符坚于是任命张天锡为凉州刺史、西平公。

吐谷浑向前秦进贡。

吐谷浑王辟奚派遣使者向前秦贡献马千匹、金银五百斤，前秦封他为浊川侯。辟奚好学，性情仁慈宽厚，而缺乏威严决断。他的三个弟弟专权横行，国人以他们为忧患，长史钟恶地与司马乞宿云将他们擒获杀掉。辟奚因此患病，神情恍惚，命令世子视连说："我使同胞兄亲遭杀身之祸，有什么面目与他们在地下相见，国家大事你自己治理，我的余年残命，只是依附别人生活而已。"于是忧郁而终。

视连继位为王，不饮酒田猎达七年之久，军国大事，都委任给将佐。钟恶地进谏，认为君主应该自行娱乐，建立威严广布恩德。视连哭着说："孤自从先世以来，以仁义孝顺忠诚仁恕相承，先王感念兄弟友爱没有完美结局，悲愤而亡，孤虽继承王位，不过像尸体存世一样，声色游娱，怎么是我所能安心享受的？至于威严恩德的建立，准备交给后人去做了。"

代国世子拓跋寔去世。

初,代将长孙斤谋弑代王什翼犍,寔格之,伤胁,至是卒。寔娶东部大人贺野干之女,有遗腹子,什翼犍名之曰涉圭。

秦伐仇池,克之,执杨纂以归。　秦以邓羌为镇军将军。

王猛以潞川之功,请以羌为司隶。秦王坚下诏曰:"司隶校尉,董牧皇畿,吏责甚重,非所以优礼名将。光武不以吏事处功臣,实贵之也。羌有廉、李之才,朕方委以征伐之事。北平匈奴,南荡杨、越,羌之任也,司隶何足以婴之!其进号镇军将军,位特进。"

冬十月,秦王坚如邺。

秦王坚至邺,猎于西山,旬余忘返。伶人王洛叩马谏曰:"陛下群生所系,今久猎不归,一旦患生不虞,奈太后、天下何!"坚为之罢猎还宫。王猛因进言曰:"畋猎诚非急务,洛之言不可忘也。"坚赐洛帛百匹,拜官箴左右,自是不复猎。

十一月,大司马温入朝,废帝为东海王,迎会稽王昱入即位。

温恃其才略位望,阴蓄不臣之志,尝抚枕叹曰:"男子不能流芳百世,亦当遗臭万年!"术士杜炅能知人贵贱,温问之,炅曰:"明公勋格宇宙,位极人臣。"温不悦。温欲先立功河朔以收时望,还受九锡。及枋头之败,威名顿挫。既克寿春,谓郗超曰:"足以雪枋头之耻乎?"超曰:"未也。"久之,超就温宿,中夜,谓曰:"明公不为伊、霍之举,无以立

当初,代国将领长孙斤谋杀代国国王拓跋什翼犍,拓跋寔与长孙斤搏斗将其杀死,肋部受伤,到这时去世。拓跋寔娶东部大人贺野干的女儿为妻,生有遗腹子,拓跋什翼犍给他起名叫涉圭。

前秦进攻仇池,攻克,擒获杨纂返回。　前秦任命邓羌为镇军将军。

王猛因为邓羌在潞川的战功,请求任命他为司隶校尉。前秦王苻坚下诏说:"司隶校尉,职掌督察京师地区,责任甚为重大,不是用来优待名将的职位。汉光武帝不使功臣担任政务繁多的吏职,实在是尊贵他们。邓羌有名将廉颇、李牧那样的才能,朕正要委任他以征伐之事。向北平定匈奴,向南荡平杨、越地区,这是邓羌的重任,司隶校尉一职怎么值得去麻烦他呢?晋升邓羌称号为镇军将军,官位特进。"

冬十月,前秦王苻坚到达邺城。

前秦王苻坚到达邺城,在西山打猎,十多天后仍不想返回。伶人王洛拉住苻坚的马劝谏说:"陛下一身系天下百姓的安危,现在长期打猎不归,一旦出现意外的变故,让太后、天下怎么办?"苻坚为此停止打猎回宫。王猛乘机进谏说:"打猎确实不是当务之急,王洛的话不能忘记。"苻坚赏赐王洛帛一百匹,任命他为官箴左右,从此不再打猎。

十一月,东晋大司马桓温入朝,废晋帝为东海王,迎会稽王司马昱入朝即皇帝位。

桓温仗恃他的才能智略和地位威望,暗中怀有不臣之志,曾抚枕感叹说:"男子汉如果不能流芳百世,也应当遗臭万年!"术士杜炅能测知人的贵贱,桓温向他询问自己的将来,杜炅说:"明公您的功勋大如宇宙,官位可至人臣之极。"桓温不高兴。桓温想先在河朔一带建立功勋来为自己赢得威望,然后还朝接受加九锡的特殊礼遇。及至枋头战败,威名顿受抑挫。等到攻克寿春后,桓温对郗超说:"这足以洗刷枋头兵败的耻辱了吗?"郗超说:"还没有。"很久之后,郗超到桓温那里歇宿,半夜,郗超对桓温说:"明公不做前代伊尹、霍光那样废立君主的事情,无法建立

大威权,镇压四海。"温遂与定议。以帝素谨无过,而床笫
易诬,乃扬言:"帝早有痿疾,嬖人朱灵宝等参侍内寝,二美
人生三男,将移皇基。"人莫能审其虚实。

温乃诣建康,讽褚太后,请废帝而立会稽王昱,并作令
草呈之太后。太后曰:"我本自疑此。"便索笔益之曰:"未
亡人不幸,罹此百忧,感念存没,心焉如割。"

温集百官于朝堂,百官震慄,温亦色动,不知所为。尚
书仆射王彪之命取《霍光传》,礼度仪制,定于须臾。彪之
朝服当阶,神彩毅然。于是宣太后令,废帝为东海王。帝
乘犊车出神虎门,侍御史将兵卫送东海第。温帅百官迎昱
即位。温有足疾,诏乘舆入殿。温撰辞,欲陈述废立本意,
帝引见,便泣下数十行,温兢惧,竟不能一言而出。

太宰武陵王晞,好习武事,温忌之,表免其官。

尊褚太后为崇德太后。
逼新蔡王晃自列与晞及殷浩之子涓,及庾蕴弟倩、柔
等谋反,收付廷尉。又杀东海王三子及其母。有司承温
旨,请诛晞。诏曰:"悲惋惶怛,非所忍闻。"温固请,帝手诏
曰:"若晋祚灵长,公便宜奉行前诏,如其大运去矣,请避贤
路。"温览之流汗,乃奏废晞徙新安,免晃为庶人,涓、倩、柔
皆族诛。

大的威权，镇服天下。"桓温于是与郗超议定计谋。由于晋帝素来谨慎没有过失，而床第之间的事易于诬陷，便扬言说："皇上早就有阳痿之疾，受宠幸的小臣朱灵宝等人服侍皇上的起居等事，两位美人生了三个男孩，将要迁移皇家基业。"人们无法判别真假。

桓温于是到建康，暗示褚太后，请求废掉皇帝而立会稽王司马昱为帝，并写好诏令草稿呈送给褚太后。褚太后说："我本来自己也怀疑这件事。"当即要来笔添加几句话说："我这个未亡人不幸，遭受这百般的忧患，感念去世和在世的人，心如刀割。"

桓温在朝堂召集百官相会，百官震惊恐惧，桓温也紧张得变颜变色，不知该做什么。尚书仆射王彪之命人取来《汉书·霍光传》，于是废立的礼度仪制，须臾之间便决定下来。王彪之身着朝服当阶而立，神色沉着坚定。于是宣布褚太后诏令，废黜皇帝司马奕为东海王。皇帝乘牛车出神虎门，侍御史率兵护送到东海王府第。桓温率领百官迎接司马昱即皇帝位。桓温脚部有病，简文帝司马昱诏准他乘轿入殿。桓温撰定言辞，准备陈述废立的本意，但简文帝一见他，便泪下如雨，桓温惊惧惶恐，竟然一句话也没能说出来。

太宰武陵王司马晞，喜爱练习武艺军事，桓温忌惮，上表请求免去了他的官职。

东晋朝廷尊褚太后为崇德太后。

桓温逼迫新蔡王司马晃自首与司马晞及殷浩的儿子殷涓，以及庾蕴的弟弟庾倩、庾柔等人密谋反叛，然后将他们全部逮捕送交廷尉。又杀掉东海王的三个儿子和他们的母亲。有关部门秉承桓温的旨意，请求杀掉司马晞。简文帝下诏说："我心中悲伤痛惜，惶恐不安，不忍心听这种事。"桓温坚决请求杀掉司马晞，简文帝亲笔书写诏书给桓温说："如果晋室的大运还久，您便应该奉行上次诏令，如果晋室大运已去，朕请为贤明让路。"桓温见诏后惊恐汗流，于是上表奏请废黜司马晞，将他迁徙至新安，黜免司马晃为平民，殷涓、庾倩、庾柔都处以灭族的重刑。

侍中谢安见温遥拜，温惊曰："安石，卿何事乃尔？"安曰："未有君拜于前，臣揖于后。"

温遂还姑孰。

秦王坚闻温废立，谓群臣曰："温前败灞上，后败枋头，不能思愆自贬以谢百姓，方更废君以自说，六十之叟举动如此，将何以容于四海乎！谚曰'怒其室而作色于父'，温之谓也。"

十二月，降封东海王为海西县公。

大司马温奏："废放之人，不可以临黎元。东海王宜依昌邑故事。"太后诏封海西县公。

温威振内外，帝虽处尊位，拱默而已。先是，荧惑守太微端门，逾月而海西废。至是又逆行入太微，帝甚恶之，谓中书侍郎郗超曰："命之修短，本所不计，故当无复近日事邪？"超曰："大司马臣温方内固社稷，外恢经略，非常之事，臣以百口保之。"及超请急省其父，帝曰："致意尊公，家国之事遂至于此，由吾不能以道匡卫。"因咏庾阐诗云："志士痛朝危，忠臣哀主辱。"遂泣下沾襟。帝美风仪，善容止，留心典籍，凝尘满席，湛如也。虽神识恬畅，然无济世大略，谢安以为惠帝之流，但清谈差胜耳。

超以温故，朝中皆畏事之。谢安尝与左卫将军王坦之共诣超，日旰未得前，坦之欲去，安曰："独不能为性命忍须臾邪？"

侍中谢安见到桓温,远远地便下拜,桓温吃惊地说:"谢安石,你这是为什么?"谢安说:"没有君主下拜于前,而臣子却作揖于后的。"

　　桓温于是返回姑孰。

　　前秦王符坚听说桓温做废立君主的事,对群臣说:"桓温先败于灞上,后又败于枋头,不能反省过失自我贬责以向百姓谢罪,反而又废黜君主以取悦于己,六十岁的老人却有这样的举动,将怎么容于天下呢?谚语说:'和妻子生气却要向父亲耍脸色。'说的就是桓温这种人。"

十二月,东晋朝廷降东海王封爵为海西县公。

　　大司马桓温上奏说:"废黜放逐之人,不可以治理百姓。东海王应该依照汉昌邑王的旧例。"褚太后下诏改封东海王为海西县公。

　　桓温权势威震朝廷内外,简文帝虽处于至尊之位,不过拱手沉默而已。先前,火星居于太微垣端门,一个月后海西公被废。这时火星又逆行入太微垣,简文帝甚为厌恶,对中书侍郎郗超说:"命运的长短,我本来就不在意,应当不会再发生近来的那种事了吧?"郗超说:"大司马臣子桓温正要在内部稳定国家对外谋划恢复中原,那种非常的事情,臣以一家百口的性命保证不会发生。"等到郗超请急假去探望父亲时,简文帝说:"代我向尊父致意,家族国家之事竟到了这种地步,是因为我不能用道去匡正卫护。"于是吟诵庚阐的诗说:"志士痛朝危,忠臣哀主辱。"随之泪下打湿衣襟。简文帝风度仪表俊美,言谈举止优雅得体,用心研读典籍,席上沾满尘土,仍是怡然自得的样子。他虽然神色恬静、识见通达,但没有济世的才略,谢安认为他是晋惠帝一流的人物,但只清谈比晋惠帝略胜一筹。

　　郗超因为桓温的缘故,朝中百官都因害怕而趋附他。谢安曾与左卫将军王坦之一同去见郗超,到日暮时分了还没有轮到接见,王坦之打算回去,谢安说:"你难道不能为了性命再忍耐一会儿吗?"

壬申（372）　二年秦建元八年。

春二月，秦以慕容评为范阳太守。

慕容垂言于秦王坚曰：“臣叔父评，燕之恶来辈也，不宜复污圣朝，愿为燕戮之。”坚乃出之范阳。

三月，秦命关东礼送经艺之士。

秦王坚诏：“关东之民学通一经，才成一艺者，在所郡县以礼送之。在官百石以上，学不通一经，才不成一艺者，罢遣还民。”

夏四月，迁海西公于吴县。　六月，秦以王猛为丞相，苻融为冀州牧。　秋七月，帝崩。太子昌明即位。

帝不豫，急召大司马温入辅，一日一夜发四诏，温辞不至。诏立皇子昌明为皇太子，生十年矣。道子为琅邪王，领会稽国，以奉帝母郑太妃之祀。遗诏温依周公居摄故事，又曰：“少子可辅者辅之，如不可，君自取之。”侍中王坦之持诏入，于帝前毁之。帝曰：“天下，傥来之运，卿何所嫌！”坦之曰：“天下，宣、元之天下，陛下何得专之！”帝乃使改诏曰：“家国事一禀大司马，如诸葛武侯、王丞相故事。”

是日，帝崩。群臣曰：“当须大司马处分。”王彪之正色曰：“天子崩，太子代立，大司马何容得异？”朝议乃定。太子即位，太后欲令温居摄。彪之曰：“此异常大事，大司马必当固让，使万机停滞，稽废山陵，未敢奉令。”事遂不行。

壬申（372）　晋太宗简文皇帝昱咸安二年前秦建元八年。

春二月，前秦任命慕容评为范阳太守。

慕容垂向前秦王符坚进言说："臣的叔父慕容评，是燕国中像商代的恶来一样的奸佞之人，不应该再让他玷污大秦圣朝，希望陛下为燕国杀掉他。"符坚于是让慕容评离开朝廷，到范阳去任太守。

三月，前秦命令关东地区依礼送通晓经艺的人到朝廷。

前秦王符坚下诏："关东地区的百姓有学问能通晓一经，才能可成一艺的人，所在郡县依礼将他们送上朝廷。百石以上俸禄的官员，学问不能通晓一经，才能不成一艺的，罢官为民。"

夏四月，东晋朝廷将海西公迁徙到吴县。　六月，前秦任命王猛为丞相，符融为冀州牧。　秋七月，简文帝去世。太子司马昌明即皇帝位。

简文帝身体不适，紧急征召大司马桓温入朝辅政，一天一夜连发四道诏书，桓温推辞不至。简文帝下诏立皇子司马昌明为皇太子，这时，他已经十岁了。又封司马道子为琅邪王，兼管会稽国，以奉事简文帝之母郑太妃的祭祀。立遗诏命桓温依照周公摄政的旧例辅政，又说："对于年幼的太子，可以辅佐就辅佐，如果不行，您自己可取而代之。"侍中王坦之手持此遗诏入宫，在简文帝面前将它撕毁。简文帝说："天下，是意外得来的东西，你有什么可反感的！"王坦之说："天下，是宣帝和元帝的天下，陛下怎么能一人专断！"简文帝这才命令修改诏书说："家族国家大事一律禀告大司马之后实行，如同诸葛武侯、王丞相辅政时的旧例一样。"

这天，简文帝去世。群臣说："应当等大司马来处理决定。"王彪之严肃地说："天子去世，太子即皇帝位，大司马怎么会有异议？"于是朝堂上的决议才得以确定。太子即皇帝位，崇德太后想让桓温摄政。王彪之说："这是异乎寻常的大事，大司马一定会坚决推辞，这会使朝政大事搁置不能及时处理，安葬先帝的事情也会拖延耽搁，臣不敢接受诏令。"此事于是未能实行。

温望简文临终禅位，不尔，便当居摄。既不副所望，与弟冲书曰："遗诏使吾依武侯、王公故事耳！"疑王坦之、谢安所为，心衔之。

八月，秦加王猛都督中外诸军事。

猛至长安，复加都督中外诸军事。辞章三四上，秦王坚不许，曰："朕方混壹四海，非卿谁可委者？卿之不得辞宰相，犹朕不得辞天下也。"

猛为相，坚端拱于上，百官总己于下，军国之事，无不由之。猛刚明清肃，善恶著白，放黜尸素，显拔幽滞，劝课农桑，练习军旅，官必当才，刑必当罪。由是国富兵强，战无不克，秦国大治。坚敕太子宏及长乐公丕等曰："汝事王公，如事我也。"

阳平公融年少，在冀州，为政好新奇，贵苛察。治中别驾申绍数规正，导以宽和，融虽敬之，未能尽从。后绍出为济北太守，融屡以过失闻，数致谴让，乃恨不用绍言。

尝坐擅起学舍，为有司所纠，问绍谁可使者。绍曰："燕尚书郎高泰清辩有胆智，可使也。"使至长安，见猛曰："昔鲁僖公以泮宫发颂，齐宣王以稷下垂声，今阳平公开建学官，乃烦有司举劾，明公惩劝如此，下吏何所逃罪乎？"猛曰："是吾过也。"事遂释。猛因叹曰："高子伯岂阳平所宜吏乎！"言于秦王坚。坚召见，问以为治之本。对曰："治本在

桓温本来企望简文帝临终将皇位禅让给自己,如果不能这样,便应当让他摄政。后来事情未能如他所愿,他给弟弟桓冲写信说:"遗诏让我依照诸葛武侯、王公的旧例行事!"桓温怀疑此事是王坦之、谢安从中作梗,心中忌恨。

八月,前秦加任王猛为都督中外诸军事。

王猛到长安,又加任都督中外诸军事。辞让的表章呈上三四次,前秦王符坚不许,说:"朕正要统一天下,除了你还有谁能委此重任? 你不能辞让宰相,就如同朕不能辞让天下一样。"

王猛担任宰相,符坚端身拱手一无所为于上,百官大臣统属听命于下,军国大事,无不由他决定。王猛刚直明断,清廉严肃,对善恶是非分辨得十分清楚,黜免尸位素餐的官吏,擢拔任用被埋没在民间下层的人才,鼓励农耕蚕桑,整治训练军队,任用官吏一定与其才能相当,处罚犯人一定与其罪过相称。因此国富兵强,战无不胜,前秦国内大治。符坚命令太子符宏和长乐公符丕等说:"你们事奉王公,应该像事奉我一样。"

阳平公符融年纪轻,在冀州任职时,为政喜好新奇,察事崇尚苛刻烦琐。治中别驾申绍几次规劝,引导他实行宽和的政策,符融虽然很尊敬申绍,却没能完全听从。后申绍被调出任济北太守,符融屡次因为过失上闻,数次受到朝廷责备,才后悔没有接受申绍的建议。

符融曾经因为擅自修建学舍之罪,被有关部门所纠举,于是符融询问申绍谁可以充任使者去京师申辩。申绍说:"燕国的尚书郎高泰能言善辩,具有胆量智谋,可以派他去。"符融便命高泰前往长安,高泰见到王猛说:"从前鲁僖公因为在泮水建立学宫而被歌颂,齐宣王因为在稷下设馆尊礼士人而留名后世,现在阳平公开建学宫,您却麻烦有关部门纠举弹劾,明公您像这样惩罚勉励,下面的官吏到哪里去逃避罪责呢?"王猛说:"这是我的错。"事情于是化解。王猛因此叹息说:"高子伯哪里是阳平公所可以使用的!"于是将这件事告诉了前秦王符坚。符坚召见高泰,问他治理国家的根本。高泰回答说:"治理国家的根本在于

得人,得人在审举,审举在核真,未有官得其人,而国家不治者也。"坚曰:"可谓辞简而理博矣。"以为尚书郎。固请还州,许之。

　　冬十月,葬高平陵。　　三吴大旱,饥。

　　癸酉(373)　晋烈宗孝武帝宁康元年秦建元九年。
　　春二月,大司马温来朝。
　　桓温来朝,诏吏部尚书谢安、侍中王坦之迎于新亭。时都下恟恟,云欲诛王、谢,因移晋祚。坦之甚惧,安神色不变,曰:"晋祚存亡,决于此行。"温既至,百官拜于道侧。温大陈兵卫,延见朝士。坦之流汗沾衣,倒执手版。安从容就席,谓温曰:"安闻诸侯有道,守在四邻,明公何须壁后置人邪?"温笑曰:"正自不能不尔。"遂命撤之,与安笑语移日。郗超卧帐中听其言,风动帐开,安笑曰:"郗生可谓入幕之宾矣。"时天子幼弱,外有强臣,安与坦之尽忠辅卫,卒安晋室。

　　三月,温有疾,还姑孰。
　　秋七月,大司马温卒,以桓冲都督扬、豫、江州军事。
　　初,温疾笃,讽朝廷求九锡,屡使人趣之。谢安、王坦之故缓其事,使袁宏具草。宏以示王彪之,彪之叹其文辞之美,因曰:"卿固大才,安可以此示人!"安见其草,辄改之,由是历旬不就。

得到人才,要想得到人才在于审慎选举,审慎选举在于核实真伪,没有官吏得到合适的人选,而国家还不能得到治理的事情。"符坚说:"您的话可以说是言辞简单而道理深远。"任命他为尚书郎。高泰坚决请求返回冀州,符坚允许。

冬十月,东晋安葬简文帝于高平陵。 三吴地区出现大旱,造成饥荒。

晋孝武帝

癸酉(373) **晋烈宗孝武帝宁康元年** 前秦建元九年。

春二月,大司马桓温进京师朝见。

桓温来京师朝见,朝廷诏令尚书谢安、侍中王坦之前往新亭迎接。当时京师人心惶惶,传言桓温将要杀掉王坦之、谢安二人,随之夺取晋室天下。王坦之甚为恐惧,谢安却神色不变,说:"晋室皇位的存亡,决定于我们此行。"桓温到达之后,朝廷百官下拜于道旁。桓温大张警卫将士,接见朝廷各级官员。王坦之汗流遍体,沾湿内衣,紧张得连手版都拿倒了。谢安从从容容入位坐定,对桓温说:"谢安我听说诸侯有道时,守卫在四邻,明公哪里用得着在壁后埋伏人呢?"桓温笑着说:"正因为不得不如此。"于是命令撤去壁后卫士,与谢安欢笑交谈良久。郗超当时躺卧在帷帐之中听他们交谈,一阵风过来吹开了帐子,谢安笑着说:"郗生真可以称作是入幕之宾了。"当时天子年幼势弱,外有强臣,谢安与王坦之尽忠辅佐卫护,终于使晋室得以稳定。

三月,桓温患病,返回姑孰。

秋七月,大司马桓温去世,以桓冲都督扬、豫、江州诸军事。

当初,桓温病重,暗示朝廷给予他加九锡的特殊礼遇,屡次派人来催促。谢安、王坦之故意拖延时间,命袁宏起草加授九锡的诏书。袁宏写好后拿给王彪之看,王彪之惊叹他文辞的优美,随之说:"你当然是大手笔,怎么可以写这类文章让人看?"谢安见到袁宏的草稿,便加以修改,因此诏书十余天未能写定。

温弟江州刺史冲问安、坦之所任,温曰:"渠等不为汝所处分也。"

温以世子熙才弱,使冲领其众。温卒,熙及弟济谋杀冲,冲徙之长沙,称温遗命,以少子玄为嗣,时方五岁,袭封南郡公。

冲既代温居任,尽忠王室,或劝除时望,冲不从。始,温在镇,死罪皆专决。冲以为生杀之重,当归朝廷,须报后行。

皇太后临朝摄政,以王彪之为尚书令,谢安为仆射。

谢安以天子幼冲,欲请崇德太后临朝。彪之曰:"上年垂及冠婚,反令从嫂临朝,岂所以光扬圣德乎?"安不欲委任桓冲,故使太后临朝,已得专决,遂不从其言。彪之与共掌朝政,安每叹曰:"朝廷大事,众所不能决者,以谘王公,无不立决。"

冬,秦寇梁、益,陷之。

秦王坚使王统、朱肜帅卒二万出汉川,毛当、徐成帅卒三万出剑门,以寇梁、益。梁州刺史杨亮拒之,战败,肜遂拔汉中,徐成亦克剑门。杨安进攻梓潼,太守周虓固守涪城,遣步、骑送母、妻趣江陵,肜邀而获之,虓遂降。十一月,秦取二州,邛、莋、夜郎皆附之。秦以杨安镇成都,毛当镇汉中,姚苌屯垫江,王统镇仇池。

坚欲以周虓为尚书郎,虓曰:"蒙晋厚恩,但老母见获,失节于此。母子获全,秦之惠也。虽公侯之贵,不以为

桓温的弟弟江州刺史桓冲问应如何安排谢安、王坦之，桓温说："他们不会被你来安排。"

桓温因为世子桓熙才略低下，让桓冲接管自己的军队。桓温去世，桓熙和他的弟弟桓济密谋要杀掉桓冲，桓冲将他们迁徙到长沙，并声称桓温留下遗命，由小儿子桓玄为他的继承人。桓玄当时刚刚五岁，继承南郡公的爵位。

桓冲接替桓温的职任后，尽忠于王室，有人劝他杀掉当时有声望的人，桓冲不听。当初，桓温在姑孰镇上时，死罪都由自己决定执行。桓冲认为生杀这样的大事，应当由朝廷来决定，要先行呈报，然后执行。

皇太后临朝摄政，任命王彪之为尚书令，谢安为尚书仆射。

谢安因为天子年幼，想请崇德太后临朝摄政。王彪之说："皇上已经快到加冠结婚的年龄了，却反而要让堂嫂临朝摄政，这难道是传扬光大圣德的做法吗？"谢安不想将朝廷大权交给桓冲，所以让太后临朝，而这样自己就可利用太后专断朝政，于是没有听从王彪之的建议。王彪之与谢安共掌朝政，谢安常常感叹地说："朝廷大事，大家不能决断的，只要去询问王公，没有不立时决断的。"

冬季，前秦侵犯梁、益二州，将二州攻占。

前秦王苻坚命令王统、朱肜率领士卒二万从汉川进军，毛当、徐成率领士卒三万从剑门进军，进攻东晋的梁、益二州。东晋梁州刺史杨亮率兵抵抗，战败，朱肜于是攻占汉中。与此同时，徐成也攻克剑门。杨安进攻梓潼，梓潼太守周虓坚守涪城，派遣步、骑组成的部队护送他的母亲和妻子赶往江陵，朱肜率军截击，将他的母、妻擒获，周虓便投降了前秦。十一月，前秦攻取梁、益二州，邛都、莋都、夜郎等地都归附了前秦。前秦以杨安镇守成都，毛当镇守汉中，姚苌驻屯垫江，王统镇守仇池。

苻坚准备任命周虓为尚书郎，周虓说："我蒙受了晋朝的厚恩，只因老母被俘，才使我失节归附于秦。我们母子得以平安全身，这是秦国的恩惠。即使公侯那样的高贵地位，我也不以为

荣。"遂不仕。每见坚,或箕踞而坐,呼为氐贼。尝值元会,
仪卫甚盛,坚问之曰:"晋朝元会,与此何如?"虓攘袂厉声
曰:"犬羊相聚,何敢比拟天朝!"秦人以虓不逊,屡请杀之,
坚待之弥厚。

以王坦之为中书令,领丹阳尹。　彗星见。

彗星出于尾、箕,长十余丈,经太微,扫东井,自四月
见,及冬不灭。秦太史令张孟言:"尾、箕,燕分;东井,秦分
也。今彗起尾、箕而扫东井,十年之后,燕当灭秦,二十年
之后,代当灭燕。慕容氏布列朝廷,臣窃忧之,宜剪其魁杰
以消天变。"坚不听。

阳平公融亦上疏言之,坚报曰:"朕方混六合为一家,
视夷狄为赤子,汝宜息虑,勿怀耿介。夫惟修德可以禳灾,
苟能内求诸己,何惧外患乎?"

其后,有人入秦明光殿大呼曰:"甲申乙酉,鱼羊食
人,悲哉!无复遗。"坚命执之,不获。朱彤、赵整固请诛
诸鲜卑,坚不听。整,宦官也。博闻强记,能属文,好直言
面谏。慕容垂夫人得幸于坚,坚与之同辇游于后庭。整歌
曰:"不见雀来入燕室,但见浮云蔽白日。"坚改容谢之,命
夫人下辇。

甲戌(374)　二年秦建元十年。
春二月,以王坦之都督徐、兖等州军事。诏谢安总中书。

荣,何况一个郎官呢?"于是不肯入仕。周虓每次见到苻坚,都很不礼貌,有时甚至叉开双腿而坐,大声称呼苻坚为氐贼。一次正值元旦朝会,仪仗侍卫极为隆盛,苻坚向他说:"晋朝的元旦朝会,与我们的相比怎么样?"周虓卷起袖子,疾言厉色地说:"犬羊相聚的场面,怎么敢与天朝相比!"前秦人因为周虓不恭顺,屡次请求将他杀掉,苻坚却待他更为优厚。

东晋任命王坦之为中书令,兼任丹阳尹。　彗星出现。

彗星出现在尾宿、箕宿之间,长十余丈,经过太微垣,扫过东井宿,从四月出现,直至冬天仍然存在不曾消失。前秦太史令张孟进言说:"尾宿、箕宿,从分野上看属于燕国;东井宿,从分野上看属于秦国。现在彗星起于尾宿、箕宿之间而扫过东井宿,十年之后,燕将会灭掉秦国,二十年以后,代国将会灭掉燕国。现在慕容氏遍布朝廷之上,臣私下感到忧虑,应当铲除他们当中的首领豪杰以消除天变。"苻坚不听。

阳平公苻融也上疏进言劝谏,苻坚回答说:"朕正要统一四海为一家,将夷狄异族当作婴儿一样看待,你应当消除掉忧虑,不要耿耿于怀。只有修明德性才可以解除灾祸,如果能在内责求于自己,怕什么外患呢?"

此后,忽然有人进入前秦皇宫的明光殿大声呼喊说:"甲申乙酉,鱼羊吃人,悲哀呀!没有人能够留下来。"苻坚命令将这人抓起来,没能抓到。朱彤、赵整坚决请求诛杀诸鲜卑人,苻坚没有听从。赵整是宦官。他学问渊博,记忆力很强,能写文章,喜欢当面直言进谏。慕容垂的夫人得到苻坚的宠幸,苻坚与她同乘辇车在后庭游乐。赵整作歌说:"不见雀来入燕室,但见浮云遮住白日。"苻坚听到后改变脸色向他谢罪,并命令慕容垂夫人走下辇车。

甲戌(374)　晋烈宗孝武帝宁康二年前秦建元十年。

春二月,东晋命王坦之都督徐、兖等州诸军事。孝武帝诏令谢安总理中书省事。

安好声律,期功之惨,不废丝竹,士大夫效之,遂以成俗。坦之屡书苦谏,曰:"天下之宝,当为天下惜之。"安不能从。

又尝与王羲之登冶城,悠然遐想,有高世之志。羲之谓曰:"夏禹勤王,手足胼胝,文王旰食,日不暇给。今四郊多垒,宜思自效,而虚谈废务,浮文妨要,恐非当世所宜。"安曰:"秦任商鞅,二世而亡,岂清言致患邪?"

乙亥(375) 三年秦建元十一年。

夏五月,徐兖都督、蓝田侯王坦之卒。

坦之临终,与谢安、桓冲书,惟以国家为忧,言不及私。卒,谥曰献。

以桓冲为徐州刺史,谢安领扬州刺史。

冲以安素有重望,以扬州刺史让之,自求外出。桓氏族党莫不苦谏,冲处之澹然。

秋七月,秦丞相王猛卒。

猛寝疾,秦王坚亲为祈郊庙社稷,分遣侍臣遍祷河岳。疾少瘳,为之赦殊死以下。猛上疏曰:"不图陛下以臣之命而亏天地之德,开辟已来,未之有也。臣闻报德莫如尽言,谨以垂没之命,窃献遗款。夫善作者不必善成,善始者不必善终,古先哲王知功业之不易,战战兢兢,如临深谷。伏

谢安喜好音乐，就是碰到亲戚的丧事，也不停止欣赏丝竹器乐的娱乐，士大夫们纷纷仿效，于是成为当时的一种风俗。王坦之多次给他写信苦苦相劝，说："礼法，是天下的宝物，应该为天下人爱惜它。"谢安不能听从。

谢安又曾经与王羲之同登冶城，忽悠然遐想，有超世脱俗的心思。王羲之对他说："夏禹勤于王事，手掌足底生满厚茧，周文王整天忙于政事，天色晚了才有时间吃饭。现在四方边界多有防卫堡垒，正当多事之秋，应该考虑如何为国效力，您却虚谈废务，浮文妨碍为政大要，这恐怕不是对当今之世很适宜的东西。"谢安说："战国时秦国委任商鞅，却只经二世便灭亡了，这难道是清言所带来的灾患吗？"

乙亥（375） **晋烈宗孝武帝宁康三年**秦建元十一年。

夏五月，东晋徐兖二州都督、蓝田侯王坦之去世。

王坦之临终之前给谢安、桓冲写了书信，信中只对国家表示忧虑，所言丝毫没有涉及个人的事情。去世后，朝廷赐谥号称献。

东晋任命桓冲为徐州刺史，谢安兼任扬州刺史。

桓冲因为谢安素来有很重的名望，将扬州刺史让给他，自己请求到朝廷之外任职。桓氏的宗族党羽都苦苦劝谏，桓冲一概不听，把权势看得很淡泊。

秋七月，前秦丞相王猛去世。

王猛患病卧床，前秦王苻坚亲自为他到郊外及宗庙、社稷坛祈祷，又分派侍臣到各地遍祈黄河及华岳诸神，企望他能康复。王猛的病稍稍减轻，苻坚又为之赦免被判斩首之刑以下的罪犯。王猛上疏说："想不到陛下因为臣的性命而亏欠天地之德，这是开天辟地以来没有过的事情。臣听说报答恩德莫过于尽吐真言，谨以将死之命，私下进献一些遗忠。善于开创的不一定善于成就功业，有完美开始的不一定有圆满的结局，古代的圣明君主知道建立功业的不易，都是战战兢兢，如临深谷。臣敬希

惟陛下,追踪前圣,天下幸甚。"坚览之悲恸。七月,坚亲至
猛第视疾,访以后事。猛曰:"晋虽僻处江南,然正朔相承,
上下安和,臣没之后,愿勿以晋为图。鲜卑、西羌,我之仇
敌,终为人患,宜渐除之,以便社稷。"言终而卒。坚比敛,
三临哭,谓太子宏曰:"天不欲使吾平壹六合邪,何夺吾景
略之速也?"葬之如汉霍光故事,谥曰武。

八月,立皇后王氏。

后,濛之孙也。

九月,以徐邈为中书舍人。

帝讲《孝经》,始览典籍,延儒士。谢安荐邈补中书舍
人,每被顾问,多所匡益。帝或宴集,酣乐之后,好为诗章,
文词秽杂。邈应时收敛,还省刊削,经帝重览,然后出之。

**冬十月朔,日食。 秦置听讼观。遣太子入学。禁
《老》《庄》、图谶之学。**

秦王坚诏曰:"新丧贤辅,百司或未称朕心,可置听讼
观,五日一临,以求民隐。今天下虽未大定,权可偃武修
文,以称武侯雅旨。其增崇儒教,禁《老》《庄》、图谶之学,
犯者弃市。"妙简学生,太子及群臣之子皆就学受业。尚书
郎王佩读谶,坚杀之,谶学遂绝。

丙子(376) **太元元年**秦建元十二年。是岁,凉、代皆亡,凡
僭国一。

陛下，能够追随前代的圣明君主，那将是天下的大幸。"符坚看到王猛的表章后，十分伤心悲痛。七月，符坚亲自到王猛家中去探望病情，并向他询问后事。王猛说："晋国虽然僻居于江南一隅，然而它是中原王朝的正统相承，君臣上下安定和睦，臣死之后，希望您不要图谋晋国。鲜卑、西羌，是我们的仇敌，终究要成为祸患，应当逐渐除掉他们，以利于国家。"说完这番话，王猛就去世了。符坚到王猛入殓的时候，三次亲自到灵前痛哭，对太子符宏说："老天难道不想让我统一天下吗，为什么这么早就夺去我的王景略呢？"按照汉代霍光的葬礼旧例安葬了王猛，赐予他谥号为武。

八月，东晋朝廷立王氏为皇后。

王皇后是王濛的孙女。

九月，东晋朝廷任命徐邈为中书舍人。

孝武帝讲习《孝经》，开始阅览儒家典籍，延见儒士。谢安推荐徐邈为中书舍人，徐邈常常接受孝武帝的询问，多所匡正补益。孝武帝有时候宴集大臣，酒酣畅快之后，喜欢吟写诗章，文辞污秽杂乱。徐邈总随时将这些诗章收集起来，回中书省删改修正，再经孝武帝重新看过，然后才使其流传出去。

冬十月初一，出现日食。　前秦设置听讼观。命太子入学读书。禁止《老子》《庄子》及图谶之学。

前秦王符坚下诏说："最近失去贤明的首辅，朝廷百官中或有不能称朕心思的人，可设置听讼观，朕五日一去，以访求百姓的隐情。现在天下虽然还没能完全平定，但权且可以停息武事，修明文教，以便符合武侯王猛高雅的意旨。现在要尊崇儒家学说，禁止《老子》《庄子》及图谶之学，有违犯的斩首示众。"精细地挑选学生，让太子及群臣的儿子都到学校从师学习。尚书郎王佩读谶书，符坚将他杀掉，谶学从此绝迹。

丙子(376)　**晋烈宗孝武帝太元元年**前秦建元十二年，这年，凉、代皆亡，共一个僭越国。

春正月朔,帝冠。太后归政。以谢安为中书监、录尚书事。　秦遣侍臣分巡郡县。

秦王坚下诏曰:"往得丞相,常谓帝王易为。自丞相违世,须发半白。今天下既无丞相,或政教沦替,可遣侍臣分巡郡县,问民疾苦。"

秋七月,秦遣兵击凉州。八月,败其兵,凉将掌据死之,张天锡降。

天锡荒于酒色,不亲庶务,黜世子大怀,而立嬖妾之子大豫,人情愤怨。

秦王坚以天锡臣道未纯,遣将军苟苌、梁熙等将兵临西河;尚书郎闫负、梁殊奉诏征之,若有违命,即进师扑讨。负、殊至姑臧。

天锡会官属谋之。皆怒曰:"吾世事晋朝,忠节著于海内。今一旦委身贼庭,丑莫大焉!且河西天险,若悉境内精兵,右招西域,北引匈奴以拒之,何遽知其不捷也!"天锡攘袂大言曰:"孤计决矣,言降者斩!"使谓负、殊曰:"君欲生归乎,死归乎?"殊等辞气不屈,天锡怒,射杀之。其母严氏泣曰:"秦主横制天下,兵不留行,汝若降之,犹可延数年之命,今既抗衡,又杀其使者,亡无日矣。"天锡使将军马建帅众二万拒秦。

八月,秦师济河。天锡又遣掌据帅众三万军于洪池。苟苌使姚苌为前驱,马建迎降,据兵败,就帐免胄,西向稽首,伏剑而死。秦兵遂至姑臧,天锡面缚出降,凉州郡县悉下。

春正月初一,孝武帝加冠。太后将朝政大权归还孝武帝。任谢安为中书监、录尚书事。　前秦派侍臣分头巡视郡县。

　　前秦王符坚下诏说:"往昔得到丞相王猛,常认为帝王是很容易做的。自从丞相去世,朕已经为政事操劳得头发半白了。现在天下既然已经没有了王猛丞相,政教或许会有松懈衰废之处,可以派遣侍臣分头巡视郡县,探问百姓的疾苦。"

　　秋七月,前秦派遣军队进攻凉州。八月,击败凉州军队,凉将掌据战死,张天锡投降前秦。

　　张天锡沉溺于酒色,不亲自处理朝政事务,废黜世子张大怀,而把宠妾生的儿子张大豫立为世子,人们对此都非常怨恨愤怒。

　　前秦王符坚因为张天锡不能彻底地遵奉为臣之道,派遣将军苟苌、梁熙等率领军队逼临西河;同时让尚书郎闫负、梁殊持诏书征召张天锡入朝,如果他违命不来,立即进军讨伐。闫负、梁殊到达姑臧。

　　张天锡会集文武官员商议。众官员都生气地说:"我们世代事奉晋朝,忠义之节显扬于海内。现在一旦委身于秦国贼庭,耻辱没有比这更大的了!况且河西是天险之地,如果我们发动境内的全部精锐士卒,向西招来西域各国的兵将,向北引请匈奴的雄兵来抵御他们,怎么便知道不能取胜?"张天锡挽起袖子大声说:"孤的主意定了,敢说投降的斩首!"于是使人对闫负、梁殊说:"你们想活着回去,还是想死着回去?"梁殊等人言辞神色都毫不屈服,张天锡发怒,命人将他们用箭射死。他的母亲严氏哭着说:"秦主横扫天下,大军所到之处势如破竹,你如果投降,还可以延长几年性命,现在既要与之抗衡,又杀掉了他的使者,灭亡指日可待了。"张天锡命令将军马建率将士二万抵御前秦军队。

　　八月,前秦大军渡过黄河。张天锡又派遣掌据率将士三万屯于洪池。苟苌命令姚苌为前锋,马建率部投降前秦,掌据被前秦军队击败,进入军帐摘下头盔,向西方叩头下拜,举剑自刎而死。前秦大军于是抵达姑臧,张天锡自己用绳背捆双手出降,凉州郡县全部投降前秦。

秦以梁熙为凉州刺史,镇姑臧。封天锡归义侯。初,秦兵之出也,先为天锡筑第于长安,至则居之。

熙清俭爱民,河右安之。初,桓冲闻秦攻凉州,遣兵分道桡秦以救凉,不克而罢。

诏除度田收租之制。

初,哀帝减田租,亩收二升,至是除之。王公以下,口税米三斛,蠲在役之身。

冬十一月朔,日食。 秦遣兵击代,败之。十二月,代寔君弑其君什翼犍。秦讨杀之。遂分代为二部。

刘卫辰为代所逼,求救于秦,秦王坚遣行唐公洛、邓羌、朱彤等将兵击之,以卫辰为乡导。

代王什翼犍使南部大人刘库仁将兵拒战,大败。什翼犍病,不能自将,乃奔阴山之北。闻秦兵稍退,复还云中。

初,什翼犍世子寔早卒。寔子珪尚幼,慕容妃诸子皆长,继嗣未定。庶长子寔君遂杀诸弟,并弑什翼犍。秦兵趋云中,部众逃溃,国中大乱。珪母贺氏以珪走,依贺讷。

秦王坚召代长史燕凤,问代乱故,凤具以对。坚曰:"天下之恶一也。"乃执寔君至长安,车裂之。坚欲迁珪于长安,凤固请曰:"代王遗孙冲幼,莫相统摄。库仁勇而有知,卫辰狡猾多变,皆不可独任。宜分诸部为二,令此二人

前秦任命梁熙为凉州刺史，镇守姑臧。封张天锡为归义侯。当初，前秦在军队出发时，先为张天锡在长安修筑宅第，张天锡到长安后便居住在那里。

梁熙清廉节俭，爱护百姓，河西地区非常安定。当初，东晋桓冲听说前秦进攻凉州，派遣军队分道骚扰前秦以便援救，没能成功，各路军队全都撤回。

东晋下诏废除度田收取田租的制度。

当初，晋哀帝减少田租，每亩收租二升，到这时废除此项制度。规定：自王公以下，每人交纳税米三斛，服兵役、劳役的人免除赋税。

冬十一月初一，出现日食。 前秦派遣军队进攻代国，击败代国军队。十二月，代国拓跋寔君杀害其君拓跋什翼犍。前秦进军讨伐，将他杀掉。于是前秦分代国为二部。

匈奴刘卫辰受到代国势力的逼迫，向前秦求救，前秦王符坚派遣行唐公符洛、邓羌、朱肜等率领军队进攻代国，以刘卫辰为向导。

代王拓跋什翼犍命南部大人刘库仁率领军队迎击，大败。拓跋什翼犍有病在身，不能亲自领兵迎战，便率部众逃往阴山之北。后拓跋什翼犍听说前秦军队渐渐撤退，又返回云中。

当初，拓跋什翼犍世子拓跋寔早逝。拓跋寔之子拓跋珪年纪还很小，慕容妃生的几个儿子皆已年长，继承王位的人选尚未确定。拓跋什翼犍的庶长子拓跋寔君于是杀掉诸弟，并杀害拓跋什翼犍。前秦军队直趋云中，代国部众逃跑溃散，国中大乱。拓跋珪的母亲贺氏带着拓跋珪逃走，依附贺讷。

前秦王符坚召见代国长史燕凤，询问代国大乱的缘故，燕凤把事情经过据实相告。符坚说："天下的凶恶到哪儿都是凶恶。"于是抓起拓跋寔君送到长安，用车裂之刑将他处死。符坚想将拓跋珪迁徙至长安，燕凤一再请求符坚说："代王的遗孙年幼，没有人来统领部众。刘库仁勇敢而有智谋，刘卫辰狡猾多变，他们二人都不能单独统领代国。应当分诸部落为两部分，令这二人

统之,两人素有深仇,而势莫敢先发。俟其孙稍长,立之,是陛下有存亡继绝之德于代,使其子孙永为不侵不叛之臣,此安边之良策也。"坚从之,分代为二部。自河以东属库仁,自河以西属卫辰,使统其众。贺氏以珪依库仁。

库仁招抚离散,恩信甚著,奉事拓跋珪恩勤周备,不以废兴易意,常谓诸子曰:"此儿有高天下之志,必能恢隆祖业,汝曹当谨遇之。"

慕容绍私谓其兄楷曰:"秦恃其强大,务胜不休,北戍云中,南守蜀、汉,转运万里,道殣相望,兵疲民困,危亡近矣。"

丁丑(377)　二年秦建元十三年。
春,高句丽、新罗、西南夷皆遣使朝贡于秦。　秦以熊邈为将作长史。
赵故将作功曹熊邈屡为秦王坚言石氏宫室器玩之盛,坚以邈为将作长史,大修舟舰、兵器,饰以金银,颇极精巧。慕容农私言于垂曰:"自王猛之死,秦之法制日以颓靡,今又重之以奢侈,殃将至矣。大王宜结纳英杰,以承天意。"垂笑曰:"天下事非尔所及!"

以朱序为梁州刺史,镇襄阳。　秋七月,以谢安都督扬、豫等州军事。　冬十月,以桓冲都督江、荆等州军事,谢玄监江北军事。
桓冲以秦人强盛,欲移阻江南,奏自江陵徙镇上明,使刘波守江陵,杨亮守江夏。

分别统领一部,两人素来有深仇,而这种情况使他们都不敢先动手发难。等到代王遗孙长大,陛下便立他为代王,这是陛下对代国有存亡继绝的大德,可以使其子孙永远做不侵不叛的臣属,这是安定边疆的良策。"符坚采纳燕凤的建议,分代国为两部。自黄河以东属刘库仁,自黄河以西属刘卫辰,命他们各自统领两部的部众。贺氏带着拓跋珪依附刘库仁。

刘库仁招徕安抚叛离逃散的部众百姓,恩德信誉昭著,事奉拓跋珪殷勤周到,不因他的废兴而变易态度心思,常常对自己的儿子们说:"这个孩子有高视天下的志向,一定能光大兴隆祖先的功业,你们这些人要小心谨慎地对待他。"

慕容绍私下对其兄慕容楷说:"秦国依仗其力量强大,全力求胜不知止息,北边戍守云中,南边镇守蜀、汉地区,万里之间辗转运输,路上饥饿而死者相望,将士疲惫百姓困乏,危亡之日已经不远了。"

丁丑(377) 晋烈宗孝武帝太元二年前秦建元十三年。

春,高句丽、新罗、西南夷都派使者来前秦朝见进贡。　前秦任命熊邈为将作长史。

原后赵的将作功曹熊邈屡次向前秦王符坚言讲后赵主石氏宫室、器物珍玩的华丽丰盛,符坚于是任命熊邈为将作长史,大规模地建造舟船、兵器,上边都用金银作装饰,极尽精巧。慕容农私下对慕容垂说:"自从王猛死后,秦国的法律制度日渐荒废,现在又再加以奢侈,灾祸快要降临了。大王您应当结交收纳天下英杰,以禀承天意。"慕容垂笑着说:"天下的事不是你所能料及的。"

东晋任命朱序为梁州刺史,镇守襄阳。　秋七月,以谢安都督扬、豫等州军事。　冬十月,以桓冲都督江、荆等州军事,谢玄监江北军事。

桓冲因为前秦力量强盛,想要迁徙至江南以依托长江险阻,便奏请自江陵移镇上明,命刘波镇守江陵,杨亮镇守江夏。

初，中书郎郗超自以其父愔位遇应在谢安之右，而优游散地，常愤邑形于词色，由是与谢氏有隙。时朝廷方以秦寇为忧，诏求文武良将可镇御北方者，安以兄子玄应诏。超闻之，叹曰："安之明，乃能违众举亲；玄之才，足以不负所举。"众咸以为不然。超曰："吾尝与玄共在桓公府，见其使才，虽履屐间未尝不得其任，是以知之。"

玄镇广陵，募骁勇之士，得彭城刘牢之等数人，以牢之为参军，常领精锐为前锋，战无不捷，时号"北府兵"，敌人畏之。

散骑常侍王彪之卒。

初，谢安欲增修宫室，彪之曰："中兴之初，即东府为宫，殊为俭陋。苏峻之乱，成帝止兰台都坐，不蔽风雨，是以更营新宫。比之汉、魏则为俭，比之初过江则为侈矣。今寇敌方强，岂可大兴功役，扰百姓邪！"安曰："宫室弊陋，后世谓人无能。"彪之曰："凡任天下之重者，当保国宁家，缉熙政事，乃以修室屋为能邪？"安不能夺，故终彪之之世，无所营造。

临海太守郗超卒。

初，超党于桓氏，以父愔忠于王室，不令知之。及病甚，出一箱书授门生曰："公年尊，我死之后，若以哀恸害寝食者，可呈此，不尔，即焚之。"超卒，愔果成疾，门生呈箱，皆与桓温往返密计。愔大怒曰："小子死已晚矣！"遂不复哭。

当初，中书郎郗超自认为其父郗愔的职位待遇应该在谢安之上，但郗愔却仅仅在闲散的位置上悠闲任职，因而郗超常常为此愤恨郁闷而形于辞色，由此与谢安之间出现隔阂。当时朝廷正因前秦的进犯大为忧虑，诏令征求可以镇守防卫北方边境的文武良将，谢安荐举他的侄儿谢玄应诏。郗超闻知这件事，感叹说："谢安贤明，才能违背众人的非议荐举亲族；谢玄人才出众，足以不辜负谢安的荐举。"众人都认为未必如此。郗超说："我曾经与谢玄一同在桓温的府中共事，见他任用人才，即使是处理木鞋与皮鞋之间这类小事也不曾不得其人，所以知道。"

谢玄镇守广陵，招募骁猛勇敢之士，得到彭城刘牢之等数人，任用刘牢之为参军，常使刘牢之率领精锐士卒为前锋，所至战无不胜，当时号称"北府兵"，敌人很是害怕。

东晋散骑常侍王彪之去世。

当初，谢安想要扩建宫室，王彪之说："晋室中兴之初，元帝居东府以为皇宫，极为简陋。苏峻之乱的时候，成帝住在御史官员办公的兰台都坐，几乎连风雨都不能遮蔽，因以才重新营建新宫。与汉、魏时相比，算是简陋，与元帝刚刚过江的时候相比，则要算是奢侈了。现在敌寇正强，怎么可以大兴土木功役，劳扰百姓呢？"谢安说："宫室简陋，后世会说现在的人无能。"王彪之说："凡是承负天下重任的人，应当保全国家安定百姓，使政事顺畅光明，怎么竟然以修建宫室为能事呢？"谢安不能说服王彪之，所以终王彪之之世，对于宫室无所营造。

东晋临海太守郗超去世。

当初，郗超党附于桓氏，因为他的父亲郗愔忠于王室，所以不让父亲知道这事。等到他病重时，拿出一箱书信给他的门生说："我的父亲年纪大了，我死以后，如果他老人家因为悲痛惋惜而寝食不安的话，可以将这些书信呈上，如果没有这样，便把箱子烧掉。"郗超去世后，郗愔果然悲痛患病，郗超的门生将箱子呈上，里边都是与桓温往返密谋的书信。郗愔大怒说："这小子已经死得晚了！"便不再因为郗超悲痛哭泣了。

戊寅（378） 三年秦建元十四年。

春二月，作新宫。　秦寇凉州。夏四日，陷南阳。

秦王坚遣长乐公丕、将军苟苌、石越、慕容垂等，四道会攻襄阳。梁州刺史朱序以秦无舟楫，不以为虞。既而石越帅骑五千浮渡汉水，序惶骇，固守中城。越克其外郭，获船百余艘，以济余军。丕督诸将攻中城。

序母韩氏闻秦兵将至，自登城履行西北隅，以为不固，帅百余婢及城中女丁筑邪城于其内。及秦兵至，西北隅果溃，移守新城，襄阳人谓之“夫人城”。

桓冲在上明，拥众七万，惮秦兵强，不敢进。

丕欲急攻襄阳，苟苌曰：“吾众十倍于敌，糗粮山积，但稍迁汉、沔之民于许、洛，塞其运道，绝其援兵，譬如网中之禽，何患不获，而多杀将士，急求成功哉。”丕从之。慕容垂拔南阳，执太守郑裔，与丕会。

秋七月，新宫成。　秦遣兵分道寇盱眙、彭城、魏兴。

彭超请攻沛郡太守戴逯于彭城，且曰：“愿更遣重将攻淮南，为棋劫之势，东西并进，丹阳不足平也！”秦王坚从之，使俱难帅步、骑七万寇淮阳、盱眙。八月，超攻彭城。诏右将军毛虎生帅众镇姑孰以御之。

秦又使韦钟围魏兴太守吉挹于西城。

九月，秦王坚宴群臣。

戊寅（378） 晋烈宗孝武帝太元三年前秦建元十四年。

春二月，东晋修建新皇宫。 前秦侵犯凉州。夏四月，前秦军队攻占南阳。

前秦王苻坚派遣长乐公苻丕、将军苟苌、石越、慕容垂等人各率将士，分四路会攻襄阳。东晋梁州刺史朱序因为前秦没有舟船水军，不以为忧。不久石越率骑兵五千浮渡汉水，朱序惊惶恐惧，固守襄阳内城。石越攻克襄阳外城，缴获船只百余艘，用来接送其余军队渡河。苻丕督率众将进攻内城。

朱序的母亲韩氏听说前秦军队将要到达，亲自登上城墙察看，认为西北角不够坚固，便率领婢女百余名和城中的妇女在城墙之内又斜着修筑一道城墙。等到前秦军杀到，西北角的城墙果然被敌攻破，将士们移守新修的城墙之上，襄阳人称这一城墙为"夫人城"。

桓冲镇守上明，拥有将士七万，惧怕前秦兵势强盛，不敢进军援救。

苻丕准备急攻襄阳，苟苌说："我方将士十倍于敌人，存粮堆积如山，只要渐渐地将汉水、沔水一带的百姓迁徙到许昌、洛阳，堵塞他们的运输路线，断绝他们的援军，他们就将像罗网之中的鸟儿一样，何愁抓不到他们呢？反而要多牺牲将士，去急于求得功劳吗？"苻丕听从了他的建议。慕容垂攻克南阳，生擒东晋南阳太守郑裔，与苻丕会师。

秋七月，东晋新建的皇宫落成。 前秦派遣军队分道侵犯东晋盱眙、彭城、魏兴等地。

前秦彭超请求进攻驻于彭城的东晋沛郡太守戴逯，并且建议说："希望再派遣大将进攻淮南，以便形成棋劫之势，东西并进，那样，丹阳将不值得一平！"前秦王苻坚听从他的建议，命俱难率步、骑七万侵犯淮阳、盱眙。八月，彭超进攻彭城。东晋朝廷诏令右将军毛虎生率将士镇守姑孰以抵御前秦军。

前秦又命韦钟进军西城，围攻东晋魏兴太守吉挹。

九月，前秦王苻坚集群臣宴饮。

秦王坚与群臣饮酒,以极醉为限。赵整作酒歌曰:"地列酒泉,天垂酒池。杜康妙识,仪狄先知。纣丧殷邦,桀倾夏国。由此言之,前危后则。"坚大悦,命整书之以为酒戒。自是宴群臣,礼饮而已。

冬十月,大宛献马于秦,不受。

大宛献汗血马于秦,秦王坚曰:"吾尝慕汉文帝为人,用千里马何为?"命群臣作《止马诗》而反之。

秦豫州刺史符重谋反,赦就第。

北海公重镇洛阳,谋反。秦王坚曰:"长史吕光忠正,必不与之同。"即命光收重,槛车送长安,赦之,以公就第。

己卯(379)　**四年**秦建元十五年。
春二月,秦陷襄阳,执刺史朱序以归。

秦御史中丞李柔劾奏:"长乐公丕等拥众十万,攻围小城,日费万金,久而无效,请征下廷尉。"秦王坚遣使持节切让丕等,赐丕剑曰:"来春不捷,汝可自裁,勿复持面见吾也。"

丕等惶恐,命诸军并力攻襄阳。坚欲自将来攻,阳平公融谏曰:"陛下欲取江南,固当博谋熟虑,不可仓猝。若止取襄阳,亲劳大驾,所谓'以隋侯之珠弹千仞之雀'也。"乃止。

朱序屡破秦兵,遂不设备。丕命诸军进攻,督护李伯护为内应,遂克襄阳,执序,送长安。坚以序能守节,拜度

前秦王苻坚与群臣宴会饮酒,每人以极醉为限。赵整作酒歌唱道:"地上列酒泉,天上垂酒池。杜康造酒的妙理,帝女仪狄最先知道。商纣毁丧殷商之邦,夏桀倾覆夏朝之国。由此说来,前人危亡,后人效法。"苻坚听后极为高兴,命令赵整书写下来作为酒戒。从此以后再宴饮群臣,仅依礼法饮酒而已。

冬十月,大宛国向前秦进献马匹,前秦王苻坚不肯接受。

大宛国向前秦进献汗血马,前秦王苻坚说:"我曾经很仰慕汉文帝的为人,用千里马做什么呢?"命令群臣作《止马诗》而将汗血马送还大宛国。

前秦豫州刺史苻重谋反,苻坚赦免其罪让他回家闲居。

前秦北海公苻重镇守洛阳,谋反。前秦王苻坚说:"长史吕光忠诚正直,一定不会与他同流合污。"便即命令吕光逮捕苻重,用槛车将他送到长安,赦免其谋反之罪,命他以公爵的身份返回宅第闲居。

己卯(379) **晋烈宗孝武帝太元四年**前秦建元十五年。

春二月,前秦攻占襄阳,生擒东晋梁州刺史朱序送归长安。

前秦御史中丞李柔上表劾奏说:"长乐公苻丕等人拥兵十万,围攻襄阳小城,每日耗费万金,日久没有功效,请将他们征召回朝送廷尉治罪。"前秦王苻坚派遣使者持节严厉责备苻丕等人,赏赐苻丕宝剑一把,说:"来年春天如果还不能取胜,你可以自杀,不要再腆颜来见我了。"

苻丕等人接诏后非常惶恐,命令各军合力进攻襄阳。苻坚想要自己率军进攻襄阳,阳平公苻融劝谏说:"陛下准备夺取江南之地,本来应当深思熟虑,不可仓促行事。如果只是想攻取襄阳,却要亲劳大驾,这正是所谓的'以隋侯之珠来弹射千仞之高的小雀'。"苻坚这才作罢。

朱序屡次击败前秦军,于是放松警惕不再防备。苻丕命各军进攻,东晋襄阳督护李伯护作前秦的内应,前秦军于是攻克襄阳,生擒朱序,送往长安。苻坚因为朱序能够守节,任命他为度

支尚书,以伯护为不忠,斩之。

秦将慕容越拔顺阳,执太守丁穆,坚欲官之,穆固辞不受。坚以梁成为荆州刺史,镇襄阳,选其才望,礼而用之。

秦陷彭城、淮阴。

谢玄帅众万余救彭城,军于泗口,欲遣间使报戴逯而不可得。部曲将田泓请没水潜行,玄遣之。为秦人所获,厚赂,使云南军已败,泓伪许之,既而告城中曰:"南军垂至,勉之!"秦人杀之。彭超置辎重于留城,玄扬声遣军向留城。超闻之,释彭城围,引兵还保辎重。逯帅众奔玄,超遂据彭城,留徐褒守之,南攻盱眙。俱难克淮阴,留邵保戍之。

三月,诏减省用度。

诏:"以疆场多虞,年谷不登,其供御所须,事从俭约,九亲供给,众官廪俸,权可减半。凡诸役费,非军国事要,皆宜停省。"

夏四月,秦陷魏兴,太守吉挹死之。

秦韦钟拔魏兴,吉挹引刀欲自杀,左右夺其刀,会秦人至,执之,挹不言不食而死。秦王坚叹曰:"周孟威不屈于前,丁彦远洁己于后,吉祖冲闭口而死,何晋氏之多忠臣也!"挹参军史颖逃归,得挹临终手疏,诏赠益州刺史。

五月,秦陷盱眙,进围三阿,谢玄连战,败走之。

支尚书,因李伯护不忠于东晋,将他斩首。

前秦将领慕容越攻克顺阳,生擒东晋顺阳太守丁穆,苻坚想授丁穆官职,丁穆坚决推辞不肯接受。苻坚任命梁成为荆州刺史,让他镇守襄阳,擢选当地有才能声望的人,以礼相待并任用他们。

前秦攻占彭城、淮阴。

东晋谢玄率将士万余人往救彭城,驻军于泗口,想派遣密使去告诉戴逯而没有合适的人选。部曲将田泓请求潜水去往彭城报信,谢玄便派遣他前往。田泓被前秦人抓获,前秦人用重金收买他,让他去向彭城守军说东晋南边的援军已经失败,田泓假意答应,但随后却告诉城中的晋军说:"南边的援军马上到达,你们努力吧!"前秦人将他杀掉。彭超将辎重放在留城,谢玄扬言将派遣军队进攻留城。彭超闻知,撤掉对彭城的包围,率领军队返回保护辎重。戴逯率领麾下将士投奔谢玄,彭超于是占据彭城,留下徐褒守城,自己率军南攻盱眙。俱难攻克淮阴,留下邵保率军戍守。

三月,东晋朝廷下诏命令减缩节省各项开支费用。

东晋朝廷下诏称:"由于边境多有忧患,年谷收成不好,供奉的御用所需之物,一概缩省节俭,皇家九族的供给,百官的俸禄,权且减掉一半。凡各种劳役费用,除了军国大事所需要的,全部应当停止。"

夏四月,前秦攻占魏兴,东晋魏兴太守吉挹死于国事。

前秦韦钟攻占魏兴,吉挹抽刀想要自杀,左右将士夺下他的刀,恰好这时前秦军杀到,吉挹被擒,他一言不发,不进饮食而死。前秦王苻坚感叹说:"周孟威不肯屈服于前,丁彦远自洁其身于后,吉祖冲现在又闭口而死,为什么晋朝忠臣如此之多呢?"吉挹的参军史颖逃回,朝廷得到吉挹临终写的亲笔奏疏,下诏赠予他益州刺史的称号。

五月,前秦攻占盱眙,进军围攻三阿,谢玄与前秦军队连续几次交战,击败前秦军并将其赶跑。

秦俱难、彭超拔盱眙,执内史毛璪之,遂围田洛于三阿,去广陵百里,朝廷大震,临江列戍。

谢玄自广陵救三阿,难、超战败,退保盱眙。六月,玄进攻之,又败,退屯淮阴。玄遣何谦帅舟师乘潮而上,夜焚淮桥,难、超退屯淮北。玄、谦共追之,战于君川,复大破之。难、超北走,仅以身免。玄还广陵,加领徐州刺史。

秦王坚大怒,征超下廷尉,超自杀。难削爵为民。

谢安为相,秦人屡入寇,众心危惧,安每镇以和静。其为政,务举大纲,不为小察,时人比安于王导,而谓文雅过之。

秦大饥。

庚辰(380) **五年**秦建元十六年。
春,秦复以苻重为镇北大将军,守蓟。 秦作教武堂。

秦作教武堂于渭城,命太学生明阴阳兵法者教授诸将。朱肜谏曰:"陛下四海之地什得其八,宜稍偃武修文,乃更始立学舍,教人战斗之术,殆非所以驯致升平也。且诸将百战之余,何患不习于兵,而更使受教于书生,非所以强其志气也,此无益于实,而有损于名。"坚乃止。

夏四月,秦幽州刺史苻洛及苻重举兵反,秦遣兵击之,斩重,擒洛,赦之。

前秦俱难、彭超攻克盱眙,生擒东晋高密内史毛璪之,于是将东晋幽州刺史田洛围于三阿,距离东晋广陵仅百里之遥,朝廷大震,沿长江列置戍卫部队防备。

谢玄自广陵救援三阿,俱难、彭超被东晋军击败,退守盱眙。六月,谢玄率军进攻盱眙,俱难、彭超又被击败,退军驻屯淮阴。谢玄派遣何谦率领水军趁涨潮沿淮河而进,乘夜焚烧淮桥,俱难、彭超再退驻屯淮北。谢玄、何谦一同率军追击,与前秦军战于君川,又一次大败其军。俱难、彭超北逃,仅以身免。谢玄返回广陵,朝廷加予他兼任徐州刺史的职位。

前秦王符坚闻知兵败大怒,征召彭超下廷尉治罪,彭超畏罪自杀。俱难被削去爵位降为平民。

东晋谢安任宰相之时,前秦人屡屡入寇,人们心中担忧恐惧,谢安每每以平和沉静的做法加以镇抚。他为政务求振举大纲,不苛求于小事细节,当时人将谢安比作王导,但认为他的文雅超过王导。

前秦发生大饥荒。

庚辰(380) **晋烈宗孝武帝太元五年**前秦建元十六年。

春季,前秦又任命符重为镇北大将军,镇守蓟城。 前秦修建讲武堂。

前秦在渭城修建了讲武堂,命令太学生中明晓阴阳兵法的人去教授众将。朱肜劝谏他说:“陛下已经得到天下之地的十分之八了,应当渐渐停息武事修明文德,现在却竟然创建学舍,教人以战斗的方法,这大概不是用来顺利地招致天下升平的办法。况且众将都已经是身经百战,还担忧什么他们不熟悉军事,反而让他们受教于书生,这不是用来强壮其志气的办法,这样做没有实际的益处,却对于名声有所损害。”符坚于是停止了办讲武堂。

夏四月,前秦幽州刺史符洛和符重起兵反叛,前秦王符坚派遣军队进攻他们,斩杀符重,生擒符洛,又赦免了他。

秦行唐公洛勇而多力，能坐制奔牛，射洞犁耳，自以为有灭代之功，求开府仪同三司，不得，由是怨愤。秦王坚以洛为益州牧，洛谓官属曰："孤不得入为将相，而又投之西裔，于诸君意何如？"治中平规曰："主上穷兵黩武，民思息肩者十室而九。宜声言受诏，尽幽州之兵，南出常山，阳平公必郊迎，因而执之，进据冀州，总关东之众，以图西土，天下可指麾而定也。"洛从之。

四月，帅众七万发和龙，坚遣将军窦冲、吕光讨之。

北海公重悉蓟城之众与洛会，屯中山。五月，冲等与战，败之，擒洛送长安。重走还蓟，光追斩之。幽州悉平。坚赦洛不诛，徙西海郡。

以谢安为卫将军，与桓冲并开府仪同三司。
朝廷以秦兵之退为谢安、桓冲之功，故有是命。

六月，秦以苻融为中书监、都督诸军、录尚书事，苻丕为冀州牧，苻晖为豫州牧。
秦王坚以诸氏种类繁滋，分三原、九嵕、武都、汧、雍氏十五万户，使宗亲领之，散居方镇，如古诸侯。以其子长乐公丕镇邺，平原公晖镇洛阳，石越、梁谠、毛兴、王腾等皆为诸州刺史。

坚送丕至灞上。丕所领氏三千户别其父兄，皆恸哭。赵整因侍宴，援瑟而歌曰："阿得脂，阿得脂，博劳舅父是仇绥，尾长翼短不能飞。远徙种人留鲜卑，一旦缓急当语谁！"坚笑而不纳。

前秦行唐公苻洛勇武力大,能够坐着制服奔跑的牛,能够射穿又厚又硬的铁犁耳。他自以为有消灭代国的功劳,请求授予他开府仪同三司的职位,结果没有得到,他因此怨恨而愤愤不平。前秦王苻坚任命苻洛为益州牧,苻洛对他的官属说:"孤不能入朝出任将相,反而又被抛置于西边荒远之地,诸位的意思认为怎么样?"治中平规说:"主上穷兵黩武,百姓中思念休息一下的十有九家。您应当声言接受诏令,发动幽州的全部军队,向南从常山进发,阳平公苻融闻知,一定会至郊野迎接,您乘机将他擒住,进军据有冀州,总领关东的军队,以谋取西边的地区,天下可以挥手而定。"苻洛听从了他的建议。

四月,苻洛率领将士七万自和龙出发,苻坚派遣将军窦冲、吕光讨伐苻洛。

北海公苻重率领蓟城的全部军队与苻洛会合,驻屯于中山。五月,窦冲等人与苻洛、苻重交战,大败其军,生擒苻洛送往长安。苻重逃回蓟城,吕光率军追击将他斩杀。幽州全部平定。苻坚赦免苻洛,没有杀掉他,将他迁徙至西海郡。

东晋任命谢安为卫将军,与桓冲都被授予开府仪同三司。

东晋朝廷认为前秦军队的被击退是谢安、桓冲的功劳,所以有这一诏命。

六月,前秦任命苻融为中书监、都督诸军、录尚书事,任命苻丕为冀州牧、苻晖为豫州牧。

前秦王苻坚由于各氐人种族滋生繁多,分三原、九嵕、武都、汧、雍氐十五万户,使苻氏的诸宗亲分别统领,散居各地方镇,如同古代的诸侯国一样。以其子长乐公苻丕镇守邺城,平原公苻晖镇守洛阳,石越、梁谠、毛兴、王腾等人都出任各州刺史。

苻坚亲送苻丕至灞上。苻丕所率领的氐人三千户与其父兄告别,都放声大哭。赵整趁陪侍宴会之机,弹瑟而唱道:"阿得脂,阿得脂,博劳的舅父是仇绥,尾长翼短不能飞翔。远远迁徙氐人留下鲜卑,一旦出现缓急应当向谁说!"苻坚听后微笑而没有接受他的劝谏。

秋九月,皇后王氏崩。冬十一月,葬定皇后。

辛巳(381) 六年_{秦建元十七年。}

春正月,立佛精舍于内殿。

帝初奉佛法,立精舍于殿内,引诸沙门居之,左丞王雅谏,不从。

二月,东夷、西域六十二国朝贡于秦。 夏六月朔,日食。 冬十一月,秦寇竟陵,桓冲击破之,遂拔管城,获其将阎振、吴仲。 江东大饥。

壬午(382) 七年_{秦建元十八年。}

春三月,秦司农苻阳、侍郎王皮、尚书郎周虓谋反,事觉,徙边。

秦东海公阳及王皮、周虓谋反,事觉,收下廷尉。秦王坚问其反状,阳曰:"臣父哀公,死不以罪,臣为父复仇耳。"坚泣曰:"哀公之死,事不在朕。"皮曰:"臣父丞相,有佐命之勋,而臣不免贫贱,欲图富贵耳。"坚曰:"丞相临终,托卿以十具牛为治田之资,未尝为卿求官,知子莫如父,何其明也!"虓曰:"世荷晋恩,生为晋臣,死为晋鬼,复何问乎?"先是,虓屡谋反,左右请杀之,坚曰:"孟威烈士,秉志如此,岂惮死乎? 杀之适足成其名耳。"皆赦不诛,徙阳高昌,皮、虓朔方之北。以皮兄永清修好学,擢为幽州刺史。

秦徙邺铜驼、马、飞廉、翁仲于长安。 秦以苻融为征南大将军。

秋九月,东晋孝武帝皇后王氏去世。冬十一月,东晋安葬定皇后王氏。

辛巳(381) 晋烈宗孝武帝太元六年<small>前秦建元十七年。</small>

春正月,东晋孝武帝在内殿设置讲习佛教经义的精舍。

孝武帝开始尊奉佛教,在殿内设置精舍,让众僧徒居住其内,尚书左丞王雅上疏劝谏,孝武帝不肯听从。

二月,东夷、西域六十二国来前秦朝见进贡。 夏六月初一,出现日食。 冬十一月,前秦侵犯竟陵,桓冲派兵击败前秦军,于是攻克管城,擒获前秦将领阎振、吴仲。 江东地区发生大饥荒。

壬午(382) 晋烈宗孝武帝太元七年<small>前秦建元十八年。</small>

春三月,前秦大司农苻阳、员外散骑侍郎王皮、尚书郎周虓谋反,事情被发觉,前秦王苻坚迁徙他们到边地。

前秦东海公苻阳及王皮、周虓谋反,事情被发觉,他们被送交廷尉治罪。前秦王苻坚问他们谋反的原因及经过,苻阳说:"臣的父亲哀公苻法,无罪被杀,臣是想为父报仇。"苻坚哭着说:"哀公的死,责任不在朕的身上。"王皮说:"臣的父亲居丞相之职,有辅佐天命之功,但臣却不能免于贫贱,臣是想图取富贵。"苻坚说:"丞相临终的时候,为你请求十头牛作为耕田务农的资业,不曾为你求请官职,知子莫如父,丞相的决定多么明智呀!"周虓说:"我世代蒙受晋朝的恩德,生是晋朝之臣,死是晋朝之鬼,还有什么可问的呢?"之前,周虓屡次谋反,苻坚左右的人都请求将他杀掉,苻坚说:"周孟威是刚烈之士,秉守志节如此,难道还怕死吗?杀掉他正好足以成就他的名声。"将他们三人都赦免不杀,迁徙苻阳到高昌,迁徙王皮、周虓到朔方之北。苻坚因王皮之兄王永操行善美好学,提升他为幽州刺史。

前秦将邺城的铜驼、铜马、飞廉像、翁仲像迁至长安。 前秦任命苻融为征南大将军。

谋伐晋也。

夏五月，幽州蝗。

蝗生，广袤千里，秦王坚遣使发民扑除之。

秋八月，秦以裴元略为巴西、梓潼太守。

为伐晋，故使密具舟师也。

九月，秦遣将军吕光将兵击西域。

车师、鄯善入朝于秦，请为乡导，以伐西域之不服者，因如汉法置都护以统理之。秦王坚以吕光为都督，总兵十万以伐西域。阳平公融谏曰："西域荒远，得其民不可使，得其地不可食，汉武征之，得不补失，臣窃惜之。"不听。

桓冲遣兵伐襄阳。

桓冲遣将军朱绰击襄阳，焚践沔北屯田，掠六百余户而还。

冬十月，秦会群臣于太极殿。

秦王坚会群臣于太极殿，议曰："今四方略定，唯东南一隅未沾王化，计吾士卒，可得九十七万，欲自将讨之，何如？"

左仆射权翼曰："昔纣为无道，三仁在朝，武王犹为之旋师。今晋虽微弱，未有大恶，谢安、桓冲皆江表伟人，君臣辑睦，未可图也。"

太子左卫率石越曰："今岁镇守斗，福德在吴，伐之必有天殃。且彼处长江之险，民为之用，殆未可伐也。"坚曰："天道幽远，未易可知，以吾之众，投鞭于江，足断其流，又何险之足恃乎？"于是群臣各言利害，久之不决。坚曰："此

任命符融此职是为了图谋讨伐东晋。

夏五月,前秦幽州发生蝗灾。

出现蝗灾,受害面积上千里,前秦王符坚征发百姓扑杀。

秋八月,前秦任命裴元略为巴西、梓潼太守。

为了讨伐东晋,所以让裴元略秘密修造战船,整治水军。

九月,前秦派遣将军吕光率军进攻西域。

车师、鄯善来朝见前秦,请求做前秦的向导,以便让前秦讨伐西域不肯臣服的国家,并趁势仿照汉法在西域设置都护来统领治理西域。前秦王符坚于是任命吕光为都督,总领将士十万讨伐西域。阳平公符融劝谏说:"西域荒远之地,得到那里的百姓不能使用,得到那里的土地不能耕种粮食,汉武帝曾经征伐西域,得不偿失,臣私下为此惋惜。"符坚不肯听从。

东晋桓冲派遣军队进攻襄阳。

桓冲派遣将军朱绰进攻襄阳,焚毁破坏沔水以北的屯田,掳掠百姓六百余户返回。

冬十月,前秦王符坚在太极殿会见群臣。

前秦王符坚在太极殿会见群臣,计议说:"现在天下四方之地大体已经平定,只有东南一隅的晋国还没有蒙受我大秦王业的德化,计算我方的士卒,可以达到九十七万,朕想要亲自率军去讨伐晋朝,怎么样?"

尚书左仆射权翼说:"从前商纣无道,但微子、箕子、比干这三位仁人在朝,周武王尚且为此而中途回师。现在晋国虽然衰微力弱,却没有很大的罪恶,谢安、桓冲都是江南的伟人,他们君臣之间和睦无间,不可以图谋。"

太子左卫率石越说:"现在木星、土星守于斗宿,福德为吴地所有,如果讨伐他们,一定会遭受天灾。况且晋国地处长江天险,百姓愿意为其所用,恐怕不可以讨伐。"符坚说:"天道隐幽遥远,不容易很清楚地知道,凭借我方的强大军队,将马鞭投掷于长江之中,也足以断绝江流,晋国又能有什么天险足以凭恃呢?"于是前秦群臣各自言说利害,久久未能决定。符坚说:"这正是

所谓筑室道旁，无时可成，吾当内断于心耳。"

群臣皆出，独留阳平公融问之。对曰："今伐晋有三难：天道不顺，晋国无衅，我数战兵疲、民有畏敌之心。群臣言晋不可伐者，皆忠臣也。愿陛下听之。"坚作色曰："汝亦如此，吾复何望！"融泣曰："晋未可灭，昭然甚明。且臣之所忧，不止于此。陛下宠育鲜卑、羌、羯，布满畿甸，太子独与弱卒留守京师，臣惧变生肘腋，不可悔也。臣之顽愚，诚不足采，王景略一时英杰，陛下常比之诸葛武侯，独不记其临没之言乎？"坚不听。于是朝臣进谏者众，坚曰："以吾击晋，犹疾风之扫秋叶，而内外皆言不可，何也？"

太子宏曰："今岁在吴分，又晋君无罪，若大举不捷，恐威名外挫，财力内竭耳。"坚曰："昔吾灭燕，亦犯岁而捷。秦灭六国，岂皆暴虐乎？"

冠军将军慕容垂独言于坚曰："陛下神武，威加海外，而蕞尔江南，独违王命，岂可复留之以遗子孙哉！《诗》云：'谋夫孔多，是用不集。'陛下断自圣心足矣。晋武平吴，所仗者张、杜二三臣而已。若从众言，岂有混一之功乎！"坚大悦，曰："与吾共定天下者，独卿而已。"

坚锐意欲取江东，寝不能旦。融复谏曰："自古穷兵极武，未有不亡者，江东虽微弱，然中华正统，天意必不

所谓在道旁修筑房舍，不会有建成的时候，我应当自己思考决断了。"

群臣全部退出，苻坚只留下阳平公苻融征询他的意见。苻融回答说："现在讨伐晋国有三难：天道不顺，晋国自身没有破绽，我方频繁征战、将士疲惫、百姓有畏敌之心。群臣言称晋国不可以讨伐的，都是忠臣。希望陛下能听从他们的意见。"苻坚脸色一沉说："你也这样，我还能寄希望于谁呢？"苻融哭着说："晋国不可能一举灭掉，这是非常明显的事情。而且臣所忧虑的，尚不止于此。陛下宠信养育鲜卑、羌人、羯人，如今他们布满京师一带，太子独自与一些疲弱的士卒留守京师，臣害怕变故在侧近之地发生，那将悔之莫及。臣的愚顽之见，确实不值得采纳，但王景略是一时英杰，陛下常将他比作诸葛武侯，难道不记得他临终的遗言了吗？"苻坚不肯听从。这时前秦朝臣向苻坚进谏的很多，苻坚说："以我们的军事实力进攻晋国，就如同疾风扫秋叶一样，但朝廷内外都说不能攻晋，这是为什么？"

太子苻宏说："现在岁星居于吴地的分野，再加上晋国君主并没有罪恶，如果我方大举进攻而不能取胜，恐怕会威名受损于外，财力耗尽于内。"苻坚说："过去我方攻灭燕国，也是违逆岁星的征兆用兵，但却取得胜利。战国时秦国攻灭六国，六国的君主又难道都是暴虐之君吗？"

冠军将军慕容垂单独向苻坚进言说："陛下神武，威名加于海外，然而晋国蕞尔小邦，独独敢违抗大秦王命，怎么可以再留着它去遗患子孙呢！《诗经》说：'出谋划策的人好多，所以事情没有成功。'陛下自己圣心决断这事就完全可以了。晋武帝平定吴国，所倚仗的仅仅是张华、杜预等两三位大臣而已。如果听从众朝臣的议论，怎么能成就统一天下的功业！"苻坚听后非常高兴，说："与我共同平定天下的人，仅仅你一人而已。"

苻坚锐意攻取江东之地，以致夜间休息也不能安睡到天亮。苻融又劝谏说："自古以来，穷兵黩武的人，没有不灭亡的，江东的晋国虽然衰微力弱，但它是中华的正统，上天的意志一定不

绝之。"坚曰:"帝王历数岂有常邪?惟德之所在耳。"

坚素信重沙门道安,群臣使乘间进言。坚与游东苑,曰:"朕将与公南游吴、越,泛长江,临沧海,不亦乐乎?"道安曰:"陛下应天御世,居中土而制四维,自足以比隆尧、舜,何必栉风沐雨,经略遐方!"坚不听。

所幸张夫人谏曰:"天地之生万物,圣王之治天下,皆因其自然而顺之,故功无不成。黄帝服牛乘马,因其性也。禹浚九川,障九泽,因其势也。后稷播殖百谷,因其时也。汤、武率天下而攻桀、纣,因其心也。今朝野皆言晋不可伐,陛下独决意行之,妾不知何所因也。自秋冬以来,鸡夜鸣,犬哀嗥,厩马多惊,武库兵器自动,皆非出师之祥也。"坚曰:"军旅之事,非妇人所当预。"

坚幼子诜最有宠,亦谏曰:"国之兴亡,系贤人之用舍,今阳平公国之谋主,而陛下违之。晋有谢安、桓冲,而陛下伐之。臣窃惑焉。"坚曰:"天下大事,孺子安知。"

秦大熟。

秦刘兰讨蝗,不能灭。有司请征下廷尉,秦王坚曰:"灾降自天,非人力所能除,此由朕之失政,兰何罪乎?"是岁大熟,蝗不食麻豆。

癸未(383) **八年**秦建元十九年。
夏五月,桓冲帅师伐秦,拔筑阳。

会让它灭绝。"符坚说:"帝王的更替之序,怎么会是一定的? 只是看道德在哪里而已。"

符坚一向信任看重僧人道安,群臣让道安伺便向符坚进言劝谏。后符坚与道安一同到东苑游玩,符坚说:"朕将要与您南游吴、越之地,泛长江,身临沧海,不也很快乐吗?"道安说:"陛下顺应天命统治天下,居于中原而控制四方,本来您的昌盛足以与尧、舜媲美,又何必去栉风沐雨经营远方呢!"符坚不听。

符坚所宠幸的张夫人劝谏说:"天地的滋生万物,圣明君主的统治天下,都是顺其自然而行,所以功效没有不成的。黄帝能驯服牛马而用之,是顺应了它们的性情。大禹能够疏通九川,封挡九泽,是顺应了它们的高下地势。后稷能够种植百谷,是顺应了天时。商汤、周武王能够率领天下人攻灭夏桀、商纣,是顺应了天下人的心愿。现在朝野之人都说晋国不可讨伐,唯独陛下决心要这样做,妾不知陛下顺应的是什么。自从秋冬以来,鸡夜鸣,犬哀号,厩中的马匹多无故夜惊,武库中兵器自己响动,这些都不是出师的吉兆。"符坚说:"军旅之事,不是你一个妇人所应该干预的。"

符坚的小儿子符诜最得符坚宠爱,也劝谏说:"国家的兴亡,系于对贤明人士的用还是不用,现在阳平公符融是国家的主谋之人,然而陛下却违背他的意见。晋国有谢安、桓冲这样的人才,而陛下却要讨伐他们。臣私下很觉困惑。"符坚说:"天下大事,小孩子怎么知道。"

前秦获大丰收。

前秦刘兰从事灭蝗工作,没有成效。有关部门请求将刘兰征入廷尉治罪,前秦王符坚说:"灾祸降自上天,不是人力所能去除的,这是由于朕的失政所造成的,刘兰有什么罪?"这年庄稼获大丰收,蝗虫不吃麻豆。

癸未(383) **晋烈宗孝武帝太元八年**前秦建元十九年。

夏五月,东晋桓冲率领军队讨伐前秦,攻克筑阳。

　　桓冲帅众十万伐秦,攻襄阳,别将攻筑阳,拔之。秦遣慕容垂来救,进临沔水,夜命军士人持十炬,系于树枝,光照数十里。冲惧,退还上明。表其兄子石民领襄阳太守,戍夏口,自求领江州刺史,诏许之。

秋八月,秦王坚大举入寇。诏征讨都督谢石、冠军将军谢玄等帅师拒之。

　　秦王坚下诏大举,民每十丁遣一兵,其良家子年二十已下有材勇者皆拜羽林郎。又曰:"其以司马昌明为尚书左仆射,谢安为吏部尚书,桓冲为侍中,先为起第。"良家子至者三万余骑,拜赵盛之为少年都统。是时朝臣皆不欲坚行,独慕容垂、姚苌及良家子劝之。阳平公融谏曰:"垂、苌我之仇雠,良家少年皆富饶子弟,不闲军旅,何可听也?"坚不听。

　　八月,遣融督张蚝、慕容垂等步、骑二十五万为前锋,以姚苌为龙骧将军,督益、梁州诸军,谓曰:"昔朕以龙骧将军建业,未尝轻以授人,卿其勉之!"窦冲曰:"王者无戏言,此不祥之征也。"坚默然。

　　慕容绍言于垂曰:"主上骄矜已甚,叔父建中兴之业在此行也。"

　　坚遂发长安,戎卒六十余万,骑二十七万。九月,至项城,凉州兵始达咸阳,蜀、汉兵方顺流而下,幽、冀兵至于彭城,东西万里,水陆齐进,运漕万艘。融等兵三十万先至颍口。

　　诏以谢石为征讨大都督,谢玄为前锋都督,与将军谢

桓冲率领将士十万讨伐前秦,进攻襄阳,另外的将领率军进攻筑阳,将筑阳攻克。前秦派遣慕容垂率军来救,慕容垂进临沔水,夜间命令士卒每人手持十个火把,系在树枝之上,火光照耀达数十里。桓冲恐惧,撤军返回上明。桓冲上表奏请他的侄儿桓石民兼任襄阳太守,戍守夏口,自己请求兼任江州刺史,孝武帝下诏准许。

秋八月,前秦王符坚大举入侵东晋。东晋孝武帝诏令征讨都督谢石、冠军将军谢玄等率军抵御。

前秦王符坚下达诏令,大举入侵东晋,百姓中每十个民丁选派一人充兵,良家子弟年龄在二十岁以下而有才干勇气的都任命为羽林郎。又下诏说:"任命司马昌明为尚书左仆射,谢安为吏部尚书,桓冲为侍中,现在先为他们修建宅第。"前秦良家子弟应征的有三万余骑兵,符坚任命赵盛之为少年都统。当时朝中大臣都不想让符坚进军攻晋,唯独慕容垂、姚苌及良家子弟们劝他进兵。阳平公符融劝谏说:"慕容垂、姚苌是我们的仇敌,良家少年都是富豪子弟,不熟悉军旅之事,怎么可以听他们的呢?"符坚不听。

八月,符坚派遣符融督率张蚝、慕容垂等步、骑二十五万为前锋,任命姚苌为龙骧将军,督益、梁二州诸军,对他说:"朕从前凭借龙骧将军的职位建立大业,不曾将这个职位轻易授予别人,你要努力!"窦冲说:"君主没有戏言,这是不祥之兆。"符坚听后默然不语。

慕容绍向慕容垂进言道:"主上骄纵自满已极为严重,叔父建立中兴大业,就在此行。"

符坚于是自长安出发,有战士六十余万,骑兵二十七万。九月,符坚进至项城,凉州的军队刚刚到达咸阳,蜀、汉地区的军队方顺流而下,幽、冀二州的军队到达彭城,东西万里,水陆齐进,运输漕粮的船只有万艘之多。符融等人的军队三十万人先期进至颍口。

东晋下诏以谢石为征讨大都督,谢玄为前锋都督,与将军谢

琰、桓伊、胡彬等督众八万拒之。

时都下震恐,玄入问计于谢安,安夷然答曰:"已别有旨。"既而寂然。遂命驾出游山墅,亲朋毕集,与玄围棋赌墅。安棋常劣于玄,是日玄惧,便为敌手而又不胜。安遂游陟,至夜乃还。桓冲深以根本为忧,遣精骑三千入援,安固却之,曰:"朝廷处分已定,兵甲无缺,宜留以防西藩。"冲叹曰:"安石有庙堂之量,不闲将略,今大敌垂至,方游谈不暇,遣诸不经事少年拒之,众又寡弱,天下事已可知,吾其左衽矣!"

以琅邪王道子录尚书六条事。　冬十一月,谢石、谢玄等大破秦兵于肥水,杀其大将苻融。秦王坚走还长安。

秦阳平公融等攻寿阳,克之。胡彬退保硖石,融进攻之。梁成等屯于洛涧,栅淮以遏东兵。谢石、谢玄等惮不敢进。彬粮尽,潜遣使告石等曰:"今贼盛粮尽,恐不复见大军。"秦人获之,送于融。融驰使白秦王坚曰:"贼少易擒,但恐逃去,宜速赴之。"坚乃留大军于项城,引轻骑八千兼道就融。遣朱序来说石等:"不如速降。"序私谓石等曰:"若秦众尽至,诚难与为敌,今乘诸军未集,宜速击之,若败其前锋,则彼已夺气,可遂破也。"

十一月,玄遣广陵相刘牢之帅精兵五千趣洛涧。成阻

琰、桓伊、胡彬等督率将士八万抵御前秦大军。

当时东晋京师的人们都震惊恐惧,谢玄入朝向谢安询问朝廷御敌之策,谢安泰然自若地回答说:"已经另有旨意。"随即沉默不发一言。谢安随后命令驾车出游山中别墅,亲朋好友全部来聚会,谢安与谢玄下围棋赌博,以别墅为彩头。谢安的棋术平常时要逊于谢玄,当天,谢玄由于恐惧,与谢安战成平手而又未能取胜。谢安随后登山游玩,直到夜间才回。桓冲深以京师为忧,派遣精锐骑兵三千人入援京师,谢安坚决推辞,说:"朝廷已经安排好了,不缺兵将,这些人应该留在当地以防卫西藩荆州。"桓冲为此感叹地说:"谢安石有朝廷大臣的气量,但他不熟习将略,现在大敌将至,他却游玩清谈不暇,派遣几个不曾经过大事的少年前去拒敌,兵众又人少力弱,天下事已经可以知道结果了,我们将要受异族的统治了!"

东晋孝武帝命琅邪王司马道子录尚书六条事。 冬十一月,谢石、谢玄等在肥水大破前秦军,杀掉前秦大将苻融。前秦王苻坚逃回长安。

前秦阳平公苻融等进攻寿阳,攻占其城。东晋援军胡彬退守硖石,苻融率军进攻硖石。梁成等屯军于洛涧,在淮水上立栅以阻遏东进的东晋军队。谢石、谢玄等惧怕前秦军队不敢前进。胡彬军中粮食用尽,暗地派遣使者告诉谢石等人说:"现在敌兵势盛而我粮食已尽,恐怕不能再见到大军了。"前秦人将胡彬的使者抓获,送交苻融。苻融知道情况后,派遣使者急速驰告前秦王苻坚说:"敌人数量微少容易擒获,只是怕他们逃走,应当迅速向他们发动进攻。"苻坚于是将大军留在项城,自己亲率轻骑八千日夜兼程去与苻融会合。苻坚派遣朱序去劝说谢石等人,告诉他们:"不如赶快投降。"朱序私下对谢石等人说:"如果前秦兵众全部到达,确实难以抵敌,现在乘他们各军尚未集结一处,应当迅速向他们发动进攻,如果能打败他们的前锋,那他们就会丧失胆气斗志,便可以最终击败他们。"

十一月,谢玄派广陵相刘牢之率精兵五千直趋洛涧。梁成依

涧为阵以待之,牢之直前渡水击成,大破,斩之,分兵断其归津。秦步、骑崩溃,赴淮死者万五千人。于是石等水陆继进。坚与融登寿阳城望之,见晋兵部阵严整,又望见八公山上草木,皆以为晋兵,顾谓融曰:"此亦劲敌,何谓弱也?"怃然始有惧色。

秦兵逼肥水而阵,玄使谓融曰:"君悬军深入,而置陈逼水,此乃持久之计,非欲速战者也。若移陈小却,使我兵得渡以决胜负,不亦善乎?"秦诸将皆曰:"我众彼寡,不如遏之,使不得上,可以万全。"坚曰:"但使半渡,我以铁骑蹙而杀之,蔑不胜矣。"融亦以为然,遂麾兵使却。秦兵遂退,不可复止。玄等引兵渡水击之。融驰骑略阵,欲以帅退者,马倒,为晋兵所杀,秦兵遂溃。玄等乘胜追击,至于青冈。秦兵大败,自相蹈藉而死者蔽野塞川,其走者闻风声鹤唳,皆以为晋兵且至,昼夜不敢息,草行露宿,重以饥冻,死者什七八。初,秦兵小却,朱序在陈后呼曰:"秦兵败矣!"众遂大奔。序因与张天锡皆来奔。获坚所乘云母车,及仪服器械不可胜计。复取寿阳。

坚中流矢,单骑走至淮北,饥甚,民有进壶飧、豚髀者,坚赐之帛,辞曰:"陛下厌苦安乐,自取危困,臣为陛下子,陛下为臣父,安有子饲其父而求报乎?"弗顾而去。坚谓张夫人曰:"吾今复何面目治天下乎?"潸然流涕。

阻洛涧布阵准备迎战，刘牢之率军直进，强渡洛涧进攻梁成，大败其军，斩杀梁成，随即分兵占据要津渡口，断敌归路。前秦步、骑溃乱，争赴淮水逃命，死了一万五千人。于是谢石等率东晋军从水陆继之而进。苻坚与苻融登上寿阳城瞭望，见东晋军部伍严整，又望见八公山上的草木，都以为是东晋的兵将，苻坚回头对苻融说："这也是强敌，怎么能说它弱呢？"脸上茫然若失，开始有了恐惧的神色。

前秦军队逼临肥水布阵，谢玄派遣使者对苻融说："您孤军深入，却逼临肥水布阵，这是持久的策略，不是想速战速决的做法。如果您能挪移军阵稍稍后撤，使我方兵将能够渡水以使双方一决胜负，不也很好吗？"前秦众将都说："我众敌寡，不如阻遏他们，使他们不得上岸，可以万无一失。"苻坚说："只让他们渡水至一半，我方用铁骑践踏冲杀，没有不取胜的道理。"苻融也认为可以这样做，于是指挥军队命其后退。前秦军队依令后退而不能再行止住。谢玄等率军渡过肥水发动进攻。苻融飞马巡阵，想去统带后退的兵众，但坐骑跌倒，被东晋士兵杀死，前秦军于是溃散。谢玄等乘胜追击，直到青冈。前秦军大败，自相践踏而死者蔽野塞川，逃跑的人听到风声和鹤的鸣叫声，都以为是东晋军队将要杀到，昼夜不敢歇息，一路上走在野草里，睡在露天下，极为艰苦匆忙，加以饥饿寒冻，死掉的人十之七八。当初，前秦军稍稍后退，朱序在阵后大呼道："秦兵败了！"前秦兵众因而狂奔。朱序于是与张天锡都来投奔东晋。东晋缴获苻坚所乘坐的云母车，以及仪仗服饰兵甲器械等不可胜计。东晋重新占领寿阳。

苻坚身中流矢，单人匹马逃到淮河以北，极为饥饿，百姓中有人进献一壶稀饭和猪后腿肉，苻坚接受后赐与他丝帛，这个百姓推辞说："陛下厌倦安乐，自取危困，臣是陛下的儿子，陛下是臣的父亲，哪有儿子给父亲送饭吃还要求取报偿的呢？"对于赏赐的东西看也没看便回去了。苻坚对张夫人说："我现在还有什么脸面去治理天下呢？"说完潸然泪下。

　　是时惟慕容垂所将三万人独全，坚以千余骑赴之。世子宝言于垂曰："此时不可失，愿不以意气微恩忘社稷之重。"垂曰："彼以赤心投我，若之何害之？天苟弃之，何患不亡？不若保护其危以报德，徐俟其衅而图之，既不负宿心，且可以义取天下。"慕容德曰："此为报仇，非负宿心也。"垂曰："吾昔为太傅所不容，置身无所，秦王以国士遇我，后复为王猛所卖，秦王独能明之，此恩何可忘也！若氏运必穷，吾当怀集关东以复先业耳。"悉以兵授坚。

　　谢安得驿书，知秦兵已败，方与客围棋，摄书置床上，了无喜色，围棋如故。客问之，徐答曰："小儿辈遂已破贼。"既罢还内，过户限，不觉屐齿之折。

　　石等归建康，得秦乐工，能习旧声，于是宗庙始备金石之乐。

　　坚收集离散，比至洛阳，众十余万。

　　慕容农谓垂曰："尊不迫人于险，其义声足以感动天地。夫取果于未熟与自落，不过晚旬日之间，然其难易美恶，相去远矣。"垂善其言。行至渑池，言于坚曰："北鄙闻王师不利，轻相扇动，臣请奉诏书以镇慰之。"坚许之。权翼谏曰："垂勇略过人，世豪东夏，譬如养鹰，饥则附人，每闻风飙之起，常有陵霄之志，正宜谨其条笼，岂可解纵任所欲哉！"坚曰："卿言是也。然朕已许之，匹夫犹不食言，况

当时前秦各军中只有慕容垂所统率的三万人得以保全，苻坚率千余骑投奔到他那里。世子慕容宝对慕容垂说："现在这个时机不可失掉，希望您不要以意气和微小的恩惠而忘记国家的重负。"慕容垂说："他以赤诚之心来投奔我，为什么要害他？如果上天要丢弃他，还担忧什么他不灭亡？不如保护他于危险之时来报答他的恩德，慢慢等待他露出破绽再加以图谋，这样做既不违背素常的心思，而且可以用道义来取得天下。"慕容德说："这是报仇，不是什么违背素常的心思。"慕容垂说："我从前被太傅慕容评所不容，没有安身之处，秦王苻坚却像对待国中杰出人才一样来对待我，后来我又被王猛所出卖，秦王偏偏能够明察，这些恩情怎么可以忘记呢！如果氐人的运数确实穷尽了，那么我将招纳关东人众以光复先人的功业。"于是将自己的军队全部交给了苻坚。

谢安得到报捷的驿书，知道前秦已经被打败，当时他正在与客人下围棋，将驿书放于床上，全无惊喜之色，弈棋如故。客人询问他，他才慢慢地回答说："小孩子已经打败了敌人。"弈棋完毕返回内室，过门槛时，他竟高兴得连屐齿被折断都不知道。

谢石等返归建康，得到前秦的乐工，乐工熟悉从前的乐曲，从此以后东晋宗庙开始有了金石音乐。

苻坚收集离散的将士，等到进至洛阳时，已有兵众十余万。

慕容农对慕容垂说："大人您不在别人处于险境时逼迫于他，这种德义之声足以感动天地。在未成熟的时候摘取果实和等它成熟自落，所差不过在十日之间，但其难易及好坏程度，相差很远。"慕容垂认为他说得很好。行至渑池，慕容垂向苻坚进言说："北边的人众听说王师出征不利，轻率地互相煽动作乱，臣请求持奉诏书去镇抚他们。"苻坚准许。权翼劝谏说："慕容垂勇力谋略过人，世代都是东边的雄豪，就如同养鹰一样，饥饿的时候便依附于人，但当它闻听狂风骤起，常有凌霄冲天之志，现在正应当紧锁其藩笼，怎么可以放纵而任它所为呢！"苻坚说："你的话很对。但朕已经答应了他，百姓匹夫尚且不肯食言，何况

万乘乎？若天命有废兴，固非智力所能移也。"翼曰："陛下重小信而轻社稷，臣见其往而不返，关东之乱，自此始矣。"坚不听。翼密遣壮士邀垂于河桥，垂疑之，自凉马台结草筏以渡。坚至长安，哭阳平公融而后入。

以谢石为尚书令，进谢玄号前将军，固让不受。 以王国宝为尚书郎。

谢安婿王国宝，坦之之子也。安恶其为人，每抑而不用，由是怨安。国宝从妹为会稽王道子妃。帝与道子皆嗜酒，狎昵。国宝乃谮安于道子，使离间之。安功名既盛，而险诐求进之徒多毁短安，帝稍疏忌之。

初开酒禁，增民税米，口五石。 秦吕光攻龟兹。

吕光行越流沙，焉耆等诸国皆降，惟龟兹王帛纯固守，光进攻之。

秦将军乞伏国仁叛据陇右。

国仁本陇西鲜卑，居勇士川，为秦前将军，从秦王坚入寇。叔父步颓闻秦师败，率陇西叛之。秦使国仁讨之，国仁遂与步颓合，众至十万，据陇右。

丁零翟斌起兵攻洛阳，秦使慕容垂讨之，垂叛秦与斌合。

慕容垂至安阳，修笺于长乐公丕，丕身自迎之。赵秋劝垂于座取丕，因据邺起兵，垂不从。丕谋袭击垂，侍郎姜让谏曰："垂反形未著而擅杀之，非臣子之义，不如待以上宾，严兵卫之，密表情状，听敕而后图之。"丕从之，馆垂于邺西。

万乘之君呢？天命有废兴，本来不是智力所能改变的。"权翼说：
"陛下看重小的信用却轻视国家社稷，臣看他一定会去而不返，
关东地区的祸乱，从此开始了。"苻坚不肯听从。权翼暗中派遣
勇士在河桥伏击慕容垂，慕容垂有所察觉，从凉马台结扎草筏渡
过黄河。苻坚到长安，痛哭阳平公苻融之后进入城中。

**东晋任命谢石为尚书令，晋升谢玄称号为前将军，谢玄坚决
辞让不受。　东晋任命王国宝为尚书郎。**

谢安的女婿王国宝，是王坦之的儿子。谢安厌恶王国宝的
为人，每每压制他不予任用，王国宝因此怨恨谢安。王国宝的堂
妹是会稽王司马道子的王妃。孝武帝与司马道子都喜欢饮酒，
二人亲近胡为。王国宝于是向司马道子诬陷谢安，使司马道子
离间谢安与孝武帝。谢安功名本已很显赫，而邪恶专事钻营的
人又大多诋毁谢安，于是孝武帝渐渐疏远猜忌谢安。

**东晋开始解除禁酒的命令，增加百姓的税米定额，每口交纳
五石。　前秦吕光进攻龟兹。**

吕光率军穿越沙漠进军西域，焉耆等各国尽皆投降，只有龟
兹王帛纯率兵坚守，吕光向他发动进攻。

前秦将军乞伏国仁反叛，占据陇右。

乞伏国仁本是陇西的鲜卑，居于勇士川，身任前秦的前将军
之职，随前秦王苻坚入侵东晋。他的叔父乞伏步颓听说前秦军
败，率陇西兵众反叛。前秦王苻坚命乞伏国仁率军讨伐乞伏步
颓，乞伏国仁便与叔父合兵一处，将士多达十万，占据陇右。

**丁零翟斌起兵进攻前秦洛阳，前秦王苻坚命慕容垂讨伐他，
慕容垂背叛前秦与翟斌会合。**

慕容垂至安阳，与长乐公苻丕联系，苻丕亲自去迎接。赵秋
劝慕容垂在会见时抓获苻丕，乘势占据邺城起兵，慕容垂不听。
苻丕谋划袭击慕容垂，侍郎姜让劝谏说："慕容垂没有露出谋反
的形迹而擅杀他，这不是做臣子的道理，不如待他以上宾之礼，
再派将士严密防卫，秘密上表奏报情况，有诏令之后再行动手。"
苻丕听从他的建议，将慕容垂安置在邺城西边的馆舍居住。

　　垂潜与燕故臣谋复燕祚，会丁零翟斌叛秦，谋攻洛阳，秦王坚驿书使垂讨之。石越言于丕曰："垂有兴复旧业之心，今复资之以兵，此为虎傅翼也。"丕曰："垂在此，常恐为肘腋之变，今远之于外，不犹愈乎？"乃以羸兵弊铠给之，又遣苻飞龙帅氐骑一千为之副。密戒飞龙曰："垂为三军之帅，卿为谋垂之将，行矣，勉之！"

　　垂请入邺城拜庙，丕弗许，乃潜服而入，亭吏禁之，垂怒，斩吏烧亭而去。石越言于丕曰："垂反形已露，可因此除之。"丕曰："淮南之败，垂侍卫乘舆，此功不可忘也。"越退告人曰："公父子好为小仁，不顾大计，终当为人擒耳。"

　　垂留慕容农及楷、绍于邺，行至安阳，闻丕与飞龙谋，因激怒其众曰："吾尽忠于苻氏，而彼专欲图吾父子，吾虽欲已，可得乎？"乃停河内募兵，旬日间，有众八千，夜袭飞龙氏兵，尽杀之。以书遗秦王坚，言其故。而慕容凤等亦各帅部曲归翟斌。会秦豫州牧、平原公晖遣毛当讨斌，凤击破，斩之。

　　垂遂济河焚桥，有众三万，遣人告农等，使起兵。农等遂以晦日将数十骑微服出邺，奔列人，止于乌桓鲁利家。利为之置馔，农笑而不食。利谓其妻曰："恶奴，郎贵人，家贫无以馔之，奈何？"妻曰："郎有雄才大志，今无故而至，必将有异，非为饮食来也。君亟出远望，以备非常。"利从之。

慕容垂暗中与前燕的旧臣谋划兴复燕国,正好这时丁零翟斌背叛前秦,谋划进攻洛阳,前秦王符坚发驿书命令慕容垂讨伐翟斌。石越向符丕进言说:"慕容垂有恢复燕国旧业的心志,现在又再资助他军队,这是为老虎添加翅膀。"符丕说:"慕容垂在这里,常怕他发动侧近之地的变故,现在让他远远在外,不还是好一些吗?"便将一些疲弱的士卒和破旧的铠甲兵器配与慕容垂,又派遣符飞龙率氐人骑兵一千人做他的副帅。符丕偷偷告诫符飞龙说:"慕容垂是三军的统帅,你是谋划慕容垂的将领,走吧,努力!"

慕容垂请求入邺城拜谒宗庙,符丕不许,慕容垂便身着便服内佩铠甲而入,管理候亭的官吏不许他进去,慕容垂恼怒,斩杀官吏烧毁候亭而去。石越向符丕进言说:"慕容垂谋反的形迹已经显露,可乘此机会除掉他。"符丕说:"淮南兵败的时候,慕容垂侍卫皇帝,这件功劳不可以忘掉。"石越退下对别人说:"长乐公父子好为小仁小惠之事,不顾国家安危大计,最终将会被人所擒获。"

慕容垂将慕容农及慕容楷、慕容绍留在邺城,他率军行至安阳,听到符丕与符飞龙密谋的事情,便激怒手下兵众说:"我对符氏竭尽忠心,但他们却专门想图谋我父子,我虽想就此罢休,能得到吗?"于是驻军河内招募士兵,十日之间,得到兵众八千人,乘夜袭击符飞龙及其所率氐兵,将他们全部杀掉。慕容垂写信送给前秦王符坚,向他说明他如此行事的缘故。而慕容凤等也各率手下将士归附翟斌。恰巧此时前秦豫州牧、平原公慕容晖派遣毛当率军讨伐翟斌,慕容凤进兵击败毛当,将他斩杀。

慕容垂于是渡过黄河焚烧桥梁,有将士三万,派人告诉慕容农等人,命他们也起兵。慕容农等人便于月末之日率数十骑改换便服出邺城,奔赴列人,止歇于乌桓鲁利家。鲁利为他置办酒食,慕容农笑而不食。鲁利对他妻子说:"恶奴,这位公子是贵人,家贫没有可给他食用的,怎么办?"他的妻子说:"公子有雄才大志,如今无故而到,一定是将要有不平常的事情,不是为饮食而来的。你赶快出去远远观望,以防备非常之事。"鲁利听从了。

农谓利曰:"吾欲集兵列人,以图兴复,卿能从我乎?"利曰:"死生唯郎是从。"农乃诣乌桓张骧说之,骧再拜曰:"得旧主而奉之,敢不尽死!"

甲申(384) 九年秦建元二十年,燕世祖慕容垂元年,后秦太祖姚苌白雀元年。旧大国一,新大国二,凡三僭国。

春正月,慕容垂自称燕王,大破秦兵,斩其将石越。

正月朔,秦长乐公丕大会宾客,请慕容农不得,始觉有变,遣人四出求之,乃知其在列人,已起兵矣。

慕容凤劝翟斌奉垂为盟主,斌从之。垂至洛阳,平原公晖闭门拒之。斌劝垂称尊号,垂曰:"新兴侯,吾主也,当迎归反正耳。"

垂以洛阳四面受敌,欲取邺而据之,乃引兵东至荥阳。群下固请上尊号,垂乃称燕王,立统府,承制行事,封德为范阳王,楷为太原王,翟斌为河南王,帅众二十余万,自石门济河,长驱向邺。而农亦驱列人居民为卒,斩桑榆为兵,裂襦裳为旗,使赵秋说屠各及东夷、乌桓,各帅部众数千赴之。攻破馆陶,收其军资器械,取康台牧马数千匹,于是步、骑云集,众至数万,推农为骠骑大将军,监统诸将,随才部署,上下肃然。农以垂未至,不敢行赏,赵秋曰:"军无赏,士不往!今之来者,皆欲建功规利,宜承制封拜,以广中兴之基。"农从之。于是赴者相继。农号令整肃,军无

慕容农对鲁利说:"我想在列人集结将士,以图兴复燕国,你能和我一起干吗?"鲁利说:"我死生唯公子是从。"慕容农于是到乌桓张骧那里,劝说他一同起事,张骧两次下拜说:"得到过去的君主而事奉,怎么敢不尽死效力!"

甲申(384) **晋烈宗孝武帝太元九年**前秦建元二十年,后燕世祖慕容垂元年,后秦太祖姚苌白雀元年。旧大国一,新大国二,总共三个僭越国。

春正月,慕容垂自称燕王,大败前秦军队,斩杀了前秦的将领石越。

正月初一,前秦长乐公苻丕大宴宾客,邀请慕容农而不到,方才发觉起了变故,派人四出寻找,这才知道慕容农已在列人起兵。

慕容凤劝翟斌尊奉慕容垂为盟主,翟斌听从。慕容垂到达洛阳,平原公苻晖关闭城门将他拒之门外。翟斌劝慕容垂称帝,慕容垂说:"新兴侯慕容㬊是我的君主,我应当迎接他归来重登帝位。"

慕容垂因为洛阳四面受敌,想要攻取邺城而据守,便率军东至荥阳。众属下坚持请求慕容垂称帝,慕容垂于是自称燕王,设立统府,秉承皇帝旨意行事,封拜慕容德为范阳王、慕容楷为太原王、翟斌为河南王,率领将士二十余万,自石门渡过黄河,向邺城长驱直进。慕容农也驱赶列人的百姓充兵,砍伐桑榆树木作为兵器,撕裂衣襟当作旗帜,命赵秋劝说屠各及东夷、乌桓,于是屠各等各率部众数千人投奔慕容农。慕容农率军攻克馆陶,缴获那里的军资器械,又派兵夺取康台的牧马数千匹,于是步、骑云集,将士达数万之多,众人推举慕容农为骠骑大将军。慕容农监统诸将,根据他们的才能安排职位,上下肃然有序。慕容农因为慕容垂还没来到,不敢自行封赏之事,赵秋说:"军队没有奖赏,将士不肯向前!现在来投军的人,都想建立功勋谋求利益,应当秉承皇帝旨意赐封授职,以扩大中兴大业的基础。"慕容农听从。于是前来投奔的人前后相继。慕容农号令严明,军队没

私掠,士女喜悦。

长乐公丕使石越讨之。农曰:"越有智勇之名,今不南拒大军而来此,是畏王而陵我也,必不设备,可以计取之。"众请治列人城,农曰:"今起义兵,唯敌是求,当以山河为城池,何列人之足治也!"越至列人西,农参军赵谦请急击之。农曰:"彼甲在外,我甲在心,昼战则士卒见其外貌而惮之,不如待暮击之,可以必克。"令战士严备以待,毋得妄动。越立栅自固,农笑曰:"越兵精士众,不乘其初至之锐以击我,方更立栅,吾知其无能为也。"向暮,农鼓噪出,阵于城西,牙门刘木帅壮士四百腾栅而入,农督大众随之,大败秦兵,斩越。越与毛当皆秦骁将,相继败没,秦人骚动,盗贼群起。

垂至邺,改元,服色朝仪皆如旧章。农引兵会垂,遂立世子宝为太子,封拜王公百余人。

丕使姜让诮让垂,垂曰:"孤受主上不世之恩,故欲安全长乐公,使赴京师,然后修复旧业,永为邻好。若不以邺城见归,当穷极兵势,恐单马求生,亦不可得也。"让厉声责之曰:"将军不容于家国,投命圣朝,燕之尺土,将军岂有分乎?主上与将军风殊类别,一见倾心,亲如宗戚,宠逾勋旧,一旦因王师小败,遽有异图。长乐公受分陕之任,宁可束手输将军以百城之地乎!将军欲裂冠毁冕,自可极其兵势,

有私自掠夺之事,男女百姓非常高兴。

长乐公苻丕命令石越讨伐慕容农。慕容农听闻后说:"石越有智勇兼备的名声,现在不去向南抵御大军而来此处,这是畏惧燕王而欺凌我,一定未做防备,可以用计谋打败他。"众将请求修治列人城,慕容农说:"现在兴起义兵,只是寻找敌人去攻击,应当以山河当作城池,一个列人城怎么值得去修治呢?"石越率军进至列人以西,慕容农的参军赵谦请求马上向石越发动进攻。慕容农说:"对方的铠甲在外穿着,我方战士勇于作战如同铠甲在心,白日交战,我方将士见到他们铠甲精良的外貌便会害怕,不如等到天晚再进攻他们,必定能够取胜。"命令战士严阵以待,不许轻举妄动。石越命令将士树立栅栏自固,慕容农笑着说:"石越兵器精良将士众多,不乘其刚刚开到的锐气来进攻我,却在那里树立栅栏,我知道他不会有什么作为了。"等到傍晚时,慕容农督率将士鼓噪而出,在列人城西列开阵势,牙门刘木率领四百名勇士穿越栅栏冲入敌阵,慕容农督率大军随后而进,大败前秦军,斩杀了石越。石越与毛当都是前秦的勇将,二人相继兵败被杀,前秦人心浮动,盗贼四起。

慕容垂到达邺城,改变年号,服装颜色及朝廷礼仪全都一如前燕旧制。慕容农率军与慕容垂会合,于是立世子慕容宝为太子,封拜王公达百余人。

苻丕派姜让前来责备慕容垂,慕容垂说:"我受主上不世之恩,所以想保全长乐公苻丕,使他返回京师,然后我修整兴复燕国的旧业,与秦国永为友好邻国。如果他不能将邺城还我,我将充分发挥军队的威势,恐怕那时想单人匹马逃跑求生,也不能了。"姜让厉声责备慕容垂说:"将军当初不能容于家国,投身圣朝,燕国的尺土寸地,难道有将军的份吗?主上与将军风俗各异种族有别,却对将军一见倾心,亲如宗戚,对你的宠信超过功臣旧将,现在一旦因为王师遭受小小的失败,立刻便有了二心。长乐公身受分治一方的重任,难道可以束手交与将军百城之地吗?将军想要自毁冠冕背弃君主,自可充分发挥你的兵威,

但惜将军以七十之年，悬首白旗，高世之忠，更为逆鬼耳！"垂默然。左右请杀之，垂曰："彼各为其主耳，何罪？"礼而归之。上秦王坚表，请送丕归长安，坚怒，复书切责之。

遣将军刘牢之伐秦，拔谯城。桓冲伐秦，拔魏兴、上庸、新城。　二月，荆江都督、丰城公桓冲卒。

冲闻谢玄等有功，自以失言，惭恨成疾而卒，谥曰宣穆。朝议欲以玄为荆、江刺史，谢安自以父子名位太盛，又惧桓氏失职怨望，乃以桓石民为荆州、桓石虔为豫州、桓伊为江州。

燕王垂围邺。

燕王垂攻邺，拔其外郭，长乐公丕退守中城，垂筑长围守之，关东六州郡县多降于燕。

秦征东府官属疑参军高泰有贰心，泰惧，与同郡吴韶逃归勃海。韶曰："燕军近在肥乡，宜从之。"泰曰："吾以避祸耳，去一君事一君，吾所不为也。"

燕击秦枋头、馆陶，取之。

燕范阳王德击秦枋头，取之。

东胡王晏据馆陶，为邺中声援，夷夏不从燕者亦尚众。燕王垂遣太原王楷与陈留王绍击之。楷谓绍曰："今大业始尔，人心未洽，唯宜绥之以德，不可震之以威。"乃屯于辟阳。绍帅骑数百往说王晏，晏降，于是民夷降者数十万口。楷留其老弱，置守宰以抚之，发其丁壮十余万，与晏诣邺。垂大悦，曰："汝兄弟才兼文武，足以继先王矣。"

只是可惜将军以七十岁的高龄,首级被挂在白旗之上,超越世人的忠诚,反而变为叛逆之鬼!"慕容垂听后默然。左右将士请求将姜让杀掉,慕容垂说:"他这是各为其主罢了,有什么罪?"以礼相待并将他送回。慕容垂上表给前秦王苻坚,请求送苻丕返回长安,苻坚恼怒,回复书信严厉责备慕容垂。

东晋派遣将军刘牢之讨伐前秦,攻克谯城。桓冲讨伐前秦,攻克魏兴、上庸、新城。 二月,荆江都督、丰城公桓冲去世。

桓冲听说谢玄等人建立战功,自己认为过去说错了话,惭愧悔恨成疾而去世,朝廷赐他谥号称宣穆。朝廷讨论想让谢玄出任荆、江刺史,谢安自己认为父子名声权位太盛,又怕桓氏失去职位怨恨,于是任命桓石民为荆州刺史,桓石虔为豫州刺史,桓伊为江州刺史。

后燕王慕容垂围攻邺城。

后燕王慕容垂进攻邺城,攻克其外城,长乐公苻丕退守内城,慕容垂修筑长围困住邺城,关东六州各郡县大多投降后燕。

前秦征东府的官属怀疑参军高泰怀有二心,高泰恐惧,与同郡人吴韶逃归勃海。吴韶说:"燕军近在肥乡,应当归从他们。"高泰说:"我逃归渤海是为了避祸,离开一个君主去事奉另一个君主,这是我不愿做的事情。"

后燕进攻前秦枋头、馆陶,攻占了二地。

后燕范阳王慕容德进攻前秦枋头,攻取其地。

东胡王晏占据馆陶,为邺城声援,各少数民族及汉人不曾归附后燕的人也还很多。后燕王慕容垂派遣太原王慕容楷和陈留王慕容绍率兵进攻馆陶。慕容楷对慕容绍说:"现在燕国大业刚刚开始,人心尚未和睦融洽,只应该用仁德去安抚,不能用兵威去震慑他们。"于是屯军于辟阳。慕容绍率骑兵数百人去劝说王晏,王晏投降,于是百姓及各少数民族归降者数十万口。慕容楷留下其中的老弱人口,设置守宰等地方官吏以抚慰他们,征发其壮丁十余万,与王晏一同到邺城。慕容垂大为高兴,说:"你兄弟二人文武兼备,足以承继先王。"

三月,以谢安为太保。 燕慕容泓起兵华阴,慕容冲起兵平阳。秦遣苻叡击泓,败死。夏四月,叡司马姚苌起兵北地,自称秦王。

泓为秦北地长史,闻燕王垂攻邺,亡奔关东,收集鲜卑,还屯华阴,其众遂盛,自称雍州牧。

秦王坚谓权翼曰:“不用卿言,使鲜卑至此,关东之地,吾不复争,将若泓何?”乃使广平公熙镇蒲坂,征钜鹿公叡都督中外诸军事,配兵五万,以窦冲为长史,姚苌为司马,以讨泓。

平阳太守慕容冲亦起兵于平阳,进攻蒲坂,坚使窦冲讨之。

泓闻秦兵且至,惧,帅众将奔关东。叡粗猛轻敌,欲驰兵邀之。姚苌谏曰:“鲜卑皆有思归之志,故起而为乱,宜驱令出关,不可遏也。夫执罴鼠之尾,犹能反噬于人,但可鸣鼓随之,彼将奔败不暇矣。”叡弗从,与战,果败,见杀。苌遣其长史诣坚谢罪,坚怒,杀之。苌惧,奔渭北马牧。于是天水尹纬、尹详,南安庞演等纠扇羌豪五万余家,推苌为盟主。苌自称秦王,进屯北地,羌胡降者十余万。

秦苻定、苻绍以信都、高城降燕。 秦遣兵击慕容冲,破之。冲奔华阴,泓遂进逼长安。

秦窦冲击冲,破之,冲奔华阴。泓众至十余万,遣使谓秦王坚曰:“吴王已定关东,可速备大驾,送家兄皇帝还邺都,与秦以虎牢为界。”坚大怒,召慕容晖责之曰:“卿之宗族,可谓人面兽心,不可以国士期也。”命晖以书招谕泓、冲

三月，东晋朝廷任命谢安为太保。　前燕旧臣慕容泓于华阴起兵，慕容冲于平阳起兵。前秦派遣苻叡进攻慕容泓，兵败身死。夏四月，苻叡的司马姚苌在北地起兵，自称秦王。

　　慕容泓是前秦的北地长史，听说后燕王慕容垂进攻邺城，逃奔到关东，收集鲜卑部众，还兵驻屯华阴，部众大盛，自称雍州牧。

　　前秦王苻坚对权翼说："当初没听你的话，使鲜卑到了这种地步，关东地区，我不再和他们争夺，但现在拿慕容泓怎么办？"于是命广平公苻熙镇守蒲坂，征召钜鹿公苻叡任都督中外诸军事，配与他军队五万，任命窦冲为长史，姚苌为司马，去讨伐慕容泓。

　　平阳太守慕容冲也在平阳起兵，进攻蒲坂，苻坚命令窦冲讨伐他。

　　慕容泓听说前秦军队将要来到，恐惧，率领众将逃奔关东。苻叡鲁莽勇猛而轻敌，想要急速进军截击慕容泓。姚苌劝谏说："鲜卑人人有思归旧土的心思，所以才起兵作乱，应当驱赶他们出关，不可以阻拦他们。抓住鼷鼠的尾巴，它还能反身咬人，我们只可击鼓尾随他们，他们就将逃奔溃败不暇了。"苻叡不肯听从，与慕容泓交战，果然兵败被杀。姚苌派遣他的长史去向苻坚谢罪，苻坚发怒，将来人杀掉。姚苌害怕，逃奔渭北的战马牧场。这时天水人尹纬、尹详，南安人庞演等人纠集煽动羌人豪强等五万余家，推举姚苌为盟主。姚苌自称秦王，进屯北地，羌胡投降的人多达十余万。

　　前秦苻定、苻绍拥据信都、高城投降了后燕。　前秦派遣军队进攻慕容冲，击败其军。慕容冲逃奔到华阴，慕容泓于是进逼长安。

　　前秦窦冲进攻慕容冲，击败其军，慕容冲逃到华阴。慕容泓将士达到十余万，遣使对苻坚说："我燕国的吴王慕容垂已经平定关东，你可以赶快备好皇帝车驾，送家兄皇帝返还邺都，燕国与秦国以虎牢为界友好相处。"苻坚听后大怒，召来慕容暐责备他说："你的宗族，真可以说是人面兽心，不能把他们当作国中杰出人才那样对待。"命令慕容暐写书信招纳晓谕慕容泓、慕容冲

及垂。旐密遣使谓泓曰:"吾笼中之人,必无还理,且燕室之罪人也,不足复顾,汝勉建大业,听吾死问,便即尊位。"泓于是进向长安。

竟陵太守赵统伐襄阳,克之。　梁州刺史杨亮帅兵伐蜀,屯巴郡。　五月,秦洛州刺史张五虎据丰阳来降。六月,崇德太后褚氏崩。　秦王坚击后秦,败之。

后秦王苌进屯北地,秦华阴、北地、新平、安定羌胡降之者十余万。秦王坚自帅步、骑二万以击之,后秦兵屡败,军中无井,秦人塞安公谷堰水以困之,有渴死者。会天大雨,后秦营中水三尺,营外寸余而已,后秦军复振。坚叹曰:"天亦佑贼乎?"

燕诸将杀慕容泓,立冲为皇太弟。
慕容泓谋臣高盖等以泓德望不如冲,且持法严峻,乃杀泓,立冲为皇太弟,承制行事,置百官。后秦王苌遣其子嵩为质于冲,以请和。

燕将军慕容麟拔常山、中山。慕容冲大破秦兵,遂据阿房城。
秦平原公晖帅洛阳、陕城之众七万归于长安。秦王坚闻冲去长安浸近,乃引兵归,遣晖拒冲,战于郑西,冲大破之,遂据阿房城。
秦梓潼太守垒袭以涪城来降。　葬康献皇后。　燕杀丁零翟斌。
翟斌恃功骄纵,邀求无厌,又以邺城久不下,潜有贰心。太子宝请除之,燕主垂曰:"河南之盟,不可负也,若其

和慕容垂。慕容暐偷偷派遣使者对慕容泓说:"我是囚笼中的人,肯定没有返回故国的道理,况且我是燕室的罪人,不值得再予以顾念,你努力建立大业,听到我的死讯,便立即称帝。"慕容泓于是向长安进军。

东晋竟陵太守赵统进攻襄阳,攻占该城。 梁州刺史杨亮率领军队讨伐蜀地,屯军于巴郡。 五月,前秦洛州刺史张五虎拥据丰阳来向东晋投降。 六月,东晋崇德太后褚氏去世。前秦王苻坚进攻后秦,击败其军。

后秦王姚苌进军驻屯北地,前秦华阴、北地、新平、安定等地羌胡投降的有十余万。前秦王苻坚亲率步、骑二万前去进攻姚苌,后秦军队连连失败,驻扎的地方没有水井,前秦堵塞安公谷拦截水源以围困后秦军队,后秦军中有干渴而死的人。恰巧此时天降大雨,后秦军营之中积水深达三尺,营外却仅仅有寸余深的积水,后秦军队重新振作。苻坚叹息道:"难道上天也佑助贼寇吗?"

西燕诸将杀掉慕容泓,拥立慕容冲为皇太弟。

慕容泓的谋臣高盖等人认为慕容泓的道德威望比不上慕容冲,而且他持法严峻,便杀掉慕容泓,拥立慕容冲为后燕皇太弟,秉承皇帝旨意行事,设置百官。后秦王姚苌派遣他的儿子姚嵩到慕容冲那里充作质子,以向他请求和好。

后燕将军慕容麟攻克常山、中山。慕容冲大败前秦军队,于是占据阿房城。

前秦平原公苻晖率领洛阳、陕城的七万将士返归长安。前秦王苻坚听说慕容冲逐渐逼近长安,便率军返回,派遣苻晖抵御慕容冲。二军在郑西交战,慕容冲大败苻晖,于是占据阿房城。

前秦梓潼太守垒袭拥据涪城来向东晋投降。 东晋安葬康献皇后。 后燕杀掉丁零翟斌。

翟斌仗恃有功骄横放纵,求官逐赏贪得无厌,又因为邺城久久不能攻克,于是暗中怀有二心。后燕太子慕容宝请求除掉他,后燕主慕容垂说:"我们和翟斌在河南的盟誓,不能背弃,如果他

为难,罪由于斌,今事未有形而杀之,人必谓我忌其功能。吾方收揽豪杰以隆大业,不可示人以狭,失天下之望。藉彼有谋,吾以智防之,无能为也。"斌果密与秦长乐公丕通谋,事觉,垂杀之。

秦吕光大破龟兹,入据其城。

龟兹王帛纯窘急,重赂狯胡以求救,狯胡王引诸国兵七十余万以救之。吕光与战,大破之,帛纯出走,光入其城,城如长安,市邑宫室甚盛。光抚宁西域,威恩甚著,远方诸国,前世所不能服者,皆来归附。光立帛纯弟震为龟兹王。

八月,燕王垂解邺围,趋新城。

初,燕王垂以邺城犹固,会僚佐议之,右司马封衡请引漳水灌之,从之。垂行围,因饮于华林园,秦人密出兵掩之,矢下如雨,垂几不得出,冠军隆将骑冲之,垂仅而得免。至是邺中刍粮俱尽,削松木以饲马。垂曰:"苻丕必无降理,不如开丕西归之路,以谢秦王畴昔之恩。"乃解围趋新城,遣慕容农徇清河、平原,征督租赋。农明立约束,均适有无,军令严整,无所侵暴,由是谷帛属路,军资丰给。

遣都督谢玄率师伐秦,取河南。

太保安奏请乘苻氏倾败,开拓中原。以玄为前锋都督,帅桓石虔等伐秦。玄至下邳,秦徐州刺史赵迁弃彭城走,玄进据之,使彭城内史刘牢之攻秦兖州刺史张崇,崇弃鄄城奔燕,牢之据鄄城,河南城堡皆来归附。

起事发难，罪责在于翟斌，现在事情没有形迹而杀掉他，人们一定会认为我猜忌他的功劳才干。我正要收揽天下豪杰之士以隆盛我的大业，不能向人们显出狭隘的样子，失掉天下人的期望。假使他有阴谋，我用智谋防备他，他也不会有什么作为。"翟斌果然暗中与前秦长乐公苻丕通谋，事情被发觉，慕容垂将他杀掉。

前秦吕光大败龟兹军队，入据龟兹城。

龟兹王帛纯处境危急，送给狯胡厚礼请求他出兵相救，狯胡王率领诸国兵七十余万往救龟兹。吕光与之交战，大败狯胡军队，帛纯出逃，吕光进入龟兹城内，其城与长安相似，城内市邑宫室极为繁盛华丽。吕光抚慰安定西域人心，恩德与威严卓著，远方各国，前代所未能使它们臣服的，都来归附。吕光立帛纯的弟弟帛震为龟兹王。

八月，后燕王慕容垂解除对邺城的包围，奔赴新城。

当初，后燕王慕容垂因为邺城的防守还很坚固，会集众僚佐计议，右司马封衡建议引漳水灌淹邺城，慕容垂采纳了他的建议。慕容垂巡视包围圈，于是在华林园中饮酒，前秦人偷偷出兵袭击，射来的箭矢如雨，慕容垂几乎不能逃出，冠军大将军慕容隆率领骑兵冲击，慕容垂仅仅得免于死。这时邺城之内粮食草料全都用尽，前秦将士砍伐松树树枝喂食战马。慕容垂说："苻丕肯定不会投降，不如让开苻丕的西归之路，以感谢秦王往日的恩德。"于是解除包围圈奔赴新城，派遣慕容农巡行清河、平原，监督征收田租赋税。慕容农明确规定法令，根据人们的贫富合理确定田租赋税的数量，军令严明，无所侵扰，因此交纳谷、帛的人络绎不绝，军资丰富充足。

东晋派遣都督谢玄率军讨伐前秦，攻取河南。

东晋太保谢安上表，奏请乘苻氏失败的机会，开拓中原。朝廷任命谢玄为前锋都督，率领桓石虔等人讨伐前秦。谢玄军至下邳，前秦徐州刺史赵迁放弃彭城逃跑，谢玄进军占据彭城，命彭城内史刘牢之进攻前秦兖州刺史张崇，张崇放弃鄄城投奔后燕，刘牢之占据鄄城，河南地区的城堡都来归附。

加太保安都督十五州诸军事、加黄钺。 慕容冲进逼
长安。 冬十月朔，日食。 谢玄遣兵攻秦青州，降之。
燕慕舆文杀刘库仁。

库仁欲救苻丕，发雁门、上谷、代郡兵屯繁畤。燕慕舆
句之子文在库仁所，知三郡兵不乐远征，因作乱，夜攻库
仁，杀之，窃其骏马奔燕。库仁弟头眷代领部众。

加谢玄都督七州军事。

秦长乐公丕进退路穷，谋于僚佐，司马杨膺请自归于
晋，丕未许。会谢玄遣刘牢之等据碻磝，郭满据滑台，颜
肱、刘袭军于河北，袭克黎阳。丕惧，乃遣参军焦逵致书于
玄，称欲假途求粮，西赴国难。逵与参军姜让密告杨膺，改
书为表，许以王师之至当致身南归。且议，丕若不从，则逼
缚与之。于是玄遣晋陵太守滕恬之渡河守黎阳。朝廷以
兖、青、司、豫既平，加玄都督徐、兖、青、司、冀、幽、并州诸
军事。

后秦王苌攻新平。

后秦王苌闻慕容冲攻长安，会群僚议进止，皆曰："宜
先取长安，建立根本，然后经营四方。"苌曰："燕人因其众
思归以起兵，若得志，必不久留关中，吾当移屯岭北，广收
资实，以待秦亡燕去，然后拱手取之耳。"乃留长子兴守北
地，自将其众攻新平。

初，新平人杀其郡将，秦王坚缺其城角以耻之，新平民
望深以为病，欲立忠义以雪之。及苌至，太守苟辅欲降，

东晋朝廷加予太保谢安都督十五州诸军事、加黄钺的职位。

慕容冲进逼长安。　冬十月初一，出现日食。　谢玄派遣军队进攻前秦青州，前秦青州守将投降东晋。　前燕故将慕舆文杀掉刘库仁。

刘库仁打算救援苻丕，征发雁门、上谷、代郡的兵众驻屯繁畤。前燕故臣慕舆句的儿子慕舆文当时在刘库仁那里，他知道这三郡的士卒不愿意远征，便利用他们作乱，乘夜攻击刘库仁，将他杀掉，偷来他的骏马投奔后燕。刘库仁的弟弟刘头眷代替其兄统领部众。

东晋朝廷加授谢玄都督七州诸军事。

前秦长乐公苻丕进退都没有出路，便和手下众僚佐商议，司马杨膺请求自动归附东晋，苻丕没有同意。正好这时东晋谢玄派遣刘牢之等人屯据碻磝，郭满屯据滑台，颜肱、刘袭驻军于河北，袭取黎阳。苻丕害怕，便派遣参军焦逵送信给谢玄，声称想要向东晋借路并求助粮草，以便西赴国难。焦逵与参军姜让将此事偷偷告诉杨膺，三人合谋将书信改写成表章，许诺在东晋军队到达时投身东晋南归。三人并商议，如果苻丕不肯，便逼迫捆缚他交给东晋。于是谢玄派遣晋陵太守滕恬之渡过黄河镇守黎阳。东晋朝廷因为兖、青、司、豫四州已经平定，加予谢玄都督徐、兖、青、司、冀、幽、并州诸军事的职位。

后秦王姚苌进攻前秦新平。

后秦王姚苌听说慕容冲进攻长安，会集众僚佐商议己方的行动计划，众僚佐都说：“应当先攻取长安，建立根基，然后再经营四方。”姚苌说：“燕人因为其部众思归之心而起兵，如果他们能够得志，一定不会长久地留在关中，我们应当移兵驻屯岭北，大力储备粮食物资，以等待秦国灭亡燕人离去，然后可以唾手而得关中。”于是留下其长子姚兴镇守北地，自己率领部众进攻新平。

当初，新平人杀掉了他们的郡守，前秦王苻坚将其城墙去掉一角来羞辱他们，新平人将这件事当作奇耻大辱，想要立忠义之功来洗刷掉它。等到姚苌率军杀到，新平太守苟辅想要投降，

郡人冯杰等谏曰："昔田单以一城存齐,今秦犹连城过百,奈何遽为叛臣乎?"辅喜曰:"此吾志也,但恐久而无救,郡人横被无辜,诸君能尔,吾岂顾生哉!"于是凭城固守。后秦为土山、地道,辅亦于内为之,或战地下,或战山上,后秦之众死者万余人。辅诈降以诱苌,苌将入城,觉之而返,辅伏兵邀击,几获之,又杀万余人。

十二月,秦杀其新兴侯慕容晖。

鲜卑在长安城中者犹千余人,慕容肃与慕容晖谋伏兵杀坚,事觉,坚召晖、肃曰:"吾相待何如,而起此意?"肃曰:"家国事重,何论意气!"坚乃并鲜卑无少长男女皆杀之。燕王垂幼子柔与太子宝之子盛乘间得出,奔慕容冲。

燕王垂复围邺,谢玄遣刘牢之救之,且馈之粟。 秦梁州刺史潘猛弃汉中走。

郡人冯杰等劝谏说:"从前田单用一座城池保住了齐国,现在我秦国还有连城过百,为什么要急急忙忙地去做叛臣呢?"苟辅高兴地说:"这本来是我的心愿,只是怕日子久了没有救兵,郡中百姓横遭无辜之祸,各位能够这样,我怎么能顾惜生命呢!"于是合郡凭城坚守。后秦军队修筑土山、挖掘地道攻城,苟辅也在城内如法炮制,与后秦军或战于地道之下,或战于土山之上,后秦兵众死者达万余人。苟辅诈降引诱姚苌,姚苌将要进城,发觉苟辅之计返回,苟辅设伏兵截击,险些擒获姚苌,又杀死后秦士卒一万余人。

十二月,前秦杀掉新兴侯慕容晞。

鲜卑在长安城内的还有一千余人,慕容肃与慕容晞谋划埋伏将士杀掉苻坚,事情被发觉,苻坚召来慕容晞、慕容肃说:"我对待你们怎么样? 而你们却起这般心思?"慕容肃说:"宗族国家的事情重要,谈什么情谊恩义!"苻坚于是将城内的鲜卑不论男女老少全部杀掉。后燕王慕容垂的小儿子慕容柔和太子慕容宝的儿子慕容盛寻机得以逃出,投奔慕容冲。

后燕王慕容垂再次包围邺城,谢玄派遣刘牢之救援邺城,并向前秦军队馈送粮食。 前秦梁州刺史潘猛放弃汉中逃跑。

资治通鉴纲目卷二十二

起乙酉(385)晋孝武帝太元十年,尽戊戌(398)晋安帝隆安二年。凡十四年。

乙酉(385) **太元十年**秦哀平帝苻丕大安元,燕主垂二,后秦主姚苌白雀二年。西燕主慕容冲更始元年。西秦王乞伏国仁建义元年。旧大国三,新大国一,小国一,凡五僭国。

春正月,燕慕容冲称帝于阿房。

是为西燕。

冲称帝改元,有自得之志,赏罚任情。慕容盛年十三,谓慕容柔曰:"十人之长,亦须才过九人,然后得安。今中山王才不逮人,功未成而骄已甚,殆难济乎!"

西燕主冲袭长安。秦王坚与战,败之。

秦王坚与西燕主冲战于仇班渠及雀桑,皆破之。又战于白渠,秦兵败。冲遣尚书令高盖夜袭长安,入其南城,秦将军窦冲等击破之。秦王坚与战于城西,又大破之,追奔至阿城而还。

秦益州刺史王广弃成都走。 燕将军平规攻蓟,拔之。

西燕冯翊太守韦谦来奔。

西燕主冲执秦尚书韦钟,以其子谦为冯翊太守,使招集三辅。垒主邵安民责之曰:"君雍州望族,今乃从贼,与之为不忠不义,何面目以行于世乎!"谦以告钟,钟自杀,谦来奔。

荥阳郡降。 燕遣将军慕容麟屯信都,温屯中山。

乙酉（385）　晋烈宗孝武帝太元十年前秦哀平帝苻丕大安元年，后燕主垂二年，后秦主姚苌白雀二年。西燕主慕容冲更始元年。西秦王乞伏国仁建义元年。旧大国三，新大国一，小国一，共五个僭越国。

春正月，燕慕容冲在阿房城即皇帝位。

此为西燕。

慕容冲称皇帝改年号，得意自满，随心赏罚。慕容盛年方十三，对慕容柔说："即使位居十人之长，其才能也应当超过另外九人，然后心安理得。如今中山王慕容冲才不及人，尚未建功却骄横异常，恐怕难以成就大业呀！"

西燕主慕容冲袭击长安。前秦王苻坚战败慕容冲。

前秦王苻坚与西燕主慕容冲在仇班渠和雀桑交战，全部获胜。又在白渠交战，秦兵败北。慕容冲派尚书令高盖夜袭长安，突入南城，前秦将军窦冲等将其击退。前秦王苻坚在长安城西大败慕容冲，并乘胜追至阿城才班师。

前秦益州刺史王广弃成都逃跑。　前燕将军平规攻占蓟城。
西燕冯翊太守韦谦投奔东晋。

西燕主慕容冲俘获了前秦尚书韦钟，任命其子韦谦为冯翊太守，让他招抚三辅民众。冯翊垒主郖安民责备韦谦说："你身为雍州望族，而今却随从贼寇做出不忠不义之事，还有什么面目苟活在人世间呢？"韦谦将这番话告诉了父亲韦钟，韦钟自杀，韦谦出奔东晋。

荥阳郡降。　后燕派将军慕容麟屯信都，慕容温屯中山。

　　燕王垂攻邺，久不下，将北诣冀州，乃命赵王麟屯信都，乐浪王温屯中山，召辽西王农还邺。于是远近以燕为不振，颇怀去就。

　　农至高邑，遣从事眭邃近出，违期不还。长史张攀请讨之，农不应，假邃高阳太守，参佐家在赵北者悉假署遣归。退谓攀曰："君所见殊误，当今岂可自相鱼肉！俟吾北还，邃等当迎于道左耳。"

　　温在中山，兵力甚弱，抚旧招新，劝课农桑，民归附者相继，壁垒争送军粮，仓库充溢。翟真夜袭中山，温击破之，乃遣兵运粮以饷垂，且营中山宫室。

夏四月，刘牢之进兵至邺，燕王垂逆战，败走中山。牢之追击，大败而还。

　　牢之至枋头。杨膺、姜让谋泄，长乐公丕收杀之。牢之闻之，盘桓不进，及是乃至邺。燕王垂逆战而败，遂撤围北遁。牢之引兵追之，疾趋二百里，至五桥泽，争燕辎重，垂邀击，大破之。牢之单马走，会秦救至得免。邺中饥甚，丕帅众就晋谷于枋头。牢之入屯邺城，兵复少振，寻坐军败征还。丕亦还邺。

　　燕、秦相持经年，幽、冀人相食，邑落萧条。垂以桑椹为军粮，北趣中山，使农先驱，眭邃等皆来迎，上下如初。

太保安出镇广陵。

　　会稽王道子专权，复为奸谄所构，与安有隙。会秦来求救，安乃请自将救之。出镇广陵，筑新城而居之。

后燕王慕容垂进攻邺城，久攻不克，准备移师到北边的冀州，就下令赵王慕容麟驻扎信都，乐浪王慕容温驻守中山，召还辽西王慕容农至邺城。于是，远近的人都以为后燕威势不振，无不怀藏去留之意。

慕容农抵达高邑，派从事眭邃到附近出差，眭邃逾期不归。长史张攀请求讨伐，慕容农不答应，却假借诏令任命眭邃为高阳太守，家在赵地以北的僚属也全部遣还暂时代理官职。慕容农退下对张攀说："你的建议非常谬误，当今之势岂能自相残害！待我自北而还，眭邃等人一定会夹道迎接的。"

慕容温在中山，兵力很弱，抚慰故旧，招纳新兵，勉励农耕，督责蚕桑，归附的民众络绎不绝，郡县村落争送军粮，仓库充实丰盈。翟真夜袭中山，慕容温一举破敌，于是派兵运粮送给慕容垂，并且营建中山宫室。

夏四月，刘牢之进兵抵达邺城，后燕王慕容垂迎战，失利后逃向中山。刘牢之追击不舍，结果大败而归。

刘牢之进抵枋头。杨膺、姜让的阴谋败露，长乐公符丕将他们捕杀。刘牢之闻知此事，徘徊不敢前进，至此才抵达邺城。后燕王慕容垂迎战失败，遂撤围向北遁去。刘牢之率兵追击慕容垂，急行军二百里来到五桥泽，争抢后燕的军用物资，慕容垂迎头截击，大败刘牢之。刘牢之单身单马逃走，赶巧前秦救军到来得以幸免。邺城饥荒严重，符丕率领兵众到枋头以求东晋的粮谷。刘牢之驻进邺城，兵众又稍有振作，不久因军败获罪被召还。符丕再次回到邺城。

后燕、前秦相持一年多，幽州、冀州饥人相食，城邑村落凋零可怖。慕容垂以桑椹为军粮，北赴中山，让慕容农为前锋，眭邃等人全都前来相迎，上下和好如初。

太保谢安离朝镇守广陵。

会稽王司马道子独揽大权，又被奸佞谄媚者挑拨，因而与谢安有了矛盾。恰好前秦来人求救，谢安便请求亲自率兵救援。于是，谢安离开朝廷镇守广陵，居住在他兴建的新城里。

蜀郡太守任权攻拔成都,复取益州。 后秦攻秦新平,拔之。

秦新平太守苟辅坚守以拒后秦,粮竭矢尽,外救不至。后秦王苌使人谓曰:"吾方以义取天下,岂仇忠臣邪!卿但帅众还长安,吾止欲得城耳。"辅帅民出,苌围而坑之。

五月,西燕攻长安,秦王坚出奔五将山。

西燕主冲攻长安,秦王坚身自督战,飞矢满体。冲纵兵暴掠,士民流散,道路断绝。有堡壁三十余结盟,冒难遣兵粮助坚,多为西燕兵所杀。

三辅民为冲所略者密遣人告坚,欲纵火为内应。坚曰:"甚哀诸卿忠诚!吾以猛士利兵困于乌合之虏,岂非天乎!恐徒使诸卿夷灭,吾不忍也。"其人固请,果不克而死。

坚骁将杨定战复被擒,坚大惧,以谶书云:"帝出五将久长得。"乃留太子宏守长安,帅骑数百与张夫人、中山公诜奔五将山,告州郡期以孟冬救长安。

六月,秦太子宏奔下辨,西燕主冲入长安。

宏不能守出奔。冲入长安,纵兵大掠,死者不可胜计。

秋七月,旱,饥,井竭。 后秦围五将山,执秦王坚以归。 秦太子宏来奔,处之江州。 八月,太保建昌公谢安卒。

安有疾,求还,至建昌而卒。诏加殊礼以葬,谥曰文靖。

以琅邪王道子领扬州刺史、录尚书、都督中外诸军事。

蜀郡太守任权攻克成都,又夺取了益州。　后秦攻占了前秦的新平城。

前秦新平太守苟辅坚守城池以抗拒后秦,直至箭尽粮竭仍无外援之兵。后秦王姚苌派人告诉苟辅:"我正在用道义争取天下,怎会仇恨忠臣呢!你只要率领民众返回长安就可以了,我只不过想得到新平城。"苟辅带领民众出城,姚苌包围上来把他们全部活埋。

五月,西燕进攻长安,前秦王苻坚出奔五将山。

西燕主慕容冲进攻长安,前秦王苻坚亲自督战,遍体刺满了飞来的乱箭。慕容冲放纵军士残暴抢掠,关中士民流散失所,道路为之阻绝。三十余个堡寨营垒互相结盟,冒险派兵送粮救助苻坚,多数被西燕兵杀害。

三辅地区惨遭慕容冲侵掠的民众暗中派人去告诉苻坚,想要放火以为内应。苻坚说:"很怜爱你们的忠诚!但是,我拥有勇猛将士、坚利兵器却受困于乌合之敌,难道不是天意吗!恐怕会白白使你们送死,我于心不忍啊!"来人执意请求,果然失败而死。

苻坚的猛将杨定出战又被生擒,苻坚十分恐惧,依照谶纬书中所言:"帝王出走五将山才能得以长久。"于是留下太子苻宏守卫长安,自率数百骑兵和张夫人、中山公苻诜一道奔向五将山,并向各州郡宣告,约定初冬时援救长安城。

六月,前秦太子苻宏逃到下辨,西燕主慕容冲进入长安。

苻宏因无力守城而出逃。慕容冲进入长安,纵容兵士肆力掠夺,城中惨死的人不可胜计。

秋七月,东晋地方出现大旱,饥荒,井水枯竭。　后秦军包围五将山,捉拿前秦王苻坚后回师。　前秦太子苻宏投奔东晋,将他安置在江州。　八月,太保建昌公谢安去世。

谢安因病请求还朝,到了建昌去世。朝廷下诏以特殊的礼仪安葬他,谥号文靖。

以琅邪王司马道子兼扬州刺史、录尚书、都督中外诸军事。

后秦王苌弑秦王坚。

后秦王苌幽秦王坚于别室，使求传国玺。坚叱之曰："五胡次序无汝羌名，玺已送晋，不可得也！"苌复遣右司马尹纬说坚，坚问纬："在朕朝何官？"纬曰："尚书令史。"坚叹曰："卿，王景略之俦，而朕不知，宜其亡也。"坚自以平生遇苌有恩，尤忿之，数骂苌求死。苌遣人缢之。张夫人、中山公诜皆自杀。后秦将士亦皆哀恸。苌欲隐其名，谥坚曰壮烈天王。

秦苻丕称帝于晋阳。

秦长乐公丕将赴长安，时幽州刺史王永自蓟走壶关，遣使招之，丕乃帅邺中男女六万余口西如潞川，将军张蚝、并州刺史王腾迎入晋阳。永以骑来会。丕始知坚死，乃发丧即位。

燕遣南中郎将慕容和守邺。　刘显弑其君头眷而自立。

显，库仁之子也。既杀头眷，又将杀拓跋珪。珪遂奔贺兰部，依其舅贺讷。讷弟染干忌珪得众心，举兵围之。珪母谓曰："汝等欲于何置我，而杀吾子乎！"染干惭而去。

九月，秦吕光还自龟兹，击凉州，杀其刺史梁熙而代之。

初，吕光以龟兹饶乐，欲留居之。天竺沙门鸠摩罗什曰："此不足留，将军但东归，自有福地可居。"光乃以驼二万余头，载外国珍宝奇玩，驱骏马万匹而还。兵至宜禾，凉州刺史梁熙谋闭境拒之。高昌太守杨翰曰："光新破西

后秦王姚苌杀害前秦王符坚。

后秦王姚苌把前秦王符坚幽禁在正室以外的房间，让人向他索要传国玺印。符坚呵斥他说："按五胡的顺序，就没有你羌族的名位，国玺已送至晋朝，不可能得到它！"姚苌又派右司马尹纬劝说符坚，符坚问尹纬："你在朕的朝廷做什么官？"尹纬答道："尚书令史。"符坚叹息说："你可与王景略比肩，然而朕却一无所知，看来应该灭亡了。"符坚自以为平时对姚苌有恩，更加忿恨，多次责骂姚苌，以求死。姚苌派人缢死符坚。张夫人、中山公符诜全都自杀。后秦将士也都哀恸不已。姚苌想隐埋符坚的名字，于是对符坚加谥号为壮烈天王。

前秦符丕在晋阳即皇帝位。

前秦长乐公符丕将要赴长安，这时幽州刺史王永从蓟州来到壶关，便派使臣招纳符丕，符丕就率领邺城男女六万余人向西至潞川，将军张蚝、并州刺史王腾迎接他们驻进晋阳。王永率骑兵到晋阳会晤符丕。符丕这才知道符坚已经死去，于是公开发布符坚死讯，自己称帝即位。

后燕派遣南中郎将慕容和镇守邺城。　刘显杀其君主刘头眷而自立。

刘显是刘库仁的儿子。他杀死刘头眷后，又准备杀掉拓跋珪。拓跋珪遂逃至贺兰部，依靠其舅贺讷。贺讷的弟弟贺染干忌恨拓跋珪深得人心，便带兵包围拓跋珪。拓跋珪的母亲对贺染干说："你们要杀害我的儿子，想把我置于何地！"贺染干惭愧地离去。

九月，前秦吕光从龟兹归来，出击凉州，杀掉凉州刺史梁熙而取替他。

当初，吕光认为龟兹丰饶美乐，想长期留住在那里。天竺僧人鸠摩罗什说："此地不值得留居，你只管东归，自有可以安居的福地。"于是吕光用二万余头骆驼运载着外国的珍宝奇货，驱赶着万匹骏马返回。当吕光的兵众行至宜禾时，凉州刺史梁熙计划封闭边境以阻挡他入境。高昌太守杨翰说："吕光新破西

域,兵强气锐,闻中原丧乱,必有异图。若出流沙,其势难敌。高梧谷口险阻之要,宜先守之而夺其水,彼既穷渴,可以坐制。如以为远,伊吾关亦可拒也。度此二厄,虽有子房之策无所施矣!"熙不听。美水令张统曰:"行唐公洛,上之从弟,勇冠一时,若奉为盟主以帅群豪,则光虽至不敢有异心。资其精锐,东合四州,扫凶逆,宁帝室,此桓、文之举也。"熙又不听,而杀洛于西海。

光闻翰谋,惧不敢进。杜进曰:"熙文雅有余,机鉴不足,终不能用,宜及其上下离心速取之。"光至高昌,翰以郡降。至玉门,熙移檄责光擅命还师,遣其子胤帅众拒之。光破擒之。武威太守彭济执熙以降,光杀之。入姑臧,自领凉州刺史,郡县皆降,独酒泉、西郡宋皓、索泮不下。光攻而执之,责泮不降,泮曰:"将军受诏平西域,不受诏乱凉州,梁公何罪而将军杀之?泮力不足,不能报仇,主灭臣死,固其宜也。"光皆杀之。

主簿尉祐奸佞倾险,与济同执熙,光宠信之。祐潜杀名士十余人,凉州人由是不悦。

乞伏国仁自称单于。

国仁称单于,置将、相,分其地置十二郡,筑勇士城而都之。秦封以为苑川王,是为西秦。

河北州郡复降于秦。

苻定、苻绍、苻谟、苻亮皆自河北遣使谢罪。中山太守王兖固守博陵,为秦拒燕。丕以定等皆为河北牧守。杨定

域,兵强气盛,听说中原出现死丧祸乱,必定有异常的图谋。吕光若是走出沙漠,其势难以抵抗。高梧谷口是艰难险阻的要冲,应当先行坚守此地而断绝他们的水源,他们既已穷困干渴,我们安坐不动就可以制服他们。如以为高梧谷口遥远,也可以拒守伊吾关。失掉这两个险关,即使有张良的谋策也无处可施!"梁熙没有听从。美水令张统说:"行唐公苻洛是天子的堂弟,勇武冠绝一时,若把他尊奉为盟主以统帅各豪强,那么吕光即便到来也不敢怀有异心。再借助他的精锐之师,东面联合四州,扫荡凶顽叛逆,安定王室朝廷,这是如同齐桓公、晋文公的壮举。"梁熙还是不听从,反而在西海杀掉了苻洛。

吕光闻知杨翰的计谋,害怕而不敢前进。杜进说:"梁熙文雅有余,明察不足,最终不会采纳的,应该趁其上下离心之机迅速攻取他。"吕光进至高昌,杨翰举郡降附。吕光来到玉门,梁熙传递檄文责备他擅自发号施令班师,并派他的儿子梁胤率兵相拒。吕光大破梁军并活捉梁胤。武威太守彭济拘捕梁熙向吕光投诚,吕光杀掉梁熙。吕光进入姑臧,亲自兼任凉州刺史,所属郡县全部投降,唯独酒泉、西郡太守宋皓、索泮守城不降。吕光攻城把他们俘获,斥责索泮不降之过,索泮辩解说:"将军你受诏平定西域,并没有诏令让你祸乱凉州,梁熙犯有何罪而被将军杀害?我只恨无力报仇,主灭臣死,这本是应当的。"吕光把他们全都杀掉。

主簿尉祐奸佞阴险,与彭济同时抓获的梁熙,吕光对他宠爱信任。尉祐陷害杀死了十几个名士,凉州人因此不愉快。

乞伏国仁自称单于。

乞伏国仁自称单于,设置了将、相,把他所管辖的地域分置了十二个郡,修筑勇士城作为都城。前秦封他为苑川王,这就是西秦。

河北各州郡再次降附前秦。

苻定、苻绍、苻谟、苻亮都从河北遣使谢罪。中山太守王兖固守博陵,替前秦拒后燕。苻丕任苻定等皆为河北牧守。杨定

自西燕亡奔陇右,收集旧众。窦冲据兹川,有众数万,与定及秦州刺史王统、河州毛兴、益州王广、南秦州杨璧,皆自陇右遣使邀丕共击后秦。丕各进其位号。定寻徙治历城,自称仇池公,遣使称藩于晋。后又取天水、略阳之地,自称陇西王。

冬十一月,燕以慕容农为幽州牧,守龙城。

燕将军余岩叛据令支,而高句丽亦击取其辽东二郡。燕王垂遣农讨岩,斩之。进击高句丽,复取二郡。还至龙城,缮修陵庙。垂以农为幽州牧,留镇之。农法制宽简,清刑狱,省赋役,劝农桑,居民富赡,四方流民至者数万。

十二月,燕慕容麟攻秦博陵,守将王兖死之。

麟攻博陵,城中粮竭矢尽,功曹张猗逾城出,聚众以应麟。兖临城数之曰:"卿是秦民,吾是卿君,卿起兵应贼而号义兵,何名实之相违也?古人求忠臣必于孝子之门,卿母在城,弃而不顾,吾何有焉!今人取卿一时之功则可矣,宁能忘卿不忠不孝之罪乎?不意中州礼义之邦乃有如卿者也!"麟拔博陵,执兖杀之。

燕定都中山。

燕王垂北如中山,谓诸将曰:"乐浪王招流散,实仓廪,外给军粮,内修宫室,虽萧何何以加之!"乃定都焉。

丙戌(386) **十一年**秦太宗符登太初元,燕建兴元,后秦建初元,西燕主慕容永中兴元。魏太祖道武帝拓跋珪登国元年,凉王吕光太安元年。旧大国四,西秦小国一,新大国一,小国一,凡七僭国。

春正月,拓跋珪复立为代王。

从西燕逃到陇右，整集旧日部众。窦冲占据兹川，有数万兵众，与杨定及秦州刺史王统、河州刺史毛兴、益州刺史王广、南秦州刺史杨璧，全从陇右派人邀请符丕共同进击后秦。符丕对他们晋升职位名号。杨定不久徙迁治所到历城，自称仇池公，派遣使者向东晋称藩。后来他又夺取天水、略阳之地，自称陇西王。

冬十一月，后燕任命慕容农为幽州牧，镇守龙城。

后燕将军余岩叛乱后占据令支，而高句丽也攻占其辽东二郡。后燕王慕容垂派慕容农讨伐余岩，慕容农斩杀了余岩。又进击高句丽，再次夺回二郡。慕容农返回龙城，修缮先帝的陵庙。慕容垂任命他为幽州牧，留镇龙城。慕容农制定法规制度宽厚简明，清理刑狱，减免赋役，鼓励农耕桑蚕，居民富足安乐，四方前来的流民达数万人。

十二月，后燕慕容麟攻打前秦的博陵，博陵守将王兖身死。

慕容麟进攻博陵，城中箭尽粮绝，功曹张猗翻墙出城，聚集力量以响应慕容麟。王兖登临城头数说张猗说："你是秦国臣民，我是你的君主，你起兵响应贼子而号称义兵，为何名不副实呢？古人必能在孝子家门求得忠臣，而你的母亲在城中却舍弃不顾，这对于我有什么损害呢！现在人们固然可以记取你一时之功，难道能忘掉你不忠不孝的罪过吗？没料到礼义之邦的中州竟有像你这样的人！"慕容麟攻克博陵后，抓住王兖便杀掉了。

后燕定都中山。

后燕王慕容垂北至中山，对诸位将领说："乐浪王慕容温招纳流散民众，充实粮仓，在外供给军粮，在内营建宫室，即使是萧何又怎能超过他呢！"于是在中山定都。

丙戌（386）　**晋烈宗孝武帝太元十一年**前秦太宗符登太初元年，后燕建兴元年，后秦建初元年，西燕主慕容永中兴元年。北魏太祖道武帝拓跋珪登国元年，后凉王吕光太安元年。旧大国四，西燕小国一，新大国一，小国一，总共七个僭越国。

春正月，拓跋珪再次被立为代王。

珪从曾祖纥罗与诸部大人共请贺讷推珪为主。大会于牛川，即代王位。以长孙嵩、叔孙普洛为南北部大人，分治其众。以张衮为左长史，许谦为右司马，王建等为外朝大人，奚牧为治民长，皆掌宿卫及参谋议。长孙道生等出纳教命。

燕王垂称皇帝。

始置公卿百官，缮治宗庙、社稷。

丁零翟辽据黎阳。

翟真之死也，辽奔黎阳，太守滕恬之甚爱信之。恬之喜畋猎，不爱士卒，辽潜施奸惠以收众心，遂执恬之而据其郡。

二月，西燕弑其主冲，立段随为燕王。

冲乐在长安，且畏燕主垂之强，课农筑室为久安计，鲜卑咸怨。将军韩延因众心杀之，立冲将段随为燕王。

张大豫起兵攻姑臧。

初，张天锡之南奔也，秦长水校尉王穆匿其世子大豫，与俱奔河西。至是魏安人焦松聚兵迎大豫为主，攻拔昌松，进逼姑臧。穆曰："吕光粮丰城固，甲兵精锐，不如席卷岭西，砺兵积粟，然后东向，不及期年光可取也。"大豫不从，自称凉州牧，使穆说谕岭西诸郡，皆起兵应之，保据杨坞。

代徙都盛乐。

代王珪徙居定襄之盛乐，务农息民，国人悦之。

三月，泰山太守张愿叛，谢玄退屯淮阴。

初，谢玄欲使朱序屯梁国，而自屯彭城，以北固河上，西援洛阳。朝议以征役既久，欲令玄置戍而还。至是张愿

拓跋珪的叔伯曾祖父拓跋纥罗与各部落首领共同请求贺讷推举拓跋珪为国主。拓跋珪在牛川大会合，即代王位。任命长孙嵩、叔孙普洛为南北部大人，分别统治其部众。任命张衮为左长史，许谦为右司马，王建等为外朝大人，奚牧为治民长，全都掌管宫廷警卫和参预军国大事的谋划。长孙道生等人负责传达教令。

后燕王慕容垂称皇帝。

后燕开始设置公卿百官，修缮宗庙，整治社稷。

丁零人翟辽占据黎阳。

翟真被斩杀的时候，翟辽逃至黎阳，黎阳太守滕恬之很宠信他。滕恬之喜好打猎，不爱士兵，翟辽暗中施行奸诈的恩惠用来收买人心，于是拘捕了滕恬之并占据黎阳。

二月，西燕杀掉其国主慕容冲，拥立段随为西燕王。

慕容冲乐意居住长安，而且惧怕后燕主慕容垂的强盛，他督责农务，建筑宫室，为久安之计，因此鲜卑人都怨恨不已。将军韩延顺应众心杀了慕容冲，立慕容冲的将领段随为西燕王。

张大豫起兵攻打姑臧。

当初，张天锡南逃，前秦长水校尉王穆藏匿他的世子张大豫，并一起逃奔到河西。至此，魏安人焦松聚集兵众迎立张大豫为主帅，攻占昌松，进逼姑臧。王穆说："吕光粮食丰足，城池坚固，兵器精良，军士强锐，不如横扫岭西，厉兵秣马，积蓄粮谷，然后东进，不到一年就可以战胜吕光。"张大豫不采纳，自称凉州牧，让王穆去劝谕说服岭西各郡，岭西各郡都起兵响应张大豫，据守杨坞。

代国迁都至盛乐。

代王拓跋珪迁徙到定襄的盛乐居住，致力农耕，于民休息，国内民众对此无比喜悦。

三月，泰山太守张愿反叛，谢玄退屯淮阴。

当初，谢玄想让朱序驻扎于梁国，而自己安营于彭城，用来稳固北面的黄河沿岸，并能支援西方的洛阳。朝廷商议认为他在外征战服役已久，想让谢玄部署戍卫力量后返回。至此，张愿

以郡叛降翟辽，北方骚动。玄谢罪，乞解职，诏慰谕，令还淮阴。

燕主垂追尊母兰氏为文昭皇后。

燕主垂欲迁文明段后于别室，而以兰后配享太祖，议者皆以为当然。博士刘详、董谧以为尧母为帝喾妃，位第三，不以子贵陵姜原，文昭后宜立别庙。垂怒逼之，详、谧曰："上所欲为，无问于臣。臣按经奉礼，不敢有贰。"垂乃不复问，而卒行之。又以可足浑后倾覆社稷，追废之，尊烈祖昭仪段氏为景德皇后，配享。

西燕人杀段随而东，至闻喜，立慕容忠，复称帝。

燕慕容恒、慕容永杀段随，立宜都王子颖，帅鲜卑男女四十余万口去长安而东。恒弟韬杀颖，恒又立冲之子瑶。永又杀之，乃立泓之子忠为帝。忠以永为丞相。永持法宽平，鲜卑安之。至闻喜，闻燕主垂已称帝，不敢进，筑燕熙城而居之。永，庑弟之孙也。

夏四月，代改称魏。　后秦王苌取长安，称皇帝。

鲜卑既东，长安空虚，苌取之，始称皇帝，置百官。

六月，以杨亮为雍州刺史，镇卫山陵。荆州刺史桓石民取弘农，初置湖、陕二戍。　西燕弑其主忠，立慕容永为河东王。　秦河北州郡复降于燕。　关陇诸郡复起兵为秦。

秦主丕以王永为左丞相，传檄四方，共讨姚苌、慕容垂。于是天水、冯翊、河东、京兆、扶风咸起兵，遣使诣秦。

以泰山郡反叛东晋而投降翟辽,北方骚动不安。谢玄请罪,乞求卸职,朝廷下诏抚慰,让他回到淮阴。

后燕主慕容垂追尊母亲兰氏为文昭皇后。

后燕主慕容垂想把文明段后的灵位迁到侧室,而将生母兰氏附祭于太祖慕容皝,便诏令百官讨论此事,都认为理所当然。博士刘详、董谧则认为尧母是帝喾妃,位居第三,不因为儿子尊贵而凌驾于姜原之上,所以文昭皇后的灵位也应当立于别庙。慕容垂愤怒地威逼他们,刘详、董谧说:"皇上为所欲为,无须向臣下征询。臣下遵循经典奉行礼法,不敢有贰心。"慕容垂便不再询问众臣,而最终以兰氏取代了段后灵位。又因为可足浑后倾覆国家,追废了她,追尊烈祖昭仪段氏为景德皇后,附祭于烈祖慕容儁的灵位。

西燕人杀死段随,向东至闻喜,拥立慕容忠为帝。

西燕慕容恒、慕容永杀掉段随,立宜都王的儿子慕容颢为燕主,率领鲜卑男女四十余万人离开长安东去。慕容恒的弟弟慕容韬杀了慕容颢,慕容恒又立慕容冲的儿子慕容瑶为主。慕容永又杀掉慕容瑶,于是立慕容泓的儿子慕容忠为帝。慕容忠任命慕容永为丞相。慕容永执法宽容平和,鲜卑人安服于他。到了闻喜,听说慕容垂已经称帝,不敢东进,遂居住在新筑的燕熙城。慕容永是慕容廆弟弟的孙子。

夏四月,代国改称魏国。后秦王姚苌攻取长安,自称皇帝。

鲜卑人业已东去,长安空虚,姚苌轻取长安,开始称皇帝,置百官。

六月,东晋任命杨亮为雍州刺史,镇守戍卫洛阳的陵庙。荆州刺史桓石民攻占弘农,开始设置湖、陕二县的戍卫。西燕人杀其国主慕容忠,立慕容永为河东王。前秦河北各州郡再次投降于后燕。关陇各郡又为前秦起兵。

前秦主苻丕任命王永为左丞相,向各地传递檄文,共同讨伐姚苌、慕容垂。于是天水、冯翊、河东、京兆、扶风等地全都起兵响应,派遣使者到前秦。

秋八月，秦以苻登为南安王。

枹罕诸氐以河州刺史卫平衰老，议欲废之。会七夕宴，氐啖青抽剑而前曰："天下大乱，非贤主不可济。卫公老矣，宜返初服。狄道长苻登王室疏属，志略雄明，请共立之。有不同者，即下异议。"乃奋剑攘袂，将斩异己者。众皆从之。于是推登为雍、河二州牧，帅众五万下陇，攻南安，拔之，驰使请命。秦主丕即而命之，仍封南安王。

冬十月，西燕击秦，败之。秦主丕奔东垣，将军冯该击杀之。

慕容永遣使诣秦主丕，求假道东归，丕不许，与战于襄陵，秦兵大败，丞相王永等皆死。丕帅骑数千南奔东垣，谋袭洛阳。冯该自陕邀击杀之，执其太子宁等送建康，诏赦不诛。

西燕慕容永称帝于长子。

永进据长子，即帝位，将以秦后杨氏为上夫人，杨氏引剑刺之，为永所杀。

海西公奕薨于吴。　秦苻登及后秦主苌战，大破之。

登既克南安，夷、夏归之者三万余户，遂进攻后秦主苌之弟硕德于秦州。苌自往救之，登与战，大破之。啖青射苌中之，苌走保上邽，硕德代统其众。

十一月，秦苻登称帝于南安。

秦尚书寇遗奉勃海王懿自杏城奔南安，登发丕丧行服，议立懿为主，众曰："勃海年幼，未堪多难，非大王不可。"登乃即帝位，置百官。

秋八月,前秦任命苻登为南安王。

枹罕的各氏族部落以为河州刺史卫平年老体衰,商议想废黜他。正逢七月初七夜宴会,氏人啖青抽剑向前说:"天下大乱,没有贤明的君主不可能成就事业。卫公已经老了,应该辞退官职。狄道首领苻登是王室的远亲,志向雄大,谋略英明,请大家共同拥立他。有不同意见者,马上提出异议。"啖青接着挥剑揎袖,准备斩杀异己。众人都顺从了他。于是推举苻登为雍、河二州牧,率领五万兵众东下陇郡,攻拔南安,并迅即派使者向前秦请示。前秦主苻丕对他随即予以任命,仍封为南安王。

冬十月,西燕击败前秦。前秦主苻丕逃奔到东垣,将军冯该进击杀掉苻丕。

西燕慕容永派使者到前秦主苻丕那里,请求借道东归,苻丕不准允,便与慕容永在襄陵交战,前秦兵大败,丞相王永等全都战死。苻丕带领数千骑兵向南逃奔到东垣,打算袭击洛阳。冯该从陕城迎击苻丕并斩杀了他,抓获其太子苻宁等人押送到建康,朝廷诏令赦免而不诛杀。

西燕慕容永在长子称帝。

慕容永进军占据长子,即皇帝位,准备以前秦帝后杨氏为上夫人,杨氏拔剑向慕容永行刺,反被慕容永杀害。

海西公司马奕在吴郡去世。　前秦苻登与后秦主姚苌交战,大败姚苌。

苻登攻克南安后,夷人、汉人归附他的达三万余户,于是在秦州进攻后秦主姚苌的弟弟姚硕德。姚苌亲自前往救援,苻登与他交战,姚苌大败。啖青射中姚苌,姚苌逃到上邽自保,姚硕德取代他统帅部众。

十一月,前秦苻登在南安称帝。

前秦尚书寇遗奉送勃海王苻懿从杏城投奔南安,苻登发布苻丕死讯,为他服丧守孝,并计议拥立苻懿为国主,众人说:"勃海王年幼无知,不能应对这多难的局面,此任非大王不可。"苻登于是即皇帝位,设置百官。

十二月,吕光自称酒泉公。

初,光得秦主坚凶问,举军缟素。至是自称凉州牧、酒泉公。

秦主登伐后秦。

秦主登立世祖神主于军中,载以辒辌,卫以虎贲,凡所欲为必启而后行。引兵五万东击后秦,将士皆刻铧、铠为"死""休"字,每战以剑矟为方圆大阵,知有厚薄从中分配,故人自为战,所向无前。

初,长安之将败也,将军徐嵩、胡空各聚众结垒自固,既而受后秦官爵。后秦以王礼葬秦主坚于二垒之间。及登至,嵩、空以垒降。登拜嵩雍州刺史,空京兆尹,改葬坚以天子之礼。

丁亥(387) **十二年**秦太初二,燕建兴二,后秦建初二,魏登国二年。

春正月,以朱序为青、兖刺史,镇淮阴。谢玄为会稽内史。 燕寇东阿,陷之。

济北太守温详屯东阿,燕主垂观兵河上,分兵击之,详奔彭城,其众皆降。垂以太原王楷为兖州刺史镇之。

初,垂在长安,秦主坚尝与之交手语。冗从仆射光祚言与坚曰:"陛下颇疑慕容垂乎? 垂非久为人下者。"及燕取邺,祚奔晋,晋以为河北郡守。至是诣燕军降,垂见之流涕曰:"秦主待我深,吾事之亦尽,但为二公猜忌,惧死而负之,每一念之,中宵不寐。"祚亦悲恸。垂赐祚金帛,祚辞,垂曰:"卿复疑耶?"祚曰:"臣昔者惟知忠于所事,不意陛下

十二月，吕光自称酒泉公。

当初，吕光得闻前秦主符坚的死讯，全军穿上白色的丧服。至此，吕光自称凉州牧、酒泉公。

前秦主符登征伐后秦。

前秦主符登在军队中设立世祖符坚的牌位，置放在四周有屏蔽的车乘里，由虎贲士兵守护，凡是想有所举动必先向牌位报告才施行。符登率兵五万向东攻击后秦，将士全都在兵器、铠甲上刻划"死""休"字样，每次作战都用剑矛组成方圆大阵，待知道薄弱环节可以从中调整，因而各自为战，所向无敌。

当初，长安将败时，将军徐嵩、胡空各自聚众构筑营垒固守，不久以后接受后秦的官爵。后秦以王礼在二垒之间安葬前秦主符坚。等到符登抵达，徐嵩、胡空率营垒兵众投降。符登任命徐嵩为雍州刺史，胡空为京兆尹，用天子之礼重新安葬符坚。

丁亥（387） **晋烈宗孝武帝太元十二年**前秦太初二年，后燕建兴二年，后秦建初二年，北魏登国二年。

春正月，东晋任命朱序为青、兖二州刺史，镇守淮阴。谢玄为会稽内史。 后燕攻陷东阿城。

济北太守温详驻扎东阿城，后燕主慕容垂在黄河畔阅兵，分兵几路进攻温详，温详逃奔彭城，他的部众全部投降。慕容垂任命太原王慕容楷为兖州刺史，镇守东阿城。

当初，慕容垂在长安时，前秦王符坚曾经与他拱手相谈。冗从仆射光祚对符坚说："陛下很疑惑慕容垂吗？慕容垂可不是久居人下的人。"等到后燕攻取邺城后，光祚投奔了东晋，东晋朝廷任命他为河北郡守。至此，光祚投降到后燕军，慕容垂见到光祚，痛哭流涕，说："秦王符坚待我深厚恩重，我对他也尽心无私，但是却受到符丕、符晖二公的猜忌，我因惧怕屈死而背叛了符坚，每一想起这些，半夜也不能入睡。"光祚也为之悲恸。慕容垂赏赐光祚金钱布帛，光祚辞谢不受，慕容垂说："你还怀疑我吗？"光祚说："我过去只知道忠于自己所事奉的主人，没想到陛下

至今怀之,臣敢逃死!"垂曰:"此卿之忠,固吾所求也,前言戏之耳。"待之弥厚。

秦封苻纂为鲁王。

初,纂自长安奔晋阳,襄陵之败奔杏城。至是,秦主登遣使拜纂为大司马,封鲁王。纂怒曰:"勃海王先帝之子,南安王何以不立而自立乎?"长史王旅谏曰:"南安王已立,理无中改,今寇虏未灭,不可宗室中自为仇敌也。"纂乃受命。于是卢水胡彭沛谷、新平羌雷恶地等皆附于纂,有众十余万。

燕击张愿破之,以慕容绍为青州刺史,守历城。

青、兖、徐州郡县壁垒多降于燕,垂以陈留王绍为青州刺史,镇历城。

夏四月,尊帝母李氏为皇太妃。　燕慕容柔等自长子归于燕。

燕主垂之子柔及孙盛、会,皆在长子。盛谓柔、会曰:"主上中兴,东西未壹,吾属居嫌疑之地,为智为愚皆将不免,不若以时东归,无为坐待鱼肉也。"遂相与亡归。垂问:"长子人情如何?"盛曰:"西军扰扰,人有东归之志,若大军一临,必投戈而来,若孝子之归慈父也。"后岁余,西燕杀垂子孙无遗者。

五月,燕使其太原王楷击翟辽,降之。

高平人翟畅执太守,以郡降辽。燕主垂曰:"辽以一城之众反覆三国之间,不可不讨。"乃帅诸将南攻辽,以太原王楷为前锋。辽众皆燕赵人,闻楷至,曰:"太原王子,吾之

至今仍不能忘怀此事,我怎能逃过死罪!"慕容垂说:"你这样的忠心,本是我所追求的,刚才所言只是玩笑而已。"慕容垂对待光祚更加优厚。

前秦封符纂为鲁王。

当初,符纂从长安逃奔晋阳,襄陵战败逃至杏城。至此,前秦主符登派使臣拜符纂为大司马,封为鲁王。符纂愤怒地说:"勃海王符懿是先帝符丕的儿子,南安王符登为何不拥立他而自立为帝呢?"长史王旅劝谏说:"南安王已经称帝,无中途更易之理,如今贼寇盗匪没有消灭,不应该在皇族宗亲中自相为仇敌。"符纂这才接受任命。于是,卢水胡人彭沛谷、新平羌人雷恶地等都归附于符纂,符纂拥有十余万部众。

后燕击败张愿,任命慕容绍为青州刺史,驻守历城。

青州、兖州、徐州等郡县民堡大多向后燕投降,慕容垂任命陈留王慕容绍为青州刺史,镇守历城。

夏四月,晋孝武帝尊母亲李氏为皇太妃。　　后燕慕容柔等人从长子回到燕国。

后燕主慕容垂的儿子慕容柔和孙子慕容盛、慕容会,都在长子。慕容盛对慕容柔、慕容会说:"主上中兴,东西方尚未一统,我们身居嫌疑之地,无论是做得明智或愚笨都将不免祸患,不如乘时东归,不要坐等被杀。"于是他们一起逃归。慕容垂问道:"长子地方的人情怎么样?"慕容盛说:"西军纷乱,人们有归顺东部的志向,如果大军一旦逼临,必定放下武器投诚而来,好像孝子归顺慈父一般。"此后一年多,西燕人毫无遗留地杀害了慕容垂的子孙后辈。

五月,后燕命令其国太原王慕容楷率兵进攻翟辽,迫使翟辽投降。

高平人翟畅捉拿太守后率全郡投降翟辽。后燕主慕容垂说:"翟辽以一城之众在三国之间归叛无常,不可不讨伐他。"于是率领诸将向南进攻翟辽,以太原王慕容楷为前锋。翟辽的部众都是燕赵人,听说慕容楷到来,说:"太原王的儿子是我们的

父母也！"相帅归之。辽惧，遣使请降。

征处士戴逵，不至。

诏征会稽处士戴逵，逵累辞不就，郡县敦逼不已，逵逃
匿于吴。内史谢玄上疏曰："逵自求其志，今王命未回，将
罹风霜之患。陛下既已爱而器之，宜使其身名并存，请绝
召命。"帝许之。

**秋七月，西秦击鲜卑三部，降之。　后秦主苌军阴密，
以太子兴守长安。　魏王珪以燕师击刘显，大破之。显奔
西燕。**

刘显地广兵强，雄于北方。会其兄弟乖争，魏张衮言
于魏王珪曰："显志在并吞，今不乘其内溃而取之，必为后
患，请与燕攻之。"珪乃遣使乞师于燕。会柔然献马于燕，
而显掠之。燕主垂怒，遣兵会魏击显，大破之。显奔西燕，
垂立其弟为乌桓王，以抚其众，徙八千余落于中山。

**吕光杀张大豫。　八月，立子德宗为皇太子。　秦苻
师奴杀其兄纂，后秦击走之，而降其众。**

秦冯翊太守兰椟帅众二万与鲁王纂谋攻长安。纂弟
师奴劝纂称尊号，纂不从，师奴杀而代之，椟遂与师奴绝。
后秦攻之，师奴败走，其众悉降。

秦主登进据将军胡空堡。
戎、夏归之者十余万。
**冬十月，翟辽复叛燕。　十二月，后秦攻秦，拔将军徐
嵩垒，嵩死之。**

父母!"遂相互带领纷纷归向慕容楷。翟辽十分害怕,便派遣使者到后燕请求降服。

征召隐士戴逵,戴逵没有应征。

晋孝武帝下诏征召会稽隐士戴逵,戴逵多次推辞不肯接受,郡县敦促胁迫不已,戴逵逃到吴郡藏身。内史谢玄上疏请求说:"戴逵自求归隐的志向,如今陛下征召的命令没有收回,戴逵将要受到风寒霜冻之苦。陛下既然爱惜而且器重他,就应该让他的身体与名誉共存,请予收回征召的命令。"孝武帝答应了他。

秋七月,西秦袭击并降服了鲜卑三个部落。 后秦主姚苌驻军阴密,派太子姚兴镇守长安。 **魏王拓跋珪借用后燕军攻击大败刘显。刘显投奔西燕。**

刘显的地盘广阔,兵势强盛,称雄北方。当他们兄弟间争权夺利时,魏张衮对魏王拓跋珪说:"刘显有吞并大志,现在如不乘着他们内部溃变而取替他,必定成为我们的后患,请求陛下联合后燕一起向他发起攻势。"拓跋珪于是派使臣到后燕请求援兵。赶巧柔然人向后燕进献的马匹被刘显抢掠,后燕主慕容垂大怒,派兵会同魏军共击刘显,大败刘显。刘显逃至西燕,慕容垂便立刘显的弟弟刘可泥为乌桓王,用以安抚他残留的部众,并把八千多帐落的人迁到中山。

吕光杀死张大豫。 八月,晋孝武帝立皇子司马德宗为皇太子。 **前秦苻师奴杀了他的哥哥苻纂,后秦人把他打败,苻师奴逃走,其部众投降。**

前秦冯翊太守兰椟率领二万兵士与鲁王苻纂谋划攻击长安。苻纂的弟弟苻师奴劝说苻纂称皇帝,苻纂不听从,苻师奴便杀掉苻纂而取代他,兰椟遂和苻师奴绝交。后秦进攻苻师奴,苻师奴战败逃亡,他的部众全部投降。

前秦主苻登进兵据守胡空堡。

归顺苻登的戎族人和汉人达十多万。

冬十月,翟辽再次反叛后燕。 **十二月,后秦攻伐前秦,攻占将军徐嵩的堡垒后,徐嵩被斩杀。**

后秦姚方成拔嵩垒,执而数之。嵩骂曰:"汝姚苌罪当万死,先帝赦之,授任内外,荣宠极矣。曾不如犬马识所养之恩,亲为大逆。汝羌辈岂可以人理期也,何不速杀我,早见先帝,取苌于地下治之。"方成怒,三斩嵩,悉坑其士卒。苌掘秦主坚尸鞭挞剥裸,荐之以棘,坎土而埋之。

凉州大饥,人相食。

戊子(388)**十三年** <small>秦太初三,燕建兴三,后秦建初三,魏登国三年。西秦王乞伏乾归太初元年。</small>
春正月,康乐公谢玄卒。
谥献武。
秦主登军朝那,后秦主苌军武都。 翟辽自称魏天王。

辽遣使谢罪于燕,燕主垂以其反覆斩之。辽乃自称魏天王,徙屯滑台。
吕光杀其武威太守杜进。
光之定凉州也,进功居多,贵宠用事,群僚莫及。光甥石聪自关中来,光问之曰:"中州人言我为政何如?"聪曰:"但闻有杜进耳,不闻有舅。"光由是忌进,杀之。他日与群僚语及政事,参军段业曰:"明公用法太峻。"光曰:"吴起无恩而楚强,商鞅严刑而秦兴。"业曰:"起丧其身,鞅亡其家,皆残酷之致也。明公慕之,岂此州士女所望哉!"光改容谢之。

夏四月,以朱序都督司、雍等州军事,戍洛阳。谯王恬都督兖、冀等州军事,镇淮阴。 六月,西秦王乞伏国仁卒,

后秦将领姚方成攻克徐嵩的堡垒,抓获徐嵩而历数其罪。徐嵩骂道:"姚苌罪该万死,而先帝符坚却赦免他,并让他担当朝廷内外要职,荣宠至极。可他还不如犬马能够知道主人所养育的恩德,竟亲自做出大逆不道的事来。你们这些羌人怎么可以用人道来期望呢!为何不快点杀我,让我早见先帝,在地下收治姚苌。"姚方成大怒,斩杀徐嵩三次,全部活埋他的士兵。姚苌挖出前秦主符坚的尸首用皮鞭抽打,并剥去衣服裸露尸体,再用荆棘包裹,刨个土坑埋掉。

凉州发生严重饥荒,出现人吃人的现象。

戊子(388) 晋烈宗孝武帝太元十三年 前秦太初三年,后燕建兴三年,后秦建初三年,北魏登国三年。西秦王乞伏乾归太初元年。

春正月,东晋康乐公谢玄去世。

谥号献武。

前秦主符登驻军朝那,后秦主姚苌驻军武都。　翟辽自称魏天王。

翟辽派使臣向后燕认罪,后燕主慕容垂因为翟辽反复无常而斩杀来使。翟辽于是自称魏天王,迁驻滑台。

吕光杀掉他任用的武威太守杜进。

吕光当初平定凉州,杜进立功最多,因而杜进宠贵专权,其他僚属望尘莫及。吕光的外甥石聪从关中来见,吕光问他说:"中州地方的人说我执政如何?"石聪说:"他们只知道有杜进,没听说有舅父。"吕光因此忌恨杜进,并杀掉他。后来,吕光与群下幕僚谈及行政的事,参军段业说:"您施用刑律太苛刻。"吕光说:"吴起寡情无恩而楚国强大,商鞅严刑执法而秦国兴盛。"段业说:"吴起自身丧命,商鞅祸灭全家,都是因残酷造成的。您仰慕他们,难道是本州士民百姓所期望的吗!"吕光敛容变色,向段业道谢。

夏四月,以朱序都督司、雍等州军事,戍洛阳。谯王司马恬都督兖、冀等州军事,镇淮阴。　六月,西秦王乞伏国仁去世,

弟乾归立。

乾归号河南王,迁都金城,秦封以为金城王。秦、凉、鲜卑、羌、胡多附之。

秋七月,两秦兵各引还。

两秦自春相持,屡战互有胜负,至是各解归。关西豪杰以后秦无成功,多去而附秦。

八月,魏遣使如燕。

魏王珪密有图燕之志,遣九原公仪奉使至中山,还言于珪曰:"燕主衰老,太子暗弱,范阳王自负材气,非少主臣。燕主既没,内难必作,于时乃可图也。今则不可。"珪善之。

己丑(389) **十四年**秦太初四,燕建兴四,后秦建初四,魏登国四年。凉麟嘉元年。

春正月,燕以慕容隆为幽州牧,守龙城。

辽西王农在龙城五年,庶务修举,表请代还。燕主垂乃召农还,为侍中、司隶校尉,而以高阳王隆代之。农建留台龙城,使隆录留台尚书事。隆因农旧规,修而广之,辽、碣遂安。

二月,吕光自称三河王。 秋八月,秦主登击安定,后秦主苌袭破其辎重,秦后毛氏死之。

初,后秦主苌以秦战屡胜,谓得秦王坚之助,亦于军中立坚像而祷之曰:"新平之祸,臣为兄襄报仇耳!且陛下命臣以龙骧建业,臣敢违之!"秦主登升楼遥谓之曰:"为臣

他的弟弟乞伏乾归继立为王。

乞伏乾归号称河南王,迁都到金城,前秦封他为金城王。秦州、凉州的百姓以及鲜卑人、羌人、胡人等大多都附从乞伏乾归。

秋七月,前秦、后秦两军各自引退。

前、后两秦自春季相持对抗,多次战斗互有胜负,至此各自解甲退兵。关西地方的许多豪杰认为后秦难以成就大业而纷纷离去,归附了前秦。

八月,魏派遣使臣到后燕。

魏王拓跋珪暗中有图谋后燕的野心,派遣九原公拓跋仪奉命出使至中山。拓跋仪回到魏国告诉拓跋珪说:"燕主慕容垂年迈体衰,燕太子懦弱无能,范阳王慕容德自恃才气过人,绝不会甘心做少主的臣下。慕容垂死后,燕朝廷必然发生内乱,届时才能谋取。现在时机尚未成熟。"拓跋珪表示赞许。

己丑(389) 晋烈宗孝武帝太元十四年前秦太初四年,后燕建兴四年,后秦建初四年,北魏登国四年。后凉麟嘉元年。

春正月,后燕任命慕容隆为幽州牧,镇守龙城。

辽西王慕容农驻守龙城五年,对于诸多政务举措得法,上表奏请派人替代他的职位以便还朝。后燕主慕容垂于是召回慕容农,授命为侍中、司隶校尉,而以高阳王慕容隆顶替慕容农驻守龙城。慕容农在龙城建留台,任命慕容隆录留台尚书事。慕容隆遵循慕容农旧有的规章制度,并加以整修推广,辽水、碣石一带遂安定下来。

二月,吕光自称三河王。   秋八月,前秦主苻登进攻安定,后秦主姚苌袭击并攻取了前秦的军需物资,前秦皇后毛氏被杀。

当初,后秦主姚苌因为前秦军队屡战屡胜,认为是得到了前秦主苻坚的神灵保佑,因而也在军营中树立苻坚的神像,并向他祷告说:"在新平城缢死陛下的祸难,只是我为哥哥姚襄报仇罢了。况且陛下命令我以龙骧将军的身份建立功业,臣下怎敢违抗君命呢!"前秦主苻登爬上指挥楼从远处告诉姚苌说:"作为臣下

弑君，而立像求福，庸有益乎！"因大呼曰："弑君贼姚苌何不自出，吾与汝决之！"苌不应。久之，以军未有利，乃斩像首以送秦。至是登留辎重于大界，自将轻骑攻安定。诸将劝苌决战，苌曰："与穷寇争胜，兵家之忌也。吾将以计取之。"乃留兵守安定，夜帅骑三万袭大界，克之，擒名将数十人，掠男女五万口。登后毛氏美而勇，善骑射，兵入其营，犹弯弓跨马帅壮士力战，杀七百余人。众寡不敌，为后秦所执。苌将纳之，毛氏骂且哭曰："姚苌汝已杀天子，又欲辱皇后，皇天后土宁汝容乎！"苌杀之。诸将欲因秦军骇乱击之，苌曰："登众虽乱，怒气犹盛，未可轻也。"遂止。登收余众屯胡空堡。

冬十一月，以范宁为豫章太守。

初，帝既亲政事，威权已出，有人主之量，已而溺于酒色，委事于琅邪王道子。道子亦嗜酒，日夕与帝以酣歌为事。又崇尚浮屠，穷奢极费，所亲昵者皆姆姆、僧尼。近习弄权，交通请托，贿赂公行，官爵滥杂，刑狱缪乱。尚书令陆纳望宫阙叹曰："好家居，纤儿欲撞坏坏之邪！"左卫将军许营上疏曰："局吏卫官、仆隶婢儿皆为守令，或带内职；僧尼乳母竞进亲党，又受货赂，辄使临官，政教不均，暴滥无罪。且佛者清远玄虚之神，今僧尼于五诫粗法尚不能遵，而流俗竞加敬事，以至侵渔百姓，取财为惠，亦未合布施之道也。"疏奏，不省。

杀害了君主,而又立像祈求降福,难道有什么益处吗?"于是大声呼喊道:"杀害君主的奸贼姚苌,为何不自己走出来,我要和你决战!"姚苌不回应。过了一段时间,姚苌因为交战未占上风,才砍下符坚像头送与前秦。至此,符登把军用物资留在大界,亲自率领轻骑兵进攻安定。后秦的诸位将领鼓动姚苌决战,姚苌说:"和走投无路的寇贼争强较胜,是兵家的大忌。我准备用计谋智取他。"于是留下兵士据守安定,姚苌乘夜率三万骑兵偷袭大界,一举攻克大界,活捉前秦名将几十人,掠夺男女人口五万。符登皇后毛氏美丽而且勇敢,善于骑马射箭,后秦兵冲入她的营帐,毛氏还弯弓骑马率领壮士奋力反击,杀死七百余人。结果寡不敌众,毛氏被后秦兵俘获。姚苌想要娶毛氏,毛氏边骂边哭道:"姚苌你已经杀害了天子,又想侮辱皇后,天地之间怎么能容留你呢?"姚苌杀掉了毛氏。众将欲乘前秦军惊骇混乱之机进攻前秦,姚苌说:"符登兵众虽然纷乱,但怒气仍然盛大,不可轻举妄动。"于是停止进击。符登收拾残余部众聚集在胡空堡。

冬十一月,东晋任命范宁为豫章太守。

当初,孝武帝既已亲临政事,威势权力出自一身,有君主的器量,不久便沉溺于酒色,将朝政委托于司马道子。司马道子也嗜酒如命,整天与孝武帝恣意饮酒高歌。孝武帝又崇尚佛教,穷奢极欲,耗费无数,他所亲近的人都是老年妇女、和尚尼姑。他左右的侍臣争权夺利,互相勾结请托,公开行贿,官爵泛滥冗杂,刑罚冤假谬错。尚书令陆纳望着宫殿叹息说:"好端端的家居所在,小儿想要撞坏它呀!"左卫将军许营进呈奏章说:"现在小吏卫官、男仆女奴都成了郡守县令,有的甚至兼带朝廷官职;僧尼、乳娘竞相引进亲戚故旧,又收受贿赂,动辄让他们执政掌权,以致政治和教化无章可循,暴行滥及无辜。况且佛是清远玄妙虚旷的神祇,现如今僧众对于粗浅的五诫教义还不能遵守,而流俗之人却争相恭敬侍奉,以至于欺凌黎庶,鱼肉百姓,以巧取民财为实惠,也不符合施舍恩惠于人的佛道。"呈上的奏章没有得到回应。

道子势倾中外，帝渐不平。侍中王国宝以谀佞有宠于道子，讽八座启道子宜加殊礼。护军车胤曰："此乃成王所以尊周公者，今主上当阳，岂得为此！"乃称疾不署。疏奏，帝大怒，而嘉胤有守。

中书侍郎范宁、徐邈为帝所亲信，数进忠言，补正阙失，指斥奸党。国宝，宁之甥也，宁尤疾其阿谀，劝帝黜之。国宝遂与道子谮宁，出为豫章太守。宁临发，上疏曰："今边烽不举而仓库空匮。古者使民岁不过三日，今之劳扰殆无三日之休，至有生儿不复举养，鳏寡不敢嫁娶。臣恐社稷之忧厝火积薪不足喻也。"又言："中原士民流寓江左，岁久安业，谓宜正其封疆，户口皆以土断。又人性无涯，奢俭由势，今并兼之室亦多不赡，由用之无节，争以靡丽相高故也。礼十九为长殇，以其未成人也。今以十六为全丁，十三为半丁，伤天理，困百姓。谓宜二十为全丁，十六为半丁，则人无夭折，生长滋矣。"帝多纳用之。

宁在豫章，遣十五议曹下属城，采求风政。并吏假还，讯问官长得失。徐邈与宁书曰："足下听断明允，庶事无滞，则吏慎其负而人听不惑矣，岂须邑至里诣饰其游声哉！非徒不足以致益，乃实蚕渔之所资，岂有善人君子

司马道子的权势超越朝廷内外,孝武帝渐生不满。侍中王国宝用奸巧谄谀获取了司马道子的宠信,他暗示朝廷八座重臣联名上书孝武帝,应为司马道子加以特殊的礼遇。护军车胤说:"这是周成王姬诵尊敬叔父周公姬旦的办法,现在是孝武帝在位,怎么能这样做呢!"于是推托有病,没有在奏章上署名。奏章进呈后,孝武帝大怒,而嘉许车胤有操守。

中书侍郎范宁、徐邈深受孝武帝的亲近和信任,数次向孝武帝进献忠言,弥补和匡正朝政的疏漏失误,指责斥骂奸佞党徒。王国宝是范宁的外甥,范宁特别痛恨他阿谀奉承的劣行,劝谏孝武帝废黜王国宝。王国宝于是和司马道子诬陷范宁,范宁被逐出朝廷,贬为豫章太守。范宁临走之前,向孝武帝上奏说:"如今边境的烽火没有点燃,而国家的仓库空虚匮乏。古代的统治者征用民力服役一年不超过三天,而现在的百姓被骚扰得几乎没有三日的休整,致使百姓生下男儿不再抚养,鳏夫、寡妇不敢迎娶另婚。用在柴堆下放火的比喻不足以形容江山社稷面临的忧危!"范宁又上书说:"北方中原的士民流亡居住在江南,年长日久便渐渐地安居乐业。我以为应该确定他们拥有的土地,户籍人口都按照土著民来断定。另外,人的本性无边无际,奢侈或节俭是由形势决定的,如今那些豪门大户也大多不富足,这是他们的财用没有节制,竞相奢靡华丽的缘故。古代的礼法以十九岁死亡叫作长殇,因为他不是成年人。现在以十六岁为全丁,十三岁为半丁,伤害天理,困乏百姓。我以为应该以二十岁为全丁,十六岁为半丁,这样就不会有人夭折,人口才能滋生增加。"孝武帝采纳了他的许多建议。

范宁在豫章,派十五名议曹官下到十五个属城,采访求问当地民俗风情和治理状况。遇有官吏休假日满而回府时,询问长官的政绩优劣。徐邈写信给范宁说:"您断案严明公允,诸多政务处理得当,官吏慎重对待自己的职责,而人们的视听不再迷惑,难道还需要到乡野村落听取伪装的虚言吗?那样做,不但没有益处,实际上是给蚕食渔取百姓的官吏以机会,岂有正人君子

而干非其事,多所告白者乎!自古以来,欲为左右耳目者无非小人,皆先因小忠而成其大不忠,先藉小信而成其大不信,遂使谗谄并进,善恶倒置,可不戒哉!足下慎选纲纪,必得国士以摄诸曹,诸曹皆得良吏以掌文按,又择公方之人以为监司,则清浊能否与事而明。足下但平心而处之,何取于耳目哉!昔明德马后未尝顾左右与言,可谓远识,况大丈夫而不能免此乎!"

宁好儒学,性质直,常谓王弼、何晏之罪深于桀、纣。或以为贬之太过,宁曰:"王、何蔑弃典文,幽沉仁义,游辞浮说,波荡后生,使缙绅之徒翻然改辙,以至礼坏乐崩,中原倾覆,遗风余俗,至今为患。桀、纣纵暴一时,适足以丧身覆国,为后世戒,岂能回百姓之视听哉!故吾以为一世之祸轻,历代之患重;自丧之恶小,迷众之罪大也。"

秦将军雷恶地降于后秦。

后秦主苌使人诈招秦主登,许开门纳之。登将从之,将军雷恶地在外闻之,驰骑见登曰:"苌多诈,不可信也。"苌闻之,谓诸将曰:"此羌见登,事不成矣!"登亦以恶地勇略过人惮之,恶地乃降于后秦。

庚寅(390)　**十五年**秦太初五,燕建兴五,后秦建初五,魏登国五年。

春正月,西燕主永寇洛阳,朱序击走之,还击翟辽,又走之。

西燕主永引兵向洛阳,朱序自河阴北济河击败之,永走还上党。序追至白水,会翟辽谋向洛阳,序乃引兵还击走之。留将军朱党守石门,使其子略督护洛阳,身还襄阳。

对于非关自己的事而愿意多说道呢！自古以来，想做左右耳目的人无非是小人，都是先通过小忠而成全他的大不忠，先凭借小信而成全他的大不信，于是使谗谄中伤并进，善良罪恶倒置，能不警戒吗！您审慎选拔僚属下官，一定能找到国家栋梁之材来领导各个部门，各部门都能拥有优良的官吏来掌管公文案卷，再选择公正廉明的人担任监督，那么，是清廉干练，还是污浊无能，经过实践自见分晓。您只要平心处事，有什么要借取耳目呢！从前，汉明帝明德皇后马氏从来没有顾盼左右而谈论公事，可以说是远见卓识，更何况大丈夫而不能免于此呢！"

范宁爱好儒学，性格质朴正直，常说王弼、何晏的罪过比夏桀、商纣还深重。有人认为他贬得过分，范宁说："王弼、何晏舍弃经典，隐没仁义，言辞游浮不实，动摇后世子孙，使士大夫们翻然改弦易辙，以致礼乐崩坏，中土沦丧，遗风流俗，祸患至今不绝。夏桀、商纣肆虐一时，仅足以丧命灭国，成为后世鉴戒，难道能够扭转百姓的视听吗！因此我认为一世的祸害轻，历代的患难重；自丧生命的过恶小，迷惑民众的罪行大。"

前秦将军雷恶地向后秦投降。

后秦主姚苌派人假装招引前秦主苻登，答应打开城门接纳他。苻坚将要接受，将军雷恶地在外听说此事，驰马前来见苻登说："姚苌诡计多端，不可听信。"姚苌听闻雷恶地晋见苻登后，对众将领说："这个羌人见到苻登，事情就不会成功了。"苻登也因为雷恶地勇猛谋略过人而忌惮他，于是，雷恶地投降了后秦。

庚寅（390）　**晋烈宗孝武帝太元十五年**前秦太初五年，后燕建兴五年，后秦建初五年，北魏登国五年。

春正月，西燕主犯洛阳，朱序打跑了他，又还击赶走翟辽。

西燕主慕容永率兵直奔洛阳，朱序从河阴北面渡过黄河打败燕军，慕容永逃回上党。朱序追到白水，正赶上翟辽打算进攻洛阳，朱序又带领兵士回来，打跑翟辽。朱序留下将军朱党守卫石门，让他的儿子朱略监守洛阳，自己回到襄阳。

二月，以王恭都督青、兖等州军事。

琅邪王道子恃宠骄恣，帝浸不能平，欲选时望为藩镇以潜制之，问于太子左卫率王雅曰："吾欲用王恭、殷仲堪，何如？"雅曰："恭风神简贵，志气方严；仲堪谨于细行，以文义著称。然皆峻狭自是，干略不长，天下无事，足以守职，若其有事，必为乱阶矣。"帝不从，使恭镇京口。恭，蕴之子也。

夏四月，秦将军魏揭飞攻后秦之杏城，雷恶地应之。后秦主苌击斩揭飞，恶地降。

秦将军魏揭飞帅氐、胡攻后秦将姚当成于杏城，将军雷恶地应之，攻李润。后秦主苌欲自击之，群臣曰："陛下不忧六十里苻登，乃忧六百里魏揭飞，何也？"苌曰："登非可猝灭，吾城亦非登所能猝拔。恶地智略非常，若南引揭飞，东结董成，得杏城、李润而据之，长安东北非吾有也。"乃潜引精兵一千六百赴之。揭飞、恶地有众数万，氐、胡赴之者首尾不绝。见后秦兵少，悉众攻之。苌固垒不战，示之以弱，潜遣骑出其后。揭飞兵扰乱，苌纵兵击之，斩揭飞及其将士万余级。恶地请降，苌待之如初。命姚当成于所营之地每栅孔中树一木以旌战功。岁余问之，当成曰："营地太小，已广之矣。"苌曰："吾自结发以来，与人战未尝如此之快，以千余兵破三万之众。营地惟小为奇，岂以大为贵哉！"

秋七月，冯翊人郭质起兵应秦，不克。

二月，东晋以王恭都督青、兖等州军事。

琅邪王司马道子倚仗帝宠骄横放肆，孝武帝更加不满，想选拔当时有威望的人做地方长官，用来暗中节制司马道子，便向太子左卫率王雅问道："我打算重用王恭、殷仲堪，你意下如何？"王雅说："王恭神采高贵，志气端严方正；殷仲堪谨小慎微，以文章著称。但是，他们都心地偏狭，自以为是，才干谋略不足，若天下太平无事，倒能够尽职尽责，一旦出现变故，他们必定是祸乱的缘由。"孝武帝没有听从他的意见，让王恭镇守京口。王恭是王蕴的儿子。

夏四月，前秦将军魏揭飞进攻后秦的杏城，雷恶地响应魏揭飞。后秦主姚苌进击并斩杀魏揭飞，雷恶地投降。

前秦将军魏揭飞率领氐人、胡人进攻在杏城的后秦将军姚当成，将军雷恶地起而响应进攻李润。后秦主姚苌想要亲自还击魏揭飞，群臣说："陛下不担心近在六十里的符登，而担心远在六百里的魏揭飞，为什么呢？"姚苌说："符登不能迅速消灭，我们的城池也不是符登马上可以攻破的。雷恶地智谋超人，如果他在南方接引魏揭飞，向东结交董成，攻占了杏城、李润，长安东北之地就非我所有了。"于是，姚苌隐秘地率领一千六百精兵直奔杏城。魏揭飞、雷恶地拥有数万部众，氐人和胡人前来投奔的络绎不绝。魏揭飞等见后秦兵少，便发动全军攻击后秦军。姚苌固守营垒不出战，暴露给敌军以势单力弱的假象，暗中却派骑兵迂回到敌后。魏揭飞的部众顿时惊扰纷乱，姚苌趁机发兵出击，一举斩杀魏揭飞及其将士一万多人。雷恶地请求投降，姚苌对待他犹如当初一般。姚苌命令姚当成在营地的每个栅栏的孔眼中树立一块木头，用来表彰战功。一年过后向姚当成问及此事，姚当成回答说："营地太小，我已经把它扩大了。"姚苌说："我自从长大成人以来，与敌交战从不曾有如此痛快，用一千多名士兵击破三万敌众。因此营地只有其小才称得上神奇，岂能以大为贵呢！"

秋七月，冯翊人郭质起兵响应前秦，进攻失利。

质起兵广乡,移檄三辅曰:"姚苌凶虐,毒被神人。吾属世蒙先帝之仁,非常伯、纳言之子,即卿校、牧守之孙也。与其含耻而存,孰若蹈道而死。"于是三辅壁垒皆应之,独郑县人苟曜不从,聚众数千附于后秦击质。质走洛阳。

八月,刘牢之击翟辽,败之。张愿来降。 九月,以王国宝为中书令,王珣为尚书仆射。

辛卯(391) **十六年**秦太初六,燕建兴六,后秦建初六,魏登国六年。

夏五月,秦主登及后秦主苌战,秦师败绩。

苟曜密召秦主登,许为内应。登自曲牢赴之,军于马头原。后秦主苌率众逆战,登击破之,斩其右将军吴忠。苌收兵复战,姚硕德曰:"陛下慎于轻战,每欲以计取之,今失利而更前,何也?"苌曰:"登用兵迟缓,不识虚实。今轻兵直进,此必苟曜与之有谋也。缓之则其谋得成,故及其未合急击之耳。"遂进战大败之。登退屯郿。

西燕寇河南,太守杨佺期击破之。 魏王珪遣其弟觚如燕。

初,燕遣赵王麟会魏兵伐贺讷,破之。归言于燕主垂曰:"臣观拓跋珪举动终为国患,不若摄之还朝,使其弟监国事。"垂不从。至是珪遣觚献见于燕。垂衰老,子弟用事,留觚以求良马。珪弗与,遂与燕绝。

秋九月,黜博士范弘之为余杭令。

郭质在广乡起兵,向三辅地区的百姓发布檄文说:"姚苌凶残暴虐,荼毒殃及神灵和民众。我们世代蒙受先帝符坚的仁德,即使不是侍中、尚书的儿子,也应该是卿校、牧守的孙子。与其忍辱受屈地存活世间,何如光明正大地捐躯道义。"于是,三辅的村寨都奋起响应他的召唤,唯独郑县人苟曜没有顺从,而是聚集数千民众归附后秦攻击郭质。郭质败逃到洛阳。

八月,东晋刘牢之打败翟辽。张愿前来投降。 九月,东晋任命王国宝为中书令,王珣为尚书仆射。

辛卯(391) 晋烈宗孝武帝太元十六年前秦太初六年,后燕建兴六年,后秦建初六年,北魏登国六年。

夏五月,前秦主符登与后秦主姚苌交战,前秦军溃败。

苟曜秘密召请前秦主符登,答应为他做内应。符登从曲牢赴约前来,驻军在马头原。后秦主姚苌率兵迎战,符登把后秦军击破,并斩杀他们的右将军吴忠。姚苌整编军队再次战斗,姚硕德说:"陛下对轻率出战一向谨慎,常常想用计谋取胜敌人,而今却在失利的时候更加勇往直前,这是为什么?"姚苌说:"符登一向用兵迟缓,不能识辨虚实。现在却能够调遣轻装军士长驱直入,这必定是苟曜与他有谋划。我们若行动缓慢,那么他们的阴谋就可以得逞,所以要赶在他们汇合之前突击。"遂进军战斗,大败前秦兵。符登退兵据守郿城。

西燕军进犯东晋的河南郡,太守杨佺期率兵打败西燕军。魏王拓跋珪派他的弟弟拓跋觚到后燕国。

当初,后燕派赵王慕容麟会同魏兵打败了贺讷。慕容麟回国后,对后燕主慕容垂说:"我观察拓跋珪的举动最终会成为我国的祸患,不如强制他还朝,让他的弟弟代监魏国政事。"慕容垂不答应。至此,拓跋珪派拓跋觚到后燕进贡晋见。慕容垂年迈体衰,由他的子弟执掌朝政,便扣留慕容觚,用来换取北魏的良马。拓跋珪没有满足后燕的要求,便和后燕国断绝了往来。

秋九月,东晋将博士范弘之贬为余杭令。

弘之论殷浩宜加赠谥，因叙桓温不臣之迹。王珣，温故吏也，以为温废昏立明，有忠贞之节，遂黜弘之。

冬十月，魏王珪击柔然，大破之，徙之云中。

初，柔然部人世服于代，及秦灭代，遂附于刘卫辰。魏王珪即位，高车诸部皆服，独柔然不下，珪引兵击之，柔然举部遁走，珪追奔六百里。诸将曰："贼远粮尽，不如早还。"珪曰："杀副马足以为三日食矣。"乃复倍道追之，及于大碛南床山下，大破之，悉徙其部众于云中。

翟辽死，子钊代领其众。　刘卫辰攻魏南部，魏王珪大破之，卫辰走死，诸部悉降。

刘卫辰遣子直力鞮率众九万攻魏南部，魏王珪引兵五六千人大破之。乘胜追奔，部落骇乱，珪遂直抵其所居悦跋城，卫辰父子出走，分遣轻骑追之，获直力鞮，卫辰为其下所杀。珪诛其宗党五千人，河南诸部悉降，获马三十余万匹，牛羊四百余万头，国用由是遂饶。卫辰少子勃勃亡奔薛干部，薛干部送于没弈干，没弈干以女妻之。

十二月，秦主登攻安定，后秦主苌击败之。

秦主登攻安定，后秦主苌如阴密以拒之，谓太子兴曰："苟曜闻吾北行，必来见汝，汝执诛之。"苌既行，曜果至长安，兴诛之。

苌败登于安定城东，登退据路承堡。苌置酒高会，诸将皆曰："若值魏武王，不令此贼至今，陛下将牢太过耳。"

范弘之提议应给殷浩追加谥号,因而又叙谈起桓温不守臣节的劣迹。王珣是桓温的旧时属官,认为桓温废黜昏君,拥立明君,具有忠贞的节操,于是把范弘之贬放到余杭令。

　　冬十月,魏王拓跋珪打败柔然部落,把他们迁徙到云中郡。

　　当初,柔然部落世代臣服于代国,前秦攻灭代国以后,便转而附从刘卫辰。魏王拓跋珪即位后,高车各部落都表示臣服,独有柔然部落不愿顺从,拓跋珪率兵攻击,柔然全部逃跑,拓跋珪追赶六百里。北魏各将领说:"柔然贼众远走高飞,我们的粮草已经耗尽,不如早日返回。"拓跋珪说:"宰杀备用的马匹足以充当三天的口粮。"于是又兼程追击,终于在大碛南床山下追上了柔然部落,把他们打得大败,并全部迁移到云中郡。

　　翟辽去世,他的儿子翟钊代领他的部众。　　**刘卫辰进攻魏国南部,魏王拓跋珪大败刘卫辰,刘卫辰败逃被杀,诸部落全部投降。**

　　刘卫辰派遣他的儿子刘直力鞮率领九万大军进攻魏国南部,魏王拓跋珪带兵五六千人大败刘军。拓跋珪乘胜直追,刘卫辰部落惊骇大乱,拓跋珪便直抵刘氏居住的悦跋城,刘卫辰父子仓皇出逃,拓跋珪分别派遣轻装骑兵追杀,活捉刘直力鞮,刘卫辰被他的部下斩首。拓跋珪诛杀刘卫辰的宗亲、党徒五千人,黄河以南各部落全部降服,缴获三十余万匹马,四百余万头牛羊,北魏的经济资财因此富足起来。刘卫辰的小儿子刘勃勃逃亡到薛干部落,薛干部落又把他送给没弈干,没弈干把女儿许配刘勃勃为妻。

　　十二月,前秦主符登进攻安定,后秦主姚苌打败前秦兵。

　　前秦主符登进攻安定,后秦主姚苌亲到阴密抵抗,他对太子姚兴说:"苟曜知道我向北进兵,一定会来见你,你要抓住他杀掉。"姚苌出发后,苟曜果然来到长安,姚兴杀了他。

　　姚苌在安定城以东击败了符登,符登退军据守路承堡。姚苌设置了酒宴大会将士,将领们都说:"如果是魏武王姚襄在位时,一定不会让这个寇贼嚣张到今日,陛下也太过于稳重了。"

苌笑曰："吾不如亡兄有四：身长八尺五寸，臂垂过膝，人望而畏之，一也；将十万之众，望麾而进，前无横阵，二也；温古知今，讲论道艺，收罗英俊，三也；董帅大众，人尽死力，四也。所以得建立功业，驱策诸贤者，正望筹略中有片长耳。"

壬辰（392） **十七年**秦太初七，燕建兴七，后秦建初七，魏登国七年。

春三月，后秦杀其将军王统、徐成。

后秦主苌寝疾，召兴诣行营。姚方成言于兴曰："今寇敌未灭，王统等皆有部曲，终为人患。"兴遂杀统及王广、苻胤、徐成、毛盛等。苌怒曰："统兄弟吾之州里，成等前朝名将，吾方用之，奈何辄杀之！"

夏五月朔，日食。　燕主垂击翟钊，钊奔西燕。

燕主垂击翟钊，钊求救于西燕，西燕主永谋于群臣，尚书郎鲍遵曰："使两寇相弊，吾乘其后，此卞庄子之策也。"侍郎张腾曰："垂强钊弱，何弊之乘！不如速救之，以成鼎足之势。今我引兵趋中山，昼多疑兵，夜多火炬，垂必惧而自救。我冲其前，钊蹑其后，此天授之机不可失也。"永不从。

垂军黎阳，临河欲济，钊列兵南岸以拒之。垂徙营就西津，去黎阳西四十里，为牛皮船百余艘，伪列兵仗，溯流而上。钊亟引兵趣之，垂潜遣王镇等自黎阳津夜济，

姚苌笑着说道:"我有四个方面赶不上故去的哥哥:身高八尺五寸,垂臂超过双膝,使人望而生畏,这是其一;统帅十万大军,将士听从指挥,冲锋陷阵,所向披靡,这是其二;博古通今,讲求学问,论说技艺,收罗人才,这是其三;督率大众,人效死力,这是其四。我之所以能够建立功业,领导各位俊贤,正是期盼在谋略上有一点可取的长处罢了。"

壬辰(392) **晋烈宗孝武帝太元十七年**前秦太初七年,后燕建兴七年,后秦建初七年,北魏登国七年。

春三月,后秦杀了他们的将军王统、徐成。

后秦主姚苌生病不起,召唤太子姚兴来行营相见。姚方成对姚兴说:"如今入侵之敌未能灭除,而王统等人都拥有自己的军队,终将成为我们的祸患。"姚兴便杀掉王统及王广、符胤、徐成、毛盛等人。姚苌怒斥姚兴说:"王统、王广兄弟是我的同州里老乡,徐成等人是前朝的名将,我方才重用他们,怎能轻易地杀掉呢!"

夏五月初一,出现日食。 后燕主慕容垂进攻翟钊,翟钊逃奔西燕。

后燕主慕容垂进攻翟钊,翟钊向西燕求救,西燕主慕容永召群臣商讨对策,尚书郎鲍遵说:"让两方寇贼都疲困不堪,我们再随后受益,这就是鲁国大夫卞庄子的妙策。"侍郎张腾说:"慕容垂强大而翟钊弱小,我们有什么良机可乘!不如赶快搭救翟钊,以便形成三足鼎立的局面。现在我们可以率兵急趋后燕国都中山,白天多设疑兵,黑夜多燃火把,慕容垂必然惊恐,罢兵自救。届时,我们在他们的前面冲击,翟钊跟在他们的背后骚扰,这是不可失去的天赐良机。"慕容永没有采纳。

慕容垂驻扎在黎阳,来到黄河北岸准备渡河,翟钊在南岸部署兵力抵抗。慕容垂迁移大营到相距黎阳四十里的西津,制作牛皮船一百多艘,满载伪装的军械逆流而上。翟钊急忙率兵直追西津,慕容垂却暗中派遣王镇等从黎阳渡口乘夜渡河,

营于河南,比明营成。钊亟还攻,垂命坚壁勿战。钊兵往来疲喝,攻营不拔,将引去,镇等出战,慕容农自西津济,夹击大破之,尽获其众及所统七郡三万余户。钊奔长子,岁余谋反,永杀之。

垂以章武王宙镇滑台,崔荫为司马。荫明敏强正,善规谏,宙严惮之。简刑法,轻赋役,流民归之,户口滋息。

秋七月,秦主登引兵逼安定,后秦主苌拒却之。

秦主登闻后秦主苌病大喜,秣马厉兵,进逼安定。苌疾小瘳,出兵拒之,登惧而还。苌夜引兵蹑其后。旦而候骑告曰:"贼营已空,不知所向。"登惊曰:"彼为何人,去来不令我觉,谓其将死,忽然复至,朕与此羌同世,何其厄哉!"登遂还雍,苌亦还安定。

冬十一月,以殷仲堪都督荆、益、宁州军事。
仲堪虽有时誉,资望犹浅,到官好行小惠,纲目不举。

南郡公桓玄负其才地,以雄豪自处,朝廷疑而不用,年二十三始拜洗马。尝诣琅邪王道子,值其酣醉,张目谓众客曰:"桓温晚涂欲作贼,云何?"玄伏地流汗不能起,由是不自安而切齿于道子。后出补义兴太守,郁郁不得志,叹曰:"父为九州伯,儿为五湖长!"遂弃官归国,上疏自讼,

把营地驻扎在南岸,在天亮之前大营建成。翟钊急忙返回攻营,慕容垂命令将士固守不战。翟钊的军队往来奔命,疲惫伤暑,攻营不克,正准备离去,王镇等出营厮杀,慕容农从西津渡河夹击,翟钊一败涂地,慕容垂把他的部众和所统辖的七郡三万余户人口全都据为己有。翟钊投奔西燕长子,一年多之后,因阴谋反叛被慕容永诛杀。

慕容垂命章武王慕容宙镇守滑台,崔荫做他的司马。崔荫精明敏捷,刚正不阿,善于直言规劝,慕容宙十分畏惧。崔荫提倡简省刑法,减轻赋役,因此流亡的百姓纷纷归附,人口不断增加。

秋七月,前秦主苻登率兵进逼安定,后秦主姚苌亲自出击打退了他。

前秦主苻登听说后秦主姚苌患病,异常兴奋,厉兵秣马,率军进逼安定。姚苌病稍有好转,便出兵抵抗前秦军,苻登因为畏惧而撤退。姚苌乘夜带领将士紧随其后。天亮时分,前秦的侦察骑兵报告说:"敌人的兵营已经空了,不知去向何方。"苻登惊慌地说:"姚苌是什么人啊,来去使我们无从知觉,说他就要死了,却忽然再次出现,我与这个羌贼同生一世,是多么大的灾难呀!"于是,苻登退归雍城,姚苌也回到安定。

冬十一月,东晋朝廷任命殷仲堪为都督荆、益、宁三州军事。

殷仲堪虽然有一时的声誉,但是资历和威望不深,因而上任后喜好施行小恩小惠,对政事公务却没有得力的举措。

南郡公桓玄倚仗自己的才干和显赫的地位,自视为英雄豪杰,朝廷对他存有疑心而不委以重任,直至二十三岁才授予太子洗马一职。桓玄曾经造访琅邪王司马道子,正赶上他酩酊大醉,睁大眼睛对各位宾客说:"桓温晚年想要做贼,你们说如何?"桓玄趴在地上,汗流浃背不能站起来,从此心不自安而对司马道子切齿痛恨。桓玄后来离朝补任义兴太守,仍觉怀才不遇,郁郁寡欢,叹息着说:"我的父亲是九州的盟主,而我这个儿子却只是五湖长官!"于是放弃职位回归封地,并呈上奏章为自己申辩,

不报。桓氏累世临荆州，玄复豪横，士民畏之。尝于仲堪
听事前戏马，以稍拟仲堪。参军刘迈曰："马稍有余，精理
不足。"玄不悦，既出，仲堪谓迈曰："卿，狂人也！玄夜遣杀
卿，我岂能相救邪！"使迈避之，玄果使人追之不及。征虏
参军胡藩过江陵，见仲堪曰："玄志趣不常，节下崇待太过，
非计也。"藩内弟罗企生为仲堪功曹，藩谓曰："殷侯倒戈授
人，必及于祸。君不早去，悔无及矣！"

立子德文为琅邪王，徙道子为会稽王。　李辽表请修
孔子庙，不报。

清河人李辽上表请敕兖州修孔子庙，给户洒扫。仍立
庠序，收教学者，曰："事有如赊而实急者，此之谓也。"疏奏
不省。

癸巳（393）　**十八年**秦太初八，燕建兴八，后秦建初八，魏登
国八年。

秋七月，秦窦冲叛，秦主登讨之。后秦使太子兴救冲，
遂袭平凉。

秦丞相窦冲叛，称秦王，改元。秦主登讨之，冲求救于
后秦。尹纬言于后秦主苌曰："太子仁厚有闻，而英略未
著，请使击登。"苌从之。使兴将兵攻胡空堡，登解冲围以
赴之。兴因袭平凉，大获而归，复镇长安。

冬十月，燕主垂击西燕。

燕主垂议伐西燕，诸将曰："永未有衅，我连年征讨，士

没有得到朝廷的答复。桓氏家族几代镇守荆州,桓玄又强豪专横,当地吏士百姓都害怕他。桓玄曾在殷仲堪的公堂前骑马取乐,还用长矛假装直刺向殷仲堪。参军刘迈说:"战马和长矛有余,而对于道理精义却有欠缺。"桓玄不高兴地走出后,殷仲堪对刘迈说:"你真是狂人,桓玄夜里派人杀你,我怎么能够救助呢!"便让刘迈躲避起来,桓玄果然指使人追杀刘迈,没有得逞。征虏参军胡藩路过江陵,见到殷仲堪说:"桓玄的志向兴趣非同常人,你对他过于崇敬宽待,不是良策。"胡藩的妻弟罗企生是殷仲堪任下的功曹,胡藩对罗企生说:"殷仲堪把戈矛倒过来交给别人,必定招致祸害。你如果不早离开,后悔也来不及了!"

晋孝武帝立他的儿子司马德文为琅邪王,改封司马道子为会稽王。 李辽上表请求修建孔子庙,朝廷没有回复。

东晋清河人李辽上表请求朝廷诏令兖州修建孔子庙,指定专门人家洒扫。重新开办学校,聘请教师和招收学生。他说:"有些事情好似迟缓而实则着急,指的就是这些事情。"奏章进呈后没有结果。

癸巳(393) 晋烈宗孝武帝太元十八年前秦太初八年,后燕建兴八年,后秦建初八年,北魏登国八年。

秋七月,前秦窦冲反叛,前秦主苻登讨伐他。后秦让太子姚兴救援窦冲,姚兴于是袭击平凉。

前秦丞相窦冲反叛,自称秦王,更改年号。前秦王苻登出兵征讨,窦冲向后秦求救。尹纬向后秦主姚苌进言说:"太子以仁慈敦厚闻名,而英才伟略尚未彰著,请陛下派他进击苻登。"姚苌采纳了他的建议。派太子姚兴率兵进攻胡空堡,苻登解除对窦冲的包围以赶赴胡空堡。姚兴因而袭击平凉,缴获众多战利品后凯旋,重又镇守长安。

冬十月,后燕主慕容垂进攻西燕。

后燕主慕容垂召集部将商议征伐西燕的事宜,诸位将领说:"慕容永与我们没有嫌隙仇怨,而我们却连年出师讨伐他,将士

卒疲弊,未可也。"范阳王德曰:"永国之枝叶,僭举位号,宜先除之,以壹民心。"垂曰:"司徒意正与吾同。吾虽老,叩囊底智,足以取之,终不留此贼以遗子孙也。"遂发中山,次于邺。

十二月,后秦主苌卒,太子兴帅兵击秦。

苌疾甚,还长安,召太尉姚旻、仆射尹纬等受遗辅政,谓太子兴曰:"有毁此诸公者慎勿受之。汝抚骨肉以恩,接大臣以礼,待物以信,遇民以仁,四者不失,吾无忧矣。"苌卒,兴秘不发丧,自称大将军,帅众伐秦。

甲午(394) **十九年**秦主符崇延初元,燕建兴九,后秦高祖姚兴皇初元,魏登国九年。是岁,秦及西燕二国亡。大三,小二,凡五僭国。

春正月,三河王光以秃发乌孤为河西都统。

乌孤本鲜卑别种,与拓跋同祖,后徙河西。乌孤雄勇有大志,与大将纷陁谋取凉州,纷陁曰:"公必欲得凉州,宜先务农讲武,礼贤修政,然后可也。"乌孤从之。吕光遣使拜乌孤鲜卑大都统。群下皆曰:"吾士马众多,何为属人?"石真若留曰:"吾根本未固,大小非敌,不如受以骄之,俟衅而动。"乌孤乃受之。

夏四月,秦主登及后秦战,败绩,奔平凉。

秦主登闻后秦主苌死,喜曰:"姚兴小儿,吾折杖笞之耳。"乃留安成王广守雍,太子崇守胡空堡,尽众而东。后秦太子兴使尹纬据废桥以待之。秦兵争水不得,渴死什二

因此疲惫不堪，不要再发兵了。"范阳王慕容德说："慕容永是我燕国的同宗支脉，他却超越本分称尊改号，所以应该先行除掉他，使万众一心。"慕容垂说："司徒慕容德的想法正合我意。我虽然年纪大了，但是拍打一下智囊还足以消灭他，终究不能把这个叛贼留下来祸害子孙。"于是发兵中山，驻扎在邺城。

十二月，后秦主姚苌去世，太子姚兴率兵进攻前秦。

姚苌病重，回到长安，将太尉姚旻、仆射尹纬等人召进宫廷接受遗诏辅佐朝政，并对太子姚兴说："若有人诋毁这几位大臣，你一定不要听信。你如果能够用恩德来抚慰骨肉，用礼仪来交接大臣，用信义来待人接物，用仁厚来相待百姓，遵守这四个方面，我就没有什么可担忧的了。"姚苌去世，姚兴秘不发丧，自称大将军，率领兵众进攻前秦。

甲午（394） **晋烈宗孝武帝太元十九年**前秦主符崇延初元年，后燕建兴九年，后秦高祖姚兴皇初元年，北魏登国九年。这年，前秦及西燕二国亡。大三，小二，总共五个僭越国。

春正月，后凉三河王吕光任命秃发乌孤为河西都统。

秃发乌孤原是鲜卑人的分支，与拓跋氏同祖，后来迁到河西。秃发乌孤勇猛强健，胸怀大志，他和大将纷陁密谋攻取凉州，纷陁说："您如果一定要得到凉州，应当首先致力于农耕，讲习武事，礼贤下士，治理纲政，然后才能达到目的。"秃发乌孤听从了。吕光遣使拜秃发乌孤为鲜卑大都统。秃发乌孤的部众都说："我们兵马强大，为什么要臣属他人？"石真若留说："我们的根基尚未稳固，与吕光的力量相比太悬殊，不如接受任命使他骄横自大，等待时机再采取行动。"于是，秃发乌孤接受吕光的加封。

夏四月，前秦主符登与后秦交战，溃败后逃亡到平凉。

前秦主符登听说后秦主姚苌死了，高兴地说："姚兴这小子，我折根木杖揍他一顿。"于是，留下安成王符广镇守雍城，太子符崇镇守胡空堡，其余全部向东进发。后秦太子姚兴让尹纬据守废桥严阵以待。前秦兵争夺饮水没有成功，渴死了十分之二

三。纬与战,大败之,其众夜溃,登单骑奔雍,崇、广皆弃城走。登奔平凉,收遗众入马毛山。

五月,西燕主永及燕主垂战,败绩。

燕主垂以二月部分诸将出壶关、滏口、沙庭以击西燕,标榜所趣,军各就顿。西燕主永闻之,分道拒守,聚粮台壁,遣兵戍之。既而垂顿军邺西南,月余不进。永疑垂欲诡道由太行入,乃悉敛诸军杜太行口,惟留台壁一军。四月,垂引大军出滏口,入天井关。五月,至台壁,破之。永召太行军还,自将拒之。垂陈于台壁南,遣千骑伏涧下。及战伪退,永众追之,涧中伏发断其后,诸军四面俱进,大破之,永走归长子。

后秦主兴立。 六月,追尊会稽太妃郑氏曰简文宣太后。

群臣或谓宣太后应配食元帝,太子前率徐邈曰:"太后平素不伉俪于先帝,子孙岂可为祖考立配!"国学明教臧焘曰:"尊号既正,则罔极之情申;别建寝庙,则严祎之义显;系子为称,兼明贵之所由。一举而合三义,不亦善乎!"乃立庙于太庙路西。

秋七月,后秦主兴击秦主登,杀之。秦太子崇立,奔湟中。 八月,尊太妃李氏为皇太后。

居崇训宫。

燕主垂围长子,拔之,杀西燕主永。

三。尹纬与前秦兵决战,大败前秦兵,前秦部众乘夜溃逃,符登单枪匹马奔至雍城,符崇、符广等全都弃城逃走。符登又逃到平凉,收拾残余兵士进入马毛山。

五月,西燕主慕容永和后燕主慕容垂交战,西燕军溃败。

后燕主慕容垂于二月间分别派遣诸位将领从壶关、滏口、沙庭出兵进攻西燕,公开宣扬各路军马一切安顿就绪。西燕主慕容永听说后,派兵分道把守,将粮草聚集在台壁,派遣重兵戍卫。随后慕容垂驻军在邺城西南,停了一个多月没有前进。慕容永怀疑慕容垂打算隐秘地从太行山过来偷袭,于是调集全部兵力封锁太行路口,只留下台壁一支守军。四月,慕容垂率大军从滏口出发,进入天井关。五月,慕容垂到达台壁,击败西燕守军。慕容永赶忙召回太行军,亲自挂帅抵抗。慕容垂在台壁南列阵,又派出千名骑兵埋伏在山涧下。战斗打响后,慕容垂佯装败退,慕容永率兵追赶,山涧下的伏兵突然出击截断慕容永的后路,此时,后燕各路军马从四面发起攻势,大败西燕兵,慕容永逃回了长子。

后秦主姚兴正式即位。 六月,东晋孝武帝追尊会稽王太妃郑氏为简文宣太后。

很多大臣称宣太后的牌位应当附祭于晋元帝的灵位,太子前率徐邈却说:"宣太后生前并不是先帝的正妃,子孙们怎么能为祖先来安排妻室呢!"国学明教臧焘说:"如今宣太后的尊号既已扶正,无穷的孝思得到表达;别建一座宗庙,尊敬先辈的情义得到显现;将儿子的谥号系于母亲谥号的前面,同时表明母以子贵的缘由。一个举措而符合三个大义,不是很好吗!"于是,在太庙路西建立宣太后庙。

秋七月,后秦主姚兴袭击并杀掉了前秦主符登。前秦太子符崇即皇帝位,逃奔到湟中。 八月,东晋孝武帝尊皇太妃李氏为皇太后。

李氏居住在崇训宫。

后燕主慕容垂包围长子,占据长子后杀掉西燕主慕容永。

永困急,求救于晋、魏,兵皆未至,将士开门纳燕兵。燕主垂执永斩之,得所统八郡七万余户。

冬,秦主崇及陇西王杨定攻西秦,兵败皆死,定弟盛遣使来称藩。

西秦王乾归攻秦主崇,崇奔陇西王杨定。定帅众二万与崇共攻乾归,大败见杀,苻氏遂亡。乾归于是尽有陇西之地,自称秦王。定叔父之子盛先守仇池,自称秦州刺史、仇池公,乃遣使称藩于晋,分氐、羌为二十部护军,各为镇戍,不置郡县。

秦遣使如燕。

是后,姚氏止称秦。

乙未(395)　**二十年**燕建兴十,秦皇初二,魏登国十年。

春正月,燕遣使如秦。　三月朔,日食。　以丹阳尹王雅领太子少傅。

时会稽王道子专权奢纵,赵牙本倡优,茹千秋本捕贼吏也,皆以谄赂得进。道子以牙为郡守,千秋为参军。牙为道子开东第,筑山穿池,功用巨万。帝尝幸其第,谓道子曰:“府内乃有山,甚善,然修饰太过。”道子无以对。帝去,道子谓牙曰:“上若知山是人力所为,尔必死矣!”牙曰:“公在,牙何敢死!”营作弥盛。千秋卖官招权,聚货累亿。博平令闻人奭上疏言之,帝益恶道子,而逼于太后,不忍废黜。乃擢王恭、殷仲堪、王珣、王雅等居内外要任以防之。

慕容永受困危急，先后向东晋、北魏求救，都没有派来援兵，西燕将士打开城门放进后燕兵。后燕国主慕容垂擒杀慕容永，获得西燕统辖的八个郡共七万多户。

冬季，前秦主苻崇联合陇西王杨定进攻西秦，兵败后两人全部被杀，杨定的弟弟杨盛派遣使节向东晋称藩。

西秦王乞伏乾归进攻前秦主苻崇，苻崇投奔陇西王杨定。杨定率领二万部众联合苻崇共同攻伐乞伏乾归，大败被杀，苻氏从此灭亡。乞伏乾归于是全部占据陇西地区，自称秦王。杨定叔父的儿子杨盛此先镇守仇池，这时他自称秦州刺史、仇池公，派遣使节向东晋称藩为臣，把氐人、羌人划分为二十个护军单位，各自镇守戍卫，不设置郡县。

秦国派遣使节到后燕国。

从此以后，姚氏只称秦国。

乙未（395）　晋烈宗孝武帝太元二十年_{后燕建兴十年，后秦皇初}二年，北魏登国十年。

春正月，后燕派遣使节出访秦国。　三月初一，出现日食。东晋任命丹阳尹王雅兼任太子少傅。

此时，会稽王司马道子独断专权，奢侈放纵。原是优伶出身的赵牙、缉捕盗贼的小吏茹千秋，他们都是靠着谄媚贿赂得以升迁的。司马道子任命赵牙为郡守，任命茹千秋为参军。赵牙为司马道子另外建了住宅，堆积假山，开凿水池，耗费巨大。孝武帝曾经幸临过司马道子的府邸，对司马道子说："宅第中竟然有山，非常好，然而修饰得太过分了。"面马道子无言以对。孝武帝离去后，司马道子对赵牙说："皇上如果知道山是人力修筑的，你必死无疑！"赵牙说："有您在，我怎么敢死呢！"于是营造工程更加盛大。茹千秋卖官鬻爵，招权纳贿，聚敛的钱财累以亿计。博平令闻人奭上书陈述种种情状，孝武帝更加厌恶司马道子，而迫于太后的压力，没有狠心废黜他。于是，孝武帝擢升王恭、殷仲堪、王珣、王雅等人担任朝廷内外的要职，用来防范司马道子。

道子亦引王国宝、王绪为心腹。由是朋党竞起，无复向时友爱之欢矣，太后每和解之。徐邈言于帝曰："汉文明主犹悔淮南，会稽王虽有酖媟之累，宜加弘贷以慰太后之心。"帝纳之，委任道子如故。

夏五月，燕遣其太子宝击魏。秋七月，降其别部，进军临河。

魏王珪叛燕，侵逼附塞诸部。燕主垂遣太子宝帅众八万自五原伐魏。散骑常侍高湖谏曰："魏与燕世为婚姻，结好久矣。间以求马不获而留其弟，曲在于我，奈何遽击之！涉珪沉勇有谋，幼历艰难，兵精马强，未易轻也。太子年少气锐，必小魏而易之，万一不如所欲，伤威损重，愿陛下图之。"垂怒，免湖官。湖，泰之子也。

魏张衮言于珪曰："燕狃于屡胜，有轻我心，宜羸形以骄之，乃可克也。"珪从之，悉徙部落畜产，西渡河千余里以避之。燕军至五原，降魏别部三万余家，收穄田百余万斛，进军临河，造船为济具。

秃发乌孤徙都廉川。

乌孤击乙弗、折掘部，降之，徙都廉川。广武赵振少好奇略，弃家从乌孤。乌孤喜曰："吾得赵生，大事济矣！"拜左司马。

司马道子也把王国宝、王绪引为心腹。从此,朝廷内外朋党竞起,再也没有往日的友爱团结的欢乐气氛,太后常常从中调解。徐邈向孝武帝进言:"汉文帝作为英明的君主还后悔自己处死了淮南王刘长,会稽王司马道子虽然有嗜酒放荡的牵累,但也应当多加宽弘大量以慰藉太后爱子之心。"孝武帝采纳徐邈的建议,像过去一样重用司马道子。

夏五月,后燕派遣太子慕容宝进击北魏。秋七月,后燕收降北魏其他部落,进军到黄河岸边。

魏王拓跋珪反叛后燕,并侵略威胁到靠近边塞的各个部落。后燕主慕容垂派遣太子慕容宝率领八万兵士从五原出发征讨北魏。散骑常侍高湖进谏说:"魏和我们数世通婚,结交友好关系很久了。其间因为向他们索求马匹而未能如愿,扣留了拓跋珪的弟弟,这本来就是我们燕国理亏,怎么能够突然袭击他们呢?更何况拓跋珪沉稳勇猛且有谋略,自幼历经艰难险阻,如今兵精马强,实在不可轻视。再说太子慕宝年轻气盛,必然会看不起魏国而轻率从事,万一不如所期望的那样,使太子的威望受到伤害,因小失大,因而请陛下好好筹划这件事。"慕容垂闻言大怒,罢免了高湖的官职。高湖是高泰的儿子。

北魏张衮向拓跋珪献计说:"燕国还没有从几次的胜利中解脱出来,存在轻视我们的心思,我们应当以羸弱的姿态使他们得意忘形,这样就可以战胜他们。"拓跋珪听从了张衮的计策,将所有部落的牲畜资产全部迁徙到黄河以西千余里的地方用来逃避燕国。燕军赶到五原,收降北魏其他部落民众三万多家,获取稷米一百余万斛,然后进军到黄河岸边,在那里建造船只作为渡河的用具。

秃发乌孤迁都到廉川堡。

秃发乌孤攻击乙弗、折掘等部落,收降他们后,迁都到廉川堡。广武人赵振从小喜好奇计谋略,舍弃家业投靠了秃发乌孤。秃发乌孤高兴地说:"我得到赵先生,可以成就大事了!"于是拜赵振为左司马。

长星见。

有长星见,自须女至于哭星。帝心恶之,于华林园举酒祝之曰:"长星劝汝一杯酒,自古何有万岁天子邪!"

九月,魏王珪将兵拒燕。冬十月,燕军夜遁。十一月,追至参合陂,大败之。

九月,魏王珪进军临河。燕太子宝列兵将济,风漂其船泊南岸,魏获其甲士三百余人,皆释而遣之。宝之发中山也,燕主垂已有疾,既至五原,珪使人邀中山之路,伺其使者尽执之。宝等数月不闻垂起居,珪使所执使者临河告之曰:"若父已死,何不早归!"宝等忧恐,士卒骇动。珪使略阳公遵将七万骑塞燕军之南。

十月,燕军烧船夜遁。时河冰未结,宝以魏军必不能渡,不设斥候。

十一月,暴风冰合,珪引兵济河,选精锐二万余骑急追之。燕军至参合陂,有大风,黑气如堤,自军后来覆军上。沙门支昙猛曰:"魏军将至之候,宜遣兵御之。"宝不应。司徒德劝宝从之,宝乃遣赵王麟帅骑三万居军后以备非常。麟亦以昙猛言为妄,纵骑游猎,不复设备。魏军晨夜兼行,至参合陂西,燕军在陂东山南水上。珪夜部分诸将,令士卒衔枚束马口潜进,旦日登山,下临燕营。燕军大惊扰乱,珪纵兵击之,死者以万数。略阳公遵还兵击其前,复擒四五万人,宝等单骑仅免。

长尾彗星出现。

有长尾彗星自须女星座划向哭星。孝武帝心里厌恶长尾彗星,便在华林园举起酒杯祈祷它说:"长尾彗星呀,我劝你饮下这一杯酒,自古哪有长命万岁的天子呢!"

九月,魏王拓跋珪率兵抗拒后燕军。冬十月,后燕军乘夜逃去。十一月,北魏军追到参合陂,大败后燕军。

九月,魏王拓跋珪率军临近黄河。后燕太子慕容宝整列部队正要渡河,大风将船刮漂到南岸,魏军俘获全副武装的燕兵三百多人,又全都把他们放回到北岸。慕容宝从中山进发之时,后燕主慕容垂已经生病,待抵至五原,拓跋珪派人守候在通往中山的路上,等到燕军的信使经过时,把他们全部抓获。这样,慕容宝苦等几个月没有得到慕容垂生活起居的音讯,拓跋珪却让被俘的信使站在黄河对岸告诉慕容宝说:"你的父亲已经死去,为什么不早日回家!"慕容宝等人忧虑恐惧,士兵们也惊骇躁动。拓跋珪派遣略阳公拓跋遵率领七万骑士堵塞燕军南路。

十月,燕军焚烧战船后乘夜逃走。当时黄河尚未结冰,慕容宝以为魏军一定不能渡河追击,所以没有留设哨兵。

十一月,暴风乍起,河水封冻,拓跋珪带兵过河,挑选二万多精锐骑兵火速直追燕军。燕军行至参合陂,刮起大风,一片黑气犹如一道堤防,从燕军后面覆压上来。和尚支昙猛说:"这是魏军即将到来的征兆,应遣兵敌御。"慕容宝不同意。司徒德劝说慕容宝听从支昙猛的话,慕容宝才派赵王慕容麟率领三万骑兵走在燕军后面以防不测。慕容麟也认为支昙猛胡说八道,于是放纵骑兵游玩打猎,不再设置防备。魏军日夜兼程,赶到参合陂西侧时,燕军正在陂东的蟠羊山南面的河旁。拓跋珪连夜部署各个将领,让士兵口衔防止喧哗的枚具,扎紧马嘴暗中行进,天明日出时登上山顶,向下正对着燕军营寨。燕军见状大惊,阵容纷乱,拓跋珪乘机率兵冲杀,燕军惨死者数以万计。略阳公拓跋遵回头领兵攻击燕军前阵,又俘获燕兵四五万人,慕容宝等人单枪匹马脱逃。

珪择燕臣之有才用者留之，其余欲悉给衣粮遣还，以招怀中州之人。中部大人王建曰："燕众强盛，不如悉杀之，则其国空虚，取之为易。"乃尽坑之而还。

燕司徒德言于垂曰："虏以参合之捷，有轻太子心，宜及陛下神略以服之，不然将为后患。"垂乃会兵中山，期以明年大举击魏。

丙申（396） **二十一年**<small>燕烈宗慕容宝永康元，秦皇初三，魏皇始元年。凉龙飞元年。</small>

春闰三月，燕主垂袭魏平城，克之。夏四月，还，卒于上谷。太子宝立。

燕主垂留范阳王德守中山，引兵密发，逾青岭，经天门，凿山通道，出魏不意，直指云中。魏陈留公虔镇平城，垂袭之。虔出战败死，燕军尽收其部落。魏王珪震怖欲走，诸部皆有贰心，珪不知所适。垂之过参合陂也，见积骸如山，为之设祭，军士恸哭，声震山谷。垂惭愤呕血，由是发疾。至是转笃，乃筑燕昌城而还，卒于上谷。宝即位。

五月，燕以慕容德为冀州牧，守邺；慕容农为并州牧，守晋阳。　燕主宝弑其太后段氏。

初，燕主垂先段后生子令、宝，后段后生子朗、鉴，爱诸姬子麟、农、隆、柔、熙。宝初为太子有美称，已而荒怠，中外失望。后段后尝言于垂曰："今国步多艰，太子非济世之

拓跋珪从俘虏的燕国大臣中择取可用之才留下来，其余的想全部发给衣物食粮遣送回家，以此来换取中原百姓的好感。中部大人王建说："燕国民众强盛，不如把他们全部杀掉，这样燕国内部空虚，就容易攻取了。"于是，魏军全部活埋了所俘燕军后还师了。

后燕司徒德又向慕容垂进献计策说："魏虏因为参合陂的胜利，必然存在轻视太子慕容宝的心意，当今之计，应该用陛下的神智谋略使他们降服，否则将招致后患。"慕容垂便在中山会集兵众，约定明年大举进攻北魏。

丙申（396）　晋烈宗孝武帝太元二十一年后燕烈宗慕容宝永康元年，后秦皇初三年，北魏皇始元年。后凉龙飞元年。

春季闰三月，后燕主慕容垂攻克北魏平城。夏四月，慕容垂率兵还朝，在上谷去世。太子慕容宝即位。

后燕主慕容垂让范阳王慕容德留守中山，亲率燕兵秘密进发，翻越青岭，经过天门，开凿山道，出乎北魏的意料之外，燕军径直奔向云中。北魏陈留公拓跋虔镇守平城，慕容垂袭击平城。拓跋虔出城迎战，战败身亡，后燕军全数收编了他的部落。魏王拓跋珪为之惊恐万状，打算弃城逃走，各部都有二心，拓跋珪不知所措。慕容垂领兵路经参合陂时，看到堆积如山的尸骸，便设置香案祭奠亡灵，后燕将士失声恸哭，震撼山谷。慕容垂惭愤吐血，因此发病。到这时病情加重，于是修筑燕昌城还朝，行至上谷去世。慕容宝即位。

五月，后燕任命慕容德为冀州牧，镇守邺城；慕容农为并州牧，镇守晋阳。　后燕主慕容宝杀害段太后。

当初，后燕主慕容垂的前妻段皇后生育儿子慕容令、慕容宝，继室小段后生育儿子慕容朗、慕容鉴。慕容垂却喜爱各姬妾生育的儿子慕容麟、慕容农、慕容隆、慕容柔、慕容熙。慕容宝刚立为太子时，有美誉，不久便荒废倦怠，令朝廷内外失望。小段皇后曾向慕容垂进言："如今国事举步艰难，太子不是拯世济民的

才也。辽西、高阳,陛下贤子,宜择一人付以大业。赵王奸诈强愎,必为国患,宜早图之。"宝善事垂左右,多誉之者,故垂以为贤,谓段氏曰:"汝欲使我为晋献公乎?"段氏泣而退,告其妹范阳王妃曰:"太子不才,天下所知,吾为社稷言之,主上乃以吾为骊姬,何其苦哉!太子必丧社稷,范阳王有非常器度,若燕祚未尽,其在王乎!"宝、麟闻而恨之。至是宝使麟谓段氏曰:"宜早自裁以全段宗!"段氏怒曰:"汝兄弟不难逼杀其母,况能守先业乎!吾岂爱死,但念国亡不久耳!"遂自杀。宝议以段后谋废适统,无母后道,不宜成丧。中书令眭邃飓言于朝曰:"子无废母之义,汉安思阎后亲废顺帝,犹得配飨太庙,况先后暧昧之言乎!"乃成丧。

六月,燕定士族旧籍。

燕王宝定士族旧籍,分辨清浊,校阅户口,罢军营封荫之户,悉属郡县,由是士民嗟怨有离心。

三河王光自称凉天王。

光即天王位,国号大凉,置百官,遣使拜秃发乌孤为益州牧。乌孤谓使者曰:"吕王诸子贪淫,三甥暴虐,远近愁怨,吾安可违百姓之心受不义之爵乎!"留其鼓吹、羽仪,谢遣之。

秋八月,魏王珪击燕。

魏群臣劝魏王珪称尊号,珪始建天子旌旗,出入警跸。

干才。辽西王和高阳王是陛下的贤能之子,应当选择其中一位来托付国家大业。赵王慕容麟奸诈刚愎,必定成为国家的祸患,应早做筹划废除他。"慕容宝善待慕容垂左右近臣,很多人赞誉太子,所以慕容垂认为太子贤达干练,便对小段皇后说:"你想让我成为听信骊姬谗言杀害太子申生的晋献公吗?"小段皇后哭着退下,告诉她的妹妹范阳王妃说:"太子无才,天下共知,我为国家言事,主上却把我比作骊姬,这是何等痛苦呀!太子必定断送江山社稷,而范阳王慕容德具有非凡的才能风度,假若燕国的气数还在,莫非是在范阳王身上吧!"慕容宝、慕容麟听说后,非常仇恨小段皇后。至此,慕容宝让慕容麟告诉段氏说:"你应当即早自我裁决,以保全段家宗亲的性命!"段氏怒斥说:"你们兄弟竟轻易地逼杀继母,何谈能守护先人的基业呢!我岂是怕死,只是顾念离亡国不远罢了!"于是自杀身亡。慕容宝想以小段皇后曾密谋废黜太子的嫡传正统,没有尽到母亲皇后的道义为由,不应该举办丧事。中书令眭邃在朝堂上大声疾呼:"没有儿子废母的道理。东汉安思皇后阎氏亲自贬废顺帝,死后犹能配飨太庙,何况先皇后只是说了含混不清的话呢!"于是,慕容宝为小段皇后举办了丧礼。

六月,后燕核定世家大族的旧有户籍。

后燕主慕容宝下令核定世家大族的旧有户籍,分辨其清浊层次,审校他们的户口,废除受军营庇荫的人户,全部归属郡县管理。因此,士民嗟叹怨恨朝廷,有离异之心。

后凉三河王吕光自称凉天王。

吕光即天王位,国号大凉,设置百官,遣使拜秃发乌孤为益州牧。秃发乌孤对使者说:"吕王几个儿子贪淫,三个外甥暴虐,远近百姓忧愁怨恨,我怎可违背百姓的意愿接受不义之爵呢?"于是留下来使的乐队和仪仗,谢绝封授,遣还使者。

秋八月,魏王拓跋珪进攻后燕国。

北魏的文武大臣劝魏王拓跋珪称尊号,拓跋珪开始使用天子旌旗,出入时在所经路途设侍卫警戒,清空道路,阻止行人。

参军张恂劝珪进取中原，珪善之。

燕辽西王农镇晋阳，部曲数万。并州素乏储偫，民不能供，农又遣护军分监诸胡，民夷皆怨，潜召魏军。八月，珪大举伐燕，步、骑四十余万南出马邑，逾句注，旌旗二千余里，鼓行而进。遣别将从东道袭幽州。

燕立子策为太子。

燕主宝之子清河公会母贱而年长，雄俊有器艺，燕主垂爱之。及伐魏，遣镇龙城，委以东北之任，国官府佐皆选一时才望，遗言命宝以为嗣，而宝爱少子策，立之。会闻之慍怼，始有异志。

九月，燕慕容农及魏师战，败走。魏遂取并州。

魏王珪军至晋阳，慕容农出战，大败奔还，司马慕舆嵩闭门拒之。农遂东走，魏追获其妻子，燕军尽没，农独与三骑逃归中山。

魏王珪遂取并州，初建台省，置刺史、太守、尚书郎以下官，悉用儒生为之。士大夫诣军门者，皆引入存慰，使人人尽言，少有才用，咸加擢叙。以张恂等为诸郡守，招抚离散，劝课农桑。

燕主宝闻魏军将至，议于东堂。苻谟曰："魏军乘胜气锐，若纵之入平土，不可敌也，宜杜险以拒之。"睦邃曰："魏

参军张恂鼓动拓跋珪进取中原,拓跋珪表示赞许。

后燕辽西王慕容农镇守晋阳,拥有数万部众。并州一向缺乏粮食储备,百姓不能供给,慕容农又派遣各护军分别监视各胡人部落,因此,汉人和夷人都怨声载道,便有人暗中召请魏军相助。八月,拓跋珪大举征伐后燕国,步兵和骑兵共四十多万人自马邑向南进发,越过句注山,行军的旌旗首尾二千多里,击鼓前进。另外派遣将领从东路袭击幽州。

后燕主慕容宝立儿子慕容策为太子。

后燕主慕容宝之子清河公慕容会虽母亲出身低贱而年岁最大,雄姿俊逸,又有技能才艺,颇受慕容垂的喜爱。征伐北魏时,慕容垂让慕容会镇守龙城,授权处置东北方面的军政事务,全都选拔当时有才能名望的人充任藩国和府衙官员,在遗嘱中还命令慕容宝以慕容会为继承人,但是,慕容宝却偏爱小儿子慕容策,便立慕容策为太子。慕容会闻知此事,心怀怨恨,开始产生叛乱的意图。

九月,后燕慕容农和魏军交战,慕容农战败而逃。魏军随即夺取并州。

魏王拓跋珪率军到晋阳,慕容农出兵迎战,结果大败而归,司马慕舆嵩却紧闭城门拒绝接纳。于是,慕容农向东奔逃,魏军追赶上来,俘获慕容农的妻子儿女,燕军全部覆没,慕容农只和三名骑兵逃回中山。

魏王拓跋珪于是占据并州,开始建立朝廷办事机构,设置刺史、太守、尚书郎等以下官职,完全由读书人担任。凡是士大夫到军营门前拜见,拓跋珪都礼让到大营中悉心关照,使每个人都能言无不尽,只要稍有才干,都加以量才任用。拓跋珪任命张恂等人为各郡太守,招纳慰抚流离失散的百姓,勉励督责他们从事农耕和桑蚕养殖。

后燕主慕容宝听说魏军将要到来,便与群臣在东堂商讨对策。符谟说:"魏军乘胜前进,气锐难当,假使放他们进入平原,将无法抵御,我们应当凭据险阻来抗拒他们。"眭邃则说:"魏军

多骑兵,马上赍粮,不过旬日,宜令郡县聚民千家为一堡,清野以待之,彼不过六旬,食尽自退。"封懿曰:"魏兵数十万,民虽筑堡,不能自固,是聚兵及粮以资之也。且动摇民心,示之以弱,不如阻关拒战。"赵王麟曰:"魏锋不可当,宜完守中山,待其弊而乘之。"于是修城积粟,为持久之备,悉以军事委麟。

贵人张氏弑帝于清暑殿,太子德宗即位,会稽王道子进位太傅。冬十月,葬隆平陵。

帝嗜酒,流连内殿,外人罕得进见。张贵人宠冠后宫,时年近三十,帝戏之曰:"汝以年亦当废矣,吾意更属少者。"已而醉寝清暑殿,贵人使婢以被蒙帝面而弑之,重赂左右曰:"因魇暴崩。"时太子暗弱,会稽王道子昏荒,遂不复推问。王国宝夜叩禁门,欲入为遗诏,侍中王爽拒之曰:"大行晏驾,皇太子未至,敢入者斩!"国宝乃止。爽,恭之弟也。

太子即位,道子进位太傅、扬州牧,假黄钺。

太子幼而不慧,口不能言,至于寒暑饥饱亦不能辨,饮食寝兴皆非己出。母弟琅邪王德文常侍左右,为之节适。

初,国宝党附道子,骄纵不法,孝武帝恶之。国宝惧,遂更媚于帝。道子大怒,以剑掷之。及帝崩,国宝复事道子,与王绪共为邪谄,道子又倚为心腹,遂参管朝权,威震内外。

以骑兵为主,他们在马背上携带的粮食只不过够吃十天,我们应当命令各郡县聚集民众,以千家为一堡,清除原野上的人口物资,等待魏军进犯无所掠夺,他们坚持不过六十天,就会因粮食断绝自行撤退。"封懿说:"数十万魏兵,民众虽修筑堡寨,也无法自我固守,这等于聚集兵马和粮食来送给魏兵。况且会动摇民心,暴露自己的软弱无能,还不如依仗关隘抵抗敌人。"赵王慕容麟说:"魏军锋锐不可当,应该坚守中山,等待魏军疲困无计时乘机反攻。"于是,后燕修固城墙,积蓄粮食,准备持久作战,一切军政事务交付慕容麟。

张贵人在清暑殿杀死晋孝武帝,太子司马德宗即皇帝位,会稽王司马道子晋升为太傅。冬十月,孝武帝下葬隆平陵。

孝武帝喜欢饮酒,流连内殿,外人很少得以进见。张贵人宠冠后宫,当时年近三十,孝武帝对她开玩笑说:"论年岁你也应当废黜了,我更喜欢年轻的女子。"过了一会儿,孝武帝醉了,在清暑殿就寝,张贵人让婢女用被子蒙住孝武帝的脸把他杀死,又用重金贿赂身边的侍众,说:"皇上因做噩梦突然死亡。"当时,太子司马德宗愚昧懦弱,会稽王司马道子昏庸荒淫,便不再推究追问。王国宝深夜叩击禁宫大门,想进去为孝武帝草拟遗诏,侍中王爽拒绝他说:"皇上已经驾崩,皇太子尚未赶到,胆敢闯宫者格杀勿论!"王国宝只好罢休。王爽就是王恭的弟弟。

太子司马德宗即皇帝位,司马道子晋升为太傅、扬州牧,假黄钺。

司马德宗自幼痴呆,嘴巴不能讲话,甚至不能辨别冷热饥饱,连饮食起居都不能自理。同母弟弟琅邪王司马德文常常服侍在他的身边,为他料理调适。

当初,王国宝阿附于司马道子,骄横不法,孝武帝讨厌他。王国宝非常害怕,便转而向孝武帝献媚。司马道子大怒,用剑投击王国宝。孝武帝死后,王国宝再次投靠司马道子,与王绪共同使奸谄媚,司马道子重又将他纳为心腹知己。于是,王国宝参预掌管朝政大权,威震朝廷内外。

王恭入赴山陵，每正色直言，道子惮之，深布腹心，而恭每及时政，辄厉声色，道子遂欲图之。

或劝恭诛国宝，王珣曰："彼罪逆未彰，今先事而发，必失朝野之望。若其不改，恶布天下，然后顺众心以除之，亦无不济也。"恭乃止。既而谓珣曰："比来视君一似胡广。"珣曰："王陵廷争，陈平慎默，但问岁晏何如耳！"

山陵既毕，恭将还镇，谓道子曰："主上谅闇，冢宰之任，伊、周所难，惟大王亲万机，纳直言，放郑声，远佞人。"国宝等愈惧。

魏王珪拔常山。
魏王珪使冠军将军于栗䃅潜自晋阳开韩信故道，自井陉趋中山，进攻常山，拔之，郡县皆降，惟中山、邺、信都三城为燕守。珪命东平公仪攻邺，冠军王建攻信都，珪进攻中山。既而谓诸将曰："中山城固，急攻则伤士，久围则费粮，不如先取信都，然后图之。"乃引兵而南，军于鲁口，高阳太守崔宏奔海渚。珪素闻其名，遣吏追获，以为黄门侍郎，与张衮对掌机要，创立法度。博陵令屈遵降，以为中书令，出纳号令，兼总文诰。

魏别将拓跋仪攻邺，燕慕容德击破之。
魏东平公仪攻邺，燕范阳王德使南安王青等夜击破之，魏军退屯新城。青等请追击之，别驾韩诼曰："古人先计而后战。魏军不可击者四：悬军远客，利在野战，一也；

王恭还朝参加孝武帝的葬礼,经常面色严肃地直抒己见,司马道子不免畏惧,向王恭推心置腹,而王恭每次涉及朝政时事,仍声色俱厉,司马道子于是想谋害王恭。

有人劝说王恭杀掉王国宝,王珣对王恭说:"他的罪恶逆行还没有大白于天下,现在如果事先发难,必然让朝野上下失望。假若他执迷不悟,罪行传布天下,然后顺应民心来除掉他,也未尝不可。"王恭于是停止了行动。后来,王恭对王珣说:"近来,我看你与胡广非常相似。"王珣说:"王陵在朝廷上向皇帝直言进谏,陈平却谨慎沉默,你只问结果如何就行了。"

孝武帝葬礼完毕,王恭即将返回京口镇守,他对司马道子说:"主上守丧,相国责任重大,恐怕伊尹、周公再世也难以应付,只希望大王亲自处理纷繁军政事务,听取接受忠直意见,弃绝淫靡之音,疏远奸佞小人。"王国宝等人更加害怕。

魏王拓跋珪攻克常山。

魏王拓跋珪命令冠军将军于栗䃅偷偷地从晋阳开辟韩信当年伐赵的通道,拓跋珪率兵由井陉直奔中山,一举攻克常山,郡县全部降附,只有中山、邺城、信都三城仍为后燕据守。拓跋珪命令东平公拓跋仪进攻邺城,冠军将军王建进攻信都,自率兵马进攻中山。后来,拓跋珪对众将说:"中山城池坚固,急切强攻则损伤兵士,长久围攻则耗费粮草,不如先行攻取信都,然后再对付中山。"于是,拓跋珪率领兵士向南进发,驻扎于鲁口,高阳太守崔宏逃奔到海岛。拓跋珪平日就知道崔宏的名声,便派人追寻到他,授予黄门侍郎,让他和张衮共同执掌国家机要事务,创立各项法令制度。博陵令屈遵向北魏投降,任命为中书令,负责对外宣布诏命和向朝廷报告下情,同时兼管撰写各式文告。

北魏别将拓跋仪进攻邺城,后燕慕容德打败魏军。

北魏东平公拓跋仪进攻邺城,后燕范阳王慕容德命令南安王慕容青等乘夜打败魏军,魏军退回新城驻守。慕容青等请求追击魏军,别驾韩诨说:"古人用兵讲求先作计划而后交战。现在不可追击魏军的原因有四个:第一,孤军远来,利于野外作战;

深入近畿，顿兵死地，二也；前锋既败，后阵方固，三也；彼众我寡，不敌，四也。我军自战其地，动而不胜，众心难固，城隍未修，敌来无备，不如深垒固军以老之。"德从之，召青还。

封杨盛为仇池公。　秦陷蒲阪。

初，永嘉之乱，汾阴薛氏聚族阻河自保，不仕刘、石、苻氏。至是，后秦主兴以礼聘薛彊，以为镇东将军。彊引秦兵取蒲阪。

丁酉（397）　**安帝隆安元年**燕永康二，秦皇初四，魏皇始二年。南凉王秃发乌孤太和元，北凉王段业神玺元年。旧大国三，西秦、凉小国二，新小国二，凡七僭国。

春正月，帝冠。　以王珣为尚书令，王国宝为左仆射。
魏拓跋仪军溃，慕容德追击破之。

贺讷遣弟赖卢帅骑二万会东平公仪攻邺，自以王舅不受仪节度。仪司马丁建阴与燕通，从而间之。会赖卢营失火，建曰："赖卢烧营为变矣。"仪遂引退，赖卢亦退。建帅众降燕，且言仪师老可击。范阳王德遣兵追击，大破之。

魏王珪击信都，降之。　凉王光击西秦，西秦与战，杀其弟延。

凉王光以西秦主乾归数反覆举兵伐之。西秦群臣请东奔成纪，乾归曰："军之胜败在于巧拙，不在众寡。光兵众而无法，弟延勇而无谋，不足惮也。且其精兵尽在延所，

第二,深入近畿之地作战,无异置兵于死地;第三,敌军前锋既已失败,后方阵营仍然强固;第四,敌众我寡,寡不敌众。我军自居其地作战,出动而不胜,难以稳固众心,况且城壕尚未修整,敌人一旦进犯无所防备。因此,我们不如高筑壁垒,稳定军队,拖垮敌人。"慕容德采纳他的建议,召还慕容青。

东晋诏封杨盛为仇池公。　　后秦攻陷蒲阪。

当初,永嘉之乱时,汾阴地区的薛姓家族聚集族众据守黄河天险,自保家园,而不臣附于刘氏、石氏和苻氏。至此,后秦主姚兴礼聘薛彊,任命薛彊为镇东将军。薛彊引领后秦兵占据蒲阪。

晋安帝

丁酉(397)　**晋安帝隆安元年**后燕永康二年,后秦皇初四年,北魏皇始二年。南凉王秃发乌孤太和元年,北凉王段业神玺元年。旧大国三,西秦、凉小国二,新小国二,总共七个僭越国。

春正月,东晋安帝行加冕礼。　　任命王珣为尚书令,王国宝为左仆射。　　北魏拓跋仪的军队溃散,慕容德追击打败魏军。

贺讷派遣弟弟贺赖卢率领二万骑兵会合东平公拓跋仪共同进攻邺城,贺赖卢以拓跋仪的舅父自居,不听从拓跋仪的指挥调度。拓跋仪的司马丁建暗中与后燕勾结,从中挑拨离间。赶上贺赖卢军营失火,丁建对拓跋仪说:"这是贺赖卢焚烧军营发生叛变。"拓跋仪信以为真,便领兵撤退。贺赖卢不明真相,也随即退兵。丁建率领部众投降后燕,并说拓跋仪的军队士气衰落不振,可以追击。范阳王慕容德派兵追击,大破魏军。

魏王拓跋珪进攻信都,信都被迫投降。　　后凉王吕光攻击西秦,西秦兵奋起应战,杀死吕光的弟弟吕延。

后凉王吕光因为西秦王乞伏乾归多次反叛,发兵征讨。西秦群臣请求向东逃奔成纪,乞伏乾归说:"战争的胜败在于用兵的巧拙,不在兵马的多少。吕光兵多而缺乏法纪,他的弟弟吕延勇而无谋,不值得害怕。况且吕光的精锐部队全在吕延那里,

延死,光自走矣。"光军长最,遣弟太原公纂攻金城,天水公延攻临洮、武始、河关,皆克之。乾归使人绐延曰:"乾归众溃,奔成纪矣。"延欲引轻骑追之,司马耿稚谏曰:"乾归勇略过人,安肯望风自溃!且告者视高色动,殆必有奸。宜整陈而前,使步、骑相属,俟诸军毕进,然后击之,无不克矣。"延不从。进,与乾归遇,战死。光引兵还姑臧。

秃发乌孤自称西平王,攻凉,取金城。

是为南凉。

二月,燕主宝袭击魏军,大败奔还。

燕主宝闻魏王珪攻信都,悉出珍宝及宫人,募群盗以击之。营于滹沱水北,魏军至营水南。宝潜师夜济,袭魏营,因风纵火,魏军大乱,珪弃营走。既而燕兵无故自相斫射,珪望见之,乃击鼓收众,多布火炬于营外,纵兵冲之。燕兵大败,引还,魏兵随而击之。燕兵屡败,宝惧,弃军,以二万骑奔还,时大风雪冻,死者相枕,朝臣将卒多降于魏。

先是,张衮尝为珪言燕秘书监崔逞之材,珪得之甚喜,以为尚书,任以政事。

珪欲抚慰新附,甚悔参合之诛,并州刺史素延坐讨反者杀戮过多,免官。

燕尚书郎慕舆皓谋弑宝立赵王麟,不克,奔魏,麟由是不安。

吕延一死,吕光自然就会逃跑。"吕光驻军在长最,他派遣弟弟太原公吕纂进攻金城,天水公吕延进攻临洮、武始、河关,全部攻克了。乞伏乾归让人欺骗吕延说:"乞伏乾归的军队溃散,已经逃奔成纪了。"吕延想率领轻骑兵追击,司马耿稚劝谏说:"乞伏乾归勇略过人,怎么肯望风奔溃!再说,告密的人目光向上,神色不定,大概必有欺诈。我们应当整列战阵前进,使步、骑兵相互连接,等到各路兵马全部集结,然后进击秦军,攻无不克。"吕延置之不理。他率军直进,与乞伏乾归相遇,战死。吕光领兵回到姑臧。

秃发乌孤自称西平王,攻占后凉金城。

这就是南凉。

二月,后燕主慕容宝袭击魏军,结果败逃而归。

后燕主慕容宝听说魏王拓跋珪进攻信都,便将全部珍宝和宫女作为赏资,用来招募各类强盗匪贼充军,抗击魏兵。慕容宝在滹沱河北岸安扎营寨,魏军在滹沱河南岸安营。慕容宝隐秘地派遣军队乘夜渡河,偷袭魏军大营,顺风放火,魏军纷乱,拓跋珪弃营逃跑。不久,后燕兵不明缘故地自相砍杀射击,拓跋珪望见这种情状,于是擂响战鼓,收集离散兵众,在营地外围布置许多火把,发兵冲击燕军。燕军大败,领兵回去,魏兵尾随进击。燕军多次失利,慕容宝畏惧,舍弃大军,自率二万骑兵逃回,时值狂风大作,冰天雪冻,死者相互枕藉,大多数朝臣将士都投降了北魏。

在此之前,张衮曾经对拓跋珪谈及后燕秘书监崔逞的才能,这时拓跋珪得到崔逞十分高兴,任命他为尚书,把政事交给他处理。

拓跋珪想安抚宽慰新降附的人,因而非常后悔参合陂诛杀俘虏的举动,并州刺史拓跋素延因为征伐反叛的人杀戮太多,获罪免官。

后燕尚书郎慕舆皓密谋要杀掉慕容宝而拥立赵王慕容麟,没有成功,逃奔到北魏,慕容麟因此心神不安。

三月,燕幽、平牧慕容会引兵至蓟。慕容麟作乱,出走。魏王珪进围中山,燕主宝奔会军,慕容详城守拒魏。

初,燕清河王会表求赴难,而无行意,遣将军库傉官伟、余崇将兵五千为前锋。伟顿卢龙近百日,会不发。燕主宝怒,切责之。会不得已,以治行简练为名,复留月余。伟使轻军前行通道,且张声势,诸将皆畏避不欲行。余崇奋曰:"今巨寇滔天,京都危逼,匹夫犹思致命以救君父,诸君荷国宠任,而更惜生乎! 若社稷倾覆,臣节不立,死有余辱。诸君安居于此,崇请当之。"伟给步、骑五百人。崇至渔阳,遇魏兵,击却之,众心稍振。会乃上道,至是始达蓟城。

魏围中山既久,城中将士皆思出战。高阳王隆曰:"涉珪虽获小利,然顿兵经年,士马死伤大半,人心思归,诸部离解,若因我之锐乘彼之衰,往无不克。如持重不决,将卒气衰,事久变生,虽欲用之不可得也。"宝然之。而赵王麟每沮其议,隆成列而罢者数四,众大忿恨。

麟以兵劫北地王精,使帅禁兵弑宝。精以义拒之,麟怒杀精,出奔西山,依丁零余众。于是城中震骇。

宝恐麟夺会军据龙城,乃召隆及辽西王农,谋走保龙城。隆曰:"今欲北迁,亦事之宜。然龙川地狭民贫,若以

三月，后燕幽、平牧慕容会带兵抵达蓟城。慕容麟作乱出逃。魏王拓跋珪进军包围中山，后燕王慕容宝投奔慕容会军营，慕容详据守中山城抵抗魏军。

　　当初，后燕清河王慕容会上表请求趋救国难，而没有付诸行动的意思，只派遣将军库傉官伟、余崇率领五千士兵为前锋。库傉官伟停留在卢龙将近一百天，慕容会仍迟迟不出兵。后燕主慕容宝大怒，严厉斥责慕容会。慕容会迫不得已，以整治行装、精选将士为名，又滞留一个多月。库傉官伟准备派遣一支轻捷灵便的军队继续前进开通道路，并借此张大声势，各个将领都畏缩不前。余崇奋起说："如今大敌当前，京都岌岌可危，平民百姓尚且想到舍生拯救君父，你们身受国家的宠爱信任，怎能再爱惜性命呢！如果江山社稷颠覆不存，臣下的节操不能保全，即使身死犹留有耻辱。你们在这里安心居留，我请求去抵抗敌人。"库傉官伟拨给余崇步兵和骑兵五百人。余崇到达渔阳，与魏兵相遇，他率众击退魏兵，军心稍为振作。于是，慕容会领兵上道，至此才抵达蓟城。

　　魏军围困中山已经很久，城内的将士都想出城决战。高阳王慕容隆对慕容宝说："拓跋珪虽然获取些许胜利，可是魏军羁留已经一年，兵马死伤超过半数，人心思归，各个部落离析瓦解，如果用有锐气的我军去攻打士气衰落的魏军，无往而不胜。假若慎重固守，犹豫不决，坐等将士斗志丧败，日久变生事故，那时虽想凭借良机也不会得到了。"慕容宝同意他的看法。但是，赵王慕容麟却多次阻止慕容隆的建议，以致慕容隆有四次整列队伍准备出击而被迫停止，大家异常忿恨。

　　慕容麟派兵劫持北地王慕容精，让他率领禁卫军杀掉慕容宝。慕容精用道义拒绝了慕容麟，慕容麟恼羞成怒，杀掉慕容精，逃到西山，投靠丁零的残余部众。于是中山城中震惊不安。

　　慕容宝害怕慕容麟夺取慕容会的军队占据龙城，便召集慕容隆和辽西王慕容农，商议趋保龙城。慕容隆说："如今打算北迁，也是理所当然的。但是，龙川地域狭小，百姓贫寒，如果以

中国之意，取足其中，难望有功。若节用爱民，务农训兵，数年之中，公私充实，而赵、魏之间，厌苦寇暴，民思燕德，庶几返旆克复故业。如其未能，则凭险自固，犹足以优游养锐耳。"宝然之。遂夜与太子策及隆、农等万余骑出赴会军。

城中无主，百姓惶惑。魏王珪欲夜入城，将军王建志在虏掠，乃言恐士卒盗府库物，请俟明旦，珪乃止。燕开封公详从宝不及，城中立以为主，闭门拒守。珪尽众攻之，不拔，使人临城谕之。皆曰："群小无知，恐复如参合之众，故苟延旬月之命耳。"珪顾王建而唾其面。

尊皇太后李氏为太皇太后，立皇后王氏。 **魏兵追燕主宝，慕容会击却之。夏四月，宝至龙城，会作乱不克，奔中山，伏诛。**

燕主宝出中山，清河王会帅骑卒二万迎于蓟南，宝怪会有恨色，减其兵分给辽西王农及高阳王隆，尽徙蓟中府库北趣龙城。魏石河头引兵追之，及宝于夏谦泽。会整陈与战，隆、农等将南来骑冲之，魏兵大败，追奔百余里。隆谓阳璆曰："中山积兵数万，不得展吾意，今日之捷，令人遗恨。"因慷慨流涕。会既败魏兵，矜狠滋甚，隆屡训责之，会益忿怒，遂谋作乱。宝谓农、隆曰："观道通志趣，必

中原之意，来满足索取要求，很难有成功的希望。假如我们节省开支，爱惜民力，勉励农耕，训练军队，那么几年之间，官府和民间的积蓄必然充实，而赵、魏双方战乱频仍，开始憎恨劫掠暴行，百姓思念燕国恩德，这样我们或许可以转换旗帜，恢复昔日的帝业。即使不能如此，我们可以依据险要，自我固守，犹能够优游自在，养精蓄锐。"慕容宝表示赞许。于是，慕容宝乘夜与太子慕容策，以及慕容隆、慕容农等人率领一万多骑兵，出中山城去投奔慕容会的军队。

中山城中没有君主，百姓惶惑不宁。魏王拓跋珪打算夜间进城，将军王建则一心想抢劫人口财物，于是借口恐怕士兵盗窃府库财物，请求等待天亮再入城，拓跋珪才停止进城。后燕开封公慕容详来不及跟从慕容宝出城，城中军民拥立他为主帅，关闭城门抵御魏军。拓跋珪集中全部兵力攻城，均告失败，便派人临近城墙喊话。城中军民都说："我们这些无知的小民，恐怕再像参合陂遭坑杀的人一样，所以权且延续一个来月的性命罢了。"拓跋珪怒视王建，将唾沫吐在他的脸上。

晋安帝尊奉他的祖母皇太后李氏为太皇太后，册立王氏为皇后。 魏军追击后燕主慕容宝，慕容会击退了魏军。夏四月，慕容宝抵达龙城，慕容会叛变而没能攻克龙城，逃奔到中山，被杀。

后燕主慕容宝逃出中山城，清河王慕容会率二万骑兵在蓟南迎候，慕容宝奇怪慕容会面露恨色，便把慕容会的一部分兵力分给辽西王慕容农和高阳王慕容隆，将蓟城府库的财宝全部向北搬迁到龙城。北魏将领石河头带兵追赶，在夏谦泽追上了慕容宝。慕容会调整阵势与魏军交战，慕容隆、慕容农等率领南来的骑兵冲击，大败魏军，并乘胜追杀一百多里。慕容隆对阳璆说："中山城积蓄数万兵众，不得舒展我的胸臆，今天的胜利，令人遗憾。"因而情绪激昂，不禁流下泪来。慕容会打败魏军后，越发狂傲凶狠，慕容隆多次训斥责备他，慕容会更加怨恨，便阴谋发动叛乱。慕容宝对慕容农、慕容隆说："我观察慕容会的志趣，必

反无疑,宜早除之。"农、隆曰:"会远赴国难,逆状未彰而
遽杀之,岂徒伤父子之恩,亦恐大损威望。"会闻之益惧,夜
遣其党袭杀隆于帐下,农被重创。宝欲讨会,乃阳为好言
以安之。明日召群臣食,会就坐,宝目慕舆腾斩会,伤首不
死。走赴其军,勒兵攻宝,宝帅数百骑驰至龙城。会引兵
顿城下,城中将士皆愤怒出战,大破之。侍御郎高云复夜
袭之,会众溃,奔中山,慕容详杀之。宝以云为将军,养以
为子。云,高句丽之支属也。

王恭举兵反,诏诛仆射王国宝、将军王绪,恭罢兵还镇。

王国宝、王绪依附会稽王道子,纳贿穷奢,不知纪极。
恶王恭、殷仲堪,劝道子裁损其兵权。恭等缮甲勒兵,表请
北伐。道子疑之,诏以盛夏妨农,悉使解严。

恭遣使与仲堪谋讨国宝等。桓玄亦以仕不得志欲假
仲堪兵势以作乱,乃说仲堪曰:"国宝与君惟患相毙之不速
耳。今既执大权,无不如志,若发诏征君,何以处之?"仲堪
曰:"计将安出?"玄曰:"孝伯疾恶深至,宜潜与之约,兴晋
阳之甲以除君侧之恶。玄虽不肖,愿帅荆、楚豪杰荷戈先
驱,此桓、文之勋也。"

仲堪然之,乃外结雍州刺史郗恢,内与从兄南蛮校尉
觊、南郡相江绩谋之。觊曰:"人臣当各守职分,朝廷是非

反无疑，应该及早除掉他。"慕容农、慕容隆说："慕容会远来解救国家的危难，他叛逆的情状尚未显露便突然杀了他，岂止是损伤父子的恩情，恐怕还要大大损害你的威望。"慕容会听说此事后更加害怕，夜间派遣自己的党徒突然把慕容隆杀害于寝帐中，慕容农身负重伤。慕容宝准备讨伐慕容会，于是表面上用好话来安抚他。第二天，慕容宝召集群臣吃饭，慕容会也应召就座，慕容宝用眼色示意慕舆腾斩杀慕容会，却只伤了头部而没有杀死。慕容会忍痛跑到自己的军营，统率军队进攻慕容宝，慕容宝带领几百名骑兵疾奔到龙城。慕容会率兵驻扎在城外，城中将士全部愤怒出城迎战，大败慕容会。侍御郎高云又乘夜袭击慕容会，慕容会的部众溃乱四散，慕容会逃奔到中山，被慕容详杀死。慕容宝任命高云为将军，并收为养子。高云是高句丽的分支后裔。

王恭起兵反叛，东晋朝廷下诏诛杀仆射王国宝、将军王绪，王恭才罢兵还镇京口。

王国宝和王绪依附于会稽王司马道子，收受贿赂，穷奢极欲，不知限度。他们厌恶王恭、殷仲堪，鼓动司马道子裁减王、殷二人的兵权。王恭等整治兵甲，训练军队，上表请求北伐。司马道子生起疑心，诏令以盛夏出兵妨碍农事为由，让他们全都解除戒备。

王恭派遣使者与殷仲堪谋划讨伐王国宝等人。桓玄也因为仕途上不得志，想借助殷仲堪的军队势力发动叛乱，就对殷仲堪说："王国宝只怕加害你的时间来得太慢。如今他已经执掌大权，可以随心所欲，如果他下令征召你回朝，你用什么方法对付他呢？"殷仲堪问道："你有什么好主意？"桓玄说："王恭疾恶如仇，应当暗中与他相约，发动晋阳的兵马来清除帝王身边的恶棍。我虽不才，但愿率领荆、楚之地的英雄豪杰拿起武器充当前锋，这是如同齐桓公、晋文公的功绩呀。"

殷仲堪同意，于是外结雍州刺史郗恢，内与堂兄南蛮校尉殷觊、南郡相江绩谋划。殷觊说："人臣应当各守其职，朝廷是非

岂藩屏所制也。晋阳之事,不敢预闻。"绩亦极言其不可。觊恐绩及祸,和解之。绩曰:"大丈夫何至以死相胁邪!江仲元行年六十,但未获死所耳。"仲堪惮其坚正,以杨佺期代之。朝廷闻之,征绩为御史中丞。觊遂以疾辞位。仲堪往省之曰:"兄病殊可忧。"曰:"我疾不过身死,汝病乃当灭门。宜深自爱,勿以我为念。"郗恢亦不肯从。仲堪疑未决,会恭使至,仲堪乃许之。恭大喜,上表罪状国宝,举兵讨之。

表至,内外戒严。国宝俱,不知所为,遣数百人戍竹里,夜遇风雨散归。绪说国宝,杀王珣、车胤以除时望,挟君相以讨二藩。国宝许之。珣、胤至,不敢害,更问计于珣。珣曰:"王、殷与卿素无深怨,所竞不过势利之间耳。"国宝曰:"将曹爽我乎?"珣曰:"是何言欤!卿宁有爽之罪,孝伯岂宣帝之俦邪?"又问计于车胤,胤曰:"今朝廷遣军,恭必城守,若京口未拔,上流奄至,何以待之?"国宝遂上疏解职待罪。道子暗懦,欲求姑息,乃赐国宝死,斩绪于市,遣使谢恭。恭乃罢兵还京口。

仲堪初犹豫不敢下,闻国宝死,始抗表举兵。道子以书止之,仲堪乃还。

以会稽世子元显为征虏将军。

岂能由地方官来干预。晋阳出兵一事,我不敢参与听闻。"江绩
也极力主张不可如此行事。殷觊恐怕江绩招致祸害,便从中调
和解释。江绩说:"大丈夫何至于以死相迫胁! 我江某人活到六
十岁,只是没有得到死的地方罢了!"殷仲堪害怕江绩的刚正不
阿,便任用杨佺期取代江绩为南郡相。朝廷闻知此事,征召江绩
回朝任御史中丞。殷觊遂借口有病辞去南蛮校尉。殷仲堪前往
探视殷觊说:"兄长的病实在让人忧虑。"殷觊说:"我不过是自己
死亡的病,而你才是灭绝门户的病。你应该多多保重自己,不要
牵挂我。"郗恢也不肯服从。殷仲堪犹疑不决,正好王恭的使者
赶到,殷仲堪答应了他的约请。王恭十分高兴,便上奏章陈述王
国宝的罪状,发兵讨伐王国宝。

　　王恭的奏章送至朝廷,内外戒严。王国宝吓得不知所措,慌
忙派几百人守卫竹里,因为夜间遇到风雨四散回家。王绪劝说
王国宝,杀掉王珣、车胤,以除掉享有威望的人,然后再要挟安帝
和司马道子发兵讨伐王恭、殷仲堪二人。王国宝赞同王绪的建
议。王珣、车胤赶来后,王国宝却不敢杀害,反而向王珣讨教计
策。王珣说:"王恭、殷仲堪与您向来没有深仇大恨,他们所要争
夺的不过是权势利益而已。"王国宝说:"莫非是要把我当作曹
爽终将砍头?"王珣说:"这是什么话! 您哪里有曹爽之死罪,再
说王恭哪里是宣帝那样的人呢?"王国宝又向车胤问计,车胤说:
"现在朝廷派兵征讨,王恭必然坚守城池,如果不能攻克京口,长
江上游的殷仲堪又突然赶到,您用什么方法对付呢?"于是,王
国宝上疏请求辞职,听候处治。司马道子懦弱无能,想求姑且了
事,便强令王国宝自杀,将王绪在街市处斩,同时派遣使臣向王
恭表达歉意。于是,王恭罢兵回到京口。

　　殷仲堪起初犹犹豫豫,不敢起兵东下,直到听说处死王国宝
后,才开始上疏朝廷,发兵起事。司马道子写信阻止,殷仲堪于
是撤兵。

　　**东晋朝廷任命会稽王司马道子的世子司马元显为征虏
将军。**

　　元显年十六,有俊材,为侍中,说会稽王道子以王、殷终必为患,请潜为之备。道子乃拜元显征虏将军,以其卫府及徐州文武悉配之。

凉沮渠蒙逊叛,拔临松,据金山。

　　初,张掖卢水胡沮渠罗仇,匈奴沮渠王之后也,世为部帅。凉王光以为尚书。及吕延败死,罗仇弟三河太守麹粥谓罗仇曰:"主上荒耄信谗,今军败将死,正其猜忌智勇之时也。吾兄弟必不见容,不若勒兵向西平,出苕藋,奋臂一呼,凉州不足定也。"罗仇曰:"吾家世以忠孝著于西土,宁使人负我,我不忍负人也。"已而光果杀罗仇及麹粥。罗仇弟子蒙逊雄杰有策略,涉书史,以其丧归葬,会者万余人。蒙逊哭谓众曰:"吕王无道,多杀不辜。今欲与诸部雪二父之耻,复上世之业,何如?"众称万岁。遂结盟起兵,攻凉临松郡,拔之,屯据金山。

燕慕容详称帝于中山。

　　中山城无定主,民恐魏兵乘之,男女结盟,人自为战。魏王珪罢围,就谷河间,封东平公仪为卫王。

　　慕容详自谓能却魏兵,威德已振,遂即帝位。

凉段业叛,自称建康公,沮渠蒙逊以众归之。

　　凉王光遣吕纂将兵击沮渠蒙逊,破之。蒙逊从兄男成亦合众攻建康,遣使说太守段业曰:"吕氏政衰,人无容处,瓦解之形昭然在目。府君奈何以盖世之才,欲立忠于垂亡之国! 男成等既唱大义,欲屈府君抚临鄯州,何如?"业

司马元显十六岁,才智出众,任官侍中,他告诉会稽王司马道子,王恭、殷仲堪最终必将作乱为害,请暗中做好防备。司马道子于是授司马元显为征虏将军,并将自己的卫队和徐州的文武官员全部配给司马元显。

后凉沮渠蒙逊反叛,攻克临松,占据金山。

起初,张掖的卢水胡沮渠罗仇是匈奴沮渠王的后人,世代都是部落的首领。后凉王吕光任命沮渠罗仇为尚书。吕延战败身亡以后,沮渠罗仇的弟弟三河太守沮渠麹粥对沮渠罗仇说:"主上吕光年老荒政,听信谗言,如今损兵折将,正是他猜忌勇谋将士的时候。我们兄弟一定不受容纳,不如率兵归向西平,走出苕藋,振臂一呼,凉州的平定不足为虑。"沮渠罗仇说:"我们家族世世代代在西域以忠孝著称,宁肯让别人背叛我,我不忍心背叛别人。"不久,吕光果然杀掉了沮渠罗仇和沮渠麹粥。沮渠罗仇的侄儿沮渠蒙逊雄才大略,涉猎经史典籍,因为父辈的灵柩回乡安葬,汇集了一万多人。沮渠蒙逊面对众人哭诉道:"吕王昏聩无道,滥杀无辜。今天我想和各部落一起为两位父辈报仇雪耻,恢复祖先的大业,怎么样?"众人高呼万岁。于是缔结盟约,联兵起事,攻克后凉临松郡,驻守金山。

后燕慕容详在中山称帝。

中山城没有固定的统帅,居民害怕魏兵乘机攻城,于是男女老幼相互结盟,人人参战。魏王拓跋珪解除中山的围兵,开赴河间征粮,并封东平公拓跋仪为卫王。

后燕慕容详自称能使魏兵撤退,已振声威和恩德,于是即皇帝位。

后凉段业反叛,自称建康公,沮渠蒙逊率众归附。

后凉王吕光派遣吕纂率兵打败沮渠蒙逊。沮渠蒙逊的堂兄沮渠男成也联合兵力进攻建康,派人劝说建康太守段业:"吕氏政治衰败,人无容身之地,土崩瓦解的形势一目了然。您为何以盖世才能,却准备向面临死亡的国家树立忠心呢!沮渠男成等人已倡导大义,想委屈您出面安抚本州,您意下如何?"段业

许之。男成推业为凉州牧、建康公。以男成为辅国将军，委以军国之任。蒙逊帅众归之，业以为镇西将军。光命吕纂讨之，不克。是为北凉。

秋七月，燕慕容麟袭杀详而自立。魏袭中山，入其郛而还。

详嗜酒奢淫，刑杀无度，群下离心。城中饥窘，麟袭杀之，自立以拒魏。

魏军大疫，人畜多死，将士皆思归。魏王珪问疫于诸将，对曰："在者才什四五。"珪曰："此固天命，将若之何！四海之民皆可为国，在吾所以御之耳，何患无民！"群臣乃不敢言。

八月，凉郭黁、杨轨叛。

凉太常郭黁善天文，国人信之。会荧惑守东井，黁谓仆射王详曰："凉分野将有大兵，吾欲与公同举大事，何如？"详从之，事泄被诛，黁遂据东苑以叛。凉王光召太原公纂讨之。纂将还，诸将曰："段业必蹑军后，宜潜师夜发。"纂曰："业无雄才，凭城自守，若潜师夜去，适足张其气势耳。"乃遣使告业曰："郭黁作乱，吾今还都，卿能决者可早出战。"于是引还，业不敢出。纂司马杨统欲杀纂而推其从兄桓为主。桓怒曰："吾为吕氏臣，安享其禄，危不能救，岂可复增其难乎？吕氏若亡，吾为弘演矣！"统遂降黁。纂击黁，大破之，乃得入姑臧。凉人张捷等招集戎、夏，据休屠城，与黁共推凉后将军杨轨为盟主。

九月，秦太后蚳氏卒。

表示同意。沮渠男成推举段业为凉州牧、建康公。段业任命沮渠男成为辅国将军,委托他执掌军国大权。沮渠蒙逊率众归附段业,被任命为镇西将军。吕光命令吕纂征讨段业,没有成功。这就是北凉。

秋七月,后燕慕容麟袭击杀死慕容详,自立为帝。魏军进攻中山,攻入外城后撤兵。

慕容详嗜酒奢淫,滥杀无度,众叛亲离。中山城中饥寒困迫,慕容麟乘机偷袭,杀掉慕容详,自称皇帝,准备抵抗魏军。

魏军发生严重瘟疫,人口和牲畜死了很多,将士都想回家。魏王拓跋珪向众将领询问瘟疫情况,回答说:"存活的人只有十分之四五。"拓跋珪说:"这本是天命,我们有什么办法! 四海之内的居民都可以成为国人,关键在于我如何统治他们,何必担忧没有民众呢!"于是,群臣不敢再说什么了。

八月,后凉郭黁、杨轨叛乱。

后凉太常郭黁擅长天文,国人信任他。正赶上火星侵占井宿,郭黁对仆射王详说:"凉州一带要发生大战,我想和你共同发起大事,怎么样?"王详依从了他,结果事情败露被杀。于是,郭黁占据东苑城公开反叛。后凉王吕光征召太原公吕纂讨伐郭黁。吕纂即将还朝,各位将领说:"段业必定紧跟我军背后骚扰,我军应当在夜间偷偷出发。"吕纂说:"段业缺乏雄才韬略,只能据城自保,倘若我军夜间偷偷撤离,恰好助长了他的气势。"于是派人告诉段业:"郭黁作乱,我现在要回到都城,你如能决战,请尽早出兵。"于是率兵还朝,段业不敢露面。吕纂的司马杨统想杀掉吕纂而推举堂兄杨桓为首领。杨桓怒斥他说:"我是吕氏之臣,平安时享用他们的俸禄,危难时不能相救,岂能再增加他的困苦呢? 吕氏如果灭亡,我愿效法春秋时殉节的弘演!"杨统随即向郭黁投诚。吕纂进兵大败郭黁,得以进入姑臧。凉州人张捷等招集戎、汉族众,据守休屠城,与郭黁共同推举后凉后将军杨轨为叛军盟主。

九月,后秦太后虵氏去世。

秦太后卒，秦主兴哀毁过礼，不亲庶政。群臣请依汉、魏故事既葬即吉。尚书郎李嵩上疏曰："孝治天下，先王之高事也。宜遵圣性以光道训。既葬之后，素服临朝。"尹纬驳曰："嵩矫常越礼，请付有司论罪。"兴曰："嵩忠臣孝子，有何罪乎！其如嵩议。"

兴勤于政事，延纳善言，杜瑾等以论事得显拔，姜龛等以儒学见尊礼，古成诜等以文章参机密。诜刚介雅正，以风教为己任。京兆韦高慕阮籍为人，居母丧，弹琴饮酒。诜闻之而泣，持剑欲杀之，高惧而逃匿。

秦寇陷湖、陕。　冬十月，魏王珪及燕慕容麟战，大破走之，遂克中山。

中山饥甚，魏王珪进攻之。太史令晁崇曰："不吉。纣以甲子亡，谓之疾日。"珪曰："纣以甲子亡，周武不以甲子日兴乎！"遂进与慕容麟战于义台，大破之，麟奔邺。魏克中山，得燕玺绶、图书，府库珍宝以万数，班赏将士。

麟至邺，复称赵王，说范阳王德曰："魏将乘胜攻邺，邺城大难固，且人心恇惧，不可守也。不如南趣滑台，阻河以待魏，伺衅而动，河北庶可复也。"时鲁王和镇滑台，亦遣使迎德，德许之。

戊戌（398）**二年**　燕中宗慕容盛建平元，秦皇初五，魏天兴元年。南燕世宗慕容德元年。旧大国三，西秦、凉、南凉、北凉小国四，新南燕小国一，凡八僭国。

后秦她太后去世，国主姚兴哀痛过度，无法亲理朝廷各种政事。群臣请求依据汉朝和曹魏时的惯例入葬即为安吉。尚书郎李嵩上疏说："以孝道治理国家是先王的最高准则。应遵守圣主的天性来发扬大道的训典。太后安葬后，皇上身着丧服主持朝政。"尹纬反驳说："李嵩离经叛道，请交付有关部门论定罪责。"姚兴说："李嵩是忠臣孝子，有何罪过！此事依照李嵩的建议办理。"

姚兴勤于政事，接纳善言，杜瑾等人因议论国事得以荣显提升，姜龛等人因博通儒学受到尊重礼遇，古成诜等人因文章典雅而参预机要政务。古成诜刚直雅正，以维护道德风化为己任。京兆人韦高仰慕阮籍的性格，为母亲守丧期间，还弹琴喝酒。古成诜听说后不禁潸然泪下，手持宝剑想杀掉韦高，韦高畏惧而逃，躲藏起来。

后秦攻陷湖城、陕城。　冬十月，魏王拓跋珪和后燕慕容麟交战，慕容麟大败而逃，魏军攻克中山城。

中山城发生严重饥荒，魏王拓跋珪乘机发兵攻城。太史令晁崇说："不吉利。商纣王因为在甲子日败亡，人们称这天为疾日。"拓跋珪说："商纣王在甲子败亡，周武王不是在甲子日兴胜吗！"于是进兵与慕容麟在义台交战，大破燕军，慕容麟逃奔邺城。魏军攻占中山城，获得后燕印玺、图书典籍和府库的珍宝等数以万计，分别颁赏给将士。

慕容麟来到邺城，恢复赵王的称号，并向范阳王慕容德游说："魏军将要乘胜进攻邺城，邺城广大而难以坚固，况且人心惊慌害怕，不可据守。不如向南进军滑台，依仗黄河天险对付魏军，伺机行动，这样的话，黄河以北或许可以收复。"此时，鲁阳王慕容和镇守滑台，他也派人迎接慕容德，慕容德便答应了前去滑台的请求。

戊戌（398）　**晋安帝隆安二年**后燕中宗慕容盛建平元年，后秦皇初五年，北魏天兴元年。南燕世宗慕容德元年。旧大国三，西秦、凉、南凉、北凉小国四，新南燕小国一，共八个僭越国。

春正月，燕慕容德徙居滑台，称燕王。麟谋反伏诛。魏拓跋仪入邺。

燕范阳王德自邺帅户四万南徙滑台。魏卫王仪入邺，追德至河弗及。慕容麟上尊号于德，德用兄垂故事称燕王，以统府行帝制，置百官，是为南燕。麟复谋反，德杀之。

魏置行台于邺、中山，以和跋、拓跋仪守之。

魏王珪自中山南巡至高邑，得王永之子宪，喜曰："王景略之孙也。"以为本州中正，领选曹事。至邺，置行台，以和跋为尚书镇之。珪还中山，将北归，发卒治直道，自望都凿恒岭至代五百余里。复置行台于中山，命卫王仪镇之。

魏王珪北还，徙山东民夷十余万口以实代。　二月，燕主宝将兵发龙城，卫卒段速骨作乱，众溃而还。

初，燕人有自中山至龙城者，言拓跋涉珪衰弱，于是燕主宝欲复取中原，调兵悉集。至是闻中山已陷，乃命罢兵。辽西王农曰："迁都尚新，未可南征，宜因成师袭库莫奚，取其牛马以充军资。"宝从之。北行渡浇洛水，会南燕王德遣使言涉珪西上，中国空虚。宝大喜，即日引还。诏诸军就顿，不听罢散。农及长乐王盛切谏，以为兵疲力弱，魏新得志，未可与敌。宝将从之，慕舆腾曰："今师众已集，宜独决圣心，乘机进取。"乃留盛统后事，以腾为前军，农为中军，宝为后军，相去各一顿。

春正月,后燕慕容德迁居到滑台,自称燕王。慕容麟因阴谋反叛被杀。北魏拓跋仪进入邺城。

　　后燕范阳王慕容德从邺城率领四万户南迁到滑台。北魏卫王拓跋仪进入邺城,追击慕容德到黄河而没有赶上。慕容麟向慕容德奉上尊号,慕容德采取哥哥慕容垂的先例自称燕王,用诸方镇都受燕王府统辖的办法行使帝制,设置百官,这就是南燕。慕容麟再次阴谋叛乱,慕容德杀了他。

　　北魏在邺城、中山设置行台,分别任命和跋、拓跋仪据守。

　　魏王拓跋珪从中山出发南巡到高邑,寻得了王永的儿子王宪,高兴地说:"这是王景略的孙子啊。"便任命他为本州的中正,兼选曹事。拓跋珪抵达邺城,设置行台,任命和跋为尚书,镇守邺城。拓跋珪回到中山,将要北还,征发士卒开通直道,从望都开凿恒岭直达代郡,全长五百多里。又在中山设置行台,让卫王拓跋仪镇守。

　　魏王拓跋珪回到北方,迁徙山东居民和夷人十多万充实代郡。　二月,后燕主慕容宝率兵从龙城出发,卫士段速骨发动兵变,慕容宝的兵众逃散,只好回到龙城。

　　当初,后燕有人从中山到龙城,扬言拓跋珪的力量衰弱,于是,后燕主慕容宝准备再次夺取中原,便调集全部兵力。至此,慕容宝听说中山已经陷落,才命令部队停止行动。辽西王慕容农说:"新近刚刚迁都,不宜向南出征,应该利用现成的军队袭击库莫奚部落,获取他们的牛马来补充军需物资。"慕容宝言听计从。他向北渡过浇洛水,正赶上南燕王慕容德派使者相告拓跋珪西去,中部地区空虚。慕容宝喜出望外,当天率兵回还。慕容宝诏令各军归营集结,不许解散。慕容农和长乐王慕容盛极力规劝,认为兵士疲惫,斗志薄弱,而北魏则获胜不久,不能与其对抗。慕容宝正要听从劝告,慕舆腾却说:"如今军队已经集结,您应该独自决断,乘机进取中原。"于是,慕容宝留下慕容盛统管后方事宜,任命慕舆腾为前军,慕容农为中军,慕容宝亲自率后军,各军相距约三十里。

长上段速骨因众心惮征役,遂作乱,逼立高阳王隆之子崇为主。宝将十余骑奔农营,农、腾营兵亦厌役奔溃,宝乃奔还龙城。

以王愉都督江、豫州军事。

会稽王道子忌王、殷之逼,以谯王尚之及弟休之有才略,引为腹心。尚之曰:"今方镇强盛,宰辅权轻,宜树腹心于外以自卫。"道子乃以其司马王愉为江州刺史,都督江州及豫之四郡军事,日夜谋议以伺四方之隙。

魏给新徙民田及牛。　　魏封尔朱羽健于秀容川。

秀容川酋长尔朱羽健从魏王珪攻晋阳、中山有功,环其所居,割地三百里以封之。

三月,燕段速骨攻陷龙城,燕主宝出奔,尚书兰汗诱而弑之。

燕尚书兰汗阴与段速骨等通谋,引兵营龙城东。辽西王农夜出赴之,速骨将以循城。农素有忠节威名,城中恃以为强,忽见在城下,无不惊愕丧气,遂皆逃溃。速骨入城,纵兵杀掠,燕主宝及长乐王盛等轻骑南走。速骨以高阳王崇幼弱,欲更立农。崇党闻之,遂杀农。

兰汗袭击速骨,杀之。废崇,奉太子策承制,遣使迎宝,及于蓟城。盛等曰:"汗之忠诈未可知,不如南就范阳王,合众以取冀州。若其不捷,徐归龙城未晚也。"宝从之。

长上段速骨因为众人内心害怕出征服役，于是发动叛乱，胁迫拥立高阳王慕容隆的儿子慕容崇为盟主。慕容宝率领十多名骑兵投奔慕容农军营，不料慕容农、慕舆腾大营的兵众也因厌恶兵役而四处逃散，慕容宝无奈逃回龙城。

东晋以王愉都督江、豫州军事。

会稽王司马道子忌恨王恭、殷仲堪的威逼，因为谯王司马尚之及其弟弟司马休之有雄才大略，便引为自己的心腹。司马尚之说："如今镇守地方的长官势力强大，而辅佐皇帝的朝臣却权力弱小，您应当在地方培植心腹知己来自我保护。"司马道子便让自己的司马王愉担任江州刺史，都督江州和豫州的四郡军事。他同司马尚之日夜谋划商议，以等候四方出现可乘之机。

北魏供给新迁百姓田地和耕牛。　　北魏在秀容川封赏尔朱羽健。

秀容川部落酋长尔朱羽健跟随魏王拓跋珪攻取晋阳、中山有功，环绕他的住地，封赏他方圆三百里的地域。

三月，后燕段速骨攻占龙城，后燕主慕容宝出逃，尚书兰汗诱杀慕容宝。

后燕尚书兰汗暗中和段速骨等人互相勾结，领兵驻扎在龙城东侧。辽西王慕容农乘夜出城投奔段速骨，段速骨便带他巡视龙城。慕容农向来有忠君节义的威名，城中民众倚仗他的威仪坚强不屈，忽然看到他在城外，无不目瞪口呆，垂头丧气，于是全都逃散。段速骨进入龙城，放任兵士烧杀掳掠，后燕主慕容宝和长乐王慕容盛等人轻装骑马出城南逃。段速骨认为高阳王慕容崇幼小体弱，想另立慕容农为统帅。慕容崇的亲信听说此事，便杀害了慕容农。

兰汗率兵袭击段速骨，杀了他。废黜慕容崇，奉立太子慕容策代行皇帝的权力，并派遣使臣赶到蓟城迎接慕容宝。慕容盛等人说："兰汗是效忠抑或奸诈不得其详，您不如向南归依范阳王，集合众力去夺取冀州。假如不能获胜，再缓慢回到龙城也不迟。"慕容宝听从了他们的意见。

行至黎阳，遣中黄门令赵思告范阳王德奉迎。德遣慕舆护帅壮士数百人随思而北，声言迎卫，其实图之。宝既遣思，而闻德已称制，亦惧而北走。护至无所见，执思以归。德以其练习典故，欲留而用之，思曰："犬马犹知恋主，思虽刑臣，乞还就上。"德固留之，思怒曰："殿下亲则叔父，位为上公，不能率先群后以匡帝室，而幸本根之倾，为赵王伦之事。思虽不能如申包胥之存楚，犹慕龚君宾之不偷生于莽世也！"德斩之。

宝遣长乐王盛收兵冀州，行至钜鹿，说诸豪杰，皆愿起兵。会兰汗复遣使奉迎。宝以汗燕主垂之舅，而盛妃之父，谓必无他，遂行。盛流涕固谏不听，盛乃与将军张真下道避匿。

宝去龙城四十里，汗遣弟加难帅五百骑迎入外邸而弑之，杀太子策及王公卿士百余人，自称昌黎王。

盛欲赴哀，张真止之。盛曰："我今以穷归汗，汗性愚浅，必念婚姻，不忍杀我，旬月之间足以展吾志。"遂往见汗。汗妻乙氏及盛妃皆涕泣请盛，汗恻然哀之，乃舍盛于宫中，以为侍中，亲待如旧。汗兄堤骄狠荒淫，事汗无礼，盛因而间之。汗兄弟浸相嫌忌。

北凉攻凉，取西郡、晋昌、敦煌、张掖。　夏六月，凉吕纂击杨轨、郭黁，破之。　秋七月，燕长乐王盛讨杀兰汗，摄行统制。

慕容宝南行到黎阳时，派遣中黄门令赵思通告范阳王慕容德前来恭迎。慕容德便让慕舆护率领几百名壮士跟随赵思北上，声称迎接护卫慕容宝，其实要图谋不轨。慕容宝派出赵思后，听说慕容德已经称帝，慌忙北逃。慕舆护赶到黎阳一无所见，就把赵思押送回来。慕容德因为赵思熟悉朝廷典章制度，想留用他，赵思说："犬马尚且知道恋主，我虽是受过宫刑的人臣，但是恳请你放还我随从皇上。"慕容德再三挽留，赵思大怒说："殿下是皇上的叔父尊亲，位列三公之上，却不能带领王公群臣匡扶帝室，反而庆幸国破家亡，竟然做出晋朝赵王司马伦篡晋的事来。我虽不能像申包胥借助秦兵打败吴国而保全楚国，但还是仰慕汉朝龚君宾绝不偷生于王莽新政的节操！"慕容德杀了他。

　　慕容宝派长乐王慕容盛在冀州一带收集兵众，他来到钜鹿，劝说各路豪杰之士，都愿意起兵拥护慕容宝。恰巧兰汗再次遣使奉迎慕容宝。慕容宝认为兰汗是燕主慕容垂的舅父，慕容盛的岳丈，必定没有恶意，便随使臣而去。慕容盛流泪坚持劝阻，慕容宝不听。于是，慕容盛和将军张真离开大路躲藏起来。

　　慕容宝赶到距龙城四十里的地方，兰汗派遣弟弟兰加难率领五百骑兵，将慕容宝迎到城外的宅邸杀死，太子慕容策和王公大臣一百多人同时被杀。兰汗自称昌黎王。

　　慕容盛准备前去奔丧，张真加以阻止。慕容盛说："我现在以穷困投靠兰汗，兰汗生性愚蠢粗浅，必定感念婚姻情谊，不忍心加害我，这样的话，旬月之内就足以施展我的抱负。"于是，慕容盛前往龙城晋见兰汗。兰汗的妻子乙氏和慕容盛的妃子都哭着请求宽恕慕容盛，兰汗心生怜悯，便安排慕容盛居住在宫内，委任为侍中，亲热礼遇一如既往。兰汗的哥哥兰堤骄横残忍，荒淫寡耻，对待兰汗粗慢无礼，慕容盛乘机挑拨离间。因此，兰汗兄弟渐渐相互猜疑忌恨起来。

　　北凉进攻后凉，夺取西郡、晋昌、敦煌、张掖等地。　**夏六月，后凉吕纂击败杨轨、郭黁。**　**秋七月，后燕长乐王慕容盛征讨斩杀了兰汗，代理朝政。**

燕太原王奇,楷之子,兰汗外孙也,汗以为将军。长乐王盛潜使逃出起兵,汗遣仇尼慕将兵讨之。

于是龙城自夏不雨至于七月,汗日诣燕诸庙祷请,委罪加难。加难闻之怒,率所部袭败慕军,汗遣太子穆讨之。穆与汗谋杀盛,不果。

李旱、张真皆盛素所厚也,而穆引为腹心,旱等潜与盛结谋。穆击破加难,还飨将士,汗、穆皆醉,盛因逾垣入东宫,与旱等杀穆。诸军闻盛得出,皆呼跃争先攻汗,斩之。内外帖然,士女相庆。

盛告于太庙,因下令曰:"赖五祖之休,文武之力,社稷幽而复显。不独孤以眇眇之身免不同天之责,凡在臣民皆得明目当世。"遂大赦改元,以长乐王摄行统制。命奇罢兵,奇不受命,勒兵三万进至横沟。盛出击破之,执奇赐死。

魏迁都平城。

魏迁都平城,始营宫室,建宗庙,立社稷。宗庙岁五祭,用分、至及腊。

王恭、殷仲堪及南郡公桓玄举兵反,玄陷江州。

桓玄求为广州,会稽王道子忌玄在荆州,因从之。玄受命而不行。豫州刺史庾楷以道子割其四郡属王愉,上疏言:"江州内地,而西府北带寇戎,不应使愉分督。"朝廷不许。楷怒,遣其子鸿说王恭曰:"尚之兄弟复秉机权,欲削

后燕太原王慕容奇是慕容楷的儿子,兰汗的外孙,兰汗任命为将军。长乐王慕容盛暗中让他逃出龙城起兵反抗兰汗,兰汗派仇尼慕率兵讨伐慕容奇。

龙城从夏季直至七月滴雨未下,兰汗每天都到后燕各庙中祈祷请雨,将罪责全都推托给兰加难。兰加难听说后怒不可遏,率领部众打败仇尼慕的军队,兰汗派遣太子兰穆进讨兰加难。兰穆和兰汗密谋杀掉慕容盛,没有成功。

李旱、张真都是慕容盛平素厚待的人,而兰穆也把他们作为知己,李旱等人暗中与慕容盛串联筹谋。兰穆打败兰加难归来,设宴犒赏将士,兰汗、兰穆父子酩酊大醉,慕容盛乘机跳墙进入东宫,与李旱等人杀死兰穆。各军听说慕容盛得以复出,无不欢呼雀跃,争先进攻兰汗,杀了他。于是,内外安定,男女同庆。

慕容盛到太庙向列祖列宗禀告平叛经过,因此下令说:"我仰赖五位先祖的英灵保佑,文武大臣的同心协力,使蒙受幽暗的宗庙社稷重放光彩。不单独我这微不足道之身报了不共戴天之仇,而且让所有的臣民都扬眉吐气,堂堂正正做人。"于是,实行大赦,更改年号,以长乐王的名义代理朝政。慕容盛命令慕容奇收兵回营,慕容奇拒不受命,并率领三万军队进驻横沟。慕容盛出兵打败慕容奇,生擒慕容奇后赐死。

北魏把都城迁到平城。

北魏迁都到平城,开始营造宫室,修建宗庙,筑起土神、谷神的祭坛。皇室宗庙每年祭祀五次,时间为春分、夏至、秋分、冬至和腊日。

东晋王恭、殷仲堪和南郡公桓玄起兵反叛,桓玄攻陷江州。

桓玄请求担任广州刺史,会稽王司马道子本来就忌妒桓玄据守荆州,于是便答应了他的请求。桓玄接受任命后却不去上任。豫州刺史庾楷因为司马道子割除他下辖的四郡归属江州刺史王愉,上疏称:"江州地处内地,而西府历阳以北连接寇贼,不应当让王愉分管四郡。"朝廷没有批复。庾楷大怒,派他的儿子庾鸿劝说王恭:"司马尚之兄弟重新掌握朝政大权,准备削弱

方镇,宜早图之。"恭以为然,以告殷仲堪及玄,皆许之,推恭为盟主,刻期同趣京师。

司马刘牢之谏曰:"会稽王,天子叔父也,而又当国秉政,向为将军戮其所爱,其伏将军已多矣。倾所授任虽未允惬,亦无大失。割庾楷四郡以配王愉,于将军何损!晋阳之甲岂可数兴乎!"恭不从,上表请讨王愉、司马尚之兄弟。朝廷忧惧,内外戒严。

道子不知所为,悉以事委世子元显,日饮醇酒而已。元显聪警,颇涉文义,志气果锐,以安危为己任,附之者谓其英武,有明帝之风。

仲堪闻恭举兵,勒兵趣发,悉以军事委南郡相杨佺期兄弟。佺期帅舟师五千为前锋,桓玄次之,仲堪帅精兵二万继下。佺期自以其先汉太尉震至父亮,九世皆以材德著名,矜其门地,谓江左莫及。而时流以其晚过江,婚宦失类。兄弟皆粗犷,每排抑之。佺期常切齿,欲因事际以逞其志,故亦赞成仲堪之谋。

八月,佺期及玄奄至湓口,王愉无备,惶遽奔临川,玄追获之。

魏遣使循行郡国。

魏王珪命有司正封畿,标道里,平权衡,审度量,遣使循行郡国,察守宰不法者,亲考察黜陟之。

地方长官的军事实力，应该及早设法对付他们。"王恭认为言之有理，便转告殷仲堪和桓玄，他们都表示赞同，一致推举王恭为盟主，约定时日，共同进军京都。

司马刘牢之劝谏说："会稽王是皇上的叔父，而且又是当朝权臣，过去他为了您杀了自己宠爱的王国宝、王绪，可见他已经很害怕您了。他近来所作的人事任命虽不十分公允妥当，但也没有大的失误。至于割去庾楷统辖的四郡给王愉，这对于您有什么损害呢！晋阳的甲兵怎么能够数次发动呢！"王恭不听劝告，向朝廷呈上奏书，请求起兵讨伐王愉和司马尚之兄弟。朝廷上下忧惧不安，京城内外戒备森严。

司马道子不知所措，把一切事务交由世子司马元显处理，整天只是喝酒消磨时光。司马元显聪明机警，通晓文章义理，志气果敢锐利，以国家安危为己任，追随他的人都赞誉司马元显英明勇猛，有明帝遗风。

殷仲堪听说王恭已经起兵，也赶快集结军队向京师进发，把军事全权委托给南郡相杨佺期兄弟。杨佺期率领五千水军为前锋，桓玄紧随其次，殷仲堪亲自统帅二万精兵相继东下。杨佺期自认为他们的祖先从东汉太尉杨震直到父亲杨亮，历经九代都以才能仁德著称，自恃门第高大，号称江东世家望尘莫及。但是，时人认为他们家族逃亡江南的时间较晚，因而婚姻和仕途都不如意。他们兄弟几人都粗野强悍，常常受人排挤。杨佺期为此常衔恨切齿，正要寻找机会来施展自己的志愿，所以他也赞成殷仲堪的谋划。

八月，杨佺期和桓玄突然赶到溢口，王愉毫无防备，仓皇逃往临川，桓玄将他追捕回来。

北魏派遣使臣巡视各个郡国。

魏王拓跋珪命令有关部门确定京都的地域，标明道路的名称和里程，统一重量衡器的标准，审定长度的计量；派遣使臣巡视各个郡国，纠察违法乱纪的地方官吏，拓跋珪亲自考察决断他们的贬降或进升。

九月，加会稽王道子黄钺，讨王恭。恭司马刘牢之执恭以降，斩之。以牢之都督青、兖七州军事。桓玄为江州刺史。杨佺期为雍州刺史。敕殷仲堪使回军。

九月，加会稽王道子黄钺，以世子元显为征讨都督，遣王珣将兵讨王恭，谯王尚之将兵讨庾楷。

尚之大破楷于牛渚，楷奔桓玄。玄大破官军于白石，进至横江，尚之退走，道子屯中堂，元显守石头，珣守北郊以备之。

恭素以才地陵物，既杀王国宝，自谓威无不行。仗刘牢之为爪牙，而以部曲将遇之，牢之负才怀恨。元显知之，遣人说牢之使叛恭，事成授以恭位号。牢之谓其子敬宣曰："恭为帝舅不能翼戴帝室，数举兵向京师，吾欲讨之，何如？"敬宣曰："朝廷虽无成、康之美，亦无幽、厉之恶，而恭恃其兵威暴蔑王室。大人亲非骨肉，义非君臣，今日讨之，于情义何有！"参军何澹之知其谋，以告恭。

恭不信，更置酒拜牢之为兄，精兵坚甲悉以付之，使帅帐下督颜延为前锋。牢之至竹里，斩延以降。遣敬宣还袭恭，恭兵溃亡走，为人所获，送京师斩之。恭临刑，神色自若，谓监刑者曰："我暗于信人，所以至此。原其本心岂不欲忠于社稷邪！但令百世之下知有王恭耳。"诏以牢之代恭为都督、刺史，镇京口。

俄而杨佺期、桓玄至石头，殷仲堪至芜湖，上表理王

九月，东晋朝廷授予会稽王司马道子黄钺，发兵讨伐王恭。王恭的司马刘牢之捉住王恭向朝廷投降，朝廷斩杀了王恭。以刘牢之都督青、兖等七州军事。桓玄为江州刺史。杨佺期为雍州刺史。诏令殷仲堪撤回军队。

九月，东晋朝廷赐予会稽王司马道子黄钺，任命会稽王世子司马元显为征讨都督，派遣王珣率兵讨伐王恭，谯王司马尚之率兵讨伐庾楷。

司马尚之在牛渚大败庾楷，庾楷投奔桓玄。桓玄在白石大败官军后，进兵到横江，司马尚之退兵逃跑，司马道子驻扎中堂，司马元显据守石头，王珣屯兵京城北郊作为防备。

王恭向来恃才傲物，仗势欺人，逼杀王国宝后，自认为威行无阻。他既依赖刘牢之为得力爪牙，却又以一般私人部将对待他，刘牢之自负其才，怀恨在心。司马元显得知其中情实，便派人唆使刘牢之背叛王恭，并许诺事成之后授予他王恭的职位与名号。刘牢之对儿子刘敬宣说："王恭作为帝王的舅父不能辅佐拥戴王室，却多次向京师发兵，我想倒戈讨伐王恭，怎么样？"刘敬宣说："如今的朝廷虽然没有周成王、康王那样完美无瑕，但也没有周幽王、厉王那样臭名昭著，而王恭却倚仗兵威欺侮轻蔑王室。父亲大人与他既不是骨肉亲故，又没有君臣之义，现在讨伐他，在情理上有什么干系！"参军何澹之知道刘牢之的图谋后，报告了王恭。

王恭不信，反而置办酒宴，拜刘牢之为义兄，并把精兵锐器全部交付刘牢之，让他率领帐下督颜延为前锋。刘牢之行至竹里，杀掉颜延向朝廷投降。刘牢之派儿子刘敬宣回兵袭击王恭，王恭的军队溃散逃亡，王恭被人捉拿押送京城斩首。王恭临死时，神色自若，对监刑人说："我之所以有如此下场，是因为愚昧地轻信他人。然而，我的本意难道是不想效忠国家吗？但愿百代以后的人们知道有我王恭这个人。"东晋朝廷诏命刘牢之代替王恭为都督、刺史，镇守京口。

不久杨佺期、桓玄来到石头，殷仲堪来到芜湖，上表为王恭申

恭,求诛牢之。牢之帅北府之众驰赴京师,军于新亭,佺期、玄见之皆失色,回军蔡洲。朝廷未知西军虚实,内外忧逼。

桓修言于道子曰:"今若以重利啖玄及佺期,二人必内喜。玄能制仲堪,佺期可使倒戈取仲堪矣。"道子纳之,以玄为江州刺史,佺期为雍州刺史;黜仲堪为广州刺史,遣使宣诏,敕使回军。

南凉取岭南五郡。

杨轨屯廉川,收集夷、夏,众至万余,遣使降于南凉。轨寻为羌酋梁饥所败,西奔㐲海,饥遂进攻西平。南凉王乌孤欲救之,群臣惮饥兵强,多以为疑。左司马赵振曰:"杨轨新败,吕氏方强,洪池以北未可冀也,岭南五郡庶几可取。大王若无开拓之志,振不敢言。若欲经营四方,此机不可失也。使羌得西平,夷、夏震动,非我之利也。"乌孤喜曰:"吾亦欲乘时立功,安能坐守穷谷乎!"遂进击饥,大破之。乐都、湟河、浇河太守皆以郡降,岭南羌、胡数万落皆附于乌孤。乌孤更称武威王。

冬十月,燕长乐王称皇帝。　复以殷仲堪督荆、益军,仲堪等罢兵还镇。

殷仲堪得诏书大怒,趣桓玄、杨佺期进军。玄等喜于朝命,欲受之。仲堪遽自芜湖南归,告谕蔡洲军士曰:"汝辈不散,吾至江陵,尽诛汝余口。"佺期所部二千人先归。玄等大惧,狼狈西还,追仲堪至寻阳及之。仲堪既失职,倚玄等为援,玄等亦资仲堪兵,虽内相疑阻,势不得不合。乃

辩,请求诛杀刘牢之。刘牢之率领北府的军队迅速赶往京城,驻扎在新亭,杨佺期、桓玄见状,无不大惊失色,便撤兵回到蔡洲。朝廷不清楚西部殷仲堪的虚实,内忧外逼,惊慌失措。

桓修向司马道子进言道:"如今若用重利来引诱桓玄和杨佺期,二人必定内心欢喜。这样,桓玄就能够控制殷仲堪,可以让杨佺期反戈进取殷仲堪。"司马道子采纳其议,任命桓玄为江州刺史,杨佺期为雍州刺史;贬黜殷仲堪为广州刺史,派遣使臣宣布诏令,强命殷仲堪撤回军队。

南凉攻取洪池岭以南五郡。

杨轨驻扎廉川,招集夷人和汉族民众达一万多人,派遣使者降附于南凉。不久,杨轨被羌族部落首领梁饥打败,向西逃往傐海。于是,梁饥进攻西平。南凉王秃发乌孤打算解救西平,但群臣害怕梁饥的兵力强大,多数犹豫不定。左司马赵振说:"杨轨刚刚战败,吕氏正值强盛,因而洪池以北地方无望得手,洪池岭以南五郡或许可以夺取。大王若没有开拓疆域的远大抱负,我就不敢多说了。如果想统治四方,这个机会就不该放弃。让羌人占据西平,必然震动夷人和汉族民众,于我不利。"秃发乌孤高兴地说:"我也想乘机建立功业,怎么能安坐厮守这穷山沟呢!"于是,他进兵打败梁饥。乐都太守、湟河太守、浇河太守都率郡投降,洪池岭以南几万个羌族和胡人帐落全部归附于秃发乌孤。秃发乌孤更易称号为武威王。

冬十月,后燕长乐王慕容盛称皇帝。 东晋朝廷再次以殷仲堪督荆、益军,殷仲堪等人撤兵回到镇所。

殷仲堪接到诏书大怒,催促桓玄、杨佺期进军。桓玄等欢喜朝廷的诏命,便准备接受。殷仲堪匆忙从芜湖向南撤退,并向蔡洲军士宣告说:"你们如果不解散,等我回到江陵,将你们的家眷全都杀掉。"杨佺期属下的二千人率先返回。桓玄等十分害怕,狼狈西还,直到寻阳才追上殷仲堪。殷仲堪既已失去职务,只好倚重桓玄作为援手。桓玄等也要借助殷仲堪的军威,虽然他们心存猜疑,互有隔阂,但是受大势所迫而不得不合伙。于是

以子弟交质而盟,连名上疏申理王恭,求诛刘牢之及谯王尚之,并诉仲堪无罪。朝廷深惮之,乃复以荆州还仲堪,优诏慰谕,仲堪等乃受诏。

推玄为盟主,玄愈自矜倨,佺期甚恨,密说仲堪袭之。仲堪忌佺期兄弟勇健,恐既杀玄,不可复制,苦禁之。于是各还所镇。玄知之,亦有取佺期之志,乃屯于夏口,引卞范之为谋主。时诏书独不赦庾楷,玄以楷为武昌太守。

十二月,魏王珪称皇帝。

魏王珪命吏部郎邓渊立官制,协音律,仪曹郎董谧制礼仪,三公郎王德定律令,太史令晁崇考天象,尚书崔宏总而裁之,以为永式。

十二月,珪即皇帝位,命朝野皆束发加帽。追尊远祖毛以下二十七人皆为皇帝。魏之旧俗,孟夏祀天及东庙,季夏帅众却霜于阴山,孟秋祀天于西郊。至是始仿古制,定郊庙祭飨礼乐。又用崔宏议,自谓黄帝之后,以土德王。徙六州二十二郡守宰、豪杰二千家于代都,东至代郡,西及善无,南极阴馆,北尽参合,皆为畿内,其外四方、四维置八部师以监之。

妖人孙泰谋乱,伏诛。

初,泰学妖术于杜子恭,士民多奉之。王珣恶之,流泰于广州。王雅荐于武帝,云知养性之方,召还,累官至新安太守。泰知晋祚将终,以讨王恭为名,收兵聚货,谋作乱,以中领军元显与之善,无敢言者。会稽内史谢輶发其谋,

他们交换儿子兄弟做人质,缔结盟约,并联名上疏为王恭申辩说理,请求杀掉刘牢之和谯王司马尚之,同时诉说殷仲堪无罪。朝廷深为忌惮,便又将荆州归还殷仲堪镇守,还特别下诏好言劝慰,殷仲堪等人才接受诏书。

当初结盟时,桓玄被推举为盟主,更加傲慢自大,杨佺期尤为忿恨,私下游说殷仲堪袭杀桓玄。殷仲堪畏惧杨佺期兄弟勇武强健,害怕杀死桓玄后不能再制约他们,便苦心禁止杀桓玄。于是他们各自返回镇所。桓玄知道杨佺期有害己之心,他也打算诛灭杨佺期,于是驻扎在夏口,任用卞范之为主要谋士。当时,朝廷诏书唯独没有赦免庾楷,桓玄任命庾楷为武昌太守。

十二月,魏王拓跋珪称皇帝。

魏王拓跋珪命令吏部郎邓渊创设官制,校正音乐律吕,仪曹郎董谧制作礼仪,三公郎王德核定法令,太史令晁崇考察天象,尚书崔宏统筹裁断,作为永久的制度。

十二月,拓跋珪正式登皇帝位,下令朝野官民全部束扎头发,加戴帽子。将远代祖先拓跋毛以下二十七人都追尊为皇帝。北魏的旧习俗,每年夏初祭祀天神和宗祖庙,夏末率领部众在阴山作退霜仪式,秋初在西郊祭天。至此,北魏开始仿效汉人古制,制定郊庙祭祀天地祖先的礼仪音乐。又采用崔宏的建议,拓跋珪自称是黄帝的后代,以土德王。将六州二十二郡的长官和豪杰之士二千家迁居到代都,东至代郡,西至善无,南至阴馆,北至参合,全部划为京畿辖区,京师之外的四方及其四隅,设置八部师监督统治。

熟习妖术的孙泰阴谋作乱,被杀。

当初,孙泰向杜子恭学习了妖术,许多士人百姓对他信奉不疑。王珣厌恶孙泰,就把他流放到广州。王雅却向孝武帝举荐孙泰,称他通晓修养身性的方法。于是,孙泰被召回京师,历官升至新安太守。孙泰推知晋朝的气数将告结束,便假借讨伐王恭之名,收集兵众,聚敛财货,阴谋作乱,因为他与中领军司马元显关系友善,无人胆敢上言。会稽内史谢辅揭发了孙泰的阴谋,

会稽王道子诱而斩之，并其六子。兄子恩逃入海，愚民犹以为泰蝉蜕不死，就海中资给之。恩乃聚合亡命得百余人，以谋复仇。

会稽王司马道子引诱孙泰，把他和六个儿子一并杀掉。孙泰的侄儿孙恩逃到海上，愚昧的百姓还认为是孙泰施展金蝉脱壳之术没有死亡，就到海上资助孙恩。于是，孙恩聚集一百多名亡命徒，图谋复仇。

资治通鉴纲目卷二十三

起己亥(399)晋安帝隆安三年,尽庚戌(410)晋安帝义熙六年。凡十二年。

己亥(399)　**隆安三年**燕长乐元,秦弘始元,魏元兴二年。凉主吕纂咸宁元,北凉天玺元年。

春正月,南凉徙治乐都。

南凉王秃发乌孤谓群臣曰:"陇右、河西本数郡之地,遭乱分裂至十余国,吕氏、乞伏氏、段氏最强,今欲取之,三者何先?"杨统曰:"乞伏本吾部落,终当伏从。段氏书生,无能为患,且结好于我,攻之不义。吕光衰耄,嗣子微弱,纂、弘虽有才而内相猜忌,若使浩亹、廉川乘虚迭出,彼必疲于奔命,不过二年,兵劳民困,则姑臧可图也。姑臧举,则二寇不待攻而服矣。"乌孤曰:"善!"

二月,魏主珪袭高车,大破之。

魏主珪北巡,分命诸将三道袭高车,大破高车三十余部,获七万余口,马三十余万匹。卫王仪别将三万骑,绝漠千余里,破其七部,诸部大震。

段业自称凉王。

业以沮渠蒙逊为尚书左丞,梁中庸为右丞。

三月,魏分尚书诸曹,置五经博士。

己亥（399）　晋安帝隆安三年后燕长乐元年,后秦弘始元年,北魏元兴二年。后凉主吕纂咸宁元年,北凉天玺元年。

春正月,南凉迁都到乐都。

南凉王秃发乌孤对群臣说:"陇右、河西本是数郡大的地域,遭遇战乱而分裂成十几个国家,其中吕氏、乞伏氏和段氏的势力最为强大,现在我准备攻取他们,三家之中应当先以谁为目标?"杨统说:"乞伏氏原本是我们的部落,最终会归附我们。段氏是一介书生,没有能力造成祸患,而且与我们结交友好,攻伐他们违背道义。吕光年高体衰,他的嗣子吕绍卑弱无能,吕纂、吕弘虽然有才华而内心相互猜忌,如果派遣浩亹、廉川两个郡的兵力乘虚轮番出击,吕氏必定疲于奔命,不过二年的工夫,就会军队劳顿,百姓困乏,这样姑臧便可以谋取到手。姑臧一旦被我们据为己有,乞伏氏、段氏不等攻伐就降服了。"秃发乌孤说:"这个计策好!"

二月,北魏国主拓跋珪袭击高车,大获全胜。

北魏国主拓跋珪到北方巡视,分别命令各位将领率军,分三路袭击高车,大败高车三十多个部落,俘获七万多人,三十多万匹马。卫王拓跋仪另外统帅三万骑兵,穿越沙漠一千余里,攻破七个部落,各部落十分震惊。

段业自称凉王。

段业任命沮渠蒙逊为尚书左丞,梁中庸为尚书右丞。

三月,北魏分立尚书各曹,设置五经博士。

魏主珪分尚书三十六曹及外署，凡置三百六十曹，令八部大人主之。吏部尚书崔宏通署三十六曹，如令、仆统事。置五经博士，增国子太学生员合三千人。珪问博士李先曰："天下何物可以益人神智？"对曰："莫若书籍。"珪曰："书籍有几，如何可集？"对曰："自书契以来，世有滋益，至今不可胜计。苟人主所好，何忧不集！"珪遂命郡县大索书籍，悉送平城。

南燕苻广叛，南燕王德击斩之。滑台降魏，德遂东寇青、兖。

初，秦主登之弟广帅众依南燕王德，德处之乞活堡。至是自称秦王。时滑台孤弱，土无十城，众不过万，附德者多去附广。德乃留鲁王和守滑台，自帅众讨广，斩之。

和长史李辩杀和，以滑台降魏。魏行台尚书和跋帅轻骑自邺赴之，悉收德宫人府库。陈、颍之人多附于魏。

将军慕容云斩辩，帅将士家属出赴德。德欲还攻滑台，韩范曰："向也魏为客，吾为主；今也吾为客，魏为主。人心危惧，不可复战，不如先据一方，自立基本，乃图进取。"张华欲取彭城，潘聪曰："彭城土旷人稀，平夷无险，且晋之旧镇，未易可取。又密迩江、淮，夏秋多水。乘舟而战者，吴之所长，我之所短也。青州沃野二千里，精兵十余万，左有负海之饶，右有山河之固，广固城曹嶷所筑，

北魏国主拓跋珪将尚书三十六曹和京外官署整理划分为三百六十曹,命令八部大人掌管。吏部尚书崔宏统辖三十六曹,如尚书令、尚书仆射一样管理事务。设置五经博士,增加国子太学生的名额,合计三千人。拓跋珪询问博士李先说:"天下什么东西可以增益人的聪明才智?"李先回答说:"没有什么东西可以超过书籍。"拓跋珪说:"有多少书籍,怎样才能把它们搜集起来?"李先应对说:"自从文字产生以来,图书的数量世代都在不断地增加,到现在已经无法算清了。如果陛下有此雅好,何必担忧不能搜集呢!"于是,拓跋珪命令各郡县大力索求书籍,把它们全都送到平城。

南燕苻广叛乱,南燕王慕容德率众征讨,把苻广斩杀。滑台城归降北魏,慕容德向东进犯青州、兖州。

当初,前秦王苻登的弟弟苻广率领兵众投靠了南燕王慕容德,慕容德把他安置在乞活堡。至此,苻广自称秦王。当时,滑台势单力弱,辖治的地方不及十个城池,部众不过一万人,依附慕容德的人大多转去附从苻广。慕容德于是留下鲁王慕容和驻守滑台,他亲自率兵征讨并杀掉了苻广。

慕容和的长史李辩杀掉慕容和,献出滑台城,向北魏投降。北魏行台尚书和跋带领轻装骑兵从邺城赶到滑台,全部收缴慕容德的妻妾宫女和府库财物。陈郡、颍川的民众大部分都归附了北魏。

将军慕容云斩杀李辩,率领将士家属出城投奔慕容德。慕容德想回头进攻滑台,韩范说:"过去是魏为客人,我们为主人;如今是我们为客人,魏为主人。我军人人担惊受怕,不能再战,不如先据守一方土地,自己先立住脚跟,然后再设想进取事宜。"张华打算攻取彭城,潘聪说:"彭城地广人稀,一马平川,没有险要可以据守,而且又是晋的故镇,不可轻易攻取。它还临近长江、淮河,夏秋季节雨水多。乘舟在水上打仗,是吴地人的长处,却是我们的弱点。青州有二千里沃土,十几万精兵,左边有靠近大海的富饶,右边有高山大河的天险,广固城是当年曹嶷所筑,

地形阻峻。三齐英杰思得明主以立功于世久矣。晋刺史辟闾浑昔为燕臣，今宜遣辩士驰说，而以大兵继其后，若其不服，取之如拾芥耳。既得其地，然后闭关养锐，伺隙而动，此乃陛下之关中、河内也。"德乃引师而南，兖州北鄙诸郡县皆降。德置守宰以抚之，禁军士虏掠，百姓大悦。

追尊所生母陈氏为德皇太后。 夏四月，以会稽世子元显为扬州刺史。

会稽王道子有疾，且无日不醉。元显知朝望去之，讽朝廷解道子扬州以授元显。道子醒而知之，大怒，无如之何。元显以庐江太守张法顺为谋主，多引树亲党，朝贵皆畏事之。

燕除公侯金帛赎罪法。

燕主盛十日一决狱，不加拷掠多得其情。下诏曰："法例律，公侯有罪得以金帛赎，此不足以惩恶而利于王府，甚无谓也。自今皆令立功以自赎。"

秋七月，秦寇洛阳。八月，魏人来救。

后秦齐公崇寇洛阳，河南太守辛恭靖婴城固守。雍州刺史杨佺期遣使求救于魏，魏遣太尉穆崇将六万骑救之。

魏杀其御史中丞崔逞。

初，魏将军张衮以才谋为魏主珪腹心，衮荐中州士人卢溥及崔逞，珪皆用之。及围中山久未下，军食乏，问计于

地势险峻。三齐的英雄豪杰很久就想得到圣明的君主在世上建功立业。晋朝的青州刺史辟间浑以前曾任燕臣,现在应当派遣能言善辩的人赶去游说,随后再用大军威逼,如果他不服劝告,取代他就像捡起地上的草芥一样容易。得到青州之后,封闭关隘,养精蓄锐,等待时机,再立新功,这才是陛下的关中、河内之地。"于是,慕容德率军南下,兖州北边偏远地方的郡县全都降服。慕容德分别设置地方长官来安抚各郡县百姓,并严禁军队抢劫人户和财物,因此百姓无比喜悦。

晋安帝追尊生母陈氏为德皇太后。　夏四月,东晋任命会稽王司马道子的世子司马元显为扬州刺史。

会稽王司马道子有病,而且天天酩酊大醉。他的世子司马元显知道父亲已经失去朝廷的声望,便婉言劝请朝廷解除司马道子的扬州刺史职务,转而授予他自己。司马道子酒醒后,得知此事勃然大怒,但已经无法挽回。司马元显任用庐江太守张法顺为主要谋士,大量引进亲信,树立党羽,朝中的达官贵人都畏惧而事奉他。

后燕废除公侯可以用金帛赎罪的法令。

后燕国主慕容盛每十天亲自审理一次狱讼案件,虽然不加以刑讯,但是能够获得很多实情。他颁布诏书说:"律令条文规定,公侯犯罪,可以用金帛赎免,这不足以惩治罪恶,而有利于王府,所以毫无意义。从此开始,都让他们立功以赎清自己的罪责。"

秋七月,后秦进犯东晋的洛阳。八月,北魏派兵相救。

后秦齐公姚崇侵犯洛阳,河南太守辛恭靖环城固守。雍州刺史杨佺期派遣使者向北魏求救,北魏派遣太尉穆崇率领六万骑兵救助。

北魏杀掉其御史中丞崔逞。

当初,北魏将军张衮以其才能谋略超人而被国主拓跋珪引为心腹,张衮推荐的中州士人卢溥和崔逞,拓跋珪也都加以任用。后来拓跋珪包围中山城许久没有攻克,军粮困乏,向群臣询

群臣，逞对曰："桑椹可以佐粮，飞鸮食而改音者也。"珪虽用其言，然心衔之。秦人寇襄阳，雍州刺史郗恢以书求救于魏常山王遵，谓珪为贤兄。珪以恢无礼，命衮及逞为复书，必贬其主。衮、逞谓帝为贵主，珪遂大怒。逞之降魏也，以天下方乱，恐无复遗种，使妻子留冀州。至是，珪并以是责逞，赐死。而溥亦受燕爵命，侵掠魏境。珪谓衮所举皆非其人，黜为尚书令史。衮阖门不通人事，手校经籍，岁余而终。

南凉王乌孤卒，弟利鹿孤立，徙治西平。　南燕王德陷广固，杀幽州刺史辟闾浑，遂都之。

南燕王德使说幽州刺史辟闾浑，不从，遂遣北地王钟帅步、骑击之。德进据琅邪，徐、兖之民归附者十余万。勃海太守封孚，燕旧臣也。闻德至，出降。德大喜曰："孤得青州不为喜，喜得卿耳！"遂委以机密。浑守广固，其下多出降，浑惧奔魏，德追斩之。浑子道秀自诣德，请与父俱死。德曰："父虽不忠而子能孝。"特赦之。浑参军张瑛为浑作檄，辞多不逊，德执而让之。瑛神色自若，徐曰："浑之有臣，犹韩信之有蒯通。通遇汉主而生，臣遇陛下而死，比之古人，窃为不幸耳！"德杀之。遂定都广固。

九月，燕辽西太守李朗谋叛，其主盛讨诛之。

问对策,崔逞回答说:"可以采摘桑椹以辅助军食,猫头鹰啄食桑椹而改变了叫声。"拓跋珪虽然采纳了他的建议,却衔恨在心。后秦进犯东晋襄阳,雍州刺史郗恢写信向北魏常山王拓跋遵求救,称呼拓跋珪为贤兄。拓跋珪认为郗恢无礼,就让张衮和崔逞代写回信,一定要贬低东晋皇帝。而张衮、崔逞却在信中称晋帝为贵主,于是拓跋珪非常恼火。崔逞投降北魏时,因为天下正动乱不定,害怕不再能遗留后代,所以就让妻子和儿子留在冀州。至此,拓跋珪一并用这些事实责难崔逞,赐死了他。而卢溥也接受了后燕的爵命,侵犯掠夺北魏境地。拓跋珪认为张衮所荐举的人都不中用,把张衮贬为尚书令史。从此,张衮闭门不出,断绝与外界的交往,只是亲自校勘经史典籍,一年多之后去世。

南凉王秃发乌孤去世,其弟秃发利鹿孤即位,并迁都到西平。 南燕王慕容德攻陷广固,杀了幽州刺史辟闾浑,于是南燕在广固定都。

南燕王慕容德派人前去说服幽州刺史辟闾浑,辟闾浑不听劝告,于是慕容德派遣北地王慕容钟率领步、骑兵进攻辟闾浑。慕容德进兵占据琅邪,徐州、兖州的百姓归附十多万人。勃海太守封孚是后燕旧时的大臣,听说慕容德到来,便出城投降。慕容德高兴地说:"我得到青州算不上喜事,可喜的是得到了你。"于是委任他掌管机要大事。辟闾浑据守广固,他的属下纷纷出城向慕容德投降,辟闾浑因害怕逃奔北魏,慕容德派人追赶把他杀掉。辟闾浑的儿子辟闾道秀亲自拜见慕容德,请求与父亲一块去死。慕容德说:"父亲虽然不忠,儿子却能够尽孝。"便特地赦免了他。辟闾浑的参军张瑛替辟闾浑写檄文,言辞多有不逊,慕容德把他捉住后予以谴责。张瑛神色如常,慢慢地说:"辟闾浑有我,犹如韩信有蒯通。蒯通遇到汉高祖刘邦而能生存,我遇到陛下却要死亡,与古人相比,我自认为是一种不幸。"慕容德杀掉张瑛。于是定都广固。

九月,后燕辽西太守李朗谋叛,他的国主慕容盛发兵征讨,诛杀了他。

燕辽西太守李朗在郡十年,威行境内。燕主盛疑之,累征不赴。朗亦以家在龙城,未敢显叛,阴召魏兵,许以郡降。事觉,盛灭朗族,遣将军李旱讨之。旱既行,急召而复遣之。朗闻其家被诛,拥二千余户以自固,及闻旱还,谓有内变,不复设备,留其子守令支,自迎魏师于北平。旱袭克令支,追朗斩之。

秦主兴降号称王。

兴以灾异屡见,降号称王,诏群公、卿士、将牧、守宰各降一等。存问孤贫,举拔贤俊,简省法令,清察狱讼,守令之有政迹者赏之,贪残者诛之,远近肃然。

冬十月,秦陷洛阳。

秦寇洛阳,辛恭靖固守百余日,魏救未至,秦兵拔洛阳,获之。恭靖见秦王兴不拜,曰:"吾不为羌贼臣!"兴囚之,恭靖逃归。淮、汉以北多降于秦。

孙恩寇陷会稽,杀内史王凝之。诏徐州刺史谢琰及刘牢之讨破之,以琰为会稽太守。

会稽世子元显性苛刻,生杀任意,发东土诸郡免奴为客者置京师以充兵役,东土嚣然。

孙恩因民心骚动,自海岛攻会稽。内史王凝之世奉天师道,不出兵亦不设备。官属请讨之,凝之曰:"我已请大道借鬼兵守诸津要,不足忧也。"恩遂陷会稽,杀凝之。于是八郡之人一时起兵,杀长吏以应恩,旬日中众数十万。

后燕辽西太守李朗在任十年，威势行于全境。后燕国主慕容盛对他产生疑忌，多次征召，他都没有应召。李朗也因为家在龙城，不敢公开叛变，只是暗中招引北魏军队，答应以全郡投降北魏。事情败露，慕容盛把李朗一族全都杀死，并派遣将军李旱讨伐李朗。李旱已经出发，慕容盛却将他急促召回又重新派遣他出征。李朗听说自己的家眷被杀，便集结二千余户来自我固守，及至得知李旱突然还兵，认为发生内变，就不再设防，留下他的儿子据守令支，亲自到北平迎接北魏军。李旱攻克令支后，追赶上李朗，杀了他。

后秦国主姚兴自降尊号，改称王。

姚兴因为灾异屡次出现，降号称王，诏令公卿百官、将帅州牧、地方守宰各降职一级。慰抚孤寡及贫困百姓，选拔贤人俊杰，简化法令条文，清正审理各种案件。郡守县令中有政绩的给予奖赏，贪婪残暴的处以死刑，于是远近肃然有序。

冬十月，后秦攻占洛阳。

后秦进犯洛阳，辛恭靖坚守洛阳百余日，北魏救兵仍没有来到，后秦军队攻克洛阳，擒获辛恭靖。辛恭靖见到后秦主姚兴不肯跪拜，说："我不做羌贼的臣子！"姚兴将他囚禁起来，辛恭靖逃脱返回。淮河、汉水以北地区大多投降后秦。

孙恩攻克会稽，杀会稽内史王凝之。东晋朝廷诏令徐州刺史谢琰及刘牢之进军击破孙恩，任命谢琰为会稽太守。

会稽王的世子司马元显生性严厉苛刻，随心所欲行使生杀大权，征发东土各郡内被免去奴隶身份而为客户的人到京师充兵役，东土百姓为此动荡不安。

孙恩乘民心骚动不稳之机，从海岛进军攻打会稽。会稽内史王凝之世代信奉天师道，闻知孙恩来攻，他既不出兵迎敌，也不设防戒备。他的手下官属请求派兵讨伐孙恩，王凝之说："我已经请来大神，借来鬼兵守卫各关津险要，这不值得忧虑。"孙恩于是攻克会稽，杀掉了王凝之。这时八个郡的人们一同起兵，杀掉当地的长官以响应孙恩，十天之间，孙恩部众达到数十万人。

时三吴承平日久,民不习战,郡县兵皆望风奔溃。

恩据会稽,自称征东将军,号其党曰"长生人"。醢诸县令以食其妻子,不食则支解之。所过焚掠,刊木堙井,表会稽王道子及元显之罪,请诛之。

自帝即位以来,内外乖异,石头以南皆为荆、江所据,以西皆豫州所专,京口及江北皆刘牢之及广陵相高雅之所制,朝政所行三吴而已。及恩作乱,八郡皆为恩有,畿内盗贼蜂起,恩党亦有潜伏在建康者,人情危惧,于是内外戒严。加道子黄钺,元显领中军将军,命徐州刺史谢琰讨之。牢之亦发兵讨恩,拜表辄行。

琰击斩义兴、吴郡群盗,与牢之转斗而前,所向辄克。琰留屯乌程,遣司马高素助牢之,进临浙江。诏以牢之都督吴郡诸军事。

初,彭城刘裕生而母死,父翘侨居京口,家贫将弃之。同郡刘怀敬之母,裕从母也,往救而乳之。及长勇健有大志,仅识文字,以卖履为业,好樗蒲,为乡闾所贱。至是牢之引参军事,使将数十人觇贼,遇贼数千人即迎击之,从者皆死,裕坠岸下。贼临岸欲下,裕奋长刀仰斫杀数人,乃得登岸,仍大呼逐之,杀伤甚众。刘敬宣怪裕久不返,引兵寻之,见裕独驱数千人,咸共叹息。因进击贼,大破之。

当时三吴地区太平日子已经持续很久，百姓不熟悉军旅之事，各地郡县兵都望风溃逃。

孙恩占据会稽，自称征东将军，称他的党徒为"长生人"。孙恩将各县县令剁成肉酱让他们的妻子儿女吃下去，如果有不吃的，便将他们肢解杀害。他所过之处烧杀掳掠，砍伐树木填塞水井，向朝廷上表奏陈会稽王司马道子与司马元显的罪状，请求杀掉他们。

自从晋安帝即位以来，朝廷内外变乱不断，石头城以南的地区都被荆、江二州所占据，以西的地区则全为豫州所专有，京口及江北地区都被刘牢之和广陵相高雅之所控制，朝廷政令所能推行的地方，只有三吴地区而已。及至孙恩起兵作乱，八郡都被孙恩攻占，京畿地区盗贼蜂起，孙恩党羽也有埋伏在京师建康城内的，人们惊惶恐惧，于是朝廷宣布内外戒严。朝廷加授司马道子黄钺，命令司马元显兼任中军将军，命令徐州刺史谢琰进兵讨伐孙恩。刘牢之也发兵讨伐孙恩，向朝廷呈上奏章后不等回音，立即起兵进发。

谢琰进击义兴、吴郡的众多盗贼，将他们全部斩杀，与刘牢之边战边进，所向皆克。谢琰留驻乌程，派遣司马高素率军协助刘牢之，进临浙江。朝廷诏令刘牢之为都督吴郡诸军事。

当初，彭城人刘裕出生后，母亲便死去了，他的父亲刘翘寄居京口，由于家境贫寒，想把刘裕扔掉。同郡人刘怀敬的母亲是刘裕的姨母，去到刘家将刘裕救下，自己哺乳喂养他。及至刘裕长大后，勇武健壮，胸有大志，稍稍识得文字，以贩卖鞋子为生，喜好樗蒲赌博，被乡里所轻视。到这时，刘牢之征召刘裕为参军事，命令他率领数十人去打探盗贼的动静。刘裕遇到盗贼数千人，便上前进攻，跟随刘裕的数十人全部战死，刘裕坠落河岸之下。盗贼聚集岸边准备下去，刘裕举起长刀仰面砍杀数人，这才得以登上河岸，继续大声呼喊追逐盗贼，杀伤对方很多人。刘敬宣奇怪刘裕为什么很久还不回来，率军前来寻找，见到刘裕一人驱赶追杀数千之众，大家同声赞叹。于是进军攻击，大破敌军。

恩驱男女二十余万口东走，多弃宝物、子女于道，官军竞取之，恩由是得脱，复逃入海岛。

牢之纵军暴掠，士民失望。朝廷忧恩复至，以琰为会稽太守、都督五郡军事，戍海浦。

以会稽世子元显录尚书事。

时谓道子为东录，元显为西录。西府车骑填凑，东第门可张罗。元显所亲信率皆佞谀，讽礼官立议，公卿以下见者皆拜。时国用虚竭，公卿日廪七升，而元显聚敛不已，富逾帝室。

桓玄举兵攻江陵，杀殷仲堪、杨佺期。

殷仲堪恐桓玄跋扈，乃与佺期结婚为援。佺期屡欲攻玄，仲堪每止之。玄恐终为殷、杨所灭，乃求广其所统，执政亦欲构使乖离，乃加玄都督荆州四郡军事，又以玄兄伟代佺期兄广为南蛮校尉。佺期忿惧，欲与仲堪共袭玄。仲堪多疑少决，苦禁止之。

参军罗企生谓其弟遵生曰："殷侯仁而无断，必及于难。吾蒙知遇，义不可去，必将死之。"

是岁，荆州大水，仲堪竭仓廪以赈饥民。玄欲乘其虚而伐之，乃发兵西上，声言救洛，先遣兵袭取巴陵积谷食之。仲堪遣杨广等拒之，皆为所败。

江陵乏食，以胡麻廪军。急召佺期自救，佺期曰："江陵无食，可来相就共守襄阳。"仲堪绐之曰："比来收集，已

孙恩驱赶着男女人口二十余万向东逃走,一路上丢弃了很多财宝和妇女儿童,官军竞相拾取,孙恩因此得以逃脱,又逃入海岛之中。

刘牢之纵兵大肆掳掠,士人百姓大失所望。朝廷担忧孙恩再来,任命谢琰为会稽太守、都督五郡军事,戍守沿海一带。

朝廷任命会稽王世子司马元显为录尚书事。

当时人称司马道子为东录,司马元显为西录。西录府前车马填街塞巷,东录府门可罗雀。司马元显所亲信的人都是奸佞谀奉之徒,他暗示礼官立议,公卿以下的各级官员见到他都要叩拜。当时国库空虚,公卿每日只有粮米七升,但司马元显聚敛财物不已,拥有的财富超过帝室。

桓玄起兵进攻江陵,杀掉殷仲堪、杨佺期。

殷仲堪惧怕桓玄专横跋扈,便与杨佺期结为亲家,以为援助。杨佺期屡次想要进攻桓玄,每次都被殷仲堪阻止。桓玄恐怕自己最终会被殷仲堪、杨佺期所灭,便向朝廷请求增加自己的统领地区,朝中执政官员也想在他们之间制造矛盾,便加任桓玄都督荆州四郡军事,又以桓玄的兄长桓伟代替杨佺期之兄杨广出任南蛮校尉。杨佺期又气愤又害怕,便想与殷仲堪一同袭击桓玄。殷仲堪生性多疑,缺少决断,苦苦劝阻,使杨佺期停止了行动。

殷仲堪的参军罗企生对他的弟弟罗遵生说:"殷侯为人仁慈,缺少决断,一定会遭祸难。我蒙受他的知遇之恩,从道义上说不可弃他而去,必定要为他而死。"

这一年荆州发生大水灾,殷仲堪倾尽仓库中的粮食赈济饥民。桓玄便打算乘荆州内部空虚之机进攻殷仲堪,于是发兵西上,声言去救助洛阳,先派遣军队夺取巴陵的存粮以供自己大军食用。殷仲堪派遣杨广等人率军迎敌,都被桓玄击败。

江陵缺乏粮食,殷仲堪只好用胡麻供将士充饥。殷仲堪急召杨佺期来救助自己,杨佺期说:"江陵没有粮食,你可以来我这里,我们一起守卫襄阳。"殷仲堪骗他说:"最近一直收集粮草,已

有储矣。"佺期帅步、骑八千至江陵,仲堪唯以饭饷之。佺期大怒曰:"今兹败矣!"不见仲堪,与其兄广共击玄,大败,单骑奔还,仲堪亦奔酂城。玄遣将军冯该追获皆杀之。仲堪奉天师道,祷请鬼神,不吝财贿,而啬于周急,好为小惠以悦人,病者自为诊脉分药,用计倚伏烦密,而短于鉴略,故至于败。

仲堪之走也,文武无送者,惟罗企生从之。路经家门,遵生曰:"作如此分离,何可不一执手!"企生旋马授手,遵生牵下之曰:"家有老母,去将何之?"企生挥泪曰:"今日之事,我必死之,汝等奉养不失子道,一门之中有忠与孝,亦复何恨!"遵生抱之愈急,遂不得去。及玄至荆州,人士无不诣玄者,企生独不往,而营理仲堪家事。玄遣人谓曰:"若谢我,当释汝。"企生曰:"吾为殷荆州吏,荆州败不能救,尚何谢为!"玄乃收之,复问欲何言,企生曰:"从公乞一弟以养老母。"玄乃杀企生而舍其弟。

凉王光卒,太子绍立,庶兄纂杀而代之。

光疾甚,立绍为天王,自号太上皇,以太原公纂为太尉,常山公弘为司徒。谓绍曰:"今三邻伺隙,吾没之后,使纂统六军,弘管朝政,汝恭己无为,委重二兄,庶几可济。若内相猜忌,则萧墙之变至矣。"又谓纂、弘曰:"永业才非

经有了储备。"杨佺期率领步、骑兵八千人进至江陵,殷仲堪只用米饭供应他的军队食用。杨佺期大怒,说:"这回败定了!"于是不去会见殷仲堪,与他的哥哥杨广一同向桓玄发动进攻,大败,单人匹马逃回,殷仲堪也逃奔酂城。桓玄派遣将军冯该追去,将他们都抓获杀掉了。殷仲堪信奉天师道,祈祷祭祀鬼神,不吝惜财物,对于急需周济的人事,却吝啬钱财,喜好施小恩小惠取悦于人,碰到有病的人亲自为他把脉选药,施谋划策过于周密烦琐,但缺乏识见远略,因此导致败亡。

殷仲堪逃走的时候,手下文武官属没有送行的,只有罗企生一人跟随。途经罗企生的家门,罗遵生对罗企生说:"我们这样分别,哪里能不握一握手呢!"罗企生转马将手伸给弟弟,罗遵生乘势将他拉下马来说:"家中还有年迈的母亲,你要到哪里去?"罗企生挥泪言道:"今天这事,我是一定要去死了,你奉养老母不失儿子的孝道,一家之中,既有尽忠的,又有尽孝的,这还有什么遗憾的呢?"罗遵生将他抱得愈发紧了,于是罗企生没有能与殷仲堪一同前行。及至桓玄来到荆州,荆州人士没有不去拜见他的,只有罗企生一人不去,却去为殷仲堪料理家事。桓玄派人去对罗企生说:"你如果能向我谢罪,我就将放过你。"罗企生说:"我是殷荆州手下的一个官吏,殷荆州失败我都不能救助,还有什么可谢罪的!"桓玄这才将他逮捕,再次问他还有什么话想说,罗企生说:"我只乞请您留下我一个弟弟,用来奉养老母。"桓玄于是杀掉罗企生,赦免了他的弟弟。

后凉王吕光去世,太子吕绍即位,吕绍庶兄吕纂杀掉吕绍自立为王。

吕光病重,立吕绍为天王,自己称太上皇,任命太原公吕纂为太尉,常山公吕弘为司徒。他对吕绍说:"现在三个强邻正在观望我们的破绽伺机进犯,我死之后,让吕纂统领六军,吕弘掌管朝政,你自己恭谨守位,不要做什么事情,将重任委托给两位兄长,差不多还可以渡过难关。如果自己内部互相猜忌,那家国之内的变乱就要发生了。"又对吕纂、吕弘说:"吕永业的才华不足以

拨乱，直以立嫡有常，猥居元首。汝兄弟缉睦，则祚流万世，若内自相图，则祸不旋踵。"纂、弘泣曰："不敢。"及光卒，绍秘不发丧，纂排阁入哭，尽哀而出。绍惧，以位让之，纂不许。

光弟子超谓绍曰："纂为将积年，威震内外，临丧不哀，步高视远，必有异志，宜早除之。"绍曰："先帝言犹在耳，奈何弃之！纵其图我，我视死如归，终不忍有此意也。"

弘谓纂曰："主上暗弱，未堪多难，兄宜为社稷计，不可徇小节也。"纂、弘于是夜帅壮士攻广夏门，左卫将军齐从抽剑直前，斫纂中额，左右擒之。纂曰："义士也，勿杀。"吕超帅卒二千赴难，众素惮纂，不战而溃。纂入升殿，绍自杀，超奔广武。

纂惮弘兵强，以位让之，弘不受，纂乃即天王位。以弘为大都督、录尚书事。

纂叔父方镇广武，纂遣使谓曰："超实忠臣，义勇可嘉，但不识权变之宜，方赖其用，可以此意谕之。"超上疏陈谢，复其爵位。

庚子(400) **四年** 燕长乐二，秦弘始二，魏天兴三年。南燕建平元，南凉王秃发利鹿孤建和元，西凉公李暠庚子元年。是岁，西秦降秦。旧大国三，凉、南凉、北凉、南燕小国四，新小国一，凡八僭国。

春正月，燕主盛自贬号为庶人天王。 西秦迁都苑川。

二月，燕主盛袭高句丽，拔二城。

高句丽王安事燕礼慢，燕主盛自将兵三万袭之，拔新城、南苏，开境七百余里。

三月，魏立慕容氏为后。

拨乱反正，只是因为立嫡子即位符合常礼，苟且居于君主之位。你们兄弟和睦相处，便可以使吕氏王位流传万世，如果内部自相图谋，那灾祸转眼间便会来到。"吕纂、吕弘哭着说："不敢。"等到吕光去世，吕绍封锁消息，不让外界知道吕光的死讯，吕纂推开宫中小门入内哭灵，发泄掉心中的哀痛后才出来。吕绍恐惧，要将王位让给吕纂，吕纂不肯接受。

吕光弟弟的儿子吕超对吕绍说："吕纂担任大将已经多年，威震内外，身临父丧而不悲哀，反而昂首阔步，必有异心，应当及早把他除掉。"吕绍说："先帝所说的话还在耳边，怎么能背弃呢！纵使他要谋算我，我也视死如归，终归不忍心有这种想法。"

吕弘对吕纂说："主上昏庸懦弱，不能应付这多难的局面，兄长应该为国家考虑，不可拘泥于小节。"吕纂、吕弘于是在夜间率领壮士进攻王宫广夏门，左卫将军齐从拔剑向前，砍中吕纂的前额，吕纂左右将士将他抓住。吕纂说："这是义士，不要杀他！"吕超率领二千士卒前来救助吕绍，但士卒们素来害怕吕纂，不战而溃。吕纂进入王宫，登临谦光殿，吕绍自杀，吕超逃奔广武。

吕纂忌惮吕弘兵力强大，要将王位让给吕弘，吕弘不肯接受，吕纂于是即天王位。他任命吕弘为大都督、录尚书事。

吕纂的叔父吕方镇守广武，吕纂遣使对他说："吕超确实是忠臣，义勇可嘉，只是不懂权宜变通，现在正要倚仗任用他，你可将这个意思告谕他。"吕超上疏谢罪，吕纂恢复了他的爵位。

庚子（400） **晋安帝隆安四年**后燕长乐二年，后秦弘始二年，北魏天兴三年。南燕建平元年，南凉王秃发利鹿孤建和元年，西凉公李暠庚子元年。这年，西秦降秦。旧大国三，凉、南凉、北凉、南燕小国四，新小国一，共八个僭越国。

春正月，后燕国主慕容盛自己贬低名号，称庶人天王。 西秦迁都苑川。 二月，后燕国主慕容盛袭击高句丽，攻克两座城池。

高句丽王安奉事后燕礼数怠慢，后燕主慕容盛亲自率领三万军队袭击高句丽，攻克新城、南苏二城，开拓疆域七百余里。

三月，北魏立慕容氏为皇后。

初,魏主珪纳刘头眷之女,宠冠后庭,生子嗣。及克中山,获燕主宝之幼女。将立皇后,用其国故事,铸金人以卜之,慕容氏所铸成,遂立为后。

诏桓玄都督荆、江八州军事,荆、江州刺史。

玄既克荆、雍,表求领荆、江。诏以玄都督荆、司等七州军事,领荆州刺史。玄固求江州,乃加督八州,领二州刺史。玄辄以兄伟为雍州刺史,朝廷不能违。

凉吕弘作乱,凉王纂杀之。

凉王纂忌大司马弘功高地逼,弘亦自疑,遂以东苑之兵作乱。纂遣兵击之,弘众溃出走。纂兵大掠,悉以东苑妇女赏军,弘妻子亦在其中。侍中房晷曰:"天祸凉室,忧患仍臻,虽弘自取夷灭,亦由陛下无棠棣之恩,当省己责躬以谢百姓。乃更纵掠士女,百姓何罪!且弘妻陛下之弟妇,弘女陛下之侄也,奈何使无赖小人辱为婢妾乎!"遂歔欷流涕。纂改容谢之,召弘妻子置东宫,厚抚之。弘将奔南凉,道过广武,吕方见之,大哭曰:"天下甚宽,汝何为至此?"乃执弘送狱,纂遣人杀之。

北凉以李暠为敦煌太守。

初,陇西李暠好文学,有令名。孟敏为沙州刺史,以暠为效谷令。敏卒,治中索仙等以暠温毅有惠政,推为敦煌

当初，北魏国主拓跋珪娶刘头眷之女为妻，在后宫妃嫔中最受宠爱，生下儿子拓跋嗣。等到北魏攻克中山，抓获后燕国主慕容宝的小女儿。拓跋珪准备立皇后，便依照其国的惯例，铸塑金人以卜问天意，慕容氏的金人铸成，于是立她为皇后。

东晋朝廷下诏任命桓玄为都督荆、江八州军事，荆、江二州刺史。

桓玄攻克荆、雍二州后，向朝廷上表请求兼统荆、江二州。朝廷下诏任命桓玄为都督荆、司等七州军事，兼任荆州刺史。桓玄坚决请求兼统江州，于是朝廷加任他都督八州，兼任二州刺史。桓玄受任后，立即任命他的兄长桓伟为雍州刺史，朝廷不能制止。

后凉吕弘作乱，后凉王吕纂将他杀掉。

后凉王吕纂猜忌劳苦功高、地位逼人的大司马吕弘，吕弘自己也心中疑惧，便率领东苑的军队起兵作乱。吕纂派遣军队进攻吕弘，吕弘部众溃散，自己逃走。吕纂的军队大肆抢掠，将东苑的妇女全部赏赐给将士，吕弘的妻子儿女也在其中。侍中房晷对吕纂说："上天降灾祸给我凉国，忧患接连而至，虽然吕弘是自取灭亡，但也是因为陛下没有兄弟之间的情义，您应当反省自责，以向天下百姓表示歉疚之意。现在您却纵容将士大肆抢掠士人妇女，百姓有什么罪过！况且吕弘的妻子是您的弟媳，吕弘的女儿是您的侄女，怎么能让那些无赖小人侮辱她们，拿她们当作婢妾呢！"于是泪流满面，抽泣不已。吕纂脸色一变，向房晷表示歉意，召回吕弘的妻子儿女安置在东宫，并给予她们优厚的待遇加以慰抚。吕弘准备投奔南凉，途经广武，吕方见到他，大哭说："天下甚为宽广，你为什么要到这里来？"便抓住吕弘送入狱中，吕纂派人来将他杀掉。

北凉任命李暠为敦煌太守。

当初，陇西人李暠喜好文学，有很好的名声。孟敏出任沙州刺史，任命李暠为效谷县令。孟敏去世后，治中索仙等人认为李暠性情温和坚毅，治理地方能够施行仁政，便推举他出任敦煌

太守。请于段业,业因授之。将军索嗣言于业曰:"暠不可使处敦煌。"业以嗣代暠,使帅五百骑之官。暠遣同母弟宋繇逆击之,嗣败走还。暠表业请诛嗣,业乃杀之。

夏五月,孙恩复寇会稽,太守谢琰败死。恩转寇临海,遣兵讨之,不克。

谢琰镇会稽,不能绥怀,又不为武备。诸将咸谏曰:"贼近在海浦,伺人形便,宜开其自新之路。"琰不听。既而恩寇浃口,入余姚,破上虞,乘胜径至会稽。琰出战兵败,为帐下所杀。恩转寇临海,朝廷大震,遣将军桓不才、高雅之等拒之,为恩所败。

六月朔,日食。　秋七月,太皇太后李氏崩。　秦击西秦,西秦王乾归战败,奔南凉,遂奔秦。

后秦遣姚硕德伐西秦,西秦王乾归使将军慕兀等屯守,秦军樵采路绝,秦王兴潜引兵救之。乾归闻之,自将轻骑数千前候秦军,会大风昏雾,与中军相失,入于外军,战败走归,其众皆降。兴进军枹罕。乾归奔金城,将复西走,谓诸豪帅曰:"今举国而去,必不得免,卿等宜留此降秦,以全宗族。"皆曰:"生死愿从陛下。"乾归曰:"吾今将寄食于人,若天未亡我,庶几异日克复旧业,复与卿等相见,今相随而死无益也。"乃大哭而别。遂奔允吾,乞降于南凉,南凉王利鹿孤待以上宾。秦兵既退,南羌梁戈等密招乾归,

太守。李暠派人去向北凉主段业请求任命，段业于是任命他为敦煌太守。将军索嗣向段业进言说："不能让李暠居于敦煌。"段业于是以索嗣代替李暠去做敦煌太守，命令他率领五百名骑兵去赴任。李暠派遣同母异父的弟弟宋繇率军迎击索嗣，索嗣兵败退回。李暠上表，请求段业将索嗣杀掉，段业便杀掉了索嗣。

夏五月，孙恩又侵犯会稽，会稽太守谢琰兵败被杀。孙恩转头侵犯临海，朝廷派兵征讨，未能取胜。

谢琰镇守会稽，不能抚慰安定百姓，又不能整治武备之事。众将都劝谏他说："盗贼近在海边，正在窥伺我们的动静，应当给他们提供改过自新的途径。"谢琰不肯听从。不久孙恩侵犯浃口，攻入余姚，袭破上虞，乘胜直进到达会稽。谢琰率军出战，兵败，被帐下人杀死。孙恩转头侵犯临海，朝廷震惊，派遣将军桓不才、高雅之等人抵御孙恩，都被孙恩击败。

六月初一，出现日食。　秋七月，东晋太皇太后李氏去世。后秦进攻西秦，西秦王乞伏乾归战败，逃奔到南凉，最后又投奔到后秦。

后秦派遣姚硕德讨伐西秦，西秦王乞伏乾归派遣将军慕兀等人屯兵据守，后秦军队砍柴的道路被断绝，后秦王姚兴暗中率领军队前去救援。乞伏乾归听说了这件事，便亲自率领轻骑数千人探听后秦军的动静，正好赶上狂风大作，风沙遮天蔽日，他与中军失去了联络，进入外军营中，与后秦军交战，大败逃回，其手下将士全都投降了后秦。姚兴进军枹罕。乞伏乾归逃奔金城，准备继续向西逃跑，对众部首领说："现在如果举国离此而去，一定不能免于灾祸，你们应当留在这里投降秦国，以便保全宗族。"众首领都说："我们不论生死都愿意跟随陛下。"乞伏乾归说："我现在将要到别人那里去寄食，如果上天不让我灭亡，或许以后有一天能够恢复旧日基业，那时便可再与你们相见，现在你们跟随我同死，并没有什么用处。"于是君臣大哭而别。乞伏乾归投奔允吾，向南凉请降，南凉王秃发利鹿孤用待上宾的礼节对待他。后秦军队退去之后，南羌梁戈等人秘密招请乞伏乾归，

乾归将应之,或以白利鹿孤。乾归惧为所杀,乃送太子炽磐等于西平,南奔枹罕,遂降于秦。久之,炽磐亦逃归。

九月,地震。 冬十一月,诏刘牢之讨孙恩,走之。

刘牢之讨孙恩,恩走入海。牢之东屯上虞,使刘裕戍句章。吴国内史袁崧筑沪渎垒以备之。

以会稽世子元显都督扬、豫等十六州诸军事。 李暠自称凉公。

北凉晋昌太守唐瑶叛,移檄六郡,推暠为沙州刺史、凉公。暠遣宋繇东伐凉兴,并击玉门已西诸城,皆下之。是为西凉。

十二月,有星孛于天津。会稽世子元显解录尚书事。

元显以星变解录尚书事,复加尚书令。吏部尚书车胤以元显骄恣,白会稽王道子,请禁抑之。元显问道子曰:"车武子屏人言及何事?"道子怒曰:"尔欲幽我,不令与朝士语邪!"元显出,谓其徒曰:"胤间我父子。"胤惧自杀。

魏太史屡奏天文乖乱,魏主珪自览占书,云当改王易政,乃下诏风厉群下,以帝王继统皆有天命,不可妄干,又数变易官名,欲以厌塞灾异。

魏置仙人博士。

仪曹郎董谧献《服饵仙经》,珪置仙人博士,立仙坊,煮炼百药。成,令死罪者试服之,不验,而访求不已。

魏杀其左将军李粟。

乞伏乾归准备答应,有人将这件事告诉秃发利鹿孤。乞伏乾归害怕自己被秃发利鹿孤杀掉,便将太子乞伏炽磐等人送往西平,自己向南逃奔到枹罕,于是向后秦投降。过了很久以后,乞伏炽磐也逃了回来。

九月,东晋境内发生地震。　冬十一月,东晋朝廷诏令刘牢之讨伐孙恩,孙恩逃走。

刘牢之率军讨伐孙恩,孙恩逃回海岛。刘牢之东进驻屯上虞,命令刘裕戍守句章。吴国内史袁崧修筑沪渎垒,用以防备孙恩。

东晋朝廷任命会稽王世子司马元显为都督扬、豫等十六州诸军事。　李暠自称凉公。

北凉晋昌太守唐瑶反叛,向六个郡国移送檄文,推举李暠为沙州刺史、凉公。李暠派遣宋繇东进讨伐凉兴,并进攻玉门关以西的各座城池,全部攻克。这就是西凉。

十二月,有彗星出现于天津星侧。会稽王世子司马元显解除录尚书事一职。

司马元显因为星象变化被解除录尚书事一职,但又加予他尚书令一职。吏部尚书车胤因为司马元显骄横胡行,禀告会稽王司马道子,请求对他加以抑制约束。司马元显问司马道子说:"车武子屏退旁边人众,说了什么事?"司马道子大怒说:"你想要幽禁我,不让我与朝中官员说话吗?"司马元显出来后,对他的党徒说:"车胤离间我们父子。"车胤忧惧自杀。

北魏太史屡次上奏天象错乱,北魏国主拓跋珪亲自查阅占卜书籍,书上说这是帝王变更、政治改易的征兆。于是拓跋珪下诏勉励告谕手下文武百官,说帝王承继皇统都有天命,不要妄加猜测干预,又几次变换官职的名称,想用这种做法来镇压灾异。

北魏设置仙人博士一职。

北魏仪曹郎董谧献上《服饵仙经》,拓跋珪设置仙人博士,设立仙坊,让他们煮炼百药。药成,拓跋珪命令死刑犯试着服用,结果并不灵验,但他仍然访求不已。

北魏杀掉左将军李粟。

魏主珪常以燕主垂诸子分据势要,使权柄下移,遂至败亡,深非之。博士公孙表希旨上《韩非书》,劝珪以法制御下。李粟性简慢,对珪疏放不肃,咳唾任情,珪积其宿过诛之,群下皆震栗。

南燕王德称帝,更名备德。

备德尝问群臣:"朕可方古何主?"鞠仲曰:"陛下中兴圣主,少康、光武之俦也。"备德顾左右,赐仲帛千匹,仲以多辞。备德曰:"卿知调朕,朕不知调卿邪!"韩范进曰:"天子无戏言,今日之论,君臣俱失。"备德大悦,赐范绢五十匹。

辛丑(401) **五年**燕昭文帝慕容熙光始元,秦弘始三,魏天兴四年。凉王吕隆神鼎元,北凉王沮渠蒙逊永安元年。

春正月,南凉置都督中外、录尚书官。

南凉王利鹿孤欲称帝,将军输勿崙曰:"吾国被发左衽,无冠带之饰,逐水草迁徙,无城郭室庐,故能雄视沙漠,抗衡中夏。今举大号,诚顺民心,然建都立邑,难以避患,储蓄仓库,启敌人心。不如处晋民于城郭,劝课农桑以供资储,帅国人以习战射,邻国弱则乘之,强则避之,此久长之策也。且虚名无实,徒为世之质的,将安用之!"利鹿孤乃更称河西王,以其弟傉檀都督中外、录尚书事。

二月,孙恩寇句章,刘牢之击走之。 秦使乞伏乾归还镇苑川。 凉吕超弑其君纂,而立其兄隆,纂后杨氏自杀。

北魏国主拓跋珪常认为，后燕主慕容垂的几个儿子分掌权要，使朝廷权力下移，导致败亡，他觉得这种做法极为错误。博士公孙表迎合他的心意呈上《韩非子》一书，劝他用法令制度驾驭臣下。李栗性格傲慢不敬，对拓跋珪怠慢无礼，随意咳唾，拓跋珪将他过去的过失加在一起，杀了他，众臣下都震惊害怕。

南燕王慕容德称帝，改名为慕容备德。

慕容备德曾经问手下群臣说："朕可以与古代什么样的君主相比？"鞠仲说："陛下是中兴的圣明君主，是夏代少康、汉光武那样的君主。"慕容备德回头看着左右，命令赏赐鞠仲帛一千匹，鞠仲因为太多而推辞。慕容备德说："你知道调笑朕，朕难道不知道调笑你吗？"韩范进前说："天子说出的没有戏言，今天的谈论，君臣都有失当之处。"慕容备德大喜，赏赐韩范绢五十匹。

辛丑（401）　**晋安帝隆安五年**后燕昭文帝慕容熙光始元年，后秦弘始三年，北魏天兴四年。后凉王吕隆神鼎元年，北凉王沮渠蒙逊永安元年。

春正月，南凉设置都督中外诸军事、录尚书事两个官职。

南凉王秃发利鹿孤准备称帝，将军鍮勿崙说："我国传统是披散头发，左边开衣襟，没有冠帽腰带之类的服饰，寻找有水有草的地方四处迁徙，没有城池居室的累赘，所以能称雄沙漠，与中原的汉人相抗衡。现在您称帝建立大号，确实是顺应民心，然而建立都城设置城邑，便难以躲避灾祸，将物品储蓄于仓库之中，便会开启敌人的贪心。所以不如将晋人安置于城池之中，鼓励他们从事农桑以供军国之用，同时率领我们本族的人练习骑射兵事，邻国弱小我们就乘机消灭它，强大我们就避开它，这才是长久的良策。况且贪图虚名，并没有实际意义，白白成为世人的目标被人攻击，还能用它做什么呢？"秃发利鹿孤于是改称河西王，任命他的弟弟秃发傉檀为都督中外诸军事、录尚书事。

二月，孙恩侵犯句章，刘牢之率军进击，将他赶走。　后秦派乞伏乾归返回镇守苑川。　后凉吕超杀掉君主吕纂，改立他的兄长吕隆，吕纂的皇后杨氏自杀。

纂嗜酒好猎,太常杨颖谏之不悛。番禾太守吕超擅击鲜卑思盘,纂命超及思盘入朝。超惧,至姑臧,深自结于殿中监杜尚。纂见超责之曰:"卿恃兄弟桓桓,乃敢欺吾,要当斩卿,天下乃定!"然实无意杀之也,因引超、思盘及群臣宴于内殿。超兄中领军隆数劝纂酒,纂醉,超取剑击杀之。纂后杨氏命禁兵讨超,杜尚止之,皆舍杖不战。超让位于隆,隆遂即天王位,以超都督中外、录尚书事。

杨后将出宫,超恐其挟珍宝,命索之。后曰:"尔兄弟不义,手刃相屠,我旦夕死人,安用宝为!"超又问玉玺所在,后曰:"已毁之矣。"后有美色,超将纳之,谓其父桓曰:"后若自杀,祸及卿宗。"桓以告后,后曰:"大人卖女与氏以图富贵,一之谓甚,其可再乎?"遂自杀。桓奔河西。

三月,孙恩寇海盐,刘牢之参军刘裕击破之。

恩北趣海盐,刘裕随而拒之。城中兵少,裕夜偃旗匿众,明晨开门使嬴疾数人登城。贼遥问裕所在,曰:"夜已走矣。"贼争入城,裕奋击大破之。恩乃进向沪渎,裕复追之,不利引归。

南凉击凉,徙其民二千户以归。

其后,南凉王利鹿孤命群臣极言得失。从事史嵩曰:"陛下命将出征,往无不捷,然不以绥宁为先,唯以徙民为务,民安土重迁,故多离叛,此所以斩将搴旗而地不加广也。"利鹿孤善之。

吕纂喜爱饮酒打猎,太常杨颖劝谏他,但他不能改过。番禾太守吕超擅自进攻鲜卑思盘,吕纂命令吕超及思盘一起到朝廷来。吕超心中害怕,到姑臧后,极力结交殿中监杜尚。吕纂见到吕超责备他说:"你仗恃你们弟兄勇武,竟然敢欺侮我,关键是应当杀了你,天下才能安定!"吕纂实际上只想吓唬吕超一下,并没有杀他的心思,于是带吕超、思盘及群臣到内殿饮宴。吕超的兄长中领军吕隆不断劝吕纂饮酒,吕纂酒醉,吕超取剑将吕纂杀掉。吕纂的皇后杨氏命令禁卫将士讨伐吕超,杜尚禁止他们动手,众将士都扔下武器不肯向前交战。吕超将王位让与吕隆,吕隆于是即天王位,任命吕超为都督中外诸军事、录尚书事。

杨皇后将要出宫,吕超怕她携带珍宝,命人去搜查。杨皇后说:"你们兄弟不义,互相亲手残杀,我是很快就要死去的人,还用珍宝干什么?"吕超又问玉玺在什么地方,杨皇后说:"已经毁掉了。"杨皇后相貌美丽,吕超想要娶她,对她的父亲杨桓说:"皇后如果自杀,灾祸就要降临到你的家族之上。"杨桓告诉了杨皇后,杨皇后说:"父亲把女儿卖给氐人以图富贵,一次就已叫作过分,难道还可以有第二次?"于是自杀。杨桓逃奔河西。

三月,孙恩进攻海盐,刘牢之的参军刘裕进军将他击败。

孙恩向北进趋海盐,刘裕跟随与之抗衡。海盐城中兵将寡少,刘裕便在夜间放倒旌旗,将将士隐蔽起来。次日清晨,打开城门命老弱残兵登上城墙。盗贼从远处询问刘裕在哪里,这些兵卒说:"昨日夜里已经逃跑了。"盗贼于是争先入城,刘裕率领隐蔽的将士奋勇进击,大破敌军。孙恩于是向沪渎进军,刘裕继续在后追击,交战不利,率军退回。

南凉进攻后凉,迁徙后凉百姓二千户返回。

此后,南凉王秃发利鹿孤命令手下群臣尽情言说朝政得失。从事史暠说:"陛下派遣将帅率军出征,无往不胜,却不能以抚慰安宁百姓为先,而只以迁徙百姓为务,百姓安于故土不愿轻易迁徙,所以多有叛离的,这是所以战无不捷而土地不能增加的原因。"秃发利鹿孤认为他说得很对。

夏五月，北凉沮渠蒙逊弑其君业。

北凉王业惮沮渠蒙逊勇略，蒙逊亦深自晦匿。张掖太守马权素豪俊，为业所亲重，意轻蒙逊。蒙逊谮而杀之，乃谓其兄男成曰："段公非拨乱之主，向所惮者马权，今权已死，欲除之以奉兄，何如？"男成曰："人亲信我，图之不祥。"蒙逊乃求为西安太守，因与男成约同祭兰门山，而阴使人先告男成欲为乱，以求祭兰门山为验。至期果然，业收男成赐死。男成曰："蒙逊先与臣谋反，臣以兄弟之故隐而不言。今以臣在，恐部众不从，故约臣祭山而反诬臣，其意欲王之杀臣也。乞诈言臣死，暴臣罪恶，蒙逊必反，然后使臣讨之，无不克矣。"业不听，杀之。蒙逊泣告众曰："男成忠于段王，而无故枉杀之，诸君能为报仇乎？"男成素得众心，众皆愤怒争奋，北至氐池，羌、胡多起兵应之。业先疑将军田昂囚之，至是召之使讨蒙逊。昂以众降，业军遂溃。蒙逊入张掖，业谓曰："孤孑然一己，为君家所推，愿丐余命，东还与妻子相见。"蒙逊斩之。业儒素长者，无他权略，威禁不行，群下擅命，尤信卜筮、巫觋，故至于败。

孙恩陷沪渎，杀吴国内史袁崧。六月，孙恩寇丹徒，刘

夏五月,北凉沮渠蒙逊杀掉他的君主段业。

北凉王段业忌惮沮渠蒙逊的勇武谋略,沮渠蒙逊自己也尽量地隐匿锋芒。张掖太守马权素来豪爽富有才干,被段业所信任重用,他很轻视沮渠蒙逊。沮渠蒙逊诬陷马权,段业因此将马权杀掉。沮渠蒙逊于是对他的兄长沮渠男成说:"段公不是拨乱反正的君主,从前我们所忌惮的只有马权,现在马权已死,我想除掉段业来拥奉兄长为主,怎么样?"沮渠男成说:"人家亲近信任我们,我们却图谋他,这不吉利。"沮渠蒙逊便向段业请求出任西安太守,又乘势约请沮渠男成与他一同去祭祀兰门山,同时暗中派人先去向段业告密,说沮渠男成想要作乱,并且说可以拿沮渠男成请求去祭祀兰门山作为验证。到了约定日期后,沮渠男成果然去请求祭山,段业于是逮捕沮渠男成下狱,将他赐死。沮渠男成对段业说:"沮渠蒙逊开始先与臣谋划反叛,臣因为兄弟的关系,所以替他隐瞒没有说出来。现在因为臣还在,恐怕部众不肯听从他,所以他与臣约好去祭山而反过来诬陷我,他的意思是想让大王您杀掉臣。请求您对外假称已将臣杀死,公开臣的罪状,沮渠蒙逊闻知一定会造反,然后派臣去讨伐他,那就一定能消灭他。"段业不听,将沮渠成男杀掉。沮渠蒙逊哭着对部众说:"沮渠男成忠于段王,却无缘无故地被冤枉杀掉,各位能为他报仇吗?"沮渠男成素来深得人心,部众闻听此话,都义愤填膺,人人摩拳擦掌,准备与段业交战。沮渠蒙逊率领他们向北进至氏池,羌、胡有很多人起兵响应。段业起先怀疑将军田昂,将他囚禁了起来,到这时召回田昂,命他率军讨伐沮渠蒙逊。田昂率领部下投降沮渠蒙逊,段业军队于是溃散。沮渠蒙逊进入张掖,段业对他说:"孤孑然一身,被你家所推举而登王位,希望能赐与余生,使我东还与妻子儿女相见。"沮渠蒙逊将他斩首。段业是个恪守儒家品德的长者,没有什么权变谋略,威严和禁令都不能实行于国中,众臣下专擅权力,而且他极为相信占卜、巫术等事,所以导致失败。

孙恩攻破沪渎,杀掉吴国内史袁崧。六月,孙恩犯丹徒,刘

裕击破之。恩北走,陷广陵。

孙恩浮海奄至丹徒,战士十余万,楼船千余艘,建康震骇,内外戒严。刘牢之使刘裕自海盐入援。裕兵不满千人,倍道兼行,与恩俱至。丹徒守军莫有斗志,恩帅众鼓噪登蒜山,居民皆荷担而立。裕帅所领奔击,大破之,恩狼狈仅得还船。然恩犹恃众复整兵向京师。谯王尚之帅精锐驰至。恩楼船高大,溯风不得疾行,数日乃至白石。闻尚之在建康,牢之至新洲,乃浮海北走郁洲,攻陷广陵。桓玄厉兵训卒,常伺朝廷之隙。闻恩逼京师,建牙聚众,请讨之。后将军元显大惧,会恩退,以诏书止之,玄乃解严。

沮渠蒙逊自称张掖公。

亦号北凉。

秋七月,魏徇许昌,东至彭城。　秦伐凉,大破之。西凉、南凉、北凉皆遣使入贡于秦。

凉王隆多杀豪望,人不自保。魏安人焦朗使人说后秦姚硕德曰:"吕氏兄弟相贼,政乱民饥,乘其篡夺之际取之易于反掌,不可失也。"硕德以告其主兴而从之。自金城济河直趣姑臧。隆遣吕超等逆战,硕德大破之。隆婴城固守。于是西凉公暠、河西王利鹿孤、张掖公蒙逊各遣使奉表入贡于秦。秦主兴闻杨桓之贤而征之,利鹿孤不敢留。

裕进军击败他。孙恩向北逃走,攻破广陵。

　　孙恩从海上突然进军至丹徒,有战士十余万人,楼船一千余艘,东晋京师建康震惊恐慌,朝廷宣布内外戒严。刘牢之命令刘裕从海盐入援建康。刘裕手下士卒不足千人,得命之后兼程而进,与孙恩同时到达丹徒。丹徒的东晋守军都没有斗志,孙恩率领军队擂鼓呐喊,登上蒜山,当地百姓都肩挑担子站在那里。刘裕率领手下将士疾进,向孙恩发动攻击,大破其军,孙恩狼狈逃走,仅仅得以回到船上。但孙恩仍然仗恃士卒众多,又整顿军队进逼京师建康。谯王司马尚之率领精兵急速赶到建康救援。孙恩军中的楼船高大,逆风行驶不能快速前进,几天后才到达白石。孙恩闻知司马尚之在建康,刘牢之率军已至新洲,便从海上向北进趋郁洲,攻破广陵。桓玄厉兵秣马,训练士卒,时刻窥伺着朝廷是否出现破绽。听说孙恩进逼京师建康,便竖建旌旗,召集士卒,向朝廷请求出兵讨伐孙恩。后将军司马元显见状大为恐惧,正好这时孙恩退走,于是他以诏书阻止桓玄起兵,桓玄于是命令军队解除临战状态。

沮渠蒙逊自称张掖公。

　　也号称北凉。

　　秋七月,北魏进攻许昌,东进抵达彭城。　后秦讨伐后凉,大破后凉军。西凉、南凉、北凉都派遣使者向后秦进贡。

　　后凉王吕隆大肆杀戮豪门望族,朝廷内外人人自危。魏安人焦朗派人去劝说后秦姚硕德说:"吕氏兄弟互相残杀,政治昏乱,百姓饥困,如果现在乘他们篡夺王位之时去谋取它,一定会易如反掌,希望您不要失去这个机会。"姚硕德将这番话告诉后秦国主姚兴,姚兴听从了这个建议。姚硕德便率军自金城渡过黄河直趋姑臧。吕隆派遣吕超等人率军迎战,姚硕德大破吕超等军。吕隆环城坚守。于是西凉公李暠、河西王秃发利鹿孤、张掖公沮渠蒙逊都各自派遣使者向后秦奉表进贡。后秦国主姚兴听说杨桓很贤明,征召他到后秦来,秃发利鹿孤不敢违命强留杨桓。

八月，以刘裕为下邳太守，讨孙恩于郁洲，大破之。
恩由是衰弱，复缘海南走，裕随而击之。
燕段玑弑其君盛，太后丁氏立盛叔父熙，讨玑杀之。

燕王盛惩其父宝以懦弱失国，自矜聪察，多所猜忌，群臣有纤介之嫌，皆先事诛之，人不自保。

初，段太后兄之子玑为反者段登辞所连及，逃奔辽西，复还归罪，盛赦之，使尚公主，入直殿内，至是作乱。盛帅左右出战，被伤而卒。中垒将军慕容拔白太后丁氏，以国家多难，宜立长君。时众望在盛弟平原公元，而河间公熙素得幸于丁氏，乃废太子定，迎熙入宫，即天王位。捕玑等夷三族。元、定皆赐死。

九月，凉王隆遣使降秦。
秦陇西公硕德围姑臧累月，抚纳夷、夏，分置守宰，节食聚粟，为持久计。吕超言于凉王隆曰："今资储内竭，上下嗷嗷，当卑辞以退敌。敌去之后，修政息民，若卜世未穷，何忧旧业之不复！若天命去矣，亦可保全宗族。"隆乃遣使请降于秦。硕德表隆为凉州刺史。硕德军令严整，秋毫不犯，祭先贤，礼名士，西土悦之。

冬十一月，刘裕追击孙恩，破之。　凉攻魏安，南凉救之。

凉吕超攻焦朗于魏安，朗请迎于南凉。利鹿孤遣将军俦檀赴之，比至，超已退，朗闭门拒之。俦檀怒，将攻之。

八月，东晋任命刘裕为下邳太守，去郁洲讨伐孙恩，大破其军。

孙恩势力因此衰弱下来，又沿海路南逃，刘裕随后追击。

后燕段玑杀了后燕国主慕容盛，太后丁氏立慕容盛的叔父慕容熙为国主，进讨段玑将他杀掉。

后燕国主慕容盛鉴于他的父亲慕容宝因为太过懦弱而失去国家权柄，又自诩明察，平时多所猜忌，群臣中谁有一丝一毫的嫌疑，他都先下手将他们杀掉，朝中因此人人自危。

当初，段太后兄长的儿子段玑因为被反叛者段登的口供所牵连，逃奔辽西，后又回来认罪，慕容盛赦免了他，让他娶公主为妻，在殿内值宿。到这时，段玑作乱。慕容盛率领左右侍卫出战，身受重伤死掉。中垒将军慕容拔禀告太后丁氏，认为国家正当多事之秋，应当立一个年长的人为君。当时众望所归的人选是慕容盛的弟弟平原公慕容元，但河间公慕容熙向来被丁太后所宠爱，于是丁太后废黜太子慕容定，迎慕容熙入宫即天王位。慕容熙收捕段玑等人，夷灭三族。慕容元、慕容定都被赐死。

九月，后凉王吕隆派遣使者投降后秦。

后秦陇西公姚硕德围困姑臧数月，慰抚招纳胡、汉百姓，分别设置地方官吏，节约粮食贮存下来，以便长久围困姑臧。吕超向后凉王吕隆进言说："现在粮食物资的储备已经用尽，上下嗷嗷待哺，应当向敌人致以谦卑之辞以使他们退去。敌人退去之后，我们可以修明政治，与民休息，如果天命没有穷尽，还担忧什么大业不可以恢复呢？如果天命已尽，也可以保全宗族。"吕隆于是派遣使者到后秦请求投降。姚硕德上表推荐吕隆为凉州刺史。姚硕德军令严整，对百姓秋毫无犯，祭祀前代贤人，礼待当世名士，西土人士都非常高兴。

冬十一月，刘裕追击孙恩，大破其军。后凉进攻魏安，南凉派军救援。

后凉吕超进攻驻在魏安的焦朗，焦朗向南凉求救。秃发利鹿孤派将军秃发傉檀率军救援，等到达魏安时，吕超已退走。焦朗关闭城门，不让秃发傉檀进城。秃发傉檀大怒，准备攻城。

将军俱延曰："朗孤城无食，今年不降，后年自服，何必多杀士卒以攻之！若其不捷，彼必去从他国，弃州境士民以资邻敌，非计也，不如以善言谕之。"偊檀乃与朗连和，寻伐取之。

桓玄表桓伟镇夏口，刁畅镇襄阳。

桓玄表其兄伟为江州刺史，镇夏口；司马刁畅督八郡，镇襄阳。遣其将冯该戍溢口。自谓有晋国三分之二，数使人上己符端，欲以惑众，又致笺于会稽王道子曰："贼造近郊，以风不得进，食尽故去，非力屈也。昔国宝死后，王恭不乘此威入统朝政，足见其心非侮于明公也，而谓之不忠。今之腹心，谁有时望？岂无佳胜？直是不能信之耳。"元显见之大惧。

张法顺谓曰："玄承藉世资，素有豪气，既并殷、杨，专有荆、楚，第下所控引止三吴耳。今东土涂地，公私困竭，玄必乘此纵其奸凶。"元显曰："为之奈何？"法顺曰："玄始得荆州，人情未附，若使刘牢之为前锋，而以大军继进，玄可取也。"元显以为然。会武昌太守庾楷密使人自结于元显，请为内应。元显大喜，遣法顺至京口谋于牢之，牢之以为难。法顺还曰："观牢之言色必贰于我，不如召入杀之，不尔，败人大事。"元显不从。于是大治水军谋讨玄。

将军俱延说:"焦朗据守孤城,没有粮食,今年如果不投降,那么后年一定会归服,何必要死伤很多将士去进攻他呢!如果进攻一旦不能取胜,他一定会去依附其他国家,丢弃州境百姓去资助邻国,这不是好的计策,不如用好言来告谕他。"秃发傉檀于是与焦朗交好联合,但不久便进军攻占了魏安。

桓玄上表推荐桓伟镇守夏口,刁畅镇守襄阳。

桓玄上表推荐他的哥哥桓伟出任江州刺史,镇守夏口;司马刁畅都督八郡军事,镇守襄阳。又派遣他的手下将领冯该戍守溢口。他自认为已占有东晋疆土的三分之二,几次让人呈奏他符合天命将做君主的吉祥征兆,想以此来迷惑人心,又写信给会稽王司马道子说:"孙恩贼军逼近京师近郊,因为大风没有能够攻进来,粮食用尽所以退去,不是因为他们力量不足。从前王国宝死了之后,王恭没有乘当时的威势入执朝政,足以证明他心中对您没有欺侮不敬的意思,而您却说他不忠。现在您的心腹,哪一个是身孚众望的人?难道是因为当今没有更优秀的人才吗?只不过是因为您不能信任他们罢了。"司马元显见到信后,极为恐惧。

张法顺对司马元显说:"桓玄承借他家世的功名声望,向来富有豪气,现在既已吞并殷仲堪、杨佺期,专制荆、楚一带,您所控制的地区,只有三吴之地而已。现在东土又遭受战乱,官家百姓都枯竭穷困,桓玄一定会乘此机会逞其奸恶凶暴。"司马元显说:"对此怎么办?"张法顺说:"桓玄刚刚得到荆州,人心还未归附,如果命令刘牢之为前锋,然后以大军继其后进攻,可以消灭桓玄。"司马元显认为他说得很对。正好这时武昌太守庾楷暗中派人来投靠司马元显,请求做他的内应。司马元显见状大喜,派遣张法顺去京口与刘牢之谋划此事,刘牢之认为征讨桓玄很困难。张法顺回来对司马元显说:"我观察刘牢之的言谈表情,他一定会对我们怀有二心,不如召他入朝将他杀掉,不这样,他一定会败坏我们的大事。"司马元显不肯听从。于是他大力整顿水军准备讨伐桓玄。

壬寅（402） **元兴元年**燕光始二,秦弘始四,魏天兴五年。南
凉王秃发傉檀弘昌元年。

春正月,以尚书令元显为征讨大都督、加黄钺,讨桓玄。

下诏罪状桓玄,以元显为骠骑大将军、征讨大都督、加
黄钺,刘牢之为前锋,谯王尚之为后部。

张法顺言于元显曰:"桓谦兄弟每为上流耳目,而牢之
反覆,万一有变,则祸败立至。可令牢之杀谦兄弟以示无
贰,若不受命,当逆为其所。"元显曰:"今非牢之无以敌玄,
且始事而诛大将,人情不安。"又以桓冲有遗惠于荆土,而
谦其子也,乃除谦荆州刺史,以结西人之心。

柔然据漠北,自称可汗。

初,魏主珪遣贺狄干献马求婚于秦。秦王兴闻魏已立
慕容后,止狄干而绝其婚。由是魏与秦有隙,攻其属国没
弈干、黜弗、素古延。

柔然社崙方睦于秦,遣将救之,大败。远遁漠北,夺高
车之地而居之,遂吞并诸部,士马繁盛,雄于北方。其地西
至焉耆,东接朝鲜,南临大漠,旁侧小国皆羁属焉,自号豆
代可汗。始立约束,以千人为军,军有将;百人为幢,幢有
帅。攻战先登者赐以虏获,畏懦者以石击其首杀之。

南凉攻凉显美,克之。

南凉王秃发傉檀克显美,执太守孟祎而责其不早降。

壬寅(402)　**晋安帝元兴元年**后燕光始二年,后秦弘始四年,北魏天兴五年。南凉王秃发傉檀弘昌元年。

春正月,东晋任命尚书令司马元显为征讨大都督,加黄钺,进讨桓玄。

东晋朝廷下诏历数桓玄罪状,任命司马元显为骠骑大将军、征讨大都督、加黄钺,以刘牢之为前锋,谯王司马尚之为后部,进讨桓玄。

张法顺向司马元显进言说:"桓谦兄弟常常充当上流荆州的耳目,而刘牢之反复无常,万一有什么变故,那灾祸立刻就会降临。现在可以命令刘牢之杀掉桓谦兄弟以让他表明没有二心,如果他不接受命令,便应该预先作好打算。"司马元显说:"现在除了刘牢之没有人能抵敌桓玄,况且事情刚刚开始就先诛杀大将,会使人心不安。"又因为桓冲曾经对荆州百姓有很多恩惠,而桓谦是他的儿子,便任命桓谦为荆州刺史,以收买笼络荆州的人心。

柔然占据漠北地区,自称可汗。

当初,北魏国主拓跋珪派遣贺狄干向后秦进献马匹,并请求结亲。后秦王姚兴听说北魏已立慕容皇后,扣住贺狄干,拒绝与北魏结亲。因此北魏与后秦之间有了嫌隙,进攻后秦的属国没弈干、黜弗、素古延。

柔然首领社崙当时正与后秦关系很好,便派遣将领率军救助,大败。社崙于是远逃至漠北地区,夺得高车占据的地区居住,吞并各部游牧部落,部众马匹日渐增多,称雄北方。社崙所占之地西至焉耆,东接朝鲜,南临大漠,附近的许多部落小国都被他控制,自称豆代可汗。他开始建立法令制度,每一千名部众组成一军,每军设将;每一百名部众组成一幢,每幢设帅。征战者先占领敌阵的赏予缴获的人畜财物,畏懦不前的用石头砸其头颅处死。

南凉进攻后凉显美,攻克。

南凉王秃发傉檀攻克显美,生擒太守孟祎,责备他不早降。

祎曰:"祎受吕氏厚恩,分符守土,若明公大军甫至望旗归附,恐获罪于执事矣。"偟檀释而礼之,以为左司马。祎辞曰:"祎为人守城不能全,复忝显任,于心窃所未安。若蒙明公之惠,使得就戮姑臧,死且不朽。"偟檀义而遣之。

桓玄举兵反。

东土遭孙恩之乱,因以饥馑,漕运不继。桓玄禁断江路,商旅俱绝,公私匮乏,以粎、橡给士卒。玄谓朝廷多虞,必未暇讨己,可以蓄力观衅。及闻大军将发,乃大惊,欲完聚保江陵。长史卞范之曰:"明公威振远近,元显口尚乳臭,刘牢之大失物情,若兵临近畿,示以祸福,土崩之势可翘足而待,何有延敌入境自取穷蹙者乎!"玄从之,留桓伟守江陵,抗表传檄,罪状元显,举兵东下。檄至,元显大惧,下船而不发。

二月,魏袭没弈干,没弈干奔秦。

魏常山王遵等率兵袭没弈干,至高平,没弈干弃其部众,帅数千骑与刘勃勃奔秦州。魏军尽获其府库蓄积,马四万余匹,徙其民于代都。复遣兵侵河东,长安大震。

秦立子泓为太子。

泓孝友宽和,喜文学,善谈咏,而懦弱多病。秦王兴欲以为嗣,而狐疑不决,久乃立之。

北凉攻凉姑臧,不克。

孟祎说:"孟祎我蒙受吕氏的厚恩,率领军队守卫一方疆土,如果您的大军刚刚来到我便望风而降,恐怕要被您怪罪了。"秃发傉檀饶恕了他并以礼相待,任命他为左司马。孟祎推辞说:"孟祎我为人家守卫城池却不能使它保全,却又勉力出任显职,我私下深感不安。如果蒙您恩惠,使我能返回姑臧接受杀戮,那样我即使死了也将不朽。"秃发傉檀敬佩他的忠义,让他返回了故国。

桓玄起兵反叛。

东晋东土一带遭受孙恩之乱,发生饥荒,京师建康的漕粮供应出现问题。桓玄封断长江水路,商旅断绝,官家百姓的积蓄都已枯竭,粮食缺乏,朝廷只能用麸皮和橡子给将士充饥。桓玄认为朝廷忧患多,一定没有余力来讨伐自己,自己可以积蓄力量,等待时机。等到听说朝廷大军将要进发,这才大惊失色,准备集聚部队,全力守卫江陵。长史卞范之说:"您威名震于远近,司马元显还是乳臭未干的孩子,刘牢之大失人心,如果我们以大军逼临京畿地区,向他宣示祸福,那敌军土崩瓦解的形势,我们翘起足尖就可以等到,哪里有延请敌人入境而自求困境的呢?"桓玄听从了他的建议,留下桓伟镇守江陵,呈奏表章,移送檄文,数说司马元显的罪状,起兵东下。檄文传到建康,司马元显大为恐惧,登上战船后,不敢进发。

二月,北魏袭击没弈干,没弈干逃奔后秦。

北魏常山王拓跋遵等率领军队袭击没弈干,军至高平,没弈干丢弃其部众,率数千骑兵与刘勃勃一同逃奔秦州。北魏军将他仓库中的物资全部缴获,得到马匹四万余匹,将其部众迁徙到代都。北魏又派遣军队进犯河东地区,后秦都城长安大震。

后秦立后秦王姚兴的儿子姚泓为太子。

姚泓孝顺父母,友爱兄弟,待人宽厚,喜爱文学,擅长言谈吟咏,但性格懦弱,身体多病。后秦王姚兴想立他为太子,但一直犹豫不决,过了很久才决定。

北凉进攻后凉都城姑臧,没能攻克。

姑臧大饥,饿死者十余万口,城门昼闭,樵采路绝。沮渠蒙逊引兵攻之,凉王隆击破其军。蒙逊请盟,留谷万余斛遗之。

玄兵至姑孰。三月,刘牢之叛附于玄。元显军溃,玄入建康。自以太尉总百揆,杀元显等,以牢之为会稽内史,牢之自杀。

桓玄发江陵,虑事不捷,常为西还计,及过寻阳,甚喜。诏遣齐王柔之以驺虞幡止之,为玄所杀。玄至历阳,襄城太守司马休之败走,谯王尚之众溃,玄捕获之。

刘牢之素恶元显,又虑功高不为所容,自恃材武,拥强兵,欲假玄以除执政,复伺玄隙而自取之。参军刘裕请击玄,牢之不许。玄使牢之族舅何穆说之曰:"自古戴震主之威,挟不赏之功而能自全者谁邪? 今战胜则倾宗,战败则覆族。不若翻然改图,则可以长保富贵矣。"牢之遂与玄通。东海何无忌,牢之之甥也,与刘裕极谏不听。其子敬宣又谏,牢之怒曰:"吾岂不知今日取玄如反覆手,但平玄之后,令我奈骠骑何!"遂遣敬宣诣玄请降。玄阴欲诛牢之,乃与敬宣宴饮,陈名书画共观之,以安悦其意,敬宣不觉也。

元显将发,闻玄已至新亭,弃船退军,二日复出陈于宣阳门外。军中相惊,言玄已至南桁,元显遂引兵欲还宫。玄遣人拔刀随后大呼曰:"放仗!"军人皆奔溃。元显走入东府,玄遣从事收缚数之,元显曰:"为法顺所误耳。"

姑臧发生大饥荒,饿死的人达到十余万口,城门白天都要关闭,打柴的道路断绝。沮渠蒙逊率军进攻,后凉王吕隆打败了他。沮渠蒙逊请求讲和结盟,并留下粮谷一万多斛送给后凉。

桓玄军队进至姑孰。三月,刘牢之反叛,归附桓玄。司马元显的军队溃散,桓玄攻入建康。桓玄自任太尉,总理朝政,杀掉司马元显等人,任命刘牢之为会稽内史,刘牢之自杀。

桓玄从江陵进发,担忧事情不能成功,常常怀有率军西还的心思,及至通过寻阳,心中极为高兴。朝廷下诏派遣齐王司马柔之拿着驺虞幡去阻止他进军,被桓玄杀掉。桓玄进抵历阳,襄城太守司马休之战败逃走,谯王司马尚之部众溃散,桓玄将他擒获。

刘牢之素来厌恶司马元显,并顾虑自己功劳日高不能被司马元显所容,他又自恃勇猛善战,手握强兵,便想借桓玄的手除去朝廷执政的人,然后再寻找桓玄的可乘之机消灭桓玄。参军刘裕请求出兵进攻桓玄,刘牢之不许。桓玄派刘牢之的族舅何穆去劝刘牢之说:"自古以来,身带震慑君主的威风,又身负无法奖赏的大功而能保全自己的有谁呢?现在你如果战胜,便要被灭族,如果战败,也还是要被灭族。不如反转头来改变主意,那就可以长保富贵了。"刘牢之于是与桓玄勾通联系。东海人何无忌是刘牢之的外甥,他与刘裕极力劝谏刘牢之,但刘牢之不肯听从。他的儿子刘敬宣又劝谏他,刘牢之大怒说:"我难道不知道今天收拾桓玄就如同翻手一样容易,但平定桓玄之后,让我如何对付骠骑大将军司马元显?"于是派遣刘敬宣去拜见桓玄请求投降。桓玄暗中想除掉刘牢之,于是与刘敬宣一起宴饮,拿出一些名字画来与他一同欣赏,以便稳住他的心,刘敬宣对此毫无察觉。

司马元显准备进军时,听说桓玄已经到达新亭,便丢弃战船退军,两天后又出军在宣阳门外列阵。军中互相惊扰,言称桓玄已经到达朱雀桁,司马元显便要率军返回宫中。桓玄派人拔出刀随后大喊道:"放下武器!"司马元显的军队都奔逃溃散。司马元显逃进东府,桓玄派遣从事中郎将他抓获捆绑起来,数说他的罪状,司马元显说:"我是被张法顺所迷误罢了。"

玄入京师，称诏解严，自为丞相，总百揆，都督中外、录尚书事、扬州牧，复让丞相而为太尉。以桓伟为荆州刺史，桓修为徐、兖刺史，桓石生为江州刺史，卞范之为丹阳尹，王谧为中书令。徙会稽王道子于安成郡，斩元显、尚之、庾楷、张法顺，以刘牢之为会稽内史。

牢之曰："始尔便夺我兵，祸其至矣。"敬宣劝牢之袭玄，牢之犹豫，告刘裕曰："今当北就高雅之于广陵，举兵以匡社稷，卿能从我乎？"裕曰："将军以劲卒数万，望风降服，彼新得志，威震天下，朝野人情皆已去矣，广陵可得至邪！裕当反服还京口耳。"退谓何无忌曰："吾观镇北必不免，卿可随我还京口。玄若守臣节，当与卿事之，不然当与卿图之。"于是牢之大集僚佐，议据江北以讨玄。参军刘袭曰："事之不可者莫大于反。将军往年反王兖州，近日反司马郎君，今复反桓公，一人三反，何以自立！"语毕趋出，佐吏多散走。牢之惧，帅部曲北走，至新洲，缢而死。

孙恩寇临海，郡兵击破之，恩赴海死。玄以恩党卢循为永嘉太守。

孙恩寇临海，太守辛景击破之。恩所虏三吴男女死亡殆尽。恐为官军所获，乃赴海死，其党从死者以百数，谓之"水仙"。余众数千人复推恩妹夫卢循为主。循，谌之曾孙也。神采清秀，雅有才艺。少时沙门惠远尝谓之曰："君虽体涉风素，而志存不轨，如何？"桓玄欲抚安东土，乃以循为永嘉守。循虽受命，而寇暴不已。

桓玄进入京师建康，宣称晋安帝下诏，命令解除戒严，自己任丞相，总领朝政，又任都督中外诸军事、录尚书事、扬州牧，随后又让出丞相职位，改任太尉。桓玄任命桓伟为荆州刺史，桓修为徐、兖二州刺史，桓石生为江州刺史，卞范之为丹阳尹，王谧为中书令。迁徙会稽王司马道子到安成郡，杀掉司马元显、司马尚之、庾楷、张法顺，任命刘牢之为会稽内史。

刘牢之说："刚开始就夺去我的兵权，灾祸要来临了。"刘敬宣劝刘牢之袭击桓玄，刘牢之犹豫不决，将这件事告诉刘裕说："现在应当向北去广陵与高雅之会合，一同起兵来匡扶社稷，你能和我一起去吗？"刘裕说："将军以数万精兵的实力，却望风投降桓玄，现在他刚刚得志，威名震天下，朝野的人心都已经归附了他，广陵能够顺利到达吗？刘裕我将脱去军服返回京口了。"刘裕退下后对何无忌说："我看镇北将军将难以免除灾祸，你可以跟我一起返回京口。桓玄如果能够恪守臣子的志节，我将与你一起事奉他，不然的话，我将与你一起对付他。"于是刘牢之大集僚属，商议据守江北以讨伐桓玄。参军刘袭说："不可以做的事情，没有比反叛更大的了。将军往年反叛王兖州，最近反叛司马郎君，现在又反叛桓公，一个人接连三次反叛，还用什么来自立！"说完话后快步走了出去，僚属佐吏大多四散离去。刘牢之心中恐惧，率领部曲向北逃走，行至新洲，自缢而死。

孙恩侵犯临海，临海郡兵将他击败，孙恩投海自杀。桓玄任命孙恩同党卢循为永嘉太守。

孙恩侵犯临海，临海太守辛景进兵击败其军。孙恩所掳掠的三吴地区的男女人口死亡殆尽。他恐怕被官军抓获，便跳海自杀，他的党羽跟随他同死的数以百计，他们被称为"水仙"。孙恩余众数千人又推举孙恩的妹夫卢循为首领。卢循是卢谌的曾孙。他神采清秀，多才多艺。他小时候，僧人惠远曾对他说："您虽然外表有素雅之风，却心怀不轨之志，我说得对不对？"桓玄意欲安抚东土一带，便任命卢循为永嘉太守。卢循虽然接受了任命，但仍劫掠不已。

南凉王利鹿孤卒,弟傉檀立。

始称凉王,徙乐都。

夏四月,玄出屯姑孰。

玄辞录尚书事,出屯姑孰,大政皆就谘焉,小事则决于尚书令桓谦及卞范之。

自隆安以来,人厌祸乱。玄初至,黜奸佞,擢俊贤,京师欣然,冀得少安。既而奢豪纵逸,凌侮朝廷,裁损乘舆供奉,帝几不免饥寒,众由是失望。

三吴大饥。

三吴大饥,户口减半,临海、永嘉殆尽,富室皆衣罗纨,怀金玉,闭门饿死。

五月,卢循寇东阳,刘裕击走之。 秦主兴攻魏,败绩,其将姚平死之。

秦主兴大发诸军,遣义阳公平等将以伐魏,兴自将大军继之。平攻魏乾壁,拔之。魏主珪遣长孙肥为前锋,自将大军继发以御之。

平遣骁将帅精骑二百觇魏军,肥逆击,尽擒之。平退走,珪追及于柴壁。平婴城固守,魏军围之。兴将兵四万救之,将据天渡运粮以馈平。魏博士李先曰:"兵法:高者为敌所栖,深者为敌所禽。今秦皆犯之,宜遣奇兵先据天渡,柴壁可不战而取也。"珪命增筑重围,内防平出,外拒兴入。将军安同曰:"汾东有蒙坑,东西三百余里,蹊径不通。兴来必从汾西直临柴壁,如此虏声势相接,重围虽固不能

南凉王秃发利鹿孤去世,他的弟弟秃发傉檀即位。

秃发傉檀开始称凉王,迁徙都城到乐都。

夏四月,桓玄出京师驻屯姑孰。

桓玄辞去录尚书事的职位,出京师驻屯姑孰,但朝廷大政都要去姑孰向他谘询请示,小事则由尚书令桓谦及卞范之处理。

东晋自隆安年间以来,人们厌恶灾祸战乱。桓玄刚至建康时,黜退奸佞,拔举贤能才俊,京师建康人人喜悦,希望能有一个稍微安定一些的局面。但桓玄不久便骄奢横暴,任意胡为,欺凌侮辱安帝,裁减安帝的车马供奉等用物,安帝几乎不能免于饥寒,人们因此对他渐渐失望。

三吴地区发生大饥荒。

三吴地区发生大饥荒,户数人口减少一半,临海、永嘉等地人口死亡殆尽,有钱人家都身穿绫罗绸缎,怀揣金玉,关闭房门饥饿而死。

五月,卢循侵犯东阳,刘裕率军进击将他赶走。 后秦王姚兴进攻北魏,大败,他的大将姚平战死。

后秦王姚兴大发诸军,派遣义阳公姚平等人统率,讨伐北魏,姚兴亲率大军以为后继。姚平进攻北魏乾壁,攻克了。北魏国主拓跋珪派遣长孙肥为前锋,自己率领大军继后而进,抵御后秦军。

姚平派遣骁将率领精骑二百人去打探北魏军的动静,长孙肥率军迎击,将这些人全部擒获。姚平退走,拓跋珪率军追击,在柴壁追上了他。姚平环据城池坚守,北魏军将柴壁城围住。姚兴率领四万大军来救姚平,准备占据天渡,以便从那里运送粮食接济姚平。北魏博士李先说:"兵法道:驻军在高处,便会被敌人围困;驻军于低洼之处,便会被敌人所封锁。现在后秦军对这两条都犯了,应该派遣奇兵先去据守天渡,柴壁便可以不攻而克。"拓跋珪命令将士增修重重包围圈,对内防止姚平突围,对外阻挡姚兴攻入。将军安同说:"汾水以东有蒙坑,东西三百余里,道路不通。姚兴如果来,一定要从汾河西岸直趋柴壁,如果这样,敌人声势便会互相应接,我军的重重包围虽然坚固,也将不能

制也。不如为浮梁渡汾西,筑围以拒之,虏至无所旋其智力矣。"珪从之。帅步、骑三万逆击兴于蒙坑之南,兴退走四十余里,平亦不敢出。兴屯汾西,束柏材从汾上流纵之,欲以毁浮梁,魏人皆钩取为薪。

平粮竭矢尽,夜悉众突围,不得出,乃帅麾下赴水死,余众二万余人皆敛手就擒。兴力不能救,举兵恸哭。数遣使求和于魏,珪不许,乘胜进攻蒲坂。会柔然谋伐魏,乃引兵还。

将军司马休之、刘敬宣、高雅之奔南燕。

玄杀吴兴守高素、将军竺谦之及刘袭等,皆牢之北府旧将也。袭兄轨邀司马休之、刘敬宣、高雅之等共据山阳,欲起兵攻玄,不克而走。将军袁虔之、刘寿等皆往从之,将奔魏。至陈留南,分为二辈:轨、休之、敬宣奔南燕,虔之、寿等奔秦。

魏主初闻休之等当来,大喜。后怪其不至,令兖州求访,获其从者问之,皆曰:"闻崔逞被杀,故奔二国。"魏主深悔之,自是士人有过颇见优容。

燕王熙杀其太后丁氏。

燕王熙纳苻谟二女,有宠。丁太后怨恚,与兄子尚书信谋废熙立章武公渊。事觉,熙逼丁太后令自杀,并杀渊及信。

玄杀会稽王道子。

玄使御史杜林防卫道子,至安成,林承玄旨,酖杀之。

制服他们。不如搭设浮桥渡至汾水西岸,修筑长围以与敌军相拒,敌军来到便没有施展其智谋和力量的地方了。"拓跋珪听从了他的建议。拓跋珪率步、骑兵三万人到蒙坑之南迎击姚兴军,姚兴退后四十余里,姚平也不敢出城进攻。姚兴屯军于汾水西岸,捆束柏树等木材从上流顺水冲下,想以此毁掉北魏军的浮桥,北魏将士把这些木材钩取上岸,充当木柴。

姚平粮食枯竭,箭矢用尽,乘夜率领全部将士突围,但无法冲出包围圈,于是率领左右投水自尽,剩余将士二万余人都束手就擒。姚兴无力相救,全军将士失声痛哭。姚兴几次派遣使者向北魏求和,拓跋珪不肯答应,乘胜进攻蒲坂。正好这时柔然谋划进攻北魏,拓跋珪这才率军退回。

东晋将军司马休之、刘敬宣、高雅之投奔南燕。

桓玄杀掉吴兴太守高素、将军竺谦之及刘袭等人,这些人都是刘牢之手下的北府旧将。刘袭的兄长刘轨邀集司马休之、刘敬宣、高雅之等人一起占据山阳,准备起兵讨伐桓玄,没能成功,因而逃走。将军袁虔之、刘寿等人都去跟随他们一起逃走,准备投奔北魏。行至陈留以南,分为两部分:刘轨、司马休之、刘敬宣投奔南燕,袁虔之、刘寿等人投奔后秦。

北魏国主拓跋珪起初闻知司马休之等人将要来归附,非常高兴。后来奇怪他们为什么没来,便命令兖州查访原因。结果抓获司马休之等人的随从询问,都回答说:"听说崔逞在北魏被杀,所以改投南燕、后秦二国。"北魏国主极为懊悔,从此以后士人如有过错,都很能得他的宽容优待。

后燕王慕容熙杀掉太后丁氏。

后燕王慕容熙娶了符谟的两个女儿,很是宠爱。丁太后怨恨愤怒,与他的侄儿尚书丁信谋划废掉慕容熙,改立章武公慕容渊。事情泄露,慕容熙逼丁太后自杀,并杀掉慕容渊及丁信。

桓玄杀掉会稽王司马道子。

桓玄命令御史杜林一路护卫司马道子,行至安成,杜林秉承桓玄的意旨毒杀了司马道子。

北凉梁中庸奔西凉。

北凉西郡太守梁中庸叛,奔西凉。西凉公暠问曰:"我何如索嗣?"中庸曰:"未可量也。"暠曰:"嗣才度若敌我者,我何能于千里之外以长绳绞其颈邪?"中庸曰:"智有短长,命有成败。若以身死为负,计行为胜,则公孙瓒岂贤于刘虞邪?"暠默然。

秦遣使授南凉、北凉、西凉官爵。

癸卯(403) **二年**燕光始三,秦弘始五,魏天兴六年。是岁,凉亡。大三,小四,凡七僭国。
春,卢循使其党徐道覆寇东阳,建武将军刘裕击破之。

道覆,循之姊夫也。
桓玄自为大将军。

玄上表请帅诸军平关、洛,而讽朝廷不许,乃云:"奉诏故止。"玄初欲饰装,先命作轻舸载服玩、书画。或问其故,对曰:"兵凶战危,脱有意外,当使轻而易运。"众皆笑之。

夏四月朔,日食。 南燕遣使隐核荫户。

南燕主备德优迁徙之民,使之长复不役,民缘此迭相荫冒,或百室合户,或千丁共籍,以避课役。尚书韩诨请加隐核,备德从之,使诨巡行郡县,得荫户五万八千。

五月,燕作龙腾苑。

燕王熙作龙腾苑,方十余里,役徒二万人,筑景云山于苑内,基广五百步,峰高十七丈。

北凉梁中庸投奔西凉。

北凉西郡太守梁中庸反叛,投奔西凉。西凉公李暠问他说:"我与索嗣相比怎么样?"梁中庸说:"不好估量。"李暠说:"索嗣的才能如果能够与我相匹敌,我怎么能在千里之外用长绳绞他的脖颈呢?"梁中庸说:"智略有长短,命运有成败。如果以身死的人为愚笨,以计谋得以实行的为贤能,那么公孙瓒难道比刘虞还贤能吗?"李暠默然无语。

后秦派遣使者授予南凉、北凉、西凉各国国主官爵。

癸卯(403) **晋安帝元兴二年**后燕光始三年,后秦弘始五年,北魏天兴六年。这年,凉亡。大国三,小国四,共七个僭越国。

春季,卢循派遣其党徒徐道覆侵犯东阳,建武将军刘裕进军击败徐道覆。

徐道覆是卢循的姐夫。

桓玄自任大将军。

桓玄上表请求率领众军平定关中、洛阳地区,但又暗示朝廷不予批准,于是言称:"遵奉诏令,所以停止。"桓玄起初曾整治行装,先命令制造轻便舟船载运服饰珍玩、字画等物。有人询问其中缘故,桓玄回答说:"行兵作战是凶险的事情,如果发生意外,要使这些船只轻便以容易运送。"众人都为此发笑。

夏四月初一,出现了日食。 南燕派遣使者清查核实荫附人户。

南燕主慕容备德优待迁徙而来的百姓,准许他们长期不负担赋役,百姓因此相继荫附冒名,有的百家合为一户,有的千名壮丁共用一个户籍,以此逃避赋税徭役。尚书韩𧨏请求清查核实户籍,慕容备德听从了他的建议,命令韩𧨏巡行郡县,核出荫附民户五万八千。

五月,后燕修筑龙腾苑。

后燕王慕容熙修筑龙腾苑,方圆十余里,役使民夫二万人,在苑内修筑景云山,地基周广五百步,山峰高达十七丈。

秋七月，魏杀其平原太守和跋。

跋奢豪喜名，魏主珪恶而杀之，使其弟毗等就与诀。跋曰："漯北土瘠，可迁水南，勉为生计。"毗等谕其意，逃入秦。魏主怒，灭其家。将军邓渊从弟晖与跋善，或谮之曰："毗之出亡，晖实送之。"魏主疑渊知其谋，赐渊死。

秦征吕隆为散骑常侍，以王尚为凉州刺史。

南、北凉互出兵攻吕隆。秦之谋臣言于秦主兴曰："隆今饥窘，尚能自支，若将来丰赡，终不为我有，不如因其危而取之。"兴乃征吕超入侍，遣齐难帅兵迎之，隆素车白马迎于道旁。难以司马王尚行凉州刺史，镇姑臧，徙隆宗属及民万户于长安。兴以隆为散骑常侍，超为安定守。郭黁奔晋，秦人追杀之。

刘裕追卢循至晋安，破之。

何无忌潜诣裕，劝于山阴起兵讨桓玄。裕谋于土豪孔靖，靖曰："山阴去都道远，举事难成，不如待玄篡位，于京口图之。"裕从之。

九月，玄自为相国，封楚王，加九锡。

殷仲文、卞范之劝玄早受禅。朝廷册命玄为相国，总百揆，封楚王，加九锡，楚国置丞相以下官。桓谦私问彭城内史刘裕曰："楚王勋德隆重，朝廷之情，咸谓宜有揖让，卿以为何如？"裕曰："楚王勋德盖世，晋室民望久移，乘运禅代，有何不可？"谦喜曰："卿谓之可即可耳！"

南燕讲武城西。

秋七月，北魏杀掉平原太守和跋。

和跋奢侈豪爽，喜好邀取名声，北魏国主拓跋珪心中厌恶，将他处死，临刑前，拓跋珪让和跋的弟弟和毗与之诀别。和跋说："灅水以北土地贫瘠，可以迁徙至水南，勉强维持生计。"和毗等人明白他的真意，逃奔后秦。北魏国主拓跋珪大怒，灭掉和氏一门。将军邓渊的堂弟邓晖与和跋素来相好，有人诬陷他说："和毗出逃时，邓晖实际上曾经为他送行。"北魏国主拓跋珪怀疑邓渊知道和毗等人的谋划，将邓渊赐死。

后秦征吕隆入朝出任散骑常侍，任命王尚为凉州刺史。

南凉、北凉各自出兵进攻吕隆。后秦的谋臣向后秦王姚兴进言说："吕隆现在饥困窘迫，但还能独力支撑，如果将来他国内富足，最终不会归附我们，不如乘他危困之时将他消灭。"姚兴于是征召吕超入朝任职，派遣齐难率领军队迎他前来，吕隆乘坐白马素车在道旁迎接。齐难任命司马王尚代理凉州刺史，镇守姑臧，迁徙吕隆宗族及百姓一万户到长安。姚兴任命吕隆为散骑常侍，吕超为安定太守。郭魔逃奔东晋，后秦军队追击将他杀掉。

刘裕追击卢循到晋安，大破其军。

何无忌秘密去见刘裕，劝他在山阴起兵讨伐桓玄。刘裕与当地豪强孔靖商议，孔靖说："山阴距离建康路途遥远，起事难以成功，不如等桓玄篡夺帝位后，在京口起兵收拾他。"刘裕听从了他的建议。

九月，桓玄自任相国，封楚王，加九锡。

殷仲文、卞范之劝桓玄早日逼迫晋安帝禅让帝位，自己登基。朝廷授任桓玄为相国，总理朝政，封楚王，加九锡，楚国设置丞相以下各种官员。桓谦私下问彭城内史刘裕说："楚王功劳仁德卓著，朝廷上大家的想法，都认为应该将帝位让给楚王，您认为怎么样？"刘裕说："楚王功劳仁德盖世，百姓对晋室的心意早已改变，乘时运行禅让之事，有什么不可以？"桓谦立刻高兴地说："您说可以，那就一定可以了！"

南燕在都城城西检阅军队。

高雅之表南燕主备德请伐玄曰：“纵未能廓清吴、会，亦可收江北之地。”韩范亦上疏曰：“晋室衰乱，戎马单弱，重以桓玄悖逆，上下离心，拓地定功，正在今日。失时不取，彼之豪杰诛灭桓玄，更修德政则无望矣。”备德因讲武城西，步卒三十七万人，骑五万三千匹，车万七千乘。公卿皆以玄新得志，未可图，乃止。

冬十一月，楚王玄称皇帝，废帝为平固王，迁于寻阳。

玄表请归藩，使帝作手诏固留之。诈言钱塘临平湖开，江州甘露降，使百僚集贺，为己受命之符。又以前世皆有隐士，耻独无之，求得皇甫希之，给其资用，使居山林，征为著作郎，又使固辞，然后下诏旌礼，号曰高士。时人谓之“充隐”。又欲废钱用谷、帛及复肉刑，制作无定，卒无所施。性复贪鄙，人士有法书好画及佳园宅，必假蒲博而取之。尤爱珠玉，未尝离手。

至是卞范之为禅诏，逼帝书之。遣司徒王谧禅位于楚，出居永安宫，百官诣姑孰劝进。玄筑坛于九井山北，即帝位，改元永始，封帝为平固王，迁于寻阳。玄入建康宫，登御座而床忽陷，群下失色。殷仲文曰：“将由圣德深厚，地不能载。”玄大悦。

玄临听讼观阅囚徒，罪无轻重，多得原放。有干舆乞者时或恤之。以其祖彝以上名位不显，不复追尊，独纳桓

高雅之上表给南燕国主慕容备德,请求讨伐桓玄,说:"即使不能扫平吴、会地区,至少也可攻取长江以北的地区。"韩范也上疏说:"晋室衰微混乱,兵马单薄微弱,加上桓玄叛逆,上下离心,我们开拓疆土,奠定功业,今天正是良机。错过时机不去攻取,晋国之中的豪杰除掉桓玄重新修明德政,那就没有希望了。"慕容备德于是在都城城西检阅军队,有步兵三十七万人,战马五万三千匹,战车一万七千乘。南燕的公卿大臣都认为桓玄刚刚得志,不可以图谋他,这才没有进兵。

冬十一月,楚王桓玄称皇帝,废晋安帝为平固王,将他迁于寻阳。

桓玄上表请求返回封地,又让晋安帝亲手撰写诏书坚决挽留他。他又使人假称钱塘临平湖湖面铺满的水草荡开,江州降下甘露,让朝中百官集会祝贺,以此作为自己当受天命的吉兆。又因为前世都有高人隐士,耻于独独当世没有,便访求到皇甫希之,给予他生活费用,让他隐居山林,然后自己征召他入朝任著作郎,并又让皇甫希之坚决辞让,然后再由朝廷下诏表彰,称他为高士。当时人称这件事为"充隐"。桓玄又准备废弃钱币改用粮谷、布帛等充交换之用,以及恢复肉刑等。他随意制定法令制度,但最后一项也没有实行。他又生性贪得无厌,别人如果有名字画及好的花园宅第,他一定要借用樗蒲等赌博手段把这些东西据为己有。尤其喜爱珠宝玉器,摆弄把玩,从不离手。

到这时卞范之为他编撰禅让诏书,逼迫安帝亲手书写。安帝派遣司徒王谧将帝位禅让给楚王桓玄,自己出居永安宫,百官到姑孰劝桓玄登基称帝。桓玄在九井山北修筑祭坛,即位称帝,改年号为永始,封安帝为平固王,使他迁至寻阳居住。桓玄进入建康皇宫,登上御座时,御座突然塌陷,群臣大惊失色。殷仲文说:"这是因为陛下圣德深厚,大地难以承载。"桓玄大喜。

桓玄亲临听讼观审查囚犯,不论罪行轻重,大多得到赦免释放。有在路上拦住桓玄车驾行乞的人,也有时得到他的救助。他因为祖父桓彝以上的祖先名位不显,不再追封尊号,只将桓

温神主于太庙。卞承之曰："宗庙之祭上不及祖,有以知楚德之不长矣。"玄性苛细,好自矜伐,主者奏事或一字片辞之谬,必加纠擿,以示聪明。或手注直官,或自用令史,诏令纷纭,有司奉答不暇。而纪纲不治,奏案停积,不能知也。又性好游畋,更缮宫室,朝野骚然,思乱者众。

益州刺史毛璩起兵讨玄。

玄遣使加璩左将军,璩不受命,传檄列玄罪状,进屯白帝。

魏初制冠服。

魏始命有司制冠服,以品秩为差,然法度草创,多不稽古。

甲辰(404)　**三年**_{燕光始四,秦弘始六,魏天赐元年。}

春二月,刘裕起兵京口讨玄,玄使弟谦拒之。

刘裕从徐、兖刺史桓修入朝。玄谓王谧曰："裕风骨不常,盖人杰也。"每游集必引接殷勤,赠赐甚厚。玄妻刘氏亦谓玄曰："裕龙行虎步,视瞻不凡,恐终不为人下,不如早除之。"玄曰："我方平荡中原,非裕莫可用者,俟关、河平定,别议之耳。"

玄以桓弘镇广陵,刁逵镇历阳。

裕与何无忌同舟还京口,密谋兴复。刘迈弟毅家于京口,亦与无忌谋之。无忌曰："桓氏强盛,其可图乎?"毅曰:"天下自有强弱,苟为失道,虽强易弱,正患事主难得耳。"

温的神主置于太庙。卞承之说："宗庙的祭祀,连祖父都不能尊及,从此可以知道楚国的德运不会长久了。"桓玄性格苛刻细密,喜好炫耀自己的聪明才干,主事官员的奏章有时出现只字片语的错误,他一定要纠正指明,以显示自己的聪明。他有时亲自选择值宿官员,有时亲自选用令史一类小官,诏令纷纭层出,有关部门没有时间处理奉答。然而朝廷法令秩序混乱无序,奏章公文积压,他却不能知道。他又生来喜好游猎,重新修缮宫殿,朝野上下议论纷纷,盼望变乱的人非常之多。

益州刺史毛璩起兵讨伐桓玄。

桓玄派遣使者加授毛璩左将军,毛璩不肯接受任命,传送檄文列数桓玄罪状,进军驻屯白帝城。

北魏开始制定冠帽服饰制度。

北魏开始命令有关部门制定冠帽服饰,依据官员的品级差序加以区别,但法令制度处于草创阶段,大多不参考古制。

甲辰(404)　**晋安帝元兴三年**后燕光始四年,后秦弘始六年,北魏天赐元年。

春二月,刘裕在京口起兵讨伐桓玄,桓玄命令他的弟弟桓谦率军抵敌。

刘裕跟随徐、兖二州刺史桓修入朝。桓玄对王谧说:"刘裕风度品格不凡,是个人中豪杰。"每当出游集会必定殷勤地招待他,并赠送赏赐给他许多财物。桓玄的妻子刘氏也对桓玄说:"刘裕走路龙行虎步,眼神目光不同凡人,恐怕最终不会甘居人下,不如及早将他除掉。"桓玄说:"我将要进军扫平中原,除了刘裕再没有可以用的人才,等待关、河平定,再另外计议这件事。"

桓玄命令桓弘镇守广陵,刁逵镇守历阳。

刘裕与何无忌同船回京口,密谋兴复晋室。刘迈的弟弟刘毅家在京口,也与何无忌谋划。何无忌说:"桓氏强盛,可以谋划吗?"刘毅说:"天下自有强弱的区别,如果所作所为失去道义,即使强大的也会变弱,只是忧虑可以成事的首领难于得到罢了。"

无忌曰:"草泽之中非无英雄也。"毅曰:"所见唯有刘下邳。"无忌笑而不答,还以告裕,遂与定谋。

平昌孟昶为桓弘主簿,至建康还,裕谓之曰:"草间当有英雄起,卿颇闻乎?"昶曰:"今日英雄有谁,正当是卿耳!"

于是裕、毅、无忌、昶及裕弟道规、诸葛长民等相与合谋起兵。道规为桓弘参军,裕使毅就道规、昶共杀弘,据广陵。长民为刁逵参军,使杀逵据历阳。

无忌夜草檄文,其母密窥之,泣曰:"吾不及东海吕母明矣。汝能如此,吾复何恨?"

裕托以游猎,与无忌收合徒众,得百余人。诘旦,京口门开,无忌着传诏服,称敕使居前,徒众随之入,斩桓修以徇。

裕问无忌曰:"急须一府主簿,何由得之?"无忌曰:"无过刘道民。"道民者,东莞刘穆之也。裕曰:"吾亦识之。"即驰信召焉。时穆之闻京口谨噪声,晨起出陌头,属与信会。直视不言者久之,返室坏布裳为袴,往见裕。裕曰:"始举大义,须一军吏甚急,卿谓谁堪其选?"穆之曰:"仓猝之际,略当无见逾者。"裕笑曰:"卿能自屈,吾事济矣。"即于坐署主簿。

孟昶劝桓弘其日出猎,天未明开门出猎人,昶与刘毅、刘道规帅壮士数十人直入斩之,因收众济江。

众推裕为盟主,总督徐州事,以昶为长史,守京口。裕帅二州之众千七百人军于竹里,移檄远近。

何无忌说："草泽民间并非没有英雄。"刘毅说："据我所见，只有刘下邳算是英雄。"何无忌笑而不答，回去将这番话告诉刘裕，于是与刘裕定下了计谋。

平昌人孟昶是桓弘的主簿，到建康后返回，刘裕对他说："草莽民间将要有英雄兴起，你有所耳闻吗？"孟昶说："今天的英雄还能有谁，正应该是你呀！"

于是刘裕、刘毅、何无忌、孟昶及刘裕的弟弟刘道规、诸葛长民等一起合谋，决定起兵讨伐桓玄。刘道规是桓弘的参军，刘裕让刘毅去与刘道规、孟昶会合，一起杀掉桓弘，占据广陵。诸葛长民是刁逵的参军，刘裕让他杀掉刁逵占据历阳。

何无忌连夜起草檄文，他的母亲暗中窥视见到，哭着对他说："我当然不如东海吕母。你能够这样行事，我还有什么遗憾？"

刘裕假托打猎，与何无忌召集同谋部众，共有一百余人。清晨，京口城门打开，何无忌身穿传达圣旨使者的服装，自称皇帝使者走在前头，其他人紧跟其后，进入城内，杀掉桓修示众。

刘裕问何无忌："现在急需一个主簿，怎么才能得到？"何无忌说："没有比刘道民更合适的。"刘道民就是东莞人刘穆之。刘裕说："我也认识这个人。"立即派骑使火速召请刘穆之前来。当时刘穆之听到京口的喧哗声，清晨起来便至路边观望，正好与送信的骑使相遇。刘穆之得信后两眼直视，很长时间不说话，然后返回家中撕破布衫改成骑裤，去见刘裕。刘裕说："我刚举大义，急需一个军吏，你认为谁能胜任？"刘穆之说："仓促之间，恐怕没有比我更胜任的了。"刘裕笑着说："你能委屈自己担任此职，我的大事可以成功了。"便于座位之上任命刘穆之为主簿。

孟昶在同一天劝桓弘出去打猎，天色未明便开门放打猎的人出城，孟昶与刘毅、刘道规率领壮士数十人径直闯入，将桓弘杀掉，于是收集部众渡过长江。

众人推举刘裕为盟主，总督徐州的军政诸事，刘裕任命孟昶为长史，镇守京口。刘裕率领徐、兖二州的部众共一千七百人进驻竹里，向远近传送征讨桓玄的檄文。

　　玄加桓谦征讨都督,谦等请亟遣兵击裕。玄曰:"彼兵锐甚,计出万死,若有蹉跌,则彼气成而吾事去矣,不如屯大众于覆舟山以拒之。彼空行二百里无所得,锐气已挫,忽见大军必惊愕。我按兵坚阵,勿与交锋,彼求战不得,自然散走,此策之上也。"谦等固请,乃遣吴甫之、皇甫敷相继北上。

　　玄忧惧特甚。或曰:"裕等乌合微弱,势必无成,何虑之深?"玄曰:"刘裕足为一世之雄,刘毅家无儋石之储,樗蒲一掷百万,何无忌酷似其舅,共举大事,何谓无成!"甫之,玄骁将也。

南凉去年号,罢尚书官。

　　傉檀畏秦之强,乃去年号,罢尚书丞郎官,遣参军关尚使于秦。秦王兴曰:"车骑献款称藩,而擅造大城,岂为臣之道乎?"尚曰:"车骑僻在遐藩,密迩勍敌,盖为国家重门之防耳。"兴善之。傉檀求领凉州,兴不许。

三月,刘裕及桓谦战于覆舟山,大破之。玄出走,裕立留台于石头。

　　三月朔,裕军与吴甫之遇于江乘,斩之。至罗落桥,皇甫敷帅数千人逆战,又斩之。玄使桓谦屯东陵,卞范之屯覆舟山西,合众二万。明日,裕军食毕,悉弃余粮,数道并前。裕与刘毅身先士卒,进突其陈,将士皆殊死战,因风纵火,谦等大溃。

桓玄加任桓谦为征讨都督,桓谦等人请求即刻发兵进攻刘裕。桓玄说:"对方的军队士气极高,因为他们做得是九死一生的事情,如果我军一旦受挫,那就会使敌人成了气候而我们的大事就完了,现在不如在覆舟山屯据重兵以逸待劳。敌军白白行走二百里而一无所得,锐气已经受挫,再忽然见到我方大军,一定会大吃一惊。我军按兵不动坚守阵地,不与他们交锋,敌军求战不得,自然会溃散逃走,这是上策。"桓谦等人坚决请求进兵,桓玄这才派遣吴甫之、皇甫敷相继率军北上。

桓玄极为忧虑恐惧。有人对他说:"刘裕等人不过是乌合之众,兵力微弱,势必难以成事,何必这么深深的忧虑呢?"桓玄说:"刘裕足以成为一世英雄,刘毅家中连一石粮食的积蓄也没有,却敢在赌博时一掷押上百万钱的赌注,何无忌与他的舅父刘牢之极为相似,他们共举大事,怎么能说他们不会成事呢?"吴甫之是桓玄手下的骁将。

南凉取消自己的年号,废置尚书官员。

秃发傉檀畏惧后秦强大,于是去掉自己的年号,废置尚书丞、郎等官员,派遣参军关尚出使后秦。后秦王姚兴说:"车骑将军进献物品和忠心,自称藩属,但却擅自修筑大城,这难道是做臣子的道理吗?"关尚说:"车骑将军处于偏僻的荒远藩地,紧挨强敌为邻,是想为国家增加一道防卫而已。"姚兴认为他应对得很好。秃发傉檀请求代领凉州,姚兴不许。

三月,刘裕与桓谦在覆舟山交战,大破桓谦。桓玄出逃,刘裕在石头城设置留台。

三月初一,刘裕的军队与吴甫之在江乘相遇,斩杀了吴甫之。刘裕进至罗落桥,皇甫敷率领数千人迎战,刘裕又将皇甫敷杀掉。桓玄命桓谦驻屯东陵,卞范之驻屯覆舟山西,两军共有部众二万人。第二天,刘裕军队吃过饭后,将余下的粮食全部丢弃,分成数路一起向前。刘裕与刘毅身先士卒,进前冲击敌阵,手下将士都拼死力战,又乘风势纵火烧敌,桓谦等人的军队全部溃散。

玄先已潜使殷仲文具舟,至是遂将其子升鞭马趣石头,浮江南走,经日不食,悲不自胜。

裕入建康,明日徙屯石头城,立留台百官,焚桓温神主,造晋新主纳于太庙。遣诸将追玄。尚书王嘏帅百官奉迎乘舆,诛玄宗族在建康者。使臧熹入宫,收图籍、器物,封闭府库。

玄司徒王谧与众议推裕领扬州,裕固辞,乃以谧为侍中、领扬州刺史、录尚书事。谧推裕为都督八州、徐州刺史,刘毅为青州刺史,何无忌为琅邪内史,孟昶为丹阳尹,刘道规为义昌太守。

诸大处分皆委于刘穆之,仓猝立定,无不允惬,裕遂托以腹心。时晋政宽弛,纲纪不立,豪族陵纵,小民穷蹙。穆之斟酌时宜,随方矫正。裕以身范物,先以威禁,内外肃然。

初,谧为玄佐命元臣,手解帝玺绶以授玄,及玄败,众谓宜诛,裕特保全之。刘毅尝因朝会问谧玺绶所在,谧内不自安,逃奔曲阿,裕追还复位。

诸葛长民至豫州,失期不得发,刁逵执之,槛车送桓玄。未至而玄败,送人共破槛出长民,还趣历阳。逵弃城走,其下执以送裕,斩于石头,子侄皆死。

裕初名微位薄,轻狡无行,盛流皆不与相知,惟王谧独奇贵之,谓曰:“卿当为一代英雄。”裕尝与刁逵摴蒲,不时输直,逵缚之马柳,谧责逵而代偿。由是裕憾逵而德谧。

桓玄先已秘密命令殷仲文准备好舟船,到这时便带着他的儿子桓升骑马直奔石头城,上船沿江南逃,整日不用饮食,悲不自胜。

刘裕进入建康,次日迁驻石头城,设立留台百官,烧掉桓温的神主牌位,迎新制的晋室神主入太庙供奉。又派遣众将追赶桓玄。命尚书王嘏率领百官去奉迎安帝,杀掉在建康的桓玄宗族。令臧熹入宫,收取图书文籍及各种器物,封闭仓库。

桓玄委任的司徒王谧与众官商议推举刘裕统领扬州,刘裕坚决推辞,于是任命王谧为侍中,兼任扬州刺史、录尚书事。王谧推荐刘裕为都督八州诸军事、徐州刺史,刘毅为青州刺史,何无忌为琅邪内史,孟昶为丹阳尹,刘道规为义昌太守。

刘裕将各种重大事情都委托给刘穆之处理,仓促之间立刻决定,无不恰到好处,刘裕于是将刘穆之视为心腹。当时东晋的政令法律宽疏,秩序法度废弛,豪门大族放纵骄横,百姓贫穷困苦。刘穆之仔细推敲当时的时宜,根据实际情况加以矫正。刘裕以身作则,从建立威严法禁入手治理朝政,内外肃然有序。

当初,王谧是辅佐桓玄的元勋,亲手解下安帝的玉玺绶带授与桓玄,至桓玄失败,众人认为应该杀掉他,刘裕特地保住了他的性命。刘毅曾经在朝廷集会时问王谧玉玺绶带在什么地方,王谧心中不安,逃奔曲阿,刘裕将他追回恢复了他的职位。

诸葛长民到豫州,因为错过了约定的日期,没有发动,刁逵将他抓起来,用槛车送交桓玄。槛车未到桓玄便已失败,押送的人一起打开槛车,放出诸葛长民,转头向历阳进军。刁逵丢弃城池逃走,他的手下人将他抓获送交刘裕,在石头城被斩首,他的子侄都被杀死。

刘裕当初名微位低,轻浮狡黠,没有好的品行,高官名流都不和他交往,只有王谧一人单单惊异他的才能而看重他,对他说:"你将会成为一代英雄。"刘裕曾经与刁逵用摴蒲赌博,输钱后不能当时给还,刁逵将他捆绑在马桩上。王谧知道后,责备刁逵,并替刘裕还上了赌债。因此刘裕恨刁逵而感激王谧。

初,袁真杀梁国内史朱宪,宪弟绰奔桓温。温克寿阳,绰辄发真棺戮其尸。温怒,将杀之,桓冲请而免之。绰事冲如父,冲薨,绰呕血而卒。至是绰子龄石为刘裕参军,从至江乘。将战,龄石请曰:"世受桓氏厚恩,不欲以兵刃相向,请在军后。"裕义而许之。

魏诏县户不满百者罢之。 **玄至寻阳,逼帝西上,刘毅等率兵追之。**

桓玄于道自作《起居注》,叙讨刘裕,经略举无遗策,诸军违节度以致奔败。专覃思著述,不暇与群下议事。

刘裕推武陵王遵承制行事。

裕称受密诏,以遵承制,入居东宫,内外毕敬。迁除称制,教称令。

刘敬宣、司马休之自南燕来归。

刘敬宣、高雅之结青州大姓及鲜卑豪帅谋杀南燕王备德,推司马休之为主。谋泄南走,南燕人追杀雅之。敬宣、休之至淮、泗间,闻桓玄败,遂来归。刘裕以敬宣为晋陵太守,休之为荆州刺史。

夏四月,玄挟帝入江陵。

桓玄挟帝至江陵,恐威令不行,更峻刑罚,众益离怨。

何无忌等及玄兵战于桑洛洲,大破之,得太庙神主,送建康。

桓玄遣庾稚祖、何澹之等守溢口。何无忌、刘道规至桑洛洲,澹之等逆战。澹之常所乘舫旗帜甚盛,无忌曰:

当初，袁真杀了梁国内史朱宪，朱宪的弟弟朱绰投奔了桓温。桓温攻克寿阳，朱绰立刻挖出袁真的棺材砍杀他的尸体。桓温大怒，要将朱绰杀掉，桓冲为他求情才得以免死。朱绰事奉桓冲像自己的父亲一样，桓冲去世，朱绰悲伤过度，吐血而死。到这时，朱绰的儿子朱龄石出任刘裕的参军，跟随到江乘。将要交战之前，朱龄石向刘裕请求说："我世代蒙受桓氏的厚恩，不想与之兵刃相见，请允许我在军后。"刘裕认为他很讲情义而答应了他。

北魏诏令撤销不到一百户百姓的县份。 桓玄到达寻阳，逼迫晋安帝与他一同西上，刘毅等人率军追赶。

桓玄在路上为自己修撰《起居注》，叙述讨伐刘裕，运筹谋略没有任何遗漏失算之处，由于众军违犯命令才导致败逃。一路上他专心思考著述，竟没有时间与部下商议大事。

刘裕推举武陵王司马遵秉承皇帝旨意行事。

刘裕声称受了安帝密诏，命武陵王司马遵秉承皇帝旨意处理事情。司马遵入居东宫，内外人众都很恭敬。他任命百官的命令称为制，普通教令称作令。

刘敬宣、司马休之从南燕回归东晋。

刘敬宣、高雅之结交青州的豪门大族及鲜卑酋帅，谋划杀掉南燕主慕容备德，推举司马休之为国主。事情泄露，刘敬宣等人向南逃走，南燕人随后追赶，杀掉高雅之。刘敬宣、司马休之逃至淮水、泗水之间，听说桓玄失败，便回归东晋。刘裕任命刘敬宣为晋陵太守，司马休之为荆州刺史。

夏四月，桓玄挟持安帝进入江陵。

桓玄挟持安帝到达江陵，恐怕自己的威严命令不能实行，加重刑罚，众人更加离心怨愤。

何无忌等人进至桑落洲，与桓玄军队展开激战，大破桓玄军，得到东晋太庙供奉的神主，送往建康。

桓玄派庾稚祖、何澹之等守溢口。何无忌、刘道规至桑落洲，何澹之等来迎战。何澹之平常乘坐的船旗帜甚多，何无忌说：

"贼帅必不居此，欲诈我耳。今众寡不敌，战无全胜，此舫战士必弱，我以劲兵攻之必得之，得之则彼势沮而我气倍，因而薄之，破贼必矣。"遂攻得之，因传呼曰："已得何澹之矣！"贼军惊扰，官军亦以为然，乘胜大破之。遂克湓口，进据寻阳，遣使奉送宗庙主祏还京师。

玄挟帝东下。

桓玄收集荆州兵，曾未三旬，有众二万，复帅诸军挟帝东下，使徐放说刘裕等散甲。裕等不听。

以刘敬宣为江州刺史。　燕起逍遥宫。

燕王熙于龙腾苑起逍遥宫。连房数百，凿曲光海。盛夏士卒不得休息，暍死大半。

五月，刘毅等及玄战于峥嵘洲，大破之。玄复挟帝入江陵，宁州督护冯迁击玄，诛之。帝复位。

刘毅、何无忌、刘道规帅众自寻阳西上，与桓玄遇于峥嵘洲。毅等兵不满万人，而玄战士数万，众惮之，欲退。道规曰："不可！彼众我寡，强弱异势，今若不进，必为所乘，虽至寻阳，岂能自固！夫决机两阵，将雄者克，不在众也。"因麾众先进，毅等从之。玄常漾舸于舫侧，以备败走，由是众莫有斗心。毅等乘风纵火，尽锐争先，玄众大溃。

玄挟帝单舸西走，留永安何皇后及王皇后于巴陵。殷仲文因叛玄，奉二后还建康。

"贼军的首领一定不在这条船上,这是想欺骗我们罢了。现在众寡不敌,此战我们没有全胜的把握,这条船上的敌兵一定很少,我们以强大的兵力进攻一定可以夺得这条船。夺到此船,敌人的气势便会受挫,而我们的士气便会倍增,乘这机会再向敌军发动进攻,一定可以击破敌军。"于是进攻夺得这条船,乘势命令将士大声传呼说:"已经捉到何澹之。"桓玄军互相惊扰,何无忌一方的将士也以为果真如此,乘胜进攻,大破敌军。何无忌等人攻克溢口,进军占据寻阳,遣使奉送太庙神主及石匣返回京师。

桓玄挟持安帝沿江东下。

桓玄收集荆州士卒,还没到三十天,便得到将士二万,又率领众军挟持安帝沿江东下,命令徐放劝说刘裕等人解散军队。刘裕等人不肯答应。

东晋任命刘敬宣为江州刺史。　　后燕修建逍遥宫。

后燕王慕容熙在龙腾苑内起建逍遥宫。修筑连房数百间,开凿曲光海。盛夏之中,修建宫殿的士卒也不能休息,中暑而死的人有一多半。

五月,刘毅等人与桓玄在峥嵘洲交战,大破桓玄军。桓玄又挟持安帝进入江陵,宁州督护冯迁进攻桓玄,将他杀掉。安帝重新登上帝位。

刘毅、何无忌、刘道规等人率军自寻阳西进,与桓玄军在峥嵘洲相遇。刘毅等人的军队不足万人,而桓玄有将士数万,众人都很害怕,想要退兵。刘道规说:"不能这样做!敌众我寡,强弱的形势本就不同,现在如果不奋勇向前,一定会被敌人击败,即使退至寻阳,又哪里能够固守!两军临阵决胜,将帅勇敢无畏的一方得胜,不在士卒的多少。"于是指挥手下将士先行出击,刘毅等人随后而进。桓玄平时总是在战船之侧预备一条快船,以准备战败逃走时用,因此他手下将士都没有战斗之心。刘毅等人借助风势放火,率领全部精锐士卒奋勇争先,桓玄军队全部溃散。

桓玄挟持安帝乘坐一艘舟船向西逃走,将永安何皇后和王皇后留在巴陵。殷仲文背叛桓玄,侍奉二位皇后返回建康。

　　玄与帝入江陵,欲奔汉中,而人情乖沮,乃与腹心百余人夜出,更相杀害,仅得至船,左右分散。

　　荆州别驾王康产奉帝入南郡府舍。
　　毛璩之弟子修之为校尉,诱玄入蜀,玄从之。会璩弟宁州刺史瑗卒官,璩使兄孙祐之及参军费恬帅数百人送其丧。遇玄于枚回洲,迎击之。督护冯迁抽刀而前,玄曰:"汝何人,敢杀天子!"迁曰:"我杀天子之贼耳!"遂斩之。乘舆反正于江陵,以修之为骁骑将军,大赦,诸以畏逼从逆者一无所问,奉神主于太庙。毅等传送玄首,枭于大桁。

**　　闰月,桓振袭江陵,陷之。刘毅等进兵讨之,不克。**

　　毅等既战胜,以为大事已定,不急追蹑,玄死几一旬,诸军犹未至。桓谦及振审匿复出,聚众袭江陵,陷之,杀王康产。振见帝于宫,欲行弑逆,谦苦禁之,乃拜而出,为玄举哀追谥。谦帅群臣奉玺绶于帝,侍御左右皆振腹心。

　　何无忌、刘道规进攻谦于马头,破之。无忌欲直趋江陵,道规曰:"兵法屈申有时,诸桓世居西楚,群小皆为竭力,振勇冠三军,难与争锋。且可息兵养锐,徐以计縻之,不忧不克。"无忌不从。振逆战于灵溪,无忌等大败,退还寻阳。

**　　六月,毛璩遣兵攻梁州,诛玄所署刺史桓希。　　秋七月,永安皇后何氏崩。　　九月,魏改官制。**

桓玄与安帝进入江陵,想要逃奔汉中,但人心离散,号令不行,他于是与心腹一百余人乘夜逃出江陵,路上这些心腹又互相残杀,桓玄仅仅得以保全性命逃至船上,左右四散逃走。

荆州别驾王康产奉迎安帝进入南郡的府舍。

毛璩弟弟的儿子毛修之身为校尉,他诱骗桓玄前往蜀地,桓玄听从了。正好这时毛璩的弟弟毛瑾死在宁州刺史任上,毛璩命令他兄长的孙儿毛祐之和参军费恬率领数百人护送毛瑾的灵柩返回江陵。他们在枚回洲与桓玄相遇,迎头向桓玄发动进攻。督护冯迁拔刀冲向前,桓玄说:"你是什么人,竟敢杀天子?"冯迁说:"我这是在杀天子的寇贼!"于是上前将桓玄杀掉。安帝在江陵重新登上帝位,任命毛修之为骁骑将军,发布大赦诏令,凡是因被桓玄恐吓逼迫而跟随他叛逆的人一律不予问罪,迎奉晋室神主入太庙。刘毅等人将桓玄的首级传送到建康,挂于大桁示众。

闰月,桓振袭击江陵,攻克了。刘毅等人进兵讨伐他,没能取胜。

刘毅等人战胜以后,认为大事已定,没有急着去追击桓玄余党,桓玄死后将近十天,众军还没有到达。桓谦及桓振出逃藏匿后又跑了出来,聚集兵众,进兵袭击江陵,攻克并杀掉了王康产。桓振往宫中去见安帝,想要杀掉他,桓谦苦苦劝阻,桓振才叩拜退出,为桓玄举哀办理丧事,追加谥号。桓谦率领群臣向安帝奉上玉玺绶带,左右侍卫都是桓振的心腹。

何无忌、刘道规向驻在马头的桓谦进攻,击败了他。何无忌想挥军直趋江陵,刘道规说:"兵法认为,用兵进退要符合时机,诸桓世代居于荆州,小民百姓都愿意为他们效尽全力,桓振勇冠三军,难以与他争胜。我们可以暂且休息士卒,养精蓄锐,慢慢用计谋控制他,不愁不能取胜。"何无忌不肯听从。何无忌进军,桓振在灵溪迎击,何无忌军大败,退回寻阳。

六月,毛璩派兵进攻梁州,杀掉桓玄任命的梁州刺史桓希。秋七月,永安皇后何氏去世。　九月,北魏改易官制。

魏主置六谒官,准古六卿。临昭阳殿,亲加铨择。列爵四等:王封大郡,公封小郡,侯封大县,伯封小县。其品第一至第四,旧臣有功无爵者追封之,宗室疏远及异姓袭封者降爵有差。又置散官五等,其品第五至第九。文官材能秀异、武官堪为将帅者,其品亦比第五至第九。百官有阙,则取于其中以补之。其官名多仿上古龙官、鸟官,谓诸曹之使为凫鸭,取其飞之迅疾也;谓候官伺察者为白鹭,取其延颈远望也。余皆类此。

冬十月,卢循陷番禺,徐道覆陷始兴。　刘毅等复攻桓振诸城垒,皆克之。

刘敬宣在寻阳聚粮缮船,未尝无备,故何无忌等虽败退,赖以复振。进至夏口,桓振遣冯该守东岸,孟山图据鲁山城,桓仙客守偃月垒,众合万人,水陆相援。毅等悉攻拔之,生擒山图、仙客,该走石城。

十一月,魏命宗室、州郡各置师。

魏主命宗室置宗师,八国置大师、小师,州郡亦各置师,以辨宗党,举才行,如魏、晋中正之职。

燕王熙与其后苻氏游白鹿山。

后,苻谟幼女也。是行也,士卒为虎狼所害及冻死者五千余人。

十二月,刘毅等进克巴陵。

毅号令严整,所过百姓安悦。

乙巳(405)　**义熙元年**燕光始五,秦弘始七,魏天赐二年。南燕主慕容超太上元,西凉建初元年。

春正月,入江陵,桓振亡走,谦奔秦。

北魏主拓跋珪设置六谒官,仿照古代六卿的模式。他亲临昭阳殿,对百官亲加选拔。设置爵位四等:王爵封大郡,公爵封小郡,侯爵封大县,伯爵封小县。其品位为第一品到第四品,旧臣中立有战功而没有爵位的追封爵位,宗室远支及异姓袭封爵的按不同级别降低爵位。又设置散官五等,其品位由第五品至第九品。文官中才能出众、武官中能担任将帅的人,他们的品位也列于第五品至第九品之中。百官如有缺职,便从他们中挑选补任。北魏的官名多仿造上古龙官、鸟官的称呼,称各部门的使者为凫鸭,取它们飞行疾速的意思;称探听情报的官员为白鹭,取它们伸长脖颈远望的意思。其余的也差不多都与此类似。

冬十月,卢循攻克番禺,徐道覆攻占始兴。 刘毅等又进攻桓振各城垒,全部攻克。

刘敬宣在寻阳积聚粮食修建战船,并不曾放松准备,所以何无忌等人虽然兵败退回,又依赖这些军资重新振作。刘毅等人进军至夏口,桓振派遣冯该守卫东岸,孟山图据守鲁山城,桓仙客守卫偃月垒,共有将士一万人,水陆互相救援。刘毅等人发动进攻,将这些城垒全部攻克,生擒孟山图、桓仙客,冯该逃至石城。

十一月,北魏命令宗室、州郡分别设置老师。

北魏国主拓跋珪命令宗室设置宗师,八国各设置大师、小师,州郡也各自设置老师,用他们辨别宗党、推举才行出众的士人,如同魏、晋中正一职一样。

后燕王慕容熙与皇后苻氏游览白鹿山。

苻皇后是苻谟的小女儿。慕容熙这次出游,士卒被虎狼伤害及冻死者有五千余人。

十二月,刘毅等人进军攻克巴陵。

刘毅带军号令严明,军队所到之处,百姓安居欢悦。

乙巳(405) **晋安帝义熙元年**后燕光始五年,后秦弘始七年,北魏天赐二年。南燕主慕容超太上元年,西凉建初元年。

春正月,刘毅攻入江陵,桓振逃走,桓谦投奔后秦。

　　南阳太守鲁宗之起兵袭襄阳,桓蔚走江陵。刘毅等军至马头。桓振挟帝出屯江津,遣使求割江、荆二州,奉送天子,毅等不许。宗之进屯纪南,振留桓谦、冯该守江陵,引兵与宗之战,大破之。而毅等亦击破该于豫章口,谦弃城走。毅等入江陵,执卞范之等斩之。振还知城已陷,其众皆溃,乃逃于涢川。

　　诏大处分悉委冠军将军刘毅。大赦改元,惟桓氏不原。以桓冲尽忠王室,特宥其孙胤,徙新安。以宗之为雍州刺史,毛璩为征西将军、督梁益等五州,弟瑾为梁、秦刺史,瑗为宁州刺史。桓谦、何澹之等皆奔秦。

燕伐高句丽,不克而还。

　　燕王熙伐高句丽,攻辽东。城且陷,熙命将士:"毋得先登,俟划平其城,朕与皇后乘辇而入。"由是城中得为备,卒不克而还。

秦以鸠摩罗什为国师。

　　秦王兴以鸠摩罗什为国师,奉之如神,帅群臣及沙门听讲,又命罗什翻译西域经论,大营塔寺,沙门坐禅者常以千数。由是州郡化之,事佛者十室而九。

西凉公暠遣使来上表。

　　西凉公暠自称大将军,领秦、凉二州牧,遣黄始、梁兴间行奉表诣建康。

二月,帝东还。

　　留台备法驾迎帝于江陵,刘毅、刘道规留屯夏口,何无忌奉帝东还。

益州参军谯纵杀其刺史毛璩,自称成都王。

南阳太守鲁宗之起兵袭击襄阳,桓蔚逃至江陵。刘毅等军进至马头。桓振挟持安帝出城屯据江津,派遣使者请求割据江、荆二州,并答应奉还天子,刘毅等不肯答应。鲁宗之进军屯据纪南,桓振留下桓谦、冯该镇守江陵,率领军队与鲁宗之交战,大破鲁军。刘毅等人也在豫章口击败冯该,桓谦弃城逃走。刘毅等人进入江陵,抓住卞范之等将他们斩首。桓振回军,闻知江陵已经陷落,手下将士全部溃散,于是他逃到涢川。

朝廷诏令重大事情都委与冠军将军刘毅处理。实行大赦,更改年号,只有桓氏家族的成员不加饶恕。由于桓冲尽忠东晋王室,特别赦免他的孙子桓胤,迁徙至新安。任命鲁宗之为雍州刺史,毛璩为征西将军、都督梁益等五州诸军事,毛璩的弟弟毛瑾为梁、秦二州刺史,毛瑗为宁州刺史。桓谦、何澹之等都投奔了后秦。

后燕讨伐高句丽,没能取胜,退回。

后燕王慕容熙讨伐高句丽,进攻辽东。城池将要攻破时,慕容熙命令将士说:"你们不要抢先登城,等到夷平其城时,朕与皇后乘坐车辇一同进城。"因此城中得到时间严加戒备,慕容熙最终没能攻克城池,率军退回。

后秦尊奉鸠摩罗什为国师。

后秦王姚兴尊鸠摩罗什为国师,奉之如神,率领群臣及僧人一起听讲,又命鸠摩罗什翻译西域佛教的经藏与经论,大力修建佛塔寺院,僧人坐禅修行的常常有千人之多。因此州、郡地方也被这种风气所影响,信奉佛教的人十家中常有九家。

西凉公李暠派遣使者来东晋上奏表章。

西凉公李暠自称大将军,兼任秦、凉二州州牧,派遣黄始、梁兴从小路来建康呈上表章。

二月,安帝东还建康。

东晋留台准备皇帝专用的车驾仪仗去江陵迎接安帝,刘毅、刘道规留下驻屯夏口,何无忌侍奉安帝东还建康。

益州参军谯纵杀掉益州刺史毛璩,自称成都王。

初，毛璩闻桓振陷江陵，帅众三万顺流东下，将讨之，使其弟瑗出外水，参军谯纵出涪水。蜀人不乐远征，逼纵为王。璩闻变，奔还成都，遣兵讨之不克。营户开城纳纵，杀璩及瑗，灭其家。纵自称成都王。于是蜀大乱，汉中空虚，氐王杨盛遣其兄子抚据之。

三月，桓振复袭江陵，将军刘怀肃与战，诛之。　帝至建康，除拜琅邪王德文、武陵王遵、刘裕以下有差。

帝至建康，百官诣阙待罪，诏令复职。

尚书殷仲文以朝廷音乐未备，言于刘裕，请治之。裕曰：“今日不暇给，且性所不解。”仲文曰：“好之自解。”裕曰：“正以解则好之，故不习耳。”

以琅邪王德文为大司马，武陵王遵为太保，刘裕为侍中、车骑将军、都督中外诸军事，加录尚书事，裕皆不受，而请归藩。

以刘敬宣为宣城内史。

初，刘毅尝为刘敬宣参军，时人或以雄杰许之。敬宣曰：“非常之才自有调度。此君外宽而内忌，自伐而尚人，若一旦遭遇，亦当以陵上取祸耳。”毅闻而恨之。及敬宣为江州，毅使人言于裕曰：“敬宣不豫建义，授郡已为过优，闻为江州，尤用骇惋。”敬宣不自安，请解职，乃召还为宣城内史。

夏四月，以刘裕都督十六州军事，出镇京口。　以卢循为广州刺史。

当初，毛璩闻知桓振攻破江陵，率领将士三万顺流东下，准备讨伐桓振，派他的弟弟毛瑗出外水进军，参军谯纵出涪水进军。蜀地人不愿出外远征，逼迫谯纵为王。毛璩闻知有变，火速赶回成都，派遣军队讨伐谯纵，不能取胜。营户打开城门迎纳谯纵进城，杀掉毛璩及毛瑗，又将其家屠灭。谯纵自称成都王。于是蜀地大乱，汉中地区空虚，氐王杨盛派遣他的侄儿杨抚占据了这一带。

三月，桓振又进兵袭击江陵，将军刘怀肃与他交战，将他杀掉。 安帝回至建康，任命琅邪王司马德文、武陵王司马遵、刘裕以下人等官职，各有差别。

安帝回至建康，百官到宫阙前待罪，安帝诏令他们各复原职。

尚书殷仲文认为朝廷音乐尚未齐备，告诉刘裕，请求补置备齐。刘裕说："现在没有闲暇做这些事，而且我生来不懂音乐。"殷仲文说："如果喜欢它，自然就能听懂了。"刘裕说："正因为懂得便会喜欢，所以我不想学习它。"

安帝任命琅邪王司马德文为大司马，武陵王司马遵为太保，刘裕为侍中、车骑将军、都督中外诸军事，加任录尚书事，刘裕对这些官职都不肯接受，请求返回驻地。

朝廷任命刘敬宣为宣城内史。

当初，刘毅曾经做刘敬宣的参军，当时有的人认为他是豪杰。刘敬宣说："非常的人才自有他的品格气度。但此人外貌宽厚而内心忌刻，好夸耀自己而总想居于人上，如果他一旦遇到机会，也会因陵侮主上而自取灾祸。"刘毅听说这番话后，对刘敬宣非常怨恨。等到刘敬宣出任江州刺史，刘毅派人去向刘裕进言说："刘敬宣没有参加举兵起事的行动，授予他一个郡守已属优待，听说任用他为江州刺史，特别让人惊骇惋惜。"刘敬宣知道后心中不安，请求解除自己的职位，于是朝廷召他回来改任为宣城内史。

夏四月，朝廷任命刘裕为都督十六州军事，出朝镇守京口。 任命卢循为广州刺史。

时朝廷新定,未暇征讨。以循为广州刺史,徐道覆为始兴相。循遣使贡献,因遗刘裕益智粽,裕报以续命汤。循之陷番禺也,执刺史吴隐之。至是裕与循书,令遣隐之还,循不从。长史王诞曰:"孙伯符岂不欲留华子鱼邪?但以一境不容二君耳。"循乃遣之。

南燕主备德封其兄子超为北海王。

初,南燕主备德仕秦为张掖太守,从秦王坚寇淮南,留金刀与其母公孙氏别。备德与燕主垂举兵,张掖太守收备德兄纳及诸子杀之,公孙氏以老获免,纳妻段氏方娠未决。狱掾呼延平,备德之故吏也,窃以逃羌中。段氏生超十岁而公孙氏卒,以金刀授超。平又以超母子奔凉,及吕隆降秦,徙长安。而平卒,段氏为超娶其女。超恐为秦所录,乃阳狂行乞。备德遣人往视之,超不敢告其母妻,潜变姓名逃归。备德闻超至,大喜,遣骑迎之。超以金刀献备德,备德悲恸不自胜。封超为北海王。备德无子,欲以为嗣。

五月,刘毅、何无忌讨灭桓玄余党,荆、湘、江、豫皆平。

桓玄余党苻宏等拥众寇郡县者以十数,刘毅等分兵讨灭之。荆、湘、江、豫皆平。诏以毅为都督淮南五郡、豫州刺史,何无忌都督江东五郡、会稽内史。

秋七月,刘裕遣使求和于秦,得南乡等十二郡。

刘裕遣使求和于秦,且求南乡诸郡,秦王兴许之。群臣以为不可,兴曰:"天下之善一也。刘裕拔起细微,能讨

当时朝廷刚刚安定,没空去行征讨之事。于是任命卢循为广州刺史,徐道覆为始兴相。卢循遣使入朝进贡,并顺便赠送刘裕益智粽,刘裕回赠续命汤。卢循攻破番禺时,生擒刺史吴隐之。到这时刘裕给卢循写信,让他将吴隐之放回,卢循不肯听从。长史王诞说:"孙伯符当年难道不想留下华子鱼吗?只是因为一境之内不能有两个长官罢了。"卢循这才让吴隐之还朝。

南燕主慕容备德封他的侄儿慕容超为北海王。

当初,南燕主慕容备德在前秦曾任张掖太守,跟随前秦王苻坚进犯淮南,留下金刀与母亲公孙氏告别。慕容备德后来与后燕国主慕容垂起兵,张掖太守逮捕慕容备德的兄长慕容纳及他的几个儿子将他们杀掉,公孙氏因为年老得以免死,慕容纳的妻子段氏因为怀有身孕而没被马上处死。狱中掾吏呼延平是慕容备德的故吏,他带她们逃往羌人地区居住。段氏生下慕容超十年后,公孙氏去世,临终将金刀交给慕容超。呼延平又带慕容超母子逃奔后凉,等到吕隆投降后秦,又被迁徙至长安。呼延平去世后,段氏为慕容超娶了他的女儿为妻。慕容超恐怕自己被后秦收捕,便假装疯癫,四处乞食。慕容备德派人去看他,慕容超不敢将这件事告诉母亲和妻子,改换姓名逃回南燕。慕容备德听说慕容超来到大喜,派遣骑兵前去迎接。慕容超拿出金刀献给慕容备德,慕容备德放声大哭,悲不自胜。于是封慕容超为北海王。慕容备德没有儿子,想以慕容超做他的继承人。

五月,刘毅、何无忌攻灭桓玄余党,荆、湘、江、豫等州全部平定。

桓玄余党苻宏等人聚众侵犯郡县数以十计,刘毅等人分兵攻灭他们。荆、湘、江、豫等州全部平定。朝廷诏令刘毅为都督淮南五郡军事、豫州刺史,何无忌为都督江东五郡军事、会稽内史。

秋七月,刘裕派遣使者向后秦求和,得到南乡等十二个郡。

刘裕派遣使者向后秦求和,同时请求归还南乡等郡,后秦王姚兴答应了他的要求。后秦群臣认为不可以这样做,姚兴说:"天下的善行都是一样的。刘裕从卑贱贫寒之中崛起,能够诛杀

桓玄,复晋室,内厘庶政,外修封疆,吾何惜数郡不以成其美乎!"遂以十二郡归晋。

九月,南燕主备德卒,太子超立。

汝水竭,南燕主备德恶之,俄而寝疾。北海王超请祷之,备德曰:"人命在天,非汝水所能制也。"病笃,召群臣议立超为太子。俄而地震,君臣震恐。是夕卒。为十余棺,夜分出四门,潜瘗山谷。超即位,虚葬备德于东阳陵。超引所亲公孙五楼为腹心,备德故大臣北地王钟、段宏等皆不自安,求补外职。封孚谏曰:"臣闻亲不处外,羁不处内。钟、宏出藩,五楼内辅,臣窃未安。"超不从。钟、宏相谓曰:"黄犬之皮,恐终补狐裘也。"五楼闻而恨之。

西凉徙都酒泉。

西凉公暠与长史张邈谋徙都酒泉,以逼沮渠蒙逊。暠手令戒诸子曰:"从政者当审慎赏罚,勿任爱憎。近忠正,远佞谀,勿使左右窃弄威福。毁誉之来,当研核真伪。听讼折狱,必和颜任理,慎勿逆诈亿必,轻加声色。务广咨询,勿自专用。吾莅事五年,虽未能息兵,然含垢匿瑕,朝为寇仇,夕委心膂,粗无负于新旧,事任公平,坦然无类,初不容怀,有所损益。计近则如不足,经远乃为有余,庶亦无愧于前人也。"

桓玄,兴复晋室,内整朝政,外修封疆,我为什么珍惜几个郡而不以此成就他的美业呢?"于是将南乡等十二郡归还东晋。

九月,南燕国主慕容备德去世,太子慕容超即位。

汝水枯竭,南燕国主慕容备德心中厌恶,随即患病。北海王慕容超请求祈祷以消灾病,慕容备德说:"人的生命全由上天决定,不是汝水所能控制的。"不久病重,召集群臣商议立慕容超为太子。随后忽然发生地震,君臣都非常震惊害怕。当夜,慕容备德去世。慕容超命令做十余口棺木,在夜间分别从四个城门出去埋葬,但真的灵柩却秘密埋在山谷之中。慕容超即位,将实际没有尸体的慕容备德的灵柩埋葬在东阳陵。慕容超将所亲信的公孙五楼视为心腹,慕容备德过去的大臣北地王慕容钟、段宏等人都心中不安,请求到朝廷外去任职。封孚劝谏慕容超说:"臣听说亲族不应处于朝外,外人不应处于朝内。慕容钟、段宏出任外职,公孙五楼居内辅政,臣私下认为不妥。"慕容超不肯听从。慕容钟、段宏互相议论说:"黄犬之皮,恐怕最终要去补狐皮衣服了。"公孙五楼听说后怀恨在心。

西凉将都城迁至酒泉。

西凉公李暠与长史张邈谋划将都城迁徙至酒泉,以逼迫沮渠蒙逊。李暠亲笔写下命令告诫几个儿子说:"为政的人应当审慎地实行奖赏与惩罚,不要凭自己的好恶任意而行。接近忠诚正直的人,远离奸佞阿谀的人,不要让左右的人窃取权力,作威作福。有人来说毁谤或赞誉一类的话时,应当仔细审核辨别真假。听取诉讼,审理案件,一定要和颜悦色符合情理,千万不要事先推测对方心存奸诈主观臆断,轻易便加以颜色。一定要广泛听取别人的意见,不要独断专行。我治理政事五年,虽然没有能止息兵事,然而平时宽容别人的过错,掩盖别人的缺点,早晨还是仇敌,到晚间便可以委与他心腹之任,大体没有对不起新旧相知的地方,处事公平,胸怀坦荡没有偏差,从来没有因自己的私情,有所改变。从眼前来看好像有所欠缺,从长远考虑便会有许多益处,这样,差不多也可以无愧于前人了。"

丙午（406） **二年**燕光始六，秦弘始八，魏天赐三年。

春正月，魏增置刺史、守、令。

魏诸州置三刺史，郡置三太守，县置三令长。功臣为州者皆征还京师，以爵归第。

燕王熙袭高句丽，不克。

燕王熙袭契丹，至陉北，畏其众欲还，苻氏不听。遂弃辎重，轻兵袭高句丽。士马疲冻，死者属路，夕阳公云伤于矢，且畏熙之虐，遂以疾去官。

夏六月，秦姚硕德自上邽还长安。

秦陇西公硕德自上邽入朝，秦王兴为之大赦，及归，送至雍。兴事晋公绪及硕德皆如家人礼，车马、服玩先奉二叔而自服其次，国家大政皆咨而后行。

秦以秃发傉檀为凉州刺史，守姑臧。

南凉傉檀伐北凉还，献马三千匹、羊三万口于秦。秦王兴以为忠，以为凉州刺史，镇姑臧，征王尚还。凉州人遣主簿胡威请留尚，弗许。威见兴，流涕言曰："臣州僻远，仗良牧仁政，保全至今，陛下奈何以臣等贸马羊乎！若军国须马，直烦尚书一符，臣州三千余户，朝下而夕可办也。昔汉武帝倾天下资力开拓河西，以断匈奴右臂。今无故弃五郡之地忠良华族，以资暴虏，岂惟臣州士民坠于涂炭，恐方为圣朝旰食之忧！"兴悔之，使人驰止尚，则傉檀已军五涧，逼遣尚行矣。

丙午(406)　晋安帝义熙二年后燕光始六年，后秦弘始八年，北魏天赐三年。

春正月，北魏增置刺史和太守、县令。

北魏诸州设置三名刺史，郡设置三名太守，县设置三名县令。凡是功臣出任刺史都召回京师，保持原来的爵位返回宅第闲居。

后燕主慕容熙进攻高句丽，没有取胜。

后燕主慕容熙进攻契丹，军至陉北，因害怕契丹部落人口众多，准备返回，苻皇后不肯。于是丢弃辎重，用轻装军队进攻高句丽。兵士疲惫受冻，死者不绝于路，夕阳公慕容云被弓矢所伤，又害怕慕容熙的暴虐，便以有病为由，辞官归家。

夏六月，后秦姚硕德自上邽返回长安。

后秦陇西公姚硕德从上邽到都城朝见，后秦王姚兴为他的到来实行大赦，等到回去时，又送他至雍城。姚兴对待晋公姚绪和姚硕德都用家人的礼节，车马及服饰珍玩等物也都先奉送两位叔父，而后自己用剩下差一些的，国家的大政也都先请教两位叔父后再实行。

后秦任命秃发傉檀为凉州刺史，镇守姑臧。

南凉秃发傉檀讨伐北凉返回，将马三千匹、羊三万头献给后秦。后秦王姚兴认为他很忠诚，任命他为凉州刺史，镇守姑臧，征召王尚回朝。凉州人让主簿胡威请求留下王尚，姚兴不许。胡威见到姚兴，流着泪说："臣所在的凉州地处荒远，依仗好州牧的仁政，才得以保全至今，陛下怎么能用臣这些人去换马、羊呢！如果国家军事上需要马匹，只须烦尚书下一道文书就是了，臣州内有三千余户，早晨下令晚上就可以备就了。从前汉武帝倾尽天下的人力物力开拓河西这块疆土，以此切断了匈奴的右臂。现在无缘无故放弃五郡之地、忠良华族，用以资助残暴贼虏，难道仅仅是臣州中的士人百姓陷于水深火热之中，恐怕也正将成为陛下的大忧呢！"姚兴后悔，派人急速去阻拦王尚，但秃发傉檀已进军屯据五涧，逼迫王尚动身了。

别驾宗敞送尚还长安，偓檀谓曰："吾得凉州三千余家，情之所寄唯卿一人而已，奈何舍我去乎！"敞曰："今送旧君，所以忠于殿下也。"偓檀因问新政所宜，敞曰："惠抚其民，收用贤俊。"因荐本州名士十余人，偓檀嘉纳之。

偓檀宴于宣政堂，仰视叹曰："古人有言：'作者不居，居者不作。'信矣！"孟祎曰："昔张文王始为此堂，于今百年，十有二主矣，惟履信思顺者可以久处。"偓檀善之。偓檀虽受秦爵命，然其车服礼仪皆如王者。

魏筑灉南宫。

魏主规度平城，发八部男丁筑灉南宫，阙门高十余丈，穿沟池，广苑囿，规立外城，方二十里。

秋八月，刘裕遣将军毛修之讨谯纵。

裕遣龙骧将军毛修之将兵与益州刺史司马荣期等共讨谯纵。荣期为其参军杨承祖所杀，修之还白帝。

南燕段宏奔魏，慕容钟奔秦。

南燕主超猜虐日甚，政出权倖，盘于游畋，封孚、韩诨屡谏不听。公孙五楼欲擅朝权，谮北地王钟于超，请诛之。钟惧，遂与段宏谋反，不克，乃出奔。

超好变更旧制，又欲复肉刑，增置烹镬之法，众议不合而止。

冬十月，论建义功，封赏刘裕等有差。

别驾宗敞送王尚返回长安,秃发傉檀对他说:"我得到凉州三千余家,心中所瞩望的只有你一个人而已,为什么弃我而去呢?"宗敞说:"现在我护送旧长官,正是所以忠于殿下的地方。"秃发傉檀于是问他治理凉州所应注意的问题,宗敞说:"和惠安抚百姓,收纳任用贤能俊杰。"乘便推荐本州名士十余人,秃发傉檀高兴地一一接受。

秃发傉檀在宣政堂与大臣们饮宴,抬头观看殿堂,感叹地说:"古人有话说:'修建的人不居住,居住的人不修建。'确实是这样!"孟祎说:"从前张文王开始修建这座殿堂,到现在已经百年,经历的主人已经有十二个了,只有讲究信义顺从民心的可以长久地住在这里。"秃发傉檀很欣赏他说的话。秃发傉檀虽然接受后秦的封爵任命,但他的车马服装及礼仪都同帝王的一样。

北魏修筑浬南宫。

北魏国主拓跋珪规划京师平城,征发八个郡的男丁修筑浬南宫,阙门高达十余丈,穿凿水沟池塘,扩展苑囿,规划修建外城,方圆二十里。

秋八月,刘裕派遣将军毛修之讨伐谯纵。

刘裕派遣龙骧将军毛修之率领军队与益州刺史司马荣期等人一同进讨谯纵。司马荣期为他的参军杨承祖所杀,毛修之返回白帝城。

南燕段宏投奔北魏,慕容钟投奔后秦。

南燕国主慕容超猜忌暴虐日甚一日,政令都出自奸佞宠幸之手,他自己沉湎于游猎,封孚、韩𧨏等人屡次劝谏,他都不肯听从。公孙五楼想自己专擅朝政,向慕容超诬陷北地王慕容钟,请求杀掉慕容钟。慕容钟害怕,便与段宏谋划反叛,没有成功,于是出逃。

慕容超喜欢变更旧的制度,又想恢复肉刑,增加烹煮、车裂等酷刑,因百官商议无人附和而停止。

冬十月,东晋评定举义讨伐桓玄的功劳,安帝封赏刘裕等人,各有差别。

刘裕豫章郡公，刘毅南平郡公，何无忌安城郡公，自余封赏有差。

西秦乞伏乾归如秦。

丁未（407）　三年秦弘始九，魏天赐四年。燕王高云正始元。夏主赫连勃勃龙升元年。是岁，燕慕容氏亡。旧大国二，南凉、北凉、南燕、西凉小国四，新小国二，凡八僭国。

春正月，秦以乞伏乾归为主客尚书。

秦王兴以乾归寖强难制，留为主客尚书，以其世子炽磐行西夷校尉，监其部众。

闰二月，刘裕杀东阳太守殷仲文及桓冲孙胤，夷其族。

仲文素有才望，自谓宜当朝政，出为东阳太守，悒悒不乐。何无忌素慕其名，仲文许便道修谒，无忌喜，钦迟之。而仲文失志恍惚，遂不过府，无忌以为薄己，大怒。会南燕入寇，无忌言于刘裕曰："桓胤、殷仲文乃腹心之疾，北虏不足忧也。"会裕府将骆冰谋作乱伏诛，裕因言冰与仲文、桓胤有谋，皆族诛之。

夏四月，燕后苻氏卒。

燕主熙为其后苻氏起承华殿，负土北门，与谷同价。典军杜静载棺诣阙极谏，熙斩之。苻氏尝季夏思冻鱼，熙下有司切责不得，斩之。至是苻氏卒，熙哭之绝而复苏，斩衰食粥。命百官哭，无泪者罪之，又以其嫂张氏为殉。

封刘裕豫章郡公,刘毅南平郡公,何无忌安城郡公,其余有功人员封赏各不同。

西秦乞伏乾归到后秦去朝见。

丁未(407) **晋安帝义熙三年**后秦弘始九年,北魏天赐四年。北燕王高云正始元年。夏主赫连勃勃龙升元年。这年,燕慕容氏覆灭。旧大国二,南凉、北凉、南燕、西凉小国四,新小国二,共八个僭越国。

春正月,后秦任命乞伏乾归为主客尚书。

后秦王姚兴因为乞伏乾归势力渐强难于控制,将他留在朝中担任主客尚书,命他的世子乞伏炽磐代理西夷校尉,监管他的部众。

闰二月,刘裕杀掉东阳太守殷仲文及桓冲的孙儿桓胤,并灭其一族。

殷仲文素来很有才智名望,自己认为应当管理朝政,结果被遣出朝廷担任东阳太守,心中闷闷不乐。何无忌一向仰慕他的名声,殷仲文答应他方便时将去拜见,何无忌大喜,恭敬地等候他到来。但殷仲文仕途失意,常常精神恍惚,最终也没到何无忌府上来拜见,何无忌认为他轻视自己,大怒。正好这时南燕派兵入侵,何无忌向刘裕进言说:"桓胤、殷仲文是心腹之患,北方的贼虏倒不值得忧虑。"恰巧刘裕府中将领骆冰阴谋作乱被杀,刘裕乘势言称骆冰与殷仲文、桓胤有密谋,将他们连同其一族全部杀掉。

夏四月,后燕国主慕容熙的皇后符氏去世。

后燕国主慕容熙为其皇后符氏修建承华殿,命人背负黄土至北门,使得土价与粮谷的价格一样。典军杜静带着棺木来到皇宫极力劝谏,慕容熙将他杀掉。符皇后曾经在盛夏时想吃冻鱼,慕容熙严命有关部门设法寻找,没有得到,将有关官员斩首。到这时符皇后去世,慕容熙哭得死去活来,依照父母死去的礼仪服丧,禁绝其他饮食,只喝稀粥。命令百官哭灵,没有眼泪的便要治罪,又以他的嫂子张氏为符皇后殉葬。

燕主熙废其太后段氏。 六月,赫连勃勃自称大夏天王。

勃勃魁岸美风仪,性辩慧。秦王兴见而奇之,与论大事,宠遇逾于勋旧。兴弟邕曰:"勃勃不可近也。"兴曰:"勃勃有济世才,吾方与之平天下,奈何逆忌之!"乃以为将军,使助没弈干镇高平,伺魏间隙。邕固争曰:"勃勃贪猾不仁,轻为去就,恐终为边患。"兴乃止。久之,竟配以杂虏二万余落,使镇朔方。会魏主珪归所虏秦将于秦,兴归贺狄干以报之。勃勃怒,遂谋叛秦。柔然献马于秦,勃勃掠取之,袭杀没弈干而并其众。自谓夏后氏之苗裔,称大夏天王,置百官。

贺狄干久在长安,常幽闭,因习读经史,举止如儒者。及还魏,珪见其言语、衣服皆类秦人,以为慕而效之,怒,并其弟归杀之。

秋七月朔,日食。 燕高云弑其主熙,自立为天王。

燕主熙葬其后苻氏,披发徒跣,步从二十余里。

初,将军冯跋得罪于熙,亡命山泽,因民之怨,欲举大事,潜入龙城,匿于孙护之家。及熙出送葬,跋等与将军张兴等作乱,推熙养子夕阳公云为主,帅众入宫授甲,闭门拒守。熙驰还攻北门,不克。云遂即天王位,大赦改元,执熙

后燕国主慕容熙废掉太后段氏。 **六月,赫连勃勃自称大夏天王。**

赫连勃勃身材魁梧,容貌英俊,仪表出众,生性聪慧善辩。后秦王姚兴见到他后大为惊异,与他谈论军国大事,对他的宠爱恩遇超过功臣旧属。姚兴的弟弟姚邕说:"赫连勃勃其人不可亲近。"姚兴说:"赫连勃勃有救助乱世的才干,我正要与他一起平定天下,你怎么会预先就猜忌他呢?"于是任命赫连勃勃为将军,命他帮助没弈干镇守高平,严密观察北魏的破绽。姚邕坚持争辩说:"赫连勃勃贪婪狡猾,不讲仁义,反复无常,恐怕最终会成为边疆的祸患。"姚兴这才停止了对赫连勃勃的任命。很长时间以后,最终还是配与赫连勃勃各族部众二万余户,命他镇守朔方。正好这时北魏国主拓跋珪把俘虏的后秦将领归还给后秦,姚兴归还北魏将领贺狄干作为回报。赫连勃勃大怒,于是谋划反叛后秦。柔然向后秦进献马匹,赫连勃勃在半途将马匹抢走。他又袭杀没弈干,将其部众吞并。自称是夏后氏的后裔,称大夏天王,设置百官。

贺狄干长期被扣押在长安,常被幽禁,因而他习读经书史籍,言谈举止如同儒生一样。及至返回北魏,拓跋珪见他的言谈、衣装都同后秦人一样,认为他是美慕而仿效,大怒,将他连同他的弟弟贺狄归一起杀掉。

秋七月初一,出现日食。 **后燕高云杀掉他的国主慕容熙,自己即位为天王。**

后燕国主慕容熙埋葬他的皇后符氏,赤足散发,跟着灵柩步行二十余里。

当初,将军冯跋因事得罪了慕容熙,逃亡到山泽中,乘着百姓怨声载道时,准备兴建大事,偷偷进入龙城,藏匿在孙护之家中。等到慕容熙出城送葬时,冯跋等人与将军张兴等人作乱,推举慕容熙的养子夕阳公慕容云为国主,率部众进入宫中,授与他们武器,关闭龙城城门拒守。慕容熙急驰回来进攻北门,不能攻克。慕容云于是即天王位,宣布大赦,改变年号,捉住慕容熙

杀之,复姓高氏,以跋为都督中外诸军、录尚书事。

南燕遣使称藩,献太乐伎于秦。冬,秦遣其母妻还之。

南燕主超母妻犹在秦,遣封恺使于秦以请之。秦王兴曰:"昔苻氏太乐诸伎悉入于燕。燕今称藩,送伎或送吴口千人,乃可得也。"超与群臣议之,段晖曰:"陛下嗣守社稷,不宜以私亲之故遂降尊号,且太乐先代遗音,不可与也,不如掠吴口与之。"张华曰:"侵掠邻国,兵连祸结,非国家之福也。陛下慈亲在人掌握,岂可靳惜虚名,不为之屈乎!"乃使韩范聘于秦,称藩奉表。秦使韦宗报聘,张华请北面受诏,封逞曰:"大燕七圣重光,奈何一旦为竖子屈节!"超曰:"吾为太后屈,愿诸君勿复言。"遂北面受诏。使华献太乐伎一百二十人于秦,秦王兴乃还超母妻,厚其资礼而遣之。

夏王勃勃破薛干等部,降之,遂进攻秦及南凉,大破之。

夏王勃勃破鲜卑薛干等三部,降其众以万数,进攻秦三城已北诸戍,斩秦将杨丕、姚石生等。诸将皆曰:"陛下欲经营关中,宜先固根本,使人心有所凭系。高平险固饶沃,可以定都。"勃勃曰:"吾大业草创,姚兴亦一时之雄,未可图也。今专固一城,彼必并力于我,亡可立待。不如以骁骑风驰,出其不意,救前则击后,救后则击前,使彼疲于

将他杀掉，又恢复原姓高氏，任命冯跋为都督中外诸军事、录尚书事。

南燕派遣使者向后秦称藩属，并献上太乐艺伎。冬季，后秦将慕容超的母亲和妻子归还南燕。

南燕国主慕容超的母亲和妻子还在后秦，他派遣封恺出使后秦，请求对方归还自己的母亲、妻子。后秦王姚兴说："从前苻氏的太乐诸艺伎都归于燕国。燕国现在愿意做藩属，要送来太乐艺伎或者晋人一千口，才可以得到他所要求的东西。"慕容超与群臣计议，段晖说："陛下承继皇位守护社稷，不应当因为私人亲情的缘故而降低尊号，况且太乐是前代留下的音乐，不能给他们，不如掠取晋人给他们。"张华说："劫掠邻国，一定会兵连祸结，这不是国家的福事。陛下慈母在人家的掌握之中，怎么可以吝惜虚名，不肯为此委曲求全呢！"慕容超于是派遣韩范出使后秦，奉上表章自称藩属。后秦派韦宗为使者回访南燕，张华请慕容超面向北方接受姚兴的诏书，封逞说："大燕七代圣主光辉相映，怎么能一旦为姚兴这个小子屈节！"慕容超说："我这是为太后屈节，希望各位不要再说了。"便面向北方接受诏书。又命令张华向后秦进献太乐艺伎一百二十人，后秦王姚兴于是归还慕容超的母亲、妻子，赠与她们很优厚的财物将她们送回。

大夏王赫连勃勃攻破薛干等部落，迫使他们投降，于是进攻后秦及南凉，大破秦、凉二国军队。

大夏王赫连勃勃攻破鲜卑薛干等三个部落，收降他们的部众数以万计，又进攻后秦三城以北各个关戍，斩杀后秦将领杨丕、姚石生等。大夏众将都说："陛下想要经营关中地区，应当先行巩固根本之地，使人心有所凭依。高平这个地方险要巩固，肥沃富饶，可以在那里定都。"赫连勃勃说："我的大业还在草创阶段，姚兴也是一时之雄，不可以图谋他。现在如果专守一座城池，他一定会全力来对付我，那样我们的灭亡很快便会来到。不如以我们的骁勇骑兵驰骋四方，出其不意，随时攻击他。他救助前面，我们便攻他的后面，救助后面，我们便攻他的前面，使他疲于

奔命,我则游食自若。不及十年,岭北、河东尽为我有。待
兴既死,嗣子暗弱,徐取长安,在我计中矣。"于是侵掠岭北
诸城。秦王兴乃叹曰:"吾不用黄儿之言以至于此!"勃勃
求婚于南凉,傉檀不许。勃勃帅骑二万击破之,名臣勇将
死者什六七,勃勃积尸而封之,号曰髑髅台。

凉公暠复遣使来上表。

戊申(408)　**四年**秦弘始十,魏天赐五年。南凉嘉平元年。

春正月,刘裕自为扬州刺史、录尚书事。

王谧既卒,刘毅等不欲刘裕入辅政,议以谢混为扬州
刺史,或欲令裕于丹徒领扬州,以内事付孟昶。遣皮沈以
二议咨裕,沈先见刘穆之,具道朝议。穆之密白裕曰:"晋
命已移。公勋高位重,岂得遂为守藩之将邪!刘、孟与公
俱起布衣,立大义以取富贵,一时相推,非委体心服,宿定
臣主之分也。力敌势均,终相吞噬。扬州根本所系,不可
假人。前者以授王谧,事出权道,今若复以他授,便应受制
于人。一失权柄,何由可得!今但答以:'此事既大,非可
悬论,便暂入朝,共尽同异。'公至京邑,彼必不敢越公更授
余人矣。"裕从之。朝廷乃征裕为侍中、扬州刺史、录尚书
事。裕解兖州,以诸葛长民镇丹徒,刘道怜戍石头。

南燕祀南郊。

奔命,而我们则游食自若。这样不到十年,岭北、河东地区便会
尽归我们所有。等到姚兴死了以后,他继位的儿子昏庸懦弱,我
们就可以慢慢攻取长安,他们就在我的计谋之中了。"于是进攻
掳掠岭北诸城。后秦王姚兴叹息道:"我不听姚邕的话,以致到
了如此地步!"赫连勃勃向南凉求婚,秃发傉檀不答应。赫连勃
勃率领骑兵二万去破南凉,南凉的名臣勇将死去的达十之六七,
赫连勃勃将尸体堆积封埋,修成高台,号称髑髅台。

西凉公李暠又派遣使者携带表章来朝见东晋。

戊申(408) **晋安帝义熙四年**后秦弘始十年,北魏天赐五年。南
凉嘉平元年。

春正月,刘裕自任扬州刺史、录尚书事。

王谧死去之后,刘毅等人不想让刘裕入朝辅佐朝政,商议以
谢混担任扬州刺史,有人想让刘裕在丹徒兼任扬州刺史,而把朝
内政务交付给孟昶。朝廷先派遣皮沈携带这两种方案去征求刘
裕的意见,皮沈先去见了刘穆之,将朝廷的计议全部告诉了他。
刘穆之偷偷禀告刘裕说:"晋室的大运已去。您功高位重,怎么
能最终做一个镇守藩镇的将领呢!刘毅、孟昶与您都是从平民
起家的,建立大义来求取富贵,一时之间推举您为盟主,不是真
心服顺而将自身委托给您,有确定的君臣名分。他们的力量和
势力与您相当,最终要互相吞并。扬州是天下大事的根本所在,
不可以交给别人。前次将扬州交由王谧,是出于权宜之计,这次
如果再给予别人,便会受制于人。一旦失去权柄,还能从哪里得
到?现在您只要回答说:'此事既然非常重大,不能遥相议论,现
在我马上回一趟京师,与你们一起仔细商量。'您到京师,他们一
定不敢越过您再把扬州授予其他人。"刘裕听从了他的建议。朝
廷于是征刘裕入朝,任命他为侍中、扬州刺史、录尚书事。刘裕
解除自己兖州刺史的职位,命令诸葛长民镇守丹徒,刘道怜镇守
石头。

南燕在南郊举办祭祀。

南燕主超祀南郊，有兽如鼠而赤，大如马，来至坛侧。须臾大风昼晦，羽仪帷幄皆毁裂。超惧，以问太史令成公绥。对曰："陛下信用奸佞，诛戮贤良，赋敛繁多，事役殷重之所致也。"超乃黜公孙五楼等，俄复用之。

夏五月，谯纵称藩于秦。

谯纵请桓谦于秦，欲与共击刘裕。秦王兴以问谦，谦因请行。兴曰："小水不容巨鱼，若纵才力，自足办事，亦不假君为羽翼矣。"遂遣之。谦至成都，虚怀引士。纵疑之，置于龙格，使人守之。

秦遣兵袭南凉，讨夏，皆败绩。

秦王兴以傉檀内外多难，欲因而取之，使尚书郎韦宗往觇之。傉檀与宗论当世大略，纵横无穷。宗退叹曰："奇才英器，不必华夏，明智敏识，不必读书。吾乃今知九州之外，"五经"之表，复自有人也。"归言于兴曰："凉州虽弊，傉檀权谲过人，未可图也。"兴曰："刘勃勃以乌合之众犹能破之，况我举天下之兵以加之乎！"宗曰："不然。形移势变，返覆万端，陵人者易败，戒惧者难攻。傉檀之所以败于勃勃者，轻之也。今我以大军临之，彼必惧而求全。窃观群臣才略，无傉檀比者，虽以天威临之，亦未敢保其必胜也。"兴不听，使其子广平公弼、将军敛成帅步、骑三万袭傉檀，仆射齐难帅骑二万讨勃勃。

弼长驱至姑臧。傉檀婴城固守，出奇兵击破之。命郡县悉散牛羊于野，敛成纵兵抄掠，又击败之。

南燕国主慕容超在南郊祭祀,有一只野兽,样子像老鼠但全身红色,大如马,来到祭坛旁。很快,大风骤起,天色昏暗,羽仪帐幕全被刮裂。慕容超害怕,去询问太史令成公绥。成公绥说:"这是陛下宠信重用奸佞,诛杀贤良,赋税繁重,征发徭役过多造成的。"慕容超于是罢黜公孙五楼等人,但不久又将他起用。

夏五月,谯纵向后秦称藩属。

谯纵向后秦请求让桓谦到蜀地来,准备与他一同进攻刘裕。后秦王姚兴就此询问桓谦,桓谦乘势请求前去。姚兴说:"小水容不下大鱼,如果谯纵的才干力量足以成事,也不用借助你来做他的羽翼。"便让桓谦去见谯纵。桓谦到了成都后,虚怀若谷,礼贤下士。谯纵心中猜疑,将桓谦安置在龙格,并派人看守。

后秦派遣军队进攻南凉,讨伐大夏,都大败而回。

后秦王姚兴因为秃发傉檀内外多难,想乘机消灭他,命令尚书郎韦宗前去探听他的虚实。秃发傉檀与韦宗谈论当世的大事,纵横捭阖,议论无穷。韦宗退下后叹道:"奇才英杰,不一定出于华夏,明智高识,不一定非要读书才能得到。我现在才知道九州之外,'五经'之外,还自有人才在。"回去向姚兴进言说:"凉州虽然破败,秃发傉檀权谋诡诈超过常人,不可以图谋他。"姚兴说:"刘勃勃用乌合之众尚且能击破他,何况我发动天下的军队来进攻他呢!"韦宗说:"不是这样。形势的变化,无穷无尽,仗势欺凌别人的容易失败,警戒小心的难于攻取。秃发傉檀之所以败于刘勃勃的缘故,是由于他轻敌。现在我方用大军去进攻,他一定会战战兢兢地设法谋求保全自己。臣私下观察我朝群臣的才干谋略,没有能与秃发傉檀相匹敌的,即使您以天子的声威亲自进攻他,也不敢保证一定能取胜。"姚兴不肯听从,任命他的儿子广平公姚弼、将军敛成率步、骑兵三万进攻秃发傉檀,尚书左仆射齐难率骑兵二万讨伐赫连勃勃。

姚弼率军长驱直进,抵达姑臧。秃发傉檀环城坚守,同时派出奇兵击破姚弼军。并命令各郡县将牛、羊散于田野诱敌,敛成纵兵劫掠,秃发傉檀又出军大败敛成军。

勃勃闻秦兵且至,退保河曲。齐难遂纵兵野掠,勃勃潜师袭破,擒之及其将士万三千人。于是岭北夷夏附于勃勃者以万数,勃勃皆置守宰以抚之。

遣将军刘敬宣督毛修之讨谯纵,不克,引还。

毛修之击斩杨承祖,请讨谯纵。刘裕表刘敬宣帅众五千伐之。敬宣入峡,转战而前。军至黄虎,去成都五百里,秦遣兵救之。纵亦悉众拒险,相持六十余日。军中饥疫,死者大半,乃引军还。敬宣坐免官,裕降号中军将军。

冬十一月,南凉复称王。 南燕汝水竭。

南燕汝水竭。河冻皆合,而渑水不冰。南燕主超恶之,问于李宣。宣对曰:"渑水无冰,良由逼带京师,近日月也。"超大悦。

己酉(409) **五年**秦弘始十一,魏太宗拓跋嗣永兴元年。燕王冯跋太平元年。西秦更始元年。旧大国二,南凉、北凉、南燕、西凉、燕、夏小国六,新小国一,凡九僭国。

春正月,秦封谯纵为蜀王。 二月,南燕寇掠宿豫。

南燕主超正旦朝会群臣,叹太乐不备,议掠晋人以补伎。韩诨曰:"先帝以旧京倾覆,戢翼三齐。陛下不养士息民,伺衅恢复,而更侵掠南邻以广仇敌,可乎?"超曰:"我计已定,不与卿言。"遂遣公孙五楼兄归将兵寇宿豫,拔之,大掠而去。简男女二千五百付太乐教之。时五楼专总朝

赫连勃勃听说后秦军将至,退军据守河曲一带。齐难于是纵兵四处抄掠,赫连勃勃偷偷回师袭击,大破齐难军,生擒齐难及其手下将士一万三千人。于是岭北胡、汉百姓投附赫连勃勃的数以万计,赫连勃勃都设置地方守宰以慰抚管理他们。

朝廷派遣将军刘敬宣督毛修之讨伐谯纵,没能取胜,率军返回。

毛修之率军进击,杀掉杨承祖,请求讨伐谯纵。刘裕上表请求派刘敬宣率领军队五千人进讨谯纵。刘敬宣进入长江三峡,转战向前。大军进至黄虎,距离成都五百里,后秦派遣军队来救谯纵。谯纵也倾尽兵力拒险抵御,双方相持六十余日。这时晋军中缺粮,又出现瘟疫,死去的人有一多半,刘敬宣只好率军退回。刘敬宣因为此次失利被免去官职,刘裕也降低名位为中军将军。

冬十一月,南凉秃发傉檀又称凉王。　南燕汝水枯竭。

南燕汝水枯竭。黄河已经封冻,但滍水没有结冰。南燕国主慕容超心中厌恶,就此询问李宣。李宣回答说:"滍水没有结冰,实是由于它挨临京师,靠近日月的缘故。"慕容超听后非常高兴。

己酉(409)　**晋安帝义熙五年**后秦弘始十一年,北魏太宗拓跋嗣永兴元年。北燕王冯跋太平元年。西秦更始元年。旧大国二,南凉、北凉、南燕、西凉、燕、夏小国六,新小国一,共九个僭越国。

春正月,后秦册封谯纵为蜀王。　二月,南燕侵犯掳掠东晋宿豫一带。

南燕国主慕容超正月初一朝会群臣,感叹皇家太乐不完备,商议掳掠晋人以补充艺伎。韩谭说:"先帝因为旧都覆亡,暂居于三齐地区。陛下不去休养将士百姓,伺察敌人的破绽寻机恢复大业,却要再去侵犯掳掠南面的邻国以多树仇敌,可以这样做吗?"慕容超说:"我的主意已定,不再与你多说。"于是派遣公孙五楼的兄长公孙归率领军队侵犯东晋宿豫,攻破宿豫城,大肆掳掠之后回去。慕容超从掳掠来的东晋人口中挑选出男女二千五百人交付太乐官署,让教给他们乐器歌舞。当时公孙五楼专擅朝

政,宗亲并居显要,内外无不惮之。尚书都令史王俨谄事五楼,比岁屡迁,官至左丞。国人为之语曰:"欲得侯,事五楼。"超又遣归等侵淮南,俘男女千余人而去。诏刘道怜镇淮阴以备之。

乞伏乾归自秦逃归。

乞伏炽磐入见秦太原公懿于上邽,彭奚念乘虚伐之。炽磐闻之怒,不告而归,击奚念破之,遂克枹罕。乾归逃还苑川,留炽磐镇枹罕,收其众得二万人。

三月,恒山崩。 夏四月,雷震魏天安殿。

雷震魏天安殿东序,魏主恶之,命以冲车攻东西序,皆毁之。初,魏主服寒食散,药发,躁怒无常,至是寖剧。又灾异数见,占者言有急变生肘腋。魏主忧懑废寝食,追记平生成败得失,独语不止。每百官奏事至前,记其旧恶,辄杀之。其余或颜色变动,或鼻息不调,或步趋失节,或言辞差谬,皆以为怀恶在心,发形于外,往往手击杀之。死者皆陈天安殿前。群臣多不敢求亲近,唯著作郎崔浩恭勤不懈,其父吏部尚书宏未尝谄谀,亦不忤旨,故父子独不被谴。

夏四月,刘裕伐南燕。六月,及燕师战于临朐,大破之,遂围广固。

刘裕抗表伐南燕,朝议皆以为不可,惟孟昶、谢裕、臧熹劝行。裕以昶监留府事。

初,苻氏之败,王猛孙镇恶来奔,骑射不能及人,而有谋略,善果断,喜论军国大事。至是或荐于裕,与语悦之,

政,他的宗族亲属都居于显要职位,朝廷内外没有谁不惧怕他。尚书都令史王俨谄媚巴结公孙五楼,连年数次迁升,官至尚书左丞。南燕国人为此编了俗语说:"要想封侯,事奉五楼。"慕容超又派遣公孙归等人侵犯淮南地区,俘获东晋男女人口千余人而回。朝廷诏令刘道怜镇守淮阴,以防备南燕的入侵。

乞伏乾归从后秦逃回。

乞伏炽磐到上邽去拜见后秦太原公姚懿,彭奚念乘他后方空虚之机,进兵攻击。乞伏炽磐闻知大怒,不向姚懿告别便赶了回来,进军击破彭奚念,于是攻克枹罕。乞伏乾归逃回苑川,留下乞伏炽磐镇守枹罕,收集部众,得到二万人。

三月,恒山崩裂。 夏四月,北魏天安殿遭受雷击。

北魏天安殿东墙遭雷击,北魏国主拓跋珪厌恶此事,命令用攻城冲车冲撞东、西墙,全部毁掉了。当初,拓跋珪服食寒石散,药性发作,使得他躁怒无常,到这时更加严重。此时又屡次出现灾异,占卜的人言称将有紧急的变故在皇宫内部发生。拓跋珪忧愁郁闷,寝食俱废,追忆自己平生的成败得失,独自念叨不已。每当有官员启奏政事到他面前,常常想起这些官员过去的过错,立刻将他们杀掉。其他的官员或有脸色变化,呼吸不匀,急步上前叩拜不合礼仪,言辞应对有差错等情况的,便认为他们心中有鬼,而暴露在外表的行动上,常常亲手将这些官员杀掉。被杀的人都摆列在天安殿前。朝中百官大都不敢去亲近,只有著作郎崔浩恭敬勤谨,毫不懈怠,他的父亲吏部尚书崔宏从不阿谀奉承,也不违抗圣旨,所以只有他们父子不曾受到谴责。

夏四月,刘裕讨伐南燕。六月,刘裕与南燕军队在临朐交战,大破南燕军,于是进围广固。

刘裕上表请求讨伐南燕,朝中计议,都认为不可,只有孟昶、谢裕、臧熹劝刘裕进兵。刘裕命孟昶为监中军将军留府事。

当初,苻氏败亡的时候,王猛的孙儿王镇恶来投奔东晋,他骑马射箭赶不上别人,却富有谋略,善于决断,喜好谈论军国大事。到这时,有人将他推荐给刘裕,刘裕与他交谈后很为高兴,

因留宿。明旦谓参佐曰："吾闻将门有将,信然。"即以为中军参军。

四月,裕帅舟师自淮入泗。五月,至下邳,留辎重,步进至琅邪,所过皆筑城,留兵守之。或谓裕曰："燕人若塞大岘之险,或坚壁清野,大军深入,不唯无功,将不能自归,奈何?"裕曰："吾虑之熟矣,鲜卑贪婪,不知远计,进利虏获,退惜禾苗。谓我孤军远入不能持久,不过进据临朐,退守广固,必不能守险清野,敢为诸君保之。"

南燕主超召群臣会议,公孙五楼曰："吴兵轻果,利在速战。宜据大岘使不得入,旷日延时,沮其锐气,然后徐简精骑,循海而南,绝其粮道,敕段晖帅兖州之众缘山东下,腹背击之,此上策也。各命守宰依险自固,校其资储,余悉焚荛,使敌无所得,旬月之间,可以坐制,此中策也。纵贼入岘,出城逆战,此下策也。"超曰："今岁星居齐,以天道推之,不战自克。客主势殊,以人事言之,彼远来疲弊,势不能久,奈何荛苗徙民,先自蹙弱乎!不如纵使入岘,以精骑蹂之,何忧不克!"桂林王镇曰："陛下必以骑兵利平地者,宜出岘逆战,战而不胜,犹可退守。不宜纵敌入岘,自弃险固也。"超不从。镇出叹曰："既不能逆战,又不肯清野,延敌入腹,坐待攻围,酷似刘璋矣。"超闻之怒,收镇下狱。

便留他与自己同宿。第二天一早,刘裕对众僚佐说:"我听说名将之门必有大将,确实如此。"立即任命王镇恶为中军参军。

四月,刘裕率领水军自淮水进入泗水。五月,刘裕率军抵达下邳,留下辎重,从陆路进至琅邪,所经之处,都修筑城垒,留下将士镇守。有人对刘裕说:"燕人如果阻断大岘之险,或者坚壁清野,我方大军深入,不仅仅没有功效,恐怕还将不能安全返回,怎么办?"刘裕说:"这我已经仔细考虑过了,鲜卑人贪婪,不知道深谋远虑,他们前进贪图获得人口钱财,后退吝惜自己田中的禾苗。认为我们孤军深入不能持久,因此他们的对策不过是进则据守临朐,退则守卫广固,一定不会据守险阻,清肃田野,我敢为各位保证。"

南燕主慕容超召集群臣商议对策,公孙五楼说:"晋国的兵将轻佻勇猛,利于速战速决。我们应当据守大岘使他们无法通过,拖延时间,以挫伤他们的锐气,然后慢慢地挑选精锐骑兵,沿着海滨南进,断绝他们的粮道,再命段晖率领兖州的军队沿山东进,向敌军的腹背同时进攻,这是上策。分别命令各地的守宰依据险阻自己固守,估量自己所需的粮食物资贮存下来,剩下的全部烧毁,使敌人一无所得。这样一个月之间,我们便可端坐不动而制服敌人,这是中策。放敌军进入大岘,然后出城迎战,这是下策。"慕容超说:"现在岁星正在齐地,依据天道推算,我们可以不战而胜。敌军和我们的形势因主客的关系各有不同,从人事上说,敌军远来疲惫,其势必然不能持久,我们为什么砍掉禾苗迁徙百姓,先自慌乱示弱呢?不如放敌军进入大岘,我们用精锐骑兵践踏他们,还忧虑什么不能击败他们!"桂林王慕容镇说:"陛下如果一定认为骑兵利于在平地作战的话,应该走出大岘去迎击敌人,那样即使交战不能取胜,也还可以退回坚守。不应该放敌人进入大岘,自己放弃险要坚固之地。"慕容超不肯听从。慕容镇出来叹道:"既不能出兵迎击敌人,又不肯清肃田野,延请敌人进入腹地,坐在那里等待敌人的攻击围困,太像当年的刘璋了。"慕容超知道慕容镇说的话后,将他逮捕下狱。

　　裕过大岘，燕兵不出。裕举手指天，喜形于色。左右曰："公未见敌而先喜，何也？"裕曰："兵已过险，士有必死之志，余粮栖亩，人无匮乏之忧。虏已入吾掌中矣。"六月，裕至东莞，超先遣五楼及段晖等将步、骑五万屯临朐，闻晋兵入岘，自将步、骑四万往就之。裕以车四千乘为左右翼，方轨徐进，与燕兵战于临朐南，日向昃，胜负未决。参军胡藩言于裕曰："燕悉兵出战，临朐城中留守必寡，愿以奇兵从间道取其城，此韩信所以破赵也。"裕遣藩等潜师出燕兵后，攻临朐，声言轻兵自海道至，遂克之。超大惊，单骑就晖于城南。裕因纵兵奋击，大破之，斩晖等大将十余人，乘胜逐北至广固，克其大城。超入保小城。裕筑长围守之，抚纳降附，采拔贤俊，因齐地粮储，停江、淮漕运。

　　超遣张纲乞师于秦，赦桂林王镇以为都督，且问计焉。镇曰："百姓之心系于一人。今陛下亲董六师，奔败而还，士民丧气。闻秦自有内患，恐不暇救人。今散卒尚有数万，宜悉出金帛以饵之，更决一战。若天命助我，必能破敌。如其不然，死亦为美。"乐浪王惠曰："晋军气势百倍，我以败卒当之，不亦难乎！秦与我如唇齿也，安得不来相救！"超从惠计，复遣韩范如秦。

刘裕率军经过大岘,南燕军队没有出动截击。刘裕举手指天,喜形于色。左右将士问他说:"您还没有见到敌人就先自高兴,这是为什么呢?"刘裕说:"我方兵将已经通过险地,人人有拼死作战的心思,田野中停放着粮食,没有粮草匮乏的忧虑。敌人已经落入了我的手中了。"六月,刘裕进抵东莞,慕容超先派公孙五楼及段晖等人率领步、骑兵五万人驻屯在临朐,听说晋军已经进入大岘,便亲自率领步、骑兵四万前来迎战。刘裕用战车四千辆排列成左右两翼,齐头缓缓而进,与南燕军队在临朐以南展开激战。太阳渐渐西斜,双方仍未决出胜负。参军胡藩向刘裕进言说:"燕人倾巢出动来与我们交战,临朐城中留守的兵力一定很少,我愿率领一支奇兵从小道攻取临朐城,这是当年韩信所用来击败赵国的方法。"刘裕随即派遣胡藩等人偷偷率军绕到南燕军的后面,去进攻临朐,声称是轻装部队从海道而来,于是攻克了临朐。慕容超大惊,单人匹马逃至城南依就段晖军。刘裕乘势纵兵奋力冲杀,大破南燕军,斩杀南燕段晖等大将十余人,乘胜追击直至广固,攻克广固外城。慕容超进入内城据守。刘裕命令将士修筑长围围住广固,接纳安抚投降归附的人士,寻访拔举贤能俊杰,吃用齐地储存的粮食,停止了长江、淮水间的军粮运输。

　　慕容超派遣张纲去向后秦请求救兵,赦免了桂林王慕容镇,任用他为都督,并向他询问对策。慕容镇说:"百姓的心全系于陛下一个人身上。现在陛下亲自率领六军出征,却战败逃回,士人百姓失魂丧气。听说秦国自己也有内患,恐怕腾不出时间来救助别人。现在我们集聚的散卒还有数万,应当拿出国家的全部金银帛布来作为诱饵激励他们,再与晋军决一死战。如果上天帮助我们,一定能够击败敌军。如果不能这样,一战而死也是美事。"乐浪王慕容惠说:"晋军现在气势百倍,我们用战败的士卒来抵挡他们,不也太难了吗?秦国与我国形同唇齿,怎么能不来相救!"慕容超听从了慕容惠的意见,又派遣韩范到后秦去求救。

裕围城益急,超请割地称藩,不许。秦王兴遣使谓裕曰:"今遣铁骑十万屯洛阳,晋军不还,当长驱而进矣。"裕谓其使者曰:"语汝姚兴:'我克燕之后,息兵三年,当取关、洛。今能自送,便可速来。'"刘穆之闻裕言,尤之曰:"此语不足威敌,适足以怒之。若广固未拔,羌寇奄至,不审何以待之?"裕笑曰:"此正是兵机,非卿所解。夫兵贵神速,彼若审能赴救,必畏我知,宁容先遣信命,逆设此言! 是自张大之辞耳。晋师不出,为日久矣。羌见伐齐,殆将内惧,自保不暇,何能救人邪!"

秋七月,西秦复称王。   九月,秦王兴伐夏,夏王勃勃袭而败之。

秦王兴自将击夏,至贰城,遣将军姚详等分督租运。夏王勃勃乘虚奄至,秦兵大败。初,兴遣将军姚彊帅步、骑随韩范往救南燕,至是追彊兵还。范叹曰:"天灭燕矣!"遂降于裕。张纲亦为晋军所获。裕将范循城,升纲楼车,使周城呼曰:"秦为刘勃勃所败,无兵相救。"城中莫不失色。纲复为裕造攻具,尽诸奇巧。南燕主超怒,悬其母于城上支解之。

冬十月,西秦以焦遗为太子太师。

西秦王乾归以焦遗为太子太师,与参军国大谋。谓炽磐曰:"焦生非特名儒,乃王佐才也。汝事之当如事吾。"炽磐拜遗于床下。遗子华至孝,乾归欲以女妻之。辞曰:"娶妻者欲与之共事二亲也。今以王姬下嫁蓬茅之士,臣惧其

刘裕围攻广固更加紧急,慕容超请求割给东晋土地,甘愿称臣,刘裕不许。后秦王姚兴派遣使者对刘裕说:"现在我已派铁骑十万驻屯于洛阳,晋军如果不退兵,就将长驱直进,攻击晋军。"刘裕对他的使者说:"告诉你们姚兴:'我灭掉燕国之后,歇息兵马三年,便将攻取关中、洛阳一带。现在如果能自己前来相送,那就赶快来吧。'"刘穆之听到刘裕的答复,埋怨他说:"你这些话不足以威慑敌人,却正好足以把他激怒。如果广固不能攻克,羌寇又突然来攻,不知道你如何对付他们?"刘裕笑着说:"这正是用兵的要诀,不是你所能明白的。用兵贵在神速,姚兴如果真能前来救助燕国,一定害怕我们知道,难道可以先派人来送信儿,预先说这番话?这是他自夸自大之辞罢了。晋军不出境外作战,已经时间很久了。羌人见我们讨伐齐地,恐怕会心里害怕,自顾尚且不暇,哪里能救别人呢?"

秋七月,西秦乞伏乾归又称秦王。　九月,后秦王姚兴讨伐大夏,大夏王赫连勃勃率军袭击,大败后秦军。

后秦王姚兴亲自率军进攻大夏,至贰城,派将军姚详等分头督运粮食。夏王赫连勃勃乘机杀来,后秦军大败。当初,姚兴派将军姚疆率步、骑兵随韩范去救南燕,到这时将姚疆军追唤回来。韩范叹道:"上天亡我燕国呀!"于是投降刘裕。张纲也被东晋军抓获。刘裕带着韩范绕城巡视,又让张纲登上楼车,令他围城呼喊:"秦国被刘勃勃击败,无兵来救。"城中士卒无不大惊失色。张纲又为刘裕制作攻城器械,极尽精奇巧妙。南燕国主慕容超大怒,将他的母亲悬吊在城墙上,肢解了她。

冬十月,西秦任命焦遗为太子太师。

西秦王乞伏乾归任命焦遗为太子太师,参与军国大事。他对乞伏炽磐说:"焦生不仅仅是著名的儒士,还是一位可以辅佐帝王治理国政的人才。你事奉他要像对我一样。"乞伏炽磐在焦遗的床前向他叩拜。焦遗的儿子焦华极为孝顺,乞伏乾归想将女儿嫁与他为妻。焦华推辞说:"我娶妻的目的是要与她一起侍奉双亲。现在您以王女下嫁我这草野贫寒之士,臣害怕将来她

阙于中馈也。"乾归曰："卿之所行古人之事，孤女不足以强卿。"乃以为尚书郎。

燕弑其君云，冯跋自立为天王。

北燕王云自以无功德而居位，内怀危惧，常畜养壮士以为腹心爪牙。宠臣离班、桃仁专典禁卫，赏赐巨万，衣食起居皆与之同。而班、仁志愿无厌，犹有怨憾，至是弑云。

冯跋升门观变，帐下共斩班、仁。跋遂即天王位，以其弟范阳公素弗录尚书事。素弗少豪侠放荡，尝请婚于尚书左丞韩业，业拒之。及为宰辅，待业尤厚。好申拔旧门，谦恭俭约，以身帅下，百僚惮之，论者美其有宰相之度。

魏清河王绍弑其君珪，齐王嗣讨绍杀之而自立。

魏主珪将立齐王嗣为太子。魏故事，凡立嗣子辄先杀其母，乃赐嗣母刘贵人死，召嗣谕之。嗣性孝，哀泣不自胜，珪怒。嗣还舍，日夜号泣，珪复召之。左右曰："上怒甚，入将不测，不如且避之。"嗣乃逃匿于外，惟帐下车路头、王洛儿随之。

初，珪见贺太后之妹美，请纳之。太后曰："不可。是过美必有不善。且已有夫，不可夺也。"珪密令人杀其夫而纳之，生清河王绍。绍凶狠无赖，好轻游里巷，劫剥行人

会于妇道上有所欠缺。"乞伏乾归说："你所做的是古代贤人才能做到的事情，我的女儿不配让你勉强娶她。"于是任命焦华为尚书郎。

北燕人杀掉他们的君主高云，冯跋自立为天王。

北燕王高云认为自己缺乏功勋恩德而身居君主之位，心中常感恐惧，平时供养壮士，作为他的心腹爪牙。他的宠臣离班、桃仁专门掌管京师宫廷宿卫，得到的赏赐不计其数，衣食起居都与高云一样。但离班、桃仁二人贪得无厌，他们对高云仍是怨恨不满，到这时将高云杀掉。

冯跋登上宫城门楼观望事情的变化，他手下的将士一同将离班、桃仁杀掉。冯跋于是即天王位，任命他的弟弟范阳公冯素弗为录尚书事。冯素弗小时候便豪爽侠义，行为放荡不羁，他曾经向尚书左丞韩业求婚，韩业拒绝了他。等到他出任宰辅，对待韩业反比常人更为优厚。他喜欢选拔过去的豪族高门子弟，谦逊恭谨，俭朴节约，以身作则，百官都非常敬畏他，议论的人们赞美他有宰相的气度。

北魏清河王拓跋绍杀掉他的君主拓跋珪，齐王拓跋嗣讨伐拓跋绍将他杀掉，自己即位称帝。

北魏国主拓跋珪准备立齐王拓跋嗣为太子。北魏的旧例，凡立继承人时，都要先将他的生母杀掉，于是赐拓跋嗣的生母刘贵人自尽，拓跋珪召见拓跋嗣告谕他一番。拓跋嗣生性孝顺，悲伤哭泣，不能自已，拓跋珪非常生气。拓跋嗣返回自己住处，日夜号泣，拓跋珪听说后，又召他入见。拓跋嗣的左右仆从说："皇上非常生气，入见一定会有危险，不如暂且躲避一下。"拓跋嗣于是逃到外边躲藏起来，只有帐下侍从车路头、王洛儿跟随。

当初，拓跋珪见到贺太后的妹妹后，见她容貌美丽，请求纳娶她为妃。贺太后说："不行。这个人过于美丽，一定会有不好的地方。况且她已经有了丈夫，你不可以强夺。"拓跋珪偷偷派人将她的丈夫杀掉，随即纳她为妃，生下了清河王拓跋绍。拓跋绍凶狠残暴，品行不端，喜欢随意在里巷中游荡，劫掠抢夺行人

以为乐。珪尝倒悬井中,垂死乃出之。至是遣责贺夫人,将杀之,未决。夫人密使告绍曰:"何以救我?"绍年十六,夜与宦者、宫人通谋,逾垣入宫弑珪,大出布帛赐王公已下,崔宏独不受。

嗣闻变,遣洛兒夜入平城,告将军安同等,众翕然响应,争出奉迎,卫士执绍送嗣。嗣杀绍及其母贺氏。其先犯乘舆者,群臣脔食之。

乃即位,谥珪曰宣武,庙号烈祖。公卿先罢归第者悉召用之。诏长孙嵩与安同、奚斤、崔宏等八人坐止车门右,共听朝政,时人谓之八公。又以尚书燕凤逮事什翼犍,使与都坐大官封懿等入侍讲论,出议政事。以洛兒、路头为散骑常侍。尝问旧臣为先帝所亲信者为谁,洛兒言李先。因召问先:"卿以何才何功为先帝所知?"对曰:"臣不才无功,但以忠直为先帝所知耳。"乃令常宿于内以备顾问。

十二月,太白犯虚、危。
南燕灵台令张光劝南燕主出降,超手杀之。

庚戌(410) 六年秦弘始十二,魏永兴二年。是岁,南燕亡。大二,小六,凡八僭国。
春正月,魏伐柔然。 二月,魏寇盗群起,魏主嗣赦其罪,遣兵讨余寇,平之。

以供自己取乐。拓跋珪对此十分气恼，曾经将他倒悬在井中，到快死的时候才把他拉上来。到这时，拓跋珪责备贺夫人，准备把她杀掉，但还没有行刑。贺夫人暗中派人去告诉拓跋绍说："你怎么来救我？"拓跋绍当时十六岁，当夜与宦官、宫女勾结，跳墙进入宫内，杀掉拓跋珪。他拿出大量的布匹绢帛，赏给王、公以下的文武百官，只有崔宏一人不肯接受。

拓跋嗣听说京师发生变乱，派遣王洛儿乘夜进入京师平城，将自己回来的消息告诉将军安同等人。文武百官听说后，纷纷起来响应，争先恐后地出城迎接，卫士抓住拓跋绍送交拓跋嗣。拓跋嗣杀掉拓跋绍、绍母贺氏。那些先行刺杀拓跋珪的人，群臣将他们剁成肉酱吃下肚去。

拓跋嗣于是即位，议定拓跋珪谥号为宣武，庙号为烈祖。朝中原被罢官居家的公卿全部征召回来任用。诏令长孙嵩与安同、奚斤、崔宏等八人坐在止车门的右侧，一起处理朝政，当时人称他们为八公。又因为尚书燕凤曾侍奉过拔跋什翼犍，命他与都坐大官封懿等人入宫为自己讲论经书，出宫参议朝政。任命王洛儿、车路头为散骑常侍。他曾经问旧臣，被先帝所亲近信任的是谁，王洛儿说是李先。拓跋嗣于是将李先召来问道："你因为什么才能和功劳而被先帝所信任？"李先回答说："臣既无才能又无功劳，只因为忠诚正直而被先帝所厚待罢了。"于是拔跋嗣命他常住于宫内，以备顾问。

十二月，太白星侵入虚宿和危宿。

南燕灵台令张光劝南燕国主慕容超出城投降，慕容超亲手将他杀掉。

庚戌(410)　**晋安帝义熙六年**后秦弘始十二年，北魏永兴二年。这年，南燕亡。大国二，小国六，共八个僭越国。

春正月，北魏讨伐柔然。　**二月**，北魏贼寇、强盗蜂起，北魏国主拓跋嗣赦免他们的罪过，同时派遣军队讨伐剩下的贼寇，将其平定。

魏主嗣以郡县豪右多为民患，优诏征之。民恋土不乐内徙，长吏逼遣之，于是寇盗群起。嗣引八公议之曰："朕欲为民除蠹，而守宰不能绥抚，使之纷乱。今犯者既众，不可尽诛，吾欲大赦以安之，何如？"元城侯屈曰："民逃亡为盗，不罪而赦之，是为上者反求于下也，不如诛其首恶，赦其余党。"崔宏曰："圣主御民，务在安之而已，不与较胜负也。夫赦虽非正，可以行权。屈欲先诛后赦，要为两不能去，曷若一赦而遂定乎！赦而不从，诛未晚也。"嗣从之。既而遣于栗磾讨不从命者，所向皆平。

刘裕拔广固，执南燕主超，送建康斩之。

南燕城久闭，男女病脚弱者大半，出降者相继。尚书悦寿曰："今战士凋瘁，绝望外援，岂可不思变通之计！"超叹曰："废兴，命也。吾宁奋剑而死，不能衔璧而生！"

刘裕悉众攻城，或曰："今日往亡，不利行师。"裕曰："我往彼亡，何为不利！"四面急攻之。寿开门纳晋师，超突围出走，追获之。裕数以不降之罪，超神色自若，一无所言，惟以母托刘敬宣而已。

裕忿广固久不下，欲尽坑之，以妻女赏将士。韩范谏曰："晋室南迁，中原鼎沸，士民无援，强则附之，既为君臣，

北魏国主拓跋嗣因为各郡县的豪强大姓大多侵害百姓,用很客气的诏书征召他们到京师来。这些豪族大姓眷恋本土,不愿迁居,地方长吏强迫他们动身,于是寇盗群拥而起。拓跋嗣召见八公计议说:"朕想为百姓除去蠹虫,但地方守宰不能抚慰安定他们,反使他们纷纷起来叛乱。现在犯反叛之罪的人已经很多,不可能全部杀掉,我想实行大赦以安定他们,你们看怎么样?"元城侯拓跋屈说:"百姓逃亡去做强盗,不加治罪反而赦免他们,这是在上的人反倒求在下的人了,不如杀掉首恶,赦免胁从党羽。"崔宏说:"圣明的君主统治百姓,首要之务是使他们安定,不是要与他们较量胜负。大赦他们虽不是正常的方法,但却可以作为权宜之计。拓跋屈想要先杀后赦,关键是两种手段都不能丢弃不用,哪里如一次赦免便可以最后平定他们好呢?赦免后如果有人不肯听从,再行诛杀也不为晚。"拓跋嗣采纳了崔宏的意见。随后派遣于栗䃅率军讨伐不肯服从大赦令的人,所到之处全部平定。

刘裕攻克广固,并生擒了南燕国主慕容超,将他送往建康杀掉。

南燕广固城门长久关闭,城中男女人口患脚软之疾的人超过一半,出城投降刘裕的人络绎不绝。尚书悦寿说:"现在战士困苦疲惫,外援已经没有指望,怎么能不思考一下变通的办法呢?"慕容超说:"兴废成败,这是天命。我宁可奋剑战斗而死,不能口中衔璧投降而生!"

刘裕出动全部将士,猛烈攻城,有人说:"今天是往亡日,不利于动兵。"刘裕说:"我方进军对方灭亡,怎么是不利?"指挥将士从四面发动猛攻。悦寿打开城门迎纳东晋军队,慕容超突围逃走,东晋军队追赶将他抓获。刘裕数说慕容超不肯投降之罪,慕容超神色自若,一言不发,只将母亲托付给刘敬宣而已。

刘裕怨恨广固久攻不下,想将城中男子全部坑杀,把他们的妻女赏赐给将士。韩范劝谏说:"晋室南迁,中原战乱不已,士人百姓没有依靠,谁的势力强就要依附谁。他们既为人家的臣民,

必须为之尽力。彼皆衣冠旧族,先帝遗民,今王师吊伐而尽坑之,窃恐西北之人无复来苏之望矣。"裕改容谢之,然犹斩王公以下三千人,没入家口万余,夷其城隍,送超诣建康斩之。

卢循寇长沙、南康、庐陵、豫章,陷之。刘裕引军还。

初,徐道覆闻刘裕北伐,劝卢循袭建康,不从。自至番禺说之曰:"本住岭外,岂将以此传之子孙邪?正以刘裕难与为敌也。今裕顿兵坚城之下,未有还期,我以此思归死士,掩击何、刘之徒,如反掌耳。不乘此机而苟求一日之安,裕平齐后,以玺书征君,自将屯豫章,遣诸将帅锐师过岭,恐将军不能当也。若先克建康,倾其根蒂,裕虽南还,无能为矣。"循乃从之。

初,道覆使人伐船材于南康山,至始兴贱卖,居人争市之。至是悉取以装舰,旬日而办。循自始兴寇长沙,道覆寇南康、庐陵、豫章,皆陷之。道覆顺流而下,舟楫甚盛。朝廷急征裕。裕方议留镇下邳,经营司、雍,会得诏,乃以韩范为都督八郡军事,封融为渤海太守,引兵还。久之,刘穆之称范、融谋反,皆杀之。

三月,江、荆都督何无忌讨徐道覆,战败,死之。
无忌自寻阳引兵拒卢循。长史邓潜之谏曰:"循兵舰

就一定要为人效力。这些人都是以前的官门旧族,先帝遗留下来的臣民,现在王师进兵讨伐贼寇抚慰百姓,却要将他们全部活埋,我私下担心西北的百姓不会再有等待您去救助他们的愿望了。"刘裕改变脸色向他道歉,但仍然杀掉南燕王、公以下三千人,抄没入官的家口也有一万余人,拆毁广固的城墙壕沟,押送慕容超到建康斩首。

卢循侵犯长沙、南康、庐陵、豫章等地,将这些地方全部攻克。刘裕率军返回建康。

当初,徐道覆听说刘裕出师北伐,劝卢循乘机袭击建康,卢循不肯听从。徐道覆亲自到番禺去劝卢循说:"我们现在居于岭外之地,难道准备将此传给子孙吗?正是因为难以与刘裕为敌,才到这里来的。现在刘裕驻兵于广固坚城之下,什么时候回来还不知道,我们用手下这些希望回到故地去的敢于决死的战士,突然向何无忌、刘毅之徒发动进攻,战胜他们易如反掌。如果不利用这个机会而苟且求取一日的平安,刘裕平定齐地后,便会用诏书征召您入朝,他自己率军屯于豫章,派遣众将帅率领精锐部队越过五岭,那时恐怕将军将无法抵挡。如果我们先行攻克建康,倾覆他的根本之地,刘裕即使率军南返,也不会有什么办法了。"卢循这才同意。

当初,徐道覆派人到南康山中砍伐造船的竹木材料,运到始兴以低价出售,当地居民都争相购买。到这时,徐道覆将材料全部集聚起来建造战船,十天就建造完毕。卢循自始兴侵犯长沙,徐道覆侵犯南康、庐陵、豫章,将这些地方全部攻占。徐道覆沿赣江顺流而下,战船众多,装备精良,声势甚盛。朝廷急速征召刘裕回师。刘裕正在与手下讨论留下镇守下邳,经营司、雍二州的事情,正好得到诏书,便任命韩范为都督八郡军事,封融为渤海太守,自己率军返回。很久以后,刘穆之声称韩范、封融谋反,将他们二人都杀掉了。

三月,江、荆二州都督何无忌讨伐徐道覆,兵败,身死。

何无忌自寻阳率军抵御卢循。长史邓潜之劝他:"卢循战船

盛,势居上流,宜决南塘,守二城以待之。彼必不敢舍我远下。蓄力养锐,候其疲老然后击之,此万全之策也。今决成败于一战,万一失利,悔将无及。"参军殷阐曰:"循所将皆三吴旧贼,百战余勇,始兴溪子,拳捷善斗。宜留屯豫章,征兵属城,兵至合战,未为晚也。"无忌不听。与徐道覆遇于豫章。贼令强弩数百登山邀射,乘风暴急,以大舰逼之,众遂奔溃。无忌厉声曰:"取我苏武节来!"节至,执以督战。贼众云集,遂握节而死。中外震骇,谥曰忠肃。

南凉击北凉,败绩,遂迁于乐都。

傉檀自将五万骑伐蒙逊,战于穷泉,傉檀大败。蒙逊乘胜进围姑臧,夷、夏万余户降于蒙逊。傉檀惧,纳质请和,蒙逊徙其众八千余户而去。傉檀畏逼,迁于乐都。姑臧人推焦朗为主,降于蒙逊。

夏四月,刘裕至建康。

刘裕至下邳,以船载辎重,自帅精锐步归。闻何无忌败死,卷甲兼行。将济江,风急,众咸难之,裕曰:"若天命助国,风当自息,不然,覆溺何害!"即命登舟,舟移而风止。四月,至建康。青州刺史诸葛长民、兖州刺史刘藩、并州刺史刘道怜各将兵入卫。藩,毅之从弟也。

众多,装备精良,又居于上流地位,我们应该决开南塘,坚守豫章、寻阳二城,严阵以待。他们一定不敢对我置之不理进军深入。我们养精蓄锐,等到他们师老兵疲时再发动进攻,这是万无一失的办法。现在和他们一战以决胜负,如果万一失利,后悔就来不及了。"参军殷阐说:"卢循所统领的都是三吴地区的故旧贼兵,他们身经百战,勇猛无比,始兴当地的士卒,更是矫捷善战。我们应该留驻豫章,向下属诸城征召兵卒,等到诸城兵卒到来之后,合兵出战,也不为晚。"何无忌都不肯听从。何无忌进军,与徐道覆军在豫章相遇。徐道覆命令数百名强弩手登上岸上的小山向何无忌军拦腰施射,同时借助大风迅猛之势,用大型战船逼近对方搏杀,何无忌的兵众奔逃溃散。何无忌厉声说:"拿我的苏武节来!"左右将苏武节取来,他执节亲自督战。徐道覆的兵众从四方杀来,越聚越多,何无忌最后手握苏武节战死。闻知此讯,朝廷内外震惊恐惧,赐予何无忌谥号,称忠肃。

南凉进攻北凉,大败而回,于是迁都乐都。

秃发傉檀亲自率领五万骑兵讨伐沮渠蒙逊,双方在穷泉展开激战,秃发傉檀大败。沮渠蒙逊乘胜进军,围攻姑臧,南凉胡、汉人口一万余户投降沮渠蒙逊。秃发傉檀恐惧,送自己的儿子到沮渠蒙逊那里去做人质,请求和解。沮渠蒙逊答应,迁徙南凉人口八千余户而回。秃发傉檀惧怕北凉的威逼,迁都乐都。姑臧人推举焦朗为首领,向沮渠蒙逊投降。

夏四月,刘裕回到建康。

刘裕军至下邳,用船只载运辎重,自己率精锐士卒从陆路赶回建康。中途听说何无忌战死,下令将士卷起铠甲,兼程而进。将要南渡长江时,恰巧大风迅急,众人都认为难以渡过,刘裕说:"如果上天帮助我晋国,大风将会自己止息,如果不帮助的话,我们翻船淹死还能对国家有什么害处!"立即命令将士登舟渡江,舟船刚一启动,大风果然停止。四月,刘裕回到建康。与此同时,青州刺史诸葛长民、兖州刺史刘藩、并州刺史刘道怜各自率军入卫建康。刘藩是刘毅的堂弟。

五月，豫州都督刘毅及卢循战于桑落洲，败绩。循进逼建康。

毅将自拒卢循，裕与书曰："贼新获利，其锋不可轻。今修船垂毕，当与弟同举。"又遣刘藩谕止之。毅怒，谓藩曰："往以一时之功相推耳，汝谓我真不及刘裕邪？"投书于地，帅舟师二万发姑孰。

五月，与循战于桑落洲，毅兵大败，弃船步走，其众皆为循所虏。循闻裕已还，与其党相视失色，欲退还寻阳，取江陵，据二州以抗朝廷。徐道覆谓宜乘胜径进，固争累日，循乃从之。

裕募人为兵，赏之同京口赴义之科。发民治石头城。议者谓宜分兵守津要，裕曰："贼众我寡，若分兵屯守，则测人虚实。且一处失利，则沮三军之心。今聚众石头，随宜应赴，既令彼无以测，又于众力不分。若徒旅转集，徐更论耳。"

朝廷闻刘毅败，人情恟惧。时北师始还，将士多创病，建康战士不盈数千。循既克二镇，战士十余万，舟车百里，楼船高十二丈。孟昶、诸葛长民欲奉乘舆过江，裕不听。参军王仲德言于裕曰："明公新建大功，威震六合，妖贼既闻凯还，自当奔溃。若先自遁逃，则势同匹夫。匹夫号令何以威物。"裕甚悦。昶固请不已，裕曰："今重镇外倾，强寇内逼，人情危骇，莫有固志，若一旦迁动，便自土崩瓦解，

五月，豫州都督刘毅与卢循在桑落洲交战，刘毅大败。卢循进逼建康。

刘毅将要亲率军队去抵御卢循，刘裕给他写信说："贼军刚刚获得胜利，他们兵锋锐利，不可轻视。现在我修造战船马上就要完工了，将与贤弟一同起兵。"又派遣刘藩去告谕阻止他。刘毅大怒，对刘藩说："过去因为他有一时之功而推举他做盟主罢了，你认为我真不如刘裕吗？"将刘裕的书信扔在地上，率领水军二万从姑孰出发。

五月，刘毅与卢循两军在桑落洲展开激战，刘毅军大败，他自己弃船从陆路逃走，手下兵众都被卢循俘虏。卢循听说刘裕已经返回建康，与他的党羽相视失色，心中恐惧，想退军返回寻阳，攻取江陵，占据江、荆二州来与朝廷对抗。徐道覆认为应该乘胜直进，与卢循力争多日，卢循才同意了他的意见。

刘裕招募百姓为兵，并言明对他们的酬赏将与当初参加京口起兵的相同。征发百姓修治石头城。人们议论说应该分出兵力把守各津渡要道，刘裕说："贼众我寡，如果分出兵力屯守各处，便会让敌人测知我们的虚实。况且如果有一处失利，便会挫伤三军的士气。现在我集聚兵众屯于石头城，根据形势的变化部署将士，既可以使敌人不能测知我们的虚实，又不至于使兵力分散。假如各地军队逐渐集于京师，那再慢慢重新考虑。"

朝廷听说刘毅兵败，人心惶惶。当时刘裕的北伐军队刚刚回来，将士多有伤病，建康城中的战士不过数千人。卢循攻克江、豫二州后，有战士十余万，战船绵延百里，楼船高达十二丈。孟昶、诸葛长民等想要保护晋安帝北渡长江避难，刘裕不答应。参军王仲德向刘裕进言说："您刚刚建立了大功，声威震动天下，贼军听到您凯旋后，自然将奔逃溃散。如果我们自己先行逃遁，那就形同一个匹夫。匹夫发号施令，又凭借什么能威服众人呢？"刘裕听后大为高兴。孟昶坚持自己的意见，一再请求不已，刘裕说："现在外边重镇被敌人攻陷，强敌又在步步向内逼近，人心惶惶，没人有坚定的斗志，如果朝廷一旦迁动，便会土崩瓦解，

江北亦岂可得至！设令得至，不过延日月耳。今兵士虽少，自足一战。若其克济，则臣主同休。苟厄运必至，我当横尸庙门，遂其由来以身许国之志，不能草间求活也。"昶恚甚，请死。裕怒曰："卿且一战，死复何晚！"昶乃抗表曰："臣赞北伐之计，使狂贼乘间至此，谨引咎以谢天下。"乃仰药而死。

循至淮口，中外戒严。琅邪王德文都督宫城，裕屯石头。谓将佐曰："贼于新亭直进，其锋不可当，宜且避之。若回泊西岸，此成擒耳。"

道覆请于新亭至白石焚舟而上，数道进攻。循曰："大军未至，孟昶望风自裁，以大势言之，当计日溃乱。今决胜负于一朝，既非必克之道，且多杀伤士卒，不如案兵待之。"道覆叹曰："我终为卢公所误，事必无成，使我得为英雄驱驰，天下不足定也。"

裕登城，见循军引向新亭，顾左右失色，既而回泊蔡洲，乃悦。遂栅石头、淮口，修治越城，筑查浦、药园、廷尉三垒，皆以兵守之。明日，循伏兵南岸，使老弱乘舟向白石，声言悉众自白石步上。裕留沈林子、徐赤特戍南岸断查浦，戒令坚守勿动，裕北出拒之。林子曰："妖贼此言未必有实，宜深为之防。"裕曰："石头城险，淮栅甚固，留卿在后足以守之矣。"又明日，循焚查浦，赤特将击之。林子曰："众寡不敌，不如守险以待大军。"赤特不从，出战大败。

江北又难道能顺利到达吗！即使能够到达,不过是能再延长些时日罢了。现在将士虽少,但也足可与敌一战。如果能够战胜,那就君臣同享福禄。如果厄运一定要来,我将战死在宗庙之前,实现我以身报国的夙愿,决不能逃窜于草野之内去苟全性命!"孟昶极为愤怒,请求先杀了自己。刘裕大怒,说:"你暂且与敌一战,那时死又有什么晚的!"孟昶于是上表说:"臣赞同北伐的决策,使得贼军乘虚而至京师,现在我谨将过错归于自己身上,以向天下谢罪。"于是服毒自杀。

卢循军进至秦淮河口,朝廷宣布内外戒严。琅邪王司马德文都督宫城诸军事,刘裕驻屯石头城。刘裕对手下将佐说:"贼军如果从新亭直接进军,其兵锋不可抵挡,应该暂且躲避一下。如果他们回泊西岸,就将被我擒获。"

徐道覆请求从新亭至白石烧毁战船,分成几路同时进攻晋军。卢循说:"大军还没到,对方孟昶便闻风自尽,从大势上说,对方的溃乱指日可待。现在与对方决胜负于一时,既不是一定能战胜他们的办法,而且又多损伤士卒,不如按兵不动,等待敌人溃散。"徐道覆叹息说:"我最终会被卢公耽误,事情一定不会成功,如果我能被一位英雄驱使的话,平定天下易如反掌。"

刘裕登城观望敌情,见卢循军向新亭移动,回头看左右将士,脸色一变,随后又见其回泊蔡洲,才高兴起来。于是命令军士在石头城、秦淮河口树立起防卫栅栏,修治越城,修筑查浦、药园、廷尉三处堡垒,都部署军队在那里防守。次日,卢循在秦淮河南岸埋伏下军队,命令老弱士卒乘坐战船向白石进军,声言将以全部军队从白石登岸进攻。刘裕留下沈林子、徐赤特戍守南岸,断绝通往查浦的道路,严令他们坚守阵地,不许轻举妄动,刘裕自己率军向北迎击敌军。沈林子说:"贼军这种话不一定是真的,应该严加防备。"刘裕说:"石头城地势险要,秦淮河口的栅栏也很坚固,留你在后方足以守住了。"又过了一天,卢循焚烧查浦,徐赤特准备出击。沈林子说:"我军兵少,敌军人多,不如坚守险要以等待大军回来。"徐赤特不肯听从,率军出战,大败。

林子据栅力战,贼乃退。复引兵大上,至丹阳郡。裕帅诸军驰还石头,斩赤特,出陈于南塘。

柔然围魏师于牛川,魏主嗣救之。可汗社崘走死,弟斛律立。　六月,刘裕自为太尉、中书监,加黄钺,复辞官而受黄钺。　宗室司马国璠自弋阳奔秦。

桓玄之乱,河间王昙之子国璠、叔璠奔南燕,还寇陷弋阳,至是奔秦。秦王兴曰:"刘裕方诛桓玄,辅晋室,卿何为来?"对曰:"裕削弱王室,臣宗族有自修立者,裕辄除之,方为国患甚于桓玄耳。"

秋七月,卢循退还寻阳,刘裕遣兵追之。

卢循寇掠诸县无所得,谓徐道覆曰:"师老矣,不如还寻阳,并力取荆州,据天下三分之二,徐更与建康争衡耳。"遂还。刘裕使将军王仲德等帅众追之。

刘裕遣将军孙处等率兵袭番禺。

刘裕还东府,大治水军,遣将军孙处、沈田子自海道袭番禺。众以为海道艰远,必至为难,且分撤见力,非目前之急。裕不从,敕处曰:"大军十二月之交必破妖虏,卿至时先倾其巢窟,使彼走无所归也。"

谯纵使桓谦会秦将苟林入寇,荆州刺史刘道规大破斩之。

谯纵遣使请兵于秦。以桓谦为荆州刺史,使帅众二万寇荆州。秦王兴遣将军苟林帅骑兵会之。谦于道召募义旧,民投之者二万人。谦屯枝江,林屯江津,江陵士民多怀

沈林子依托栅栏拼力死战，贼军才退了回去。卢循又率士卒力攻，进至丹阳郡。刘裕率领众军急速赶回石头城，杀掉徐赤特，出军在南塘列下阵式。

柔然在牛川将北魏军队包围，北魏国主拓跋嗣率军救援。柔然可汗社崙逃走死在路上，他的弟弟斛律即可汗位。　六月，刘裕自任太尉、中书监，加黄钺，他又辞去所加的官位，只接受了黄钺。　东晋宗室司马国璠自弋阳逃奔后秦。

桓玄之乱的时候，河间王司马昙的儿子司马国璠、司马叔璠投奔南燕，后来率军攻破东晋弋阳，到这时投奔后秦。后秦王姚兴说：“刘裕刚刚诛灭了桓玄，辅佐晋室，你为什么还要到我这里来？”司马国璠回答说：“刘裕削弱王室的力量，臣宗族之中有自修有为的人，刘裕立刻将他除掉，他将要成为比桓玄还要厉害的祸患。”

秋七月，卢循退回寻阳，刘裕派遣军队随后追击。

卢循侵扰劫掠各县一无所得，对徐道覆说：“我们的军队征战时间太久了，不如返回寻阳，合力攻取荆州，占据天下的三分之二，慢慢再与朝廷抗衡。”于是率军退回寻阳。刘裕派遣将军王仲德等人率领军队追击。

刘裕派遣将军孙处等人率领军队袭击番禺。

刘裕回到东府，大力整建水军，派遣将军孙处、沈田子从海道袭击番禺。众人认为海道艰难遥远，很难保证顺利到达，而且调走军队使现有兵力分散，不是当务之急。刘裕不肯听从，命令孙处说：“大军在十二月之交一定能击败贼军，你到时先捣毁他们的巢穴，使他们逃跑也无处可归。”

谯纵命令桓谦会合后秦将领苟林入侵东晋，东晋荆州刺史刘道规大破其军，杀掉桓谦、苟林二人。

谯纵遣使向后秦请求一同出兵讨伐东晋。他任命桓谦为荆州刺史，命他率兵将二万攻荆州。后秦王姚兴派将军苟林率领骑兵与桓谦会合。桓谦沿途招募义勇故旧，百姓投奔他的有二万人。桓谦驻屯枝江，苟林驻屯江津，江陵的士人百姓中大多都怀

贰心。道规乃会将士告之曰:"闻诸长者颇有去就之计,吾东来文武足以济事,若欲去者不相禁也。"因夜开城门,达晓不闭。众咸惮服,莫有去者。鲁宗之帅众数千自襄阳赴救。或谓宗之情未可测,道规单马迎之,宗之感悦。道规使之居守,委以腹心,自帅诸军攻谦,水陆齐进,战于枝江。天门太守檀道济先进陷陈,大破之。谦、林皆走,并追斩之。

初,谦至枝江,江陵士民皆与书言城中虚实,许为内应。至是检得之,道规悉焚不视,众乃大安。

桓石绥亦起兵于洛口,梁州刺史傅韶讨斩之,桓氏遂灭。

西秦攻秦略阳、陇西诸郡,克之。   冬十月,刘裕南击卢循。

刘毅还至建康,降为后将军,固求追讨卢循。长史王诞密言于刘裕曰:"毅既丧败,不宜复使立功。"裕乃帅刘藩、檀韶等南击循,以毅监留府。

徐道覆寇江陵,刘道规大破之。

徐道覆帅众三万趣江陵,奄至破冢。江、汉士民感刘道规焚书之恩,无复贰志。道规使刘遵别为游军,自拒道覆于豫章口。前驱失利,遵自外横击,大破之,斩首万余级,余悉赴水死,道覆单舸走还湓口。初,道规使遵为游军,众咸以为强敌在前,唯患众少,不应分割见力,置无用之地,至是乃服。

有贰心。刘道规于是召集将士对他们说："听说那些士人长者中很多人都有投奔桓谦的打算，我们这些从东边来的文武官员足以守卫江陵，如果有想离开的人，我不禁止。"于是连夜打开城门，直至天明都没有关闭。城中人都畏惧敬服，没有人离去。鲁宗之率领数千将士从襄阳来救援。有人认为鲁宗之的真实意图难以预测，刘道规单人匹马前去迎接，鲁宗之心中感动喜悦。刘道规让鲁宗之留在江陵镇守，将留守的军政大权交给他，自己率领众军进攻桓谦，从水陆两路一同进军，与桓谦在枝江展开激战。天门太守檀道济率先杀入敌阵，大败桓谦军。桓谦、苟林都狼狈逃走，东晋军随后追击，将二人杀掉。

当初，桓谦抵达枝江时，江陵的士人百姓都给他写信，向他报告城中的情况，答应做他的内应。到这时，这些书信都被东晋军得到，刘道规命令将这些信全部烧掉，一封也不查看，江陵的人心于是非常安定。

桓石绥也在洛口起兵，梁州刺史傅韶率军讨伐，将他杀掉，桓氏于是灭亡。

西秦进攻后秦略阳、陇西等郡，攻克。　冬十月，刘裕南进讨伐卢循。

刘毅回到建康，降号为后将军，坚决请求追击卢循。长史王诞偷偷向刘裕进言说："刘毅既已兵败，不应该再让他去建立战功。"刘裕于是率领刘藩、檀韶等人南进讨伐卢循，命令刘毅监守太尉留府。

徐道覆侵犯江陵，刘道规大破其军。

徐道覆率领兵众三万直趋江陵，突然杀至破冢。江、汉地区的士人百姓感念刘道规焚烧书信的恩德，不再怀有贰心。刘道规命令刘遵另领将士为游军，自己在豫章口抵御徐道覆。刘道规的前锋失利，刘遵游军从外拦腰截击，于是大破敌军，斩首一万余级，剩下的敌军都投水淹死，徐道覆仅剩单船逃往湓口。当初，刘道规分派刘遵去做游军，众人都认为强敌在前，唯恐兵力弱小，不应分割现存兵力去置于无用之地，到这时众人才心中敬服。

十一月，孙处攻番禺，拔之。

卢循兵守广州者不以海道为虞。孙处乘海奄至，会大雾，四面攻之，即日拔其城。处抚其旧民，戮循亲党，勒兵谨守，分遣沈田子等击岭表诸郡。

十二月，刘裕及卢循战于大雷，又战于左里，大破之。循及道覆南走，裕遣将军刘藩等追之。

刘裕军雷池。卢循扬声不攻雷池，当乘流径下。裕知其欲战，进军大雷。循及徐道覆帅众数万塞江而下，裕悉出轻骑及水军击之，又分步、骑屯于西岸，先备火具。裕以劲弩射循军，因风水之势以爇之。循舰悉泊西岸，岸上军投火，循、道覆兵大败。将趣豫章，乃悉力栅断左里。裕至，攻之。麾兵将战，麾折幡沉，众皆惧。裕笑曰："往年覆舟之战如是，今乃复然，必破贼矣。"即破栅而进，杀溺死者万余人。循收散卒，径还番禺，道覆走保始兴。裕遣刘藩、孟怀玉等追之，遂还建康。刘毅恶刘穆之，每言其权太重，裕益亲任之。

十一月，孙处进攻番禺，攻克。

卢循守卫广州的军队认为海道上不会有意外事变，疏于防范。孙处率军从海道突然杀到，正好赶上大雾，便命令将士从四面进攻，当天即将广州州城番禺攻克。孙处抚慰当地旧有的百姓，杀掉卢循的亲信党羽，部署将士严密防守，分派沈田子等人进攻岭南各郡。

十二月，刘裕与卢循在大雷决战，又在左里展开激战，大破卢循军。卢循及徐道覆向南逃走，刘裕派遣将军刘藩等人追击。

刘裕军驻扎在雷池。卢循扬言不去进攻雷池，将要顺流直下。刘裕知道卢循实际是想与自己交战，便进军大雷。卢循及徐道覆率领兵众数万塞满江面，顺流而下，刘裕出动所有的轻骑及水军迎击，又分派步、骑兵在西岸屯守，预先准备好点火用具。刘裕命令将士用劲弩射击卢循军，并乘风向和水流的去势逼迫敌军。卢循的战船都停泊在西岸，岸上的晋军纷纷将火把投向敌船，卢循和徐道覆的军队大败。卢循、徐道覆准备进军豫章，于是全力修筑栅栏，阻断左里的通道。刘裕率军来到，向左里发动进攻。就在指挥将士将要进前交战之时，刘裕的大旗和指挥旗全部折断掉入水中，众将士都很恐惧。刘裕笑着说："当年覆舟山之战时出现过这种事，现在竟然又是这样，一定可以击破贼军。"随即毁破栅栏率军直进，大败敌军，斩杀及逼迫敌人溺水而死的有一万余人。卢循收集离散士卒，直接退回番禺，徐道覆逃回始兴据守。刘裕派遣刘藩、孟怀玉等人随后追击，自己返回建康。刘毅厌恶刘穆之，常常向刘裕进言说他的权力过大，但刘裕却更加亲近信任他。